Anforderungsbereich III (Reflexion und Problemlösung)
Er umfasst den selbstständigen und kritischen Umgang mit neuen und umfassenden Sachverhalten – Ziele sind eigenständige Wertungen, Deutungen und Begründungen.

beurteilen urteilen	Hypothesen oder Behauptungen im Zusammenhang → *prüfen* und eine Aussage über deren Richtigkeit, Angemessenheit usw. machen, wobei die Kriterien selber gefunden werden müssen
bewerten Stellung nehmen	wie → *beurteilen*, aber zusätzlich mit Offenlegen und → *Begründen* eigener Wertmaßstäbe, die Pluralität einschließen und zu einem Werturteil führen, das auf den Wertvorstellungen unserer freiheitlich-demokratischen Grundordnung basiert
entwickeln	Analyseergebnisse und eigenes Fachwissen heranziehen, um zu einer eigenen Deutung zu gelangen
sich auseinandersetzen diskutieren	zu einer historischen Problemstellung oder These eine Argumentation → *entwickeln*, die zu einer → *begründeten* Bewertung (→ *bewerten*) führt
prüfen überprüfen	Aussagen (Hypothesen, Behauptungen, Urteile) auf ihre Angemessenheit hin → *untersuchen*
vergleichen	auf der Grundlage von Kriterien historische Sachverhalte problembezogen → *gegenüberstellen*, um Gemeinsamkeiten, Unterschiede, Ähnlichkeiten, Abweichungen oder Gegensätze zu → *beurteilen*

Übergeordnete „Operatoren", die Leistungen in allen drei Anforderungsbereichen verlangen

interpretieren	Sinnzusammenhänge aus Materialien erschließen und eine → *begründete* Stellungnahme abgeben, die auf einer Analyse (→ *analysieren*), Erläuterung (→ *erläutern*) und Bewertung (→ *bewerten*) beruht
erörtern	eine These oder Problemstellung durch eine Kette von Für-und-Wider- bzw. Sowohl-als-auch-Argumenten auf ihren Wert und ihre Stichhaltigkeit hin abwägend → *prüfen* und auf dieser Grundlage eine eigene Stellungnahme dazu → *entwickeln*; die Erörterung einer historischen Darstellung setzt deren Analyse (→ *analysieren*) voraus
darstellen	historische Entwicklungszusammenhänge und Zustände mithilfe von Quellenkenntnissen und Deutungen → *beschreiben*, → *erklären* und *beurteilen*

Zusammengestellt nach www.kmk.org/doc/beschl/196-13_EPA-Geschichte-Endversion-formatiert.pdf und Renate El Darwich/Hans-Jürgen Pandel, Wer, was, wo, warum? Oder nenne, beschreibe, zähle, begründe. Arbeitsfragen für die Quellenerschließung, in: Geschichte lernen H. 46 (1995), S. 33-37

BUCHNERS KOLLEG 2 GESCHICHTE

Ausgabe Berlin

Herausgegeben von
Maximilian Lanzinner

C.C.Buchner

Buchners Kolleg Geschichte

Ausgabe Berlin, Band 2: Von der Zeit zwischen den Weltkriegen bis zur deutschen Wiedervereinigung

Unterrichtswerk für die gymnasiale Oberstufe

Herausgegeben von
Maximilian Lanzinner

Bearbeitet von
Thomas Ahbe, Judith Bruniecki, Bernhard Brunner, Werner Fink, Christoph Hamann, Michael Mayer, Thomas Ott, Bernhard Pfändtner, Reiner Schell, Rolf Schulte und Jürgen Weber
unter Beratung von Thomas Sandkühler und Mitarbeit der Verlagsredaktion

Dieses Werk folgt der reformierten Rechtschreibung und Zeichensetzung. Ausnahmen bilden Texte, bei denen künstlerische, philologische oder lizenzrechtliche Gründe einer Änderung entgegenstehen.

1. Auflage [321] 2015 14 13
Die letzte Zahl bedeutet das Jahr dieses Druckes.
Alle Drucke dieser Auflage sind, weil untereinander unverändert, nebeneinander benutzbar.

www.ccbuchner.de

Lektorat: Doreen Eschinger
Assistenz: Kerstin Schulbert

Einband: Artbox, Bremen
(unter Verwendung folgender Abbildungen: Blick auf ein Graffiti an der Berliner Mauer am Potsdamer Platz, Foto von 1986; Stelen des Denkmals für die ermordeten Juden Europas, im Hintergrund der Reichstag, Foto von Paul Langrock von 2004)
Grafik und Satz: Artbox, Bremen
Druck- und Bindearbeiten: creo Druck & Medienservice GmbH, Bamberg

ISBN 978-3-661-32003-8

Mit Buchners Kolleg Geschichte lernen und arbeiten

Das vorliegende Werk ist **Lern- und Arbeitsbuch** zugleich. Es enthält einerseits Material für den Unterricht und ist andererseits für die selbstständige Wiederholung des Unterrichtsstoffes und für eine systematische Vorbereitung auf das Abitur geeignet.

Die **Einführungsseiten** leiten in Text und Bild in die zwei Großkapitel ein.

Orientierungsseiten stehen am Beginn der fünf Themenkapitel. Die Chronologie stellt zentrale Daten mit prägnanten Erläuterungen zusammen. Der problemorientierte Überblickstext skizziert die Stoffauswahl und vermittelt die Relevanz des Themas. Durch übergreifende Arbeitsaufträge werden Anregungen für die Wiederholung und Vertiefung des Stoffes gegeben.

Jedes Kapitel ist geteilt in einen **Darstellungs- und Materialienteil.**
Die Darstellung ist in überschaubare Einheiten gegliedert und vermittelt ein Verständnis für die historischen Zusammenhänge und Strukturen. Wichtige Begriffe und Personen werden bei der Erstnennung kursiv hervorgehoben oder farbig gekennzeichnet, wenn sie in der Randspalte erläutert werden.

Die Materialien decken alle wichtigen Quellengattungen ab. Sie veranschaulichen und vertiefen einzelne Aspekte, stellen kontroverse Sichtweisen dar und thematisieren weiterführende Fragen. Unterschiedliche Aufgabenarten und -formen helfen bei der Erschließung der Texte, Statistiken, Diagramme, Karten, Grafiken und Bilder. Darstellungen und Materialien sind durch Verweise miteinander vernetzt.

Die **Methodenkompetenz** wird auf zwei Ebenen gefördert:
- Arbeitsaufträge zu den Materialien trainieren den sicheren Umgang mit Methoden.
- Thematisch integrierte Methoden-Bausteine führen auf optisch hervorgehobenen Sonderseiten zentrale historische Arbeitstechniken für die eigenständige Erarbeitung und Wiederholung an einem konkreten Beispiel vor.

Ergänzt wird dies durch eine Übersicht der zentralen fachspezifischen **Methoden wissenschaftlichen Arbeitens**.

Auf den Doppelseiten **„Geschichte kontrovers"** werden Standpunkte von Wissenschaftlern präsentiert, die zur Diskussion anregen und der eigenen Urteilsfindung dienen sollen.

„Erinnern" zeigt anhand typischer Beispiele, wie sich der Umgang mit historischen Ereignissen im Laufe der Geschichte verändert. Es wird deutlich, dass Individuen und Staaten in ihrer Gedenkkultur einem zeitgemäßen Selbstverständnis Ausdruck verleihen.

Mithilfe der Doppelseiten **„Geschichte vor Ort"** kann der Besuch außerschulischer Lernorte vor- und nachbereitet werden.

Auf unserer Homepage (*www.ccbuchner.de*) bieten wir Filmausschnitte zu Ereignissen, die in diesem Buch behandelt werden (**„Geschichte in Clips"**). Dazu muss in das Suchfeld unserer Internetseite der im Buch genannte Code eingegeben werden.

Auf den **Zusammenfassungs- und Vertiefungsseiten** der Rubrik **Perspektive Abitur** befinden sich zum Abschluss jedes Großkapitels themen- und fächerübergreifende Arbeitsaufträge, mit denen sich die erworbenen Kompetenzen überprüfen lassen. Literatur- und Internettipps regen zu Recherchen an und unterstützen bei der Prüfungsvorbereitung.

Abschließend werden unter der Rubrik **Klausurtraining** Hinweise für das systematische Vorgehen bei der Bearbeitung einer Klausur gegeben. Am Beispiel einer Übungsaufgabe mit Lösungsvorschlägen kann das erworbene Wissen angewendet und überprüft werden.

Inhalt

Die moderne Welt und ihre Krisen: Demokratie und Diktatur

Demokratie und Diktatur in der Zwischenkriegszeit in Europa

Die Weimarer Republik: das Scheitern der ersten deutschen Demokratie

Nationalsozialistische Gewaltherrschaft

Die bipolare Welt nach 1945

Konflikt und Konfliktlösung im Kontext des Ost-West-Gegensatzes

Ereignis und Struktur am Beispiel der doppelten deutschen Geschichte

Anhang

Geschichte In Clips:

Auf unserer Hompage (www.ccbuchner.de) befinden sich Filmausschnitte zu Ereignissen, die in diesem Buch behandelt werden. Geben Sie dazu in das Suchfeld unserer Internetseite den im Buch genannten Clip-Code ein.

Als der Erste Weltkrieg 1918 endete, war das alte Europa zerstört. Im Frieden stellte sich die Aufgabe des Wiederaufbaus. Kriegsschäden waren zu beheben, Kriegsschulden zu bezahlen, Arbeit zu beschaffen, staatliche Ordnungen wiederherzustellen. Das Elend und das Sterben im Krieg hatten die Massen in Europa politisiert. Geprägt von der Erfahrung des Krieges, vertrauten sie darauf, dass Gewalt und nationale Stärke die Wegweiser in eine bessere Zukunft seien. Die alten und neuen Demokratien konnten solche Erwartungen nur schwer erfüllen, denn ihre abwägenden Entscheidungen resultierten aus Wahlen und Kompromissen.
In Russland hatte schon 1917 eine kommunistische Diktatur die Republik beseitigt. Die Kommunisten waren überzeugt, mit der gewaltsamen Abschaffung des Privateigentums alle Probleme zu lösen. Sie und die Nationalisten gewannen seit 1919 in Europa mehr und mehr Wähler und Anhänger, vor allem in wirtschaftlichen Krisenzeiten. Die alten parlamentarischen Demokratien in Frankreich und England hatten demzufolge häufige Regierungswechsel zu verkraften, aber auch Währungs- oder Vermögenszerfall und Streiks. Die 1918/19 begründeten jungen Demokratien, so in Italien, Polen, Ungarn und Deutschland, wurden von national-faschistischen Bewegungen beseitigt. Autoritäre Staatsordnungen waren schließlich in Europa vorherrschend.
Die Deutschen dagegen entschieden sich erstmals in ihrer Geschichte für die Demokratie. Die 1919 geschaffene Weimarer Republik hatte neben den Kriegsfolgen den Versailler Vertrag zu bewältigen, den die nationale Rechte als schlimme Schmach anprangerte. Von Anfang an wurde die Republik durch Streiks, politische Morde und Aufstände zerrüttet; 1923 vernichtete die Inflation das Geldvermögen der Bürger. Danach trat eine Beruhigung ein. Die Arbeitslosigkeit sank, Produktion und Konsumniveau stiegen an und die radikalen Parteien, d.h. die nationale Rechte wie die Kommunisten, verloren Mitglieder und Wähler. Als 1929 die Weltwirtschaftskrise ausbrach, kamen Not und Arbeitslosigkeit jedoch mit einem Schlag und mit voller Wucht zurück. Die Parteien leisteten immer weniger konstruktive Regierungsarbeit, die Republikfeinde gewannen bei jeder Wahl hinzu. Bürger aller Schichten, denen die Weimarer Demokratie überwiegend fremd geblieben war, setzten ihre Hoffnung nun auf eine nationale oder kommunistische Diktatur.
Die nationale Diktatur begann, als Adolf Hitler am 30. Januar 1933 Reichskanzler wurde. Verbände und Behörden verloren ihre Selbstständigkeit. In den Jugendorganisationen der NSDAP wurden Jungen und Mädchen als Gefolgsleute des „Führers" bzw. zukünftige treu sorgende Mütter erzogen. Die Grundrechte des Einzelnen wurden missachtet, oppositionelle Parteien und Zeitungen verboten. Die Deutschen sollten nicht mehr Bürger, sondern eine „Volksgemeinschaft" unter einem „Führer" sein. Ein radikaler Antisemitismus durchdrang den Nationalsozialismus. Rassengesetze, die Entrechtung und Vertreibung der Juden sowie der Sinti und Roma waren Etappen auf dem Weg zum Massenmord des „Holocaust", dem bis 1945 über sechs Millionen Menschen zum Opfer fielen. Von Anfang plante Hitler einen Krieg, damit die vermeintliche deutsche „Herrenrasse" den ihr zustehenden „Lebensraum im Osten" Europas erobern konnte. Er begann 1939 mit dem Überfall auf Polen und wurde 1941/42 mit dem Angriff des Reiches auf die Sowjetunion zum Weltkrieg, der Europa verwüstete und am Ende auch Deutschland.

Die moderne Welt und ihre Krisen: Demokratie und Diktatur

Demokratie und Diktatur in der Zwischenkriegszeit in Europa

◂ **Der „Duce" Benito Mussolini (1. Reihe links) und der „Führer" Adolf Hitler begrüßen ihre Anhänger während einer Kundgebung in Rom.**
Foto (Ausschnitt) vom Mai 1938.
Der Staatsbesuch Hitlers in Italien führte zu einer weiteren Vertiefung der Zusammenarbeit zwischen beiden Ländern. Neben Hitler stehen König Viktor Emanuel III. und seine Frau, links hinter ihm Joachim von Ribbentrop, seit Februar 1938 Außenminister des Deutschen Reiches, daneben Joseph Goebbels, Leiter des „Reichsministeriums für Volksaufklärung und Propaganda", sowie Rudolf Heß, seit 1933 „Stellvertreter des Führers".

Kriegsende und Revolution

1917 – Wladimir Iljitsch Lenin stürzt mit der Oktoberrevolution die parlamentarische Demokratie in Russland, die im Februar 1917 nach der Abdankung des Zaren eingeführt worden ist.

3.3.1918 – Deutschland schließt in Brest-Litowsk einen Separatfrieden mit Sowjetrussland.

7.10.1918 – Wiedererrichtung eines unabhängigen polnischen Staates.

1919 – In Ungarn gründet Béla Kun im März eine Räterepublik nach sowjetischem Vorbild.

Chaos und Prosperität in den 1920er-Jahren

1918-1921 – Bürgerkrieg und „Kriegskommunismus" in Sowjetrussland.

1.3.1920 – In Ungarn wird Miklós Horthy zum „Reichsverweser" gewählt.

1922 – Gründung der Union der Sozialistischen Sowjetrepubliken (UdSSR). Im Oktober wird Benito Mussolini nach dem „Marsch auf Rom" italienischer Ministerpräsident.

1923 – In Spanien bringt ein Staatsstreich General Miguel Primo de Rivera an die Macht.

1924 – Lenin stirbt, Josef Stalin übernimmt die Macht in der Sowjetunion.

12.-15.5.1926 – Staatsstreich Józef Piłsudskis in Polen. Im Oktober wird er Ministerpräsident des Landes; ein halbautoritäres Herrschaftssystem entsteht.

Oktober 1929 – Die Weltwirtschaftskrise beginnt. In Großbritannien erreicht die Arbeitslosigkeit 1932 mit 22,7 Prozent ihren Höhepunkt.

Krisen, Krieg und Terror in den 1930er-Jahren

1931 – Miguel Primo de Rivera dankt ab, am 14. April wird die Spanische Republik gegründet.

seit 1931 – Wirtschaftliche, politische und soziale Krise in Frankreich.

Oktober 1932 – In Großbritannien gründet Oswald Mosley die „British Union of Fascists".

6.2.1934 – Großdemonstration der rechtsextremen Ligen in Paris, 15 Personen sterben.

1936 – „Volksfront"-Regierung in Frankreich. Deutschland und Italien schließen einen Geheimvertrag, aus dem sich die „Achse Berlin – Rom" entwickelt.

1936-1939 – Spanischer Bürgerkrieg, General Francisco Franco übernimmt die Macht in Spanien.

1938/39 – Höhepunkt des „Großen Terrors" in der UdSSR: Gegner Stalins werden ermordet.

23.8.1939 – „Hitler-Stalin-Pakt": Die Sowjetunion und das Deutsche Reich teilen Ostmitteleuropa in zwei Interessensphären auf.

Der Erste Weltkrieg als historischer Wendepunkt Im Ersten Weltkrieg hatten sich die Mittelmächte (Deutsches Reich, Österreich-Ungarn, Osmanisches Reich, Bulgarien) und die Mächte der Entente (Frankreich, Großbritannien, Russisches Reich und Verbündete) unversöhnlich gegenübergestanden. Am Ende hatten zuerst der russische Zar, dann die Herrscher Österreich-Ungarns und Deutschlands ihre Krone verloren. Aber der Krieg begünstigte nicht nur den Umsturz traditioneller Herrschaftsformen, sondern führte auch den Zusammenbruch des alten europäischen Staatensystems herbei. Deutschland, bisher Hauptmacht Mitteleuropas, musste sich dem Diktat der Sieger beugen; das alte Österreich-Ungarn löste sich in eine Reihe von Kleinstaaten auf; Russland musste die nichtrussischen Randgebiete in Ostmitteleuropa abtreten. Auch die europäischen Siegermächte hatten im Krieg schwer gelitten und verloren an Einfluss auf die Weltpolitik. Europa hatte seinen Führungsanspruch in der Welt verspielt.

Historiker sehen im Jahr 1917 den Beginn einer neuen Epoche: Die USA gaben ihre Tradition des Isolationismus auf und traten als künftige Weltmacht in Erscheinung; das Eingreifen Amerikas auf den Schlachtfeldern Europas entschied endgültig über Sieger und Besiegte. Das bolschewistische Russland zählte am Ende des Krieges zunächst nicht mehr zu den Weltmächten. Und doch sollten die von Lenin durchgesetzte neue politische Ordnung und der Aufbau eines neuen Gesellschaftssystems weltgeschichtliche Bedeutung erlangen und den Grundstein für den Kalten Krieg legen. Stärker als zuvor bestimmten nun ideologische Gegensätze die Beziehungen der Staaten.

Nach 1920 und stärker noch nach 1929 geriet in den meisten europäischen Staaten das System der liberalen Demokratie in eine Krise. In Mittel- und Ostmitteleuropa wandelten sich Monarchien zu parlamentarischen Demokratien, auch die neugegründeten Länder der Region wählten zumeist diese Staatsform. In den Verliererstaaten des Ersten Weltkrieges und auch in Italien, das sich immer weniger als Siegermacht fühlte, gerieten die Demokratien unter Druck. Rechtsextreme und faschistische Bewegungen entstanden. Während diese aber in den gefestigten Verfassungsstaaten (England, Frankreich, Belgien etc.) in der Minderheit blieben, konnten sie in jüngeren Demokratien im Verlauf der 1920er- und 30er-Jahre die Macht an sich reißen. Autoritäre Regierungsformen entstanden (mit Ausnahme der Tschechoslowakei) von Estland bis Griechenland überall in Ostmittel- und Südosteuropa, aber auch in Spanien und Portugal. Am Vorabend des Zweiten Weltkrieges waren also alle nach 1918 neu entstandenen parlamentarischen Demokratien in Europa wieder zusammengebrochen.

Die autoritären Herrscher stützten sich auf die traditionellen Eliten des Landes, auf die Armee und die Kirchen. Ihre Ideologie war von Hierarchiedenken, Nationalismus, Militarismus und Antikommunismus geprägt. Auch der Faschismus übernahm diese ideologischen Elemente, jedoch unterschied er sich vom klassischen konservativ-nationalistischen Denken. Denn die Faschisten bemühten sich, durch antiparlamentarische, antikommunistische und antimoderne Propaganda eine Massenbewegung zu bilden, die einer nationalen Führerfigur folgte. Als folgenreich sollte sich erweisen, dass die Bandbreite faschistischer Ideen derart weit gefasst war, dass sich auch konservativ-bürgerliche Schichten mit dieser Massenbewegung identifizieren konnte.

- *Welche politischen Ideologien prägten Europa in der Zwischenkriegszeit und wodurch waren diese Ideologien gekennzeichnet?*
- *Wie wirkte sich die Umsetzung dieser Ideologien auf das Leben der Menschen aus?*
- *Wo liegen die Unterschiede zwischen autoritären und faschistischen Regimen im Europa der Zwischenkriegszeit?*

Die Krise der Demokratie in Frankreich und Großbritannien

▸ **Die Krise der europäischen Demokratie 1922-1938.**

Dritte Republik: Die Erste Republik wurde während der Französischen Revolution 1792 ausgerufen und endete mit der Krönung Napoléon Bonapartes zum Kaiser im Jahre 1804. Die Zweite Republik wurde während der Revolution von 1848 in Frankreich proklamiert. Sie existierte bis 1852, als Napoléon III. den Kaisertitel annahm. Die Dritte Republik bestand in Frankreich zwischen 1870 und 1940.

Die Folgen des Ersten Weltkrieges Die Französische Republik und das Vereinigte Königreich von Großbritannien gingen als Sieger und damit scheinbar gestärkt aus dem Ersten Weltkrieg hervor. Besonders in Frankreich mussten die Gegner der **Dritten Republik** anerkennen, dass auch ein demokratisch verfasster Staat das Deutsche Kaiserreich niedergerungen hatte. Die französischen Monarchisten hatten es seitdem deutlich schwerer zu behaupten, dass eine Monarchie der Demokratie überlegen sei. Die Ausgangslage war also ganz anders als in Deutschland, wo die Weimarer Republik aus der Niederlage geboren war.

Doch stellte die Umstellung von einer Kriegs- auf eine Friedenswirtschaft Frankreich und Großbritannien vor große Herausforderungen. Heftige Arbeiterstreiks erschütterten beide Länder in den Jahren nach dem Krieg. Einzelne Zugeständnisse, so die Einführung des Acht-Stunden-Arbeitstages in Frankreich und Großbritannien 1919 (zeitgleich auch in Deutschland), halfen jedoch wenig, da es kaum zu Lohnerhöhungen kam. Die Gewerkschaften wurden vielfach als Kämpfer für einen revolutionären Umsturz angesehen, gegen die die Regierung hart vorging.

Innenpolitische Kämpfe Großbritannien wurde ebenso wie Deutschland massiv von der *Weltwirtschaftskrise** betroffen. Die Arbeitslosigkeit, die seit 1921 konstant über zehn Prozent lag, erreichte 1932 mit 22,7 Prozent ihren Höhepunkt (im Deutschen Reich

* Siehe S. 78 f.

wurden im gleichen Jahr 30,1 Prozent Arbeitslose registriert). Die Ausgaben für die Arbeitslosenversicherung stiegen sprunghaft an. Premierminister **James Ramsay MacDonald** plante deshalb eine Kürzung der Arbeitslosenunterstützung, um einen drohenden Staatsbankrott abzuwenden. Seine Partei, die britische Arbeiterpartei *(Labour Party)*, die im Jahr 1900 gegründet worden war, stellte er dabei vor vollendete Tatsachen. Diese rebellierte jedoch gemeinsam mit den Gewerkschaften und schloss MacDonald aus der Partei aus.

Die Situation erinnert sehr an die Entwicklung in Deutschland im Jahre 1930, als Reichskanzler *Hermann Müller** zum Rücktritt gezwungen wurde, da die SPD-Reichstagsfraktion eine Erhöhung der Beiträge zur Arbeitslosenversicherung nicht mittragen wollte. Eine weitere Verelendung der Menschen, die Kurzarbeit leisteten und von ihrem Lohn kaum überleben konnten, erschien der SPD untragbar. In Deutschland wurde damit das schleichende Ende der *Weimarer Republik* eingeleitet. In Großbritannien konnte sich das parlamentarische System hingegen weiterhin behaupten. Hierzu trug auch das britische **Mehrheitswahlrecht** bei, das große Parteien bevorzugt und extremistischen Gruppierungen weniger Chancen einräumt. So gelang es MacDonald, der von König *Georg V.* nach seinem Parteiausschluss den Auftrag zur Bildung einer neuen Regierung, dem „Nationalen Kabinett", erhalten hatte, die innenpolitische Situation Großbritanniens bis auf Weiteres zu stabilisieren.

Im September 1931 hob die britische Regierung als Reaktion auf die Weltwirtschaftskrise die Bindung des Pfunds an den **Goldstandard** auf und wertete die Währung ab. Damit wurden britische Exporte auf dem Weltmarkt wieder günstiger, weshalb sich die Wirtschaft ab Sommer 1932 zu erholen begann. Der britische Abschied vom Goldstandard hatte jedoch für andere Staaten, so für Deutschland, verheerende Auswirkungen. Aus Angst vor einer erneuten *Inflation* wurde die Deutsche Reichsmark nicht abgewertet. Dadurch hätten sich auch die deutschen Auslandsschulden unverhältnismäßig erhöht. Die relativ teure Reichsmark hatte aber negative Konsequenzen für die deutschen Exporte, die zwischen 1931 und 1932 um 30 Prozent fielen.

Frankreich in der Krise der 1930er-Jahre ■ Frankreich war von der Weltwirtschaftskrise anfangs nicht so stark betroffen wie Deutschland und Großbritannien, da das Land noch weitgehend durch seinen landwirtschaftlichen Sektor sowie kleine und mittlere Betriebe geprägt war. Die Krise auf den Weltmärkten hatte erst einmal kaum Bedeutung, vorerst flossen sogar bedeutende Geldströme von den krisenhaften Finanzzentren New York und London nach Paris. Anders als Großbritannien hielt Frankreich noch bis 1936 am Goldstandard fest. Nach der Abwertung des britischen Pfunds 1931 verteuerten sich französische Waren. Zwischen 1929 und 1932 halbierte sich deshalb der französische Export. Die Weltwirtschaftskrise begann sich nun auf Frankreich auszuwirken, wenn auch lange nicht so massiv wie auf Deutschland oder Großbritannien. So stieg etwa die französische Arbeitslosigkeit nur auf maximal 16 Prozent (1935). Doch sollte die Weltwirtschaftskrise in Frankreich bis zum Beginn des Zweiten Weltkrieges nicht völlig überwunden werden.

Die wirtschaftliche Krise weitete sich aber rasch zu einer politischen und sozialen Krise aus. Ebenso wie in Deutschland war es auch in Frankreich kaum möglich, eine stabile Regierungsbildung zu garantieren. Zwischen Januar 1931 und Februar 1934 wurden zehn verschiedene Kabinette gebildet. Jedoch sollte die Instabilität der Dritten Republik nicht überschätzt werden, da die Regierungen zumeist aus ähnlichen Mitglie-

James Ramsay MacDonald (1866-1937): britischer Politiker der Labour-Partei, geboren in Schottland, von Januar bis November 1924, von 1929 bis August 1931 und von Oktober 1931 bis Mai 1935 Premierminister des Vereinigten Königreiches

Mehrheitswahlrecht: Beim Mehrheitswahlrecht wird derjenige Kandidat in einem Wahlkreis in das Parlament entsandt, der bei einer Wahl die meisten Stimmen erhalten hat – selbst wenn er nur eine Stimme Vorsprung hätte. Die Stimmen, die für die unterlegenen Kandidaten abgegeben wurden, verfallen. Es erscheint deshalb wenig sinnvoll, für extremistische Parteien zu stimmen, da diese kaum ihren Kandidaten in das Parlament entsenden können.

Goldstandard: Ist eine Währung an den Goldstandard gebunden, so garantiert die Zentralbank dafür, dass eine Banknote jederzeit in Gold umgetauscht werden kann. Hierzu hortet die Zentralbank große Mengen an Gold. Heute verfügen die Zentralbanken zwar auch noch über Goldreserven, jedoch basiert das Vertrauen in die Währung auf dem Glauben, dass die Wirtschaftskraft eines Landes dafür sorgen wird, dass es nicht zu einem Verfall der Währung kommt.

* Siehe S. 80.

dern gebildet wurden. Anders als in Deutschland in der Zeit der *Präsidialkabinette** war weiterhin eine Regierungsbildung möglich, die über eine parlamentarische Mehrheit verfügte.

▸ Demonstration gegen den Faschismus von Anhängern der Kommunistischen Partei in Paris.
Foto vom Juli 1934.
Die Demonstration rechtsextremer Ligen in Paris am 6. Februar 1934 wurde von der französischen Linken als der Versuch gedeutet, die parlamentarische Demokratie zu beseitigen. Sozialisten und Kommunisten schlossen daraufhin im Juli 1934 einen „Aktionspakt gegen den Faschismus".

Rechtsextremismus in Frankreich Die Unzufriedenheit von Teilen der Bevölkerung mit der politischen und wirtschaftlichen Situation führte in Frankreich dazu, dass rechtsextreme Gruppierungen massiv Zulauf erhielten. Diese bildeten sich zumeist aus ehemaligen Frontkämpferbünden, den Ligen, die – wie der **Stahlhelm** in Deutschland – für die Errichtung eines autoritär geführten Staates kämpften.

In anderen europäischen Staaten waren autoritäre Gruppen bereits kurz nach Ende des Ersten Weltkrieges an die Macht gekommen, so in Italien, wo sich der *Faschismus* entwickelt hatte und das liberale System Anfang der 1920er-Jahre durch eine faschistische Diktatur ersetzt wurde (▸ M1). In Frankreich erlangte der Frontkämpferbund *Croix de Feu* (Feuerkreuz), der 1927 gegründet wurde und bis 1936 auf zwei bis drei Millionen Mitglieder anwuchs, unter den Ligen die größte Bedeutung. Gemeinsam mit anderen rechtsextremen, paramilitärischen und faschistischen Verbänden organisierte die Croix de Feu am 6. Februar 1934 eine Großdemonstration in Paris. Anlass war die Verstrickung von linksliberalen Politikern und Regierungsmitgliedern in einen Finanzskandal. Kurz zuvor war auch noch der Polizeipräsident von Paris, *Jean Chiappe*, dessen Sympathien zur extremen Rechten bekannt waren, von der linksliberalen Regierung unter Ministerpräsident **Édouard Daladier** entlassen worden. Dies war für die rechtsextremen Ligen der Anlass, auf die Straße zu gehen. Am Abend des 6. Februar 1934 marschierten 30 000 Demonstranten, darunter viele ehemalige Frontkämpfer, zum französischen Parlament. Dabei kam es zu Zusammenstößen mit der Polizei, 15 Tote und über 1500 Verletzte waren zu beklagen. Zwar hatten die rechtsextremen Ligen wohl nicht die Absicht, das Parlament zu stürmen, um das parlamentarische System

Stahlhelm: Der Stahlhelm wurde im Dezember 1918 gegründet. Ihm konnten alle ehemaligen Soldaten des Ersten Weltkrieges beitreten. 1930 hatte der Verband, der ab 1928 der Weimarer Republik gegenüber immer feindlicher eingestellt war, etwa eine halbe Million Mitglieder. Dem demokratisch geprägten „Reichsbanner Schwarz-Rot-Gold" gehörten zur gleichen Zeit etwa drei Millionen Mitglieder an.

Édouard Daladier (1884-1970): französischer Politiker des linksliberalen Parti Radical Socialiste, Januar bis Oktober 1933, Januar/Februar 1934 und April 1938 bis März 1940 französischer Ministerpräsident

* Siehe S. 80.

abzuschaffen. Es ist aber denkbar, dass sich die Nacht des 6. Februar 1934 anders entwickelt hätte, wenn die Polizei den Demonstrationszug nicht hätte stoppen können. Niemand weiß, welche Dynamik entstanden wäre, wenn die Rechtsextremen in das Parlament eingedrungen wären.

So erreichte die französische Rechte nur den Sturz der Regierung. Das Kabinett Daladier trat am 7. Februar 1934 zurück. Die sozialistische und die kommunistische Partei sowie verschiedene französische Gewerkschaften reagierten jedoch und organisierten wenige Tage später eine Großdemonstration gegen die Bedrohung durch die rechtsextremen Ligen. Die Republik wurde somit aktiv verteidigt – sogar von der eigentlich republikfeindlichen kommunistischen Partei. In Deutschland gab es im Jahr zuvor kaum Verteidiger der Weimarer Republik. Dort hatte sogar die KPD-Führung in Einklang mit der **Kommunistischen Internationale** die Losung ausgegeben, die SPD sei ein schlimmerer Feind als die NSDAP, während ein Regime unter dem Reichskanzler *Adolf Hitler** in absehbarer Zukunft die proletarische Revolution auslösen würde (▸ M2).

Französische Sozialisten und Kommunisten hatten aber nun vor Augen, wie brutal das nationalsozialistische Regime mit den Anhängern von SPD und KPD in Deutschland umging. Tausende Parteimitglieder und Sympathisanten, darunter auch Juden, waren in den Jahren 1933 und 1934 in „Schutzhaft" genommen und in Konzentrationslager eingewiesen worden. Die Motivation, ideologische Differenzen zu überwinden, war also sehr groß – insbesondere nach dem Schrecken des 6. Februar 1934. Die gemeinsame Demonstration war der Auftakt für eine längerfristige politische Zusammenarbeit der französischen Linken. Die Wahlen 1936 konnten Sozialisten und Kommunisten dann mit einem Wahlbündnis, der sogenannten *Volksfront*, gewinnen. Unter dieser Regierung, die von *Léon Blum* geführt wurde und bis April 1938 Bestand hatte, wurden die rechtsextremen Ligen schließlich verboten.

Kommunistische Internationale: 1864 schlossen sich Arbeiterparteien und -verbände aus verschiedenen Ländern zur „Internationale" zusammen. Diese löste sich zwar 1876 auf, konnte aber zwischen 1889 und 1914 als „Zweite Internationale" erneut gebildet werden. Nach der Oktoberrevolution in Russland bildeten die kommunistischen Parteien 1919 unter der Führung Moskaus die „Kommunistische Internationale".

Oswald Mosley (1896-1980): britischer Politiker, 1932 Gründer der faschistischen Partei British Union of Fascists, 1940 bis 1945 in Großbritannien interniert bzw. unter Hausarrest gestellt

Die extreme Rechte in Großbritannien ■ Das Protestpotenzial konnte in Großbritannien weit weniger als in Deutschland und Frankreich von rechtsextremen Bewegungen mobilisiert werden. Es gab aber eine Reihe derartiger Organisationen. Die wohl bedeutendste war die *British Union of Fascists*, die von **Oswald Mosley** im Oktober 1932 gegründet wurde und bald 50 000 Mitglieder zählte (▸ M3). Vorbild dieser Bewegung war das faschistische Italien, nach einem Treffen Mosleys mit Hitler 1935 auch das nationalsozialistische Deutschland. Trotz einer teilweise massiven publizistischen Unterstützung durch auflagenstarke Zeitungen wie Daily Mail oder Daily Express schockierten die gewaltsamen Auseinandersetzungen der Schwarzhemden Mosleys mit der politischen Linken die britische Öffentlichkeit. Der British Union of Fascists gelang es – anders als der NSDAP in Deutschland – jedoch nicht, gewaltbereite Massen an sich zu binden und gleichzeitig durch scheinbare Mäßigung bürgerliche Kreise nicht zu verschrecken.

▲ Oswald Mosley begrüßt während einer Demonstration Anhänger der „British Union of Fascists" in der Royal Mint Street im Londoner Eastend.
Foto vom 4. Oktober 1936.
Den ca. 3 000 Anhängern der „British Union" standen etwa 250 000 Gegendemonstranten gegenüber, darunter viele Kommunisten, Mitglieder der britischen Gewerkschaften und Arbeiter sowie jüdische Einwohner des Eastend. Die gewaltsamen Auseinandersetzungen zwischen Faschisten und Gegendemonstranten an diesem Tag sind als „Schlacht in der Cable Street" in die Geschichte eingegangen.

* Siehe S. 60.

▲ **„In der Stunde der Gefahr ... Franzosen, wisset um all das Übel, das uns die Juden antun. [...] Frankreich den Franzosen!“**
Antisemitisches Propagandaplakat des französischen Antijüdischen Komitees, abgedruckt in der Zeitung „La Libre Parole“, 1930er-Jahre.

Die extreme Rechte in Großbritannien konnte aber auch schon allein deshalb weniger Anhänger mobilisieren, da sie nicht zur Einführung einer Monarchie oder eines autoritären Regimes aufrufen konnte – in Großbritannien bestand ja bereits eine Monarchie. Das britische Königshaus besaß damit eine Integrationskraft, der sich auch die extreme Rechte nicht entziehen konnte. Die Radikalität der Forderungen war also deutlich begrenzt und beschränkte sich auf eine Zurückdrängung des parlamentarischen Systems zugunsten des Königs. In Deutschland und Frankreich hingegen konnten mit dem Aufruf zum Sturz der Republik weit leichter Massenbewegungen entstehen.

Die extreme Rechte in Frankreich und Großbritannien und der Nationalsozialismus ■ Besonders in Frankreich hatten die Rechtsextremen ein sehr gespaltenes Verhältnis zum *Nationalsozialismus*. Einerseits wurde Deutschland immer noch als Erbfeind wahrgenommen, gegen den man sich wappnen müsse. Andererseits schauten französische Rechtsextreme mit Bewunderung über den Rhein, wurde doch in Deutschland scheinbar in die Tat umgesetzt, was sie sich auch selbst erträumten. Ideologische Überschneidungen gab es insbesondere beim *Antiparlamentarismus* und *Antikommunismus* sowie in der Forderung nach Errichtung eines autoritär geführten Staates (▸ M4/M5).

Im Verlauf der 1930er-Jahre kam es vor allem bei jüngeren französischen Rechtsextremen zu einer engen Zusammenarbeit mit jüngeren Nationalsozialisten. Der 1935 gegründeten *Deutsch-französischen Gesellschaft* (Comité France-Allemagne) gehörten rechtsextreme Politiker, Journalisten und Schriftsteller an. Nach der Besetzung Frankreichs durch das Deutsche Reich 1940 sollten viele dieser alten deutsch-französischen Kontakte reaktiviert und Grundlage der französischen Kollaboration mit Deutschland werden. Mitglieder des Comité France-Allemagne wurden in wichtige Positionen des halbautonomen autoritären französischen **Vichy-Regimes** berufen, das während der deutschen Besatzungszeit entstand.

Vichy-Regime: Nach dem Einmarsch deutscher Truppen in Frankreich im Mai 1940 wurde am 22. Juni 1940 ein deutsch-französischer Waffenstillstand geschlossen. In der Folge übertrug das französische Parlament Marschall Philippe Pétain, dem Nationalhelden des Ersten Weltkrieges (Schlacht von Verdun), umfassende Befugnisse. Pétain nutzte diese, um einen autoritären Staat aufzubauen. Da Paris von deutschen Truppen besetzt war, wurde der Regierungssitz nach Vichy in der unbesetzten Zone im Süden Frankreichs verlegt. Pétain regierte das Land bis zur Befreiung Frankreichs 1944.

Die britische extreme Rechte war weniger antideutsch ausgerichtet. Selbst konservative Zeitungen wie die „Times“ und der „Daily Telegraph“ berichteten wohlwollend über den militanten Antikommunismus des Nationalsozialismus. Großbritannien hatte weniger Sorge als Frankreich vor einem erstarkenden Deutschland. Die britische Regierung war sogar der Ansicht, dass man nach dem Ersten Weltkrieg zu hart mit dem Reich umgegangen und deshalb ein gewisses Maß an deutscher Wiederaufrüstung hinnehmbar sei. Damit hoffte man zugleich dem britischen Interesse zu dienen, da eine zu starke Stellung Frankreichs nicht vorteilhaft schien.

Letztlich glaubten die Regierungen in Frankreich und Großbritannien zu lange daran, einen Ausgleich mit Hitler finden zu können. Ein erneuter Krieg mit Deutschland sollte unbedingt vermieden werden (der britische Betriff für diese Form der Beschwichtigungspolitik lautet *Appeasement Policy**), weshalb man zu weitgehenden Zugeständnissen an Hitler bereit war. Nach Abschluss des *Münchener Abkommens*** Ende September 1938 war deshalb der Jubel in der Bevölkerung Frankreichs und Großbritanniens groß.

* Siehe S. 124 f.
** Siehe S. 126 und 157.

M1 Was ist Faschismus?

Der Faschismus-Begriff wird diskutiert, seitdem es ihn gibt. Über eine passende Definition und über die Frage, ob ein allgemeiner Faschismusbegriff angesichts der verschiedenartigen Ideologien überhaupt möglich ist, sind sich die Historiker bis heute nicht einig. Einige Definitionsversuche werden im Folgenden vorgestellt.

a) Der Historiker Ernst Nolte prägt Anfang der 1960er-Jahre einen Gattungsbegriff des Faschismus, aus dem er in seinen späteren Werken eine Art „faschistisches Minimum" entwickelt. Er beschränkt den europäischen Faschismus auf wesentliche Elemente:

Weder der Antiparlamentarismus noch der Antisemitismus ist geeignet, das Kriterium des Begriffs Faschismus zu bilden. Ganz unpräzis wäre nicht minder eine Kennzeichnung als Antikommunismus, offenkundig irreführend aber wäre eine Definition, die dieses fundamentale Merkmal nicht genügend betonte oder gar ganz fortließe. Aber auch der identifizierenden Auffassung muss ihr Recht widerfahren. Daher liegt es nahe zu sagen:
Faschismus ist Antimarxismus, der den Gegner durch die Ausbildung einer radikal entgegengesetzten und doch benachbarten Ideologie und die Anwendung von nahezu identischen und doch charakteristisch umgeprägten Methoden zu vernichten trachtet, stets aber im undurchbrechbaren Rahmen nationaler Selbstbehauptung und Autonomie.
Diese Wesensbestimmung impliziert: dass es ohne Marxismus keinen Faschismus gibt, dass der Faschismus dem Kommunismus zugleich ferner und näher ist als der liberale Antikommunismus, dass er notwendig mindestens die Tendenz zu einer radikalen Ideologie aufweist, dass überall da von Faschismus nicht gesprochen werden sollte, wo nicht wenigstens Ansätze zu einer der „marxistischen" vergleichbaren Organisation und Propaganda vorhanden sind.

b) Der Amerikaner Stanley Payne, einer der bedeutendsten Faschismusforscher unserer Zeit, hat sich in seiner Faschismusdefinition auf Nolte berufen und in seinem Werk „A History of Fascism 1914-45" Mitte der 1990er-Jahre folgende Kennzeichen herausgearbeitet:

A. Ideologie und Ziele:
[...]
Errichtung eines neuen nationalistisch autoritären Staats, der nicht auf traditionellen Prinzipien oder Modellen beruht; Organisierung einer neuen intensiv geregelten, sich auf mehrere Klassen stützenden, integrierten nationalen Wirtschaftsstruktur, [...]; positive Bewertung von Gewalt und Krieg sowie deren Einsatz oder die Bereitschaft dazu; Anstreben eines Kolonialreichs, einer Expansion oder eines radikalen Wandels in den Beziehungen der Nation zu anderen Mächten.

B. Die faschistischen Negationen:
Antiliberalismus;
Antikommunismus;
Antikonservatismus [...].

C. Stil und Organisation:
Versuch einer Massenmobilisierung, zugleich Militarisierung der politischen Beziehungen und des politischen Stils, Ziel einer Parteimiliz als Massenorganisation; Betonung der ästhetischen Struktur von Versammlungen, Symbolen und politischer Liturgie, [...]; extreme Betonung des maskulinen Prinzips und männlicher Herrschaft [...]; Verherrlichung der Jugend, [...], spezifische Neigung zu einem autoritären, charismatischen, persönlichen Stil der Befehlsgewalt, unabhängig davon, ob diese anfangs bis zu einem gewissen Grad auf Wahl beruht oder nicht.

c) Im Gegensatz zu Nolte und Payne plädiert der Historiker Wolfgang Wippermann im Jahr 2009 dafür, nicht weiter zu versuchen, einen faschistischen Idealtypus zu konstruieren, sondern vielmehr von einem Realtypus auszugehen, der vom italienischen Faschismus geprägt und repräsentiert wird:

Aufgrund dieser realtypischen Definition könnte solche Bewegungen und Regime als faschistisch bezeichnet werden, die wesentliche Gemeinsamkeiten mit dem namen- und stilbildenden italienischen Faschismus aufweisen. Dies gilt für das Erscheinungsbild der faschistischen Parteien und ihren politischen Stil sowie ihre Ideologie und die Form der Machtergreifung und Machtfestigung. Dies führte zu folgender Definition: Faschistische Parteien waren hierarchisch nach dem Führerprinzip gegliedert, verfügten über uniformierte und bewaffnete Abteilungen und wandten einen damals neuartigen und spezifischen politischen Stil an, wobei man auf Massenaufmärschen und -kundgebungen den jugendlichen und zugleich männlichen Charakter betonte und ihn mit pseudoreligiösen und gewaltbetonten Riten und Ritualen feierte. Im Mittelpunkt stand jedoch das Bekenntnis zur und die Ausübung von schrankenloser Gewalt gegen verschiedene und durchaus austauschbare „Feinde". In der Regel waren dies Kommunisten und Sozialisten sowie Juden und andere rassistisch stigmatisierte Minderheiten.
Diese Gewaltausübung wurde mit dem Hinweis auf eine Ideologie begründet, die mehr war als bloß verschleiernde Propaganda, sondern einen programmatischen Charakter

hatte. Die faschistische Ideologie setzte sich aus einem rassistischen Kern zusammen, um den sich weitere antisemitische, antimarxistische, antidemokratische, antifeministische und vor allem nationalistische Elemente gruppierten.
Zur Macht gelangten diese Parteien in der Situation eines politischen und sozialen Gleichgewichts durch einen Putsch oder ein Bündnis mit den konservativen Kräften, in dem sich die Faschisten aber gegenüber ihren konservativen Partnern durchsetzen und, gestützt auf ihre Parteiarmee und im Besitz der Exekutive, einen weitgehend totalen Staat errichten konnten.

Erster Text: Ernst Nolte, Der Faschismus in seiner Epoche. Die Action française, Der Italienische Faschismus, Der Nationalsozialismus, München 1963, Sonderausgabe [5]1979, S. 51 f.
Zweiter Text: Stanley Payne, Geschichte des Faschismus. Aufstieg und Fall einer europäischen Bewegung, München/Berlin 2001, S. 15
Dritter Text: Wolfgang Wippermann, Faschismus. Eine Weltgeschichte vom 19. Jahrhundert bis heute, Darmstadt 2009, S. 11 f.

1. *Arbeiten Sie heraus, in welchen Punkten sich die Definitionen gleichen und worin sie sich unterscheiden.*

2. *Bilden Sie im Anschluss daran drei Gruppen und führen Sie anhand der wesentlichen Thesen der Historiker Nolte, Payne und Wippermann ein Streitgespräch über die unterschiedlichen Ansätze zur Definition des Faschismusbegriffes. Diskutieren Sie dabei die Möglichkeiten und Grenzen einer solchen Definition.*

3. *Prüfen Sie, welche Vor- und Nachteile eine idealtypische und welche Vor- und Nachteile eine realtypische Begriffsdefinition hat.*

M2 Die Kommunistische Internationale und der Faschismus in Europa

Der Generalsekretär der Kommunistischen Internationale, der Bulgare Georgi Dimitroff (vgl. S. 312), erläutert am 2. August 1935 die Ausprägung des Faschismus in Europa. Grundlage seiner Überlegungen ist die marxistische Theorie, die davon ausgeht, dass es nach einer bürgerlichen Revolution und der Einführung der Republik wegen der Unterdrückung der Arbeiterklasse in einem nächsten Schritt zu einer Erhebung der Arbeiter kommen müsse. Dadurch könne dann die Diktatur des Proletariats etabliert werden.
Nach dem Sieg des Faschismus in Italien 1922 gingen die Marxisten davon aus, dass das Bürgertum die faschistischen Bewegungen gleichsam „erfunden" hätte, um die aufbegehrende Arbeiterklasse zu bekämpfen. Der Faschismus sei deshalb eine Form der bürgerlichen Herrschaft. Zugleich wurde die Sozialdemokratie beschuldigt, dem Bürgertum und dem Faschismus in die Hände zu arbeiten, da sie nicht mehr bedingungslos für eine Diktatur des Proletariats kämpfe, sondern die Demokratie sozial gestalten wolle. Dimitroff schreibt:

Unter den Verhältnissen der herrschenden schweren Wirtschaftskrise, der sich heftig verschärfenden allgemeinen Krise des Kapitalismus und der Revolutionierung der werktätigen Massen ging der Faschismus zum breiten Angriff über. Die herrschende Bourgeoisie sucht immer mehr ihre Rettung im Faschismus, um außerordentliche Beutezüge gegen die Werktätigen einzuleiten, einen imperialistischen Raubkrieg vorzubereiten, die Sowjetunion zu überfallen, China zu versklaven und aufzuteilen und durch alle diese Schritte die Revolution zu verhindern. [...]
Sie suchen dem Anwachsen der Kräfte der Revolution durch Zerschlagung der revolutionären Bewegung der Arbeiter und Bauern und durch einen bewaffneten Überfall auf die Sowjetunion, das Bollwerk des Weltproletariats, zuvorzukommen. Dazu brauchen sie den Faschismus. In einer Reihe von Ländern, darunter Deutschland, gelang es diesen imperialistischen Kreisen, dem Proletariat vor der entschlossenen Zuwendung der Massen zur Revolution eine Niederlage zu bereiten und eine faschistische Diktatur zu errichten.
Für den Sieg des Faschismus ist aber eben der Umstand bezeichnend, dass dieser Sieg einerseits die Schwäche des Proletariats zeigt, das durch die Spalterpolitik der Sozialdemokratie, durch ihren Klassenfrieden mit der Bourgeoisie desorganisiert und gelähmt war, er aber andererseits die Schwäche der Bourgeoisie selbst zum Ausdruck bringt, die die Kampfeinheit der Arbeiterklasse und die Revolution fürchtet und nicht mehr imstande ist, die Diktatur über die Massen mit den alten Methoden der bürgerlichen Demokratie und des Parlamentarismus aufrechtzuerhalten. Der herrschende Faschismus, Genossen, ist [...] eine unverhüllte terroristische Diktatur der extrem reaktionären, chauvinistischen und imperialistischen Elemente des Finanzkapitals. Die reaktionärste Spielart des Faschismus ist der Faschismus deutschen Typs. Er ist unverschämt genug, sich Nationalsozialismus zu nennen, ungeachtet dessen, dass er mit Sozialismus überhaupt nichts gemein hat.

Georgi Dimitroff, Ausgewählte Werke, Bd. 2, Sofia 1967, S. 605 f.

1. *Skizzieren Sie, in welchem Verhältnis nach Ansicht von Dimitroff das Entstehen des Faschismus und die scheinbar geschichtlich notwendige proletarische Revolution stehen.*

2. *Fassen Sie zusammen, welche Fehler der Arbeiterbewegung benannt werden, die einen Aufstieg des Faschismus ermöglichten. Gehen Sie dabei auch auf das Verhältnis von KPD und SPD in Deutschland am Ende der Weimarer Republik ein.*

3. *Stalin schrieb 1924, dass die Sozialdemokratie „der gemäßigte Flügel des Faschismus" sei. In der Faschismustheorie von Dimitroff wird dieses Urteil 1935 deutlich abgeschwächt. Untersuchen Sie die Entwicklung des kommunistischen Faschismusbegriffes und beachten Sie dabei die zentralen Einschnitte für die Modifikation dieses Begriffes, so die Etablierung des Faschismus in Italien 1922 und die Machtübernahme Hitlers 1933. Welche Lehren wurden daraus gezogen?*

M3 Faschismus in Großbritannien

Der Gründer der britischen faschistischen Bewegung (British Union of Fascists), Sir Oswald Mosley, hält die beiden großen Parteien in Großbritannien, die Arbeiterpartei (Labour Party) und die konservative Partei (Conservative Party), für unfähig, den britischen Staat zu regieren, wie er 1934 ausführt:

Die Arbeiterpartei hat in der politischen Praxis Versprechen in der Opposition gemacht, während sie aber in der Regierung Verrat und Flucht vor der Verantwortung betrieb. Der Konservativismus wiederum hat in der Politik einige Führungsinstrumente umgesetzt, so etwa Loyalität und Disziplin. Aber er hat diese großartigen Instrumente nicht verwendet, um Reformen umzusetzen, sondern um Reformen aufzuhalten. Der Konservativismus hat danach gestrebt, die Stabilität des Staates zu gewährleisten, indem jeglicher Wandel verhindert wurde. Und dies in einer Zeit, die große Veränderungen verlangt, wenn der Staat nicht dem Untergang oder der Entartung verfallen soll. Die Konservativen haben jeglichem Wechsel widerstanden, der im aktuellen politischen System notwendig wäre. Dies entspricht ihrer Tradition der Untätigkeit und steht im Einklang mit ihrem Gehorsam gegenüber fremden Finanzinteressen, von denen die konservative Partei dominiert wird. All dies gedeiht in der aktuellen Entartung des Staates.

Die Arbeiterpartei ist also gescheitert, weil sie zwar den Fortschritt wollte, jedoch Methoden angewendet hat, die ins Chaos führten. Der Konservativismus wiederum ist gescheitert, weil er sich dem Wandel widersetzt hat, obwohl dieser notwendig war. Dies hat letztlich zum gleichen Ergebnis wie bei der sozialistischen Bewegung geführt.

Der Faschismus verbindet die großartigen Prinzipien von Leben und Handeln in einem neuen und dynamischen Glauben an die moderne Zeit. Faschismus steht für einen revolutionären Wandel, aber er wendet dabei die Mittel an, durch die der notwendige Wandel im Zeichen von Ordnung und Autorität vollzogen werden kann. Führertum, Gehorsam, Disziplin und Entschlusskraft sind die großartigen Mittel, mit denen der Faschismus den Wandel durchsetzen wird, der die Armut und das Leid beenden und Großbritannien zu einem Führer unter den Nationen erheben wird. Der Faschismus findet sich in allen Ländern, so wie alle Ideologien der Vergangenheit, doch in Großbritannien wird er seine höchste Ausdrucksform und seine größte Entwicklungsstufe finden, da er in Großbritannien weit leichter angenommen wird als in allen anderen Ländern. Das Wesen des Faschismus ist der Gemeinsinn, die Kraft, gemeinsam zu handeln und Einzelinteressen zugunsten des Wohls des Staates zurückzustellen. Dies entsprach dem Wesen des britischen Charakters in jedem großen Augenblick unserer Geschichte.

Oswald Mosley, Blackshirt Policy, London 1934, S. 9 (übersetzt von Michael Mayer)

1. *Analysieren Sie, aus welchen Gründen Mosley die politischen Parteien in Großbritannien für gescheitert ansieht.*

2. *Erläutern Sie die Prinzipien, nach denen Mosleys faschistische Bewegung Großbritannien regieren würde.*

M4 Judenfeindschaft in Frankreich

a) Die antisemitische Zeitschrift „Je suis partout" fordert in zwei Sondernummern im April 1938 und Februar 1939 die Einführung eines „Judenstatuts" in Frankreich, um die Rechte der jüdischen Bevölkerung einzuschränken. Kurz nach der Besetzung des Landes durch deutsche Truppen führt die französische Vichy-Regierung am 3. Oktober 1940 ein derartiges „Judenstatut" ein, ohne auf eine entsprechende Anweisung der deutschen Besatzungsmacht zu warten. In der Ausgabe von 1938 heißt es:

Das Blut und der Geist der Juden sind noch niemals und werden auch niemals mit dem Blut und dem Geist einer anderen Nation verschmelzen. Wir wollen also mit unserer Forderung nach Einführung eines Judenstatuts den Juden ihre jüdische Nationalität zurückgeben. [...] Dieses Judenstatut beinhaltet notwendigerweise, dass den Juden die französische Staatsangehörigkeit und alle dazugehörigen politischen Rechte aberkannt werden. Juden müssen aus allen Posten in der französischen Verwaltung entfernt werden: Politik, Bildungsbereich (außer bei besonderen Fällen), Richterschaft, Armee. [...] Ohne ein offizielles Judenstatut ist die Judenfrage in Frankreich nicht lösbar.

b) Und knapp ein Jahr später schreibt „Je suis partout":

Der Antisemitismus ist keine deutsche Erfindung, er ist eine französische Tradition. Wir sind weit davon entfernt, die strengen Maßnahmen zu fordern, die unsere rauen Vorfahren gekannt haben. Unsere Schlussfolgerung ist aber immer noch die gleiche: Juden sollen als Angehörige einer fremden Nation wie Ausländer behandelt werden. Ihrer Einbürgerung soll die strengste Mauer entgegengehalten werden. Die Gesamtheit der Juden, die schon lange bei uns leben, soll wie eine Minderheit behandelt werden. Ein Minderheitenstatut soll die Juden genauso schützen, wie es uns vor ihnen schützt.

Erster Text: Je suis partout vom 15. April 1938, S. 3 (übersetzt von Michael Mayer)
Zweiter Text: Je suis partout vom 17. Februar 1939, S. 1 (übersetzt von Michael Mayer)

1. *Skizzieren Sie, welche Maßnahmen die französischen Antisemiten gegen die jüdische Bevölkerung in Frankreich ergreifen wollten.*

2. *Erläutern Sie, wie sich der rechtliche Status der jüdischen Bevölkerung in Frankreich durch die Einführung eines „Judenstatuts" verändern würde und welche Folgen dies für das alltägliche Leben hätte (Ausbildung, Berufswahl, gesellschaftlicher Status).*

3. *Diskutieren Sie die praktischen Folgen für die jüdische Bevölkerung, wenn diese ihre „jüdische Nationalität" zurückerhielte. Weshalb würden diese Menschen damit massiv diskriminiert werden? Lassen sich daraus Schlussfolgerungen ziehen, a) welches rassistische Weltbild vertreten wurde und b) wie die Frage der Integration oder Assimilation der Juden in die französische Gesellschaft bewertet wurde?*

M5 Ein Franzose schaut auf das nationalsozialistische Deutschland

Der Schriftsteller Maurice Betz veröffentlicht kurz vor Beginn des Zweiten Weltkrieges ein „Porträt Deutschlands", mit dem er die Franzosen über die aktuellen Entwicklungen im Nachbarland aufklären will. Ein Kapitel beschäftigt sich dabei mit der Frage von „Autorität":

Autorität zeigt sich in Deutschland persönlich und hierarchisch. Sie entsteht nicht in Folge einer Wahl an der Urne, sondern sie ist eine Art göttliches Recht, das ein blindes Vertrauen erfordert. Die Autorität wird von den Menschen leicht angenommen, d.h. sie lastet selbst dann nicht auf dem Individuum in Deutschland, wenn sie Formen annimmt, die uns in Frankreich unerträglich erscheinen würden. Die Autorität in Deutschland ist persönlich und praktisch, d.h. sie kann sich viel leichter an die Umstände anpassen als die unpersönliche Autorität einer Behörde in Frankreich, die von sich behauptet, sie würde auf dem Willen des Volkes beruhen und die „politischen Freiheiten" respektieren. In Frankreich benötigt man ein Dekret des Präsidenten der Republik, das von vier Ministern gegengezeichnet ist und von einem Dutzend verschiedener Ämter verfasst, ergänzt oder befürwortet wurde, um die Rente für die Witwe eines berühmten Wissenschaftlers zu bewilligen. In Deutschland genügt es, wenn ein Minister mit dem Kopf nickt oder ein Referatsleiter einen Haken mit seinem Stift setzt.

Die „ungerechtfertigte Vergünstigung" ist ein typisch französischer Begriff, ebenso wie das „System Pfiffigkeit", mit dem man sich einen Vorteil verschaffen kann. In Deutschland ist eine „ungerechtfertigte Vergünstigung" niemals notwendig, denn alles bleibt „gerechtfertigt", selbst der größte Verstoß gegen die Regeln, sobald die Autorität dies entschieden hat. Sie stützt sich dabei auf Gründe, über die nur sie selbst ein Urteil abgeben kann.

All dies verleiht der Autorität in Deutschland eine derartige Stärke, wo auch immer sie ausgeübt wird. Der Geist der Autorität regiert von oben nach unten auf der gesellschaftlichen oder administrativen Leiter. Der Soldat und der Beamte, der Bürger und der Arbeiter sind davon gleichermaßen durchdrungen. Es gibt keine Gewaltenteilung, sondern eine unermessliche Hierarchie entsteht durch den Befehlston, durch das Tragen einer Mütze, durch ein Abzeichen oder eine Tresse, durch einen Titel oder eine Uniform. Dem ordnen sich ohne zu Zögern der Fahrer der Straßenbahn und der Kontrolleur, der Telegrammbote und der Zugführer, der Professor und der Offizier unter – jeder an dem ihm zugewiesenen Platz.

Maurice Betz, Portrait de l'Allemagne, Paris 1939, S. 118 f. (übersetzt von Michael Mayer)

1. *Beschreiben Sie, wie sich nach Ansicht von Betz Autorität in Deutschland im Vergleich zu Frankreich offenbart.*

2. *Erörtern Sie, in welcher Weise und warum Betz das Beispiel Deutschland verwendet, um auf vermeintliche Defizite im französischen politischen und gesellschaftlichen System hinzuweisen.*

Faschismus und autoritäre Regime in Europa: die Beispiele Italien, Spanien, Polen und Ungarn

Die Zerstörung der Demokratie in Italien ■ Die sozialen Unruhen waren in Italien in der Zeit nach dem Ersten Weltkrieg ungleich massiver als in Frankreich und Großbritannien, teilweise kam es sogar zu offenem Aufruhr. Inflation, eine hohe Arbeitslosigkeit und ein am Boden liegendes Wirtschaftssystem desillusionierten die Bevölkerung und führten im ganzen Land zu Demonstrationen und Streiks. Im industriellen Norden des Landes, insbesondere um die Stadt Turin, wo 1917 ein Arbeiteraufstand blutig niedergeschlagen worden war, bildeten sich **Arbeiterräte** nach sowjetischem Vorbild. Im Sommer/Herbst 1920 nahmen die Unruhen und Fabrikbesetzungen immer weiter zu. Die Situation wurde noch dadurch verkompliziert, dass die italienische Regierung vielfach nur mit Notverordnungen regieren konnte, da sie keine feste Mehrheit im Parlament besaß. Dort hatten die Sozialisten 1919 die meisten Sitze errungen. Die Regierung hatte somit nicht die Macht, die Unruhen zu unterdrücken, wie dies in Deutschland bei der Niederschlagung des *Spartakus-Aufstandes* geschehen war.* Wegen ihrer Passivität verlor die Staatsgewalt immer weiter an Autorität. Dieses Machtvakuum nutzten die 1919 von **Benito Mussolini** gegründeten **„Fasci di Combattimento"**. In den folgenden Monaten überfielen die Fasci Einrichtungen und Funktionäre der Linken im ganzen Land. Am 21. November 1920 nutzten die faschistischen Schwarzhemden die Amtseinführung der neugewählten sozialistischen Stadtverwaltung in Bologna, um bürgerkriegsähnliche Krawalle auszulösen.

Bei den Wahlen im Mai 1921 bildeten die Konservativen einen „Nationalen Block", zu dem auch die Faschisten gehörten. Damit wurde Mussolinis Bewegung gesellschaftlich bedeutend aufgewertet und auch für die bürgerliche Mitte wählbar. Zugleich behinderten die Schwarzhemden gewaltsam jede Wahlagitation der Linken – ähnlich wie dies bei den Märzwahlen 1933 durch die Nationalsozialisten in Deutschland geschah. Einen klaren Wahlsieg konnte der „Nationale Block" jedoch nicht erreichen, kurzlebige instabile Regierungen wechselten sich ab.

Seit Frühjahr 1922 begannen die Schwarzhemden, ganze Städte zu besetzen. Die örtlichen Polizeikräfte waren dabei machtlos, teilweise unterstützten sogar staatliche Stellen die Faschisten. Im August des gleichen Jahres riefen die italienischen Gewerkschaften die Arbeiter zum Generalstreik gegen den faschistischen Terror auf. Mussolini stellte daraufhin der Regierung ein Ultimatum: Sollte diese den Ausstand nicht innerhalb von 24 Stunden beenden, so würden die Faschisten dies tun. Ohne weiter abzuwarten, machte Mussolini seine Drohung wahr. In vielen Städten Italiens wurden die Gewerkschaftsgebäude und Parteizentralen der Linken gestürmt, Eisenbahnen besetzt und die Arbeiter gewaltsam in die Fabriken zurückgetrieben.

Ende Oktober 1922 befahl Mussolini seinen Schwarzhemden den *„Marsch auf Rom"*. Zugleich forderte er den italienischen König *Viktor Emmanuel III.* auf, ihm das Amt des Ministerpräsidenten zu übertragen. Dieser gab der Drohung nach; am 30. Oktober traf Mussolini mit dem Zug in Rom ein. 25 000 zumeist nur leicht bewaffnete Schwarzhemden befanden sich zu diesem Zeitpunkt 40 km vor der Hauptstadt. Durch ein beherztes Eingreifen von Militär und Polizei hätte die Demokratie in Italien sicherlich verteidigt werden können. Als jedoch Hitler 1923 nach dem Vorbild Mussolinis seinen „Marsch auf die Feldherrnhalle" in München inszenierte, brach dieser nach kurzer Zeit unter den Kugeln der bayerischen Polizei zusammen.**

* Siehe S. 46.
** Siehe S. 60.

Arbeiterräte: Nach dem Ende des Ersten Weltkrieges bildeten sich in vielen europäischen Staaten Arbeiter- und Soldatenräte. Vorbild waren die Räte (russ. „Sowjets"), die in Russland 1917 entstanden. Aufgabe der Räte war die Lösung akuter Probleme (Nahrungsmittelversorgung, Demobilisierung der Soldaten etc.), aber auch die Schaffung von Instanzen, die den Übergang zu einer demokratischen Gesellschaftsordnung regeln konnten.

Benito Mussolini (1883-1945): italienischer Politiker; 1922 zum Ministerpräsidenten ernannt; errichtete eine Diktatur; 1945 von Widerstandskämpfern erschossen

„Fasci di Combattimento": Am 23. März 1919 gründete Mussolini aus verschiedenen regionalen Kampfgruppen die „Fasci di Combattimento" („Kampfverbände"). Deren Mitglieder trugen schwarze Hemden und wurden deshalb auch als Schwarzhemden („Squadristi") bezeichnet. Hitler nahm sich die italienischen Schwarzhemden bei der Gründung der SA („Braunhemden") zum Vorbild.

▲ **„A me."**
Plakat der italienischen Faschisten, um 1930. Der Text lautet übersetzt: „Her zu mir!"

Die Umgestaltung von Staat und Gesellschaft In Italien wurde im Anschluss an den „Marsch auf Rom" eine faschistische Diktatur begründet, die bis zum Ende des Zweiten Weltkrieges bestehen sollte und durch *Nationalismus*, Antikommunismus und *Antisemitismus* geprägt war. Die neue „Regierung der nationalen Konzentration", der auch Minister der (katholischen) Volkspartei und der Liberalen angehörten, wurde vom *Duce* (ital. „Führer") Mussolini gebildet, der zugleich Ministerpräsident, Innen- und zeitweise auch Außenminister war. Ein neues Wahlgesetz im Juli 1923 ermöglichte es Mussolini, das Parlament zu dominieren. Das Gesetz sah vor, dass der Wahlliste von Faschisten und deren bürgerlichen Verbündeten ein Viertel der abgegebenen Stimmen genügte, um zwei Drittel der Parlamentssitze zu gewinnen. 1927 wurde zudem der „Faschistische Großrat", der *Gran Consiglio del Fascismo*, als oberstes Beratungs- und Beschlussgremium der Faschisten gegründet, das in Konkurrenz zum weiter bestehenden Parlament trat. Damit verblieben der linken Opposition kaum Möglichkeiten, ihre Interessen zu vertreten.

Zugleich hielt die Gewalt gegen die Linke unvermindert an. Bereits im Juni 1924 war der Generalsekretär der Sozialistischen Partei, *Giacomo Matteotti*, von Schwarzhemden ermordet worden (*„Matteotti-Krise"*). Der politische Ruf des „Duce" und seiner Partei war danach stark angeschlagen; die Opposition zog für einige Monate aus dem Parlament aus. Sie fand aber keine Mitstreiter, denn König und Großindustrie ließen Mussolini aus Angst vor neuerlichen Unruhen nicht fallen. Am 3. Januar 1925 übernahm der „Duce" in einer Rede vor dem Parlament die politische Verantwortung für die Ermordung Matteottis (▸ M1). Die Vorwürfe der Opposition gegen die Faschisten nutzte Mussolini zu einer erneuten Verhaftungswelle.

Eine Reihe von Gesetzen unterwarf den Staat darüber hinaus endgültig der Faschistischen Partei. Eingriffe in die politische Ordnung hoben die Gewaltenteilung auf. Die Regierung konnte nun auch ohne Zustimmung des Parlaments Dekrete mit Gesetzeskraft erlassen. Die freie Tätigkeit der Parteien wurde unterbunden, die Autonomie der Gemeinden eingeschränkt. Für Wahlen gab es nur noch eine vom „Großen Faschistischen Rat" erstellte Einheitsliste. Außerdem wurden bürgerliche Freiheiten eingeschränkt, so die persönliche Freiheit und die Pressefreiheit. Gegner der Regimes wurden aus Parlament und Verwaltung entfernt, eine politische Polizei überwachte das gesamte Land, Emigranten verloren die italienische Staatsbürgerschaft, Gewerkschaften wurden verboten bzw. zusammen mit den Arbeitgebern in *Korporationen* (Berufsverbänden) zwangsvereinigt. Alle Jugendorganisationen wurden durch die faschistische *Opera Nazionale Balilla* ersetzt, in die seit 1931 alle Jugendlichen eintreten mussten. Aufgrund dieser Maßnahmen gelang es Mussolini, seine Herrschaft zu festigen. Das Land wandelte sich immer mehr zu einem Polizeistaat, der seit 1938 auch eine offen antisemitische Politik betrieb (▸ M2).

Außenpolitisch befürchtete Italien nach 1933 eine Angliederung Österreichs an das Deutsche Reich, womit ein mächtiger Nachbar an seiner Nordgrenze entstehen würde, der Ansprüche auf die 1918 an Italien abgetretene Provinz Südtirol erheben könnte. Dies änderte sich erst nach dem Angriff Italiens auf das Kaiserreich Abessinien (das heutige Äthiopien) 1935. Die italienische Armee ging dabei mit äußerster Brutalität vor und schreckte auch vor dem Einsatz von Giftgas nicht zurück. Die Weltöffentlichkeit reagierte entsetzt auf diesen Krieg. Das nationalsozialistische Deutschland jedoch signalisierte Mussolini seine Unterstützung. Ein geheimer deutsch-italienischer Freundschaftsvertrag vom Oktober 1936 bildete in der Folge die Grundlage für die *„Achse Berlin – Rom"*, die bis zum Sturz Mussolinis 1943 Bestand hatte. Italien nahm deshalb den „Anschluss" Österreichs 1938 hin. Im Gegenzug verzichtete das Deutsche Reich 1939 auf Südtirol.

Spanien – von der Monarchie zum Bürgerkrieg Das Königreich Spanien hatte als neutrale Macht scheinbar vom Ersten Weltkrieg profitiert, so etwa durch den Verkauf von Rohstoffen wie Kohle und Erz an die Kriegsparteien. Der forcierte Export führte jedoch zu Warenverknappung und damit zu Preissteigerungen im Inland, während gleichzeitig die Löhne stagnierten. Im März 1917 traten deshalb allein in Bilbao 27 000 Stahlarbeiter in den Ausstand, viele weitere schlossen sich in anderen Städten an. Die königliche Regierung verhängte daraufhin den Kriegszustand und ließ den Streik vom Militär brutal niederschlagen. Damit wurde eine Spirale der Gewalt und Gegengewalt in Gang gesetzt. Die Unternehmer heuerten Pistolenschützen (pistoleros) an, die Jagd auf Arbeiterführer machten und sich beinahe täglich mit radikalisierten Linksextremen Gefechte und Straßenschlachten lieferten. Zwischen 1919 und 1923 fielen dabei über 700 Menschen den Attentaten beider Seiten zum Opfer.

Am 13. September 1923 brachte ein Staatsstreich General **Miguel Primo de Rivera** an die Macht. Dieser versprach, die Arbeiterbewegung zu bekämpfen sowie Ruhe und Ordnung im Lande wiederherzustellen. König *Alfons XIII.* unterstützte Primo de Rivera und ernannte ihn zum Präsidenten eines Militärdirektoriums. Damit war das Ende der konstitutionellen Monarchie und ihrer Verfassung von 1876 eingeleitet. Spanien hatte sich in dieser Staatskrise nicht für einen Übergang zur Republik und damit eine Integration der Arbeiterbewegung in den Staat, sondern für die autoritäre Lösung entschieden (▸ M3). Die Diktatur war letztlich gegründet worden, um das überkommene Gesellschaftssystem des 19. Jahrhunderts zu bewahren.

Primo de Rivera gelang es langfristig nicht, die althergebrachten Strukturen zu konservieren. Mit Ausbruch der Weltwirtschaftskrise verschärften sich die wirtschaftlichen und sozialen Probleme in Spanien weiter; 1930 trat Primo de Rivera von seinen Ämtern zurück. 1931 schließlich verließ der König das Land und am 14. April wurde die *Spanische Republik* gegründet. Die neue Regierung stand vor beinahe unlösbaren Aufgaben: Erlass einer demokratischen Verfassung, Beschränkung der Macht der katholischen Kirche, Landreform, Militärreform, Bildungsreform, Sozialreform etc. Innerhalb kürzester Zeit schuf sich die Republik damit einerseits entschiedene Gegner in Adel, Großbürgertum, Militär und Kirche, denen die Reformen zu weit gingen. Andererseits wurden die Anhänger der Republik (vor allem Arbeiter und Bauern) enttäuscht, ihnen gingen die Reformen nicht weit genug. Verschärft wurden die Probleme durch die andauernde Weltwirtschaftskrise. Die soziale Not wurde dabei noch dadurch erhöht, dass es anders als in Deutschland, Frankreich oder Großbritannien keine staatliche Arbeitslosenversicherung gab.

Die sozialen Gegensätze wuchsen weiter, nachdem 1933 die linksliberale Regierung nach dem Wahlsieg der Konservativen abgelöst wurde. Sofort setzte das neue Kabinett viele der zuvor erlassenen Reformgesetze außer Kraft. Daneben wurden die Löhne gesenkt und ein Teil des beschlagnahmten Landes, das an Kleinstbauern verteilt worden war, an die früheren Eigentümer zurückerstattet. Eine massive Radikalisierung der Landarbeiter war die Folge; sie forderten nun die sozialistische Revolution. 1934 wurde der Generalstreik ausgerufen, in Teilen des Landes brachen Aufstände aus, die brutal niedergeschlagen wurden.

Für die folgenden Wahlen im Jahre 1936 schloss sich die Linke zu einer Volksfront zusammen und konnte einen deutlichen Wahlsieg erringen. Die Landarbeiter reagierten mit Enthusiasmus und besetzten in ganz Spanien illegal Land. Zugleich bekämpften sich die zumeist bewaffneten Jugendgruppen der faschistischen Bewegung (**Falange**) auf der einen und der kommunistischen und anarchistischen Gruppierungen auf der anderen Seite. In dieser Situation begann am 17. Juli 1936 unter der Führung des Generals **Francisco Franco** ein Militärputsch in Melilla im spanischen Protektorat

Miguel Primo de Rivera (1870-1930): spanischer General, von 1923 bis zu seinem Rücktritt 1930 Diktator

Falange: Die faschistische Bewegung der Falange (von griech. Phalanx: „Schlachtenreihe") kämpfte während des Spanischen Bürgerkrieges auf Seiten des Generals Francisco Franco. Aus dieser Bewegung bildete sich gegen Ende der Dreißigerjahre eine Partei, die Falange Española Tradicionalista, die während des Franco-Regimes zur einzig zugelassenen Staatspartei werden sollte.

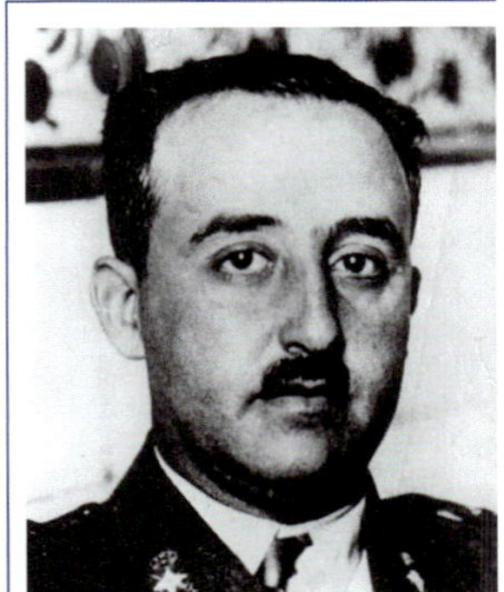

Francisco Franco Behamonde (1892-1972): spanischer Politiker, führte 1936 einen Staatsstreich gegen die gewählte Regierung; befehligte die antirepublikanischen Truppen im Spanischen Bürgerkrieg; 1939 bis 1972 diktatorischer Führer Spaniens

▲ **„Das Wichtigste ist es, den Krieg zu gewinnen."**
Propagandaplakat der Junta de Defensa de Madrid (Verteidigungsbündnis von Madrid), ca. 1937.
Die Junta war eine Institution, die am 6. November 1936 von der republikanischen Regierung unter dem Vorsitz des Sozialisten Francisco Largo Caballero gegründet wurde. Sie war mit der Verteidigung der Stadt Madrid beauftragt, um zu verhindern, dass diese während des Bürgerkrieges in die Hände der Truppen Francos fiel.

- *Informieren Sie sich umfassend über den Spanischen Bürgerkrieg.*
- *Analysieren Sie anschließend die Bildelemente und nehmen Sie für unbekannte Symbole (Flaggen) und Begriffe (FAI, CNT) Literatur oder das Internet zu Hilfe.*
- *Erläutern Sie danach die Aussage des Plakats.*

Józef Piłsudski (1867-1935): polnischer Marschall und Politiker; führte im Ersten Weltkrieg die polnischen Verbände aufseiten Österreich-Ungarns, 1918-1923 Oberbefehlshaber der polnischen Armee, 1926-1935 förderte er als starker Mann im Hintergrund die Umwandlung der polnischen Republik in ein autoritäres Regime

Marokko. Dem Staatsstreich schlossen sich auch zahlreiche Garnisonen auf dem Festland an. Erst 1939 endeten die Kämpfe zwischen den Anhängern der Republik (linke Republikaner, Sozialisten, Kommunisten und Anarchisten) sowie deren Gegnern (Großgrundbesitzer, katholische Konservative, Monarchisten, Rechtsrepublikaner und faschistische Falange). Eine internationale Dimension erhielt der *Spanische Bürgerkrieg* dadurch, dass die Sowjetunion die Anhänger der Republik militärisch unterstützte, das Deutsche Reich und Italien hingegen Franco (▸ M4). Anders als in Italien oder Deutschland wurde die Republik mit Waffen verteidigt – wenn auch letztlich erfolglos.

Die autoritäre Transformation Polens Das Ende des Ersten Weltkrieges führte zur Bildung von neuen Demokratien in Ostmitteleuropa. Doch nur zwei, die Tschechoslowakei und Finnland, konnten die demokratische Regierungsform bewahren. Alle übrigen Staaten wandelten sich langsam zu autoritären Regimen. Polen stellt dabei einen besonderen Fall dar. Am 7. Oktober 1918 wurde der unabhängige polnische Staat wiedererrichtet, der 1795 im Verlauf der dritten polnischen Teilung untergegangen war. Der jungen Republik gelang es jedoch nicht, Regierungen zu bilden, die sich auf stabile Mehrheiten im Parlament (Sejm) stützen konnten.

Die konstanten Regierungskrisen nutzte Marschall **Józef Piłsudski**, der während des Ersten Weltkrieges die polnischen Verbände des Kaiserreiches Österreich-Ungarn (zu dem damals große Teile Polens gehörten) geführt und die polnische Unabhängigkeit möglich gemacht hatte. Piłsudski hatte sich 1923 aus der aktiven Politik zurückgezogen und kritisierte seither „die Herrschaft der ungezogenen Parteien über Polen", immer häufiger auch das parlamentarische System insgesamt. Gegner der Republik, aber auch Menschen, die das Land reformieren wollten, setzten ihre Hoffnungen auf ihn. Die demokratisch gewählte Regierung in Polen stand aber auch außenpolitisch unter Druck. So waren die Grenzen zum Deutschen Reich umstritten, ebenso gab es mit Berlin Konflikte um die rechtliche Stellung der deutschen Minderheit* im Land.

Die Krise in Polen eskalierte im Herbst 1925. Im Oktober hatten sich das Deutsche Reich und die Westmächte in *Locarno* auf eine Garantie der bestehenden deutsch-belgischen und deutsch-französischen Grenze geeinigt.** Eine entsprechende Vereinbarung für die deutsche Ostgrenze („Ost-Locarno") gab es jedoch nicht. Der angespannten außenpolitischen Situation gesellten sich wirtschaftliche Schwierigkeiten im Innern hinzu. Marschall Piłsudski konnte in dieser krisenhaften Stimmung auf seine Anhänger zählen – insbesondere auf die Soldaten, die mit ihm im Ersten Weltkrieg für die Unabhängigkeit Polens gekämpft hatten. Diese waren von der Republik enttäuscht und forderten einen Staat, der auf Befehl und Gehorsam, Opferbereitschaft sowie einer straffen Führung aufgebaut war. Am 12. Mai 1926 konnte Piłsudski mithilfe seiner Anhänger die gewählte polnische Regierung in Warschau stürzen; Anfang Oktober übernahm er schließlich das Amt des Ministerpräsidenten.

Die demokratischen Institutionen existierten formal weiter. So wurde das Parlament nicht aufgelöst, jedoch entmachtet und langfristig zu einer weitgehenden Akklamationskammer*** degradiert. Damit entstand in Polen ein halbautoritäres

* Nach 1926 lebte etwa eine Million Deutsche im neugegründeten Polen. Bis zum Beginn des Zweiten Weltkrieges war die polnische Minderheitenpolitik ein Streitpunkt mit dem Deutschen Reich, da Polen bemüht war, durch eine Polonisierung der Bevölkerung einen homogenen Nationalstaat zu errichten. Deutschland wiederum wollte die Abtretung deutsch besiedelter Gebiete an Polen möglichst wieder rückgängig machen.

** Siehe S. 67 f.

*** Gemeint ist, dass das polnische Parlament alle Gesetzesentwürfe der Regierung abzusegnen hatte, aber keine eigenen Änderungen vorschlagen durfte (von lat. acclamatio: „zustimmender Beifallsruf").

Herrschaftssystem. Die Abschaffung der Demokratie zeigte sich eher indirekt. So wurden regierungskritische Zeitungsartikel konfisziert, Journalisten verhaftet, Oppositionelle von Piłsudski-Anhängern zusammengeschlagen, nicht genehme Beamte entlassen, unliebsame Organisationen aufgelöst oder bestimmte politische Versammlungen verboten (▸ M5). Die Ausschaltung demokratischer Kontrollinstanzen führte somit in Polen dazu, dass sich die autoritäre Herrschaft immer weiter radikalisierte. An diesem Beispiel wird deutlich, dass es keine halbdemokratische Staatsform geben kann. Wird die Demokratie nicht kompromisslos verteidigt, so endet diese früher oder später in einer unfreien Herrschaftsform.

Ungarn – von der Republik zur Restauration Das Königreich Ungarn war bis 1918 Teil der österreichisch-ungarischen Doppelmonarchie. Als der Erste Weltkrieg in einer Niederlage endete, erklärte sich Ungarn für unabhängig und rief am 16. November 1918 die Republik aus. Dem ungarischen Adel ging diese Entwicklung aber zu weit, während die Kommunistische Partei Ungarns die Bildung einer **Räterepublik** nach sowjetischem Vorbild forderte. Die neue republikanische Regierung stand jedoch nicht nur innenpolitisch unter Druck. Ähnlich wie bei Deutschland und Österreich musste auch in Ungarn die provisorische Regierung der neugegründeten Republik und nicht die abgedankte Monarchie die Folgen des verlorenen Krieges tragen.

Räterepublik: In einer Räterepublik geht die politische Macht nicht vom Parlament aus, sondern von Arbeiter- und Soldatenräten („Sowjets“).

Der Winter 1918/19 war in Ungarn durch eine massive Wirtschaftskrise geprägt. Der Binnenmarkt der Doppelmonarchie war zusammengebrochen und die Besetzung von Teilen des Landes erlaubte es nicht, einen einheitlichen Wirtschaftsraum aufzubauen. Rohstoff- und Lebensmittelmangel waren die Folge. Zudem mussten die Angehörigen der ungarischen Armee demobilisiert und wieder in die Gesellschaft integriert werden. Damit entstand ein Heer von Arbeitslosen. Die innenpolitischen Konflikte verschärften sich noch dadurch, dass die Regierung die Einkommens- und Vermögenssteuer erhöhen und damit die Arbeitslosen finanzieren wollte. Außerdem führte die Regierung eine Bodenreform durch, bei der das Land von Großgrundbesitzern an Mittellose verteilt wurde. Die neuen Eigentümer waren jedoch kaum in der Lage, die notwendige Entschädigung an die ehemaligen Besitzer zu zahlen. Letztere wiederum protestierten gegen die Enteignung durch die Republik. Insgesamt schuf die Regierung damit – vergleichbar mit der Situation in Spanien – Unmut in allen Bevölkerungskreisen.

Auch außenpolitisch geriet Ungarn immer weiter unter Druck. Nachdem bereits Ende Oktober 1918 die Kroaten und Slowaken ihre Loslösung von Ungarn erklärt hatten, verkündeten am 1. Dezember 1918 die ungarischen Rumänen im Osten des Landes ihren Anschluss an das Königreich Rumänien. Am 20. März 1919 wurde Ungarn zudem von den Siegern des Ersten Weltkrieges ultimativ aufgefordert, seine Truppen noch weiter als in den Waffenstillstandsabkommen vom November 1918 festgelegt zurückzuziehen und damit die Besetzung ungarischer Gebiete durch rumänische, serbische und tschechoslowakische Truppen zuzulassen.

Die bürgerlich-demokratische Regierung verfügte nicht über die Machtposition und den gesellschaftlichen Rückhalt, um dieses Ultimatum annehmen zu können. Das bürgerliche Kabinett trat deshalb zurück und übergab der Sozialdemokratischen Partei, die über eine große Anhängerschaft verfügte, die Regierungsgeschäfte. Die Sozialdemokraten bildeten am 21. März 1919 gemeinsam mit der Kommunistischen Partei unter **Béla Kun** eine Räterepublik nach sowjetischem Vorbild, die jedoch nur wenige Monate existierte. Die Kommunistische Partei konnte sich in der Folge gegen die gemäßigteren Sozialdemokraten durchsetzen und ihr Programm einer „Diktatur des Proletariats“ realisieren. Der Großgrundbesitz, Bergwerke und Großbetriebe wurden enteignet.

Béla Kun (1886-1938): ungarischer Politiker, Kommunist; 1919 Mitglied der Räteregierung, nach Zusammenbruch der Räterepublik in Österreich interniert, Ende 1919 Flucht in die Sowjetunion und Tätigkeit für die KPdSU und die Komintern, 1938 Opfer der stalinistischen Säuberungen (wurde erschossen)

Miklós Horthy (1868-1957): ungarischer Offizier und Politiker, im Ersten Weltkrieg Admiral der Kriegsmarine Österreich-Ungarns, 1920-1944 Reichsverweser und Staatsoberhaupt Ungarns, ab 1948 im Exil in der Schweiz und in Portugal

Völkerbund: Die vom amerikanischen Präsidenten Woodrow Wilson (siehe S. 56) angeregte und auf der Pariser Friedenskonferenz 1919 beschlossene Vereinigung von Staaten sollte die internationale Zusammenarbeit verbessern und den Frieden sichern. Weil der US-Senat ablehnte, traten die Vereinigten Staaten dem Bund nicht bei, der bis 1946 bestand.

Das Land sollte nun aber nicht mehr verteilt, sondern in Produktionsgenossenschaften* umgewandelt werden. Dies führte zu einer tiefen Enttäuschung der ländlichen Bevölkerung und bereitete den Nährboden für eine konservative Gegenrevolution.

Die Räteregierung unter Béla Kun versuchte vergeblich, das Ultimatum der Alliierten durch Verhandlungen abwenden zu können. Auch zerschlugen sich rasch die Hoffnungen, dass Sowjetrussland der ungarischen Räterepublik militärisch zu Hilfe kommen würde. Gleichzeitig marschierten rumänische Truppen weiter nach Westen vor und hielten bald ein Drittel des ungarischen Kernlandes besetzt.

In der südungarischen Stadt Szeged hatte sich bereits im Sommer eine gegenrevolutionäre Regierung aus Mitgliedern der alten politischen Führungsschichten (Adel, Großgrundbesitzer, Industrielle, Offiziere) gebildet. Im November 1919 rückte Admiral **Miklós Horthy** mit seiner Armee in Budapest ein. Die folgenden Säuberungen gegen die Anhänger der Räterepublik („Weißer Terror"), dem auch viele Sozialdemokraten, Liberale und Juden zum Opfer fielen, waren ebenso blutig und brutal wie zuvor der „Rote Terror" der Regierung Béla Kun. Während des „Roten Terrors" waren mehrere Hundert Bauern, Geistliche und desertierte Soldaten standrechtlich hingerichtet worden. Horthy ließ sich am 1. März 1920 unter Androhung von Gewalt vom Parlament zum „Reichsverweser"** wählen und erhielt damit eine quasi-monarchische Position, die er bis 1944 innehaben sollte. Das von ihm errichtete autoritäre System basierte auf ungarisch-völkischem Nationalismus, auf Antikommunismus, Antisemitismus und *Antiliberalismus*; das Parlament war weitgehend entmachtet (▸ M6/M7). Die extreme Rechte, so etwa die „Pfeilkreuzler"-Bewegung von *Ferenc Szálasi*, die sich den „jüdischen Kapitalismus" als Feindbild auserkoren hatte, konnte sich in Ungarn auf gesellschaftliche Kräfte wie Arbeiter, Bauern und Studenten stützen, nicht jedoch auf den Staat. Hier griff der konservative Nationalist Horthy seit Anfang der 1930er-Jahre hart durch, sodass Szálasi 1938 sogar für einige Jahre ins Gefängnis musste.

Die Außenpolitik Ungarns war in den folgenden zwei Jahrzehnten vom Willen bestimmt, eine Revision der Nachkriegsgrenzen zu erreichen. Durch den *Vertrag von Trianon* vom 4. Juni 1920 hatte das Land rund 70 Prozent seines Territoriums an seine Nachbarstaaten verloren. So kam es schon bald nach der Machtübernahme Hitlers zu einer Annäherung an das nationalsozialistische Deutschland, von dem man sich Unterstützung bei der Rückgewinnung der verlorengegangenen Gebiete erhoffte, zunächst auf wirtschaftlichem, später auch auf politischem Gebiet (u.a. trat Ungarn aus dem **Völkerbund** aus). Zwar erhielt Ungarn einen Teil der Territorien Ende der 1930er-/Anfang der 1940er-Jahre tatsächlich zurück, doch aufgrund seiner Unterstützung des Deutschen Reiches im Zweiten Weltkrieg zählte es auch 1945 wieder zu den Kriegsverlierern und verlor die zurückgewonnenen Gebiete daher erneut.

▲ Horthy (2.v.l.) und Hitler (3.v.l.) in Kiel.
Foto vom 22. August 1938.
Horthy war gemeinsam mit seiner Frau nach Norddeutschland gereist, um der Taufe der „Prinz Eugen", eines Schweren Kreuzers der deutschen Marine, beizuwohnen. Im Ersten Weltkrieg war Miklós Horthy Kommandant des Linienschiffes „SMS Prinz Eugen" gewesen, einem Schlachtschiff der österreichisch-ungarischen Marine, nach dem das deutsche Schiff benannt wurde.

* In einer Produktionsgenossenschaft gehört das Eigentum (z.B. der Boden oder eine Fabrik) nicht einem Einzelnen oder einer Gruppe von Personen, sondern allen Menschen, die daran beteiligt sind (z.B. allen Arbeitern einer Fabrik).

** Nach dem Ende der Räterepublik wurde in Ungarn wieder die Monarchie eingeführt. Da vorerst kein König zur Verfügung stand, wurde Miklós Horthy zum Reichsverweser (Regenten) gewählt. Als Reichsverweser oder Regenten bezeichnet man eine Person, die vorübergehend stellvertretend für den König regiert.

M1 Mussolini spricht im Parlament über Gewalt

Nach der Ermordung des Generalsekretärs der Sozialistischen Partei, Giacomo Matteotti, durch faschistische Schwarzhemden am 10. Juni 1924 macht die politische Linke die Regierung für die Gewalttat verantwortlich. Nach langem Zögern übernimmt Mussolini am 3. Januar 1925 in einer Rede vor dem Parlament die politische Verantwortung für den Mord. Wenige Tage nach diesen Äußerungen trifft eine Welle des Terrors die Gegner der Faschisten (Verhaftungen, Hausdurchsuchungen, Organisationsverbote etc.). Das faschistische Regime wird nun zur offenen Diktatur:

[Seit Juni 1924 habe es eine Pressekampagne der Opposition gegeben:] Eine schmutzige und infame Kampagne, die uns drei Monate lang entehrt hat (heftiger, lang andauernder Applaus). [...] Nun, ich erklärte jetzt vor dieser Versammlung und gegenüber dem gesamten italienischen Volk, dass ich, und zwar ich alleine, die politische, moralische und historische Verantwortung für all das übernehme, was geschehen ist (sehr heftiger und wiederholter Applaus. Viele Stimmen riefen: Wir folgen Dir, wir alle!). [...] Wenn der Faschismus nur Rizinusöl und Gummiknüppel geworden ist und nicht vielmehr die höchste Leidenschaft der besten italienischen Jugend, dann ist es meine Schuld (Applaus)! Wenn der Faschismus eine Verbrecherbande geworden ist, dann bin ich das Haupt dieser Verbrecherbande (heftiger Applaus)! [...] Wenn sich zwei Elemente im Kampf miteinander befinden und nicht nachgeben wollen, dann ist Gewalt die einzige Lösung. [...] Meine Herren, Italien will Frieden und Ruhe, um ungestört arbeiten zu können. Wir werden ihm Ruhe und ungestörte Arbeit sichern – wenn möglich mit dem Mittel der Liebe, wenn nötig mit Gewalt (lebhafter Applaus). Seien Sie gewiss, meine Herren, dass die Lage innerhalb von 48 Stunden nach dieser Rede vollständig geklärt sein wird.

Renzo De Felice (Hrsg.), Autobiografia del fascismo. Antologia di testi fascisti 1919-1945, Turin 2004, S. 205 (übersetzt von Michael Mayer)

1. *Skizzieren Sie, mit welchen Argumenten Mussolini in seiner Rede die angekündigten Gewaltmaßnahmen gegen die politischen Gegner der Faschisten vorab rechtfertigt.*

2. *Erklären Sie, weshalb das Parlament den Ausführungen Mussolinis mit großer Mehrheit zustimmt.*

3. *Diskutieren Sie die Funktion der Ironie, die Mussolini in seiner Rede verwendet. Welche Wirkung wird dadurch erreicht?*

M2 Die Verfolgung der Juden in Italien

Bis Ende der Zwanzigerjahre werden Juden in der faschistischen Bewegung in Italien mit höheren Ämtern betraut, obwohl es auch im italienischen Rechtsextremismus eine antisemitische Strömung gibt. Einzelne Juden in antifaschistischen Widerstandsgruppen scheinen den Antisemiten Beleg dafür, dass Juden generell gegen den Faschismus eingestellt seien:

Mussolinis erster Aufruf zu erhöhter Wachsamkeit gegenüber den Juden datiert vom Februar 1938. An den Universitäten, in der Verwaltung, in der freien Wirtschaft und im Kulturleben sollte der Anteil der Juden auf ihren tatsächlichen Bevölkerungsanteil herabgedrückt werden. Ein im Juli veröffentlichtes, vom „Duce“[1] redigiertes „Manifesto degli scienziati razzisti“[2] schloss die Juden kategorisch von der „razza italiana“[3] aus.

Es folgten eine Reihe von Maßnahmen, die den Alltag der italienischen Juden radikal veränderten. Jüdische Schüler und Lehrer mussten italienische Schulen verlassen. In Italien lebende ausländische Juden wurde der Status des italienischen Staatsbürgers aberkannt; sie mussten das Land innerhalb von sechs Monaten verlassen. Im Oktober 1938 definierte der Gran Consiglio del Fascismo in einer „Erklärung über die Rasse“ Juden als Personen, die einen jüdischen Vater und eine jüdische Mutter hatten; die Religion spielte dabei keine Rolle. Sie wurde hingegen dann wichtig, wenn jemand aus einer „Mischehe“ stammte: War er getauft, galt er als Italiener; andernfalls wurde er als Jude eingestuft. Im Unterschied zu Deutschland gab es demnach in Italien keine Halb-, Viertel- und Achteljuden.

Ein Gesetz zum Schutz der italienischen Rasse (Provvedimenti per la difesa della razza italiana) vom 17. November 1938, das eine Woche nach dem großen Judenpogrom in Deutschland verabschiedet wurde, bündelte die bisher erlassenen Maßnahmen und führte neue diskriminierende Regelungen ein. Fortan durften Juden nur noch Juden heiraten; bestehende ‚Mischehen‘ sollten aufgelöst werden; Juden war der Dienst in den Streitkräften und eine Tätigkeit im öffentlichen Dienst verwehrt, ebenso die Mitgliedschaft im Partito Nazionale Fascista[4]. Dazu kamen drastische Beschränkungen im Wirtschaftsleben. Juden durften keine größeren Firmen mehr leiten und keine Grundeigentümer mehr sein, wenn der Besitz 50 Hektar überstieg.

Heinrich August Winkler, Geschichte des Westens. Die Zeit der Weltkriege 1914-1945, München 2011, S. 824 f.

[1] italienisch für „Führer“; Bezeichnung für Mussolini
[2] italienisch für „Manifest der rassistischen Wissenschaftler“
[3] italienisch für „italienische Rasse“
[4] italienisch für „National-Faschistische Partei“

1. *Skizzieren Sie, in welchen Bereichen des gesellschaftlichen und politischen Lebens diskriminierende Bestimmungen für die jüdische Bevölkerung in Italien eingeführt wurden.*

2. *Diskutieren Sie, welche Personen nach den italienischen Rassegesetzen als „Juden" galten, und vergleichen Sie dies mit den Bestimmungen der „Nürnberger Gesetze".*

3. *Vergleichen Sie die antijüdischen Maßnahmen in Italien mit den Forderungen der französischen Antisemiten (M4, Seite 17 f.). Versuchen Sie gemeineuropäische Elemente des Antisemitismus herauszuarbeiten, und beziehen Sie dabei auch Ihre Kenntnisse über die deutsche antisemitische Politik ein.*

M3 Das autoritäre Spanien

Der amerikanische Historiker Robert O. Paxton hat sich in seinem Buch „Anatomie des Faschismus" ausführlich auch mit dem Unterschied zwischen faschistischen und autoritären Staaten beschäftigt. Mit Blick auf die Verhältnisse in Spanien schreibt er:

Die Grenze zwischen Faschismus und autoritärem Regime war besonders in den 1930er-Jahren schwer zu ziehen, als sich Regimes, die in Wirklichkeit autoritär waren, Elemente des Dekors der damals erfolgreichen Faschisten zulegten. Obwohl auch autoritäre Regimes oft die bürgerlichen Freiheiten niedertreten und zur mörderischen Brutalität fähig sind, teilen sie doch nicht den Drang der Faschisten, die Privatsphäre auf Null zu reduzieren. Sie akzeptieren einen vage definierten, aber realen Bereich von Privatsphäre für traditionelle Instanzen wie lokale Honoratioren, Wirtschaftskartelle und Vereinigungen, Offizierskorps, Familien und Kirchen. Stärker als die offizielle Einheitspartei sind diese die Hauptakteure der sozialen Kontrolle in autoritären Regimes. Außerdem würden Autoritäre die Bevölkerung eher demobilisiert und passiv lassen, während Faschisten das Publikum mitreißen und erregen wollen. Autoritäre wollen einen starken, aber begrenzten Staat. Sie zögern mit sozialen Wohlfahrtsprogrammen oder Eingriffen in die Wirtschaft, die der Faschismus bereitwillig durchführt. Sie hängen eher am Status quo als daran, einen neuen Weg zu proklamieren.
General Francisco Franco beispielsweise, der die spanische Armee im Juli 1936 zum Aufstand gegen die Republik führte und 1939 zum Diktator Spaniens wurde, übernahm eindeutig einige Aspekte seiner Herrschaft von seinem Alliierten Mussolini. Er nannte sich selbst *caudillo* („Führer") und machte die faschistische Falange zur Einheitspartei. Während und nach dem Zweiten Weltkrieg behandelten die Alliierten Franco als Partner der Achsenmächte. Dieser Eindruck wurde noch verstärkt durch die besonders blutige spanische Repression unter Franco, bei der zwischen 1939 und 1945 bis zu 200 000 Menschen ums Leben gekommen sind.

Robert O. Paxton, Anatomie des Faschismus. Aus dem Englischen von Dietmar Zimmer, München 2006, S. 316 f.

1. *Skizzieren Sie, worin Paxton Gemeinsamkeiten und Unterschiede zwischen autoritären und faschistischen Regimen sieht.*

2. *Erläutern Sie, welche faschistischen Elemente das autoritäre Regime von Franco übernahm.*

3. *Erstellen Sie eine Definition des Begriffes „autoritäres Regime" und weisen Sie mithilfe des Darstellungstextes und der Materialien nach, dass auch Polen ab 1926 als autoritäres Regime gelten kann.*

M4 Die Bombardierung von Guernica

In ihrem Stimmungsbericht vom April 1937 informiert die Exilorganisation der SPD über die Bombardierung der spanischen Stadt Guernica durch deutsche Flieger und resümiert die von ihr gesammelten Äußerungen der deutschen Bevölkerung:

Die Stadt wurde durch einen Regen von Brandbomben völlig zerstört, die Bevölkerung, die ins freie Feld floh, Männer, Frauen und Kinder, wurde durch Maschinengewehrfeuer aus Flugzeugen kaltblütig dahingemordet. Dieser schauerliche Massenmord an der Zivilbevölkerung fällt auf das Schuldkonto des Hitlersystems. Ein ungeheurer Entrüstungssturm hat sich über die viehische Tat in der ganzen Welt erhoben. Mit Grauen sieht man, zu welchen Brutalitäten das braune System bereit ist. [...]
Die vielen Gerüchte über Guernica haben dazu beigetragen, dass eine heftige unterirdische Diskussion über das spanische Abenteuer entstanden ist. Es kann heute mit noch größerer Überzeugung gesagt werden: Das deutsche Volk will von dem spanischen Abenteuer nichts wissen! [...] Und im Volke sieht man mit gespannter Aufmerksamkeit dem Ausgang des spanischen Krieges zu, weil man weiß, dass sich hier Faschismus und Demokratie gegenüberstehen. Da man gegenwärtig in Deutschland nicht offen gegen den Faschismus kämpfen kann, so verfolgt man den Kampf in Spanien mit umso größerer Teilnahme.

Deutschland-Berichte der Sozialdemokratischen Partei Deutschlands (Sopade), Vierter Jahrgang 1937, S. 576 und 612

▲ **„Guernica."**

Gemälde (3,51 m x 7,82 m) von Pablo Picasso aus dem Jahr 1937, das die Zerstörung der baskischen Stadt Guernica y Luno durch einen deutschen Luftangriff („Legion Condor") während des Spanischen Bürgerkrieges im gleichen Jahr thematisiert.

- *Das berühmteste Antikriegsgemälde der Welt? In einem Artikel für die Zeitschrift „Die Welt" bezweifelt der Journalist Ulrich Baron im Jahr 2007, ob „Guernica" jemals ein propagandistisch erfolgreiches Antikriegsbild war. Denn, so Baron, „wen sollte die Darstellung leidender Menschen und Tiere von was abhalten? Werden doch Kriege nie von Opfern, sondern stets von Menschen begonnen, die sich selbst als sichere Sieger sehen" (zitiert nach: http://www.welt.de/kultur/literarischewelt/article823783/Die-Geschichte-von-Picassos-Guernica.html; Zugriff vom 19. April 2012). Recherchieren Sie zum Entstehungshintergrund und zur Rezeption des Gemäldes und nehmen Sie anschließend begründet Stellung zu Barons These.*

1. *Diskutieren Sie, aus welchen Gründen die Bevölkerung in Deutschland die Beteiligung deutscher Soldaten am Spanischen Bürgerkrieg kritisch beurteilte.*

2. *Nehmen Sie Stellung zur Bewertung der Stimmung der deutschen Bevölkerung durch die SPD. Welche Probleme stellen sich, wenn wir heute historische Quellen verwenden, um eine Aussage über die Ansichten der Bevölkerung während des Nationalsozialismus zu treffen?*

3. *Erörtern Sie die Frage, in welcher Weise in einer Diktatur Meinungsbildungsprozesse stattfinden. Wie werden regimekritische Ansichten im öffentlichen Raum geäußert?*

M5 Polen unter Marschall Piłsudski

Das autoritäre Regime unter Marschall Piłsudski in Polen ist keine „offene Diktatur", sondern herrscht eher indirekt, indem der Einfluss des Parlaments beschnitten wird.

a) Der Historiker Gerhard Besier hat sich ausführlich mit dem „Europa der Diktaturen" beschäftigt. Mit Blick auf die Entwicklungen in Polen schreibt er:

Gemessen an Stalin und auch Mussolini war Piłsudski mit der Opposition gewiss milder umgegangen. Aber auch er hatte den Parlamentarismus und die Rechtsprechung gründlich ausgehöhlt und die Regierung des Landes seinen Offizieren und Funktionären ausgeliefert. [...] Die Regierung wurde nun mit Hilfe eines riesigen Beamtenapparates von den Obristen[1] Piłsudski nach dessen Anweisungen geführt. Wie auch im faschistischen Italien üblich, rotierten seine Vertrauten in den wichtigsten Staatsämtern. Regieren wurde als Machtausüben verstanden – mit all jenen Begleiterscheinungen, gegen die Piłsudski einst angetreten war: Korruption, Geschäftemacherei und Karrierismus. Die Versammlungs- und Vereinsfreiheit wie auch die richterliche Unabhängigkeit wurden vom Obristenregime eingeschränkt. Die Orientierung hin zu rein diktatorischen Regierungsformen fand ihren Ausdruck im Ermächtigungsgesetz vom 23. März 1933. Danach konnte der Staatspräsident Verordnungen mit Gesetzeskraft erlassen.

[1] Obrist: veralteter Begriff für den militärischen Rang Oberst; Bezeichnung für die Anhänger Piłsudskis

b) Der Historiker Heinrich August Winkler berichtet über die „zweite Phase der autoritären Transformation" in Polen:

Die Regierungen der Obristen versuchten mit Notverordnungen und einschneidenden Sparmaßnahmen der Weltwirtschaftskrise Herr zu werden, die inzwischen auch Polen voll erfasst hatte. Nach Massenstreiks, die die Sozialistische Partei Polens seit Februar 1932 in den wichtigsten Industriegebieten organisierte, wurden die Versammlungs- und Vereinigungsfreiheit sowie die richterliche Unabhängigkeit eingeschränkt. Am 23. März 1933 (dem gleichen Tag, an dem etwas ganz Ähnliches im Deutschland Adolf Hitlers geschah) verabschiedete der Sejm[2] ein Ermächtigungsgesetz, das der Regierung die Vollmacht gab, nicht nur Verordnungen, sondern auch Dekrete mit Gesetzeskraft zu erlassen, was auf eine weitgehende Selbstausschaltung des Parlaments hinauslief.

Polen befand sich seit dem Herbst 1930 in der zweiten Phase seiner autoritären Transformation, die von ihren Befürwortern als „sanacja" (Sanierung) bezeichnet wurde, aber durchaus eine Diktatur genannt zu werden verdient. Es gab zwar immer noch eine relativ freie Presse, eine Vielzahl von Parteien und einen gewissen Schutz der individuellen Freiheiten, aber von einer durch freie Wahlen legitimierten Staatsführung konnte keine Rede mehr sein. Der entscheidende Machtfaktor war das Militär, das Parlament führte spätestens seit dem Ermächtigungsgesetz vom März 1933 nur noch ein Schattendasein.

c) Und Jerzy Kochanowski bewertet die Entwicklung in Polen folgendermaßen:

Piłsudski ließ den Sejm keineswegs deshalb bestehen, weil er von der Überlegenheit der parlamentarischen Demokratie überzeugt war. Die Gründe für die Ablehnung der „offenen Diktatur" waren eher pragmatischer Art. [...] Die Auflösung des bestehenden Parlaments und die Wahl eines neuen glaubte man nicht riskieren zu können. Denn eine im Oktober 1926 in der Politischen Abteilung des Innenministeriums erarbeitete Wahlprognose schätzte, dass die Regierung höchstens 82 Abgeordnete (von 444) ins Parlament bringen könnte. Überdies verfügten die Anhänger Piłsudski ja auch über keinerlei eigene politische Strukturen in Form einer Partei oder eines Apparats, ihr Handeln war vielmehr chaotisch und improvisiert. Man musste das existierende Parlament also bestehen lassen, einerseits mit Blick auf Propaganda- und Prestigefragen, andererseits aber auch als Bühne, auf der das „aufwieglerische" und „gesellschaftsfeindliche" Verhalten der Opposition gezeigt werden konnte. Zudem sollten so die demokratischen Institutionen lächerlich gemacht und kompromittiert werden. [...]

Piłsudski führte also keine vollständige Diktatur ein, sondern ein System autoritärer Anpassungen von Verfassungsregeln. [...] Wie Oberst Walery Sławek, der zweite Mann nach Piłsudski, feststellte, „waren Piłsudski Entscheidungen höchster Befehl und gültiges Recht". Daher musste er Verfassungsgrundlagen nicht radikal ändern, es reichte eine Art eingeschränkter Ausnahmezustand. Formal galt immer noch die Märzverfassung [von 1921], das Parlament arbeitete weiter, ebenso die freie Presse, und die Opposition besaß die Möglichkeit freien Handelns. Aufgehoben wurden dagegen das wichtigste Element der parlamentarischen Demokratie – das Recht der Sejmmehrheit, die Regierung zu wählen und abzuwählen, sowie das Recht des Parlaments, die Handlungen der Exekutivorgane (darunter die Besetzung der Stellen im Staatsapparat) zu kontrollieren. Piłsudski erhielt die republikanischen Institutionen am Leben, er verwandelte sich auch nicht in einen Autokraten, der über alle Lebensbereiche der Bürger entschied. Doch er war ein Diktator, denn er hatte die Macht mit Gewalt erlangt, und nur Gewalt konnte sie ihm nehmen.

Erster Text: Gerhard Besier, Das Europa der Diktaturen. Eine neue Geschichte des 20. Jahrhunderts, München 2006, S. 156-159
Zweiter Text: Heinrich August Winkler, Geschichte des Westens. Die Zeit der Weltkriege 1914-1945, München 2011, S. 354f.
Dritter Text: Jerzy Kochanowski, Horthy und Piłsudski – Vergleich der autoritären Regime in Ungarn und Polen, in: Erwin Oberländer (Hrsg.), Autoritäre Regime in Ostmittel- und Südosteuropa 1919-1944, Paderborn 2001, S. 45-48

1. *Skizzieren Sie, in welcher Weise Marschall Piłsudski die Einflussmöglichkeiten des polnischen Parlaments beschnitt.*

2. *Untersuchen Sie, welche Folgen es für Polen hatte, dass die Kontrollfunktion des polnischen Parlaments weitgehend marginalisiert war. Welche Schlussfolgerungen lassen sich daraus allgemein für die Bedeutung von Parlamenten ziehen?*

3. *Die Herrschaftsform des Marschalls Piłsudski war keine „offene Diktatur". Ziehen Sie Ihr Wissen über die Struktur des nationalsozialistischen Regimes heran und diskutieren Sie die Frage, inwieweit sich Polen von der NS-Diktatur unterschied.*

[2] Sejm: Bezeichnung für das polnische Parlament

M6 Ungarn unter Admiral Horthy

Während der autoritären Herrschaft des Admirals Miklós Horthy wird das ungarische Parlament nicht völlig entmachtet:

[In Ungarn] spielte das Parlament eine wesentliche, durch Tradition verwurzelte Rolle. Die politischen Eliten waren an das parlamentarische Leben gewöhnt. Doch [...] wurde das Parlament in hohem Grade durch bedeutende Vollmachten der Regierung und des Regierungschefs (und danach des Regenten[1]) eingeschränkt. [...]
Bedeutsam für die Ausübung der Staatsgewalt waren auch die Ergebnisse [der Parlamentswahlen]: Trotz des Drucks von Seiten der Nationalen Armee erhielt die Partei der Kleinbauern die meisten Stimmen. Für die Regierungsoligarchie war dies ein unübersehbarer Hinweis auf den Wunsch der Gesellschaft, die Formen des demokratischen Lebens beizubehalten. Es verwundert daher nicht, dass es im parlamentarischen Bereich zu einem Kompromiss kam: Die Opposition war so stark, dass sie in sichtbare Konkurrenz zur Regierungspartei trat. Sie konnte die Regierung kritisieren – allerdings ohne Obstruktionsrecht[2]. Auf der anderen Seite war die Regierungspartei so stark und verfügte dazu im Parlament über ein solches Übergewicht, dass sie sich nicht wie in Polen auf Provisorien und „Rechtsbeugungen" stützen musste.
Die ungarische Exekutivgewalt hatte also traditionell eine wesentlich größere Bedeutung als in Polen. Die Regierung wurde bis zum Ausbruch des Zweiten Weltkrieges zwar vom Regenten berufen, rechenschaftspflichtig war sie jedoch dem Parlament. Selbstverständlich einem Parlament, in dem die der herrschenden Elite verpflichtetet Regierungspartei die Mehrheit besaß. Das Kabinett konnte nur abberufen werden, wenn ein Drittel der eigenen Abgeordneten dafür stimmte. [...] Die Vorrechte des Regenten, die in den Dreißigerjahren erweitert worden waren [...], schränkten das Parlament zwar ein, drängten es aber nicht (wie die Verfassung von 1935 in Polen) an den Rand des politischen Lebens.

Jerzy Kochanowski, a. a. O., S. 49 f.

[1] Nach dem Ende der Räterepublik wurde in Ungarn wieder die Monarchie eingeführt. Da vorerst kein König zur Verfügung stand, wurde Miklós Horthy 1920 zum Reichsverweser (Regenten) gewählt. Als Reichsverweser oder Regent bezeichnet man eine Person, die vorübergehend stellvertretend für den König regiert.

[2] Ein Beispiel für ein Obstruktionsrecht (von lat. obstructio: „Störung") eines Parlaments ist das Misstrauensvotum, mit dem ein Regierungschef oder ein Minister durch parlamentarischen Beschluss abgesetzt werden kann.

1. *Beschreiben Sie die Rolle des ungarischen Parlaments während der autoritären Herrschaft des Admirals Miklós Horthy.*

2. *Erläutern Sie, weshalb das ungarische Parlament – anders als der polnische Sejm – nicht von Admiral Miklós Horthy entmachtet werden konnte.*

M7 Das Parlament in Polen und Ungarn

Das autoritäre Regime in Polen und Ungarn lässt sich besonders gut vergleichen, wenn man die Rolle des Parlaments untersucht:

Während in Polen bis 1939 das geheime und gleiche Wahlrecht für Männer und Frauen erhalten blieb, galt das geheime Wahlrecht von 1925 bis 1938 in Ungarn nur in großen städtischen Zentren. Damit war Ungarn im Europa der Zwischenkriegszeit eine Ausnahme. Großen Beschränkungen unterlag auch das aktive Wahlrecht für Frauen. [...]
Beide Regime versuchten in gleicher Weise, die Rechte des Parlaments einzuschränken. In beiden Ländern schreckte man nicht vor Wahlmanipulationen durch die Bürokratie, die Regierungspartei und die Polizei zurück. Grundsätzlich geschah dies aber nur auf dem Lande (im Fall Polens in den östlichen Grenzgebieten), wo das niedrige Bildungsniveau der Gesellschaft ein solches Vorgehen erlaubte. In ähnlicher Weise wurde auch die Opposition eliminiert, nämlich durch entsprechende Manipulierung des Wahlrechts, insbesondere bei der Nominierung der Abgeordnetenkandidaten. In Ungarn bestand seit 1925 die Notwendigkeit, etwa 10% der Wählerunterschriften zu sammeln. Die Unterzeichner der Empfehlungsliste der oppositionellen Kandidaten mussten mit Nachteilen rechnen, besonders wenn sie Unternehmer und auf staatliche Aufträge angewiesen waren. Für öffentliche Beamte war es praktisch undenkbar, eine oppositionelle Empfehlungsliste zu unterzeichnen.

Jerzy Kochanowski, a. a. O., S. 51 f.

1. *Nennen Sie die grundlegenden Gemeinsamkeiten und Unterschiede zwischen Polen und Ungarn.*

2. *Vergleichen Sie die Rolle des Parlaments während der autoritären Herrschaft von Piłsudski und Horthy in Polen und Ungarn und beziehen Sie dabei die Quellen M5 und M6 mit ein.*

3. *Übertragen Sie die gewonnen Erkenntnisse auf die deutsche Entwicklung und vergleichen Sie diese mit der Rolle des Reichstages während der Präsidialkabinette und der Machtübernahme Hitlers bis zum Erlass des Ermächtigungsgesetzes am 24. März 1933.*

Geschichte kontrovers

Vergleich des italienischen Faschismus mit dem deutschen Nationalsozialismus

Der Faschismus in Italien und der Nationalsozialismus in Deutschland wiesen deutliche Ähnlichkeiten auf: An der Spitze beider Systeme standen mit Mussolini und Hitler Diktatoren, die sich beide als „Führer" bezeichneten und die sich in der „Achse Berlin – Rom" 1936 eng miteinander verbündeten. Die Herrschaft einer Partei, rassistische Gesetze und der Einsatz von Terror und Gewalt kennzeichneten beide Regime.

Doch bestanden trotz dieser Analogien nicht beträchtliche Unterschiede? Diese Diskussion führt zur Überlegung, ob der Nationalsozialismus trotz aller gemeinsamen Grundzüge mit anderen diktatorischen Regimen eigentlich vergleichbar ist.

M1 Eine ambivalente Bilanz

Der Historiker und Politikwissenschaftler Karl Dietrich Bracher, der durch Grundsatzwerke zum 20. Jahrhundert bekannt geworden ist, bilanziert:

Aus der Position einer Minderheit gelang dem Faschismus die Eroberung und Gleichschaltung des Staates in einem mehr als sechsjährigen Prozess; über Täuschung und Illusionen, Propaganda und Terror führte er zunächst zur Niederzwingung der demokratischen Mehrheit (1924), dann zur Durchsetzung eines plebiszitär-akklamatorischen[1] und korporativ gegliederten[2] Einparteiensystems [...] Der faschistische Staat war strikt zentralistisch organisiert, seine Führung hierarchisch-autoritär aufgebaut, an der Spitze stand der Duce als der totale Repräsentant der Nation: dieser pseudodemokratische Anspruch des Führerprinzips als Verwirklichung der totalen Identität von Herrschern und Beherrschten war die Grundfiktion des faschistischen wie dann auch des nationalsozialistischen Systems. Im übrigen wurde das soziale Leben so umfassend wie möglich in zahlreichen Staats- und Parteiorganisationen quasi militärisch „erfasst"; das höchste „Recht" des Bürgers sollte gerade im Gegensatz zur bürgerlich-liberalen Staatsauffassung der Dienst an der uniformierten Nation sein. [...]

Gemessen an seinem Programm und Anspruch zeigt der Faschismus unter den besonderen Bedingungen Italiens sehr viel weniger Effizienz und Konsequenz im Vergleich mit der brutalen Verwirklichung des radikalen Programms der Eroberung, Unterdrückung und Vernichtung, das der Nationalsozialismus in Deutschland und Europa praktiziert hat. [...] Selbst in der terroristischen Schlussphase seit 1943 hat der Faschismus auch nicht annähernd eine ähnliche organisatorische Perfektion zu erreichen, eine vergleichbare Herrschafts- und Vernichtungstechnik zu praktizieren vermocht. So erscheint auch die Bilanz des Faschismus im Vergleich zum Nationalsozialismus ambivalenter [...]

Aber bei aller Vergleichbarkeit war doch besonders das deutsche Phänomen des Nationalsozialismus einzigartig: die rassistische Ideologie, der globale Herrschaftsanspruch, die diktatorisch-technokratische Effizienz, die Radikalität der Herrschafts- und Vernichtungspolitik heben es weit über die „Faschismen" hinaus, die sonst allesamt näher dem italienischen Modell stehen.

Karl Dietrich Bracher, Zeitgeschichtliche Kontroversen. Um Faschismus, Totalitarismus, Demokratie, München 1976, S. 22-30

[1] plebiszitär-akklamatorisch: auf Volkszustimmung durch Beifall beruhend

[2] korporativ gegliedert: auf berufständischer Gruppenorganisation beruhend

M2 Totalitäre Utopie

Juan José Linz ist ein deutsch-spanischer Politikwissenschaftler an der Yale University in den USA. Er hat sich mit zahlreichen autoritären und totalitären Systemen beschäftigt und bringt folgende Argumente in die Diskussion ein:

Viele italienische Spitzenfunktionäre unter Mussolini waren an einer solchen totalen Kontrolle (der Gesellschaft), um das ideologische Ziel einer sozialen Mobilisierung zu erreichen, nicht oder nur wenig interessiert. Dementsprechend waren die staatlichen Strukturen an den Mobilisierungskampagnen geringer beteiligt. Das erklärt auch, dass der italienische Faschismus niemals das Niveau von Kontrolle und Mobilisierung erreichte, das die Erklärungen des Duce[1] und die Gesetz-

[1] Mussolini gab sich den Titel „Duce", d.h. „Führer".

gebung erwarten ließen. Dies wiederum zeigt auch, dass sich die Italiener stärker anderen Loyalitäten und Interessen, z.T. kulturell verankerten und partikularistischen Bindungen, verpflichtet fühlten, und weniger loyal zur faschistischen Partei waren [...] Zugleich dürfen wir nicht aus dem Blick verlieren, bis zu welchem Grad die jeweiligen politischen Systeme in den einzelnen historischen Phasen die totalitäre Utopie – zum Bösen wie zum Guten – umgesetzt haben und wie stark sich ideologischer Anspruch und politische Realität unterscheiden. [...]
In Italien war trotz starker Tendenzen zum Totalitarismus der Terror eingeschränkter. Ausnahmen waren die Jahre des Kampfes um die Macht und in der kurzen Periode der „Republik von Salò" (1943-1945)[2]. Das „Sondertribunal zur Verteidigung des Staates" verurteilte insgesamt 33 Personen zum Tode (davon wurden 22 hingerichtet) und klagte 5619 Personen an, wovon 4596 zu durchschnittlich fünf Jahren verurteilt wurden. Das Ausmaß der Repression ist in einigen Regimen, die dem totalitären Modell weit weniger nahekamen als Italien, unbestreitbar größer gewesen.

Juan José Linz, Totalitäre und autoritäre Regime, Berlin 2003, S. 22 und 65

M3 Tendenziell totalitärer Faschismus

Der Historiker Wolfgang Schieder hat sich in seinen Werken mit der italienische Geschichte und mit der vergleichenden Faschismusforschung eingehend auseinandergesetzt und kommt zu folgendem Ergebnis:

Mussolinis Staat wird in der modernen Totalitarismusforschung in der Regel nicht als totalitäres Regime angesehen. Ich bin demgegenüber der Auffassung, dass zwischen italienischem und deutschem Faschismus nur ein gradueller, kein grundsätzlicher Unterschied bestand. [...]
Die Umwandlung der ursprünglichen, sowohl in Italien wie in Deutschland eingerichteten faschistischen Vermittlungsdiktatur in ein totalitäres faschistisches Regime vollzog sich in drei Stufen. In einer ersten ging es um die Beseitigung aller demokratischen Institutionen und die Ausschaltung und Verfolgung der Gegner des Faschismus. Die zweite Stufe bestand in der Disziplinierung der eigenen Bewegung und dem Verzicht auf die „zweite Welle" der Revolution. Der dritte und letzte Schritt war getan, wenn es dem Diktator gelang, auch die konservativen Bündnispartner zu entmachten. [...] Da Mussolinis Diktatur nicht die letzte totalitäre Stufe erreichte, wird oft übersehen, dass das faschistische Italien, wenn auch mit einigen charakteristischen Abweichungen, auf der ersten Stufe ebenfalls weitgehend gleichgeschaltet wurde [...] Auch das faschistische Italien war dessen ungeachtet ein Polizeistaat. Mussolini setzte zwar in noch stärkerem Maße als Hitler auf Massenkonsens, aber das Pendant dieser Konsens-Strategie war auch für ihn die Repression. Er suchte den Konsens, aber er sagte schon am 7. März 1923: „Wenn der Konsens fehlen sollte, dann gibt es die Gewalt." Und dies war, wie sich seit 1925 herausstellen sollte, keineswegs bloße Rhetorik.
Das Unterdrückungssystem Mussolinis war zwar insgesamt bei weitem nicht so effizient wie das Hitlers; aber auch Mussolini bediente sich seiner Terrorinstrumente. [...] Im eigenen Land führte das faschistische Regime statt der Konzentrationslager für politische Gegner das zwar im ganzen viel mildere, in der Einzelwirkung aber nur zu oft grausame Mittel des *Confino*, der polizeilich verordneten Verbannung (meist auf isolierte Mittelmeerinseln), ein. Im 1939 besetzten Albanien und während des Zweiten Weltkrieges in Jugoslawien bedienten sich die italienischen Faschisten auch des Konzentrationslagers als eines politischen Unterdrückungsmittels. Der italienische Faschismus war zwar schließlich in seinem Ursprung nicht antisemitisch orientiert, aber doch in jedem Falle in rassistisch. Wie für jeden Faschismus war auch und gerade für den italienischen ein durchaus sozialdarwinistisch begründeter Rassismus typisch. [...]
Wir wissen heute, dass die den „Nürnberger Gesetzen" von 1935 vergleichbare antisemitische Rassengesetzgebung von 1938 nicht auf direkte deutsche Einwirkung hin zustande kam, sondern dem eigenen Willen des faschistischen Diktators entsprang. [...] Zu einer organisierten Massenvernichtung der Juden ist es unter dem italienischen Faschismus allerdings nicht gekommen. Die italienischen Juden wurden von den Italienern ins Ghetto zurückverbannt, nicht aber vernichtet. Hierin besteht ein deutlicher Unterschied zwischen dem nur tendenziell totalitären Faschismus in Italien und dem in Deutschland.

Wolfgang Schieder, Faschistische Diktaturen. Studien zu Italien und Deutschland, Göttingen 2008, S. 389-393

[2] Republik von Salò: faschistischer Staat in Norditalien unter der militärischen Protektion des nationalsozialistischen Deutschland

1. *Zeigen Sie anhand von M1, M2 und M3 die Kontroverse mit ihren jeweiligen Begründungen, aber auch Gemeinsamkeiten in der Einschätzung auf.*

2. *Vergleichen Sie den italienischen Faschismus und den deutschen Nationalsozialismus aus der Perspektive eines zeitgenössischen politisch oder rassisch Verfolgten.*

3. *Überprüfen Sie die Aussagen in M1, M2 sowie M3 anhand der Informationen im Darstellungstext Seite 19 und 20 (Sachurteil).*

4. *Italienischer Faschismus und deutscher Nationalsozialismus – vergleichbare Regime? Nehmen Sie Stellung.*

Der Sonderfall: die kommunistische Diktatur in der Sowjetunion

Von der Februarrevolution zur Oktoberrevolution 1917 Anders als in den Ländern Ostmitteleuropas entstand in Sowjetrussland* keine rechtsextreme, sondern eine linksextreme Diktatur. Diese muss als Folge der Herrschaft der russischen Zaren gesehen werden, die sich einer Reform des Zarentums und einer konstitutionellen Monarchie wie in West- und Mitteleuropa widersetzten.

Verschiedene Niederlagen der russischen Armeen im Ersten Weltkrieg brachten den Staat an den Rand des Zusammenbruchs. Trotz der Erhöhung der Arbeitszeit konnte die Regierung nicht einmal die Grundversorgung der Bevölkerung mit Nahrungsmitteln sicherstellen. Seit 1916 häuften sich Hungerrevolten. Im Februar 1917 kam es erneut zu Demonstrationen, die sich zu einem Generalstreik ausweiteten. Diesmal aber weigerten sich die Soldaten, in die Menge zu schießen, und verbrüderten sich mit den protestierenden Arbeitern und Bürgern. Am 3. März 1917 musste Zar **Nikolaus II.** zugunsten einer Provisorischen Regierung abdanken, die aus Vertretern des Bürgertums, der Arbeiter und der Soldaten gebildet wurde.

Die russische Arbeiterbewegung war durch zwei Strömungen innerhalb der Sozialdemokratischen Arbeiterpartei Russlands geprägt. Es gab einerseits die **Menschewiki**, die soziale Verbesserungen und demokratische Rechte für die Arbeiter erkämpfen wollten. Die **Bolschewiki** unter der Führung von **Wladimir Iljitsch Lenin** wiederum sahen sich als Elite, welche möglichst rasch die „Diktatur des Proletariats" in Russland verwirklichen wollte. Um seine Ziele zu verwirklichen, war Lenin bereit, Freiheitsrechte und demokratische Mehrheitsbeschlüsse zu opfern. Damit geriet er in Konflikt mit den Menschewiki, welche die Mehrheit in der Arbeiterbewegung repräsentierten.

Diese Konflikte innerhalb der russischen Arbeiterbewegung wirkten sich vorerst noch nicht aus. Die bürgerlich geprägte Provisorische Regierung führte im Frühjahr 1917 die lange geforderten politischen Freiheiten in Russland ein, hatte aber Schwierigkeiten, diese auch praktisch umzusetzen. Zugleich wollte die Regierung den Krieg gegen das Deutsche Reich fortsetzen. Die russische Offensive im Juni 1917 endete jedoch in einem Desaster. Die Soldaten desertierten in Massen und schlossen sich den Bolschewiki an, die den Krieg beenden wollten.

Deutsche Truppen nahmen im August 1917 Riga ein. Im Oktober rückten sie in Richtung der russischen Hauptstadt Petrograd** vor. Dort übernahmen die Bolschewiki am 25. Oktober 1917 mithilfe einiger ihr loyaler Regimenter die Macht, die Mitglieder der Provisorischen Regierung flohen. Lenin versprach der Bevölkerung die Umsetzung aller wichtigen Forderungen, die von der Provisorischen Regierung nicht realisiert worden waren: Abschluss eines Waffenstillstandes, Verteilung des Bodens an Mittellose, Lösung der Versorgungsprobleme und Wahl einer verfassunggebenden Nationalversammlung.

Das Elend und die Hungersnot konnten von den Bolschewiki aber nicht rasch beseitigt werden. Zuerst konzentrierte sich Lenin auf die Durchsetzung der Alleinherr-

Nikolaus II. (1868-1918): letzter russischer Zar, 1918 auf Befehl der Bolschewiki zusammen mit seiner Familie hingerichtet

Menschewiki, Bolschewiki (russ. „Minderheitler", „Mehrheitler"): politische Parteien, 1903 entstanden aus der Spaltung der Russischen Sozialdemokratischen Arbeiterpartei. Die Menschewiki hielten an der Lehre von Marx fest, wonach eine sozialistische Gesellschaftsordnung erst nach einer bürgerlich-demokratischen Revolution zu verwirklichen sei. Dagegen setzte die kleine Gruppe der Bolschewiki auf eine straff organisierte Kaderpartei von Berufsrevolutionären, die eine sozialistische Revolution ohne Umwege herbeiführen sollte.

Wladimir Iljitsch Uljanow, gen. Lenin (1870-1924): Rechtsanwalt, sozialistischer Revolutionär und Vordenker, Gründer und erster Regierungschef der Sowjetunion

* Die Bolschewiki bezeichneten nach der Oktoberrevolution das ehemalige Zarenreich als Sowjetrussland, da in diesem Staat – so behaupteten sie – alle Macht von den Arbeiter- und Soldatenräten ausging (Rat heißt auf russisch „Sowjet"). Erst nach dem Ende des Bürgerkrieges wurde 1922 die Sowjetunion (Union der Sozialistischen Sowjetrepubliken – UdSSR) gegründet.

** Bei Ausbruch des Ersten Weltkrieges wurde der deutsche Name St. Petersburg russifziert und in Petrograd umbenannt, nachdem Deutschland dem Zarenreich am 1. August 1914 den Krieg erklärt hatte.

schaft der Bolschewiki. Konkurrierende Kräfte innerhalb der Arbeiterbewegung, insbesondere Menschewiki und Gewerkschaften, wurden nach und nach entmachtet. Um die Soldaten für sich zu gewinnen, schloss Lenin am 3. März 1918 einen Separatfrieden mit dem Deutschen Reich (**Frieden von Brest-Litowsk**). Obwohl der Friedensvertrag den Verlust der Ukraine bedeutete, konnten die Bolschewiki damit vorerst Zeit gewinnen und eine Besetzung des russischen Kernlandes durch deutsche Truppen vermeiden.

Bei den Wahlen zur verfassungsgebenden Nationalversammlung im November 1918 erreichten die Bolschewiki keine Mehrheit. Lenin verweigerte aber die Rückkehr zu einem parlamentarischen System mit Mehrheitsentscheidungen. Gleich am ersten Sitzungstag wurde deshalb die Nationalversammlung von Anhängern der Bolschewiki aufgelöst. Die oppositionellen Kräfte waren zu diesem Zeitpunkt schon zu geschwächt, um wirksam gegen diesen Schritt vorgehen zu können.

Vertrag von Brest-Litowsk: Mit diesem Vertrag trat Russland Polen, Finnland sowie die Länder des Baltikums und des Kaukasus ab. Es verlor ebenso Weißrussland und die für seine Industrie und Landwirtschaft lebenswichtige Ukraine. Neue Hauptstadt des deutlich verkleinerten Russland wurde Moskau.

Der russische Bürgerkrieg Die Gegner des neuen Regimes sammelten sich vor allem in den Randgebieten des Russischen Reiches: Anhänger der Menschewiki, der bürgerlichen Mitte, Konservative und Monarchisten. Bis 1921 tobte in Russland ein blutiger Bürgerkrieg zwischen den „Roten" (Bolschewiki) und den „Weißen" (vor allem Anhänger des Zaren). Letztlich gelang den Bolschewiki der Sieg, da sie in kurzer Zeit eine schlagkräftige Armee aufzubauen vermochten. Dabei half ihnen, dass die wichtigsten Industriereviere des Landes in dem von ihnen kontrollierten Gebiet lagen.

Während des Bürgerkrieges wurde ein System der Kontrolle und Gewalt aufgebaut, das auch nach dessen Ende die Herrschaft der Bolschewiki prägen sollte. Der Geheimdienst *Tscheka* ermordete zwischen 1917 und 1922 etwa 280 000 Menschen. Auch das Wirtschaftsleben war von Kontrolle und Gewalt geprägt: Die Industrie wurde verstaatlicht, Rohstoffe sowie Konsumgüter rationiert, öffentliche Dienstleistungen wurden gratis abgegeben („Kriegskommunismus"). Auf dem Land wurde das Getreide zwangsweise eingetrieben. Eine Versorgungsdiktatur schien den Bolschewiki der einzige Weg, um die Ernährungslage zu entspannen. Dies gelang aber vorerst nicht. Im Winter 1921/22 herrschte in Russland eine Hungersnot, die drei bis fünf Millionen Tote forderte.

▲ **„Schlag die Weißen mit dem roten Keil!"**
Plakat des russischen Künstlers Eliezer „El" Lissitzky, 1919.

Die NEP Lenin wusste, dass die Sowjetmacht ohne die Allianz mit den Bauern nicht überlebensfähig war, daher vollzog er 1921 eine Korrektur der Wirtschaftspolitik. Um das Land wieder aufzubauen, erlaubte das Regime – entgegen den Regeln des Sozialismus – gewisse Elemente einer Marktwirtschaft. Dazu gehörten ein freier Binnenhandel, Löhne nach Leistung und die Zulassung von privaten Kleinunternehmen; die Zentren der Wirtschaft (z.B. Außenhandel, Banken, Schwerindustrie) blieben jedoch weiterhin in den Händen des Staates. Fortan mussten die Bauern statt der Zwangsabgaben eine Naturalsteuer entrichten; überschüssige Erträge durften sie selbst vermarkten. Diese *Neue Ökonomische Politik* (russ. NEP) führte seit Mitte der 1920er-Jahre zu einer raschen Beseitigung der Kriegs- und Bürgerkriegsschäden (▸ M1). Eine Aufbruchsstimmung machte sich breit, die weite Teile der Bevölkerung mit dem Sowjetregime versöhnte.

Die Einführung der NEP gehörte zu den letzten Aktivitäten Lenins. Seit Mai 1922 erlitt er mehrere Schlaganfälle, er war halbseitig gelähmt und konnte zuletzt nicht mehr sprechen. Bis zu seinem Tod am 21. Januar 1924 war er kaum noch handlungsfähig.

Josef Wissarionowitsch Dschugaschwili, gen. Stalin (1878-1953): 1924-1953 Generalsekretär der KPdSU und Staatschef der UdSSR, inszenierte als Diktator einen Personenkult

Leo D. Bronstein, gen. Trotzkij (1879-1940): russischer Revolutionär und Theoretiker, floh 1929 in die Türkei, später nach Frankreich, Norwegen und Mexiko, wo er von einem sowjetischen Agenten ermordet wurde

Wer folgt Lenin an der Spitze? Den schon länger schwelenden Machtkampf um die Nachfolge Lenins entschied **Josef W. Stalin**, seit 1922 Generalsekretär der Kommunistischen Partei, für sich, obwohl sich Lenin in seinem „politischen Testament" gegen ihn ausgesprochen hatte. Nichtsdestotrotz fand Stalin bei den großen Richtungsentscheidungen die Mehrheit der Partei. Zum einen ging es darum, die sozialistische Ordnung zunächst in der Sowjetunion zu verwirklichen, bevor an eine internationale Revolution zu denken war (*„Sozialismus in einem Land"*). Zum anderen bremste Stalin anfangs all jene, die den raschen Aufbau einer modernen Industrie forderten. Stalins schärfster Rivale **Leo Trotzkij** unterlag in beiden Fragen. Er und seine Anhänger verloren 1927 ihren Sitz im Politbüro und wurden später aus der Partei ausgeschlossen.

Um sich als legitimen Nachfolger zu inszenieren, pflegte Stalin einen ausgesprochenen Kult um Lenins Person. Anders als Lenin es gewünscht hatte, erhielt sein Leichnam einen eigenen Grabkomplex auf dem Roten Platz in Moskau, das Lenin-Mausoleum. Stalin erhob auch die Schriften des sowjetischen Staatsgründers zur allein gültigen Lehre über die Geschichte, Gegenwart und Zukunft der kommunistischen Bewegung (*Leninismus*).

▲ **„Erfüllt den Fünfjahres-Industrie- und Finanzplan in vier Jahren."**
Plakat von Jakow Guminer aus dem Jahr 1931.

Die Einführung der Planwirtschaft Stalin hielt zunächst an der NEP fest. 1928 jedoch änderte er den Kurs, hob das System der NEP auf und führte eine staatlich gelenkte Planwirtschaft ein. Dieser Schritt war nicht nur eine Reaktion auf die Rückständigkeit der Industrie und die im Winter 1927/28 erneut auftretenden Versorgungskrisen in der Landwirtschaft. Er war vor allem ein waghalsiges Experiment (▸ M2).

Im ersten *Fünfjahresplan* für die Wirtschaft (1929-1933) setzte das Regime einseitig auf den Aufbau der Schwerindustrie. Zwar gelang der Sowjetunion durch den „großen Sprung" endgültig der Übergang vom Agrar- zum Industriestaat; bis zum Ende der 1930er-Jahre entwickelte sich das Land in einigen Sektoren zur zweitgrößten Industrienation nach den USA. Doch der Umbau fand völlig überhastet statt. Die Arbeiterschaft stieg sprunghaft an und drängte in die Städte, ohne dass es ausreichend Wohnraum, Energie und Lebensmittel gab. Während die Wirtschaft wuchs, blieb der Lebensstandard der Bevölkerung unverändert niedrig, da die Gewinne der staatlichen Unternehmen vor allem für die ausufernde Partei- und Staatsbürokratie und den Bau weiterer Industrieanlagen verwendet wurden.

Kollektivierung: Überführung von Land, Vieh und Produktionsmitteln in eine gemeinschaftliche Großwirtschaft

Kollektivierung und Kulakenverfolgung Die neue Planwirtschaft sah auch eine **Kollektivierung** des Agrarbereiches vor. Seit 1928/29 wurde den Bauern das Land wieder genommen, das sie erst 1917 erhalten hatten. 25 Millionen Höfe gingen in 240 000 gemeinsamen Großbetrieben (*Kolchosen*) oder Staatsgütern (*Sowchosen*) auf. Eng mit der Kollektivierung verknüpft war die Unterwerfung der Dorfgemeinden unter das Sowjetregime. Stalin stand dabei vor allem die dörfliche „Oberschicht" der vermögenden Bauern (*Kulaken*) im Weg, die er als Ausbeuter und „Agenten des Imperialismus" diffamierte. Weil die Kulaken ihre Ernte als Eigentum betrachteten, fürchtete Stalin eine „Restauration des Kapitalismus". Mit den Grundherren aus zaristischer Zeit hatten die Kulaken jedoch nichts gemein. Die Angehörigen dieser Bevölkerungsgruppe wurden 1930-1933 auf Geheiß der Regierung vertrieben, verschleppt oder getötet (▸ M3). Etwa eine halbe Million Menschen kam dabei ums Leben.

Aus Protest gegen die Zwangskollektivierung verweigerten viele Bauern die Arbeit, wohlhabende schlachteten ihr Vieh. Das löste 1932/33 eine weitere Hungersnot aus, der etwa 4,5 bis sechs Millionen Menschen zum Opfer fielen. Um die Versorgung sicherzustellen, gestand Stalin 1935 jeder Bauernfamilie einen halben Hektar Land und Kleinvieh zur privaten Nutzung zu. Hier wurde seither das Gros an Gemüse, Früchten, Fleisch und Milch produziert. Dieser „Kleinkapitalismus“ stützte das System der Kolchosen, das für sich allein nicht funktionsfähig schien.

Der Große Terror Der Aufbau des Sozialismus bis Mitte der 1930er-Jahre hatte in der Sowjetunion für einen tief greifenden Wandel gesorgt. Eine massive Bildungsoffensive, die den Analphabetismus nahezu halbierte und neue Aufstiegsmöglichkeiten schuf, und die anhaltende Urbanisierung veränderten den Charakter des Landes nachhaltig. Gleichzeitig waren die Verstaatlichung des Agrarsektors und die rücksichtslose Industrialisierung vom Ausbau einer Geheimpolizei begleitet, die jeden Sowjetbürger verhaften, in Lager verbringen oder ermorden konnte. In der eigenen Partei wurde daher Kritik an Stalins Politik laut, 1934 hätte ihn der XVII. Parteitag der KP beinahe nicht wiedergewählt. Während Stalin seither das Tempo der Umwälzungen in Wirtschaft und Gesellschaft drosselte, ging er daran, die Widersacher und Konkurrenten in den eigenen Reihen auszuschalten.

Ende 1934 verhängte Stalin Notstandsmaßnahmen, die den unbeschränkten Zugriff auf Personen sowie deren standrechtliche Verurteilung und Exekution erlaubten. Eine neue Terrorwelle erfasste das Land. Dabei sollten nicht länger Gegner des „Systems“ ausgeschaltet werden, vielmehr ging es um die Festigung von Stalins persönlicher Macht. Prominente Kritiker Stalins und Veteranen der Revolution von 1917 wurden in den Jahren 1936-1938 Opfer von Schauprozessen. Die Anklagen waren erfunden, das Urteil stand von vornherein fest. Ähnlich verfuhr man mit Führungskräften in Wirtschaft, Verwaltung und Militär. So wurden beispielsweise mehrere Zehntausend Offiziere entlassen, viele von ihnen erschossen. Historiker vermuten heute, dass Stalin mit der Ausschaltung der Armeespitze jegliches Risiko eines Militärputsches ausschließen wollte.

Die Organe für Stalins „Säuberungen“ waren das *Volkskommissariat für Innere Angelegenheiten* (russ. NKWD) sowie die Geheimpolizei (russ. OGPU, Nachfolgerin der Tscheka). Für den Strafvollzug gab es neben den regulären Gefängnissen die berüchtigten Arbeitslager in entlegenen Gegenden. Sie waren schon unter Lenin eingeführt worden und vermehrten sich in den Dreißigerjahren um ein Vielfaches. Eine zentrale Behörde, der *GULag*, organisierte seit 1930 ein Lagersystem, das um 1940 etwa zwei Millionen Insassen umfasste.

1937/38 erreichte der Terror seinen Höhepunkt, als er sich zum Massenterror ausweitete. Zur Zielscheibe wurden insbesondere nationale und gesellschaftliche Minderheiten, die man der Spionage, Sabotage oder des Umsturzes verdächtigte. Insgesamt kam es – nach Schätzungen – zu etwa 2,5 Millionen Verhaftungen, davon endeten 680 000 Fälle mit Hinrichtung. Ziel dieser stalinistischen Herrschaftsmethoden war jedoch nicht nur die Ausschaltung von „Volksfeinden“ und die Besetzung wichtiger Ämter mit Anhängern Stalins. Es ging auch darum, die Bevölkerung durch Gewalt gefügig zu machen und „Sündenböcke“ für Fehlentwicklungen in Wirtschaft und Staat vorweisen zu können.

Der Terror entwickelte eine Eigendynamik, der zuletzt die Führung des NKWD selbst zum Opfer fiel. Gleichwohl behielt Stalin stets die Kontrolle und schränkte die Welle der Gewalt seit 1939 deutlich ein. Inzwischen gab es niemanden mehr, der dem Diktator noch gefährlich werden konnte.

▲ **Zwangsarbeit bei Frost.**
Foto (Ausschnitt) aus dem Winter 1931/32.
An dem 240 Kilometer langen Weißmeer-Ostsee-Kanal arbeiteten von August 1931 bis März 1933 zwischen 60 000 und 120 000 Häftlinge. Zumeist handelte es sich dabei um entkulakisierte Bauern, die mit Schaufeln, Spitzhacken, Hämmern und Schubkarren die Arbeit verrichteten. Mehr als 20 000 Menschen kamen bei dieser menschenunwürdigen und harten Tätigkeit ums Leben.

Stalinismus Seit Ende der 1920er-Jahre wandelte sich das Sowjetregime von einer Einparteienherrschaft mit kollektiver Führungsriege zur persönlichen Diktatur Stalins. Wirtschaft, Gesellschaft und zuletzt auch die politische Führung wurden unter Stalin entmündigt und „gleichgeschaltet". Selbst in Bildung, Wissenschaft und Kunst galt nur noch der Wille der Staatsspitze. Ein umfassender Unterdrückungsapparat ließ weder Opposition noch Kritik zu. Partei und Öffentlichkeit huldigten dem väterlichen Führer (*woschd*) und inszenierten einen Personenkult um die „Unfehlbarkeit" des Diktators. Dieses Herrschaftssystem wurde später als *Stalinismus* bezeichnet. Neben dem Nationalsozialismus in Deutschland (1933 - 1945) gilt der Stalinismus (ca. 1928 - 1953) als Form *totalitärer Herrschaft*, in der es für die Macht des Staates über alle Bereiche des Lebens praktisch keine Grenzen gab.

Der Weg zur internationalen Anerkennung In ihren Anfangsjahren war die Sowjetrepublik international isoliert. Die Friedensordnung nach dem Ersten Weltkrieg schuf einen Gürtel neuer Staaten entlang der Westgrenze der UdSSR („Zwischeneuropa"), der als Bollwerk gegen die Ausbreitung des Sozialismus gedacht war. Die Regierung in Moskau suchte die Annäherung an das Deutsche Reich, den ehemaligen Kriegsgegner und Verlierer des Ersten Weltkrieges. 1922 wurde im italienischen *Rapallo* ein deutsch-sowjetischer Vertrag über gegenseitige Anerkennung und wirtschaftliche Zusammenarbeit abgeschlossen. Eine echte Partnerschaft entstand dadurch jedoch nicht.

Nach der Machtübernahme durch Stalin gab das Regime die Idee einer sozialistischen Weltrevolution auf. Es bemühte sich dagegen um ein System „kollektiver Sicherheit" in Europa und Zentralasien. Zwischen 1925 und 1932 schloss Moskau Garantieverträge mit sämtlichen Nachbarländern, zuletzt auch mit Polen und dessen Verbündeten Frankreich. Die Sowjetunion war nun als Mitglied der Staatengemeinschaft anerkannt.

▲ **Die Unterzeichnung des Hitler-Stalin-Paktes.**
Foto vom 23. August 1939. Der deutsche Außenminister Joachim von Ribbentrop setzt in Moskau seine Unterschrift unter den deutsch-sowjetischen Nichtangriffs- und Konsultationspakt. Im Hintergrund Stalin, rechts von ihm (im dunklen Anzug) sein Außenminister Wjatscheslaw M. Molotow.

Hitler-Stalin-Pakt Seit Mitte der 1930er-Jahre veränderten die Nationalsozialisten die Ordnung in Europa. An einer Verständigung mit Hitler, wie sie Frankreich und Großbritannien versuchten (appeasement), wurde die Sowjetunion jedoch nicht beteiligt. Stalin ging zu den Westmächten auf Distanz und suchte den Ausgleich mit Hitler – ungeachtet aller politischen Gegensätze. In Moskau wurde am 23. August 1939 der deutsch-sowjetische Nichtangriffspakt („*Hitler-Stalin-Pakt*") geschlossen.* In einem Geheimen Zusatzprotokoll einigten sich beide Diktatoren über eine Aufteilung Ostmitteleuropas. Damit war der Weg frei für den deutschen Angriff auf Polen am 1. September 1939, der den Zweiten Weltkrieg entfesselte.

Während deutsche Truppen Polen unterwarfen, marschierte die Rote Armee in den baltischen Staaten ein. Ende September 1939 zogen Hitler und Stalin nochmals eine Demarkationslinie zwischen den eroberten Gebieten. Die Sowjetunion räumte das südliche Litauen, erhielt dafür den östlichen Teil Polens. Im Winter 1939/40 überfiel die UdSSR Finnland, das erfolgreich Widerstand leistete, obwohl es Grenzgebiete verlor. Die Sowjetunion hatte damit ihren Machtbereich weit nach Westen vorgeschoben. Er reichte jetzt unmittelbar an die Gebiete unter deutscher Besatzung.

* Siehe S. 126.

M1 Die NEP

Auf dem XI. Parteitag der Kommunistischen Partei verkündet Lenin am 27. März 1922 einen „Politischen Bericht“. Darin zieht er ein vorläufiges Resümee über die Neue Ökonomische Politik:

Die ganze Bedeutung der Neuen Ökonomischen Politik [...] liegt darin und nur darin: den Zusammenschluss zwischen der bäuerlichen Wirtschaft und der neuen Wirtschaft herzustellen, die wir mit ungeheurer Anstrengung schaffen. [...] Unser Ziel ist, den neuen Zusammenschluss herzustellen, dem Bauern durch Taten zu beweisen, dass wir mit dem beginnen, was ihm verständlich, vertraut und heute bei all seiner Armut erreichbar ist, nicht aber mit etwas, was vom Standpunkt des Bauern fern und fantastisch ist. Unser Ziel ist zu beweisen, dass wir ihm zu helfen verstehen, dass die Kommunisten dem verarmten, verelendeten, qualvoll hungernden Kleinbauern, der sich jetzt in einer schweren Lage befindet, sofort praktisch helfen. Entweder werden wir das beweisen, oder er wird uns zum Teufel jagen. Das ist völlig unausbleiblich. [...]
Die zweite, speziellere Lehre ist die Überprüfung der staatlichen und der kapitalistischen Betriebe durch den Wettbewerb. [...] Wir haben bisher Programme geschrieben und Versprechungen gemacht. Seinerzeit war das absolut notwendig. Ohne ein Programm und ohne Versprechungen kann man nicht mit der Weltrevolution kommen. [...]
Was gebraucht wird, ist eine echte Prüfung. Nebenan ist der Kapitalist tätig, er handelt wie ein Räuber, er schindet Profite, aber er versteht seine Sache. Ihr aber – ihr probiert es auf neue Art: Profite gibt es bei euch nicht, die Grundsätze sind kommunistisch, die Ideale gut – mit einem Wort, ihr seid wahre Heilige, ihr solltet schon bei Lebzeiten in den Himmel kommen –, aber versteht ihr praktisch zu arbeiten? [...]
Den Kommunisten wurde jeder mögliche Aufschub gewährt, es wurde ihnen so viel Kredit gegeben, wie keiner anderen Regierung gegeben worden ist. Natürlich haben die Kommunisten geholfen, die Kapitalisten, die Gutsbesitzer loszuwerden, die Bauernschaft schätzt das, und sie hat Kredit gegeben, Aufschub gewährt, aber alles bis zu einem gewissen Termin. Dann aber erfolgt schon die Prüfung: Versteht ihr es, nicht schlechter zu wirtschaften als die anderen? Der alte Kapitalist versteht es, ihr aber versteht es nicht. [...]
Entweder werden wir im nächsten Jahr das Gegenteil beweisen, oder die Sowjetmacht kann nicht weiterexistieren. [...]
Der Kommunist, der Revolutionär, der die größte Revolution der Welt vollbracht hat, auf den, wenn nicht vierzig Jahrhunderte von den Pyramiden, so doch vierzig europäische Länder mit der Hoffnung auf Erlösung vom Kapitalismus blicken – er muss von einem simplen Handlungsgehilfen lernen, der zehn Jahre in einer Mehlhandlung herumgelaufen ist, der das Geschäft versteht, während er, der verantwortliche Kommunist und ergebene Revolutionär, weit davon entfernt ist, es zu verstehen, nicht einmal versteht, dass er es nicht versteht.

W.I. Lenin, Ausgewählte Werke, Bd. 3, Berlin [7]1970, S. 770 ff.

1. *Arbeiten Sie heraus, welchen Problemen sich das Regime um 1922 gegenübersah.*
2. *Analysieren Sie die Haltung Lenins unter folgenden Gesichtspunkten: a) Wie werden die Gegner des sozialistischen Systems beschrieben? b) Welche Forderungen werden an die Wirtschaft gestellt? c) Welche Spielräume besitzt das Sowjetregime?*
3. *Für Lenin war die NEP „ein Brest-Litowsk der Bauern“. Erörtern Sie diese Aussage vor dem Hintergrund der im Darstellungstext und in M1 verfügbaren Informationen.*
4. *Im Zuge der NEP lockerte das Regime seine harte Gangart auch in anderen Bereichen. Finden Sie Beispiele dafür aus der Mitte der 1920er-Jahre. Formulieren Sie in einer politischen Ansprache Argumente, die diesen Kurswechsel unterstützen.*

M2 Mit „bolschewistischem Tempo“

Am 4. Februar 1931 spricht Stalin vor Wirtschaftsfunktionären:

Das Tempo verlangsamen, das bedeutet zurückbleiben. Und Rückständige werden geschlagen. Wir aber wollen nicht die Geschlagenen sein. Nein, das wollen wir nicht! Die Geschichte des alten Russland bestand unter anderem darin, dass es wegen seiner Rückständigkeit fortwährend geschlagen wurde. [...] Wegen seiner militärischen Rückständigkeit, seiner kulturellen Rückständigkeit, seiner staatlichen Rückständigkeit, seiner industriellen Rückständigkeit, seiner landwirtschaftlichen Rückständigkeit. [...] Das Gesetz der Ausbeuter ist nun einmal so – die Rückständigen und Schwachen werden geschlagen. Das ist das Wolfsgesetz des Kapitalismus. Du bist rückständig, du bist schwach – also bist du im Unrecht, also kann man dich schlagen und unterjochen. Du bist mächtig – also hast du recht, also muss man sich vor dir hüten. Das ist der Grund, warum wir nicht länger zurückbleiben dürfen.
In der Vergangenheit hatten wir kein Vaterland und konnten keines haben. Jetzt aber, wo wir den Kapitalismus gestürzt haben und bei uns die Arbeiter an der Macht stehen, haben wir ein Vaterland und werden seine Unabhängigkeit verteidigen. Wollt ihr, dass unser sozialistisches Vaterland geschlagen wird und seine Unabhängigkeit verliert? Wenn ihr das nicht wollt, dann müsst ihr in kürzester Frist seine Rückstän-

digkeit beseitigen und ein wirkliches bolschewistisches Tempo im Aufbau einer sozialistischen Wirtschaft entwickeln. Andere Wege gibt es nicht. Darum sagte Lenin zur Zeit des Oktobers: „Entweder Tod oder die fortgeschrittenen kapitalistischen Länder einholen und überholen."
Wir sind hinter den fortgeschrittenen Ländern um 50 bis 100 Jahre zurückgeblieben. Wir müssen diese Distanz in zehn Jahren durchlaufen. Entweder bringen wir das zustande oder wir werden zermalmt.

Zitiert nach: Günter Schönbrunn (Bearb.), Weltkriege und Revolutionen 1914-1945. Geschichte in Quellen, München ³1979, S. 142 f.

1. *Skizzieren Sie, welche Position Stalin gegenüber dem Kapitalismus einnimmt. Vergleichen Sie diese Haltung mit derjenigen Lenins (M1).*

2. *Stellen Sie die Zielsetzung Stalins für die sowjetische Wirtschaft in den Zusammenhang der internationalen Wirtschaftsentwicklung um 1930. Vergleichen Sie insbesondere mit den USA und Deutschland in dieser Zeit.*

3. *Arbeiten Sie heraus, welches Geschichtsbild Stalin hier entwarf und wie es dazu benutzt werden konnte, um staatliche Gewalt zu rechtfertigen.*

M3 Die Deportation von Moskauer und Leningrader Bürgern nach Sibirien

Zu Beginn der Dreißigerjahre werden die einzelnen landwirtschaftlichen Betriebe in der Sowjetunion zwangsweise in große kollektiv bewirtschaftete Kolchosen bzw. in Staatsgüter (Sowchosen) umgewandelt. Mehr als zwei Millionen Menschen, die man als Feinde dieser Zwangskollektivierung betrachtet, werden in dieser Zeit aus den Dörfern und Städten des Landes vor allem nach Sibirien deportiert[1]. Der brutale Umbau des landwirtschaftlichen Systems führt 1932/33 zu einer Hungersnot mit etwa vier bis sechs Millionen Toten. In einem Bericht an Stalin schildert ein Mitglied des Parteikomitees aus Narym in Westsibirien im Mai 1933 das Schicksal von über 6 000 Menschen, die nach Sibirien deportiert worden sind:

Am 29. und 30. April 1933 wurden uns zwei Züge mit deklassierten Elementen aus Moskau und Leningrad geschickt. Nach der Ankunft in Tomsk wurden diese Elemente mit Schleppkähnen auf die [...] Insel Nasino gebracht, der erste Zug am 18., der zweite am 26. Mai. Mit dem ersten Zug kamen 5 070 und mit dem zweiten 1 044 Personen, insgesamt also 6 114. Die Transportbedingungen waren grauenhaft: Die Nahrung war schlecht und unzureichend, nicht genügend Luft und Platz und die Schwächsten wurden regelrecht schikaniert. [...] Folge: Eine Sterblichkeitsrate von 35 bis 40 Menschen pro Tag. Doch diese Lebensbedingungen waren noch der reinste Luxus, gemessen an dem, was die Deportieren auf der Insel Nasino erwartete (von dort sollten sie gruppenweise die Nasina hinauf zum Endziel, den Siedlungssektoren, gebracht werden). Auf der Insel Nasino gibt es keinerlei Zivilisation und nicht die geringste Wohnmöglichkeit [...], kein Werkzeug, kein Saatgut, keine Nahrung. Das neue Leben begann. Am 19. Mai, einen Tag nach der Ankunft des ersten Zuges, fing es an zu schneien, und es kam Wind auf. Ausgehungert, abgemagert, ohne Dach und Werkzeug [...] befanden sich die Deportierten in einer ausweglosen Situation. Sie konnten nur Feuer anmachen und ersuchen, sich vor der Kälte zu schützen. [...] Am ersten Tag wurden 295 Leichen begraben. [...] Erst am vierten oder fünften Tag nach der Ankunft der Deportierten auf der Insel schickten die Behörden per Schiff ein bisschen Mehl, ein paar hundert Gramm pro Person. Die Leute rannten mit ihrer mageren Portion an den Strand und versuchten, das wenige Mehl in ihren Pelzmützen, Hosen oder Jacken mit Wasser anzurühren. Doch die meisten der Deportierten versuchten, das Mehl so zu essen, wie sie es bekommen hatten, und erstickten vielfach dabei. Während des gesamten Aufenthalts auf der Insel bekamen die Deportierten lediglich ein bisschen Mehl. [...] Bald kam es zu Fällen von Kannibalismus. [...]
Die Bilanz des Ganzen: Von den 6 100 Personen die in Tomsk gestartet waren (und denen man noch 500 bis 700 Personen hinzufügen muss, die von anderswoher in diese Gegend geschickt worden waren), waren am 20. August nur noch etwa 2 200 Personen am Leben.

Stéphane Courtois (Hrsg.), Das Schwarzbuch des Kommunismus. Unterdrückung, Verbrechen und Terror, München 1998, S. 173 f.

1. *Schildern Sie den Ablauf der Deportation der Menschen aus Moskau und Leningrad.*

2. *Analysieren Sie die im Bericht verwendete Sprache des Mitglieds des Parteikomitees aus Narym. Welche Haltung nimmt er zu den Deportationen ein? Beachten Sie dabei, dass der Bericht an die Parteiführung in Moskau gerichtet war. Welche Wirkung sollte mit diesem Bericht wohl erzeugt werden? Welchem Risiko setzte sich der Verfasser möglicherweise aus?*

3. *Diskutieren Sie die Frage, welche grundsätzliche Funktion der Gewaltausübung in einer Diktatur zukommt, um den Herrschaftsanspruch einer Partei durchzusetzen.*

[1] Für eine Definition des Begriffes „Deportation" siehe S. 111.

Karten als Informationslandschaft

Karten ermöglichen eine Orientierung im Raum. Während *topografische Karten* ein möglichst wirklichkeitsgetreues Abbild der Erdoberfläche zeichnen wollen, geben *thematische Karten* die Lage und Verteilung von beliebigen Merkmalen im Raum an. Thematische Karten, die nicht aktuelle Zustände abbilden, sondern Daten aus der Vergangenheit, werden als *Geschichtskarten* bezeichnet. Alle Daten, die einen geografischen Bezug haben, können auch kartiert werden: Grenzen und Wege, Einwohnerzahlen und Wahlergebnisse, Klima und Verkehr, Ethnien und Religionen, Konkurse und Aufstände. Ein Kartenblatt kann *Gleichzeitiges* darstellen, es kann aber auch *Ungleichzeitiges* symbolisieren und damit Entwicklungen über längere Zeiträume veranschaulichen.

Mit Karten arbeiten

Als maßstäblich verkleinerte, auf das jeweils Wesentliche reduzierte und durch vielfältige Symbole kodierte „Raummodelle" stellen Karten Sachverhalte aus Politik, Wirtschaft, Kultur oder Gesellschaft zu einer bestimmten Zeit in einem ausgewählten Raum dar. Sie sind dennoch keine „neutralen" oder „objektiven" Medien – ganz im Gegenteil: Seit Karten angefertigt werden, sind sie das Ergebnis einer Weltinterpretation ihrer Erzeuger. Sie spiegeln nicht nur das Wissen und Denken ihrer Entstehungszeit wider, stets werden sie auch in einer bestimmten Absicht angefertigt. Karten können verschiedene Darstellungsabsichten verfolgen: Sie können Handels- oder Gewerbeinteressen dienen oder bestimmte kulturelle oder politische Wertschätzungen zum Ausdruck bringen. Sie können Herrschaftsansprüche legitimieren, indem sie strittige Grenzverläufe in bestimmter Weise fixieren oder durch Ausklammerung einem Volk oder Staat das Existenzrecht absprechen. Damit beeinflussen Karten das Geschichtsbild oder die aktuelle Weltsicht des Betrachters oft beträchtlich. Für die Arbeit mit Karten ist deshalb die Kenntnis des historischen und thematischen Hintergrundes genauso wichtig wie die Übersetzung der Legende und der Symbole.

Formale Kennzeichen

- Um welchen Kartentyp handelt es sich?
- Wer hat die Karte entworfen oder in Auftrag gegeben?
- Wann und wo ist die Karte entstanden oder publiziert worden?

Karteninhalt

- Auf welchen Raum, welche Zeit und welches Thema bezieht sich die Karte?
- Welche Bedeutung haben die Farbflächen (Länder, Glaubensrichtungen etc.), welche die Symbole (Orte, Bodenschätze, Güter, ihre Menge, Handelswege oder Ereignisse)?
- Lässt sich durch den Vergleich mit anderen Karten/weiteren Quellen feststellen, ob bestimmte Gegebenheiten oder Entwicklungen hervorgehoben oder ausgeklammert werden?

Historischer Kontext

- In welchen historischen oder politischen Zusammenhang lässt sich die Karte einordnen?
- Welche Ursachen, Entwicklungen und Folgen lassen sich aus der Karte ablesen?

Intention und Bewertung

- An welche Adressaten wendet sich die Karte?
- Welche Aussageabsicht verfolgt sie?
- Auf welche wissenschaftliche oder politische Diskussion geht sie ein?
- Ist eine bestimmte Sichtweise, eine politisch-ideologische Zielsetzung erkennbar?
- Welche Fragen kann die Karten beantworten, welche nicht?

Flächenfärbung:
Volksgruppe nach Legende – Russen

„Inselgebiete“ (Enklaven):
überwiegend polnisch besiedelte Gebiete, umgeben von weißrussischen Mehrheiten

Ethnisch gemischte Gebiete:
Polen und Deutsche leben zusammen im selben Raum.

Grenzen 1918/23:
mit schwarzer, dünner, unterbrochener Linie eingetragen

Grenzen 1914:
mit kräftiger Farbe und dicker Linie angegeben

„Krisenherde“:
laut Legende „infolge der Pariser Vorortverträge“

Kartenlegende
Anders als in der Überschrift angegeben, werden hier Völker, nicht Sprachen genannt („Polen“, nicht „Polnisch“).

Putzger. Atlas und Chronik zur Weltgeschichte, Berlin [2]2009, S. 234

Formale Kennzeichen Die thematische Karte entstammt einem Geschichtsatlas und ist darin auf einer Doppelseite mit der Überschrift „Krisenherde in Europa nach 1918" abgebildet. Sie ist im Jahr 2009 erstellt worden und spiegelt somit den aktuellen Forschungsstand wider.

Karteninhalt Der abgebildete Raum umfasst Mittel- und Osteuropa und den Nordostteil der Mittelmeerwelt. Die Eintragungen der Karte kombinieren drei verschiedene Sachverhalte: Mit *Flächenfärbungen* werden die im Raum vertretenen Sprachen angegeben. Sie sind nach Herkunft und Verwandtschaft zu Sprachfamilien gruppiert, für die jeweils ähnliche Farbtöne verwendet werden, etwa grün und gelb für slawische, blau für germanische, rot für romanische Sprachen. Mit *Liniensymbolen* werden die Staatsgrenzen im Kartenraum angegeben. Dicke, rote Linien markieren die Grenzen im Jahr 1914, vor Ausbruch des Ersten Weltkrieges. Dünne, schwarze, unterbrochene Linien geben die staatsrechtlichen Ergebnisse der Friedenskonferenzen nach dem Ersten Weltkrieg wieder („Pariser Vorortverträge"). Mit roten *Kreissymbolen* sind Krisenherde eingetragen, die aus der europäischen Nachkriegsordnung resultierten. Die Konflikte sind mit einem Stichwort benannt, die Größe des Kreises scheint die geografische Ausdehnung und/oder die Intensität des Konfliktes anzugeben.

Historischer Kontext Die Niederlage der Mittelmächte im Weltkrieg hatte erhebliche territoriale Veränderungen zur Folge. Das Deutsche Reich sollte zu seiner Schwächung und zur Entschädigung seiner Gegner Gebiete verlieren. Das in Nationalstaaten zerfallende Österreich-Ungarn machte die Festlegung neuer Grenzen erforderlich. Schon während des Krieges hatte die Entente jenen Staaten, die sich auf ihre Seite schlugen, Gebietsgewinne nach dem Krieg versprochen. Ebenso war die Wiederherstellung eines polnischen Staates Ziel der Alliierten. Treibende politische Kraft im Darstellungszeitraum war der Nationalismus, der nach staatlicher Souveränität verlangte und eine machtpolitische Ausdehnung des eigenen Territoriums oder die Abwehr fremder Annexionen anstrebte.

Intention und Bewertung Die Karte knüpft einen Zusammenhang zwischen dem Ausbruch von Konflikten und den neuen Grenzen. Als Begründung bietet sie die Gemengelage der Nationalitäten in Ostmitteleuropa an. Krisen entstehen demnach dort, wo Angehörige ethnischer Minderheiten unter die politische Herrschaft einer Mehrheitsbevölkerung geraten.
Tatsächlich wurden auf den Friedenskonferenzen Grenzen gezogen, die oft keine Rücksicht auf die betroffene Bevölkerung nahmen: Die Abtretung großer Gebiete an Polen hat die dortige deutsche Bevölkerung ebenso verbittert wie die österreichischen Südtiroler ihre Annexion durch Italien.
Die Kartierung der „Sprachverteilung" vereinfacht jedoch die Verhältnisse. Die meisten Gebiete waren keineswegs ethnisch homogen besiedelt, abgebildet ist nur die jeweilige Mehrheit. Auch waren nicht alle Volksgruppen verfeindet oder verlangten nach Zugehörigkeit zu einem ethnisch einheitlichen Staat.
Unbeleuchtet bleibt die Art der Krisen und ihre Akteure: Die Rheinländer leisteten passiven Widerstand gegen Anordnungen der alliierten Verwaltung, die Übernahme Siebenbürgens durch Rumänien ging mit Entrechtung und Enteignungen einher, Fiume wurde von einer paramilitärischen Truppe besetzt, Griechenland und die Türkei führten regulären Krieg.
Die dargestellten Konflikte stehen in einem ursächlichen Zusammenhang mit den Pariser Vorortverträgen. Ob sie jedoch tiefere Wurzeln hatten, durch interessierte Kreise instrumentalisiert wurden oder durch andere Vertragsregelungen vermeidbar gewesen wären, muss für jeden Einzelfall entschieden werden.

Die Weimarer Republik: das Scheitern der ersten deutschen Demokratie

◂ **„Arbeiter, Bürger, Bauern, Soldaten aller Stämme Deutschlands, vereinigt euch zur Nationalversammlung."**
Plakat von César Klein, 1919. Auftraggeber: Werbedienst der deutschen Republik.

Entstehung der Republik	1918	Die Revolution am 9. November stürzt die Monarchie; Deutschland wird Republik.
		Der Erste Weltkrieg endet am 11. November.
	1919	Der „Spartakus-Aufstand" in Berlin wird im Januar niedergeschlagen.
		Frauen und Männer wählen am 19. Januar die Verfassunggebende Nationalversammlung. Die SPD geht als stärkste Partei aus den Wahlen hervor.
		Der Versailler Vertrag regelt die Nachkriegsordnung für Deutschland.
		Die Reichsverfassung tritt am 11. August in Kraft.
	1920	Der Kapp-Lüttwitz-Putsch vom 13. bis 17. März schlägt fehl.
Krisenjahre	1921/22	Attentate auf die „Erfüllungspolitiker" häufen sich.
	1923	Wegen unerfüllter Reparationszahlungen kommt es zu Ruhrbesetzung und „Ruhrkampf".
		Der Hitler-Putsch in München am 8./9. November scheitert.
		Die Regierung beendet die Hyperinflation mit einer Währungsreform.
Gefährdete Stabilität	1925	Nach dem Tod Friedrich Eberts wird Hindenburg am 26. April neuer Reichspräsident.
	1927	Die Arbeitslosenversicherung tritt in Kraft.
	1929	Der Zusammenbruch der New Yorker Börse löst eine Weltwirtschaftskrise aus.
Verfall der Demokratie	1930	Die Große Koalition aus SPD, Zentrum und bürgerlich-liberalen Parteien zerbricht als letzte Regierung mit einer Mehrheit im Parlament. Ab 29. März regiert Heinrich Brüning als Kanzler des ersten Präsidialkabinetts dauerhaft mit Notverordnungen.
	1932	Mit 6,128 Millionen erreicht die Zahl der Arbeitslosen ihren Höchststand.
		Bei den Reichstagswahlen vom 31. Juli wird die NSDAP stärkste Partei.
		Bei den Reichstagswahlen am 6. November muss die NSDAP Verluste hinnehmen, bleibt aber stärkste Partei.
	1933	Kurt von Schleicher tritt am 28. Januar als Reichskanzler zurück, nachdem Reichspräsident Hindenburg ihm das Vertrauen entzogen hat.
		Am 30. Januar ernennt Reichspräsident Hindenburg Adolf Hitler zum Reichskanzler.

Die Weimarer Republik – Wegbereiterin der nationalsozialistischen Diktatur? Das Weimar-Bild im „Dritten Reich" war geprägt von der Rhetorik der nationalsozialistischen Propaganda, in der die Republik als Produkt der „Novemberverbrecher", als ein national entehrtes und durch die Herrschaft von Juden und Marxisten korrumpiertes Staatsgebilde bezeichnet wurde. Auch nach dem Zweiten Weltkrieg sah sich der erste demokratische Verfassungsstaat auf deutschem Boden mit vielen Vorurteilen konfrontiert. Er wurde überwiegend als Wegbereiter der Hitlerdiktatur wahrgenommen.

Dies führte in der deutschen Geschichtswissenschaft der 1950er-Jahre zu einer vorrangigen Behandlung der Endphase der Republik. Die Frage nach den entscheidenden Gründen für die „Machtergreifung" durch die Nationalsozialisten stand im Vordergrund.

Die spätere Forschung sah darin eine unzulässige Verengung der historischen Perspektive und untersuchte verstärkt, welche strukturellen Schwächen die Republik von ihrer Gründung an belasteten: Weltanschauungs- und Interessenparteien, die sich selten zu konstruktiver Regierungsarbeit bereit erklärten; ein Offizierskorps ohne demokratische Gesinnung; eine Justiz, die sich, wie die Universitäten und Gymnasien, weiterhin an den konservativen und nationalistischen Wertvorstellungen der Kaiserzeit orientierte; schließlich wirtschaftliche Herausforderungen (Inflation, Weltwirtschaftskrise, Arbeitslosigkeit), die die Existenz weiter Bevölkerungsschichten bedrohten und das Vertrauen in den Staat zerstörten. Zu den größten Belastungen der Weimarer Republik gehörte zweifellos auch die Weigerung, den Ausgang des Ersten Weltkrieges und den verhassten Versailler Vertrag (mit den Gebietsverlusten und Reparationsforderungen) zu akzeptieren.

Man darf jedoch auch nicht übersehen, dass die erste deutsche Demokratie schwierige innen- und außenpolitische Probleme erfolgreich meisterte. Dazu gehörte die Wiedereingliederung von Millionen Soldaten in Gesellschaft und Beruf, die Überwindung der außenpolitischen Isolation durch den Vertrag von Locarno und die Aufnahme Deutschlands in den Völkerbund.

Der Wechsel zwischen Fortschritt und Stagnation, das erbitterte Ringen um die Demokratie, die Blütezeit in Kunst und Kultur auf der einen und das wirtschaftliche, politische und soziale Chaos auf der anderen Seite – dies sind die Faktoren, die die Epoche der Weimarer Republik als Epoche der Gegensätze kennzeichnen. Dabei war das Scheitern der ersten deutschen Demokratie eine historische Erfahrung, aus der schon die Gründerväter der Bundesrepublik wegweisende Lehren zogen. Bis heute ist die politische Kultur Deutschlands vom Willen durchdrungen, die Fehler von Weimar nicht zu wiederholen.

- ▶ *Mit welchen Schwierigkeiten sah sich die junge Republik zum Zeitpunkt ihrer Entstehung konfrontiert?*
- ▶ *Wie trugen innen- und außenpolitische Faktoren in den Folgejahren zur Stabilisierung und zur Destabilisierung der Weimarer Republik bei?*
- ▶ *Wo sind die Gründe für das Scheitern der ersten deutschen Demokratie zu suchen?*

Vom Obrigkeitsstaat zur Republik

Das Ende der Monarchie Im Jahr 1914 hatten Teile der Bevölkerung, vor allem das Bildungsbürgertum, Studenten und Gymnasiasten, enthusiastisch auf die Nachricht vom Ausbruch des Krieges reagiert. Für andere Gruppen, für Arbeiter, Bauern oder Kleinbürger, verbanden sich damit Befürchtungen und Ängste. Die Berichte von den grauenvollen Kämpfen an der Front, mehr noch die ersten Gefallenen aus dem Kreis der Familie oder Freunde, ließen die anfängliche Begeisterung auch unter den Befürwortern des Krieges schnell verfliegen. Die sozialen Spannungen entluden sich bereits seit Ende des Jahres 1915 in Unruhen, Protesten und Arbeitsniederlegungen. In den letzten beiden Kriegsjahren kam es dann zu Massenprotesten, die Ausdruck einer weit verbreiteten Antikriegsstimmung waren. Zu Beginn des Jahres 1918 beteiligten sich in Berlin und anderen Großstädten eine Million Arbeiterinnen und Arbeiter an Streiks, bei denen die Forderungen nach innenpolitischen Reformen und nach Beendigung des Krieges immer lauter wurden.

Doch erst nach dem Scheitern der letzten großen Offensiven (März bis August 1918) gab die Oberste Heeresleitung (OHL) die Hoffnung auf einen Sieg auf und drängte die Regierung Ende September zum Abschluss eines sofortigen Waffenstillstandes. Das Eingeständnis der Niederlage kam für die Mehrzahl der Politiker und die Öffentlichkeit völlig überraschend. Die Chefs der OHL, die Generäle **Erich Ludendorff** und **Paul von Hindenburg**, entschiedene Gegner jeglicher demokratischer Reformen, forderten jetzt die Bildung einer vom Parlament getragenen Regierung. Diese sollte die Waffenstillstandsverhandlungen führen und damit auch die Verantwortung für den Zusammenbruch übernehmen, um so die militärische Führung vom Makel der Niederlage freizuhalten.

Erich Ludendorff (1865-1937): 1914 Generalstabschef im Ersten Weltkrieg und gemeinsam mit Hindenburg Oberbefehlshaber der deutschen Truppen an der Ostfront; 1924-1928 Abgeordneter im Reichstag

Paul von Hindenburg (1847-1934): 1914-1916 Oberbefehlshaber der Truppen an der Ostfront, 1916-1918 Chef des Generalstabs, 1925-1934 Reichspräsident

Max von Baden (1867-1929): Großherzog von Baden, preußischer General und 1918 Reichskanzler

Friedrich Ebert (1871-1925): ab 1913 SPD-Vorsitzender, 1919 bis zu seinem Tod 1925 erster Reichspräsident der Weimarer Republik

Anfang Oktober 1918 bildete Reichskanzler Prinz **Max von Baden** eine neue Regierung. Sie bestand aus Vertretern der SPD, des Zentrums und der liberalen Fortschrittspartei. Dass die Militärs sich damit ihrer Verantwortung entziehen konnten, belastete die Republik von Anfang an schwer. Denn viele Deutsche sahen den Zusammenbruch nicht als das Ergebnis einer militärischen Niederlage, sondern als das Resultat der von den „Linken" verantworteten Revolution.

Als Ende Oktober 1918 Matrosen den Befehl der Seekriegsleitung verweigerten, für eine inzwischen militärisch sinnlose Schlacht gegen die Briten auszulaufen, wurden sie festgenommen und in Kiel inhaftiert. Um die Freilassung der Kameraden zu erzwingen, bildeten sich Soldatenräte, die zu Massendemonstrationen aufriefen. Obwohl die Aktionen kriegsmüder Truppenteile nicht von langer Hand vorbereitet waren, breitete sich die revolutionäre Bewegung sehr schnell aus. Spontan nun auch in Ortschaften gewählte Arbeiter- und Soldatenräte beanspruchten die politische Führung, amtierende Politiker und Beamte gaben nach. So wurde der gewaltlose Sturz der Monarchien in allen Bundesstaaten in kurzer Zeit vollzogen.

Am 9. November forderten Hunderttausende in Berlin die sofortige Beendigung des Krieges und die Abdankung des Kaisers, Wilhelm II., der in ihren Augen das Haupthindernis für einen schnellen Friedensschluss war. Da er sich bis zuletzt weigerte, gab Reichskanzler Max von Baden noch am gleichen Tag auf eigene Verantwortung die Abdankung des Kaisers bekannt.

Der Rat der Volksbeauftragten Ebenfalls am 9. November 1918 übergab Max von Baden ohne verfassungsrechtliche Legitimation das Amt des Reichskanzlers an **Friedrich Ebert**, den Vorsitzenden der SPD, die im Reichstag die stärkste Fraktion stellte.

▲ **Ausrufung der Republik und Bildung des Rates der Volksbeauftragten.**
Fotomontage als Bildpostkarte von 1918.
Am 9. November 1918 rief Philipp Scheidemann (SPD) am Fenster des Berliner Reichstages die Republik aus. Die Szene wird eingerahmt von den Mitgliedern des neu gebildeten Rates der Volksbeauftragten; links (von o. nach u.): Hugo Haase (USPD), Otto Landsberg (SPD), Wilhelm Dittmann (USPD); rechts: Friedrich Ebert (SPD), Philipp Scheidemann (SPD) und Emil Barth (USPD).

Während Ebert die Entscheidung über die künftige Staatsform einer gewählten Nationalversammlung überlassen wollte, rief sein Parteifreund **Philipp Scheidemann** die „Deutsche Republik" aus. Er kam damit **Karl Liebknecht** zuvor, dem Führer der **Spartakisten**, eines linken Flügels der 1917 von der SPD abgespaltenen Unabhängigen Sozialdemokratischen Partei Deutschlands (**USPD**). Erst zwei Stunden später verkündete Liebknecht dann die „Sozialistische Republik Deutschland". Um der sich abzeichnenden Bildung einer sozialistischen **Räterepublik** zu begegnen, bemühte sich Ebert um eine Verständigung mit der USPD. Die beiden Parteien besetzten auf paritätischer Grundlage mit je drei Vertretern den *Rat der Volksbeauftragten* als provisorische deutsche Regierung. Er wurde zunächst nur durch die Berliner Arbeiter- und Soldatenräte legitimiert, die sich wie auch in anderen Städten im Zuge der Revolution spontan, ohne festes politisches Konzept und ohne überregionale Organisation gebildet hatten. Die meisten Arbeiterräte orientierten sich nicht an der Theorie des Rätesystems. Im Vordergrund standen nach dem Zusammenbruch die praktischen Aufgaben, die Lebensmittelversorgung und die öffentliche Ordnung. Die Arbeiterräte traten aber allgemein für die Demokratisierung von Militär, Verwaltung und Wirtschaft ein.

Der vom 16. bis 20. Dezember 1918 in Berlin tagende *Reichskongress der Arbeiter- und Soldatenräte* beließ die gesetzgebende und vollziehende Gewalt bis zur Einberufung der Nationalversammlung beim Rat der Volksbeauftragten. Der Antrag der radikalen Linken, am Rätesystem als Grundlage der Verfassung für eine sozialistische Republik festzuhalten, wurde dabei mit großer Mehrheit abgelehnt.

Philipp Scheidemann (1865-1939): SPD-Politiker; unter Max von Baden 1918 Staatssekretär; 1919 Reichskanzler

Karl Liebknecht (1871-1919): Gründer des Spartakusbundes 1916; Mitbegründer der Kommunistischen Partei Deutschlands 1919

Spartakisten/Spartakusbund: Gruppe radikaler Sozialisten, die den Kern der am 1. Januar 1919 gegründeten Kommunistischen Partei Deutschlands (KPD) bildete

USPD: Aus Protest gegen die Bewilligung weiterer Kriegskredite verließen ab 1916 immer mehr Mitglieder die SPD und gründeten im April 1917 eine eigene Partei, die Unabhängige Sozialdemokratische Partei Deutschlands.

Räterepublik: Herrschaftsform, die eine direkte Demokratie mithilfe von Räten verwirklichen will. Die Räte werden auf verschiedenen Ebenen gewählt bis hin zum Zentralrat. Sie sind an die Weisungen der Wähler gebunden und vereinen gesetzgebende, ausführende und rechtsprechende Gewalt auf sich.

▸ **Geschichte In Clips:**
Zur Ausrufung der Republik siehe Clip-Code 32003-01

Wilhelm Groener (1867-1939): 1928-1932 Reichswehrminister; 1931 Innenminister

Freikorps: überwiegend extrem antirepublikanische und antikommunistische paramilitärische Verbände. Sie gehörten nicht zu den regulären Truppen und bestanden aus ehemaligen Berufssoldaten, Abenteurern, Studenten oder Schülern, meist Männer, die nach dem Krieg kein Zuhause und keine Arbeit hatten und nicht in ein ziviles Leben zurückgefunden hatten.

Rosa Luxemburg (1870-1919, ermordet): Journalistin und sozialistische Theoretikerin; 1919 Mitbegründerin der KPD

Neue Regierung, alte Eliten Der Rat der Volksbeauftragten war mit einer Reihe von Aufgaben konfrontiert, die sich nach dem Ende des Krieges ergaben.

Mit Demonstrationen und Straßenkämpfen versuchten vor allem die Spartakisten weiterhin, ein parlamentarisches System zu verhindern und die Bevölkerung für die Räterepublik zu gewinnen (▸ M1). Um die innere Sicherheit zu gewährleisten, entschloss sich Ebert zu einer Vereinbarung mit dem Reichswehrgeneral **Wilhelm Groener**, der den Rückzug der deutschen Truppen leitete. Im Namen der Obersten Heeresleitung (OHL) bekundete Groener seine Loyalität gegenüber der Regierung und versprach militärische Unterstützung bei Unruhen. Als Gegenleistung erwartete er den gemeinsamen „Kampf gegen den Radikalismus und Bolschewismus" (▸ M2). Zudem unterstützte der Rat der Volksbeauftragten die Bildung sogenannter **Freikorps**. Gegen die Unruhen, die nach dem Reichskongress der Arbeiter- und Soldatenräte ausgebrochen waren, rief Ebert erstmals die OHL zu Hilfe. Nach einer blutigen Straßenschlacht traten die Mitglieder der USPD Ende Dezember 1918 aus dem Rat der Volksbeauftragten aus. Die tiefere Ursache für diesen Bruch lag in der grundsätzlichen Differenz zwischen SPD und USPD über das *Ebert-Groener-Abkommen*.

Die Regierung Ebert scheute auch deshalb davor zurück, die militärischen Kommandostrukturen anzutasten, weil die OHL die Aufgabe hatte, nach Abschluss des Waffenstillstandes am 11. November 1918 innerhalb von 35 Tagen die deutschen Soldaten zurückzuführen. Dies konnte nur gelingen, wenn die revolutionäre Stimmung nicht die Disziplin in der Armee untergrub.

Versorgungsnöte und Revolutionsgefahr veranlassten auch Unternehmer und Gewerkschaften zur Zusammenarbeit. Am 15. November 1918 unterzeichneten sie das *Stinnes-Legien-Abkommen*, benannt nach dem Großindustriellen *Hugo Stinnes* und dem Vorsitzenden der Generalkommission der Freien Gewerkschaften, *Carl Legien*. Die Arbeitgeberseite erkannte die Gewerkschaften als Vertreter der Arbeiterschaft an und gestand den Achtstundentag bei vollem Lohnausgleich zu; üblich war noch die Sechs-Tage-Woche. Die Gewerkschaften verzichteten dafür auf die Sozialisierung von Privatbetrieben.

Die Regierung Ebert hatte noch bis unmittelbar vor den Wahlen zur Nationalversammlung mit revolutionären Unruhen fertig zu werden. Vom 5. bis 12. Januar 1919 stand Berlin im Zeichen des „Spartakus-Aufstandes". Tausende Anhänger des Spartakusbundes um Karl Liebknecht und **Rosa Luxemburg** lieferten sich Straßenschlachten mit Regierungstruppen und Freikorps. Die Aufständischen wollten die Wahlen verhindern und den Arbeiter- und Soldatenräten zur Regierungsgewalt verhelfen. Der Aufstand wurde blutig niedergeschlagen, Rosa Luxemburg und Karl Liebknecht nach ihrer Verhaftung von Offizieren ermordet. Daraufhin kam es auch in anderen Städten zu Streiks und bewaffneten Aufständen. Sie dauerten noch bis Mai 1919 an (▸ M3).

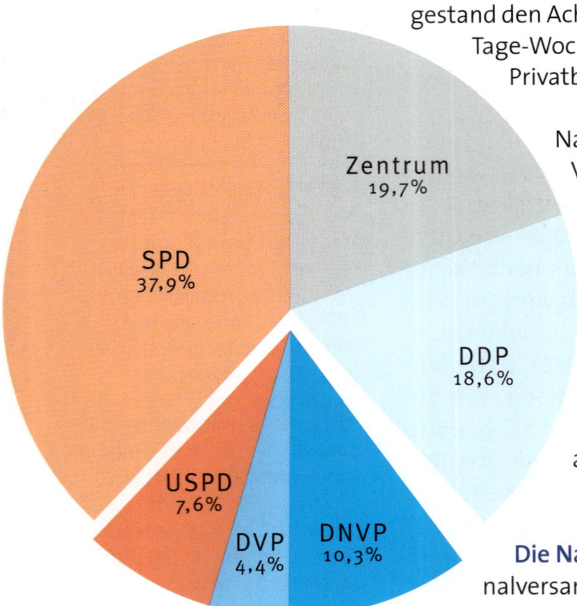

▲ **Ergebnis der Wahlen zur Nationalversammlung 1919.**
SPD, Zentrum und DDP bildeten die sogenannte „Weimarer Koalition".

Die Nationalversammlung Aus der Wahl zur Verfassunggebenden Nationalversammlung am 19. Januar 1919 ging die SPD als stärkste Partei hervor. Sie gewann jedoch nicht die erhoffte absolute Mehrheit. Ein Bündnis der sozialistischen Parteien scheiterte am schwachen Abschneiden der USPD; beide zusammen brachten es lediglich auf 45,5 Prozent der Stimmen. Die deutschen Wähler hatten sich damit eindeutig gegen das Rätesystem ausgesprochen, aber auch gegen eine Rückkehr zur Monarchie (▸ M4). Angesichts des Wahlergebnisses ergab sich die Zusammenarbeit der drei größten Fraktionen, die schon während des Krieges im Reichstag kooperiert hatten: SPD, Zentrum und Deutsche Demokratische Partei (DDP). Sie bildeten die sogenannte „Weimarer Koalition", die mit 76,1 Prozent der Stimmen eine deutliche Mehrheit des Volkes repräsentierte (331 von insgesamt 423 Mandaten). Die Opposition war gespalten: Links stand die radikal-sozialistische USPD und rechts die nationalbürgerlich ausgerichtete Deutsche Volkspartei (DVP) sowie die völkische, konservativ-monarchistische Deutschnationale Volkspartei (DNVP).

Kriegsfolgen Der Erste Weltkrieg wurde von der Bevölkerung aller beteiligten europäischen Staaten als Katastrophe und tiefe Zäsur empfunden. Zahllose Familien hatten Angehörige verloren, nicht selten den Familienvater und damit den Ernährer. Viele Soldaten blieben berufsunfähig, entweder durch schwere Verwundungen oder durch im Krieg ausgelöste Traumata. Sie waren von der Brutalität des Krieges geprägt und fanden oft nicht die Möglichkeit, sich in der Gesellschaft eine gesicherte Existenz aufzubauen. Die vom Krieg und seinen Folgen geschwächten Länder waren auf die große Zahl der zu versorgenden Invaliden, Witwen und Waisen nicht vorbereitet, die Sozialsysteme waren überlastet.

▲ **„Der Streichholzhändler."**
Gemälde von Otto Dix, Öl auf Leinwand, partiell Collagen, 1920.
Das Bild ist eines von insgesamt vier von Dix gemalten „Krüppelbildern". Kümmerlich von der Wohlfahrt oder sogar ohne jede Unterstützung lebende Kriegsversehrte, die als Bettler, Musikanten oder Straßenhändler ihr Auskommen suchten, gehörten in der Weimarer Republik zum gewohnten Bild. Aus dem Mund des Streichholzhändlers gellt der Ruf „Streichhölzer, echte Schwedenhölzer", der mit kreidiger Ölfarbe auf die Leinwand gekritzelt ist.
- *Analysieren Sie, mit welchen Mitteln der Künstler die Folgen des Krieges anprangert.*

Arbeitslosigkeit, Hunger und Elend bestimmten den Alltag der Mittel- und Unterschichten in den ersten Jahren nach dem Krieg. Das Wirtschaftsleben kam nur allmählich wieder in Gang; die Umstellung von Kriegs- auf Friedenswirtschaft vollzog sich dabei nur langsam. In Deutschland lag die Industrieproduktion 1922 erst bei 70 Prozent des Vorkriegsniveaus. Hinzu kam die große Belastung der europäischen Währungen durch Kriegsschulden und *Inflation*. Deutschland hatte zusätzlich noch die im Versailler Vertrag festgelegten hohen Reparationszahlungen zu leisten. Zunächst hoffte die deutsche Regierung, diese durch die Inflation unterlaufen zu können. Später ging sie jedoch zu einer kooperativen Politik über und konnte in Verhandlungen einige Entlastungen erreichen.*

Der Erste Weltkrieg hatte nicht nur Auswirkungen auf die wirtschaftliche, sondern auch auf die politische Entwicklung in Europa. Einige Länder erlangten ihre Unabhängigkeit wieder (wie Polen), daneben entstanden viele völlig neue Staaten, vor allem auf dem Balkan und im Baltikum. Gerade diese Länder mussten oftmals um ihre politische Akzeptanz in der Bevölkerung kämpfen, was durch die politische und wirtschaftliche Instabilität erschwert wurde. In vielen europäischen Staaten gelangten in den folgenden Jahren diktatorische, militaristische oder autoritäre Regierungen an die Macht, so etwa in Ungarn (1920), Italien (1922), Spanien (1923) und Polen (1926).** In Russland gab es bereits seit der Oktoberrevolution 1917 ein kommunistisches Regime, das von allen übrigen Staaten geächtet wurde.

* Siehe S. 66 ff.
** Vgl. dazu das Kapitel „Demokratie und Diktatur in der Zwischenkriegszeit in Europa".

M1 Bürgerliche oder sozialistische Demokratie?

In der „Roten Fahne", dem Zentralorgan des Spartakusbundes, schreibt Rosa Luxemburg am 20. November 1918:

Das heutige Idyll, wo Wölfe und Schafe, Tiger und Lämmer wie in der Arche Noah friedlich nebeneinander grasen, dauert auf die Minute so lange, bis es mit dem Sozialismus ernst zu werden beginnt. Sobald die famose Nationalversammlung wirklich beschließt, den Sozialismus voll und ganz zu verwirklichen, die Kapitalsherrschaft mit Stumpf und Stiel auszurotten, beginnt auch der Kampf. [...] All das ist unvermeidlich. All das muss durchgefochten, abgewehrt, niedergekämpft werden – ob mit oder ohne Nationalversammlung. Der „Bürgerkrieg", den man aus der Revolution mit ängstlicher Sorge zu verbannen sucht, lässt sich nicht verbannen. [...]

Die Nationalversammlung ist ein überlebtes Erbstück bürgerlicher Revolutionen, eine Hülle ohne Inhalt, ein Requisit aus den Zeiten kleinbürgerlicher Illusionen vom „einigen Volk", von der „Freiheit, Gleichheit und Brüderlichkeit" des bürgerlichen Staates. [...]

Nicht darum handelt es sich heute, ob Demokratie oder Diktatur. Die von der Geschichte auf die Tagesordnung gestellte Frage lautet: *bürgerliche* Demokratie oder *sozialistische* Demokratie. Denn Diktatur des Proletariats, das ist Demokratie im sozialistischen Sinne. Diktatur des Proletariats, das sind nicht Bomben, Putsche, Krawalle, „Anarchie", wie die Agenten des kapitalistischen Profits zielbewusst fälschen, sondern das ist der Gebrauch aller politischen Machtmittel zur Verwirklichung des Sozialismus, zur Expropriation[1] der Kapitalistenklasse – im Sinne und durch den Willen der revolutionären Mehrheit des Proletariats, also im Geiste sozialistischer Demokratie.

Ohne den bewussten Willen und die bewusste Tat der Mehrheit des Proletariats kein Sozialismus. Um dieses Bewusstsein zu schärfen, diesen Willen zu stählen, diese Tat zu organisieren, ist ein Klassenorgan nötig: das Reichsparlament der Proletarier in Stadt und Land.

Die Rote Fahne vom 20. November 1918

1. *Arbeiten Sie heraus, mit welchen Argumenten Rosa Luxemburg die Wahl zur Nationalversammlung verwirft. Diskutieren Sie, welche Aussagen situationsbedingt, welche programmatisch sind.*
2. *Suchen und erläutern Sie Widersprüche in der Argumentation von Rosa Luxemburg.*
3. *Definieren Sie Rosa Luxemburgs Verständnis der Begriffe „Demokratie" und „Diktatur".*

[1] Expropriation: Enteignung

M2 Verständigung zwischen Groener und Ebert

General Groener und der Vorsitzende des Rates der Volksbeauftragten, Friedrich Ebert (SPD), treffen am 10. November 1918 eine Vereinbarung. In seiner 1957 erschienenen Autobiografie schreibt Groener darüber, dass es sein Ziel sein sollte, die deutschen Truppen nach der Unterzeichnung des Waffenstillstandes ordnungsgemäß ins Deutsche Reich zurückzuführen:

Die Aufgabe der Heeresleitung musste es jetzt sein, den Rest des Heeres rechtzeitig und in Ordnung, aber vor allem innerlich gesund in die Heimat zu bringen und dem Offizierskorps als dem Träger des Wehrgedankens einen Weg in die neuen Verhältnisse zu ermöglichen. Die seit Jahrhunderten im preußisch-deutschen Offizierskorps angesammelte moralisch-geistige Kraft musste in ihrem Kern für die Wehrmacht der Zukunft erhalten werden. Der Sturz des Kaisertums entzog den Offizieren den Boden ihres Daseins, ihren Sammel- und Ausrichtepunkt. Es musste ihm ein Ziel gewiesen werden, das des Einsatzes wert war und ihm die innere Sicherheit wiedergab. Es musste das Gefühl wachgerufen werden der Verpflichtung nicht nur gegenüber einer bestimmten Staatsform, sondern für Deutschland schlechthin.

Das Offizierskorps konnte aber nur mit einer Regierung zusammengehen, die den Kampf gegen den Radikalismus und Bolschewismus aufnahm. Dazu war Ebert bereit, aber er hielt sich nur mühsam am Steuer und war nahe daran, von den Unabhängigen und der Liebknechtgruppe über den Haufen gerannt zu werden. Was war demnach näher liegend, als Ebert, den ich als anständigen, zuverlässigen Charakter und unter der Schar seiner Parteigenossen als den staatspolitisch weitsichtigsten Kopf kennengelernt hatte, die Unterstützung des Heeres und des Offizierskorps anzubieten?

[...] Am Abend rief ich die Reichskanzlei an und teilte Ebert mit, dass das Heer sich seiner Regierung zur Verfügung stelle, dass dafür der Feldmarschall und das Offizierskorps von der Regierung Unterstützung erwarteten bei der Aufrechterhaltung der Ordnung und Disziplin im Heer. Das Offizierskorps verlange von der Regierung die Bekämpfung des Bolschewismus und sei dafür zum Einsatz bereit. Ebert ging auf meinen Bündnisvorschlag ein. Von da ab besprachen wir uns täglich abends auf einer geheimen Leitung zwischen der Reichskanzlei und der Heeresleitung über die notwendigen Maßnahmen. Das Bündnis hat sich bewährt.

Heinz Hürten (Hrsg.), Weimarer Republik und Drittes Reich 1918-1945 (Deutsche Geschichte in Quellen und Darstellung, Bd. 9), Stuttgart ²2000, S. 35

1. *Beschreiben Sie die Aufgaben, die Groener gemäß seiner Autobiografie hatte.*
2. *Bewerten Sie das Verhalten Groeners.*

M3 Die Revolution – eine verpasste Chance?

Der Historiker Heinrich August Winkler beschäftigt sich mit der Bedeutung der Revolution von 1918/19:

Manche Historiker meinen, dass die erste deutsche Demokratie vielleicht nicht untergegangen und dann auch Hitler nicht an die Macht gekommen wäre, hätte es damals einen gründlichen Bruch mit der obrigkeitsstaatlichen Vergangenheit gegeben. Tatsächlich war der Handlungsspielraum der regierenden Mehrheitssozialdemokraten [...] in den entscheidenden Wochen zwischen dem Sturz der Monarchie am 9. November 1918 und der Wahl der Verfassunggebenden Deutschen Nationalversammlung am 19. Januar 1919 größer, als die Akteure mit Friedrich Ebert, dem Vorsitzenden des Rates der Volksbeauftragten, an der Spitze selbst meinten. Sie hätten weniger bewahren müssen und mehr verändern können. Es wäre, mit anderen Worten, möglich gewesen, in der revolutionären Übergangszeit erste Schritte zu tun auf dem Weg zu einer Demokratisierung der Verwaltung, der Schaffung eines republikloyalen Militärwesens, der öffentlichen Kontrolle der Macht [...].

Deutschland kannte zwar bis zum Oktober 1918 kein parlamentarisches Regierungssystem, aber seit rund einem halben Jahrhundert das allgemeine, gleiche und direkte Reichstagswahlrecht für Männer, das Bismarck 1866 im Norddeutschen Bund und 1871 im Deutschen Reich eingeführt hatte. Das Kaiserreich lässt sich daher nicht einfach als „Obrigkeitsstaat" beschreiben. Deutschland war um 1918 bereits zu demokratisch, um sich eine revolutionäre Erziehungsdiktatur [...] aufzwingen zu lassen.

Deutschland war auch zu industrialisiert für einen völligen Umsturz der gesellschaftlichen Verhältnisse. [...] Beide Faktoren, der Grad der Demokratisierung und der Grad der Industrialisierung, wirkten objektiv revolutionshemmend.

Heinrich August Winkler, Weimar: Ein deutsches Menetekel, in: Ders. (Hrsg.), Weimar. Ein Lesebuch zur deutschen Geschichte 1918-1933, München 1997, S. 15 ff.

1. *Die Revolution von 1918/19 wird oft als „steckengebliebene" oder „gebremste" Revolution bezeichnet. Erläutern Sie mithilfe des Textes, ob diese Aussagen zutreffend sind.*

2. *Beurteilen Sie die Kritik Winklers am Handeln Eberts, und diskutieren Sie über Möglichkeiten und Grenzen des Rates der Volksbeauftragten, das politische Geschehen in der revolutionären Phase bis Weihnachten 1918 zu beeinflussen.*

M4 Deutschlands Zukunft

Theodor Heuss (1884-1963), der erste Bundespräsident der Bundesrepublik Deutschland, bewirbt sich am 17. Januar 1919 um einen Platz auf der württembergischen Liste der linksliberalen DDP. In seiner Rede formuliert er Kriterien für die neu zu entwerfende Verfassung:

Der Gewaltenaufbau im neuen Reich wird demokratisch sein. England zeigt, dass dies nicht ohne Weiteres die Monarchie ausschließt. Aber wenn der Krieg die große Feuerprobe der Geschichte ist, dann wurde sie von der deutschen Monarchie nicht bestanden. [...]

Wenn die Demokratie nun den Staat aus den Trümmern gestürzter Autoritäten wieder aufrichten soll, was ist dann ihre erste Aufgabe? Neue Autoritäten zu schaffen. Das ist das Ziel der Verfassungsarbeiten, und es scheint Gefahr in Verzug, dass unter der Suggestion erregten Massenwillens der Gewaltenaufbau nicht straff genug gesichert werde. Wollen wir zur Ordnung und staatlichen Gestaltung der öffentlichen Kräfte uns zurück- oder vorwärtsarbeiten, dann kann kein Problem so ernsthaft angefasst werden wie das des Führertums in der Demokratie. Demokratie heißt nicht Massenherrschaft, sondern Aufbau, Sicherung, Bewahrung der selbstgewählten Autoritäten. Man mag noch so demokratisch denken, die politische Exekutive, die Gesetzgebung und die Verwaltung müssen so verankert werden, dass sie persönlicher Verantwortung und Leistungsfreude Lockung bleiben. [...]

Die Parteien in Deutschland sind zum Regieren nicht erzogen worden – die Größe Bismarcks warf auf ihr Leben Schatten genug – heute sind sie, auch in ihrer Vollkommenheit und Schwerfälligkeit, die Klammern des Staatslebens [...]. Unfähigkeit oder mittlere Begabung soll nicht durch Tüchtigkeit einer Parteigesinnung zu Amt und Macht steigen. Die Revolutionserfahrungen sind teilweise recht ernüchternd oder beängstigend gewesen. Legen wir nicht hier durch ein freies Beamtenrecht und starke Sicherungen bürgerlicher Freiheit gegenüber der Staatsgewalt Riegel vor, so verderben wir das Beste, was der deutsche „Obrigkeitsstaat" seinem Nachfolger als Erbe zu übergeben hat.

Theodor Heuss, Die großen Reden, Tübingen 1965, S. 27 ff.

1. *Erläutern Sie, wie Heuss die Rolle von Parteien und Autoritäten sieht.*

2. *Prüfen Sie, ob die von Heuss genannten Kriterien auch nach aktuellen Wertmaßstäben noch Gültigkeit beanspruchen können.*

Die Weimarer Verfassung

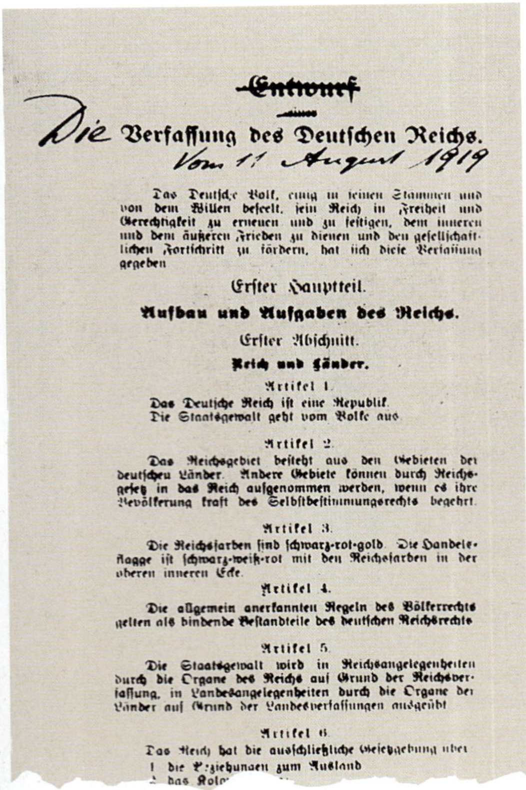

~~Entwurf~~

Die Verfassung des Deutschen Reichs.
Vom 11. August 1919

Das Deutsche Volk, einig in seinen Stämmen und von dem Willen beseelt, sein Reich in Freiheit und Gerechtigkeit zu erneuen und zu festigen, dem inneren und dem äußeren Frieden zu dienen und den gesellschaftlichen Fortschritt zu fördern, hat sich diese Verfassung gegeben.

Erster Hauptteil.

Aufbau und Aufgaben des Reichs.

Erster Abschnitt.

Reich und Länder.

Artikel 1.

Das Deutsche Reich ist eine Republik.
Die Staatsgewalt geht vom Volke aus.

Artikel 2.

Das Reichsgebiet besteht aus den Gebieten der deutschen Länder. Andere Gebiete können durch Reichsgesetz in das Reich aufgenommen werden, wenn es ihre Bevölkerung kraft des Selbstbestimmungsrechts begehrt.

Artikel 3.

Die Reichsfarben sind schwarz-rot-gold. Die Handelsflagge ist schwarz-weiß-rot mit den Reichsfarben in der oberen inneren Ecke.

Artikel 4.

Die allgemein anerkannten Regeln des Völkerrechts gelten als bindende Bestandteile des deutschen Reichsrechts.

Artikel 5.

Die Staatsgewalt wird in Reichsangelegenheiten durch die Organe des Reichs auf Grund der Reichsverfassung, in Landesangelegenheiten durch die Organe der Länder auf Grund der Landesverfassungen ausgeübt.

Artikel 6.

Das Reich hat die ausschließliche Gesetzgebung über
1. die Beziehungen zum Ausland
2. das Kolo[...]

▲ Die erste Seite der Verfassungsurkunde.

Weimar ■ Die „Republik von Weimar“ erhielt ihren Namen, weil die Verfassunggebende Versammlung vor den Unruhen in Berlin auswich und im Februar 1919 in der Stadt in Thüringen zusammentrat. Weimar sollte auch auf Goethe, Schiller und die deutsche Klassik verweisen, um der ersten deutschen Republik Würde und Ansehen zu verleihen.

Der Wähler als Souverän ■ Männer und Frauen über 20 Jahren erhielten das Recht, in allgemeinen, geheimen, unmittelbaren Wahlen alle vier Jahre die Abgeordneten des Reichstages und alle sieben Jahre den Reichspräsidenten zu wählen (▸ M1).

Mit dem *Verhältniswahlrecht* sollte jede Stimme gleich gewichtet sein: Jede Partei erhielt für 60 000 gültige Stimmen ein Mandat. Eine Sperrklausel, die den kleinen Parteien – auch „Splitterparteien“ genannt – den Zutritt zum Reichstag hätte verwehren können, gab es nicht. Anders als beim Mehrheitswahlrecht des Kaiserreiches gingen so kaum Stimmen verloren, was zu dieser Zeit als besonders gerecht und demokratisch galt. Dabei vernachlässigte man allerdings, dass Wahlen nicht nur der demokratischen Gerechtigkeit dienen sollen. Das wesentliche Ziel, regierungsfähige Mehrheiten im Parlament zu bilden, wurde durch die Parteienvielfalt im Parlament erschwert. Hinzu kam, dass die Parteien kaum Bereitschaft zu Kompromissen zeigten, die eigenen Interessen dem Gemeinwohl vorzogen und damit die Regierung schwächten.

Als Elemente der direkten Demokratie wurden *Volksbegehren* und *Volksentscheid* eingeführt. Die Staatsbürger sollten sich durch **Plebiszite** direkt an der staatlichen Willensbildung beteiligen. Jedoch konnte die plebiszitäre Komponente der Verfassung ihre Aufgabe, ein „Gegengewicht zum Parteienstaat“ zu bilden, in der Praxis nicht erfüllen. Vielmehr versuchten republikfeindliche Parteien, Volksabstimmungen zur Manipulation der Massen einzusetzen. Solche Bestrebungen scheiterten aber bis 1933 an den fehlenden Mehrheiten.

Plebiszit (lat. plebis scitum): Volksabstimmung, Volksbeschluss

Die Verfassungsorgane ■ Dem Reichstag oblag neben dem Recht auf Gesetzgebung auch die Kontrolle der Regierung, d.h. Kanzler und Minister benötigten zu ihrer Amtsführung das Vertrauen der Parlamentsmehrheit. Jedes einzelne Regierungsmitglied konnte durch ein *Misstrauensvotum* zum Rücktritt gezwungen werden. Allerdings bestand keine Pflicht, bei der Abwahl des Kanzlers einen neuen Regierungschef zu wählen und damit wiederum für eine handlungsfähige Regierung zu sorgen. Für den Reichsrat, die Vertretung der Länder, war mit einem aufschiebenden Veto gegen Beschlüsse des Reichstages nur geringer Einfluss vorgesehen.

Mit besonderen Vollmachten war der *Reichspräsident* ausgestattet. Er allein ernannte und entließ den Kanzler und konnte den Reichstag auflösen. Außerdem war er Oberbefehlshaber der Reichswehr. Bei Gefahr für die öffentliche Sicherheit und Ordnung im Reich konnte der Reichspräsident auf der Grundlage des Artikel 48 die zu ihrer Wiederherstellung nötigen Maßnahmen treffen und notfalls die Reichswehr einsetzen (▸ M2). Im Laufe der Jahre wurde dieser Artikel häufig von Reichspräsident und Reichskanzler unter Umgehung des Parlaments herangezogen, um wirtschaftliche und soziale Probleme zu lösen.

Die Grundrechte Der Katalog der Grundrechte und Grundpflichten, den die Weimarer Verfassung als zweiten Hauptteil aufführte (Art. 109 - 165), erfüllte eine alte Forderung des deutschen Liberalismus. **Hugo Preuß**, der im Auftrag Eberts einen Verfassungsentwurf ausarbeitete und als „Vater der Verfassung" gilt, bezeichnete die Aufnahme der Grundrechte als einen Akt der Pietät gegenüber den Abgeordneten der Paulskirche (1848/49). Diese hatten in den Grundrechten ein Kernstück jeder Verfassung gesehen: Rechtsgleichheit, Freizügigkeit, Recht der freien Meinungsäußerung, Freiheit der Person, Glaubens- und Gewissensfreiheit.

Hugo Preuß (1860 - 1925): Staatsrechtler, 1919 Mitbegründer der DDP, erster Reichsinnenminister der Weimarer Republik

Die wichtige Aufgabe der Kontrolle der Staatsmacht erfüllte dieser Katalog jedoch nicht uneingeschränkt, da viele Grundrechte in Krisenzeiten durch *Notverordnungen* gemäß Artikel 48 außer Kraft gesetzt werden konnten. Dass dies nicht nur zur Sicherung, sondern auch zur Zerstörung der demokratischen Ordnung geschehen konnte, vermochten sich die Verfassungsgeber nicht vorzustellen. Sie gaben der Republik eine wertneutrale Verfassung ohne normative Einschränkung, die den Gegnern der Demokratie von links und rechts die Möglichkeit bot, den Staat massiv zu bekämpfen. Die verantwortlichen Politiker sahen das Wesen der Demokratie ausschließlich in der Mehrheitsentscheidung, unabhängig davon, in welche Richtung sie ging. Außerdem bestand für die Bürger keine Möglichkeit, die Verletzung der Grundrechte durch die Staatsgewalt vor Gericht einzuklagen. Einen Verfassungskern, der ausdrücklich nicht von der Parlamentsmehrheit angetastet werden durfte, gab es nicht.

Zu den demokratischen Errungenschaften der Weimarer Republik gehört die verfassungsrechtliche *Gleichstellung der Geschlechter*. Schon während der Kriegsjahre waren vor allem Frauen aus der Arbeiterbewegung politisch aktiv gewesen, hatten sich an der Organisation von Streiks und Demonstrationen beteiligt und in der Frauenbewegung für ihre Rechte gekämpft. Aber auch bürgerliche Frauen engagierten sich und forderten gleiche politische Rechte. Im November 1918 erfüllte der Rat der Volksbeauftragten eine sozialdemokratische Forderung: das aktive und passive Wahlrecht für Frauen (▸ M3).

▲ Zum ersten Mal dürfen die Frauen in Deutschland zur Wahl gehen.
Foto vom 19. Januar 1919.

Mit einer Wahlbeteiligung von fast 90 Prozent machten die Frauen 1919 von ihrem Stimmrecht regen Gebrauch. 41 von 310 Kandidatinnen zogen in die Weimarer Nationalversammlung ein. Ein solcher Anteil wurde erst wieder 1983 im zehnten deutschen Bundestag erreicht.

Dass die Lebenswirklichkeit von den Vorgaben der Grundrechte abwich, verdeutlicht die Situation der Frauen in der Weimarer Republik. Nach der Reichsverfassung hatten Frauen und Männer nun „grundsätzlich dieselben staatsbürgerlichen Rechte und Pflichten" (Art. 109). Aber weder auf dem Arbeitsmarkt, wo Frauen für die gleiche Arbeit weniger Lohn erhielten, noch im Familienrecht galt der Gleichberechtigungsgrundsatz. Für Tätigkeiten, die über die Hausarbeit hinausgingen, brauchten Frauen die Erlaubnis des Ehemannes. So bestimmte es das Bürgerliche Gesetzbuch noch bis 1977. Das Frauenwahlrecht und die steigende Zahl weiblicher Mitglieder in Parteien und Gewerkschaften änderten nichts daran, dass führende Positionen der Politik weiterhin nur von Männern besetzt blieben.

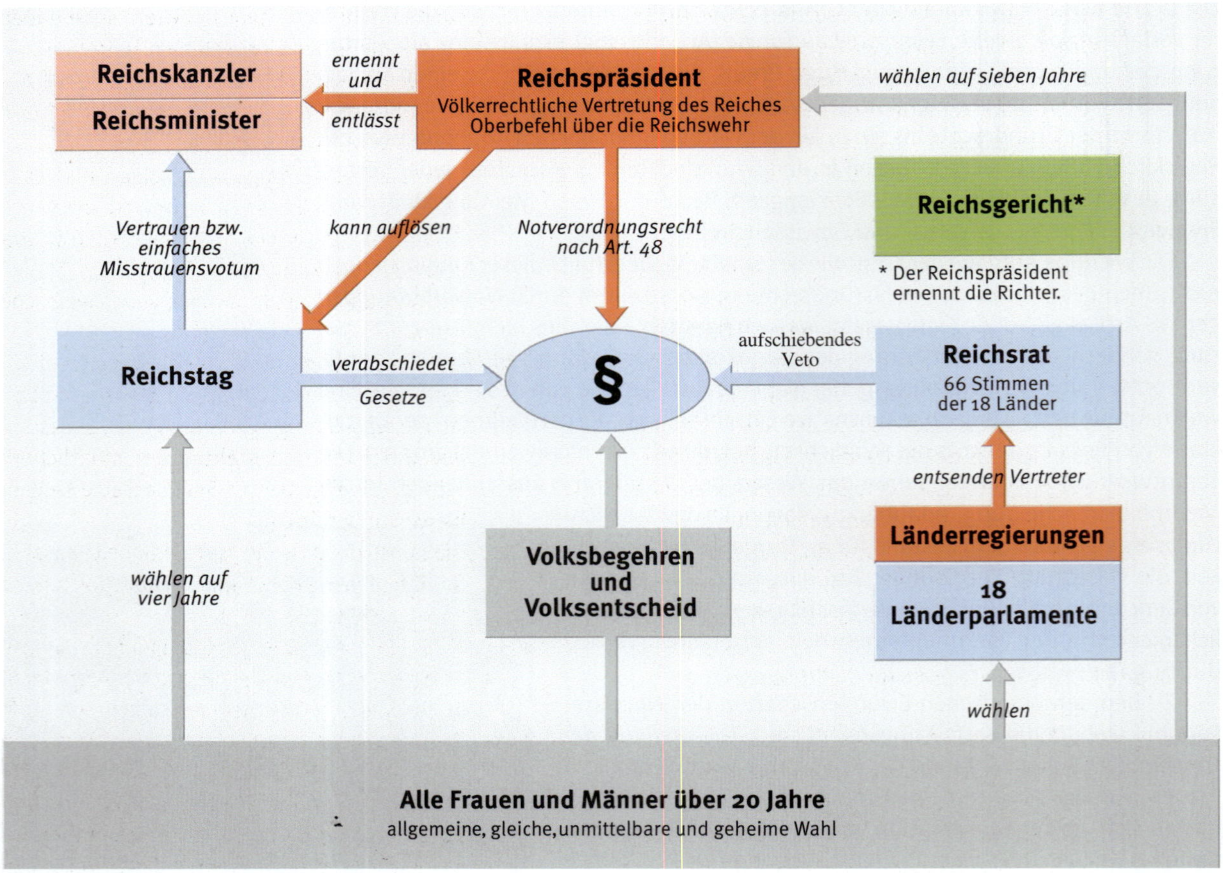

▲ **Die Weimarer Verfassung von 1919.**

■ *Erstellen Sie nach dem Muster ein Organigramm des Staatsaufbaus der Bundesrepublik Deutschland und erläutern Sie die wesentlichen Unterschiede zwischen beiden Verfassungen.*

M1 Die Weimarer Verfassung

Am 11. August 1919 tritt die Weimarer Verfassung in Kraft. In einem ersten Hauptteil (Art. 1-108) werden Aufbau und Aufgaben des Reiches geregelt, der zweite Hauptteil (Art. 109-181) enthält Grundrechte und -pflichten der Bürger:

I. Hauptteil. Aufbau und Aufgaben des Reichs

Artikel 1. Das Deutsche Reich ist eine Republik. Die Staatsgewalt geht vom Volke aus. [...]

Artikel 13. Reichsrecht bricht Landrecht. [...]

Artikel 21. Die Abgeordneten sind Vertreter des ganzen Volkes. Sie sind nur ihrem Gewissen unterworfen und an Aufträge nicht gebunden.

Artikel 22. Die Abgeordneten werden in allgemeiner, gleicher, unmittelbarer und geheimer Wahl von den über zwanzig Jahre alten Männern und Frauen nach den Grundsätzen der Verhältniswahl gewählt. [...]

Artikel 25. Der Reichspräsident kann den Reichstag auflösen, jedoch nur einmal aus dem gleichen Anlass. [...]

Artikel 41. Der Reichspräsident wird vom ganzen deutschen Volke gewählt. [...]

Artikel 48. [...] Der Reichspräsident kann, wenn im Deutschen Reiche die öffentliche Sicherheit und Ordnung erheblich gestört oder gefährdet wird, die zur Wiederherstellung der öffentlichen Sicherheit und Ordnung nötigen Maßnahmen treffen, erforderlichenfalls mithilfe der bewaffneten Macht einschreiten. Zu diesem Zwecke darf er vorübergehend die in den Artikeln 114, 115, 117,

118, 123, 124 und 153[1] festgesetzten Grundrechte ganz oder zum Teil außer Kraft setzen. [...]

Artikel 54. Der Reichskanzler und die Reichsminister bedürfen zu ihrer Amtsführung des Vertrauens des Reichstags. Jeder von ihnen muss zurücktreten, wenn ihm der Reichstag durch ausdrücklichen Beschluss sein Vertrauen entzieht. [...]

Artikel 76. Die Verfassung kann im Wege der Gesetzgebung geändert werden. Jedoch kommen Beschlüsse des Reichstags auf Abänderung der Verfassung nur zustande, wenn zwei Drittel der gesetzlichen Mitgliederzahl anwesend sind und wenigstens zwei Drittel der Anwesenden zustimmen. Auch Beschlüsse des Reichsrats auf Abänderung der Verfassung bedürfen einer Mehrheit von zwei Dritteln der abgegebenen Stimmen. Soll auf Volksbegehren durch Volksentscheid eine Verfassungsänderung beschlossen werden, so ist die Zustimmung der Mehrheit der Stimmberechtigten erforderlich. [...]

II. Hauptteil. Grundrechte und Grundpflichten der Deutschen

Artikel 109. Alle Deutschen sind vor dem Gesetze gleich. Männer und Frauen haben grundsätzlich dieselben staatsbürgerlichen Rechte und Pflichten.

Öffentlich-rechtliche Vorrechte oder Nachteile der Geburt oder des Standes sind aufzuheben. [...]

Artikel 118. Jeder Deutsche hat das Recht, innerhalb der Schranken der allgemeinen Gesetze seine Meinung durch Wort, Schrift, Druck, Bild oder in sonstiger Weise frei zu äußern. [...]

Eine Zensur findet nicht statt [...].

Artikel 119. Die Ehe steht als Grundlage des Familienlebens und der Erhaltung und Vermehrung der Nation unter dem besonderen Schutz der Verfassung. Sie beruht auf der Gleichberechtigung der beiden Geschlechter.

Die Reinerhaltung, Gesundung und soziale Förderung der Familie ist Aufgabe des Staats und der Gemeinden. Kinderreiche Familien haben Anspruch auf ausgleichende Fürsorge.

Die Mutterschaft hat Anspruch auf den Schutz und die Fürsorge des Staats. [...]

Artikel 122. Die Jugend ist gegen Ausbeutung sowie gegen sittliche, geistige oder körperliche Verwahrlosung zu schützen. Staat und Gemeinde haben die erforderlichen Einrichtungen zu treffen. [...]

Artikel 123. Alle Deutschen haben das Recht, sich ohne Anmeldung oder besondere Erlaubnis friedlich und unbewaffnet zu versammeln. [...]

Artikel 128. Alle Staatsbürger ohne Unterschied sind nach Maßgabe der Gesetze und entsprechend ihrer Befähigung und ihren Leistungen zu den öffentlichen Ämtern zuzulassen.

Alle Ausnahmebestimmungen gegen weibliche Beamte werden beseitigt. [...]

Artikel 135. Alle Bewohner des Reichs genießen volle Glaubens- und Gewissensfreiheit. Die ungestörte Religionsausübung wird durch die Verfassung gewährleistet und steht unter staatlichem Schutz. Die allgemeinen Staatsgesetze bleiben hiervon unberührt. [...]

Artikel 142. Die Kunst, die Wissenschaft und ihre Lehre sind frei. Der Staat gewährt ihnen Schutz und nimmt an ihrer Pflege teil.

Artikel 143. Für die Bildung der Jugend ist durch öffentliche Anstalten zu sorgen. Bei ihrer Einrichtung wirken Reich, Länder und Gemeinden zusammen. [...]

Artikel 151. Die Ordnung des Wirtschaftslebens muss den Grundsätzen der Gerechtigkeit mit dem Ziele der Gewährleistung eines menschenwürdigen Daseins für alle entsprechen. In diesen Grenzen ist die wirtschaftliche Freiheit des Einzelnen zu sichern. [...]

Artikel 153. Das Eigentum wird von der Verfassung gewährleistet. Sein Inhalt und seine Schranken ergeben sich aus den Gesetzen.

Eine Enteignung kann nur zum Wohle der Allgemeinheit und auf gesetzlicher Grundlage vorgenommen werden. [...]

Eigentum verpflichtet. Sein Gebrauch soll zugleich Dienst sein für das Gemeine Beste.

Artikel 157. Die Arbeitskraft steht unter dem besonderen Schutz des Reichs.

Das Reich schafft ein einheitliches Arbeitsrecht. [...]

Artikel 159. Die Vereinigungsfreiheit zur Wahrung und Förderung der Arbeits- und Wirtschaftsbedingungen ist für jedermann und für alle Berufe gewährleistet. [...]

Artikel 161. Zur Erhaltung der Gesundheit und Arbeitsfähigkeit, zum Schutz der Mutterschaft und zur Vorsorge gegen die wirtschaftlichen Folgen von Alter, Schwäche und Wechselfällen des Lebens schafft das Reich ein umfassendes Versiche-

[1] In diesen Artikeln geht es vor allem um die Freiheit der Person und ihres Eigentums, die Unverletzlichkeit der Wohnung, das Briefgeheimnis sowie um die Meinungs-, Versammlungs- und Vereinigungsfreiheit.

rungswesen unter maßgebender Mitwirkung der Versicherten.

Artikel 162. Das Reich tritt für eine zwischenstaatliche Regelung der Rechtsverhältnisse der Arbeiter ein, die für die gesamte arbeitende Klasse der Menschheit ein allgemeines Mindestmaß der sozialen Rechte erstrebt.

Artikel 163. [...] Jedem Deutschen soll die Möglichkeit gegeben werden, durch wirtschaftliche Arbeit seinen Unterhalt zu erwerben. Soweit ihm angemessene Arbeitsgelegenheit nicht nachgewiesen werden kann, wird für seinen notwendigen Unterhalt gesorgt.

Artikel 165. Die Arbeiter und Angestellten sind dazu berufen, gleichberechtigt in Gemeinschaft mit den Unternehmern an der Regelung der Lohn- und Arbeitsbedingungen sowie an der gesamten wirtschaftlichen Entwicklung der produktiven Kräfte mitzuwirken. Die beiderseitigen Organisationen und ihre Vereinbarungen werden anerkannt.

Zitiert nach: http://www.verfassungen.de/de/de19-33/verf19-i.htm (Zugriff vom 13. März 2013)

1. *Charakterisieren Sie anhand der Verfassung Wesen und Ziele der neuen Republik.*

2. *Definieren Sie den Begriff „Demokratie" in seiner ursprünglichen und seiner modernen Bedeutung. Welche Bestimmungen machen die Weimarer Republik zu einer modernen Demokratie?*

3. *Die Verfassung sollte den Interessen der gesellschaftlichen Gruppen entgegenkommen und einen sozialen Ausgleich schaffen. Überlegen Sie, welche Gruppen an welchen Bestimmungen besonderes Interesse gehabt haben könnten. Begründen Sie Ihre Entscheidung.*

4. *Analysieren Sie, inwiefern die Verfassung soziale Ziele formuliert. Folgern Sie aus ihnen die Aufgaben der Regierung.*

5. *Im Zusammenhang mit der Weimarer Verfassung wurde von einer „präsidialen Reserveverfassung" und in Bezug auf den Reichspräsidenten von einem „Ersatzkaiser" gesprochen. Überprüfen Sie anhand der Verfassungsartikel und des Schaubildes, was Anlass zu diesen Aussagen gegeben haben könnte.*

6. *Begründen Sie, warum der umfangreiche Grundrechtskatalog die Staatsmacht der Weimarer Republik kaum begrenzen konnte.*

7. *Überprüfen Sie, welche Folgerungen das Grundgesetz für die Sicherung der Grundrechte gezogen hat.*

M2 Der Reichspräsident in der Verfassung

Der Verfassungsexperte der SPD, der Jurist Max Quarck, schreibt 1919 über die Stellung des Reichspräsidenten in der neuen Verfassung:

Was der Abg. Haase im Einzelnen gegen den Reichspräsidenten angeführt hat, das hält einer ernsthaften Prüfung nicht stand. Er hat von einer unnützen dekorativen Einrichtung gesprochen [...]. Ernster ist vielleicht der Einwand zu nehmen, dass die Einrichtung eines Reichspräsidenten uns wieder in die alte Obrigkeitsherrschaft, in die alte Autoritätsherrschaft zurückführen könnte. [...] Das unabhängige Mitglied im Verfassungsausschuss, Abg. Dr. Cohn, muss doch wohl bezeugen, dass wir von den Mehrheitssozialisten sorgfältig und eifrig bemüht gewesen sind, in dieser Verfassung jede Spur von Machtbefugnissen für den Präsidenten zu tilgen, die etwa an die alte Monarchie und den alten Despotismus erinnern würden, unter dem wir so lange gelitten haben.
Die Hauptfunktion für den neuen Präsidenten wird sein die Zusammenstellung des Ministerkollegiums. Dazu braucht die neue Republik im Reichspräsidenten eine Persönlichkeit, die nicht direkt gebunden ist an Parteizusammenhänge, die einen Überblick hat über die politischen Köpfe des ganzen Reichs, die die Eignung dieser Köpfe zu Ministerämtern unabhängig von Parteikoterien[1] geltend machen kann. Ich denke, dass diese Funktion in der Geschichte unseres Landes noch eine entscheidende Rolle spielen wird.
Die Vertretung eines großen Wirtschaftsstaats, der hoffentlich bald wieder in engen Beziehungen zu den verschiedenen Ländern der Welt stehen wird, durch eine ausgeprägte Person ist weiter durchaus wünschenswert. [...] Nun wird dieser Reichspräsident genau wie das Parlament aus der Volksabstimmung hervorgehen. Er wird also von vornherein kraft seiner politischen Geburt den Zusammenhang mit denselben Kräften haben, die das Parlament in sich verkörpert. So wird ein Dualismus zwischen Präsident und Parlament von Anfang an so gut wie ausgeschlossen; die Gleichheit der Herkunft wird die Gleichheit der Ziele und Zwecke bestimmen.

Max Quarck, Der Geist der neuen Reichsverfassung, Berlin 1919, S. 13 f.

1. *Stellen Sie die Interessen der Gegner und Befürworter des Reichspräsidentenamtes zusammen.*

2. *Erläutern Sie, warum Quarck einen „Dualismus zwischen Präsident und Parlament" für ausgeschlossen hält. Bewerten Sie seine Argumentation.*

[1] Koterie (von franz. coterie): bezeichnet eine abgeschlossene Gruppe, negativ für Clique

M3 Politische Betätigung und Wahlverhalten von Frauen in der Weimarer Republik

a) Gesamtübersicht über die Frauen in den Fraktionen der deutschen Reichstage. Die kleineren Parteien sind nicht aufgeführt, jedoch in der Gesamtzahl eingeschlossen:

[1] Reichstagswahlen am 4.5.1924
[2] Reichstagswahlen am 7.12.1924

Partei	Zahl der Abgeordneten						davon Frauen					
	1919	1920	1924a[1]	1924b[2]	1928	1930	1919	1920	1924a	1924b	1928	1930
KPD	–	2	68	45	54	76	–	1	4	3	3	13
SPD	165	113	100	131	152	143	22	13	11	16	20	16
USPD	22	81	–	–	–	–	3	9	–	–	–	–
DDP	74	45	28	32	25	14	6	6	2	2	2	1
DVP	22	62	44	51	45	29	1	3	2	2	2	1
Zentrum	89	68	65	69	61	68	6	3	3	4	3	4
BVP	–	19	16	19	17	19	–	1	1	1	–	–
DNVP	41	65	106	111	78	41	3	3	4	5	2	3
Zusammen	423	463	472	493	490	575	41	37	27	33	35	41

Nach: Gabriele Bremme, Die politische Rolle der Frau in Deutschland. Eine Untersuchung über den Einfluss der Frauen bei Wahlen und ihre Teilnahme in Partei und Parlament, Göttingen 1956, S. 124, Tabelle 39

nur 10 % Frauen

b) Stimmanteile einzelner Parteien bei Reichstagswahlen nach Geschlechtern (in Prozent):

	1924a			1924b			1928			1930		
	m	w	T*	m	w	T	m	w	T	m	w	T
KPD	18,9	13,1	69,3	14,1	9,6	68,2	20,3	15,5	76,4	24,0	18,1	75,4
SPD	22,0	20,8	94,5	29,6	26,7	90,2	32,9	31,5	95,7	28,1	28,0	99,6
DDP	4,3	4,1	95,5	6,4	6,2	96,7	6,7	6,7	99,6	4,7	4,6	99,8
Z/BVP	11,0	17,0	154,5	10,2	15,1	148,0	6,6	10,2	154,1	5,2	8,3	158,6
DVP	7,7	8,6	112,1	12,0	13,8	115,0	8,9	9,8	110,6	5,2	6,5	124,7
DNVP	8,4	9,6	115,4	9,7	11,5	118,2	10,1	13,3	131,7	6,5	9,1	139,8
NSDAP	13,5	13,0	96,3	4,4	3,8	85,3	2,6	1,8	70,8	17,4	15,3	87,9
CSVD**	–	–	–	–	–	–	–	–	–	0,9	1,7	203,5
Anteil der erfassten Ber. in allen Ber.		6,9			6,2			20,6			16,8	

* Tingsten-Index: $\frac{\text{Prozentsatz der Frauen}}{\text{Prozentsatz der Männer}} \cdot 100$; die Zahlen sind gerundet. Für das im Ganzen zuverlässige Bild des geschlechterspezifischen Wahlverhaltens sind Sonderauszählungen die Grundlage. Die Auswahl der Bezirke, in denen sie durchgeführt wurden, ist aber zu wenig repräsentativ, um einen direkten Vergleich mit den Wahlergebnissen auf Reichsebene zu erlauben.

** Der Christlich-Soziale Volksdienst (CSVD) war eine protestantisch geprägte konservative Partei.

Jürgen Falter, Thomas Lindenberger und Siegfried Schumann, Wahlen und Abstimmungen in der Weimarer Republik. Materialien zum Wahlverhalten 1919-1933, München 1986, S. 83

1. *Erläutern Sie den Anteil der weiblichen Abgeordneten in den Parteien im jeweiligen zeitlichen Kontext.*
2. *Prüfen Sie die These, Frauen hätten in der Weimarer Republik im Durchschnitt konservativ gewählt.*
3. *Suchen Sie mögliche Gründe für das Wahlverhalten der Frauen.*

Belastungen und Herausforderungen für die Republik

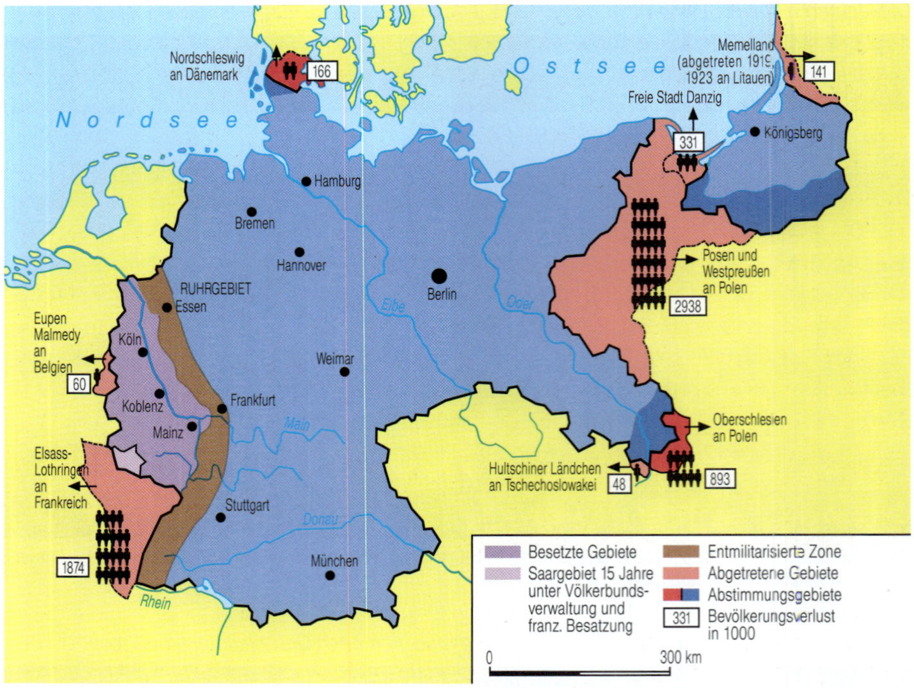

▸ **Deutschland nach dem Versailler Vertrag.**

▪ *Arbeiten Sie die Ergebnisse des Vertrages heraus und diskutieren Sie, welche Festlegungen für die deutsche Bevölkerung besonders schwer zu akzeptieren waren.*

Der Versailler Vertrag und seine Folgen Von Anfang an belastete der in Versailles bei Paris geschlossene Friedensvertrag die Republik schwer. Ohne Beteiligung der Besiegten tagte die Friedenskonferenz, auf der die Nachkriegsordnung Europas festgelegt werden sollte. Die wichtigsten Entscheidungen wurden vom *Rat der Vier* getroffen. Seine Mitglieder waren die Regierungschefs von Großbritannien (**David Lloyd George**), Frankreich (**Georges Clemenceau**) und Italien (*Vittorio Orlando*) sowie der US-amerikanische Präsident **Woodrow Wilson**. Dieser sah sich in der Rolle des Vermittlers zwischen Siegern und Besiegten. Sein Hauptanliegen war die Gründung des Völkerbundes als Garant einer dauerhaften Friedensordnung.

Am 7. Mai 1919 wurde das fertige Vertragswerk mit seinen insgesamt 440 Artikeln vorgelegt. Die deutschen Vertreter durften sich innerhalb von 14 Tagen schriftlich dazu äußern, erreichten im Ergebnis aber keine Verbesserung der Auflagen. Ende Juni billigte der Reichstag den Vertrag, wenige Tage später wurde er im Spiegelsaal von Versailles unterzeichnet, im Januar 1920 trat er in Kraft. Deutschland verlor 13 Prozent seines Staatsgebietes und zehn Prozent seiner Bevölkerung sowie sämtliche Kolonien. Das kohlenreiche Saarland wurde für 15 Jahre unter die Verwaltung des Völkerbundes gestellt, ehe eine Volksabstimmung über die künftige Staatszugehörigkeit entscheiden sollte. In Oberschlesien, das ursprünglich ganz an Polen fallen sollte, wurde 1921 eine Volksabstimmung durchgeführt. Obwohl knapp 60 Prozent der Bevölkerung für den Verbleib bei Deutschland stimmten, teilte der Völkerbund das Gebiet und sprach den territorial kleineren, aber industriell bedeutenderen Teil Polen zu. Das Rheinland sollte bis zum Jahr 1935 von alliierten Truppen besetzt gehalten werden.

Deutschland wurde zur militärischen Abrüstung verpflichtet. Das gesamte Kriegsmaterial musste zerstört oder ausgeliefert werden. Der Besitz schwerer Waffen wurde verboten, ebenso die allgemeine Wehrpflicht. Deutschland musste sein Berufsheer mit

David Lloyd George (1863-1945): britischer Politiker (Liberale Partei), 1916 Kriegsminister, 1916-1922 Premierminister

Georges Clemenceau (1841-1929): französischer Journalist und Politiker, 1906-1909 und 1917-1920 Premierminister, Verfechter einer harten Linie gegen das Deutsche Reich

Woodrow Wilson (1856-1924): Jurist, Historiker und Politiker; 1913-1921 Präsident der USA (Demokrat). Wilson verfolgte soziale Reformen, war im Ersten Weltkrieg um die Neutralität der USA bemüht und engagierte sich für die Errichtung des Völkerbundes. 1920 erhielt er den Friedensnobelpreis für das Jahr 1919.

100 000 Mann auf ein Viertel der Stärke des Jahres 1919 und die Zahl der Marinesoldaten auf 15 000 reduzieren.

Hart umstritten war auch die Regelung der Reparationenfrage. Da sich die Alliierten 1919 nicht über die Leistungsfähigkeit der deutschen Wirtschaft einigen konnten, setzten sie eine Kommission ein, die bis Mai 1921 die Höhe der Wiedergutmachung festlegen sollte.*

Die Bestimmungen des Friedensvertrages lösten in der deutschen Öffentlichkeit, in der man auf einen milden „Wilson-Frieden"** gehofft hatte, Empörung und Proteststürme aus. Vor allem der Artikel 231 des Vertrages, der sogenannte *Kriegsschuldartikel*, wurde in Deutschland als moralische Ächtung des ganzen Volkes empfunden. Reichskanzler Scheidemann bezeichnete den Vertrag als unannehmbar. Als die deutschen Einsprüche erfolglos blieben, trat die Regierung Scheidemann zurück.

Unter dem Druck eines alliierten Ultimatums wurde schließlich die neue Regierung von der Nationalversammlung beauftragt, den Vertrag zu unterschreiben. Wie schon bei der Unterzeichnung des Waffenstillstandes im November 1918 übernahmen Vertreter der Republik die Verantwortung für das Versagen der politischen und militärischen Führung während des Ersten Weltkrieges. Den Politikern, die sich unter dem Druck der Verhältnisse dazu bereit erklärt hatten, gestanden anfänglich alle Parteien ehrenhafte Motive zu. Doch schon bald wurde der Versailler Vertrag von der äußersten Rechten bis hin zur Sozialdemokratie wegen des Kriegsschuldartikels und der umfangreichen Reparationen als ein „Diktat-" und „Schandfriede" abgelehnt. Republikfeindliche Kräfte nutzten die Vorbehalte der Bevölkerung aus, um mit Kampfparolen wie „Heerlos! Wehrlos! Ehrlos!" gegen die Republik zu hetzen. „Versailles" wurde zur Diffamierungsparole schlechthin (▸ M1).

Der Vorwurf der *„Erfüllungspolitik"* wurde von National-Konservativen und Rechtsradikalen in den folgenden Jahren gegen alle Schritte der Regierung erhoben, die auf die Einhaltung oder Anerkennung der Versailler Bestimmungen zielten.

▲ **Wahlplakat der DNVP von 1924.**
■ *Erläutern Sie den Plakattext. Analysieren Sie die Zielsetzung des Plakats sowie die Wirkung von Text und Bild.*

„Dolchstoßlegende" ■ Neben dem von der Nationalversammlung widerwillig angenommenen Versailler Vertrag radikalisierte die „Dolchstoßlegende" die Bevölkerung der Nachkriegszeit. Schon im November 1918 verbreiteten rechtsradikale Zeitungen die angebliche Bemerkung eines britischen Generals, die deutsche Armee sei „von hinten erdolcht" worden. Streiks und politische Unruhen in der Heimat hätten sie zur Kapitulation gezwungen. Die beiden Generäle Erich Ludendorff und Paul von Hindenburg machten sich diese Version zu eigen und verbreiteten Ende 1919 eine Verschwörungstheorie, mit der sie die eigene Schuld an der militärischen Niederlage von sich ablenken und vor allem auf die Sozialdemokratie abwälzen wollten (▸ M2). Durch sein großes Ansehen, das er als General und Feldmarschall im Ersten Weltkrieg erworben hatte, vermochte es der

* Siehe S. 67.

** Der amerikanische Präsident Woodrow Wilson hatte am 8. Januar 1918 einen „14-Punkte-Plan" vorgelegt, in dem er seine Vorstellungen von den Grundlagen einer zukünftigen Friedensordnung in Europa formulierte. Diese sollte auf dem Selbstbestimmungsrecht der Völker basieren.

spätere Reichspräsident Hindenburg, dieser Lüge besonderes Gewicht zu verschaffen. Ein Großteil der Bevölkerung glaubte dieser Verfälschung der Tatsachen, zumal die Öffentlichkeit an einer vorurteilsfreien Auseinandersetzung mit dem Geschehen im Ersten Weltkrieg kaum interessiert war. Zudem unterschätzten vor allem die Sozialdemokraten, welche Gefahren von der „Dolchstoßlegende" ausgingen.

Die „Dolchstoßlegende" vergiftete das politische Klima und diente deutschnationalen, völkischen und anderen rechtsextremen Gruppen und Parteien zur Propaganda gegen die republiktreuen Parteien, die bei Kriegsende Verantwortung übernommen und den Versailler Vertrag akzeptiert hatten.

Walther Rathenau (1867-1922): Industrieller und Schriftsteller; 1919 Mitbegründer der DDP; 1922 von Rechtsradikalen ermordet

Gustav Stresemann (1878-1929): Politiker der Nationalliberalen Partei (Kaiserzeit) und der DVP; 1923-1929 Außenminister; 1923 Reichskanzler

Republikaner ohne Mehrheit? Von den zahlreichen Parteien bekannten sich nur drei ausdrücklich zur parlamentarisch-demokratischen Republik: die SPD, die DDP und das Zentrum.

- Die SPD ging bei den Wahlen zur Nationalversammlung und bei den Reichstagswahlen bis 1930 jeweils als stärkste Kraft hervor, erreichte jedoch nie die absolute Mehrheit. Bis zum Ende der Republik war sie auf Reichsebene mit wenigen Ausnahmen in der Opposition. Beim Werben um die Gunst der Arbeiter konkurrierte sie mit KPD und USPD. Als *Milieupartei* der Arbeiterschaft gelang es ihr nicht, auch für andere Gesellschaftsschichten attraktiv zu werden. Zudem wollten sich andere Gruppen wie die Angestellten bewusst von den Arbeitern und ihren Interessenvertretungen absetzen.
- Die linksliberale DDP vertrat vor allem das Bildungsbürgertum, Kaufleute, Beamte und Angestellte. Mit **Walther Rathenau** stellte die DDP 1922 den Außenminister. Schon ab 1920 verlor sie jedoch in großem Maß Stimmen und sank zur Splitterpartei ab.
- Das Zentrum war die Partei des politischen Katholizismus. Ihr kam eine bedeutende Stellung zu, da sie sich für alle sozialen Schichten einsetzte und sie mit fast allen Parteien koalitionsfähig war. Von 1919 bis 1932 war sie in nahezu jeder Reichsregierung vertreten. 1920 entstand mit der *Bayerischen Volkspartei* (BVP) die bayerische Variante des Zentrums.

Die *Deutsche Volkspartei* (DVP), der sich mehrheitlich national-liberales Bürgertum und Großindustrie anschlossen, war in den Anfangsjahren noch monarchistisch und republikfeindlich geprägt. **Gustav Stresemann** brachte sie auf einen demokratischen und republikanischen Kurs, stieß dabei aber stets auf Widerstand in seiner Partei. Nach Stresemanns Tod tendierte die DVP immer stärker nach rechts, blieb jedoch im Vergleich zu DNVP und NSDAP gemäßigt und sank 1932 zur Bedeutungslosigkeit herab.

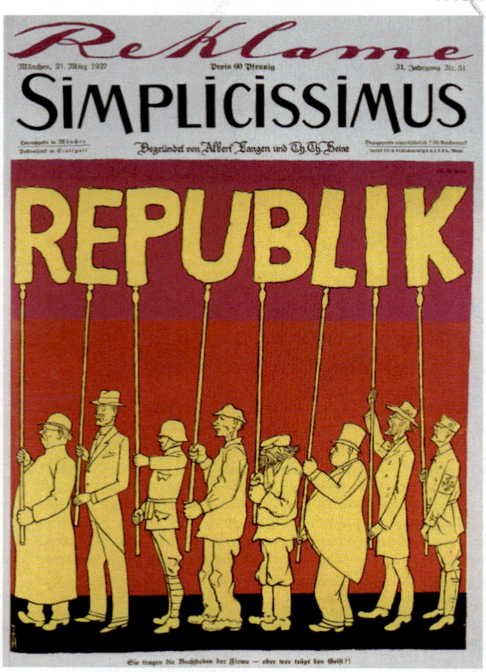

▲ **„Sie tragen die Buchstaben der Firma – aber wer trägt den Geist?!"**
Karikatur von Thomas Theodor Heine aus dem „Simplicissimus", 21. März 1927.

- *Benennen Sie die gezeigten gesellschaftlichen Gruppen. Halten Sie die Auswahl für repräsentativ?*
- *Diskutieren Sie die Frage, ob eine Republik nur funktionieren kann, wenn die Bürger ihren „Geist" tragen.*

Antidemokratische Kräfte Obrigkeitsstaatliche Vorstellungen, die sich gegen einen Meinungspluralismus wandten, waren in der Bevölkerung weit verbreitet (▸ M3).

Die republikfeindlichen rechts- und linksradikalen Kräfte setzten sich seit Beginn der Weimarer Republik gewaltsam für ihre Ziele ein (▸ M4). Die 1919 gegründete *Kommunistische Partei Deutschlands* (KPD) und die USPD lehnten den Parlamentarismus ab und betrachteten alle Gegner des Rätesystems als „Handlanger des Kapitalismus". Die USPD schloss sich zwar 1922 wieder der SPD an. Da ihre radikalen Mitglieder jedoch der KPD beitraten, entwickelte sich diese zu einer ernst zu nehmenden Kraft.

Die *Deutschnationale Volkspartei* (DNVP) war ein Sammelbecken völkisch-nationalistischer, konservativer Kreise. Ihr gehörten vor allem die alten Eliten aus Adel,

Militär, Großgrundbesitz und Großbürgertum an. Nach 1928 rückte die Partei weit nach rechts und kooperierte mit der NSDAP, an die sie seit 1930 viele Wähler verlor. Als verbindendes Element für die unterschiedlichen Interessen ihrer Wählerschaft diente der DNVP bereits früh der Antisemitismus.

In Justiz und Verwaltung blieb mit den alten Amtsträgern vielfach auch der Geist des Kaiserreiches erhalten. Die Reichswehr, deren Führung sich nicht mit der Republik identifizierte, blieb ein „Staat im Staate" (▶ M5). Während sie gegen Putschversuche von links konsequent vorging, hielt sie sich bei Angriffen von rechts weitgehend zurück. Dies zeigte sich bei dem rechtsextremistischen *Kapp-Lüttwitz-Putsch* 1920. General Ludendorff und der Gründer der Deutschen Vaterlandspartei, *Wolfgang Kapp*, sammelten unzufriedene Soldaten hinter sich, die entgegen ersten Zusagen wegen des Versailler Vertrages nicht in die Reichswehr übernommen wurden. Außerdem widersetzte sich General *Walther von Lüttwitz* dem Befehl, eine 5000 Mann starke Marinebrigade aufzulösen. Die Truppe besetzte das Regierungsviertel in Berlin. Fast alle Offiziere der Reichswehr weigerten sich, die Armee einzusetzen. Angeblich wollten sie verhindern, dass Reichswehreinheiten aufeinander schießen müssten. Der Putsch scheiterte indes, weil sich die Ministerialbürokratie den Anordnungen des selbst ernannten „Reichskanzlers" Kapp widersetzte. Zudem riefen die Gewerkschaften den Generalstreik aus und sabotierten damit alle Handlungen der Putschisten.

Inflation Der Weltkrieg hatte das Deutsche Reich gewaltige Summen gekostet, die aus dem Staatshaushalt nicht aufgebracht werden konnten. Steuererhöhungen wollte die Regierung während des Krieges nicht vornehmen. Deshalb finanzierte sie die Militärausgaben durch verzinste Anleihen bei der Bevölkerung und eine enorme Papiergeldvermehrung (von zwei Milliarden Reichsmark im Jahr 1913 auf 45 Milliarden im Jahr 1919). Allerdings hielt die Güterproduktion mit der Geldmengenvermehrung nicht Schritt. Das Ergebnis war ein rasches Ansteigen der Preise und ein Wertverlust der Mark, also eine Inflation. Als Folge dieser Wirtschaftspolitik musste die junge Republik eine völlig zerrüttete Währung mit 154 Milliarden Mark Staatsschulden übernehmen.

Obwohl die Währung nur durch drastische Maßnahmen zu sanieren gewesen wäre, führten die Weimarer Regierungen nach dem Krieg die Inflationspolitik fort und glichen bis 1923 das Haushaltsdefizit aus, indem sie ständig mehr Papiergeld in Umlauf brachten. Neuere Untersuchungen bezeichnen diese Politik als das „kleinere Übel" im Vergleich zu möglichen Auswirkungen einer **deflationären** Haushaltspolitik. Zumindest blieb Deutschland von der internationalen *Wirtschaftskrise* der Jahre 1920/21 weitgehend verschont. Ein anderer Grund für die Zurückhaltung der Reichsregierung bei der Bekämpfung der Inflation waren die hohen Reparationszahlungen. Mithilfe der Inflation wollte man die Forderungen der Alliierten unterlaufen. Im Zusammenhang mit dem „Ruhrkampf"* erreichte die Staatsverschuldung eine neue Rekordhöhe. Wie schon im Krieg mussten wieder die Notenpressen das Defizit im Reichshaushalt ausgleichen. Im November 1923 notierte man 4,2 Billionen Mark für einen Dollar. Löhne und Gehälter wurden wegen des rapiden Wertverfalls des Geldes wöchentlich, oft sogar täglich ausbezahlt.

In einer Währungsreform im Oktober 1923 wurde der Wechselkurs zwischen Mark und Dollar neu festgelegt und statt durch Goldreserven der Reichsbank durch eine Hypothek auf Grundbesitz und industrielle Sachwerte gedeckt. Bereits 1924 war die Inflation weitgehend überwunden.

▲ **General Hans von Seeckt.**
Von 1920 bis 1926 war Seeckt Chef der Heeresleitung der Reichswehr und prägte den „Geist der Armee".
Er arrangierte sich mit der Republik, auch wenn er die neue Staatsform innerlich nicht akzeptierte.
Der Fotoausschnitt zeigt Seeckt in Erwartung einer Ehrenkompanie anlässlich seines 70. Geburtstages im Jahr 1936.

Deflation: ein über längere Zeit anhaltender Rückgang des Preisniveaus für Güter. Dies tritt ein, wenn die Geldmenge im Vergleich zur Warenmenge abnimmt.

* Siehe S. 67.

▸ **Geschichte In Clips:** Zum Hitler-Putsch siehe Clip-Code 32003-02

Eine deutsche Oktoberrevolution In Sachsen und Thüringen traten im Oktober 1923 kommunistische Minister in die SPD-Landesregierungen ein. Auf Weisung der sowjetischen Regierung in Moskau rüstete die KPD ihren Kampfbund, die „Proletarischen Hundertschaften", militärisch auf und bereitete ihn auf eine deutsche Oktoberrevolution vor. Die Reichsregierung forderte die Regierungen von Sachsen und Thüringen ultimativ auf, die „Proletarischen Hundertschaften" aufzulösen und die kommunistischen Minister zu entlassen, da sie zum bewaffneten Aufruhr aufgerufen hatten. Als sich der sächsische Ministerpräsident *Erich Zeigner* weigerte, verhängte Berlin unter Anwendung des Artikels 48 die Reichsexekution und ließ Reichswehreinheiten einmarschieren. Zeigner wurde seines Amtes enthoben. In Thüringen traten daraufhin die kommunistischen Minister zurück.

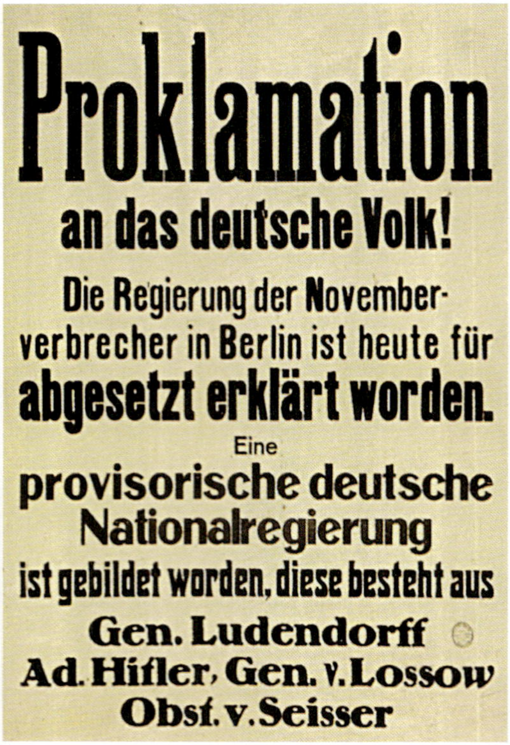

▴ **„Proklamation an das deutsche Volk!"**
Dieses Plakat wurde in der Nacht vom 8. auf den 9. November 1923 in München angeschlagen.

Hitler-Putsch Einzelne Länder betrieben also eine gegen das Reich gerichtete Politik. Diese Stoßrichtung war in Bayern besonders ausgeprägt. Das Land hatte in der Republik einige Sonderrechte verloren. Nach den Revolutionswirren um die Räterepublik im Frühjahr 1919, die zur Ermordung des Ministerpräsidenten *Kurt Eisner* geführt hatten, wurde das Land zu einem Sammelbecken rechter, radikaler Gruppen. Ehemalige Freikorpsführer und Rechtsradikale wie Ludendorff und weitere Akteure des Kapp-Lüttwitz-Putsches fanden dort Raum für ihre politische Betätigung. Das 1922 erlassene „Republikschutzgesetz", das republikfeindliche Vereinigungen verbot, wurde nicht oder nur nachlässig umgesetzt. Die noch unbedeutende NSDAP unter ihrem Vorsitzenden **Adolf Hitler** wurde z. B. in Bayern geduldet, während sie dem Reichsgesetz entsprechend in Preußen und anderen Ländern verboten wurde.

1919 war Adolf Hitler der kurz zuvor in München gegründeten Deutschen Arbeiterpartei (DAP) beigetreten, die sich 1920 in NSDAP umbenannte. Mit gehässigen Reden gegen die Republik und maßloser Hetze gegen die Juden machte Hitler die Partei bald zum Tagesgespräch in München. Im Herbst 1923 wollte er nach dem Vorbild des italienischen Faschisten Benito Mussolini* einen „Marsch auf Berlin" durchführen. Am 8. November 1923 erklärte er auf einer republikfeindlichen Veranstaltung im Münchener Bürgerbräukeller den Ausbruch der „nationalen Revolution" und die Absetzung der Reichsregierung. Am folgenden Tag unternahm er mit General Ludendorff einen Demonstrationszug zur Feldherrnhalle (*Hitler-Putsch*). Doch die Landespolizei stoppte den Zug mit Waffengewalt. Zwanzig Polizisten und Putschisten wurden getötet, die Anführer verhaftet.

Hitler erhielt nur fünf Jahre Festungshaft, wurde jedoch bereits nach neun Monaten wieder entlassen. Als österreichischen Staatsbürger hätten ihn die bayerischen Behörden ausweisen müssen, was nicht geschah. Ludendorff wurde freigesprochen. In den milden Strafen zeigte sich die Sympathie, die die Putschisten in den führenden Justiz- und Regierungskreisen genossen. Putsch und Prozess hatten die Popularität Hitlers und seiner Partei vergrößert. Nach seiner Haftzeit änderte er nicht sein Ziel, sondern nur die Taktik: 1925 gründete er die NSDAP unter seiner uneingeschränkten Führerschaft neu und versuchte nun, durch die Schaffung einer Massenbasis die Regierung auf legalem Wege zu übernehmen.

Adolf Hitler (1889-1945, Selbstmord): Hitler stammte aus dem österreichischen Braunau (Inn). Er kam 1913 nach München, wo er sich erfolglos als Künstler durchschlug. 1914 freiwillige Teilnahme am Ersten Weltkrieg, Verwundung und Auszeichnung. 1919 Propagandist der DAP, seit 1920 NSDAP; ab 1921 Vorsitzender der Partei. 1923 Hitler-Putsch und Festungshaft, 1925 Neugründung der NSDAP und Aufstieg zur Massenpartei, 1933 Ernennung zum Reichskanzler, ab 1934 „Führer und Reichskanzler".

* Benito Mussolini (1883-1945): italienischer Politiker, 1922 zum Ministerpräsidenten ernannt, errichtete eine Diktatur, 1945 von Widerstandskämpfern erschossen; siehe auch S. 19.

M1 „Wehrlos ist nicht ehrlos!“

Reichskanzler Gustav Bauer (SPD), der Nachfolger Philipp Scheidemanns, fordert am 23. Juni 1919, wenige Stunden vor Ablauf des alliierten Ultimatums, die Nationalversammlung auf, den Friedensvertrag unterzeichnen zu lassen:

Die Entente [...] will uns das Schuldbekenntnis auf die Zungen zwingen, sie will uns zu Häschern unserer angeschuldeten Landsleute[1] machen; es soll uns nichts, gar nichts erspart bleiben. Zur Verknechtung wollen uns die Feinde auch noch die Verachtung aufbürden!

[...] Unsere Hoffnung, mit dem einzigen Vorbehalt einer Ehrenbewahrung bei unseren Gegnern durchzudringen, war nicht sehr groß. Aber wenn sie auch noch geringer gewesen wäre: Der Versuch musste gemacht werden. Jetzt, wo er misslungen, an dem sträflichen Übermut der Entente gescheitert ist, kann und muss die ganze Welt sehen: Hier wird ein besiegtes Volk an Leib und Seele vergewaltigt wie kein Volk je zuvor. [...] Unterschreiben wir! Das ist der Vorschlag, den ich Ihnen, im Namen des gesamten Kabinetts, machen muss. Bedingungslos unterzeichnen! Ich will nichts beschönigen.

Die Gründe, die uns zu diesem Vorschlag zwingen, sind dieselben wie gestern. Nur trennt uns jetzt eine Frist von knappen vier Stunden von der Wiederaufnahme der Feindseligkeiten. Einen neuen Krieg könnten wir nicht verantworten, selbst wenn wir Waffen hätten. Wir sind wehrlos. Wehrlos ist aber nicht ehrlos! Gewiss, die Gegner wollen uns an die Ehre; daran ist kein Zweifel. Aber dass dieser Versuch der Ehrabschneidung einmal auf die Urheber selbst zurückfallen wird, dass es nicht unsere Ehre ist, die bei dieser Welttragödie zugrunde geht, das ist mein Glaube bis zum letzten Atemzug.

Wolfgang Elben, Die Weimarer Republik, Frankfurt am Main [6]1975, S. 40 f.

1. *Diskutieren Sie, warum Reichskanzler Bauer die Annahme des Vertrages empfahl, obwohl er einige Bestimmungen als unannehmbar bezeichnete.*

2. *Entwerfen Sie als Antwort auf Bauer eine Rede aus der Perspektive eines Gegners des Vertrages.*

-> Deutschland will Bedingungen stellen für Vertrag
-> gescheitert

[1] Neben der Anerkennung der Kriegsschuld verlangten die Alliierten in den Artikeln 227 und 228 die Auslieferung des Kaisers und weiterer Personen wegen des Verstoßes gegen das Kriegsrecht, um sie vor ein alliiertes Militärgericht zu stellen.

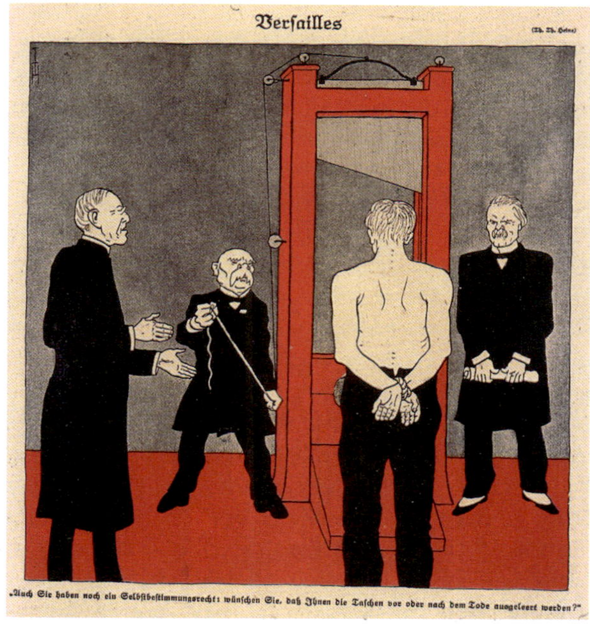

▲ **„Auch Sie haben noch ein Selbstbestimmungsrecht: Wünschen Sie, dass Ihnen die Taschen vor oder nach dem Tode ausgeleert werden?“**
Karikatur von Thomas Theodor Heine aus dem „Simplicissimus“ vom 3. Juni 1919.

- *Erläutern Sie, welche Rollen die dargestellten Personen (v. l.: Wilson, Clemenceau, Lloyd George) einnehmen.*
- *Beschreiben Sie die Stimmung der deutschen Bevölkerung, die ausgedrückt werden soll.*

M2 Schuld waren die anderen

Ein öffentlicher Untersuchungsausschuss soll nach dem Krieg die Ursachen der deutschen Niederlage ergründen. Generalfeldmarschall Hindenburg erklärt:

Trotz der ungeheuren Ansprüche an Truppen und Führung, trotz der zahlenmäßigen Überlegenheit des Feindes konnten wir den ungleichen Kampf zu einem günstigen Ende führen, wenn die geschlossene und einheitliche Zusammenwirkung von Heer und Heimat eingetreten wäre. [...]

Doch was geschah nun? Während sich beim Feinde trotz seiner Überlegenheit an lebendem und totem Material alle Parteien, alle Schichten der Bevölkerung in dem Willen zum Siege immer fester zusammenschlossen, und zwar umso mehr, je schwieriger ihre Lage wurde, machten sich bei uns, wo dieser Zusammenschluss bei unserer Unterlegenheit viel notwendiger war, Parteiinteressen breit, und diese Umstände führten sehr bald zu einer Spaltung und Lockerung des Siegeswillens. Die Geschichte wird über das, was ich hier nicht weiter ausführen darf, das endgültige Urteil sprechen. Damals hofften wir noch, dass der Wille zum Siege alles andere beherrschen würde. Als wir unser Amt übernahmen, stellten wir bei der Reichsleitung eine Reihe von Anträgen, die den Zweck hatten, alle nationalen Kräfte zur schnellen und günstigen Kriegsentscheidung zusammenzufassen [...]. Was aber schließlich, zum Teil wieder durch Einwirkung der Parteien, aus unseren Anträgen geworden ist, ist bekannt. Ich wollte kraftvolle und freudige Mitarbeit und bekam Versagen und Schwäche. Die Sorge, ob die Heimat fest genug bliebe, bis der Krieg gewonnen sei, hat uns von diesem Augenblicke an nie mehr verlassen. Wir erhoben noch oft unsere warnende Stimme bei der Reichsregierung. In dieser Zeit setzte die heimliche planmäßige Zersetzung von Flotte und Heer als Fortsetzung ähnlicher Erscheinungen im Frieden ein. Die Wirkungen dieser Bestrebungen waren der Obersten Heeresleitung während des letzten Kriegsjahres nicht verborgen geblieben. Die braven Truppen, die sich von der revolutionären Zermürbung freihielten, hatten unter dem pflichtwidrigen Verhalten der revolutionären Kameraden schwer zu leiden; sie mussten die ganze Last des Kampfes tragen. Die Absichten der Führung konnten nicht mehr zur Ausführung gebracht werden. Unsere wiederholten Anträge auf strenge Zucht und strenge Gesetzgebung wurden nicht erfüllt. So mussten unsere Operationen misslingen, es musste der Zusammenbruch kommen; die Revolution bildete nur den Schlussstein. Ein englischer General sagte mit Recht: „Die deutsche Armee ist von hinten erdolcht worden." Den guten Kern des Heeres trifft keine Schuld. Seine Leistung ist ebenso bewunderungswürdig wie die des Offizierkorps. Wo die Schuld liegt, ist klar erwiesen.

Herbert Michaelis und Ernst Schraepler (Hrsg.), Ursachen und Folgen. Vom deutschen Zusammenbruch 1918 und 1945 bis zur staatlichen Neuordnung Deutschlands in der Gegenwart. Eine Urkunden- und Dokumentensammlung zur Zeitgeschichte, Bd. 4, Berlin o. J., S. 7 f.

1. *Analysieren Sie, worin nach Ansicht Hindenburgs die Gründe für die Niederlage Deutschlands lagen. Wem wurde die Schuld an der Niederlage angelastet?*

2. *Nehmen Sie Stellung zu den Schuldzuweisungen.*

M3 „So ist der deutsche Parlamentarismus"

Oswald Spengler, dessen pessimistische Kultur- und Geschichtsphilosophie nach dem verlorenen Krieg vom deutschen Bürgertum begeistert gelesen wird, ist ein entschiedener Gegner des Parlamentarismus und der Parteien. 1924 schreibt er:

Über den Trümmern der deutschen Weltmacht, über zwei Millionen Leichen umsonst gefallener Helden, über dem in Elend und Seelenqual vergehenden Volke wird nun in Weimar mit lächelndem Behagen die Diktatur des Parteiklüngels aufgerichtet, derselben Gemeinschaft beschränktester und schmutzigster Interessen, welche seit 1917 unsere Stellung untergraben und jede Art von Verrat begangen hatte, vom Sturz fähiger Leute ihrer Leistungen wegen bis zu eigenen Leistungen im Einverständnis mit Northcliffe[1], mit Trotzki[2], selbst mit Clemenceau[3]. [...] Nachdem sich die Helden der Koalition vor dem Einsturz in alle Winkel geflüchtet hatten, kamen sie mit plötzlichem Eifer wieder hervor, als sie die Spartakisten allein über der Beute sahen. Aus der Angst um den Beuteanteil entstand auf den großherzoglichen Samtsesseln und in den Kneipen von Weimar die deutsche Republik, keine Staatsform, sondern eine Firma. In ihren Satzungen ist nicht vom Volk die Rede, sondern von Parteien; nicht von Macht, von Ehre und Größe, sondern von Parteien. Wir haben kein Vaterland mehr, sondern Parteien; keine Rechte, sondern Parteien; kein Ziel, keine Zukunft mehr, sondern Interessen von Parteien. Und diese Parteien [...] entschlossen sich, dem Feinde alles, was er wünschte, auszuliefern, jede Forderung zu unterschreiben, den Mut zu immer weitergehenden Ansprüchen in ihm aufzuwecken, nur um im Innern ihren eigenen Zielen nachgehen zu können. [...]
So ist der deutsche Parlamentarismus. Seit fünf Jahren keine Tat, kein Entschluss, kein Gedanke, nicht einmal eine Haltung, aber inzwischen bekamen diese Proletarier Landsitze und reiche Schwiegersöhne, und bürgerliche Hungerleider mit geschäftlicher Begabung wurden plötzlich stumm, wenn im Fraktionszimmer hinter einem eben bekämpften Gesetzantrag der Schatten eines Konzerns sichtbar wurde.

Oswald Spengler, Neubau des Deutschen Reiches, München 1924, S. 8 f.

1. *Beschreiben Sie, was Spengler unter „Diktatur des Parteiklüngels" versteht. Bewerten Sie seine Wortwahl.*

[1] Lord Alfred Northcliffe (1865-1922): englischer Pressemagnat, der durch eine Pressekampagne die Reduzierung der deutschen Reparationslasten verhinderte
[2] Leo Trotzkij (1879-1940): russischer Revolutionär; einer der führenden Köpfe der russischen Revolution von 1917
[3] Georges Clemenceau (1841-1929): französischer Politiker; 1906-1909 und 1917-1920 Premierminister, siehe auch S. 56

2. *Erläutern Sie seine Aussage, die deutsche Republik sei „keine Staatsform, sondern eine Firma".*

3. *Spengler behauptet, die Weimarer Republik habe seit „fünf Jahren keine Tat, kein[en] Entschluss, kein[en] Gedanke[n], nicht einmal eine Haltung" (Zeile 26-28) gezeigt. Suchen Sie Argumente, die dies widerlegen können.*

M4 Die Sühne der politischen Morde 1918-1922

	Pol. Morde begangen von Links-stehenden	Pol. Morde begangen von Rechts-stehenden	Gesamtzahl
Gesamtzahl der Morde	22	354	376
– davon ungesühnt	4	326	330
– teilweise gesühnt	1	27	28
– gesühnt	17	1	18
Zahl der Verurteilten	38	24	62
Geständige Täter frei-gesprochen	–	23	23

Emil Julius Gumbel, Vier Jahre politischer Mord, Berlin 1924, S. 81

1. *Arbeiten Sie die Informationen der Tabelle heraus.*

2. *Überlegen Sie, welche Einstellung der Justiz zur Republik in M4 und in der Karikatur deutlich wird.*

▲ **Hochverrat vor dem Reichsgericht.**
Karikatur von Gerhard Holler aus der Beilage zum Berliner Tageblatt „Ulk", 1927.
Die Bildunterschrift zu den linksgerichteten Angeklagten lautet: „Ich werde die Republik vor Ihnen zu schützen wissen!"
Die rechten Uniformierten werden angesprochen mit „Ich werde Sie vor der Republik zu schützen wissen!"

M5 Die Reichswehr – ein „Staat im Staate"?

Am 26. Mai 1925 kommentiert der SPD-Abgeordnete Daniel Stücklen im Reichstag die Entwicklung der Reichswehr:

Wir haben heute ein Heer der Republik, das, wie ich feststellen will, diesem Staate dient, dessen Leitung erklärt, wir stehen auf dem Boden der Verfassung [...].
Es sind aber [...] recht deutliche Anzeichen dafür vorhanden, dass die Entwicklung der Reichswehr dahin geht, eine Art Staat im Staate zu werden. Das war das, was früher bei den Verhandlungen über die Reichswehr im Hauptausschuss und im Plenum dieses Hauses immer wieder betont wurde, eine gewisse Abgeschlossenheit, ein Korpsgeist, der zur Abgeschlossenheit führen musste und letzten Endes bewirkte, dass die alte Armee wirklich ein Staat im Staate war, mit einem eigenen Ehrbegriff, ihrem eigenen Strafkodex, mit einem Wort eine Menge Einrichtungen, die von den Einrichtungen der zivilen Bevölkerung losgelöst waren. [...] Die Gefahr ist umso größer, als früher der Soldat nur zwei Jahre diente und nach zwei Jahren in die Massen des Volkes zurücktrat, aus denen er gekommen war. Heute dient der Reichswehrsoldat zwölf Jahre. Zwölf Jahre verlebt er in einer ganz anderen Umwelt. Er ist ganz anderen Einflüssen und Eindrücken preisgegeben; das führt letzten Endes dazu, dass eine gewisse Entfremdung nicht vermieden werden kann.

Wolfgang Michalka und Gottfried Niedhard (Hrsg.), Die ungeliebte Republik. Dokumente zur Innen- und Außenpolitik Weimars 1918-1933, München 1992, S. 220

1. *Erläutern Sie den Ausdruck „Staat im Staate".*

2. *Informieren Sie sich, wie bei der Gründung der Bundeswehr den von Stücklen angesprochenen Problemen begegnet wurde.*

Geschichte kontrovers

Der Versailler Vertrag – Katastrophe oder Chance?

Nach der Ende September 1918 von der Obersten Heeresleitung eingestandenen Niederlage des Deutschen Reiches mussten Vertreter der ersten frei und demokratisch gewählten Regierung am 28. Juni 1919 den Versailler Vertrag unterzeichnen. Das Zustandekommen und der Inhalt des Friedensvertrages lösten anhaltende Proteste aus. Die große Mehrheit der Deutschen lehnte den „Schmachfrieden", wie er damals genannt wurde, ab. Historiker sahen später in dem Vertrag einen Hauptgrund für den Aufstieg des Nationalsozialismus und den Beginn des Zweiten Weltkrieges. Erst Jahrzehnte nach der Gründung der Bundesrepublik Deutschland hat sich die Geschichtswissenschaft von dieser Interpretation gelöst.

M1 „Die führenden Feinde haben ihr Ziel erreicht"

Dietrich Schäfer, ein zu seiner Zeit angesehener Historiker und politischer Schriftsteller, hat Werke über die Geschichte der Hanse ebenso wie über die Kolonialgeschichte veröffentlicht. Seine zweibändige „Geschichte der Deutschen" erscheint zwischen 1910 und 1932 in zehn Auflagen. Auch seine zweibändige „Weltgeschichte der Neuzeit", die erstmals 1901 erscheint und bis 1922 in ständig aktualisierten Auflagen bis 1922 gedruckt wird, findet vor allem im Bürgertum viele Leser. In der „11. durchgesehenen und bis zur Gegenwart fortgeführten Auflage" des Werkes von 1919 beurteilt Schäfer Deutschlands Stellung nach dem Versailler Vertrag so:

Der Friede, der dem Kriege ein Ende gemacht hat, ist in der Tat ein anderer geworden als die früheren, so brutal und vernichtend, wie die Weltgeschichte kaum je einen sah. [...] Der Friede löscht Deutschland aus der Reihe der Großmächte, ja der selbstständigen Staaten aus. Die Gebietsverluste, die sofortigen und die zunächst noch infrage gestellten, raubten ihm Millionen seiner Bevölkerung, dazu unentbehrliche Bodenschätze. Kernlande, ohne die Preußen nicht bestehen kann, gingen verloren. Millionen deutscher Leute wurden fremder Herrschaft unterworfen. Die Beziehungen zu den Nachbarvölkern wurden nicht geklärt, sondern verwickelt. An weiteren Streitigkeiten wird es nicht fehlen; ihre Entscheidung liegt beim Völkerbunde, dem Deutschland für absehbare Zeiten nicht angehören wird, von dem auch, wenn er Deutschland einmal zugelassen hat, vorbehaltlose Gerechtigkeit für Deutsche nicht zu erwarten ist.

[...] Deutschlands Verkehr wird der Aufsicht der Gegner unterstellt, unsere eigensten Ströme werden internationalisiert; wir sind nicht mehr Herren im eigenen Hause, viel abhängiger und hilfloser als einst nach dem Westfälischen Frieden. Dazu kommen neben der schweren Not, die der Krieg an sich verursacht hat, die ungeheuerlichen Ersatzforderungen der Feinde, eine nimmer endende Schraube, die jederzeit nach Belieben angezogen werden kann. [...] Unsere Regierenden beteuern, dass sie die eingegangenen Bedingungen ehrlich erfüllen wollen; sie stellen in Aussicht, was sie nicht halten können. [...] Die Feinde haben Monate vergehen lassen, ehe es ihnen gefallen hat, den Vertrag zu vollziehen. [...] Wo solches möglich ist, da möchte man verzweifelt rufen: „Lasst alle Hoffnung fahren! Deutsches Volk, du hast deine Rolle ausgespielt in der Weltgeschichte! Du verdienst nichts anderes als in Zukunft Sklave stärkerer und einsichtigerer Nationen zu sein." [...]

Die führenden Feinde haben ihr Ziel erreicht. Frankreich steht gegenüber Deutschland mächtiger da als einst unter Ludwig XIV. nach dem Westfälischen Frieden; seine Grenzen sind weiter vorgeschoben als damals.

Dietrich Schäfer, Weltgeschichte der Neuzeit, Zweiter Teil: Vom Ende des Siebenjährigen Krieges bis zur Gegenwart, Berlin [11]1919, S. 445-449

M2 Nüchterne Analyse des Versailler Vertrages

Der Historiker Peter Longerich betrachtet den Versailler Vertrag aus heutiger Perspektive:

Bei einer nüchternen Analyse des Versailler Vertrages hätten jedoch auch die Chancen erkannt werden können, die er im Rahmen der Neuordnung Europas der deutschen Politik bot. Positiv zu verbuchen war, dass trotz erheblicher Gebietsverluste die Reichseinheit erhalten geblieben war, was nach der verheerenden Niederlage keineswegs als selbstverständlich hatte angenommen werden können. Zweitens stand Deutschland nicht mehr der geschlossenen Front der Kriegsgegner gegenüber: Im Gegenteil ergab sich die Chance, die tiefen Gegensätze, die nach der bolschewistischen Revolution zwischen Russland und den westlichen Siegermächten herrschten, zugunsten der deutschen Politik zu nutzen; und nach der Ablehnung der Ratifizierung des Versailler Vertrages durch das amerikanische Repräsentantenhaus und dem

▲ **„Die Grundlage für den Völkerbund. Nur so kann Deutschland darin geduldet werden!“**
Karikatur aus dem „Simplicissimus“ vom 11. März 1919.
- *Beschreiben Sie die in der Karikatur dargestellte Situation. Benennen Sie die Akteure.*
- *Analysieren Sie, welche Vorstellung von der Rolle Deutschlands im Völkerbund und in der internationalen Ordnung die Zeichnung vermittelt. Vergleichen Sie mit der Bewertung in M1.*

▲ **„Versailler Friede – Deutscher Bürgerkrieg.“ – „Merkwürdig, da kommt nur Blut statt Gold.“**
Karikatur von Erich Schilling aus dem „Simplicissimus“ vom 2. August 1922.
- *Beschreiben Sie die Zeichnung. Analysieren Sie dabei, welche Funktion der Künstler den gezeigten Personen zuweist. Für welche Gruppen könnten die einzelnen Akteure jeweils stehen?*
- *Erläutern Sie die Aussage der Karikatur. Beachten Sie dabei ihre Entstehungszeit.*

Abschluss eines deutsch-amerikanischen Friedensvertrages 1921 spielten die USA eher die Rolle eines Mittlers denn eines Siegers. Drittens eröffneten sich für die deutsche Außenpolitik vielfältige Möglichkeiten, gegenüber dem von Finnland bis Jugoslawien reichenden Gürtel kleiner, neu geschaffener Staaten eine Führungsrolle zu übernehmen. Viertens sprach der Zeitfaktor für eine allmähliche Lockerung der harten und diskriminierenden Friedensbestimmungen, etwa hinsichtlich der Bewaffnung und der Reparationen. Die mittel- und langfristigen Perspektiven der deutschen Politik sahen demnach keineswegs nur düster aus – vor allem wenn man sie mit der Sackgasse verglich, in die die wilhelminische „Weltpolitik“ 1914 geführt hatte. Eine solche Betrachtungsweise lag aber außerhalb der seinerzeit vorherrschenden nationalistischen Selbsttäuschung.

Peter Longerich, Deutschland 1918-1933. Die Weimarer Republik, Hannover 1995, S. 100

1. *Vergleichen Sie die Aussagen über die Folgen des Versailler Vertrages für Deutschland.*

2. *Arbeiten Sie die Kriterien und Perspektiven heraus, an denen die Historiker ihre Urteile über den Vertrag festmachen.*

3. *Erläutern Sie die möglichen Gründe für die unterschiedlichen Sichtweisen. Informieren Sie sich im Internet über die beiden Historiker und berücksichtigen Sie das Erscheinungsjahr.*

4. *Erörtern Sie, was die hier konstruierte Kontroverse über das historische Bewerten aussagt.*

5. *Katastrophe oder Chance? Nehmen Sie dazu auf der Grundlage von M1 und M2 sowie des Lehrbuchtextes (siehe Seite 56-60) Stellung.*

Außenpolitik zwischen Revision und Annäherung

▲ **130 Miljardów złotych ...**
Polnische Postkarte (8,8 x 13,8 cm) zur Volksabstimmung in Oberschlesien von 1921. Die Inschrift auf dem Wagen lautet übersetzt: „130 Milliarden Goldene Mark Entschädigung für den Krieg".

Revisionistische Ziele Vorrangiges außenpolitisches Ziel aller Regierungen der Weimarer Republik war die Revision des Versailler Friedensvertrages. Die Senkung der Reparationsforderungen, die Räumung der besetzten Gebiete links des Rheins und die Wiedergewinnung der verlorenen Gebiete standen dabei im Vordergrund.*

In Polen und der neu gegründeten Tschechoslowakei lebten fast vier Millionen Deutsche als Minderheit. Wegen des westpreußischen Territoriums, das Deutschland an Polen abtreten musste, war Ostpreußen vom restlichen deutschen Staatsgebiet abgeschnitten. Den Aufbau guter Beziehungen erschwerte der Nationalismus in beiden Ländern. Im Zusammenhang mit der Oberschlesien-Frage, wo eine Volksabstimmung 1921 darüber entscheiden sollte, ob das Gebiet beim Deutschen Reich verbleiben oder Polen angegliedert werden soll, kam es zwischen 1919 und 1921 sogar zu bewaffneten Auseinandersetzungen zwischen polnischen Soldaten und deutschen Freikorps. Obwohl sich die Mehrheit der Bevölkerung in der Volksabstimmung für den Verbleib bei Deutschland ausgesprochen hatte, wurde das Gebiet schließlich zum Nachteil des Reiches geteilt; das ostoberschlesische Industrierevier fiel an Polen. In den folgenden Jahren blieb das deutsch-polnische Verhältnis angespannt, auch wenn beide Länder wirtschaftliche Beziehungen aufnahmen und sich in Fragen des Minderheitenschutzes annäherten.

Überwindung der außenpolitischen Isolation – der Vertrag von Rapallo Die Alliierten waren vorerst nicht bereit, Deutschland als gleichberechtigten Verhandlungspartner zu akzeptieren. Um wieder außenpolitischen Handlungsspielraum zu gewinnen, suchte das Deutsche Reich die Annäherung an die *Russische Sozialistische Föderative Sowjetrepublik* (RSFSR). Nach der bolschewistischen Oktoberrevolution 1917 unter Führung von Wladimir Iljitsch Lenin war Russland zunächst ebenfalls außenpolitisch isoliert.** Es drängte darauf, nicht für die aus zaristischer Zeit stammenden Kriegsfolgen haftbar gemacht zu werden.

Am Rande der Weltwirtschaftskonferenz in Genua 1922 schloss Reichskanzler *Joseph Wirth* in Rapallo, einem Ort in der Nähe von Genua, ein Abkommen mit der Sowjetregierung. Dies geschah trotz der Vorbehalte von Außenminister Rathenau, der die Verständigung mit Frankreich gefährdet sah. Beide Staaten verzichteten darin auf eine Entschädigung für Kriegskosten und Kriegsschäden und verpflichteten sich, diplomatische Beziehungen aufzunehmen. Deutschland stellte keine Ansprüche wegen der in Russland enteigneten Besitztümer und Vermögenswerte deutscher Staatsbürger.

Der Vertrag erregte großes Aufsehen. „Rapallo" wurde zum Synonym für die Furcht vor einer gemeinsamen deutsch-sowjetischen Politik gegen die damalige Friedensordnung. Vor allem Frankreich hegte großes Misstrauen. Dennoch vertieften Berlin und Moskau ihre politische und wirtschaftliche Zusammenarbeit in den folgenden Jahren. Im 1926 geschlossenen *Berliner Vertrag* sicherten sich beide Seiten gegenseitige Neutralität im Falle eines Krieges mit Dritten zu.

* Zu den Gebietsverlusten siehe S. 56.
** Siehe S. 32 f.

Reparationsfrage Der Versailler Vertrag bestimmte, dass das Deutsche Reich Reparationen zu zahlen hatte, wies aber die Festlegung der genauen Höhe einer Kommission zu. Die europäischen Siegermächte benötigten die Reparationen, um die Kriegsfolgen in ihren eigenen Ländern zu beseitigen und um ihre während des Krieges aufgenommenen Schulden bei den USA zu tilgen. Frankreich sah zudem die Möglichkeit, Deutschland durch hohe Forderungen langfristig zu schwächen. Das *Londoner Abkommen* 1921 verfügte, dass Deutschland 132 Milliarden Reichsmark in Form von Sach- oder Geldleistungen erbringen musste. Die deutsche Öffentlichkeit reagierte schockiert auf die Forderungen.

Als die Reparationskommission im Dezember 1922 feststellte, dass Deutschland mit den Lieferungen von Holz und Kohle im Rückstand sei, ließ der nationalistische französische Ministerpräsident *Raymond Poincaré* am 11. Januar 1923 60 000 französische und belgische Soldaten ins Ruhrgebiet einmarschieren. Seinem Ziel, diese Wirtschaftsregion unter seine Kontrolle zu bringen, war er dadurch näher gekommen. Französische Beamte und Ingenieure sollten die deutsche Kohle- und Stahlproduktion kontrollieren und die Einhaltung der Lieferungen überwachen. Die Reichsregierung stellte sofort alle Reparationen ein, rief die Bevölkerung zum passiven Widerstand gegen die Besatzungsbehörden auf und unterstützte die streikenden Arbeiter mit Geld. Doch die damit verbundene massive Steigerung von Staatsverschuldung und Inflation sowie der Druck der Alliierten veranlassten die Reichsregierung zum Abbruch des „Ruhrkampfes" am 26. September 1923.

Dagegen erreichte die deutsche Regierung 1923 bei den Siegermächten, dass ihre Zahlungsfähigkeit von neutraler Seite geprüft wurde. Im April 1924 legte ein Sachverständigenrat unter der Leitung des amerikanischen Bankiers *Charles Dawes* ein Gutachten zur Reparationsfrage vor, den sogenannten *Dawes-Plan*. Seine Annahme durch die Siegermächte und die deutsche Regierung 1924 auf der Londoner Konferenz bedeutete für das Deutsche Reich eine deutlich geringere jährliche finanzielle Belastung. Zunächst musste es eine Milliarde Goldmark jährlich zahlen, ab 1928/29 jährlich 2,5 Milliarden Goldmark. Eine Gesamtsumme und eine zeitliche Begrenzung waren allerdings nicht festgelegt. 1930 wurde dann der *Young-Plan* angenommen, benannt nach dem Vorsitzenden des Sachverständigenrates, dem US-Amerikaner *Owen D. Young*. Der Plan legte für die deutschen Reparationen eine Gesamtsumme von 132 Milliarden Goldmark fest, die über einen Zeitraum von 59 Jahren zu zahlen war.

▲ **Aristide Briand (links) und Gustav Stresemann.**
Foto (Ausschnitt), um 1925.
Für die Aussöhnung zwischen Frankreich und Deutschland setzten sich die beiden Außenminister leidenschaftlich ein. Wegen ihrer Bemühungen um die Bewahrung des Friedens in Europa erhielten sie 1926 gemeinsam den Friedensnobelpreis.

Verständigungspolitik unter Stresemann Von 1923 bis 1929 prägte Gustav Stresemann als Außenminister in häufig wechselnden Kabinetten die Beziehungen zum Ausland. Er behielt zwar die revisionistischen Ziele deutscher Außenpolitik bei, handelte dabei jedoch pragmatisch und vertrauensbildend. Ihm war klar, dass deutsche Außenpolitik nur dann erfolgreich sein konnte, wenn sie das französische Sicherheitsbedürfnis berücksichtigte. Stresemann stand jedoch immer unter dem Druck nationalistischer Kreise, die Erfolge der Revisionspolitik einforderten.

Im Oktober 1925 trafen sich auf einer Konferenz im schweizerischen Locarno führende europäische Politiker. Stresemann und sein französischer Amtskollege *Aristide Briand* hatten großes Interesse an einer Bereinigung des deutsch-französischen Gegensatzes. In

▸ **Wahlplakat der DNVP.**
Es entstand zur Reichstagswahl 1928.
- *Erläutern Sie, worauf die Darstellung eines französischen Soldaten und des Rheins anspielt.*

den *Verträgen von Locarno* verpflichteten sich Deutschland, Frankreich und Belgien, keinen Krieg gegeneinander zu beginnen, und verzichteten auf eine Veränderung der bestehenden Grenzen zwischen ihren Staaten. Das Rheinland sollte nach dem Ende der Besatzung eine entmilitarisierte Zone bleiben. Bei Verletzung dieser Bestimmungen drohte ein Eingreifen der Garantiemächte Großbritannien und Italien. Eine Revision der Ostgrenzen hingegen ließ Stresemann offen. Deshalb verzichtete er in einem Schiedsvertrag mit Polen lediglich auf eine gewaltsame Änderung der Grenzen (▸ M1). In Locarno wurde auch beschlossen, Deutschland in den Völkerbund aufzunehmen. Es trat ihm am 8. September 1926 schließlich bei.

Innenpolitisch waren die Verträge von Locarno umstritten (▸ M2-M4). Die nationale Rechte verurteilte sie als „Verrat an den Interessen Deutschlands". Infolge der Versöhnungsbereitschaft gelang es Stresemann, das Ansehen Deutschlands in der Weltöffentlichkeit zu steigern. Er war maßgeblich am Zustandekommen des *Briand-Kellogg-Paktes* beteiligt. Dieses Abkommen, das zur Ächtung des Krieges und zur rein friedlichen Klärung von Konflikten verpflichtete, war benannt nach seinen Initiatoren, dem französischen Außenminister Briand und seinem amerikanischen Amtskollegen *Frank B. Kellogg*. Insgesamt 60 Staaten traten ihm bei.

Konfrontationskurs nach der Ära Stresemann ■ Der außenpolitische Kurs Stresemanns, im Einverständnis mit den Siegermächten des Ersten Weltkrieges eine Lockerung der harten Bestimmungen des Versailler Vertrages zu erreichen, wurde nach seinem Tod 1929 von einer aggressiven Außenpolitik abgelöst. Ihr Ziel war, das Deutsche Reich wieder als Großmacht zu etablieren. Der Kurswechsel in der deutschen Außenpolitik zeigte sich etwa darin, dass der Vorschlag des französischen Außenministers Briand zu einer europäischen Wirtschaftsunion harsch abgewiesen wurde. Im Gegenzug verhinderte Frankreich eine deutsch-österreichische Zollunion, indem es auf dem Anschlussverbot Österreichs an das Deutsche Reich gemäß dem Versailler Vertrag beharrte.

M1 Vergebene Chance?

Der Historiker Detlev Peukert bewertet Stresemanns Ostpolitik kritisch:

Das Exempel Oberschlesiens hätte eigentlich davor warnen müssen, das Heil der deutschen Ostpolitik in einer Grenzrevision zu sehen, da im polnischen Korridor genau die gleiche Problemkonstellation zu erwarten war. Dennoch blieb die Stresemannsche Position in der Grenzfrage inhaltlich völlig unbeweglich. Nur die Modalitäten der Revision wurden von ihm realistischer gesehen als von jenen Leuten um den deutschen Heereschef v. Seeckt, der mit dem Rapallo-Vertrag 1922 den Weg zur gemeinsamen Auslöschung Polens durch Russland und Deutschland einschlagen wollte. [...]
Das Angebot von Schiedsverträgen gegenüber den östlichen Nachbarn und das Bekenntnis zu einer ausschließlich friedlichen Revision konnten die entscheidende Auswirkung der deutschen Ostpolitik nicht aufheben: Deutschtumspolitik und Grenzrevision mussten in der ohnehin schon instabilen ostmitteleuropäischen Region destabilisierend wirken. Vor allem hatte diese Politik keine wirklich konstruktive Perspektive, da im nationalstaatlichen Sinne „gerechte" Lösungen für alle Beteiligten angesichts der ostmitteleuropäischen Gemengelage prinzipiell unmöglich waren. Jede Neuregelung sorgte für mindestens so viel Konfliktstoff, wie sie beseitigte. [...]
Es ist charakteristisch für die Beschränktheit der gegenüber dem Westen doch so realistischen Außenpolitik in der Ära Stresemann, dass diese Aporien[1] der deutschen Ostpolitik nicht konstruktiv angegangen wurden. Das hätte sicherlich den schmerzhaften Verzicht auf Grenzrevision verlangt, damit aber zugleich eine Region stabilisiert, deren nationalistisches Konfliktpotenzial immer wieder die Gefahr kriegerischer Zusammenstöße provozieren konnte.
[...] Ein Deutschland, das mit dem sicher schmerzlichen Verzicht auf eine Revisionspolitik nach Osten eine ähnliche Zone der Sicherheit und Kooperation wie im Westen angeboten hätte, hätte wahrscheinlich die Rolle einer informellen, vor allem wirtschaftlich abgestützten Hegemonialmacht in Ostmitteleuropa gewonnen.

Detlev J.K. Peukert, Die Weimarer Republik. Krisenjahre der klassischen Moderne, Frankfurt am Main 1987, S. 200-202

1. *Fassen Sie die Argumente zusammen, die Peukert gegen die Ostpolitik Stresemanns vorbringt, und stellen Sie ihnen die Leitlinien und Voraussetzungen der deutschen Außenpolitik gegenüber.*

2. *Bewerten Sie die Einschätzung von Peukert. Ziehen Sie hierfür die Materialien M1 und M3 heran. Berücksichtigen Sie außenpolitische Leitlinien und innenpolitische Voraussetzungen der deutschen Politik.*

M2 „Scheidepunkt der europäischen Politik"

Der SPD-Abgeordnete Otto Wels stellt am 24. November 1925 im Reichstag die Locarno-Verträge in einen größeren Zusammenhang:

Wie man auch zu den Verträgen von Locarno und zu dem Eintritt Deutschlands in den Völkerbund stehen mag, das fühlt ein jeder: Wir stehen jetzt am Scheidepunkte der europäischen Politik. Es fragt sich jetzt, ob eine neue Welt, in der der Gedanke des Friedens lebendige Kraft haben soll, das Leben der Völker Europas in Zukunft beherrschen wird, oder ob die Mächte, die, auf Gewalt und kriegerischen Auseinandersetzungen fußend, dem Fortschritt, dem moralischen und materiellen Wiederaufbau den Weg dauernd versperren sollen. [...]
Was seit Jahrzehnten in Europa fehlte, das Bedürfnis nach europäischer Solidarität, das ist heute ein sichtbares Bedürfnis aller europäischen Völker geworden. Aus dem Munde der zahlreichen Kollegen dieses Hauses, die kürzlich aus den Vereinigten Staaten von Amerika zurückgekehrt sind, haben wir immer und immer wieder gehört, dass man auch dort drüben volles Verständnis für diese europäischen Gemeininteressen hat. Es zeigt sich jetzt allerdings mehr denn je die Notwendigkeit, die Allgemeininteressen Europas, die mit den Interessen jedes einzelnen Landes identisch sind, den selbstsüchtigen Interessen von Gruppen, Cliquen und Parteien voranzustellen. [...]
Es handelt sich gerade darum, das Bündnissystem der Vorkriegszeit und damit den Gegensatz, der zwischen Alliierten und Deutschland bestand, aus der Welt zu schaffen. Deutschland soll in Zukunft gleichberechtigt neben jenen Mächten stehen, nicht um mit ihnen gegen Russland zu marschieren, sondern um den Völkerbund aufzubauen, der schließlich auch Russland umfassen wird.

Wolfgang Michalka und Gottfried Niedhart (Hrsg.), Deutsche Geschichte 1918-1933. Dokumente zur Innen- und Außenpolitik, Frankfurt am Main 1992, S. 110 f.

1. *Erarbeiten Sie aus dem Text, wie nach Ansicht von Wels „eine neue Welt, in der der Gedanke des Friedens lebendige Kraft haben soll", verwirklicht werden kann.*

2. *Nennen Sie Gründe dafür, dass Wels hier auf die Meinung der Vereinigten Staaten verweist.*

[1] Aporie: scheinbare Ausweglosigkeit

M3 Streit um die Locarno-Verträge

a) Der kommunistische Abgeordnete Wolfgang Bartels kommentiert die Locarno-Verträge am 30. Oktober 1925 im Preußischen Landtag:

Wenn man die einzelnen Verträge und ihre Paragrafen durchgeht, so sehen wir, dass Deutschland hinreichend Garantie gibt, aber dafür lediglich die Garantie erhält, dass es Kriegsbütteldienste leisten darf und andererseits Deutschland als Kriegsschauplatz ausliefern muss. Locarno bedeutet in Wirklichkeit – das wird auch in diesem Hause niemand zu bestreiten versuchen – die Auslieferung der Rheinlande, es bedeutet direkt ein Verschenken preußisch-deutschen Gebietes, es bedeutet die Garantie des Einmarsch- und Durchmarschrechtes durch Deutschland, es bedeutet die Kriegsdienstverpflichtung der deutschen Bevölkerung für die Entente gegen Russland, es bedeutet vor allem die Anerkennung der Aufrechterhaltung des Besatzungsregimes, und es bedeutet erneut das Bekenntnis zu dem Versailler Vertrag. Es bedeutet darüber hinaus verschärfte Ausbeutung, verschärfte Entrechtung, Unterdrückung, Elend, Übel, Not.

b) Der nationalsozialistische Abgeordnete Gregor Straßer nimmt am 24. November 1925 im Reichstag Stellung:

Wir Nationalsozialisten, wir Frontsoldaten und wir Frontoffiziere [...] verzichten nie und nimmer auf Elsass-Lothringen. Wir verzichten nie auf Eupen und Malmedy, auf die Saar und auf unsere Kolonien. Wir verzichten auf Nordschleswig so wenig wie auf Memel und Danzig, wie auf Westpreußen und Oberschlesien. Wir jungen Deutschen kennen unsere großdeutsche Aufgabe, und wir speisen die Brüder in Österreich und in Sudeten-Deutschland nicht mit leeren Worten ab. [...] Unser Staat, der [...] ein in sich geschlossener geworden ist, wird einst die Verträge von Versailles, London[1] und Locarno wie Papierfetzen zerreißen können, weil er sich stützt auf das, was Sie bewusst im deutschen Volke zerschlagen, wofür kein Opfer gebracht werden darf, nämlich auf die Bildung eines in sich geschlossenen Volkes.

Erster Text: Herbert Michaelis und Ernst Schraepler (Hrsg.), Ursachen und Folgen. Vom deutschen Zusammenbruch 1918 und 1945 bis zur staatlichen Neuordnung Deutschlands in der Gegenwart. Eine Urkunden- und Dokumentensammlung zur Zeitgeschichte, Bd. 6, Berlin o. J., S. 396 f.
Zweiter Text: Detlef Junker u. a. (Hrsg.), Deutsche Parlamentsdebatten II. 1919-1939, Frankfurt am Main 1971, S. 180 f.

1. *Arbeiten Sie Gemeinsamkeiten und Unterschiede beider Texte hinsichtlich einer „Verzichtspolitik" heraus.*
2. *Erläutern Sie die Motive bei den Gegnern der Verträge.*

[1] Gemeint ist die Annahme des Dawes-Plans 1924.

M4 Warum kommt Europa nicht voran?

Im Zeichen der Verständigungspolitik mit den Westmächten erreicht Außenminister Gustav Stresemann 1926, dass Deutschland Mitglied des Völkerbundes wird. In seiner letzten Rede vor diesem Gremium führt er am 9. September 1929 aus:

Ich komme zu der Frage, die in der Debatte dieser Tage erörtert worden ist. Das war die Neugestaltung der Staatenverhältnisse in Europa. [...] Was erscheint denn an Europa, an seiner Konstruktion vom wirtschaftlichen Gesichtspunkte aus so außerordentlich grotesk? Es erscheint mir grotesk, dass die Entwicklung Europas nicht vorwärts, sondern rückwärts gegangen zu sein scheint. [...] Durch den Versailler Vertrag ist eine große Anzahl neuer Staaten geschaffen worden. Ich diskutiere hier nicht über das Politische des Versailler Vertrages, denn ich darf annehmen, dass meine Anschauungen darüber bekannt sind. Aber das Wirtschaftliche möchte ich doch betonen und sagen, dass es unmöglich ist, dass Sie zwar eine große Anzahl neuer Staaten geschaffen, aber ihre Einbeziehung in das europäische Wirtschaftssystem vollkommen beiseite gelassen haben. Was ist denn die Folge dieser Unterlassungssünde gewesen? Sie sehen neue Grenzen, neue Maße, neue Gewichte, neue Usancen[1], neue Münzen, ein fortwährendes Stocken des Verkehrs. [...] Wo bleibt in Europa die europäische Münze, die europäische Briefmarke? Sind diese aus nationalem Prestige heraus geborenen Einzelheiten nicht sämtlich Dinge, die durch die Entwicklung der Zeit längst überholt wurden und diesem Erdteil einen außerordentlichen Nachteil zufügen, nicht nur im Verhältnis der Länder zueinander, nicht auch nur in dem Verhältnis zu den Weltteilen, draußen, sondern auch im Verhältnis anderer Weltteile, die sich oft viel schwerer in diese Dinge hineinversetzen können als ein Europäer, der es allmählich auch nicht mehr versteht?

Henry Bernhard (Hrsg.), Gustav Stresemann. Vermächtnis. Der Nachlass in drei Bänden, Bd. 3, Berlin 1933, S. 577 f.

1. *Erläutern Sie, in welcher Hinsicht die Entwicklung Europas für Stresemann rückwärts gegangen ist.*
2. *Prüfen Sie, ob sich heutige Protagonisten der europäischen Einigung auf Stresemann und Briand berufen können. Begründen Sie Ihren Befund.*

[1] Usance (frz.): Brauch

Gesellschaft zwischen Revolution und Tradition

Neue Kunstströmungen Wenn wir heute von den *Goldenen Zwanzigern* sprechen, so meinen wir weniger den wirtschaftlichen Aufschwung jener Jahre als vielmehr das freie, ungewöhnlich produktive, teilweise ungezügelte Kulturleben. Anknüpfend an die geistigen Strömungen im Kaiserreich, entfaltete sich in den deutschen Städten für mehr als ein Jahrzehnt eine einzigartige künstlerische und intellektuelle Blüte, vor allem in Berlin. Die Stadt, mit ihren rund vier Millionen Einwohnern zur europäischen Metropole aufgestiegen, wurde zum Inbegriff des Fortschritts und der Moderne. Schon in den 1920er-Jahren war sie eine Drehscheibe der Kulturen. In der bildenden Kunst erlebte der Expressionismus, der sich zu Beginn des 20. Jahrhunderts entwickelt hatte, eine Blüte. In seinen Werken wurden durch die Verfremdung von Farben, Formen und von Denkgewohnheiten gesellschaftliche Missstände und individuelle Not ausgedrückt. Neben diese Kunstrichtung trat die *Neue Sachlichkeit*, zunächst im Bereich der Architektur und der bildenden Künste, dann auch in der Literatur. Ihre Vertreter versuchten in meist zeitkritischen Werken, gesellschaftliche und politische Themen nüchtern-distanziert darzustellen.

Richtungsweisend für die künstlerische Haltung der Weimarer Republik wurde die 1919 von dem Architekten *Walter Gropius* in Weimar gegründete Kunstschule, das *Staatliche Bauhaus*. Seine Leitvorstellung war, dass Architekten handwerkliche Meisterschaft erlangen und mithilfe neuer technischer Möglichkeiten lichtdurchflutete, funktionale und preisgünstige Bauwerke ohne überflüssiges Dekor schaffen sollten. Auch für die Massenproduktion von Möbeln und Gegenständen des täglichen Bedarfs sollten neue Materialien wie Eisen und Stahl genutzt werden.

▲ **„Stützen der Gesellschaft."** *Ölgemälde von George Grosz, 1926.*

- *Das Gemälde wurde von dem Kunsthistoriker Hans Hess als eine „große Allegorie des deutschen Staates in der Weimarer Republik" bezeichnet. Erläutern Sie diese Aussage. Tipp: Ordnen Sie die Figuren in dem Bild aufgrund ihrer Attribute und des Bildhintergrundes bestimmten Gesellschaftsschichten zu. Berücksichtigen Sie auch den Bildtitel.*

Massenkultur? In zunehmendem Maße brachten Künstler und Intellektuelle neue Medien zum Einsatz, um ein größeres Publikum zu erreichen. Es entstanden künstlerisch hochwertige Spiel- und Dokumentarfilme, Radioreportagen und Hörspiele. Die Zahl der Kinos verdoppelte sich zwischen 1918 und 1930 auf 5 000. Die deutsche Filmindustrie produzierte europaweit die meisten Filme. Seit der ersten Radiosendung am 29. Oktober 1923 stieg die Zahl der Empfänger ständig an. Neun Jahre später besaß bereits jeder vierte Haushalt einen Rundfunkapparat.

Die moderne Kunst wurde jedoch von der Gesellschaft nur am Rande wahrgenommen. Der Massengeschmack bevorzugte Unterhaltungsfilme, Groschenromane, Varietés und Sportveranstaltungen.

Die Zeitung blieb in der Weimarer Republik das wichtigste Medium zur Information und Meinungsbildung. Meist hatten Zeitungen nur regionale Bedeutung und blieben auf bestimmte Sozialmilieus beschränkt. In den letzten Jahren der Weimarer Republik verloren freilich die demokratischen und liberalen Zeitungen immer mehr Leser. Zugleich kontrollierte der DNVP-Vorsitzende **Alfred Hugenberg** in seinem Medienkonzern große Teile der regionalen und der rechtskonservativen Blätter. Dadurch schuf er sich nicht nur wirtschaftliche Macht, sondern auch ein breites Forum für seine republikfeindlichen Positionen.

Alfred Hugenberg (1865-1951): Politiker und Unternehmer; 1928-1933 Vorsitzender der DNVP. Im Kabinett unter Hitler wurde er 1933 Minister für Wirtschaft, Landwirtschaft und Ernährung.

▲ **Die Journalistin Sylvia von Harden.**
Gemälde von Otto Dix, 1926.
- *Analysieren Sie die hier dargestellten Merkmale der „modernen Frau".*
- *Diskutieren Sie, ob sich der Maler durch die Art der Darstellung von diesem Frauenbild distanziert.*

Bedrohung der Tradition? Nur wenige Kulturschaffende identifizierten sich mit der Republik von Weimar. Wer nicht ohnehin für ein anderes politisches System eintrat, hielt sich von tagespolitischen Diskussionen fern. Viele Künstler und Intellektuelle zeigten sich unbeeindruckt von den politischen und sozialen Veränderungen ihrer Zeit. In gewisser Weise bildeten sie eine Parallelgesellschaft neben den übrigen Bevölkerungsschichten (▸ M1). Zu den wenigen politisch engagierten Künstlern im Deutschland der Zwanzigerjahre gehörte der Dichter und Dramatiker *Bertolt Brecht*. Das von ihm und dem Regisseur *Erwin Piscator* entwickelte Konzept des „epischen Theaters" setzte einen Gegenakzent zum klassischen Drama. Die Darstellung auf der Bühne sollte nicht mehr zum Miterleben einladen, sondern verfremden und den Zuschauer zur Kritik an den tatsächlichen Verhältnissen anhalten. Mit Stücken wie Brechts „Dreigroschenoper", 1928 in Berlin uraufgeführt, erreichte das deutsche Theater jener Zeit Weltgeltung.

Neue kulturelle Entwicklungen stießen oft auf Ablehnung der konservativ und nationalistisch Denkenden (▸ M2). Sie brandmarkten Kunstformen, die das gewohnte Stilempfinden infrage stellten, auch ausländische Einflüsse wie beispielsweise den Jazz, als elitär bzw. „entartet".

Die wachsende Aggressivität gegen moderne Künstler wird deutlich am Schicksal des Bauhaus-Gründers Gropius. Er wurde nicht nur von Handwerkern und traditionalistischen Architekten angegriffen, die durch die neue Bauweise ihre berufliche Existenz gefährdet sahen. Rechtsnationalistische Kreise lehnten die avantgardistischen Prinzipien des Bauhauses als „undeutsch" ab. Nach fortgesetzten Schikanen durch die rechtsgerichtete Regierung in Thüringen verlegte Gropius den Sitz des „Bauhauses" ins anhaltinische Dessau, bis er 1928 schließlich die Leitung abgab.

Die Rolle der Frau – moderne Akzente und alte Abhängigkeiten In den Zwanzigerjahren entstand auch die Vorstellung von einer neuen Rolle der Frau in der Gesellschaft. Frauen dieses Typs waren berufstätig und finanziell unabhängig, traten mit kurzer Bubikopffrisur und elegantem Kostüm selbstbewusst auf, rauchten in der Öffentlichkeit, schminkten sich und gingen alleine in Restaurants und Bars. Die moderne Frau stand für eine neue Epoche, ein modernes, positives Lebensgefühl und für eine stärker konsumorientierte Gesellschaft. Trotz der großen öffentlichen Wirkung blieben solche Frauen eine Randerscheinung, die man allenfalls in den Städten antraf (▸ M3).

Auch wenn der Anteil der weiblichen Erwerbstätigkeit während des Ersten Weltkrieges stark gestiegen war und sich für Frauen neue Berufsfelder wie das der Verkäuferin, Stenotypistin, Sekretärin in Büros oder der Telefonistin eröffneten, war für viele junge Frauen die Erwerbstätigkeit nur ein Übergangsstadium bis zur Heirat. Zudem verschlechterten sich die beruflichen Chancen für Frauen in den Zwanzigerjahren erneut. Sobald es ein Arbeitskräfte-Überangebot gab wie in den Krisenjahren um 1923 und ab 1929, wurde von den Frauen vielfach erwartet, dass sie ihre Erwerbstätigkeit freiwillig aufgaben.

Auf dem Land und in konservativen Milieus galt weiterhin die Hausfrau und Mutter als weibliches Ideal.

Jugend zwischen Kontrolle und Fürsorge Der Krieg und die Krisen der Nachkriegszeit machten die Jugendlichen zu einer verlorenen Generation ohne Perspektive. Während des Krieges waren sie mit alltäglicher Gewalt und Not konfrontiert gewesen, nach dem Krieg nahmen ihnen Wirtschaftskrise, Inflation und Massenarbeitslosigkeit die Chance auf eine gesicherte Existenz. Viele mussten ohne ihre Väter, die sie im Krieg verloren hatten, aufwachsen. Soziale Not, Elend und Orientierungslosigkeit ließen die Jugendkriminalität ansteigen und machten die jungen Menschen anfällig für die Propaganda der radikalen Parteien. Der Staat versuchte, der hohen Kriminalität unter Jugendlichen gegenzusteuern. Die *Reformpädagogik* löste die bisherige, auf Drill und „Paukschule" ausgerichtete Erziehung ab und wollte Jugendliche zu demokratischen und sozial denkenden Staatsbürgern erziehen. Dem *Reichsjugendwohlfahrtsgesetz* von 1922, durch das die ersten Jugendämter eingerichtet wurden, und dem 1923 eingeführten *Jugendstrafrecht* lag die Überzeugung zugrunde, dass Jugendliche anders zu behandeln seien als Erwachsene und Schutz und Hilfe benötigten. Zudem sollten halbstaatliche Jugendorganisationen, wie etwa Turn- und Sportvereine, die Jugendlichen unter geregelte Aufsicht bringen.

Edelweißpiraten: oppositioneller Zusammenschluss von Jugendlichen aus dem Arbeitermilieu während der NS-Zeit

Dennoch waren viele Jugendliche republikfeindlich eingestellt, traten kommunistischen und nationalistischen Organisationen bei und beteiligten sich an antirepublikanischen Veranstaltungen und Krawallen.

Ausgehend von der unpolitischen Wandervogelbewegung, die sich noch im Kaiserreich gebildet hatte, politisierte und radikalisierte sich die Jugendbewegung zunehmend (▸ M4). Auf der einen Seite stand die organisierte Arbeiterjugend. Auf der anderen Seite formierte sich die „bündische" Jugend, die nach und nach alle politisch und konfessionell unabhängigen Jugendverbände, so auch die Wandervögel und die Pfadfinderverbände, in sich aufnahm. Der wichtigste Verband war die 1926 gegründete *Deutsche Freischar*. Sie war stark militaristisch und republikfeindlich ausgerichtet. Die jugendliche Gemeinschaft war für sie die Keimzelle der „Volksgemeinschaft".

Gegen Ende der 1920er-Jahre verstärkten sich rassistische und antisemitische Tendenzen. 1933 trat die Mehrheit der bündischen Jugend der *Hitler-Jugend* bei. Allerdings hatten auch jugendliche Widerstandsgruppen wie die **Edelweißpiraten** und die *Weiße Rose** ihre Wurzeln in der bündischen Jugend.

▲ **Propaganda-Plakat, um 1933.**
Der NSDAP gelang es, in großer Zahl junge Unterstützer zu mobilisieren, indem sie sich als Verkörperung des „jungen" Deutschland und als unverbrauchte Kraft stilisierte. Nach 1933 perfektionierte die NS-Diktatur mit ihren Jugendorganisationen, der „Hitler-Jugend" (HJ) und dem „Bund Deutscher Mädel" (BDM), das System des Drills und Schleifens – eine Erziehung, die zunehmend der Vorbereitung auf den Krieg diente.

Antisemitismus Die jüdische Bevölkerung in Deutschland erhielt durch den rechtlichen Emanzipationsprozess im 19. Jahrhundert, die staatsbürgerliche Gleichstellung im Kaiserreich und die Chancen durch die Industrialisierung verstärkt Zugang zum Bürgertum und zur Bildungselite. Führungspositionen in der staatlichen Verwaltung, im Offizierskorps, an Universitäten und in der Justiz blieben aber weiterhin die Ausnahme.

Im August 1914 zogen die deutschen Juden ebenso vorbehaltlos in den Krieg wie ihre nichtjüdischen Landsleute. Doch schon sehr bald wurden antisemitische Stimmen laut, die den Juden vorwarfen, sich vor dem Fronteinsatz zu drücken und den Krieg ausschließlich als Möglichkeit zu sehen, um daraus finanziellen Gewinn zu ziehen. Angeblich um diese Vorwürfe zu entkräften, ordnete das Kriegsministerium 1916 an, die

* Siehe S. 148.

Zahl der an der Front eingesetzten Juden festzustellen (sogenannte *Judenzählung*). Das Ergebnis erwies eine völlig angemessene Beteiligung der deutschen Juden am deutschen Kriegseinsatz. Es wurde jedoch nicht veröffentlicht und verstärkte damit noch die antisemitischen Gerüchte. Die Juden waren empört wegen dieser pauschalen Diffamierung. Wir wissen heute, dass von den etwa 550 000 im Deutschen Reich lebenden Juden fast 100 000 im Ersten Weltkrieg kämpften und ca. 12 000 ihr Leben ließen.

▲ **Jüdischer Kellerladen in Berlin.**
Foto um 1920.

Der schon während des Krieges anklingende radikale Antisemitismus setzte sich in der Weimarer Republik fort. Obwohl die überwältigende Mehrheit der jüdischen Bevölkerung der Revolution distanziert gegenüberstand, tauchten alte Verschwörungstheorien und Vorurteile wieder auf. Links orientierte, jüdische Politiker wie Kurt Eisner oder Rosa Luxemburg galten als „Verräter am deutschen Volk“. Die Weimarer Republik galt ihren Gegnern als „Judenrepublik“. Die meisten Juden begrüßten die freiheitliche und demokratische Grundordnung der Weimarer Republik. Die Mehrheit der parteipolitisch engagierten Juden war deshalb im Lager der Deutschen Demokratischen Partei (DDP) zu finden.

Die jüdische Bevölkerung in Osteuropa war im und nach dem Ersten Weltkrieg vor den antijüdischen Ausschreitungen zu Tausenden in das Deutsche Reich geflüchtet. Ihre fremde kulturelle Prägung und Lebensart wurde zum Stereotyp für alle Juden und diente als Zielscheibe antisemitischer Vorurteile. Die deutschen Juden begegneten ihnen mit einer Mischung aus Misstrauen und wohltätigem Mitleid. Viele der unfreiwillig zugewanderten Ostjuden emigrierten während der Weimarer Republik in andere europäische Staaten und die USA. Manche kehrten in ihre osteuropäische Heimat zurück. Etwa 60 000 blieben in Deutschland.

Auch das kulturelle Leben in der Weimarer Republik blieb von antisemitischen Vorurteilen nicht verschont. Ohne die herausragenden Leistungen jüdischer Künstler hätte jedoch die deutsche Kultur jener Zeit niemals ihre internationale Anerkennung gefunden. Auch in der Wissenschaft standen deutsche Juden mit an vorderster Stelle – darunter fünf Nobelpreisträger während der Weimarer Zeit: *Albert Einstein* (1921), *James Franck* (1925) und *Gustav Hertz* (1925) in Physik, *Otto Meyerhof* (1922) und *Otto H. Warburg* (1931) für Medizin. Vereinzelte Versuche, den Antisemitismus zu bekämpfen, scheiterten, weil es in der deutschen Gesellschaft der Weimarer Republik an Solidarität für die jüdischen Mitbürger mangelte.

In der Weimarer Republik radikalisierte sich der rassistische Antisemitismus. Bücher, Broschüren und weit über 500 antisemitische Zeitungen verbreiteten eine zunehmend radikalere Propaganda. Seit 1923 tat sich der von **Julius Streicher** gegründete „Stürmer“ mit judenfeindlichen Hetzkampagnen hervor. Zu den am weitesten verbreiteten Schriften zählten die „Protokolle der Weisen von Zion“, die vorgaben, eine jüdische Weltverschwörung zu entlarven. Zu Beginn der Weimarer Republik gab es rund 400 völkische Organisationen. Ein Zentrum für antisemitische Kampagnen war der „Deutschvölkische Schutz- und Trutzbund“. In seinem Gründungsjahr 1919 zählte er etwa 5 000 Mitglieder, 1922 waren es bereits fast 200 000, darunter Angestellte, Beamte, Lehrer und Akademiker, Ärzte und Anwälte sowie Handwerker und Händler. Unter dem Motto „Deutschland den Deutschen“ agitierte der Bund gegen die Demokratie, gegen linke Bewegungen und gegen Juden. Nach der Ermordung Walther Rathenaus im Juni 1922 wurde zwar seine Tätigkeit in den meisten Ländern des Deutschen Reiches verboten. Dennoch unterstützte er weiterhin gewalttätige Aktionen, so die Attentate auf die republiktreuen Politiker *Matthias Erzberger* und Philipp Scheidemann.

Julius Streicher (1885-1946): nationalsozialistischer Politiker und Publizist; 1921 Beitritt zur NSDAP; Verleger des antijüdischen Hetzblattes „Der Stürmer“; seit 1928 Gauleiter in Franken; 1933-1945 Mitglied des Reichstages; im Nürnberger Kriegsverbrecherprozess 1946 verurteilt und hingerichtet

M1 Erinnerungen an die Weimarer Kultur

Der 1921 in Breslau geborene Historiker Walter Laqueur schreibt über die Verwurzelung der Hochkultur in der Bevölkerung:

[Im] Großen und Ganzen war alles, was die Menschen mit „Weimarer" Kultur und Denken assoziieren, in Berlin konzentriert. Das zeigt, wie einfach es ist, einige vielfach beschriebene oder besonders reizvolle Aspekte einer Gesellschaft herauszugreifen und das Phänomen einer Minderheit als den wichtigsten und sogar prägenden Aspekt jener Zeit darzustellen.

Das Leben in Breslau, damals eine Stadt mit etwa 600 000 Einwohnern, ging im Wesentlichen weiter wie zuvor. Es gab beachtliche Theateraufführungen und Konzerte, aber die Stadt war nicht die Wiege der Moderne. Im Grunde galt das auch für das übrige Deutschland. Alles war noch sehr provinziell, im guten wie im schlechten Sinne. Reisen ins Ausland, um nur ein Beispiel zu nennen, waren die absolute Ausnahme. Das Gesellschaftsleben, die Umgangsformen und Sitten waren seit den Tagen der Monarchie ein wenig freizügiger geworden, aber es hatte weder eine kulturelle noch eine gesellschaftliche Umwälzung gegeben, sondern lediglich graduelle Veränderungen auf wenigen Gebieten.

Weimar war sowohl auf politischer als auch auf kultureller Ebene ein elitäres Phänomen, das nie Wurzeln in der Bevölkerung schlug. Zugleich machte sich seine politische Elite all jene zum Feind, die immer noch der guten alten Zeit nachtrauerten.

Die Republik war eine Demokratie mit wenigen Demokraten und einer wachsenden Zahl an Extremisten. Das galt auch auf kultureller Ebene. Merkwürdigerweise waren viele, die der Avantgarde von Weimar angehörten, sich dessen gar nicht bewusst oder wollten in späteren Jahren vergessen, wie isoliert sie gewesen waren. Ich erinnere mich an eine Konferenz über die Weimarer Kultur an der New School in New York um 1970. Ich hielt einen Vortrag über die Bestseller im Deutschland der 1920er-Jahre. Hannah Arendt[1] nahm an der Konferenz teil und erklärte verächtlich: „Wir haben diese Bücher nie gelesen, nicht einmal von ihnen gehört." Das war absolut richtig, aber als ich mich erkundigte, wen sie denn mit „wir" meinte, stellte sich heraus, dass sie sich auf einen Kreis von Intellektuellen bezog, der sich in Kaffeehäusern am und um den Kurfürstendamm getroffen hatte und überwiegend aus Linken und Juden bestand.

An dieser Haltung der kulturellen Elite eines Landes hat sich mit Sicherheit wenig geändert. Sie ist auch in den Vereinigten Staaten sowohl auf politischer als auch auf kultureller Ebene weit verbreitet. Tatsächlich ist diese Überheblichkeit in der ganzen westlichen Kultur eher der Standard. In den meisten Fällen zeitigt dies überwiegend amüsante oder allenfalls ärgerliche Resultate. In Deutschland waren es tragische.

Das deutsche Lesepublikum wurde von einer völlig anderen Art von Literatur in den Bann gezogen, teils apolitisch, teils patriotisch, in der traditionelle Werte wie der deutsche Heldenmut im Ersten Weltkrieg gepriesen wurden. Was wir heute „Weimarer Kultur" nennen, war in Wirklichkeit nur ein Teil der Szene und überwiegend nicht einmal der dominierende Trend. Der Modernismus und die neue Freiheit lockten einige junge Engländer nach Berlin, darunter die Autoren W. H. Auden, Stephen Spender und Christopher Isherwood, sowie einige Franzosen. Auch ein paar Amerikaner kamen, wie der Physiker Robert Oppenheimer, der nach Göttingen ging, dem damaligen Mekka der Physiker und Mathematiker.

Walter Laqueur, Mein 20. Jahrhundert. Stationen eines politischen Lebens, Berlin 2009, S. 21 - 22 und 24

[1] Hannah Arendt (1906 - 1975): deutsch-amerikanische Philosophin

▲ **Großstadtverkehr am Potsdamer Platz in Berlin.**
Foto um 1930.

1. *Erläutern Sie, was Laqueur mit „Überheblichkeit in der ganzen westlichen Kultur" meint.*
2. *Nehmen Sie Stellung dazu, inwiefern diese Überheblichkeit (mit)verantwortlich ist für die „tragischen Resultate".*
3. *Prüfen Sie die These Laqueurs zur Isolation der „Avantgarde" anhand von Werkbeispielen, die Sie kennen.*
4. *Diskutieren Sie, ob sich am Verhältnis zwischen „elitärer" Kultur und Massenkultur in der Gegenwart etwas geändert hat.*

M2 Gegen die „Schmutz- und Schundliteratur"

Der Abgeordnete des Zentrums, Georg Schreiber, stellt 1925 vor dem Reichstag seine Maßstäbe für kulturelles Schaffen dar:

Sind wir doch in der eigenartigen Lage, dass hier diese Metropole in vielem internationalisiert ist, dass sie in vielem kosmopolitisch steht, und jenes andere ist ebenso gewiss: Wenn wir in den letzten Jahrzehnten in Deutschland eine wundervolle Heimatkunst, eine Heimatkultur entwickelt haben, wenn wir die Dichtungen von Theodor Storm, von Fritz Reuter, Klaus Groth und anderen Heimatkünstlern schätzen, so ist es nicht bloß wegen der dichterischen Schönheit und Kraft. Darüber hinaus haben wir das Empfinden: Dort strömt in diesen Landschaften Niedersachsens, ebenso aber auch in anderen deutschen Landschaften köstlicher Jungbrunnen deutscher Kultur, dort liegt noch viel Urkräftiges, vieles an ungebrochener gesunder Volkskraft. Und wenn es darauf ankommt, diese deutsche Volkskraft in ihrer landschaftlichen Eigenart zu erhalten und zu fördern, dann werden wir nicht bloß auf Berlin und auf die Entscheidungen der Filmoberprüfstelle hier achten, sondern werden unsere Maßstäbe für die Beurteilung auch finden in dem kernigen Volke des Schwarzwaldes, in den sittlichen Maßstäben, die man auf der westfälischen Heide anlegt, und in den Wäldern Schlesiens, ebenso im bayerischen Gebirge. Wir brauchen dringender denn je diesen Rückblick auf die seelische Feinnervigkeit der deutschen Landschaft, um uns Kultureinflüssen hier in Berlin zu erwehren, die unser Volk nicht weiterbringen, sondern in der Volkspflege und in der Volkskultur zurückwerfen.

Peter Longerich (Hrsg.), Die Erste Republik, München 1992, S. 377

1. *Beschreiben Sie, was der Autor unter „Heimatkunst" versteht.*

2. *Gegen die moderne Kultur der Zwanzigerjahre gab es aus den unterschiedlichsten Gründen Widerstand. Erörtern Sie die gesellschaftlichen und geistigen Hintergründe dieser Denkweisen.*

3. *Diskutieren Sie, welche Rolle die Großstädte für Heimatkunst und Heimatliteratur spielen.*

M3 Prototypen weiblicher Emanzipation

Die Historikerin Ute Frevert schreibt über das Wunschbild der „neuen Frau" und die gesellschaftliche Wirklichkeit:

Fortschritt und Beharrung, Modernität und Tradition trafen im Typus der „neuen Frau", wie ihn die Weimarer Kulturkritik kreierte, auf besondere Weise zusammen. Schon das äußere Erscheinungsbild junger Frauen nach dem Krieg verführte manche Zeitgenossen dazu, das „Zeitalter der befreiten Frau" einzuläuten. Bubikopf, Zigaretten, saloppe Mode galten als Markenzeichen der modernen Frau, die den Gleichberechtigungsgrundsatz der Weimarer Verfassung ernst nahm und ihren Platz in Beruf und Öffentlichkeit selbstbewusst ausfüllte. Doch nicht bloß in ihrem Äußeren schienen sich Frauen und Männer angleichen zu wollen, auch in ihren Lebensplänen verwischten sich die Grenzen zwischen den Geschlechtern. Immer mehr Frauen übten einen Beruf aus und verdienten eigenes Geld. [...]

Heißdiskutierte Prototypen weiblicher Emanzipation waren vielmehr die jungen Angestellten, die als Kinder der neuen Zeit gefeiert oder, je nach Weltanschauung, gescholten wurden. In den Sekretärinnen, Stenotypistinnen und Verkäuferinnen schien die Modernität des Weimarer Systems augenfällig zu werden, und auch die zahlenmäßige Entwicklung – 1925 gab es annähernd 1,5 Millionen weibliche Angestellte, dreimal mehr als 1907; ihr Anteil an allen erwerbstätigen Frauen stieg von 5 % auf 12,6 % – rechtfertigte das ausgeprägte, aber nicht gleichgerichtete Interesse an diesem Frauentyp der „neuen Sachlichkeit". Galt den einen die Feminisierung des Angestelltenberufs als „Beginn der wirklichen Emanzipation der Frau", als „größte Revolution in der sozialen Stellung der Frau", betonten kritischere Beobachter die Ambivalenz dieser oberflächlichen „Modernisierung", und die Psychologin Alice Rühle-Gerstel beschrieb die Frauen in Büros und Geschäften bereits 1932 ohne Emanzipationshoffnung:

„Ein halbseidener Beruf, halbseiden wie die Strümpfe und Hemdchen der Ladenfräulein, halbseiden wie ihr Gemüt und ihre Gedankenwelt [...]. Ihrer wirtschaftlichen Situation gemäß Proletarierin, ihrer Ideologie nach bürgerlich, ihrem Arbeitsfeld zufolge männlich, ihrer Arbeitsgesinnung nach weiblich. Schillernde Gestalten, von schillerndem Reiz oft, ebenso oft von schillernder Fragwürdigkeit, auf alle Fälle von schillernder Sicherheit ihres sozialen und seelischen Daseins."

Ute Frevert, Frauen-Geschichte. Zwischen Bürgerlicher Verbesserung und Neuer Weiblichkeit, Frankfurt am Main [5]1993, S. 171-173

1. *Arbeiten Sie die verschiedenen Bereiche heraus, in denen sich emanzipatorisches Verhalten äußert.*
2. *Formulieren Sie anhand des Textes eine Definition von Emanzipation und vergleichen Sie sie mit der eines aktuellen Lexikons.*
3. *Vergleichen Sie die dargestellten Vorstellungen von Frauenemanzipation mit heutigen.*

M4 „Macht Platz, ihr Alten!"

Der Journalist Jan Friedmann beschreibt 2008 in einem Artikel Ursprung und Wesen der völkischen Jugendbewegung in der Weimarer Republik:

„Weil wir die echten, wahren und unerbittlichen Feinde des Bürgers sind, macht uns seine Verwesung Spaß", höhnte der Rebell und Jugendführer. Was wie eine Parole von 1968 anmutet, ist ein Satz von Ernst Jünger über sich selbst und seine Altersgenossen aus dem Jahr 1929.

„Wir sind Söhne von Kriegen und Bürgerkriegen", fuhr der Rechtsintellektuelle in seinem Generationenporträt fort. Eines Tages werde es gelingen, die bestehende „krustige, schmutzige Decke wegzusprengen" und darunter eine „stolzere, kühnere und noblere Jugend" zum Vorschein zu bringen, die „Aristokratie von morgen und übermorgen".

Dem Schriftsteller, Studienabbrecher und Freischärler war die bürgerliche Demokratie genauso verhasst wie vielen Menschen seiner Generation. Jünger, Jahrgang 1895, wurde eine der prominentesten Stimmen der völkischen Jugendbewegung, die während der Weimarer Republik maßgeblich den Weg in die Diktatur ebnete. [...]

In keinem anderen Jahrzehnt prallten die Generationen so heftig aufeinander wie in den Zwanzigerjahren. „Macht Platz, ihr Alten!", schleuderte der Reichspropagandaleiter der NSDAP, Gregor Straßer, im Jahr 1927 dem Establishment der Weimarer Republik entgegen. „Macht Platz, ihr Unfähigen und Schwachen, ihr Blinden und Tauben, ihr Ehrlosen und Gemeinen, ihr Verräter und Feiglinge, macht Platz, ihr seid gewogen und zu leicht befunden worden." Ihren ideologischen Fundus hatte sich die selbstbewusste Avantgarde in den Schützengräben des Ersten Weltkriegs angeeignet.

Tatsächlich waren es zwei Generationen von Jugend, die dort geprägt wurden. Da waren zum einen die Jahrgänge der zwischen 1880 und 1900 Geborenen, die eigentliche Frontgeneration. Angetreten in rauschhafter Begeisterung, erlebten sie den Krieg als ungeheure Schlachtbank [...]. Jeder dritte der zwischen 1892 und 1895 geborenen deutschen Männer verlor hier sein Leben.

So schlossen die Überlebenden: Nur wer in der Gemeinschaft funktioniert und sich im Gegenzug auf die unbedingte Kameradschaft seiner Mitkämpfer verlassen kann, hat eine Chance. Der Einzelmensch gilt nichts, erst im Kollektiv der feldgrauen Uniformen wird er zu einer Macht.

Doch die Heroisierung der Härte und des Opfers prägte auch die Jüngeren. Sie absorbierten die kaiserliche Kriegspropaganda, die Durchhalteparolen der Lehrer und Amtsleute, sie glaubten an die Dolchstoßlegende. [...] Ihr Credo der Härte und Unerbittlichkeit übertrugen beide Generationen, die Frontkämpfer und ihre jüngeren Brüder, auf die Zivilgesellschaft von Weimar. Kompromisse galten ihnen als Zeichen von Schwäche. Heroisches Handeln musste stattdessen rein, radikal und sachlich sein. Anstelle des schalen Parlamentarismus wollten sie das Ideal einer klassenlosen Volksgemeinschaft setzen, frei von störenden Fremdkörpern. [...]

Ihre Ideale von Kameradschaft, soldatischer Männlichkeit und freiwilliger Unterordnung fand die Jugend in den zahlreichen paramilitärischen Verbänden und bündischen Organisationen. Alle politischen Parteien schufen sich solche Nebenorganisationen: die Kommunisten etwa den „Roten Frontkämpferbund" (1924), die Sozialdemokraten das „Reichsbanner Schwarz-Rot-Gold" (1924), die Katholiken die „Windthorstbünde" (1920), die DDP den „Jungdeutschen Orden" (1920), die DNVP ihren „Stahlhelm" (1918) – und die NSDAP warb mit der Parole „Jugend führt Jugend" für ihre Sturmabteilung SA (1921). Alle Bünde boten Marschieren in Kolonnen und Wehrertüchtigung, das Reichsbanner zum Beispiel Geländelauf, Gepäckmarsch oder Kleinkaliberschießen. Sie hielten den Großen Krieg in Ehren und stählten ihre Mitglieder für künftige Schlachten. Ziel sei die „geistige und seelische Rüstung der wehrhaften Jugend", hieß es im Manifest des Jungdeutschen Ordens – und die äußerte sich am besten in jugendlich-viriler Gewalt.

Jan Friedmann, „Macht Platz, ihr Alten", in: Spiegel Special Geschichte 1/2008, S. 38-42

1. *Erläutern Sie das hier gezeichnete Bild der Weimarer Jugend.*
2. *Analysieren Sie, inwiefern sich in der Jugend die gesellschaftlichen Verhältnisse spiegeln, und zeigen Sie die Folgen auf.*
3. *Prüfen Sie, inwiefern sich dies auf die heutige Zeit übertragen lässt.*

Die Zerstörung der Demokratie

Ursachen der amerikanischen Wirtschaftskrise Der wirtschaftliche Aufschwung der Zwanzigerjahre hatte an der New Yorker Aktienbörse ein hektisches Spekulationsfieber ausgelöst. Viele Anleger kauften Wertpapiere auf Kredit, um sie nach einem Kursanstieg gewinnbringend zu veräußern. In wenigen Jahren vervierfachte sich der Wert vieler Aktien und übertraf damit den tatsächlichen Wert der Unternehmen bei Weitem.

Erste Anzeichen einer beginnenden Wirtschaftskrise (Überproduktion in der Industrie und in der Landwirtschaft) wollte man nicht wahrhaben. Am 24. Oktober 1929 und noch einmal am 29. Oktober stürzten die Aktienkurse ab, manche Papiere verloren bis zu 90 Prozent ihres Wertes. Durch Panikreaktionen von Anlegern, die aus Angst um ihre Ersparnisse die Geldinstitute stürmten oder ihre Aktien verkauften, gerieten die Banken in Zahlungsschwierigkeiten. Das gesamte amerikanische Wirtschaftssystem brach zusammen. In den folgenden Monaten mussten in den USA über 9 000 Banken und mehr als 100 000 Betriebe Konkurs anmelden. 1932/33 waren rund 15 Millionen Menschen arbeitslos, das war ein Viertel der arbeitsfähigen Bevölkerung.

Die Krise in den USA wirkte sich angesichts der internationalen Wirtschaftsverflechtungen und der wichtigen Stellung der USA in der Weltwirtschaft unmittelbar auch auf andere Länder aus. Um zahlungsfähig zu bleiben, zogen die amerikanischen Banken ihre kurzfristigen Kredite aus Europa ab. Außerdem erhöhte der amerikanische Präsident **Herbert C. Hoover** zum Schutz der eigenen Industrie drastisch die Importzölle. Die dadurch ausgelöste Drosselung des Welthandels sowie das in Europa fehlende Kapital für Neuinvestitionen entfachten einen Flächenbrand. Die Weltwirtschaftskrise, die daraus entstand, war der schwerste ökonomische Einbruch seit Beginn der „Industriellen Revolution".

Herbert C. Hoover (1874-1964): US-amerikanischer Präsident 1929-1933

▲ **Arbeitssuchende.**
Foto aus Berlin, 1930.

Auswirkungen der Weltwirtschaftskrise auf Deutschland Im Deutschen Reich war die Konjunktur bereits seit Ende 1928 rückläufig, die Zahl der Arbeitslosen stieg auf 1,89 Millionen im Jahresdurchschnitt. Ein Jahr später griff die Weltwirtschaftskrise auf Deutschland über. Die Lage verschlechterte sich rapide. Steigende Arbeitslosenzahlen senkten die Kaufkraft der Bevölkerung und die Steuereinnahmen des Staates (▸ M1). Die geringere Nachfrage führte zur weiteren Drosselung der Produktion und zu neuen Entlassungen (▸ M2). So verschärfte die verhängnisvolle Spirale die Krise.

Deutschland war wegen der Folgekosten des Ersten Weltkrieges in hohem Maße auf den Export und auf ausländische Kredite angewiesen. Deshalb traf die weltweite Depression das Deutsche Reich besonders heftig, als das Ausland 1931 verstärkt seine kurzfristigen Kredite zurückzog. Viele deutsche Banken, die längerfristige Investitionsprogramme der Industrie finanziert hatten, kamen in Zahlungsschwierigkeiten. Nach dem Zusammenbruch der zweitgrößten deutschen Bank, der *Darmstädter und Nationalbank* (*Danat*), zahlten alle Banken nur noch in begrenztem Umfang Geld aus.

1932 erreichte die Krise ihren Höhepunkt. Die industrielle Produktion ging auf die Hälfte des Standes von 1928 zurück. Im Februar waren 6,128 Millionen Beschäftigte arbeitslos gemeldet. Wahrscheinlich lag die tatsächliche Zahl noch höher, sodass in Deutschland nahezu jede zweite Familie von der Wirtschaftskrise betroffen war. Viele kleine und mittlere Unternehmer verloren ihre Betriebe durch Konkurs. Angestellte und Arbeiter gerieten durch die Arbeitslosigkeit in große Not. Ein Gefühl der Unsicherheit machte sich breit, das über die unmittelbar Betroffenen hinaus die gesamte Bevölkerung erfasste. Die allgemeine Katastrophenstimmung schürte die Anfälligkeit für radikale Parolen von rechts und links.

◂ **Wartende Arbeitslose im Hinterhof des Arbeitsamtes Hannover, Königsworther Platz.**
Foto von Walter Ballhause, Frühjahr 1932.

Grenzen des Sozialstaates Der Ausbau des Sozialstaates war in Art. 151 der Weimarer Verfassung verankert: „Die Ordnung des Wirtschaftslebens muss den Grundsätzen der Gerechtigkeit mit dem Ziel der Gewährleistung eines menschenwürdigen Daseins für alle entsprechen." Auf der Grundlage der in der Kaiserzeit eingeführten Sozialversicherungen wurden die staatlichen Leistungen erweitert. 1918 führte der Rat der Volksbeauftragten den Rechtsanspruch auf Erwerbsfürsorge ein. Sie löste die auf karitativen Vorstellungen beruhende Armenfürsorge ab und erhöhte die Zuwendungen.

Die Beiträge für die 1927 eingeführte Arbeitslosenversicherung legten den Grundstein zu unserem heutigen System. Sie wurden paritätisch von Arbeitgebern und Arbeitnehmern getragen und durch staatliche Zuschüsse gesichert.

Mit der Massenarbeitslosigkeit in der Weltwirtschaftskrise 1929 war der Staat jedoch überfordert. Da die Sozialausgaben stiegen und gleichzeitig die Steuereinnahmen sanken, wurde die Unterstützung für Arbeitslose gekürzt. Im Juni 1932 senkte die Regierung die Bezugsdauer für Leistungsempfänger, die ohnehin nur ein Existenzminimum bezogen, von 26 auf sechs Wochen. Bedürftige Arbeitslose bekamen anschließend für maximal ein Jahr die zum Teil noch geringeren Sätze der Krisenfürsorge. Sogenannte „Wohlfahrtserwerbslose" waren schließlich auf die Unterstützung durch die Gemeinden angewiesen (▸ M3). 1932 erhielten nur noch 800 000 Menschen Arbeitslosenunterstützung, 1,4 Millionen waren in der Krisenfürsorge, 2,2 Millionen zählten zu den Wohlfahrtserwerbslosen und gut eine Million bekam überhaupt keine Leistungen mehr.

▸ **Geschichte In Clips:** Zur Wirtschaftskrise im Deutschen Reich siehe Clip-Code 32003-03

Der Parlamentarismus auf dem Prüfstand Nach den Wahlen vom 20. Mai 1928, bei denen die Parteien der bürgerlichen Mitte zum Teil erhebliche Stimmenanteile eingebüßt hatten, bildete die SPD als stärkste Fraktion mit Zentrum, DDP, DVP und Bayerischer Volkspartei (BVP) eine Große Koalition. Die unterschiedlichen programmatischen Ziele dieser Parteien führten von Anfang an zu Spannungen. So wurde der Young-Plan*, als er in Kraft treten sollte, von der rechten Opposition heftig bekämpft. DNVP, Stahlhelm und NSDAP bezeichneten ihn als „Versklavung des deutschen Volkes" und initi-

* Siehe S. 67.

ierten ein Volksbegehren dagegen. Zwar scheiterten sie beim Volksentscheid Ende 1929, jedoch profitierten Hitler und die NSDAP von der monatelangen aggressiven Agitation und der Emotionalisierung der Bevölkerung, die damit einherging. Die bisherige Splitterpartei wurde dadurch einer breiten Öffentlichkeit bekannt.

Außenminister Stresemann, eine integrative Persönlichkeit, hatte die Regierungskoalition zusammengehalten. Als er im Oktober 1929 starb, war deren Auseinanderbrechen nur eine Frage der Zeit. Insbesondere auf dem Gebiet der Wirtschafts- und Sozialpolitik ließen sich die Unterschiede zwischen SPD und DVP kaum mehr überbrücken. Die Parteien glaubten, eine „Politik schädlicher Kompromisse" vor den eigenen Anhängern nicht länger vertreten zu können. Die Große Koalition zerbrach letztlich an der Frage, wie die Arbeitslosenversicherung saniert werden könne. Eine Beitragserhöhung – wie von den Sozialdemokraten gefordert – lehnte die DVP ab, die den Unternehmern nahe stand. Als die SPD-Reichstagsfraktion einen Kompromissvorschlag zurückwies, trat Reichskanzler **Hermann Müller** am 27. März 1930 zurück. Damit war in jedem Fall die Koalition, nach der Meinung des Historikers Hans-Ulrich Wehler auch „die parlamentarische Republik gescheitert".

Hermann Müller (1876-1931): 1919/20 Reichsaußenminister; 1920-1928 Vorsitzender der sozialdemokratischen Reichstagsfraktion; 1928-1930 Reichskanzler

Kurt von Schleicher (1882-1934): 1932 Reichswehrminister; 1932/33 Reichskanzler

Heinrich Brüning (1885-1970): 1930-1932 Reichskanzler; 1934 Emigration in die USA

Regieren ohne Mehrheit ■ Für Reichspräsident Paul von Hindenburg, seinen antidemokratischen Beraterstab und die Reichsführung ergab sich nun die Gelegenheit, schon länger erwogene außerparlamentarische Lösungen zur Bewältigung der ständigen Krisen umzusetzen. Unterstützung fand dieser Plan in den rechten Kreisen des Bürgertums und bei den großen Interessenverbänden der Industrie und der Agrarwirtschaft. Das Parlament sollte entmachtet und die SPD, die mit Abstand stärkste Fraktion im Reichstag, aus den politischen Entscheidungsprozessen herausgehalten werden. Hindenburg wollte mit dieser Regierungsbildung neuen Stils die alten Eliten wieder an die Macht bringen; das waren die Repräsentanten der konservativ-bürgerlichen Parteien, der Reichswehr sowie der adligen Gutsherren und Industriellen.

Einer der Repräsentanten dieses Kurses war General **Kurt von Schleicher**, Chef des Ministeramtes im Reichswehrministerium. Er schlug Hindenburg eine Regierungsbildung neuen Stils vor. Eine rechts orientierte bürgerliche Regierung sollte – losgelöst vom Parlament – nur dem Reichspräsidenten verantwortlich sein (Präsidialkabinett). Ihre Handlungsfähigkeit garantierte der Präsident durch die Verfassungsartikel 48 (*Notverordnungsrecht*) und 25 (*Reichstagsauflösung*). Hindenburg stimmte zu und ernannte am 29. März 1930 den konservativ-nationalen Fraktionsvorsitzenden des Zentrums, **Heinrich Brüning**, zum Reichskanzler. Dieser nahm mit einer rigiden Sparpolitik die anhaltend hohe Arbeitslosigkeit und das Elend verarmter Schichten in Kauf, um den Alliierten die Unerfüllbarkeit ihrer Reparationsforderungen vor Augen zu führen. Gehaltskürzungen im öffentlichen Dienst, Leistungsabbau im sozialen Bereich und Steuererhöhungen führten allerdings dazu, dass die Kaufkraft der Bevölkerung sank und die Einnahmen des Staates weiter zurückgingen.

Als sich der Reichstag im Juli 1930 weigerte, einem Bündel einschneidender sozialpolitischer Maßnahmen der Regierung zuzustimmen, löste der Reichspräsident das Parlament auf und setzte für den 14. September Neuwahlen fest. In der Zwischenzeit regierte Brüning mit Notverordnungen weiter (▸ M4).

Das Verhalten der Parteien in der Krise ■ Die radikalen Parteien führten einen Wahlkampf, wie man ihn bisher in Deutschland noch nicht erlebt hatte. NSDAP und KPD schürten die Angst der Menschen vor einem sozialen Abstieg und versprachen „Arbeit und Brot". Die NSDAP verbreitete ihre nationalistisch-antisemitischen Parolen lautstark mit Wahlkampfmethoden wie organisierten Massenaufmärschen mit Uniformen, Marschmusik, Fahnen und Plakaten, Flugblättern und geschulten Rednern. Die Partei mobilisierte vor allem Bürger, die zwei Jahre zuvor noch nicht gewählt hatten. Ihre Stimmenzahl wuchs von 800 000 (1928) auf nun 6,4 Millionen, ein in der Geschichte des deutschen Parlamentarismus beispielloser Aufschwung, der die NSDAP hinter der SPD zur zweitstärksten Fraktion im Reichstag machte. Der Verfall der bürgerlichen Mitte setzte sich rapide fort. In den Augen der Öffentlichkeit hatten Demokratie und Parlamentarismus versagt.

Noch bedeutender für den Wahlerfolg war der Wählerzustrom von anderen Parteien. So wurden die Nationalsozialisten auch von Mitgliedern der sozialen Mittel- und Oberschicht gewählt, die bisher die DNVP oder die liberalen Parteien bevorzugt hatten. Die NSDAP konnte nun sogar gewerkschaftlich nicht organisierte SPD-Wähler für sich gewinnen.

▲ **Plakat der NSDAP anlässlich der Reichstagswahl vom 14. September 1930.**

Der Aufstieg der NSDAP Als sich die NSDAP 1920 ihr Programm gegeben hatte, war sie eine unter zahllosen radikalen Splitterparteien. Bis Januar 1933 jedoch wuchs die Zahl ihrer Mitglieder auf 849 000 an. Was machte die Partei für ihre Anhänger so attraktiv?

Nährboden für die Entwicklung der NSDAP zu einer Massenpartei war eine Gesellschaft, die seit Beginn der Republik und noch mehr nach dem Ausbruch der Weltwirtschaftskrise politisch, wirtschaftlich und weltanschaulich tief gespalten war. Der Schock der Kriegsniederlage, der als nationale Demütigung empfundene Versailler Vertrag, die Revolution mit ihren blutigen Auseinandersetzungen, schließlich die negativen psychologischen Folgen von Inflation und Massenarbeitslosigkeit ließen die radikalnationalistischen Parolen Adolf Hitlers auf fruchtbaren Boden fallen. Mit seinen antiliberalen, antimarxistischen und antisemitischen Parolen traf er den Nerv vieler Zeitgenossen. Sie wollten in ihm den starken Mann sehen, einen Führer und „Erlöser", der die Nation vor dem drohenden Untergang retten und sie wieder zu politischer Größe führen würde. Tatkraft und Durchsetzungsvermögen der NSDAP zogen Mitglieder und Wähler an, in protestantischen Regionen mehr als in katholischen, in Kleinstädten und ländlichen Regionen eher als in Großstädten (▸ M5). Emotionale Appelle an „Ehre, Größe, Heroismus, Opferbereitschaft, Hingabe", nicht wirtschaftliche Versprechungen führten der „Bewegung" ihre Wähler und Sympathisanten zu. Viele von ihnen wollten mit ihrem Wahlverhalten nur die Unzufriedenheit mit den gegenwärtigen Verhältnissen ausdrücken. Dies erklärt auch die starken Schwankungen der NSDAP in der Gunst der Wähler.

Ursprünglich waren die Wähler der NSDAP vorwiegend Handwerker, Gewerbetreibende und Angestellte. Sie entstammten somit der unteren Mittelschicht. Gegen Ende der Zwanzigerjahre entstand bei immer mehr Deutschen der Eindruck, Parlament und Parteien seien nicht mehr in der Lage, die Probleme zu lösen. Das war noch vor der Weltwirtschaftskrise. Nach deren Ausbruch ging das Vertrauen in die politischen Institutionen auch bei jenen Bürgern verloren, die die Republik bislang akzeptiert hatten. Die Furcht vor dem sozialen Abstieg, vor dem die etablierten Parteien nicht zu schützen schienen, einte Menschen ganz unterschiedlicher Herkunft. Sie waren auf der Suche nach einem „dritten Weg" zwischen Kapitalismus und Sozialismus. Dies gilt vor allem für Angehörige des Mittelstandes, die sich durch linke Bewegungen in ihrem Selbstverständnis bedroht sahen.

◂ **„Adolf Hitler als Redner."**
Fotos von Heinrich Hoffmann, Hitlers „Hoffotograf", um 1926. Hitler studierte seine Redner-Posen vor dem Spiegel ein. Die in Hoffmanns Atelier aufgenommenen Fotos erschienen als Bildpostkartenserie. Der Schriftsteller Carl Zuckmayer, der 1923 eine der Versammlungen Hitlers aus Neugier besuchte, beschreibt ihn als „heulenden Derwisch", der es verstand, die „Menschen aufzuputschen und mitzureißen; nicht durch Argumente, die bei den Hetzreden ja nie kontrollierbar sind, sondern durch den Fanatismus seines Auftretens, das Brüllen und Kreischen, mit biedermännischen Brusttönen gepaart, vor allem aber: durch das betäubende Hämmern der Wiederholungen, in einem bestimmten, ansteckenden Rhythmus. Das war gelernt und gekonnt und hatte eine furchterregende, barbarisch-primitive Wirksamkeit."
- *Diskutieren Sie, inwieweit heute Rhetorik und Körpersprache für eine Rede von Bedeutung sind.*

Das Mitgliederprofil der NSDAP entsprach weitgehend dem anderer faschistischer Parteien in Europa. Der Anteil der Frauen war gering, denn die Partei, militaristisch, wie sie sich gab, glich eher einem „Männerbund". Auffallend war die Dominanz der jungen Generation. Viele Mitglieder hatten noch keine feste Anstellung. Jugendlichkeit und Dynamik zählten zu den Merkmalen, auf die die Partei großen Wert legte.

Der Weg in die Diktatur ■ Nach den „Erbitterungswahlen" von 1930 war im Reichstag eine parlamentarische Mehrheitsbildung nahezu unmöglich geworden. Der Verfall des Parlamentarismus setzte sich rapide fort. Während der Reichstag 1930 immerhin noch 94 Sitzungen abhielt, sank die Zahl bis 1932 auf lediglich 13. Waren es 1930 noch 98 Gesetze, die der Reichstag verabschiedete, so blieben 1932 gerade fünf. Im Gegenzug steigerte sich die Anzahl der Notverordnungen von fünf (1930) auf 66 (1932). Der Reichstag musste tatenlos zusehen, wie die politische Macht in die Hände der Regierung und der Bürokratie überging. Trotz fehlender Mehrheit im Parlament konnte Reichskanzler Brüning nach der Wahl seine Notverordnungspraxis fortsetzen. Denn die SPD tolerierte seinen Kurs, aus Gründen der Staatsräson und aus Furcht vor einer weiteren Radikalisierung bei Neuwahlen, die zu einem Kabinett unter Beteiligung der Nationalsozialisten führen konnten.

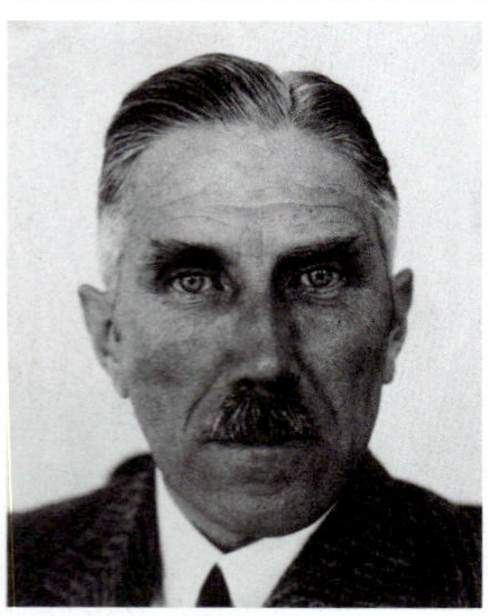

Franz von Papen (1879-1969): 1932 Reichskanzler; im Nürnberger Prozess gegen die Hauptkriegsverbrecher 1946 freigesprochen

Brüning hatte sich mehrfach bemüht, die Nationalsozialisten in die Regierungsverantwortung einzubinden, um sie zu „zähmen" und ihre Unterstützung für die Wiederwahl Hindenburgs 1932 zu erlangen. Als die NSDAP jedoch mit Hitler einen eigenen Kandidaten für die Reichspräsidentenwahl stellte, war Hindenburg auf die Stimmen der Anhänger von SPD und Zentrum angewiesen. Er gab Brüning die Schuld dafür, dass sich die nationale Rechte nicht für ihn aussprach. Dies führte zwischen beiden Politikern zu einer Entfremdung. Brüning gelang es nicht mehr, Hindenburgs Vertrauen wiederzugewinnen. Als er Bauern auf überschuldeten landwirtschaftlichen Gütern ostpreußischer Großgrundbesitzer ansiedeln wollte, lief die ostelbische Agrarlobby bei Hindenburg Sturm gegen diesen „Agrarbolschewismus". Hindenburg stoppte das Vorhaben. Am 30. Mai entließ er Brüning und sein Kabinett. Brünings Nachfolger wurde **Franz von Papen**. Am 20. Juli 1932 ließ der Reichskanzler verfassungswidrig die sozialdemokratische Regierung Preußens durch Verordnung des Reichspräsidenten absetzen („*Preußenschlag*"). Für die Rechte war die SPD-geführte Regierung in Preußen seit jeher ein Ärgernis gewesen. Damit war die bisher stabilste Stütze der Demokratie in Deutschland gefallen. Papen übernahm zusammen mit weiteren Reichskommissaren die Regierungsgeschäfte in Preußen. Das Urteil des Reichsgerichts, nach dem der preußischen Regierung nur vorübergehend Befugnisse entzogen werden durften, blieb wirkungslos.

Die Neuwahlen am 31. Juli 1932 brachten der NSDAP einen sensationellen Erfolg. Sie verdoppelte ihre Mandatszahl und wurde stärkste Fraktion. Nach diesem Wahlerfolg forderte Hitler für sich das Amt des Reichskanzlers. Hindenburg lehnte ab. Er sah in Hitler den Anführer einer sektiererischen Partei.

Gleich in der ersten Sitzung des neu gewählten Reichstages am 30. August sprach eine deutliche Mehrheit Papen das Misstrauen aus (512 gegen 42). Trotz dieser vernichtenden parlamentarischen Niederlage blieb er im Amt und löste den Reichstag am 12. September auf. Am 6. November fanden abermals Neuwahlen statt. Die KPD konnte wiederum ihren Stimmenanteil steigern, während die NSDAP überraschend zwei Millionen Wähler verlor. Die Partei steckte seit Wochen in einer schweren finanziellen Krise. Hitler sah, dass ihm nicht mehr viel Zeit blieb, sein Ziel zu erreichen, zumal vieles auf eine Verbesserung der Wirtschaftslage hindeutete. Papen beabsichtigte, zur Überwindung der parlamentarischen Blockade den Staatsnotstand auszurufen. Mit Zustimmung des Reichspräsidenten sollten dabei einige Bestimmungen der Verfassung, wie die sofortige Ausschreibung von Neuwahlen nach der Auflösung des Reichstages, außer Kraft gesetzt werden. Auf Druck der Reichswehrführung, die einen unkontrollierbaren Bürgerkrieg befürchtete, verweigerte Hindenburg diesen Plänen die Zustimmung und entließ Papen am 3. Dezember.

Papens Nachfolger, General von Schleicher, scheiterte mit seinem Versuch, für seine Wirtschafts- und Beschäftigungspolitik einen Teil der NSDAP, die Gewerkschaften und die SPD zu gewinnen. Reichspräsident Hindenburg wurde nun von seinem engsten Beraterkreis, von führenden Unternehmern aus Wirtschaft und Industrie sowie vor allem durch Papen bedrängt, Hitler zum Reichskanzler zu ernennen. Papen sollte Vizekanzler werden. Zusammen mit den anderen konservativen Ministern glaubte er, die drei Nationalsozialisten Adolf Hitler, Wilhelm Frick und Hermann Göring ausreichend unter Kontrolle zu haben. Am 28. Januar 1933 trat Schleicher zurück und der Reichspräsident ernannte Hitler am 30. Januar 1933 zum Reichskanzler.

Warum scheiterte Weimar? Bei der Frage nach den Gründen für den Untergang der Weimarer Republik und den Machtantritt der Nationalsozialisten ist es nahezu einhellige Ansicht der Geschichtswissenschaft, dass nicht eine einzelne Ursache ausschlaggebend war. Für Zeitgenossen wie Otto Braun, den ehemaligen sozialdemokratischen Ministerpräsidenten von Preußen, waren der Vertrag von Versailles und die Radikalität der deutschen Kommunisten entscheidend. Amerikanische Historiker legten den Schwerpunkt auf die autoritären Traditionen der Deutschen. Andere sehen im Versagen führender Persönlichkeiten aus Politik, Wirtschaft und Militär zwischen 1930 und 1933 eine wesentliche Ursache des Zusammenbruchs, da die alten Eliten Hitler unterschätzten. Allerdings bleibt trotz der abwägenden Gewichtung einzelner Ursachen heute die Erkenntnis, dass beim Scheitern der Republik unterschiedliche Ereignisse und Prozesse zusammenspielten.

▲ **Plakat für die Reichstagswahl vom 31. Juli 1932.**

▲ **„Der Reichstag wird eingesargt."**
Collage von John Heartfield zum 30. August 1932.

- *Wofür steht bei John Heartfield der Reichstag?*
- *Begründen Sie, warum der Künstler die SPD ins Blickfeld rückt.*
- *Analysieren Sie, inwiefern die Abbildung Heartfields Haltung gegenüber der politischen Entwicklung ausdrückt.*

M1 Arbeitslosigkeit in ausgewählten Ländern 1925-1933 (in Prozent)

Jahr	Deutsches Reich[1]	Frankreich[2]	Groß-britannien[3]	USA[4]
1925	3,4	3,0	11,3	5,9
1926	10,0	3,0	12,5	2,8
1927	6,2	11,0	9,7	5,9
1928	6,3	4,0	10,8	6,4
1929	8,5	1,0	10,4	4,7
1930	14,0	2,9	16,1	13,0
1931	21,9	6,5	21,3	23,3
1932	29,9	15,4	22,1	34,0
1933	25,9	14,1	19,9	35,3

Nach: Dietmar Petzina u.a., Sozialgeschichtliches Arbeitsbuch III, München 1978, S. 119 und Dietmar Petzina, Die deutsche Wirtschaft in der Zwischenkriegszeit, Wiesbaden 1977, S. 16 f.

1. *Setzen Sie die Tabelle in eine geeignete Diagrammform um.*

2. *Vergleichen Sie die Entwicklung der Arbeitslosigkeit in den einzelnen Ländern.*

[1] abhängige Erwerbspersonen
[2] abhängige Erwerbspersonen in Bergbau, Bau und Industrie
[3] Arbeitslose, ermittelt auf der Grundlage der Erwerbslosenversicherung
[4] nichtagrarische Erwerbspersonen

M2 Industrieproduktion 1925-1933 (1913 = 100)

	Welt	USA	D	GB	F	UdSSR	Italien	Japan
1925	120,7	148,0	94,9	86,3	114,3	70,2	156,8	221,8
1926	126,5	156,1	90,9	78,8	129,8	100,3	162,8	264,9
1927	134,5	154,5	122,1	96,0	115,6	114,5	161,2	270,0
1928	141,8	162,8	118,3	95,1	134,4	143,5	175,2	300,2
1929	153,3	180,8	117,3	100,3	142,7	181,4	181,0	324,0
1930	137,5	148,0	101,6	91,3	139,9	235,5	164,0	294,9
1931	122,5	121,6	85,1	82,4	122,6	293,9	145,1	288,1
1932	108,4	93,7	70,2	82,5	105,4	326,1	123,3	309,1
1933	121,7	111,8	79,4	83,3	119,8	363,2	133,2	360,7

Nach: Paul Kennedy, Aufstieg und Fall der großen Mächte, Frankfurt am Main 1989, S. 451

1. *Setzen Sie die Tabelle in eine geeignete Diagrammform um.*

2. *Beschreiben Sie die Entwicklung der industriellen Produktion in den einzelnen Ländern.*

3. *Setzen Sie die Entwicklung der industriellen Produktion in Beziehung zur Arbeitslosigkeit (M1). Erläutern Sie, warum beide Kriterien nicht in einer 1:1-Relation stehen.*

M3 Arbeitslos – und dann?

Ein anonymer Betroffener beschreibt 1930 in der „Arbeiter-Illustrierten-Zeitung" seine persönliche Situation:

Du hast eines Tages den berühmten „blauen Brief" erhalten; man legt auf deine Arbeitskraft kein Gewicht mehr, und du kannst dich einreihen in die große „graue Masse" der toten Hände und überflüssigen Hirne, denn die Maschine ersetzt dich, und jüngere Arbeitskräfte leisten für weniger Geld deine Arbeit. [...]
Was dir zunächst als persönliches Schicksal und individuelles Unglück erscheint auf dem Arbeitsnachweis[1], wo du dich zunächst melden musst, damit du später (nach der zufrieden stellenden Beantwortung von über 300 Fragen auf X Fragebögen) die Erwerbslosenfürsorge in Anspruch nehmen kannst, auf dem Arbeitsnachweis merkst du: Wie dir geht es Tausenden. [...] Hier beginnt dein Leidensweg. Man fragt dich aus, wo du in den letzten vier Jahren beschäftigt warst, du musst deinen Lebenslauf schreiben, den Besuch der Schulen angeben, schreiben, warum du entlassen worden bist usw. [...] Nach peinlicher Befragung erhältst du deine Stempelkarte und gehst damit los zur Erwerbslosenfürsorge. Und hier setzt man dir mit Fragen zu, bis du keinen trockenen Faden mehr am Leibe hast. Dass du lebst, glaubt man dir noch, aber wo du in den letzten drei Jahren gelebt hast, musst du aufgrund polizeilichen Stempels und amtlicher Unterschrift nachweisen. [...] Normalerweise hast du drei bis vier Tage zu tun, um alle Papiere beisammen zu haben, und dann kriegst du Unterstützung? So schnell geht das nicht! Erst wenn dein Antrag geprüft und von X Beamten unterschrieben ist, kannst du im günstigsten Fall nach vierzehn Tagen dein erstes Geld holen. [...]
Deine Unterstützung richtet sich nach deinem Arbeitsverdienst in den letzten 26 Wochen. Aber ganz gleich, ob du 8,80 Mk oder 22,05 Mk (Höchstsatz) als Lediger pro Woche erhältst, die paar Pfennige sind zum Leben zu wenig und zum Sterben zu viel. 26 Wochen darfst du stempeln und Unterstützung beziehen, dann steuert man dich aus, und du kommst in die Krisenfürsorge, deren Sätze erheblich niedriger sind. Und nach weiteren 26 oder 52 Wochen erhältst du gar nichts mehr und gehörst zu den gänzlich Unterstützungslosen.

Wochenschau für politische Erziehung, Sozial- und Gemeinschaftskunde, 48 (1997) 1, S. 33

1. *Beschreiben Sie die Hindernisse, die Arbeitslose zu überwinden hatten, bevor sie Unterstützung bekamen. Finden Sie heraus, was die Betroffenen heute tun müssen.*

2. *Diskutieren Sie, welche Auswirkungen Arbeitslosigkeit auf die politische Einstellung der betroffenen Personen haben kann.*

M4 „Notverordnung"

Karikatur von Erich Schilling aus dem „Simplicissimus" vom 16. Februar 1931. Sie trägt folgende Unterschrift: „Nach den Erfahrungen der letzten Wochen ist verfügt worden, dass jeder Demonstrationszug seinen eigenen Leichenwagen mitzuführen hat."

Analysieren Sie, auf welches Problem die Karikatur anspielt.

[1] Arbeitsnachweis: Erfassungsstelle für Arbeitslose

▲ **Nationalsozialistisches Wahlplakat von 1932.**

▪ *Erläutern Sie die suggestive Wirkung des Plakats.*

M5 Wer wählte Hitler?

a) Die soziale Zusammensetzung der NSDAP-Wähler nach Berufsgruppen in Prozent, unabhängig von einer tatsächlichen Erwerbstätigkeit:

	1928	1930	1932[1]	1932[2]	1933	Alle[3]
Selbstständige/ Mithelfende	26	27	31	30	31	24
Angestellte/ Beamte	12	13	11	12	12	15
Arbeiter	30	26	25	26	26	32
Berufslose[4]	13	17	17	17	16	13
Hausfrauen etc.	17	17	16	16	16	17
Alle[5]	98	100	100	100	101	101

Nach: Jürgen Falter, Hitlers Wähler, München 1991, S. 288

b) Die nationalsozialistischen Hochburgen
Die Zahlen (Anteil der Wähler in Prozent) ermöglichen einen Vergleich der Sozialstruktur jener Kreise, in denen die NSDAP bei der Reichstagswahl im November 1932 überdurchschnittlich viele Stimmen bekommen hat, mit der Sozialstruktur des Deutschen Reiches insgesamt:

	NSDAP-Hochburgen	Reich
Katholiken	9	32
Stadtbewohner	22	54
in der Landwirtschaft tätig	51	31
in der Industrie tätig	31	41
Selbstständige, mithelfende Angehörige	41	28
Beamte	3	4
Angestellte	5	12
Arbeiter	26	27
arbeitslose Angestellte	1	2
arbeitslose Arbeiter	9	13

Nach: Jürgen Falter, a. a. O., S. 353

1. *Analysieren Sie den Anteil der Berufsgruppen an der Gesamtstimmenzahl der NSDAP in Tabelle a).*
2. *Skizzieren Sie die Entwicklung zwischen 1928 und 1933.*
3. *Deuten Sie die Abweichungen zwischen den NSDAP-Hochburgen und dem Reichsdurchschnitt in Tabelle b).*
4. *Vergleichen Sie die Ergebnisse von Tabelle a) und b).*

[1] Reichstagswahlen vom 31. Juli 1932
[2] Reichstagswahlen vom 6. November 1932
[3] Anteil der Berufsgruppe an allen Wahlberechtigten
[4] davon ca. 90 Prozent Rentner und Pensionäre (1933)
[5] Summe der NSDAP-Wähler in dem jeweiligen Jahr; Abweichungen von 100 sind die Folge von Rundungen

Plakate als historisches Massenmedium

Plakate sind öffentliche Aushänge oder Anschläge, die informieren, werben oder zu Aktionen aufrufen. Um möglichst viele Menschen anzusprechen, werden sie überwiegend an stark frequentierten Standorten platziert. Ihr Ziel ist es, durch „plakative", also auffällige gestalterische Mittel und Schlagworte (Slogans) auf den ersten Blick zu wirken und durch eine meist suggestive, an das Unterbewusstsein gerichtete Botschaft in Erinnerung zu bleiben.

Politische Plakate analysieren

Politische Plakate gibt es – ob als Bekanntmachung der Regierung, als Protest gegen soziale Missstände oder zur Verteufelung des Kriegsgegners – in Deutschland seit Anfang des 19. Jahrhunderts. Bedeutung als Massenmedium erreichten sie jedoch erst in der Weimarer Republik. Da es nun zwar Pressefreiheit, aber noch kein Fernsehen und zunächst auch kein Radio gab, nutzten die Parteien Plakate als schlagkräftige Agitations- und Propagandamittel im Kampf um Wählerstimmen.
In dem Maße, in dem sich die politischen Auseinandersetzungen in der Anfangs- und Endphase der Republik zuspitzten, wurden auch die Texte und Bilder der Parteien radikaler. Die politischen Gegner wurden diffamiert, Feindbilder aufgebaut und Bedrohungsszenarien beschworen. Obwohl durch die unterschiedlichen künstlerischen Stilrichtungen der Epoche beeinflusst, bedienten sich die Parteien für ihre Plakate häufig gleicher Motive und Gestaltungsmittel: überdimensionale Figuren, etwa der politische Gegner als „Untermensch" oder der unbeugsame Arbeiter als Ideal des „Kämpfers"; Symbole wie der stolze Adler, die giftige Schlange, die Fahne oder Fackel in der Hand des Arbeiters.
Wahlplakate geben keine Auskunft über das Wählerverhalten. Sie spiegeln jedoch in Wort und Bild die politischen Auseinandersetzungen und Ziele der Parteien sowie den Alltag, die Probleme und Grundhaltungen der Zeit.

Formale Kennzeichen

- Um welche Art von Plakat handelt es sich?
- Wer hat das Plakat geschaffen oder in Auftrag gegeben?
- Wann und wo ist es entstanden und veröffentlicht worden?

Plakatinhalt

- Wen oder was zeigt das Plakat auf welche Weise?
- Was wird thematisiert?
- Wie ist das Plakat aufgebaut? Achten Sie auf folgende Gestaltungsmittel: Verhältnis von Text und Bild, Perspektive, Haltung der Figuren, Schriftgröße und -art, Farben, Symbole, Übertreibungen, Verwendung bestimmter Stilmittel.
- Was bedeuten die Gestaltungsmittel?

Historischer Kontext

- Auf welches Ereignis, welchen Sachverhalt oder welche Person bezieht sich das Plakat?
- Was ist der Anlass für die Veröffentlichung?

Intention und Wirkung

- An wen wendet sich das Plakat?
- Ist es gegen jemanden gerichtet? Werden Feindbilder dargestellt?
- Welche Aussageabsicht verfolgt der Künstler bzw. Auftraggeber?
- Welche Wirkung soll das Plakat beim zeitgenössischen Betrachter erzielen?

Beispiel und Analyse

SA-Mann mit Schirmmütze und Hakenkreuz: personifizierter „Feind der Demokratie“ von rechts

Farbgebung: Rot als Farbe der Sozialdemokratie, Schwarz-Rot-Gold als Nationalfarben Deutschlands während der Weimarer Republik; Symbol der republiktreuen Kräfte

Totenkopf mit Reichswehrhelm: Allegorie auf Gefahr des Militarismus oder die Toten des Ersten Weltkrieges

Schriftzug/Wahlslogan: Verweis auf politische Gegner („Feinde der Demokratie!“) und eigenes demokratisches Selbstverständnis

Kommunist mit rotem Stern auf der Kappe: personifizierter „Feind der Demokratie“ von links, symbolisiert Gefahr des Bolschewismus

Dolch: Symbol für Gewalt und Hinterhältigkeit, Verweis auf „Dolchstoßlegende“

Schriftzug/Wahlaufruf: nennt Wahlziel (politische Gegner durch Wahl ausschalten; Erhalt von Republik und Demokratie), Verweis auf Auftraggeber und Listenplatz

▲ **Wahlplakat der SPD, 1930.**

Formale Kennzeichen Das Wahlplakat wurde 1930 von der SPD in Auftrag gegeben. Wer es gestaltet hat, ist nicht bekannt.

Plakatinhalt Das Plakat zeigt die „Feinde der Demokratie“ in dreifacher Personifizierung: Den Hauptteil füllt ein schwarz gezeichneter Mann; Schirmmütze und Hakenkreuz identifizieren ihn als Mitglied der SA. In seiner linken Faust hält er einen Dolch, der die Gewaltbereitschaft des politischen Gegners verdeutlichen und auf die „Dolchstoßlegende“ anspielt. Die Oberste Heeresleitung hatte sie 1918 verbreitet, um die Schuld an der deutschen Niederlage im Ersten Weltkrieg auf die revolutionären Ereignisse in der Heimat und vor allem die Sozialdemokratie zu schieben. Die rechte Hand des Mannes ist nach dem Betrachter ausgestreckt, den er anzubrüllen scheint. Die schemenhaft umrissene Figur links hinten trägt eine Kappe mit rotem Stern, was sie als Kommunisten zu erkennen gibt. Rechts ragt ein Totenkopf mit Reichswehrhelm und Bajonett hervor, wohl eine Allegorie auf die Gefahr des nationalistischen Militarismus oder die Toten des Ersten Weltkrieges.
Die Schriftzüge bestehen aus Großbuchstaben und nennen das Motto: Die „Feinde der Demokratie“ sollen beseitigt („Hinweg damit!“) und die Republik gerettet werden. Die Farbgebung Schwarz-Rot-Gold steht für die Nationalfarben und für die demokratischen Kräfte; Rot ist zudem die Farbe der Sozialdemokratie.

Historischer Kontext Anlass für die Veröffentlichung des Wahlplakats war die Reichstagswahl vom 14. September 1930. Es wendet sich gegen die politischen Gegner der SPD von rechts und links, die auch die Republik seit ihrer Gründung bekämpften. Vor allem die Parteien der extremen Rechten, DNVP und NSDAP, nutzten die „Dolchstoßlegende“ zur hasserfüllten Agitation gegen die politischen Vertreter der Weimarer Republik. 1930 hatte sich durch Wirtschaftskrise und Arbeitslosigkeit die parteipolitische Landschaft geändert. Während die liberalen Parteien DDP und DVP immer mehr Anhänger verloren, gewannen NSDAP und KPD von der Republik enttäuschte Wähler hinzu. Mit dem Rücktritt der letzten sozialdemokratisch geführten Regierung im März 1930 entfiel die Hauptstütze der Weimarer Demokratie. Die SPD kämpfte daher für einen deutlichen Wahlsieg und gegen die extremen Flügelparteien, um wieder eine regierungsfähige Mehrheit im Parlament bilden zu können.

Intention und Wirkung Die SPD will die von den links- und rechtsextremen Parteien ausgehende Gefahr für Demokratie und Republik veranschaulichen, indem sie die Bedrohung aus Gewalt, Terror, Angst und Tod beschwört. Die politischen Gegner sollen als Lügner und Geschichtsklitterer (vgl. das Plakat auf Seite 57) entlarvt werden. Der Appell „Hinweg damit!“ verstärkt, was das Feindbild nahe legt. Zugleich wirbt das „Rettungsversprechen“ für die eigene Partei: Die SPD will die „Feinde der Demokratie“ nicht durch Gewalt, sondern mit demokratischen Mitteln beseitigen.

Bewertung und Fazit Das Plakat war 1930 überall in Deutschland verbreitet. Die Bedrohung wird durch ideenreiche Gestaltung, starke Farben und markante Zeichnung, schlagkräftige Slogans, bekannte Symbole und Stereotypen eindrucksvoll und verständlich in Szene gesetzt. Seinen eigentlichen Zweck hat das Plakat jedoch verfehlt. Bei der Reichstagswahl von 1930 verlor die SPD fast drei Prozent der Stimmen, blieb aber stärkste Partei. Die KPD gewann 2,5 Prozent Stimmenanteil, die NSDAP stieg mit 18,2 Prozent sogar zur zweitstärksten Partei auf.

Nationalsozialistische Gewaltherrschaft

◂ **Überlebende des Warschauer Ghettoaufstandes werden von der SS abgeführt.**
Foto (Ausschnitt) aus einem Bericht des SS-Gruppenführers und Generalmajors der Polizei, Jürgen Stroop, vom 16. Mai 1943.
Der Originaluntertitel lautet: „Mit Gewalt aus Bunkern herausgeholt." Der Aufstand endete, nachdem die SS die Häuser im Ghetto in Brand gesetzt hatte.
Ende Mai notierte Jürgen Stroop: „Es gibt keinen jüdischen Wohnbezirk in Warschau mehr." Von den 56 000 gefangengenommenen Juden erschoss die SS sofort 7 000. Die Überlebenden deportierte sie in Zwangsarbeiterlager und in das Vernichtungslager Treblinka.

Der Weg in die Diktatur: „Gleichschaltung"

1933 Hitler wird am 30. Januar vom Reichspräsidenten zum Reichskanzler ernannt.

Die Verordnung „Zum Schutz von Volk und Staat" vom 28. Februar setzt die Grundrechte außer Kraft. Durch das „Ermächtigungsgesetz" vom 23. März erhält die Regierung Hitler diktatorische Vollmacht.

Die Länder werden „gleichgeschaltet" (31. März - 7. April).

Ausgrenzung und Verfolgung: der totalitäre Staat

Am 1. April werden jüdische Unternehmen, Geschäfte und Praxen boykottiert.

Das „Gesetz zur Wiederherstellung des Berufsbeamtentums" vom 7. April schließt politische Gegner und Juden vom Staatsdienst aus.

Zerschlagung der Gewerkschaften und Gründung der DAF (Mai). Parteien, die sich nicht selbst auflösen, werden verboten (Juni/Juli).

1935 Die „Nürnberger Gesetze" (15. September) entziehen den Juden (und später auch den Sinti und Roma) ihre staatsbürgerlichen Rechte.

1936 Ein Vierjahresplan soll Deutschland auf den Krieg vorbereiten.

1938 Österreich wird an das Deutsche Reich „angeschlossen".

„Novemberpogrom"; jüdische Vermögen werden eingezogen.

Krieg und Holocaust

1939 Mit dem deutschen Angriff auf Polen am 1. September beginnt der Zweite Weltkrieg.

Im Herbst beginnt die als „Euthanasie" bezeichnete Ermordung Behinderter (Aktion T4).

1941 Die systematische Vernichtung der europäischen Juden setzt ein.

1942 Auf der „Wannsee-Konferenz" am 20. Januar wird die begonnene „Endlösung der Judenfrage" koordiniert und organisiert.

1943 Hinrichtung der Geschwister Scholl, Mitglieder der „Weißen Rose" (Februar).

Die SS schlägt den Aufstand im Warschauer Ghetto (April/Mai) nieder.

1944 Das Attentat auf Hitler am 20. Juli scheitert.

1945 Am 27. Januar wird Auschwitz-Birkenau befreit (Holocaustgedenktag).

Hitler begeht am 30. April Selbstmord. Vom 7. bis 9. Mai kapituliert das Deutsche Reich bedingungslos.

Der Umgang mit der NS-Diktatur – eine Erb-Last der Deutschen? Über sechzig Jahre nach dem Ende des Zweiten Weltkrieges ist die Erinnerung an die nationalsozialistische Vergangenheit präsent wie kein anderer Abschnitt deutscher Geschichte. Gedenktage, Bücher, Filmprojekte und andere Formen des Erinnerns halten die öffentliche Auseinandersetzung über die NS-Diktatur und die Verantwortung für sie lebendig.

Das war nicht immer so: In der unmittelbaren Nachkriegszeit herrschte der Wunsch nach Vergessen und Verdrängen vor. Während auf der einen Seite die noch lebenden Hauptschuldigen sowie die beteiligten nationalsozialistischen Organisationen vor dem international zusammengesetzten Militärgerichtshof in Nürnberg angeklagt wurden, Nachfolgeprozesse sich anschlossen und die Alliierten in unterschiedlicher Weise Entnazifizierung und Re-Education betrieben, glaubten viele unmittelbar Betroffene, nach Tod, Krieg, Flüchtlings- und Vertriebenenelend sei es nun Zeit, die Vergangenheit zu vergessen oder durch den Verweis auf die Kriegsverbrechen anderer Nationen eigene Vergehen zu relativieren. Erst seit der zweiten Hälfte der Fünfzigerjahre formierte sich eine kleine, kritische Masse, die sich mit der „unbewältigten Vergangenheit" auseinandersetzen wollte. Sehr schwer fiel und fällt dabei das Eingeständnis, dass die Zustimmung der Deutschen zum NS-Regime äußerst hoch war.

Seit Mitte der Neunzigerjahre lässt sich eine weitere Zäsur im Umgang mit der NS-Zeit beobachten: Eine neue Form der Auseinandersetzung entwickelte sich, indem immer häufiger Zeitzeugen mit ihren individuellen Lebenserinnerungen zu Wort kamen. Dabei wurden jedoch nicht nur Opfer, sondern auch Täter und Mitläufer des NS-Regimes befragt. In ihren Geschichten trat deutlich zutage, dass ohne aktive Mittäterschaft oder zumindest Duldung einer großen Mehrheit und Mithilfe der beteiligten staatlichen und gesellschaftlichen Institutionen die nationalsozialistische Führungsgruppe die Macht weder erlangen noch erhalten hätte können.

Steht dem couragierten Widerstand Einzelner die begeisterte oder zumindest kritiklose Gefolgschaft einer Überzahl von Deutschen aus allen Gesellschafts- und Bildungsschichten gegenüber? Die Gewichtung deutscher Schuld und Verantwortung bleibt bis heute umstritten. Mehr noch: Der Ruf, dieses Kapitel deutscher Geschichte „zu den Akten" zu legen, kommt bis heute quer durch alle Gesellschaftsschichten auf. Zwar steht vor allem der Holocaust nach wie vor im Fokus publizistischer und wissenschaftlicher Debatten. Jedoch wurde in den letzten Jahren deutlich, dass sich das Interesse zunehmend auch auf die Deutschen verlagert – und zwar auf die Deutschen als Opfer. Der Historiker Norbert Frei warnt, damit würden die Opfer des NS-Regimes zwangsläufig zurückgedrängt, und er benennt die gegenwärtigen Chancen im Umgang mit der NS-Vergangenheit: „Das Gebirge an Schuld, das die Deutschen in den Jahren 1933 bis 1945 aufgehäuft haben, bekommt klarere Konturen, je weiter wir uns davon entfernen. Im Laufe der Zeit werden die Fragen zudem immer wieder anders gestellt, manche tauchen überhaupt erst aus der Distanz auf. Insofern glaube ich, dass diese Vergangenheit uns weiter interessieren und auch beunruhigen wird. Angesichts der Dimensionen der Verbrechen wäre alles andere unnormal und überraschend."

- *Welche Merkmale kennzeichneten Ideologie und Herrschaft der Nationalsozialisten?*
- *Welche Ursachen und Folgen hatten Terror und Gewalt gegen politische Gegner, Juden, Sinti und Roma sowie andere Minderheiten im Inland und wie wirkte sich die nationalsozialitische Eroberungs- und Vernichtungspolitik im Ausland aus?*
- *Welche Formen von Akzeptanz und Widerstand in der Bevölkerung für und gegen das NS-Regime gab es und wie wurde die Rolle der „ganz normalen Deutschen", der Mitläufer und Zuschauer sowie der NS-Täter in der „Vergangenheitsbewältigung" beider deutscher Staaten nach 1945 beurteilt?*

Die NS-Ideologie

Alldeutscher Verband: 1891 gegründet, setzte sich die nationalistische Organisation für eine Stärkung und Verbreitung des Deutschtums ein und befürwortete eine imperalistische Politik.

„Arier“: im ethnologisch-sprachwissenschaftlichen Sinne Völker der indogermanischen Sprachfamilie. Im 19. Jh. wurde der Begriff in eine Überlegenheit der „weißen“, dann der germanischen Rasse umgedeutet. In der NS-Rassenideologie bezeichnete „Arier“ die überlegene „Herrenrasse“.

Sozialdarwinismus: Bei dieser Lehre wurde die Evolutionstheorie des englischen Naturforschers Charles Darwin von der „natürlichen Auslese der Arten“ (1859) stark vereinfacht und auf Völker, Nationen und Staaten übertragen. Danach sollten sich im „Kampf ums Dasein“ die weiter entwickelten und damit überlegenen Gesellschaften und Kulturen durchsetzen.

Nationalismus und Rassismus Die in der ersten Hälfte des 19. Jahrhunderts in Deutschland populär gewordene Idee des Nationalismus hatte hohe Erwartungen für die Zukunft geschaffen, die von der Politik nicht eingelöst werden konnten. 1871 war der deutsche Nationalstaat als kleindeutsches Reich entstanden, das viele Deutsche ausschloss. Durch die demografische und industrielle Entwicklung gewann das Deutsche Reich an Stärke und betrieb nach der Thronbesteigung Kaiser Wilhelms II. 1888 verstärkt Weltmachtpolitik. Nationalistische Forderungen wurden immer aggressiver vorgetragen und waren mit rassistischen Vorstellungen gepaart. Unter anderem der **Alldeutsche Verband** vertrat eine rücksichtslose Verfolgung deutscher Interessen. Der Verband griff antijüdische Ressentiments in Deutschland und Österreich auf und propagierte sie in den „Alldeutschen Blättern“ (1894-1939). Im Ersten Weltkrieg setzte er sich vehement für überzogene Kriegsziele, vor allem für mehr „Lebensraum“ für das „Herrenvolk“ ein; diese Forderungen übernahm die NS-Bewegung.

Europäische und koloniale Großmachtpläne waren nach 1918/19 durch die Gebietsabtretungen Deutschlands und die Auflösung der Donaumonarchie zerronnen. In den Nachbarstaaten der Weimarer Republik lebten nun deutschsprachige Minderheiten, die sich auch durch Zwangsmaßnahmen nicht integrieren ließen. Der Kriegsschuldartikel im Versailler Vertrag, die vermeintliche Härte der Friedensbedingungen und der Sturz der Monarchie gaben extrem nationalistischen Tendenzen zusätzlich Nahrung. An die Spitze der Republikgegner stellten sich die Nationalsozialisten. Ihrer Meinung nach sollten nicht so sehr gemeinsame Kultur und Geschichte das Band einer Nation sein, sondern die Rassengleichheit. Die biologische Substanz bestimme Menschen und Völker nicht nur körperlich, sondern auch geistig-seelisch. Von allen Rassen sei die „nordische“ oder **„arische“** die wertvollste. Sie allein sei im eigentlichen Sinne kulturfähig (▸ M1).

Adolf Hitler und seine Anhänger griffen dabei auch auf die Lehre des **Sozialdarwinismus** zurück. Unter Missachtung geistiger, sittlicher und religiöser Werte diente die Verfälschung der Darwin'schen Ideen einer menschenverachtenden Ideologie, die bald zur praktischen Politik wurde. Demnach sollte es Aufgabe des Nationalsozialismus sein,

▸ **„Am Anfang war das Wort.“** *Gemälde von Otto Hoyer, 1937.*
- *Betrachten Sie die Zuhörer und beschreiben Sie die Bevölkerungsgruppen.*
- *Analysieren Sie den Titel des Bildes und erläutern Sie den Kontext, in den der Maler den Redner und das Bild stellen will.*

der „arischen Herrenrasse" in Mitteleuropa ein Machtzentrum zu schaffen. Ihr gebühre, so Hitler, wegen ihrer Bedeutung für die Weltgeschichte ein angemessener „Lebensraum". Da dieser zurzeit nicht vorhanden sei, müsse er durch Krieg erobert und langfristig gesichert werden. Der angestrebte Lebensraum müsse zudem genügend Ressourcen umfassen, denn die Nation der Zukunft solle wirtschaftlich unabhängig sein und sich an einer bäuerlichen Lebensweise orientieren. Auch eine strategische Erwägung spielte eine wichtige Rolle: Eine Weltmacht der Zukunft brauchte in seinen Augen ein entsprechend großes Gebiet als Basis für Angriff und Verteidigung.

Das Streben nach einem Großreich im Osten und die bedingungslose Befürwortung von Gewalt und Krieg unterschieden den Nationalismus Hitlers von den herkömmlichen nationalen Ideen des Bürgertums.

▲ **„Die Sünde wider das Blut."**
Roman von Artur Dinter von 1918.
Die Ausgrenzung und Diffamierung vermeintlich „Fremdrassiger" war schon vor den Nationalsozialisten in Deutschland populär. Der Roman, der gemeinsam mit „Die Sünde wider die Liebe" und „Die Sünde wider den Geist" eine Trilogie bildete, fand um 1920 über eine Million Leser im deutschsprachigen Raum.

- *Analysieren Sie die Bildelemente. Inwiefern werden hier antisemitische Stereotypen bemüht? Begründen Sie Ihre Aussage.*

Nationalsozialistische Ideologie der „Volksgemeinschaft" Für die Nationalsozialisten bildete die Volksgemeinschaftsideologie ein Kernstück ihrer Weltanschauung. „Volksgemeinschaft" war für sie in erster Linie durch gemeinsames „deutsches Blut" und einen einheitlichen „Rassekern" bestimmt. Diese zum Mythos erhobene deutsche „Bluts- und Schicksalsgemeinschaft" führten die Nationalsozialisten bis auf die Germanen zurück, in deren Stammesgesellschaften es keine Klassen und sozialen Schranken gegeben habe. Seither sei die Geschichte des deutschen Volkes durch innere Kämpfe und Spaltungen geprägt gewesen. Daher galt es, alle Klassen-, Gruppen- und Parteieninteressen zu beseitigen und die Einheit der Volksgenossen in einem „sozialen Volksstaat" herzustellen. In ihm sollten alle Unterschiede zum Wohl der Gemeinschaft eingeebnet werden (▸ M2).

Damit war jedoch keine soziale Gleichheit gemeint. Im Gegenteil: Die Nationalsozialisten traten für eine klare Schichtung des Volkes in oben und unten, für politische, gesellschaftliche und geschlechtsspezifische Hierarchien ein. Vor allem aber stützten sich die Nationalsozialisten auf die Lehre von der angeblichen Ungleichheit der Rassen. Nur ein von „Minderwertigen", „Fremdrassigen" und „Gemeinschaftsfremden" gereinigtes Volk könne „Volksgemeinschaft" sein. Rassismus und Antisemitismus wurden damit zum Instrument der Ausgrenzung und Verfolgung von Minderheiten, zu denen besonders die Juden sowie die Sinti und Roma zählten.

Damit die NSDAP ihre Ziele überhaupt erreichen konnte, sollte die nationalsozialistische „Volksgemeinschaft" auch eine Gesinnungsgemeinschaft sein, in der sich jeder Einzelne widerspruchslos zur nationalsozialistischen Weltanschauung bekannte. Wer sich abwartend verhielt, sollte durch Propaganda erzogen werden. Wer sich widersetzte, wer also den „rassischen", politischen oder moralischen Werten und Normen und den Leistungsanforderungen der Partei nicht genügte, wurde als „Volksschädling" oder „Gemeinschaftsfremder" ausgeschlossen und bekämpft. „Rassereinheit" und politisches Wohlverhalten bestimmten darüber, wer zur „Volksgemeinschaft" gehörte und wer nicht.

▲ **Plakat von 1934.**
Das Plakat nutzt ein bekanntes Propagandafoto von Adolf Hitler. Es wurde vermutlich zur Volksabstimmung vom 19. August 1934 (nach dem Tod des Reichspräsidenten Paul von Hindenburg) über die Zusammenlegung des Reichspräsidenten- und des Reichskanzleramtes in der Person des „Führers und Reichskanzlers" Adolf Hitler hergestellt.

- *Beurteilen Sie das Plakat. Untersuchen Sie, inwiefern sich darin der Charakter der Wahlen seit 1933 spiegelt.*

„Führer" und Volk ■ Die „Volksgemeinschaft" bestand nicht aus freien Individuen, sondern war durch das Verhältnis von „Führer" und „Gefolgschaft" bestimmt. Der Einzelne hatte seine Interessen dem Gemeinwohl unterzuordnen. Was dem Gemeinwohl diente, darüber entschied allein Hitler. Herausragende Persönlichkeiten sollten, so Hitler, eine führende Rolle innerhalb der „Volksgemeinschaft" einnehmen. Die Auswahl wurde nicht auf demokratische Weise, sondern durch Berufung von oben vorgenommen. „Autorität jedes Führers nach unten und Verantwortung nach oben" lautete die von Hitler aufgestellte Maxime. Das System gipfelte in dem „Führer" Adolf Hitler. Er sollte nur der von ihm häufig zitierten „Vorsehung" verantwortlich sein.

Emotional untermauerte die NSDAP das Ganze durch die Inszenierung eines Führerkultes, der das italienische Vorbild nachahmte. Ein Führerbild hing später in allen Amts- und Schulräumen und sollte in jeder Wohnung einen Ehrenplatz erhalten. „Heil Hitler" war der offiziell geforderte „Deutsche Gruß" für jeden. Die Person Adolf Hitlers wurde zum Bindeglied zwischen Führerstaat und „Volksgemeinschaft" und zum Idealbild stilisiert. Hier flossen Ideen der obrigkeitsstaatlichen Ordnung des 18. und 19. Jahrhunderts ein, die Hitler zum verehrungswürdigen Ersatzmonarchen emporhoben und den Einzelnen in widerspruchslose Unterordnung zwangen.

Statt Parteienkonflikt und Klassenkampf propagierte die NSDAP eine „Volksgemeinschaft der Arbeiter der Faust und Stirn". Auch der Interessengegensatz zwischen Arbeitgeber und Arbeitnehmer, die sich als Glieder desselben Volkes fühlen sollten, wurde für aufgehoben erklärt.

Gegen Liberale und Marxisten ■ Liberalismus und Marxismus bezeichnete Hitler als „jüdische Erfindungen", die zum Verderben der „Herrenrasse" eingeführt worden seien. Für den Liberalismus sind individuelle Freiheit und Selbstverwirklichung grundlegende Werte. Demgegenüber forderte die NS-Regierung unter Missbrauch und Verfälschung alter preußisch-deutscher Traditionen den totalen Einsatz des Volksgenossen. „Treue", Dienstbereitschaft und absoluter Gehorsam standen über den durch die Weimarer Verfassung garantierten Grundrechten.* Die allgegenwärtige Ordnungsmacht des Staates dürfe nicht durch liberale Verfassungsgrundsätze eingeschränkt werden. Das politische System der Weimarer Republik, das sich um die Verwirklichung des liberalen Rechts- und Verfassungsstaates bemüht hatte, wurde als Epoche undeutscher westlicher Überfremdung interpretiert.

Darüber hinaus nahm Hitler für sich in Anspruch, der Zerstörer des Marxismus zu sein. Die Propaganda einer Klassenversöhnung, bei der alte Sozialstrukturen und Klassenschranken überwunden wurden, hatte großen Erfolg. „Volksgemeinschaft" und „Sozialismus der Tat" waren Prinzipien, die auch weite Kreise der Arbeiterschaft an den Nationalsozialismus banden.

* Siehe S. 51 ff.

M1 Die völkische Weltanschauung

Während seiner neunmonatigen Haftzeit in Landsberg verfasst Hitler 1924 den ersten Band seiner programmatischen Schrift „Mein Kampf". Er erscheint 1925 mit dem Untertitel „Eine Abrechnung" im parteieigenen Verlag. Der zweite Band folgt 1926. Das Werk wird in 16 Sprachen übersetzt und erreicht eine Gesamtauflage von zehn Millionen Exemplaren. Im Mittelpunkt seiner Ausführungen stehen Hitlers rassistische, antisemitische und völkische Anschauungen sowie die Forderungen nach „Lebensraum":

Die Sünde wider Blut und Rasse ist die Erbsünde dieser Welt und das Ende einer sich ihr ergebenden Menschheit. [...]
Es ist ein müßiges Beginnen, darüber zu streiten, welche Rasse oder Rassen die ursprünglichen Träger der menschlichen Kultur waren und damit die wirklichen Begründer dessen, was wir mit dem Worte Menschheit alles umfassen. Einfacher ist es, sich diese Frage für die Gegenwart zu stellen, und hier ergibt sich auch die Antwort leicht und deutlich. Was wir heute an menschlicher Kultur, an Ergebnissen von Kunst, Wissenschaft und Technik vor uns sehen, ist nahezu ausschließlich schöpferisches Produkt des Ariers. Gerade diese Tatsache aber lässt den nicht unbegründeten Rückschluss zu, dass er allein der Begründer höheren Menschentums überhaupt war, mithin den Urtyp dessen darstellt, was wir unter dem Worte „Mensch" verstehen. [...]
Der Arier ist nicht in seinen geistigen Eigenschaften an sich am größten, sondern im Ausmaße der Bereitwilligkeit, alle Fähigkeiten in den Dienst der Gemeinschaft zu stellen. Der Selbsterhaltungstrieb hat bei ihm die edelste Form erreicht, indem er das eigene Ich dem Leben der Gesamtheit willig unterordnet und, wenn die Stunde es erfordert, auch zum Opfer bringt. [...]
Den gewaltigsten Gegensatz zum Arier bildet der Jude. Bei kaum einem Volke der Welt ist der Selbsterhaltungstrieb stärker entwickelt als beim sogenannten auserwählten. [...] Da nun der Jude – aus Gründen, die sich sofort ergeben werden – niemals im Besitze einer eigenen Kultur war, sind die Grundlagen seines geistigen Arbeitens immer von anderen gegeben worden. Sein Intellekt hat sich zu allen Zeiten an der ihn umgebenden Kulturwelt entwickelt. Niemals fand der umgekehrte Vorgang statt. Denn wenn auch der Selbsterhaltungstrieb des jüdischen Volkes nicht kleiner, sondern eher noch größer ist als der anderer Völker, wenn auch seine geistigen Fähigkeiten sehr leicht den Eindruck zu erwecken vermögen, dass sie der intellektuellen Veranlagung der übrigen Rassen ebenbürtig wären, so fehlt doch vollständig die allerwesentlichste Voraussetzung für ein Kulturwerk, die idealistische Gesinnung. [...]
Demgegenüber erkennt die völkische Weltanschauung die Bedeutung der Menschheit in deren rassischen Urelementen. Sie sieht im Staat prinzipiell nur ein Mittel zum Zweck und fasst als seinen Zweck die Erhaltung des rassischen Daseins der Menschen auf. Sie glaubt somit keineswegs an eine Gleichheit der Rassen, sondern erkennt mit ihrer Verschiedenheit auch ihren höheren oder minderen Wert und fühlt sich durch diese Erkenntnis verpflichtet, gemäß dem ewigen Wollen, das dieses Universum beherrscht, den Sieg des Besseren, Stärkeren zu fördern, die Unterordnung des Schlechteren und Schwächeren zu verlangen. Sie huldigt damit prinzipiell dem aristokratischen Grundgedanken der Natur und glaubt an die Geltung dieses Gesetzes bis herab zum letzten Einzelwesen. Sie sieht nicht nur den verschiedenen Wert der Rassen, sondern auch den verschiedenen Wert des Einzelmenschen. [...] Nein, es gibt nur ein heiligstes Menschenrecht, und dieses Recht ist zugleich die heiligste Verpflichtung, nämlich: dafür zu sorgen, dass das Blut rein erhalten bleibt, um durch die Bewahrung des besten Menschentums die Möglichkeit einer edleren Entwicklung dieser Wesen zu geben. [...] Ein völkischer Staat wird damit in erster Linie die Ehe aus dem Niveau einer dauernden Rassenschande herauszuheben haben, um ihr die Weihe jener Institution zu geben, die berufen ist, Ebenbilder des Herrn zu zeugen und nicht Missgeburten zwischen Mensch und Affe.

Adolf Hitler, Mein Kampf. Zwei Bände in einem Band, München [51]1933, S. 272, 420 f. und 444 f.

1. *Benennen und erläutern Sie die Wertmaßstäbe, die Hitler an menschliches Dasein anlegt.*
2. *Erläutern Sie den hier verwendeten Begriff der „Rasse".*
3. *Analysieren Sie die Wendung „Ebenbilder des Herrn zu zeugen" und vergleichen Sie das Menschenbild Hitlers mit dem christlich-humanistischen Menschenbild.*

M2 Die nationalsozialistische „Volksgemeinschaft"

a) Aus der Rede Hitlers zum Erntedankfest im niedersächsischen Bückeberg am 1. Oktober 1933:

Der Nationalsozialismus hat weder im Individuum noch in der Menschheit den Ausgangspunkt seiner Betrachtungen, seiner Stellungnahmen und Entschlüsse. Er rückt bewusst in den Mittelpunkt seines ganzen Denkens das Volk. Dieses Volk ist für ihn eine blutmäßig bedingte Erscheinung, in der er einen von Gott geweihten Baustein der menschlichen Gesellschaft sieht.
Das einzelne Individuum ist vergänglich, das Volk ist bleibend. Wenn die liberale Weltanschauung in ihrer Vergötte-

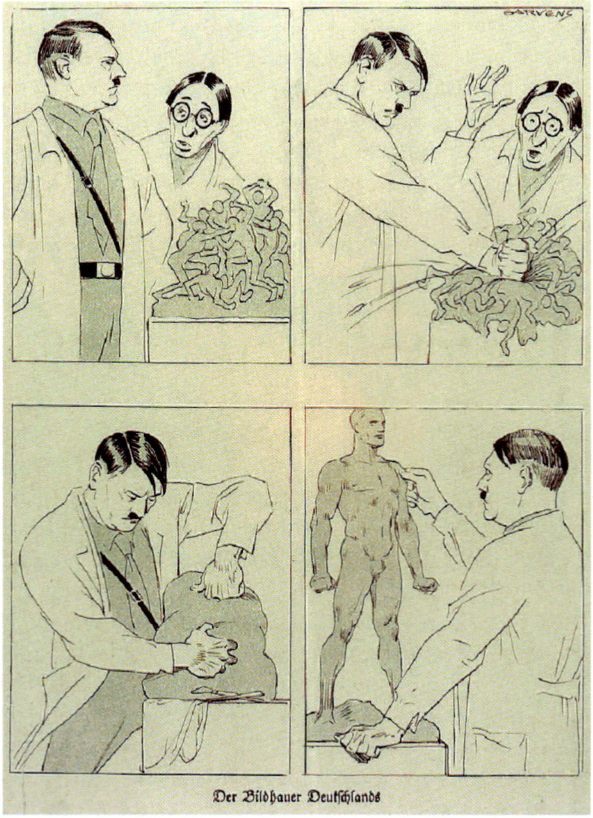

▲ **Der Bildhauer Deutschlands.**
Karikatur von Oskar Garvens aus der politischen Satirezeitschrift „Kladderadatsch" vom 3. Dezember 1933.
- *Analysieren Sie die Aussage der Karikatur. Welche Haltung nimmt der Zeichner gegenüber dem „Bildhauer" Hitler ein?*

rung des einzelnen Individuums zur Zerstörung des Volkes führen muss, so wünscht dagegen der Nationalsozialismus das Volk zu schützen, wenn nötig, auf Kosten des Individuums. Es ist notwendig, dass der Einzelne sich langsam zur Erkenntnis durchringt, dass sein eigenes Ich unbedeutend ist, gemessen am Sein des ganzen Volkes [...], dass vor allem die Geistes- und Willenseinheit einer Nation höher zu schätzen sind als die Geistes- und Willenseinheit des Einzelnen.

b) In seiner Rede am Heldengedenktag am 10. März 1940 sagt Hitler über die „Volksgemeinschaft":

Kein Volk hat mehr Recht zu feiern als das deutsche!
In schwerster geopolitischer Lage konnte das Dasein unseres Volkes immer wieder nur durch den heroischen Einsatz seiner Männer sichergestellt werden. Wenn wir seit 2000 Jahren ein geschichtliches Dasein leben, dann nur, weil in diesen 2000 Jahren immer Männer bereit gewesen sind, für dieses Leben der Gesamtheit ihr eigenes einzusetzen und – wenn nötig – zu opfern. [...]
Für was sie einst kämpften, kämpfen nunmehr auch wir. Was ihnen hoch genug war, um – wenn notwendig – dafür zu sterben, soll uns in jeder Stunde zu gleicher Tat bereit finden. Der Glaube aber, der sie beseelte, hat sich in uns allen nur noch verstärkt. Wie immer auch das Leben und das Schicksal des Einzelnen sein mag, über jedem steht das Dasein und die Zukunft der Gesamtheit. Und hier hebt uns etwas noch über vergangene Zeiten empor: Uns allen ist das erschlossen worden, für was in früheren Zeiten so viele noch unbewusst kämpfen mussten: das deutsche Volk!
In seiner Gemeinschaft leben zu dürfen, ist unser höchstes irdisches Glück. Ihr anzugehören, ist unser Stolz. Sie in bedingungsloser Treue in den Zeiten der Not zu verteidigen, unser fanatischer Trotz. [...] Wenn die andere Welt der plutokratischen[1] Demokratien gerade gegen das nationalsozialistische Deutschland den wildesten Kampf ansagt und seine Vernichtung als oberstes Kriegsziel ausspricht, dann wird uns damit nur das bestätigt, was wir ohnedies wissen: dass nämlich der Gedanke der nationalsozialistischen Volksgemeinschaft das deutsche Volk auch in den Augen unserer Gegner besonders gefährlich, weil unüberwindlich macht. Über Klassen und Stände, Berufe, Konfessionen und alle übrige Wirrnis des Lebens hinweg erhebt sich die soziale Einheit der deutschen Menschen ohne Ansehen des Standes und der Herkunft, im Blute fundiert, durch ein tausendjähriges Leben zusammengefügt, durch das Schicksal auf Gedeih und Verderb verbunden.

Erster Text zitiert nach: Johannes Hampel, Der Nationalsozialismus, Bd. 2: 1935-1939. Friedenspropaganda und Kriegsvorbereitung, hrsg. von der Bayerischen Landeszentrale für politische Bildung, München [2]1993, S. 271
Zweiter Text zitiert nach: Max Domarus, Hitler. Reden und Proklamationen 1932-1945, kommentiert von einem deutschen Zeitgenossen, Bd. 2.1, Würzburg 1963, S. 1477 ff.

1. *Charakterisieren Sie Hitlers Vorstellung von der deutschen „Volksgemeinschaft".*

2. *Erläutern Sie die Stellung des Individuums und die sich daraus ergebenden Konsequenzen für den Einzelnen. Vergleichen Sie mit unserem heutigen Menschenbild und heutigen Rechtsvorstellungen.*

3. *Zeigen Sie auf, welches Geschichtsbild Hitler zeichnet und zu welchem Zweck er dies tut.*

[1] Plutokratie: Geldherrschaft bzw. Staatsform, in der allein der Besitz politische Macht garantiert

Machtübernahme der Nationalsozialisten und „Gleichschaltung“

▲ **Postkarte zum „Tag von Potsdam“.**
Der neue Propagandaminister Joseph Goebbels gestaltete die erste Sitzung des neuen Reichstages nach dem Machtwechsel in der Potsdamer Garnisonkirche als Schauspiel der „nationalen Wiedererweckung“. Am Grab Friedrichs des Großen gaben sich Hitler und Reichspräsident Hindenburg am 21. März 1933 feierlich die Hand.
■ *Erklären Sie die Bildsymbolik.*

„Führer in ein neues Zeitalter“ ■ Als Adolf Hitler am 30. Januar 1933 von Reichspräsident Hindenburg zum Reichskanzler ernannt wurde, schien sich rein äußerlich nichts Wesentliches an der politischen Situation im Deutschen Reich geändert zu haben. Hitler war Chef eines Präsidialkabinetts wie seine drei unmittelbaren Amtsvorgänger. Der „Führer“ und seine Partei feierten die Berufung in die Regierungsverantwortung jedoch als „Machtergreifung“. Die Fackelzüge, die am Abend des 30. Januar in Berlin und vielen Städten Deutschlands von der NSDAP unter Beteiligung konservativer Kräfte inszeniert wurden, huldigten nicht einem weiteren Kanzler der Republik, sondern dem „Führer in ein neues Zeitalter“.

Die neue Regierung besaß keine Mehrheit im Reichstag. Hitler ließ dennoch Koalitionsverhandlungen, die ihm eine Majorität gesichert hätten, bewusst scheitern. Stattdessen wurden der Reichstag aufgelöst und Wahlen für den 5. März anberaumt. Die parlamentsfreie Atempause wollte Hitler nutzen, um mithilfe von Notverordnungen vollendete Tatsachen zu schaffen und die Wähler massiv zu beeinflussen, denn das Erreichen der absoluten Mehrheit schien für die NSDAP in greifbare Nähe gerückt.

Der Reichstagsbrand und seine Folgen ■ Am 27. Februar, eine Woche vor der Wahl, brannte der Reichstag in Berlin. Am Tatort wurde der Holländer *Marinus van der Lubbe* festgenommen. Wahrheitswidrig verkündeten die Nationalsozialisten, dass die Brandstiftung der Beginn eines kommunistischen Umsturzes sein sollte. Die genauen Hintergründe des Reichstagsbrandes sind bis heute nicht geklärt, aber die meisten Historiker gehen von einer Alleintäterschaft van der Lubbes aus.

Hitler veranlasste sofort die Verhaftung von 4000 kommunistischen Abgeordneten und Funktionären, ferner das Verbot der kommunistischen und sozialdemokratischen Presse. Die von Hindenburg am 28. Februar 1933 erlassene *Verordnung „Zum Schutz von Volk und Staat“* schuf die rechtlichen Voraussetzungen, um die Grundrechte außer Kraft zu setzen (▸ M1).

Trotz massiver Behinderung der anderen Parteien und eines pausenlosen Propagandaaufwandes war das Wahlergebnis des 5. März für die NSDAP enttäuschend. Sie verfehlte mit 43,9 Prozent der abgegebenen Stimmen klar die erhoffte absolute Mehrheit. Am 21. März wurde der Reichstag in der Garnisonkirche zu Potsdam mit einem Staatsakt eröffnet. Zwei Tage nach dem „*Tag von Potsdam*“ legte Hitler den Abgeordneten ein *Gesetz zur Behebung der Not von Volk und Reich*, das sogenannte „*Ermächtigungsgesetz*“, zur Abstimmung vor. Obwohl NSDAP und Deutschnationale Volkspartei (DNVP) eine handlungsfähige Mehrheit im Reichstag bildeten, sollte der Regierung – zunächst auf vier Jahre – das Recht eingeräumt werden, Gesetze ohne Mitwirkung von Reichstag und Reichsrat zu erlassen.

Die Vertreter der bürgerlichen Parteien gaben eingeschüchtert nach, in der Hoffnung, Schlimmeres zu verhüten und durch ihr Entgegenkommen später Einfluss auf die Durchführung des Gesetzes nehmen zu können. Nur die SPD verweigerte ihre Zustimmung, konnte damit die notwendige Zweidrittelmehrheit allerdings nicht verhindern. Auch der Reichsrat ließ das Gesetz ohne Einwand passieren.

Internettipp
Die mutige Rede des SPD-Reichstagsabgeordneten und Fraktionsvorsitzenden Otto Wels zur Ablehnung des „Ermächtigungsgesetzes“ findet man unter: http://www.dhm.de/lemo/html/dokumente/wels/index.html

„Gleichschaltung" von Ländern, Verwaltung und Parteien „Ein Volk, ein Reich, ein Führer" war die Parole, nach der ab 1933 der Rechtsstaat und die Gewaltenteilung abgeschafft, der Einparteienstaat errichtet sowie alle politischen und gesellschaftlichen Lebensbereiche „gleichgeschaltet" und durchdrungen wurden. Mit dem „Ermächtigungsgesetz" hatte Hitler formalrechtlich legal den Freibrief erhalten, Staat und Gesellschaft „gleichzuschalten". Partei und Regierung beseitigten in den ersten Monaten nach der Machtübernahme schrittweise das föderalistische Eigenleben von Ländern und Gemeinden: Landtage, Stadt- und Gemeinderäte wurde nach dem Ergebnis der Reichstagswahl vom 5. März 1933 umgebildet. Von missliebigen Parteien errungene Sitze verfielen, sodass die Nationalsozialisten fast überall ein Übergewicht erhielten. Darüber hinaus setzte Hitler in den Ländern *Reichsstatthalter* ein, die befugt waren, Regierungen zu bilden und zu entlassen. Jeder Reichsstatthalter war seinerseits an die Weisungen des „Führers" gebunden, die totale Kontrolle der Gebietskörperschaften damit gesichert.

Maßgeblich zur Festigung des neuen Regimes trug die „Gleichschaltung" des Verwaltungsapparates bei. Schon in den ersten Tagen nach der „Machtergreifung" waren in Säuberungsaktionen widerstrebende Beamte aus dem Dienst entfernt worden. Legalisiert wurden die Entlassungen erst nachträglich durch das *Gesetz zur Wiederherstellung des Berufsbeamtentums* vom 7. April 1933. Um die politische Opposition endgültig auszuschalten, wurde nach der Zerschlagung der KPD im Sommer 1933 die SPD verboten. Die anderen Parteien lösten sich unter massivem Druck selbst auf. Im Reichstag saßen fortan nur noch Mitglieder der NSDAP. Da das Parlament als Gegengewicht zur Exekutive praktisch ausgeschaltet war, konnte Hitler mit *Führererlassen* regieren, die an die Stelle von Gesetzen traten.

Nach dem Tod Hindenburgs am 2. August 1934 stand der Diktatur Hitlers endgültig nichts mehr im Weg. Ohne Wahl übernahm er das Amt des Reichspräsidenten und nannte sich nun „Führer und Reichskanzler". Die Reichswehr und alle Beamten mussten sich durch einen Eid persönlich auf Hitler verpflichten (▸ M2).

▲ Propagandaplakat, entstanden um 1933.
Der Anschlag stammt von dem Münchener Plakatgestalter und Reklamekünstler Ludwig Hohlwein. Auftraggeber war die Reichsjugendführung der NSDAP.

Totale Organisation Bereits mit dem Eintritt in die Grundschule sollten die Jugendorganisationen der NSDAP, *Hitler-Jugend* (HJ) und *Bund Deutscher Mädel* (BDM), möglichst alle Kinder eines Jahrganges erfassen. In beiden Organisationen – und ebenso in den Schulen – wurde die Jugend im Sinn der nationalsozialistischen Ideologie gedrillt. Nicht mehr die liberalen Bildungsziele der Weimarer Zeit zählten, sondern Gleichschritt und Wehrertüchtigung. Alle Jugendverbände wurden früher oder später in HJ und BDM überführt. Per Gesetz erhoben die Nationalsozialisten die Hitler-Jugend 1936 zur „Staatsjugend", wodurch diese zu einem wichtigen Kontroll- und Erziehungsinstrument wurde. Der für alle Jugendlichen verpflichtende *Reichsarbeitsdienst* sollte die in HJ und BDM angelegte ideologische Ausrichtung fortsetzen. Für viele Berufssparten bestanden zudem gesonderte, der NSDAP untergeordnete Vereinigungen, z.B. der *NS-Lehrerbund* oder der *NS-Ärztebund*.

Menschen in Beruf oder Freizeit, Gesunde und Invalide, Jugendliche und Greise, Frauen und Männer – sie alle sollte das parteigesteuerte Organisationsnetz des totalitären Staates erfassen. Dies gelang mithilfe von Unterorganisationen wie der *Deutschen Arbeitsfront* (DAF)*, dem *NS-Studentenbund*, der *NS-Frauenschaft* und anderen mehr. Das Netz war so eng geknüpft, dass der Einzelne kaum entschlüpfen konnte (▸ M3, M4).

* Siehe S. 117.

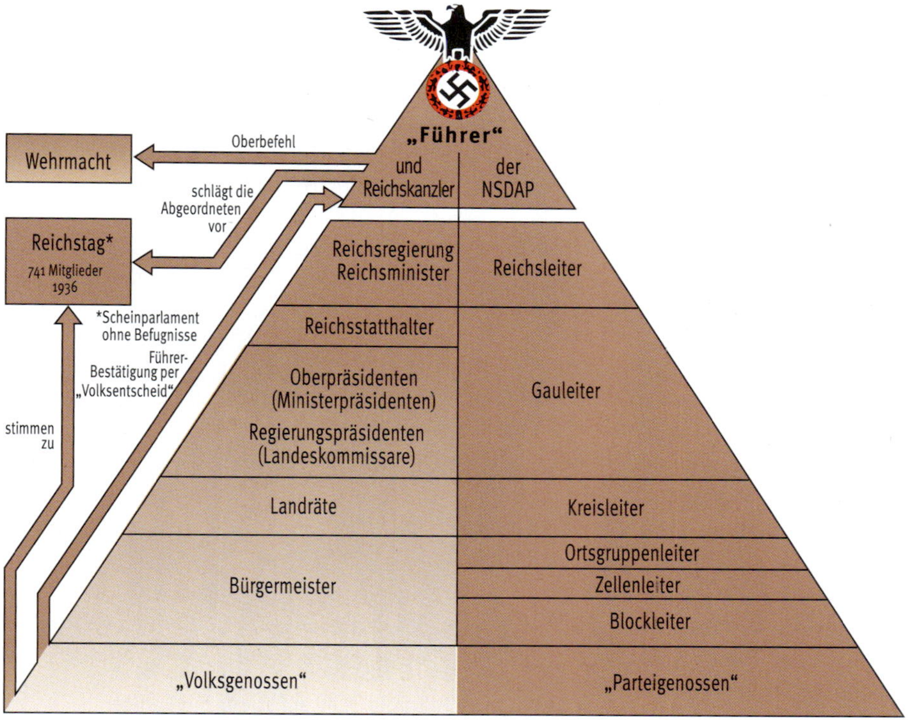

◂ **Staat und Partei im „Führerstaat“.**
Parteienhierarchie und Staatsämter überschnitten sich sowohl in ihren Kompetenzen als auch personell: Mit zwei Ausnahmen waren z. B. alle Reichsstatthalter zugleich auch Gauleiter in ihrem Amtsbereich.

Führung oder Chaos? Die Ausschaltung oppositioneller Gruppen schien auf den ersten Blick die Staatsmacht zu stärken, die sich nicht länger im pluralistisch-liberalen Meinungsstreit behaupten musste. Es zeigte sich jedoch, dass sich neben den Staat nun die NSDAP als „Trägerin des deutschen Staatsgedankens“ stellte. Ihre Führung war seit der Ausschaltung der anderen Parteien unangefochten. Die Aufgabe der NSDAP bestand nun nicht länger in Opposition und Straßenkampf, sondern in der Erfassung aller Lebensbereiche, mit dem Ziel einer totalitären Herrschaftsübernahme. Die Partei durchdrang die Gesellschaft und trat damit in Konkurrenz zu den staatlichen oder kommunalen Institutionen.

Die Folge war ein undurchsichtiger Wirrwarr von Kompetenzen (▸ M5). Während der Staat üblicherweise das öffentliche Leben auf der Basis von Gesetzen reglementiert und gestaltet, trafen jetzt Parteiorganisationen oder deren Repräsentanten neben der staatlichen Bürokratie Einzelentscheidungen. Sie versuchten beständig, die Verwaltung in ihrem Sinn zu beeinflussen. Vielfach verschmolzen Partei- und Staatsorganisation miteinander. So hatten die Gauleiter der NSDAP häufig zugleich hohe Ämter in den „gleichgeschalteten“ Ländern inne, oder die Ortsgruppenleiter der Partei übernahmen gleichzeitig das Bürgermeisteramt. Die Kontrolle der öffentlichen Hand und des gesellschaftlichen Alltags ließ die Parteibürokratie ständig anwachsen. Gab es 1935 33 Gauleiter, 827 Kreisleiter, 21 000 Ortsgruppenleiter und 260 000 Zellen- und Blockleiter, so betrug die Zahl dieser Funktionäre zwei Jahre später bereits 700 000. Während des Krieges waren es zwei Millionen.

Charakteristisch für die **Polykratie** war das Entstehen zahlloser Sonderverwaltungen, die neben der staatlichen Bürokratie ein Eigenleben führten und dem „Führer“ direkt unterstellt waren. Einer solchen Behörde stand z. B. **Hermann Göring** ab 1936 als „Beauftragter für den Vierjahresplan“ vor. Er konnte in dieser Funktion an allen staatlichen Stellen vorbei unmittelbaren Einfluss auf die Wirtschaft nehmen.

Polykratie (von griech. poly: viel und kratéin: Macht): Vielzahl konkurrierender Herrschaftsansprüche und Zuständigkeiten

Hermann Göring (1893-1946): seit 1933 preußischer Ministerpräsident; 1933-1945 Reichsminister für Luftfahrt; 1937/38 Reichswirtschaftsminister; 1939 von Hitler offiziell zu seinem Nachfolger ernannt; 1946 Selbstmord in Haft

uneingeschränkt

M1 Verordnung „Zum Schutz von Volk und Staat“ und „Ermächtigungsgesetz“

a) Am 28. Februar 1933, einen Tag nach dem Reichstagsbrand, erlässt Reichspräsident Hindenburg eine Verordnung „Zum Schutz von Volk und Staat“. Aufgrund des Artikels 48, Absatz 2 der Reichsverfassung wird „zur Abwehr kommunistischer staatsgefährdender Gewaltakte“ Folgendes verordnet:

§ 1 Die Artikel 114, 115, 117, 118, 123, 124 und 153 der Verfassung des Deutschen Reichs werden bis auf Weiteres außer Kraft gesetzt. Es sind daher Beschränkungen der persönlichen Freiheit, des Rechts der freien Meinungsäußerung einschließlich der Pressefreiheit, des Vereins- und Versammlungsrechts, Eingriffe in das Brief-, Post-, Telegrafen- und Fernsprechgeheimnis, Anordnungen von Haussuchungen und von Beschlagnahmen sowie Beschränkungen des Eigentums auch außerhalb der sonst hierfür bestimmten gesetzlichen Grenze zulässig.
§ 2 Werden in einem Lande die zur Wiederherstellung der öffentlichen Sicherheit und Ordnung nötigen Maßnahmen nicht getroffen, so kann die Reichsregierung insoweit die Befugnisse der obersten Landesbehörde vorübergehend wahrnehmen. [...]

b) Das folgende „Gesetz zur Behebung der Not von Volk und Reich“ (das sogenannte „Ermächtigungsgesetz“) vom 23. März 1933 stellt zusammen mit der Verordnung „Zum Schutz von Volk und Staat“ die verfassungsrechtliche Grundlage des NS-Staates dar:

Art. 1: Reichsgesetze können außer in dem in der Reichsverfassung vorgesehenen Verfahren auch durch die Reichsregierung beschlossen werden. [...]
Art. 2: Die von der Reichsregierung beschlossenen Reichsgesetze können von der Reichsverfassung abweichen, soweit sie nicht die Einrichtung des Reichstages und des Reichsrates als solche zum Gegenstand haben. Die Rechte des Reichspräsidenten bleiben unberührt.
Art. 3: Die von der Reichsregierung beschlossenen Reichsgesetze werden vom Reichskanzler ausgefertigt und im Reichsgesetzblatt verkündet. Sie treten, soweit sie nichts anderes bestimmen, mit dem auf die Verkündung folgenden Tag in Kraft. Die Artikel 68-77 der Reichsverfassung finden auf die von der Reichsregierung beschlossenen Gesetze keine Anwendung.[1]
Art. 4: Verträge des Reichs mit fremden Staaten, die sich auf Gegenstände der Reichsgesetzgebung beziehen, bedürfen für die Dauer der Geltung dieses Gesetzes nicht der Zustimmung der an der Gesetzgebung beteiligten Körperschaften.

▲ SA-Mann als Hilfspolizist (r.) auf Streife mit Berliner Schutzpolizist (Schupo) am Wahltag.
Foto vom 5. März 1933.

Die Reichsregierung erlässt die zur Durchführung dieser Verträge erforderlichen Vorschriften. [...]

Ingo von Münch (Hrsg.), Gesetze des NS-Staates. Dokumente eines Unrechtssystems. Zusammengestellt von Uwe Brodersen, Paderborn [3]1994, S. 23 und 63

[1] Geregelt war hier das übliche Verfahren der Gesetzgebung.

1. *Erörtern Sie, welche Konsequenzen die Notverordnung „Zum Schutz von Volk und Staat“ und das „Ermächtigungsgesetz“ für den politischen Alltag haben mussten.*

2. *Diskutieren Sie, welche Möglichkeiten der Opposition und der Gewaltenkontrolle zu diesem Zeitpunkt noch gegeben waren.*

M2 Die Autorität des „Führers“

Hitler erklärt in „Mein Kampf“:

Die Bewegung vertritt im Kleinsten wie im Größten den Grundsatz der unbedingten Führerautorität, gepaart mit höchster Verantwortung. Die praktischen Folgen dieses Grundsatzes in der Bewegung sind nachstehende: Der erste Vorsitzende einer Ortsgruppe wird durch den nächsthöheren Führer eingesetzt, er ist der verantwortliche Leiter der Ortsgruppe. Sämtliche Ausschüsse unterstehen ihm, und nicht er umgekehrt einem Ausschuss. Abstimmungs-Ausschüsse gibt es nicht, sondern nur Arbeits-Ausschüsse. Die Arbeit teilt der verantwortliche Leiter, der erste Vorsitzende, ein. Der gleiche Grundsatz gilt für die nächsthöhere Organisation, den Bezirk, den Kreis oder den Gau. Immer wird der Führer von oben eingesetzt und gleichzeitig mit unbeschränkter Vollmacht und Autorität bekleidet. Nur der Führer der Gesamtpartei wird aus vereinsgesetzlichen Gründen in der Generalmitgliederversammlung gewählt. Er ist aber der ausschließliche Führer der Bewegung. Sämtliche Ausschüsse unterstehen ihm und nicht er den Ausschüssen. Er bestimmt und trägt damit aber auch auf seinen Schultern die Verantwortung. Es steht den Anhängern der Bewegung frei, vor dem Forum einer neuen Wahl ihn zur Verantwortung zu ziehen, ihn seines Amtes zu entkleiden, insofern er gegen die Grundsätze der Bewegung verstoßen oder ihren Interessen schlecht gedient hat. An seine Stelle tritt dann der besser könnende, neue Mann, jedoch mit gleicher Autorität und gleicher Verantwortlichkeit. Es ist eine der obersten Aufgaben der Bewegung, dieses Prinzip zum bestimmenden nicht nur innerhalb ihrer eigenen Reihen, sondern auch für den gesamten Staat zu machen. Wer Führer sein will, trägt bei höchster unumschränkter Autorität auch die letzte und schwerste Verantwortung. Wer dazu nicht fähig oder für das Ertragen der Folgen seines Tuns zu feige ist, taugt nicht zum Führer. Nur der Held ist dazu berufen. Der Fortschritt und die Kultur der Menschheit sind nicht ein Produkt der Majorität, sondern beruhen ausschließlich auf der Genialität und der Tatkraft der Persönlichkeit. Diese heranzuzüchten und in ihre Rechte einzusetzen, ist eine der Vorbedingungen zur Wiedergewinnung der Größe und Macht unseres Volkstums.

Adolf Hitler, Mein Kampf. Zwei Bände in einem Band, München [51]1933, S. 378 f.

■ *Charakterisieren Sie das „Führerprinzip".*

M3 „Gleichschaltung" im Alltag

Ernst Niekisch, der 1939 wegen „literarischen Hochverrats" zu einer lebenslänglichen Zuchthausstrafe verurteilt wird, beschreibt und interpretiert um 1935 die tief greifenden Veränderungen in der Gesellschaft:

Ein Taumel der „Gleichschaltung" erfasste das ganze Volk. Alle öffentlichen und privaten Einrichtungen, Organisationen und Korporationen, alle wirtschaftlichen Betriebe und kulturellen Gesellschaften, alle Verbände und Vereine „schalteten sich gleich". Zweck der Gleichschaltung war die Herstellung der „Volksgemeinschaft". Die „Volksgemeinschaft" ist kein gesellschaftlicher Ordnungszustand höherer Art. Nirgends trügt der Schein mehr, als er hier es tut. [In] der „Volksgemeinschaft" soll das ganze Volk auf die formlos chaotische Existenzweise menschlichen Abschaums heruntergebracht werden. Sinn und Inhalt der Volksgemeinschaft ist lediglich die Solidarität des lumpenproletarischen Gesindels.
Irgendwelche untergeordneten Organe oder Angestellte zogen plötzlich ihr nationalsozialistisches Mitgliedsbuch, das sie bisher sorgfältig verborgen gehabt hatten, aus der Tasche und trumpften damit auf; zuweilen war es der Portier, der sich überraschend als Vertrauensmann der nationalen Revolution entpuppte und sich über Nacht zum wichtigsten und ersten Mann emporschwang. Das Mitgliedsbuch und das braune Hemd waren Ausweise, durch welche sich die Inhaber für befugt hielten, nach den Zügeln zu greifen und die Leitung zu übernehmen. [...]
Der Punkt, an dem der Hebel ansetzt, welcher den Menschen gleichschaltet, ist die Existenzfrage. Wenn der Mann nicht richtig liegt, bekommt er kein Futter mehr. Unverhüllter wurde noch niemals auf den Magen gedrückt, um die richtige Gesinnung herauszupressen. Der Beamte zitterte um Gehalt und Versorgung: Das „Gesetz zur Wiederherstellung des Berufsbeamtentums" brachte den festen Turm seiner „wohlerworbenen Rechte" zum Einsturz. [...] Die nationalsozialistische Empörung über marxistische „Parteibuchbeamte" entlarvte sich als purer Brotneid; die „Wiederherstellung des Berufsbeamtentums" bestand darin, alle Ämter mit nationalsozialistischen Parteibuchbeamten zu überschwemmen. Die bürokratische Gleichschaltung war eine groß angelegte Veranstaltung allgemeiner „Umbonzung".
Angestellten und Arbeitern erging es nicht besser; sie verloren die Arbeitsplätze, wenn ihr Eifer der Gleichschaltung enttäuschte. Entzog sich ein Arbeiter dem anbefohlenen Aufmarsch, wurde er fristlos entlassen: Er war als „Staatsfeind" nicht würdig, wirtschaftlich geborgen zu sein. Der Organisationszwang, dem die Angehörigen der freien Berufe, Gewerbetreibenden, Handwerker, Kaufleute, Unternehmer unterlagen, bot Handhaben, sie zu maßregeln; wurden sie aus ihrer „Berufskammer" entfernt, war ihnen das Recht auf Berufsausübung genommen; sie waren brotlos und ins wirtschaftliche Nichts verstoßen. Die nationalsozialistische Weltanschauung zog ihre überzeugende Kraft aus der Sorge um den Futterplatz; weil der nationalsozialistische Herr den Brotkorb monopolisiert hatte, sang jedermann sein Lied.

Ernst Niekisch, Das Reich der niederen Dämonen, Hamburg 1953, S. 131-135

1. *Wie definiert Niekisch den Begriff „Gleichschaltung"?*
2. *Erläutern Sie die Gründe dafür, dass die „Gleichschaltung" nach Meinung des Autors so reibungslos verlief.*
3. *Analysieren Sie auf der Basis von Niekischs Erörterung Anspruch und Wirklichkeit der nationalsozialistischen „Volksgemeinschaft".*

M4 Der Weg des „gleichgeschalteten" Staatsbürgers

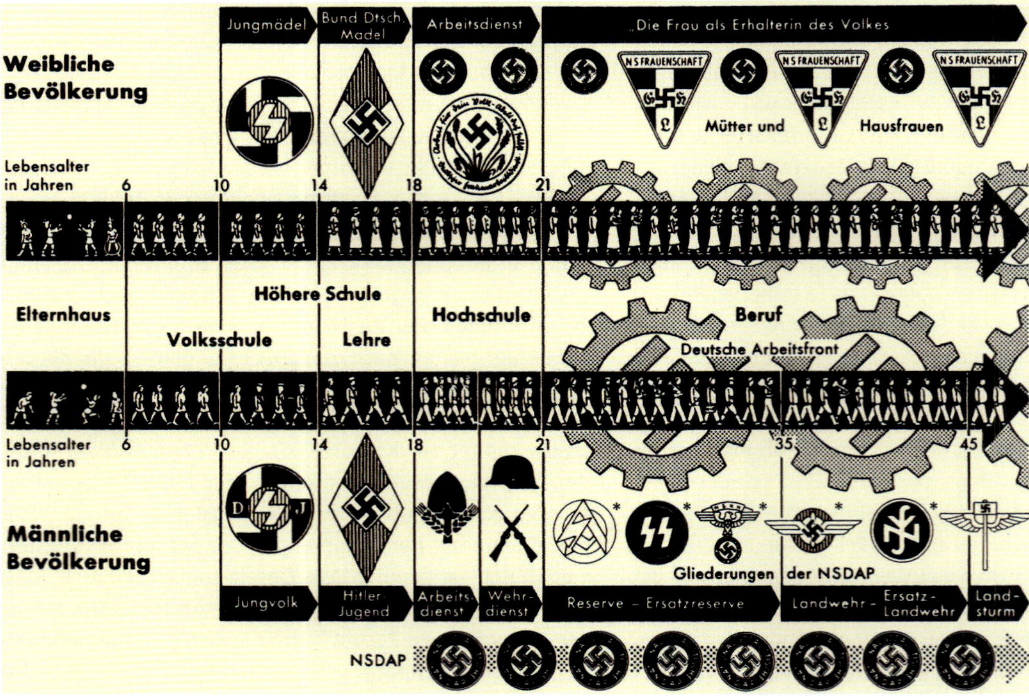

* Die sechs Embleme repräsentieren von links nach rechts die folgenden Organisationen: Sturmabteilung (SA), Schutzstaffel (SS), Nationalsozialistisches Kraftfahrkorps (NSKK), Nationalsozialistisches Fliegerkorps (NSFK), Nationalsozialistische Volkswohlfahrt (NSV), Nationalsozialistische Handels- und Gewerbeorganisation (NS-Hago).

1. *Erläutern Sie anhand der Grafik den Weg des „gleichgeschalteten" Staatsbürgers.*
2. *Prüfen Sie, inwiefern „Gleichschaltung" überhaupt durchgesetzt werden und wer sich ihr am ehesten entziehen konnte.*

M5 Rivalität

Der britische Historiker Ian Kershaw beschreibt im ersten Teil seiner Hitler-Biografie, wie Hitler seine Machtposition festigt:

Zusammenstöße in Fragen der Strategie, Streitereien unterschiedlicher Fraktionen und persönliche Rivalitäten traten in der NSDAP beinahe endemisch[1] auf. Die endlosen Konflikte und Animositäten, die gewöhnlich persönliche oder taktische und keine ideologischen Ursachen hatten, machten notwendigerweise vor einem Angriff auf Hitler halt. Er griff so wenig wie möglich ein. Die Rivalität und der Wettstreit zeigten ihm nur, welcher unter seinen miteinander wetteifernden Untergebenen nach seinem eigenen sozialdarwinistischen Begriff der Stärkere sein würde. Auch unternahm er nichts, um die ideologischen Schattierungen innerhalb der Partei miteinander zu versöhnen, es sei denn, sie drohten kontraproduktive Wirkungen zu entfalten. Der Führerkult wurde akzeptiert, weil er allen Beteiligten als einziges Rezept galt. Die persönliche Treue gegenüber Hitler, ob nun aufrichtig empfunden oder einem Zwang folgend, war der Preis der Einheit. In manchen Fällen waren die NS-Führer ganz und gar von Hitlers „Größe" und „Mission" überzeugt. In anderen konnten sie den eigenen Ehrgeiz nur weiterhin befriedigen, indem sie dem obersten „Führer" nach dem Munde redeten. Auf diese Weise wuchs Hitlers Herrschaft über die „Bewegung" bis zu dem Punkt, wo er so gut wie unangreifbar geworden war.

Ian Kershaw, Hitler 1889-1936, übersetzt von Jürgen Peter Krause und Jörg W. Rademacher, Stuttgart 1998, S. 380

[1] endemisch: typisch für ein bestimmtes Umfeld

1. *Erläutern Sie, wie Hitler nach Meinung von Kershaw das „Führerprinzip" für sich nutzte.*
2. *Vergleichen Sie M5 mit M2, M3 und M4. Diskutieren Sie Anspruch und Wirklichkeit des „Führerprinzips".*

Propaganda in allen Bereichen

„Volksaufklärung" Die wirkungsvollste Form, die Gesellschaft nachhaltig zu beeinflussen, sah Hitler in der *Propaganda*. Sein Minister für Volksaufklärung und Propaganda, **Joseph Goebbels**, schaltete Presse, Film und Rundfunk weitgehend gleich. Er ließ zunehmend nur noch Informationen verbreiten, die sein Ministerium in Reichspressekonferenzen für die Veröffentlichung freigab. Unerwünschte Presseorgane wurden zeitweise oder auf Dauer verboten. Bücher, Illustrierte und Zeitschriften unterlagen der Zensur.

Vor allem den Rundfunk setzte Goebbels für seine Propaganda ein. „*Volksempfänger*" waren für jeden erschwinglich und wurden zum Kauf empfohlen. Das Hören ausländischer Sendestationen war hingegen verboten und gegen Ende des Krieges sogar mit der Todesstrafe bedroht. Die „*Wochenschau*", die vor den viel besuchten Spielfilmen ablief, wurde genau redigiert. Wie Goebbels selbst erklärt hatte, galt nun ein „neuer Begriff der Meinungs- und Pressefreiheit", der alle Berichterstattung an das „nationale und völkische Interesse" band (▸ M1). Ein ausgeklügeltes Spitzelsystem, das ganz Deutschland überzog, diente nicht nur dem Aufspüren und der Ausschaltung von Regimegegnern, sondern auch der Erkundung der Volksstimmung. Dabei spielten die Blockwarte, zu deren Aufgaben die genaue Beobachtung der Bewohner der ihnen unterstellten Häuserblocks gehörte, eine wichtige Rolle. Gegenpropaganda sollte da einsetzen, wo sich Unzufriedenheit zeigte.

Joseph Goebbels (1897-1945): Chef-Ideologe des Nationalsozialismus und einer der führenden Politiker des „Dritten Reiches"; 1933-1945 Reichsminister für Volksaufklärung und Propaganda und Präsident der Reichskulturkammer, beging am Kriegsende Selbstmord

Massenmobilisierung Offizieller Höhepunkt aller Massenmobilisierung war der jährliche Reichsparteitag in Nürnberg: Auf einem nie ganz vollendeten Gelände wickelte die NS-Regierung beeindruckende Aufmärsche und sportliche Wettkämpfe ab. Sie sollten den Deutschen nationale Größe suggerieren und sie für den Einparteienstaat begeistern. Staatsbesuche, Empfänge, National- und Parteigedenktage oder neue pseudokultische Veranstaltungen glichen in ihrem Ablauf religiösen Festen. Auch die Olympischen Spiele, die 1936 in Berlin stattfanden, nutzte das Regime zu einer sorgfältig inszenierten Selbstdarstellung.

◂ **Reichsparteitag 1936 in Nürnberg.**
Die SS ist zum „Großen Appell" angetreten.*

- *Interpretieren Sie die Fotografie. Inwiefern wird hier der Mythos „Volksgemeinschaft" bemüht? Nehmen Sie für die Beschreibung und Analyse der Abbildung den Methoden-Baustein auf den Seiten 293-295 zu Hilfe.*

* Siehe S. 108.

„Wider den undeutschen Geist“ Auch Kultur und Kirche wurden „gleichgeschaltet“. Christliche Feiertage wurden ihrer religiösen Bedeutung entkleidet und nach Belieben des Regimes umgedeutet. Weihnachten sollte sich aus einem Fest des Friedens zum Gedenktag der Wintersonnenwende, der Hoffnung des Wiedererstehens und der Freiheit Deutschlands entwickeln. Ein neuer Feierkultus entstand (▸ M2).

Was echte Kulturgüter waren, legte die NSDAP fest: Rückbesinnung auf das germanische Erbe, die Verherrlichung der „arischen Rasse“ in allen Epochen der Geschichte. Schlichtheit und Monumentalität waren die Vorgaben eines zentral reglementierten Kunstverständnisses. 1933 wurde zur Kontrolle des gesamten Kulturbetriebes die **Reichskulturkammer** eingerichtet. Jüdische Mitbürger, Marxisten und Pazifisten verbannte die Partei als „Zerstörer arischen Erbes“ aus dem Kulturbetrieb.

Reichskulturkammer: diente der Organisation und Überwachung des gesamten Kulturbetriebes (Printmedien, Film, Theater usw.). Nur Mitglieder der Kammer durften ihren Beruf ausüben.

Am 10. Mai 1933 fanden in Berlin und anderen Universitätsstädten öffentliche *Bücherverbrennungen* statt. Studenten warfen die Werke der in Ungnade gefallenen Autoren ins Feuer. Damit sollte die Ausmerzung aller wissenschaftlichen und literarischen Werke, die als „undeutsch“ galten, eingeleitet werden.

Wertvolle Kunstwerke, die nicht nationalsozialistischen Vorstellungen entsprachen, wurden aus Museen und Galerien verbannt, beschlagnahmt, zerstört oder ins Ausland verkauft. Die betroffenen Künstler erhielten, soweit sie noch lebten und nicht emigriert waren, Ausstellungs- und Arbeitsverbot. 1937 wurde eine Auswahl eingezogener Kunstwerke zusammengestellt und als Wanderausstellung *„Entartete Kunst“* in München und anderen Städten Deutschlands bei freiem Eintritt zur „Abschreckung“ gezeigt. 1939 verbrannten die Nationalsozialisten in Berlin öffentlich 1000 verfemte Kunstwerke.

Folge dieser Politik und der antijüdischen Gesetzgebung war, dass viele bedeutende Künstler und Gelehrte Deutschland verließen. Die kulturelle Blütezeit der Zwanzigerjahre fand ein jähes Ende. Mancher blieb und beugte sich dem Regime oder begab sich in die „**Innere Emigration**“.

Innere Emigration: Viele Künstler, Dichter und Gelehrte, die nach 1933 ins benachbarte Ausland oder später nach Übersee flohen, mussten Deutschland verlassen, weil ihr Leben gefährdet war oder um Verhaftungen zu entgehen; Einzelne verließen ihr Heimatland auch aus Protest gegen das neue Regime. Wer, da er nicht unmittelbar gefährdet war, zurückblieb, musste mit Publikations- und Ausstellungsverbot rechnen. Einige Schriftsteller hüllten ihre Vorbehalte gegenüber dem Regime in historische Beispielgeschichten, die nicht ohne Weiteres aufzuschlüsseln waren, oder sie schrieben für die Zeit nach dem erhofften Zusammenbruch des „Dritten Reiches“. Um diese Autoren zu charakterisieren, sprach man in den Nachkriegsjahren von der „Inneren Emigration“. Dieser Begriff wurde als Rechtfertigung dafür verstanden, dass nicht alle, die nicht zur „Äußeren Emigration“ gezwungen worden waren, automatisch auf der Seite des nationalsozialistischen Regimes gestanden haben.

Die „deutsche Frau“ Ideologisch wie personell war die NSDAP immer eine Männerpartei, Frauen hatten in den höheren Hierarchie-Ebenen von Partei und Staat keine Chance. *Gertrud Scholtz-Klink*, die „Reichsfrauenführerin“, hatte sich im Sinne der Nationalsozialisten vor allem durch eines qualifiziert: Sie war Mutter von elf Kindern.

Natürlich brauchte die Partei auch Anhängerinnen, deshalb wurden die Frauen umworben. Das ideologische Konzept dazu war denkbar einfach: Die deutsche Frau sollte als treu sorgende Gattin und Mutter den „artgerechten“ Fortbestand des Volkes gewährleisten und dem Mann zu Hause den Rücken freihalten für seine Pflichten am Arbeitsplatz und im Krieg (▸ M3).

Vielen Frauen erschien die klare Rolle, die die Nationalsozialisten ihnen zuwiesen, durchaus attraktiv. Wie den Männern wurden auch ihnen eine Gemeinschaft und ein Solidaritätsgefühl angeboten, deren negative Seiten, nämlich der Ausschluss von Kranken, Gebärunfähigen, jüdischen Frauen, Homosexuellen und anderen unerwünschten Minderheiten, nur wenigen zu Bewusstsein kam.

Die Frauen waren ebenso sorgsam organisiert wie die männliche Bevölkerung. Zusätzlich zum Bund Deutscher Mädel (BDM) und der *Nationalsozialistischen Frauenschaft* (NSF) entstand im Oktober 1933 das *Deutsche Frauenwerk* (DFW) als Sammelbecken für die „gleichgeschaltete“ bürgerliche Frauenbewegung. In diesen Organisationen trafen sich Millionen zum Meinungsaustausch, zu gemeinsamen häuslichen Arbeiten, zu ideologischer Schulung und zu karitativer Tätigkeit. Ehrungen wurden den Müttern zudem durch die Stiftung des *„Ehrenkreuzes der deutschen Mutter“* zuteil: für die Geburt von vier oder fünf Kindern in Bronze, bei sechs oder sieben in Silber und ab acht Kindern in Gold. Hilfswerke für Mutter und Kind, Mütterschulen und die Hervorhebung des Muttertages rundeten das Propagandabild von der erfolgreichen deutschen Frau ab.

Noch so bescheidene Ansätze einer Frauenemanzipation lehnte Hitler persönlich ab; den Hochschulabschluss für Frauen missbilligte er. Ehestandsdarlehen mit teilweisem oder vollem Schuldenerlass, je nach Kinderzahl, sollten verheiratete Frauen bewegen, die Berufswelt zu verlassen und sich ganz der Familie zu widmen. Freilich hat das NS-Regime die Emanzipation durch Dauer und Folgen des Krieges auf das Wirtschaftsleben dann wider Willen doch gefördert. Denn Frauen mussten die Aufgaben von den Männern, die in den Krieg gezogen waren, übernehmen.

Darüber hinaus beteiligten sich Hunderttausende Frauen auch selbst am nationalsozialistischen Kriegseinsatz. Als Helferinnen der *Wehrmacht*, der *SS*, der *Gestapo**, des *Reichsluftschutzbundes* oder des Deutschen Roten Kreuzes waren sie nicht nur im Reich, sondern auch in den besetzten Gebieten tätig. Historiker haben die weibliche (Mit-)Täterschaft seit den 1990er-Jahren intensiv untersucht und festgestellt, dass allein 500 000 Frauen während des Zweiten Weltkrieges in der Wehrmacht tätig waren, etwa als Nachrichten-, Sanitäts- oder Flakwaffenhelferinnen. Auch in den Konzentrationslagern versahen etwa 10 000 Frauen als weibliches SS-Gefolge ihren Dienst. Während sich frühere Forschungen auf die Rolle der Frau als treu dienende Ehegattinnen und „Gebärmaschinen“ an der „Heimatfront“ konzentrierten, verdeutlichen die neueren Untersuchungen, dass Frauen im Krieg eine durchaus aktive Rolle einnahmen und dass das Regime durch ihren Einsatz massive Unterstützung erfuhr.

▲ „Ehrenkreuz der Deutschen Mutter.“
Ab 1938 wurde kinderreichen Müttern für ihre Verdienste im „Geburtenkrieg“ diese Auszeichnung verliehen.

▲ Aufseherinnen des Frauenkonzentrationslagers Ravensbrück in Fürstenberg/Havel haben zum Besuch des Reichsführers der SS, Heinrich Himmler, Aufstellung genommen.
Foto aus dem sog. „SS-Album“, vermutlich Januar 1940 oder Januar 1941.
Ravensbrück diente nicht nur als Konzentrationslager primär für weibliche Häftlinge (ab April 1941 existierte jedoch auch ein Männerlager), sondern auch als Ausbildungsstätte für Aufseherinnen, die später als weibliches „SS-Gefolge“ ihren Dienst in Ravensbrück oder in Frauenabteilungen anderer Konzentrationslager, etwa in Auschwitz-Birkenau, antraten.

* Siehe S. 108.

▲ **NS-Propaganda.**
Von links nach rechts: Sporttag des BDM, Plakat der Abteilung Presse und Propaganda Bielefeld, um 1936; Werbung für den „Volksempfänger", 1936; Werbeplakat der NS-Organisation „Kraft durch Freude" für den Volkswagen, 1938.

M1 Wie erfolgreich war die Propaganda?

Der Historiker Bernd Jürgen Wendt untersucht die Wirkung der nationalsozialistischen Propaganda auf die Bevölkerung:

Dringend muss davor gewarnt werden, unkritisch aus den oft eindrucksvollen Produkten der nationalsozialistischen Propaganda etwa durch die unkommentierte Vorführung von Wochenschauen oder Propagandafilmen bereits auf ihre tatsächliche Wirkung zu schließen.
Resistenz oder Anfälligkeit gegenüber nationalsozialistischer Propaganda und Indoktrination waren wesentlich abhängig von der politischen Einstellung, dem sozialen und politischen Milieu, in dem man aufgewachsen war und lebte, von Erziehung und Schulbildung, Wohnort und persönlichem Umfeld. Goebbels war stets bemüht, in einer taktischen „Variationstoleranz" (Bracher) propagandistische Indoktrination differenziert nach den Adressaten und schichtenspezifisch einzusetzen, auch gewisse Rücksichten auf kulturelles Erbe und bürgerliche Traditionspflege zu nehmen, sterile Uniformität zu vermeiden und dort, wo er es für angebracht hielt, etwa bei der Darbietung eines deutschen (!) Jazz, in der Schlagerkultur oder bei Hollywoodfilmen selbst noch mit der emigrierten Marlene Dietrich[1] die Zügel zu lockern. [...]
Die Propagierung der Idee des Nationalsozialismus, so verschwommen und eklektisch[2] sie auch sein mochte, stieß dort auf eine zusätzliche Resonanz, wo sie offenkundig Erfolge aufweisen konnte. Denn das Leben damals verhieß vielen, die vorher davon nicht einmal zu träumen gewagt hatten, um den Preis der politischen Anpassung einen höheren Grad an Mobilität, freiere Lebensformen [...], materielle Vorteile wie einen Arbeitsplatz, die Chance individueller Bewährung, nichtakademische Karrieremuster, soziale Betreuung oder auch ein reiches Angebot für die Gestaltung der Freizeit mit KdF-Reisen[3], Kulturveranstaltungen usf.

Bernd Jürgen Wendt, Deutschland 1933-1945. Das Dritte Reich, Hannover 1995, S. 142-144

1. *Erörtern Sie in Anlehnung an den Text von Wendt, warum die NS-Propaganda nur zum Teil erfolgreich war.*

2. *Diskutieren Sie, ob wir heute resistenter gegen Propaganda sind. Begründen Sie Ihre Meinung.*

[1] Marlene Dietrich war nach ihrem Welterfolg mit „Der blaue Engel" von 1930 die bekannteste deutsche Schauspielerin. Sie stellte sich gegen die Nationalsozialisten und ging in die USA.
[2] eklektisch: zusammengesucht, ohne eigenen Stil
[3] Kraft durch Freude: Unterorganisation der Deutschen Arbeitsfront (DAF); siehe dazu S. 117

M2 Weihnachten

Kurt Eggers, deutscher Schriftsteller und Kulturpolitiker, ab 1936 Abteilungsleiter für Feiergestaltung des Rasse- und Siedlungshauptamts der SS, schreibt in seinem Artikel „Weihnachten":

So wurde von Urzeiten her das Weihnachtsfest die Feier jubelnden Trotzes gegen die kalte und tötende eisige Winternacht. Die Sonnenwende brachte den Sieg des Lichtes! Diese Gewissheit vermittelten unseren Vorfahren keine astrologischen Könige aus dem „Morgenlande"! Diese Gewissheit gewannen sie vielmehr aus der Erkenntnis der ewigen, großen Naturgesetze des Alls. Aus diesem Erberinnern heraus zünden wir in der Weihnacht die Lichter an, aus diesem Erberinnern freuen wir uns über den Glanz der Kerzen, der die Dunkelheit verscheucht und sich in unserer sehnsüchtigen Seele, in unseren tatbereiten Herzen widerspiegelt. [...]
Fremde Völker verstehen es nicht, und sie werden es nie begreifen! Unser Erberinnern sagt uns, dass unsere Vorfahren, lebensgläubig und sehnsüchtig, unter Eis und Schnee das lebendige Grün suchten und fanden: Da grünte unter der Schneedecke, behangen mit glitzernden Eiszapfen, der Nadelbaum, dessen sprossendes Leben der kalte Tod nicht zu bezwingen vermochte!
Und wie einst unsere Vorfahren das Zeichen des Lebens in trotziger Freude und dankbarer Gewissheit grüßten, so holen wir heute den Baum als Symbol unbezwingbaren Lebens in unsere Stuben, schmücken ihn mit Lichtern und denken voller Ehrfurcht an die Größe des ringenden und trotzenden Lebens, das sich unter Gefahren und Nöten gegen jeden noch so drohenden und lastenden Zustand zu behaupten weiß. [...]
Unser Weihnachten! Es wurde das Fest des Sieges und der tiefen, verpflichtenden Bereitschaft zum Kampf.
Kriegsweihnacht! Gerade jetzt erkennen wir die letzten Werte unserer Rasse, die im jubelnden und trotzigen Aufstand gegen die Dunkelheit, gegen den Zwang, gegen jeden unwürdigen Zustand sich zur befreienden Tat erheben!
Unser Weihnachtsfest begehen wir darum nicht in der rührseligen Stimmung, die in so manchem unserem Tatdenken fremden Weihnachtschoral enthalten ist, sondern in der harten und unbeugsamen Gewissheit, dass wir berufen sind, als die ewigen Feuerträger das Licht der Freiheit in die Welt zu tragen.

Hauptkulturamt der NSDAP in der Reichspropagandaleitung, Deutsche Kriegsweihnacht, München 1944, S. 8 f.

1. *Zeigen Sie auf, dass der Text in Inhalt, Wortwahl und Stil ein typisches Beispiel für Propaganda ist.*

2. *Erklären Sie, welche Wirkung der Text haben sollte.*

M3 Die deutsche Familie

1939 wird beim Reichsparteitag eine Ausstellung „Frau und Mutter – Lebensquell des Volkes" gezeigt. In einem Begleittext zur Ausstellung heißt es:

Ein deutsches Wort nennt den Mann den Kopf der Familie. Er ist der sorgende Verstand der Seinen, den sein Beruf oftmals zur Härte gegen sich und andere zwingt. Die Frau wird in diesem Sprichwort das Herz der Familie genannt. Ihr wird der Mittelpunkt dieses lebendigen Organismus zugewiesen, von ihr nimmt das Familienleben seinen Ausgang. [...] Die Frau in der Familie ist ungleich mehr Gefährtin des Mannes, als es die ledige Frau sein kann, die im Beruf gleichberechtigt neben dem Manne steht. In einem geregelten deutschen Familienleben braucht sich diese Tatsache nicht einmal nach außen hin zu zeigen, allein sie wirkt sich aus im Schaffen und Handeln des Mannes. [...]
Die Frau in der Familie ist Mutter. Was wäre eine deutsche Familie ohne Kinder? Wie sich das Frauentum zu höchster Blüte entwickelt durch die Mutterschaft, so wird die Lebensgemeinschaft der Familie erst harmonisch durch die Kinder. Kinder sind auch dort das bindende Glied, wo die Familie in Gefahr gerät durch mangelndes gegenseitiges Verstehen zwischen Frau und Mann.
„Viel Kinder, viel Segen", sagt ein altes deutsches Sprichwort. Tatsächlich sind die kinderreichen Familien zumeist die glücklichsten. Es muss das wohl so sein, weil hier so viele Glieder beitragen zum Glücklichsein und Erleben der Familie. Voraussetzung zu diesem Glück ist aber eine starke innere Bereitschaft der Eltern zum Leben und allen seinen Anforderungen.
Der Nationalsozialismus wertet die Familie höher als jemals eine Weltanschauung vor ihm. Er erkennt die ausschlaggebende Bedeutung der Frau in der Familie und bemüht sich, durch immer neue Maßnahmen Frau und Familie zu schützen, ihre Lebensbedingungen zu erleichtern und die Bildung neuer Familien zu ermöglichen. Das Volk ist die große deutsche Familie, die sich nach dem Vorbild der kleinsten Zelle bemüht, einen jeden Angehörigen zu betreuen und durch Schaffen und Fröhlichsein der Freuden des Lebens und auch seines Ernstes teilhaftig werden zu lassen.

Ute Benz (Hrsg.), Frauen im Nationalsozialismus. Dokumente und Zeugnisse, München [2]1997, S. 105 f.

1. *Erläutern Sie die Rollenzuweisungen, die in dem Text vorgenommen werden.*

2. *Untersuchen Sie den Text in Bezug auf seinen spezifisch nationalsozialistischen Gehalt.*

Ausgrenzung und Verfolgung

Internettipp
Ende Januar 2013 hat der Bayerische Rundfunk eine „Dokumentarische Höredition" mit dem Titel „Die Quellen sprechen" gestartet. In 16 Folgen werden mehrere Hundert Briefe, Tagebucheinträge, Verordnungen und Befehle des NS-Regimes, aber auch Zeitungsberichte und andere Quellen vorgetragen, die die Verfolgung, Entrechtung und Ermordung der europäischen Juden zwischen 1933 und 1945 spiegeln. Siehe: http://die-quellen-sprechen.de

Der Rechtsstaat wird ausgehöhlt ■ Mit der Verordnung des Reichspräsidenten „Zum Schutz von Volk und Staat" vom 28. Februar 1933 war die erste Schranke des Rechtsstaates gefallen. Die Polizei konnte nun ohne Angabe des Grundes Personen bespitzeln oder verhaften, durfte sie ohne Verhör durch einen Richter festsetzen, konnte Wohnungen durchsuchen, Eigentum beschlagnahmen, Zeitungen zensieren und verbieten, Telefone überwachen, Parteien und Vereine auflösen.

Die Schaffung neuer Straftatbestände, so z. B. die Kritik an der Regierung, das Verbreiten ausländischer Nachrichten oder ganz generell der Verstoß gegen das „gesunde Volksempfinden", öffnete willkürlichen Urteilen Tür und Tor. Für Delikte wie Hochverrat legten die neuen Machthaber rückwirkend die Todesstrafe fest. Waren zwischen 1907 und 1932 in Deutschland 1400 Menschen zum Tode verurteilt und 345 hingerichtet worden, so sprachen die Strafgerichte unter nationalsozialistischer Herrschaft zwischen 1933 und 1944 13 405 Todesurteile aus, von denen 11 881 vollstreckt wurden.

Sturmabteilung (SA): 1920 gebildete, militärisch organisierte und uniformierte Saalschutz- und Kampftruppe der NSDAP

Schutzstaffel (SS): 1925 gegründete Parteiformation zum persönlichen Schutz Hitlers, ab 1934 „selbstständige Organisation" der NSDAP mit polizeilicher Machtbefugnis

Ernst Röhm (1887-1934): früher Förderer und Freund Adolf Hitlers; ab 1930 mit der Reorganisation der SA betraut; als Stabschef der SA einer der mächtigsten Männer der NS-Bewegung; wollte aus der SA ein Volksheer machen, in dem die Reichswehr aufgehen sollte, was Hitlers Plänen entgegenstand; im Juni 1934 gemeinsam mit ca. 100 weiteren SA-Führern und Regimegegnern ermordet

Sicherheitsdienst (SD): 1931 als Geheimdienst der SS zur Überwachung politischer Gegner und Parteimitglieder eingerichtet, ab 1934 parteiinterner Nachrichtendienst der NSDAP

Polizei und Justiz ■ Im Rahmen der „Gleichschaltung" übernahmen die Nationalsozialisten in den Ländern die Polizeigewalt. Neben den regulären Polizeiapparat stellten sie eine Hilfspolizei. Deren Truppen bestanden überwiegend aus Männern der **Sturmabteilung (SA)** und der **Schutzstaffel (SS)**. Den paramilitärischen Verbänden der nationalsozialistischen „Kampfzeit" wurden damit hoheitliche Polizeibefugnisse zugestanden. Die Folgen erlebte man anlässlich des *„Röhm-Putsches"* am 30. Juni 1934, als Hitler Meinungsverschiedenheiten mit dem SA-Führer **Ernst Röhm** zum Anlass nahm, gemeinsam mit Reichswehr und SS politische Gegner zu beseitigen. Das „Gesetz über Maßnahmen der Staatsnotwehr" vom 3. Juli 1934 sollte die Vorgänge nachträglich rechtfertigen.

1936 erging das Verbot, Maßnahmen der Geheimen Staatspolizei (Gestapo) gerichtlich überprüfen zu lassen. Die Gestapo verfolgte politische Gegner des NS-Staates. Ähnliche Aufgaben hatte der **Sicherheitsdienst (SD)**. Bei all diesen Vorgängen gab es kaum Proteste oder Rücktritte, denn viele Richter und Staatsanwälte waren eingeschüchtert, da das Gesetz zur Wiederherstellung des Berufsbeamtentums die Möglichkeit geschaffen hatte, missliebige Beamte aus dem Dienst zu entfernen. Seit der „Machtergreifung" liefen sie ohnehin Gefahr, dass ihre Urteile von den Nationalsozialisten „korrigiert" wurden (▸ M1).

Ergingen Freisprüche oder fielen die Strafen nach Meinung der Machthaber zu milde aus, nahm nicht selten die Gestapo die Angeklagten in „Schutzhaft". Um die Betroffenen davor zu bewahren, verhängten die Gerichte oftmals härtere Urteile, die dann im Rahmen des staatlichen Justizvollzugs vollstreckt wurden. Umgekehrt verschoben die Justizbehörden Verfahren gegen Mitglieder der SA und SS bis zur nächsten Amnestie.

Am *Volksgerichtshof*, seit 1936 als ordentliches Gericht für Hoch- und Landesverrat zuständig, waren die Rechte der Angeklagten beschränkt, das Urteil stand in aller Regel im Vorhinein fest. Dort wurden bis 1945 rund 5 200 Todesurteile gefällt. Die meisten dieser Todesurteile gehen auf das Konto *Roland Freislers*, der seit 1942 den Vorsitz des Volksgerichtshofes führte und wegen seiner fanatischen und demütigenden „Schauprozesse" als berüchtigtster Strafrichter der NS-Zeit gilt. Es ist eine Ironie der Geschichte, dass Freisler im Februar 1945 gerade auf dem Weg ins Gericht war, als er starb: Ein Luftangriff auf Berlin setzte seinem Leben ein Ende.

Der Weg in den SS-Staat Die SS war 1925 als Sonderorganisation zum Schutz Hitlers und anderer Funktionäre der NSDAP entstanden. Formal zunächst der Leitung der SA unterstellt, betrachtete sich die SS unter **Heinrich Himmler** als eine Art Geheimorden in schwarzer Uniform, durch einen Schwur dem „Führer" zu ewiger Treue verpflichtet. Seit der Entmachtung der SA blieb die SS in ihrer elitären Rolle unangefochten. Nach der „Machtergreifung" war sie Hauptinformantin für die Gestapo. „Sicherheit" und Kontrolle gehörten zu den Hauptaufgaben der Organisation. Konsequenterweise wurde deshalb Himmler 1936 Chef der Polizei, die in der Folgezeit praktisch aus dem Staatsapparat aus- und drei Jahre später schließlich in die SS eingegliedert wurde. Die Polizei war damit nicht länger an Recht und Gesetz gebunden, sondern zum Handlanger des „Führerwillens" geworden.

SS-Angehörige saßen auf wichtigen Posten in den Massenorganisationen der Partei wie DAF oder HJ. Sie drangen in vielen Funktionen in die staatliche Verwaltung ein und stellten Dozenten für die Hochschulen. Eigene Forschungsabteilungen sollten die Ideen Hitlers vom „nordischen" Menschen experimentell beweisen. Nicht zuletzt in den *Konzentrationslagern* (KZ) führten SS-Ärzte entsprechende Experimente durch und quälten Menschen systematisch zu Tode.

Heinrich Himmler (1900-1945): „Reichsführer SS"; ab 1936 zudem Chef der Deutschen Polizei; einer der Hauptverantwortlichen für den Holocaust und die zahlreichen Verbrechen der Waffen-SS; 1945 Selbstmord

Die Konzentrationslager Gegen Ende des Ersten Weltkrieges, ab 1916, verhängten Justizbehörden im Deutschen Reich in Ausnahmefällen die sogenannte „Schutzhaft" als streng begrenzte Vorbeugehaft. Im „Dritten Reich" entwickelte sie sich jedoch zu einem planmäßig eingesetzten Instrument politischen Terrors, das keiner richterlichen Kontrolle unterlag. Die ersten Konzentrationslager, die zur Aufnahme von „Schutzhäftlingen" gedacht waren, entstanden in Deutschland schon wenige Wochen nach der „Machtergreifung", zuerst in *Dachau* nahe München oder in *Oranienburg* bei Berlin. Seit Anfang März 1933 wurden vor allem Sympathisanten und Mitglieder der KPD und der SPD eingewiesen. Ende Juli verzeichnete die amtliche Statistik etwa 27 000 Häftlinge. Ab 1935 dienten die Lager nicht mehr ausschließlich zur „Umerziehung" oder Ausschaltung von politischen Gegnern, sondern als Ort für Personengruppen, die generell zu „Volksschädlingen" erklärt worden waren. Dazu zählten „Gewohnheitsverbrecher", zunehmend auch religiöse Minderheiten wie die „Bibelforscher" (Zeugen Jehovas), in Deutschland lebende Ausländer, ferner sozial gebrandmarkte Menschen wie „Arbeitsscheue" oder Homosexuelle und vor allem seit 1938 jüdische Mitbürger (▸ M2).

▲ **Hilflos ausgeliefert.**
Verhaftete Regimegegner in einem „wilden Konzentrationslager" der „Sturmabteilung" (SA), Ende März 1933. Das Lager – eine von mehr als 150 SA-Haftstätten in Berlin – befand sich in der SA-Kaserne in der Friedrichstraße.

Diskriminierung und Entrechtung Die Entrechtung und Ausgrenzung der Juden hatte schon bald nach der „Machtergreifung" begonnen und wurde schrittweise radikaler. Bereits ab Februar 1933 setzte die gewaltsame Vertreibung jüdischer Richter und Staatsanwälte aus den Gerichten, der Boykott gegen jüdische Arztpraxen, Anwaltskanzleien, Geschäfte und Warenhäuser ein. SA-Leute postierten sich vor jüdischen Läden, pöbelten deren Inhaber an, versperrten Kunden den Eingang und beschmierten die Schaufenster mit judenfeindlichen Parolen.

Das „Gesetz zur Wiederherstellung des Berufsbeamtentums“ vom 7. April 1933 verlangte von allen Beamten den Nachweis „arischer“ Abstammung. Wer als „arisch“ gelten durfte, bestimmte der „Arierparagraf“. Ähnliche Gesetze traten später für andere Berufsgruppen in Kraft. Die *„Nürnberger Gesetze“* von 1935 machten die „arische“ Abstammung zur Bedingung für die Anerkennung als Vollbürger (▸ M3). Das *„Gesetz gegen die Überfüllung der deutschen Schulen und Hochschulen“* begrenzte zudem die Zahl der Juden in den Bildungsanstalten. 1938 erfolgte der vollständige Ausschluss.

Mit den zunehmenden Repressionen, denen die deutschen Juden im gesamten Reich ausgesetzt waren, erhöhte sich auch der Verfolgungsdruck für die jüdischen Bürger Berlins mehr und mehr. Sie erhielten Ausgangsverbote, durften keine öffentlichen Schulen, Theater, Kinos oder Cafés mehr besuchen. Jüdischen Haushalten wurde Gas und Strom abgesperrt; ab 1938 wurden die Pässe mit einem „J“ gestempelt. Die zunehmende Ausgrenzung aus dem sozialen und gesellschaftlichen Umfeld machte das Leben für die Betroffenen unerträglich.

Gewalt von Anfang an ■ Nach dem 30. Januar 1933 nahmen auch die gewaltsamen Übergriffe auf Juden zu. Polizei und Behörden reagierten jedoch nicht.

Das Attentat des 17-jährigen Juden *Herschel Grynszpan* auf den Diplomaten *Ernst vom Rath* in der deutschen Botschaft in Paris lieferte Propagandaminister Joseph Goebbels den willkommenen Anlass für das als „spontanen Sühneakt“ erklärte Pogrom vom 9. auf den 10. November 1938 (*„Novemberpogrom“* oder verharmlosend „Reichskristallnacht“; ▸ M4). Reichsweit wurden Hunderte von Synagogen in Brand gesteckt, über 8 000 jüdische Geschäfte und zahllose Wohnungen zerstört, etwa 100 Juden getötet und rund 30 000 in Konzentrationslager verschleppt. Viele starben an den Folgen der Misshandlungen oder nahmen sich selbst das Leben.

▸ **Geschichte In Clips:** Zum „Novemberpogrom“ siehe Clip-Code 32003-04

Für den „öffentlichen Schaden“ und die „Wiederherstellung des Straßenbildes“ mussten die Juden auch noch zahlen: Eine Verordnung legte die „Sühneleistung der Juden“ in Höhe von einer Milliarde Reichsmark fest. Versicherungsleistungen wurden zugunsten des Reiches eingezogen. Zusammen mit der Ausschaltung aus der Wirtschaft brachte dieses „Sühnegeld“ vielen Familien den Ruin.

Berichtigung! Die für Dienstag, Mittwoch und Donnerstag angesetzten Versteigerungen finden Vilbeler Straße 26 statt. Kroll, OGV.

Versteigerung. Am Donnerstag und Freitag, dem 11. und 12. Dezember 1941, versteigere ich freiwillig, z. T. aus nichtarischem Besitz, in meinen Geschäftsräumen, Fahrgasse 118, folgende gut erhaltene Gegenstände: 4 Herrenzimmer in Eiche in verschiedenen Größen, 1 Schlafzimmer in Birke mit Frisiertoilette und Waschtisch, 3 Schlafzimmer in Eiche und Nußbaum, 1 Speisezimmer in Eiche mit 6 Stühlen, 2 Sesseln und Standuhr, 4 Speisezimmer in Eiche, 1 Speisezimmer in Nußbaum, 1 mod. Vitrine, 5 Schreibtische, 2 3türige Schränke; Polstermöbel: 1 Lederklubgarnitur, 2 Kautschdivane, 3 Ledersessel, 1 Sofa, 2 Sessel und 4 Stühle, modern, Polstersessel, Chaiselongue u. -decken, Roßhaar-, Kapok- und Wollmatratzen, Schonerdecken, Steppdecken, Federzeug, Tisch-, Bett- u. Leibwäsche, Kleider,

▲ **Versteigerungsanzeige von „nichtarischem“ Besitz in der Frankfurter Zeitung 1941.**
In den Kriegsjahren fanden fast täglich Versteigerungen von jüdischem Besitz statt, der bei den Deportationen zurückgelassen werden musste. Nur wenige Deutsche empfanden bei den Käufen Skrupel.

Enteignung und Vertreibung ■ Nach dem „Novemberpogrom“ und nach Jahren der Diskriminierung und Entrechtung zielten die nun folgenden Maßnahmen darauf, den jüdischen Bürgern ihre Existenz zu rauben und ein Leben in Deutschland damit unmöglich zu machen. Bereits im April 1933 hatte mit dem Boykottaufruf gegen jüdische Geschäfte der Ausschluss der Juden aus dem Wirtschaftsleben begonnen. Der Entzug öffentlicher Aufträge, ausbleibende Kundschaft und bürokratische Schikanen zwangen die jüdischen Gewerbetreibenden, ihre Geschäfte zu schließen oder zu Spottpreisen zu verkaufen. Diese Aufkäufe durch „Arier“, die die Notlage ihrer jüdischen Mitbürger ausnutzten, wurden als *„Arisierung“* bezeichnet. Von 100 000 jüdischen Betrieben existierten im April 1938 noch knapp 40 000.

Wenig später machten weitere Berufsverbote und die „Zwangsarisierung“ jüdischen Immobilienbesitzes dem jüdischen Geschäftsleben ein Ende. Die *„Verordnung zur Ausschaltung der Juden aus dem deutschen Wirtschaftsleben“* vom 12. November 1938 vernichtete die noch verbliebenen Existenzen. Juden mussten Wertpapiere, Schmuck, Edelmetall und Kunstgegenstände weit unter Wert an den Staat verkaufen. Da für die Juden kein Mieterschutz mehr galt, wurde die Einweisung in „Judenhäuser“ vorbereitet, auch um die Überwachung zu erleichtern.

▲ **Mahnmal in der Levetzowstraße in Berlin-Moabit.**
Foto von 2012.
Das Mahnmal, das in dieser Form im November 1988 eingeweiht wurde, erinnert an die vielen Tausend deportierten Berliner Juden, die sich ab 1941 u.a. in der Synagoge der Levetzowstraße versammeln und danach zum Bahnhof Putlitzstraße (vgl. dazu Seite 163) marschieren mussten. Von dort gingen die Deportationen in den Osten ab.

- *Sehen Sie sich das Mahnmal vor Ort an und klären Sie, welche Informationen zu den Deportationen und den Deportierten der Künstler darin verarbeitet hat. Fertigen Sie anschließend eine Beschreibung des Gedenkortes Levetzowstraße an.*
- *Recherchieren Sie weitere Gedenkorte in Berlin, die an die deportierte jüdische Bevölkerung erinnern, und stellen Sie sie in einer PowerPoint-Präsentation vor.*

Die Deportation der deutschen Juden Mit Beginn des Zweiten Weltkrieges im Jahr 1939 radikalisierte sich die „Judenpolitik". Die deutschen Juden wurden nun offiziell als „Reichsfeinde" behandelt. Das NS-Regime richtete Sperrstunden ein, in denen sie ihre Wohnungen nicht verlassen durften. Rundfunkempfänger und Telefone wurden eingezogen. Juden erhielten keine Kleiderkarten mehr. Ihre Lebensmittelkarten waren mit einem „J" markiert, einkaufen durften sie täglich erst nach 15:30 Uhr, wenn die meisten Regale in den Läden bereits leer waren.

Seit dem 15. September 1941 mussten alle Juden vom sechsten Lebensjahr an einen gelben Stern auf der Kleidung tragen, der sie öffentlich stigmatisierte. Ab dem 1. Juli 1943 waren die Juden unter Polizeirecht gestellt und damit endgültig entrechtet. Zu diesem Zeitpunkt lebten jedoch nur noch wenige deutsche Juden in ihrem Heimatland. Wer es nicht geschafft hatte, das Reich zu verlassen oder in einem sicheren Versteck unterzutauchen, wurde ab Oktober 1941 mit Sammeltransporten in die besetzten Gebiete **deportiert**. Auch die Geschichte der jüdischen Gemeinden in Berlin fand so ein jähes Ende.

Ziel der Deportationen waren vor allem **Ghettos** in Polen (z.B. Litzmannstadt/Łodź im *Warthegau*, Ghettos im **Generalgouvernement**; ▸ M5). Auch im *„Reichskommissariat Ostland"* (vgl. dazu die Karte auf Seite 140), das waren die beim Angriff auf die

Internettipp
Anlässlich des 80. Jahrestages der Machtübertragung an die Nationalsozialisten und des 75. Jahrestages der Novemberpogrome von 1938 wird in der deutschen Hauptstadt 2013 mit einem umfänglichen Programm und zahlreichen Aktivitäten (Ausstellungen usw.) an die Vielfalt des Lebens in Berlin und an deren Zerstörung im Nationalsozialismus erinnert. Siehe: http://www.berlin.de/2013/themenjahr

Deportation: Zwangsverschickung bzw. Verbannung von Menschen aus ihrer Heimat; für die Zeit des „Dritten Reiches" und des Zweiten Weltkrieges bezieht sich der Begriff auf die durch das nationalsozialistische Regime millionenfach verschleppten Menschen, die zumeist mithilfe von Zügen in die Konzentrations- und Vernichtungslager oder zur Zwangsarbeit deportiert wurden.

Ghetto: Primär in Polen und den besetzten Gebieten der Sowjetunion eingerichtete abgesperrte Wohnbezirke, in denen die jüdische Bevölkerung unter unmenschlichen Bedingungen zusammengepfercht und häufig sich selbst überlassen wurde. Die Konzentrierung der Juden wurde gleichzeitig für die Ausbeutung ihrer Arbeitskraft genutzt. Katastrophale hygienische Verhältnisse, Unterversorgung und Epidemien führten zum Tod vieler Zehntausend Menschen. Nach Auflösung der Ghettos wurde die jüdische Bevölkerung fast ausnahmslos in Vernichtungslager deportiert.

Generalgouvernement: Bezeichnung für die besetzten polnischen Gebiete, die nicht unmittelbar dem Reich angegliedert worden waren

UdSSR ab Juni 1941 eroberten Gebiete des Baltikums und Weißrusslands, wurden Ghettos eingerichtet, in denen Tausende einheimischer Juden unter Hunger und Krankheiten litten und ständig der Gefahr ausgeliefert waren, von dort in Todeslager (*Vernichtungslager**) deportiert zu werden. In Ghettos wie Minsk oder Riga wurden vor dem Eintreffen der Transporte aus dem Reich mehrere Tausend Juden erschossen, um Platz für die Neuankömmlinge zu schaffen. Zeitweise kam es auch zu Massenerschießungen deutscher Juden, so wurden die ersten aus Berlin in Riga eintreffenden Juden, etwa 1000 an der Zahl, ebenfalls sofort ermordet. Mit der Auflösung der Ghettos und der Einrichtung von **Auschwitz I** und **II (Birkenau)** wurden die deutschen, aber auch die Juden anderer westeuropäischer Länder, später entweder nach Auschwitz oder in andere Lager deportiert. So kamen z.B. viele Juden aus den Niederlanden in das Vernichtungslager *Sobibor*.

Von den etwa 160000 Juden, die 1933 in Berlin gelebt hatten (3,8 Prozent der Gesamtbevölkerung), war rund 80000 bis September 1939 die Flucht gelungen. Am 18. Oktober 1941 begannen die Deportationen der Berliner Juden mit einem Transport in das Ghetto Łodź. Anschließend fanden auch Transporte nach Riga und Kaunas/Kowno (Litauen) statt, sodass im Januar 1942 nur noch etwa 58000 und im November nur noch gut 35000 Juden in Berlin lebten. Von den 80000 Personen, die 1941 mit Deportation bedroht gewesen waren, nahmen sich im Jahr 1942 außerdem bis zu 1000 aus Angst vor der „Evakuierung" das Leben. Bis März 1943 verringerte sich die Zahl der Berliner Juden durch fortlaufende Transporte, die nicht nur in den Osten, sondern auch in das KZ *Sachsenhausen* oder nach *Theresienstadt* gingen, auf etwa 18500, sodass zu diesem Zeitpunkt offiziell nur noch Juden, die in „Mischehen" lebten, und sogenannte „Mischlinge" zurückgeblieben waren.

Auschwitz I, II (Birkenau): Das Lager Auschwitz wurde nah der polnischen Stadt Oświęcim im Jahr 1939 für politische Häftlinge aus Polen eingerichtet. Ab 1941 wurde es erweitert, zunächst kamen Tausende sowjetische Kriegsgefangene in das Lager. Ab September 1941 begann der Ausbau Auschwitz-Birkenaus, des größten Vernichtungslagers im deutschen Machtbereich. Dort wurden ab Mai 1942 vornehmliche jüdische Häftlinge systematisch ermordet. Außerdem entstanden mehrere große Industriebetriebe (z.B. IG Farben in Monowitz), für die die Häftlinge Zwangsarbeit leisten mussten, sowie mehrere Nebenlager. Die ersten Transporte aus Westeuropa erreichten das Lager ab Frühjahr 1942. Bis zur Befreiung von Auschwitz am 27. Januar 1945 starben dort etwa eine Million Menschen.

Sinti und Roma: außerhalb des deutschen Sprachraumes ist „Roma" der Begriff für die Minderheit der Romani-Bevölkerung; fest ansässige Roma, vor allem in Deutschland, Italien und Frankreich, nennen sich selbst Sinti. „Sinti" ist zudem der Begriff für die seit dem Spätmittelalter in Mitteleuropa ansässige Minderheit, als „Roma" werden die aus Südosteuropa stammenden Menschen bezeichnet. Nicht-sesshafte Roma im deutschsprachigen Raum heißen „Jenische", sie sprechen kein Romanes.

Die Verfolgung der Sinti und Roma ■ Wie die jüdische Bevölkerung wurden auch die etwa 30000 auf Reichsgebiet lebenden **Sinti und Roma** nach 1933 durch die Gesetze des NS-Staates diskriminiert und entrechtet. Dazu kam die gesellschaftliche Ausgrenzung dieser Minderheit: Kindern wurde der Zugang zu öffentlichen Schulen verweigert, Sinti und Roma erhielten Berufsverbote, bekamen gekürzte Lebensmittelkarten, ihnen wurde das Wahlrecht entzogen und sie waren der ständigen Kontrolle von Behörden wie der 1937 in Berlin gegründeten „*Rassenhygienischen Forschungsstelle*" und dem *Reichskriminalpolizeiamt* unterworfen. Außerdem wurden sie aus berufsständischen Organisationen wie der Handwerkskammer sowie aus der Wehrmacht ausgeschlossen. Die Diskriminierung dieser Volksgruppe, die bereits im Kaiserreich eingesetzt hatte, steigerte sich ab Mitte der 1930er-Jahre schließlich zur Verfolgung.

Nach der Vorstellung der Nationalsozialisten galten die Sinti und Roma, die abschätzig als „Zigeuner" betitelt wurden, als „Volksschädlinge" und „Artfremde". Richtlinien wie das „*Gesetz zur Verhütung erbkranken Nachwuchses*" (1933)** zielten daher nicht nur auf die jüdische Bevölkerung, sondern auch auf die Sinti und Roma im Reich; viele wurden zwangsweise sterilisiert. Ab Januar 1936 wurden sie dann ebenfalls den Bestimmungen der „Nürnberger Gesetze" unterworfen. Da sich diese wortwörtlich nur gegen die jüdische Minderheit gerichtet hatten, wurde eine „*Erste Verordnung zu den Rassengesetzen*" veröffentlicht, die auch für „Angehörige anderer Rassen, deren Blut dem deutschen Blut nicht artverwandt ist", wie „Zigeuner", angewendet werden sollte.

In zahlreichen deutschen Städten entstanden Mitte der 1930er-Jahre zudem spezielle KZ-ähnliche Sammellager für Sinti und Roma, die später – vor allem im Zuge der

* Für eine Definition des Begriffes siehe S. 136.
** Siehe ebenda.

Massenverhaftungen der Jahre 1938/39 – zum Ausgangspunkt der Deportationen in die Konzentrations- und Vernichtungslager wurden. Koordiniert und durchgeführt wurden diese „Aktionen“ von der *„Reichszentrale zur Bekämpfung des Zigeunerunwesens“*, die im Oktober 1938 gegründet worden war. In Lagern wie Dachau, *Buchenwald*, Ravensbrück oder Sachsenhausen kategorisierte man Angehörige dieser Minderheit dann als sogenannte „Rassenschänder“ oder „Asoziale“*. Ab März 1939 mussten die deutschen Sinti und Roma zudem besondere „Rasseausweise“ bei sich tragen, ihre Pässe wurden eingezogen. Der sogenannte *„Festsetzungserlass“* vom Oktober 1939, der Sinti und Roma unter Androhung von KZ-Haft verbot, ihre Wohnorte zu verlassen, bildete schließlich die Grundlage für die massenhafte Deportation dieser Minderheit in das besetzte Polen ab Mai 1940.

Lektüretipp

Die österreichische Romani Ceija Stojka beschreibt in diesem Band, der anlässlich ihres 80. Geburtstages veröffentlicht wurde, ihre Erfahrungen als Kind in den Konzentrations- und Vernichtungslagern Auschwitz-Birkenau, Ravensbrück und Bergen-Belsen sowie ihr Leben als junge Frau und Mutter im Österreich der Nachkriegszeit. Ceija Stojka starb im Januar 2013 in Wien.

Emigration Zwischen 1933 und 1945 ergriffen allein im deutschsprachigen Raum über eine halbe Millionen Menschen die Flucht ins Ausland, um dem wachsenden Terror des NS-Regimes zu entgehen. Über 90 Prozent waren jüdischer Herkunft; die übrigen Emigranten gehörten zu den politischen Gegnern des Nationalsozialismus, die von Verfolgung und KZ-Haft bedroht waren oder wie viele Künstler und Wissenschaftler keine Existenzmöglichkeiten mehr hatten.

Die jüdische Emigration vollzog sich in Schüben und erreichte 1938 nach dem „Novemberpogrom“ ihren Höhepunkt. Bis zu diesem Zeitpunkt hatten etwa 130 000 Juden das Land verlassen; in den folgenden zwei Jahren flohen fast noch einmal so viele. Abgesehen davon, dass sie ihre Heimat nicht verlassen wollten, raubte ihnen der NS-Staat durch die Beschlagnahme von Besitz und Vermögen das notwendige Geld für die Auswanderung. Zusätzlich waren die Ausreisewilligen von den NS-Behörden systematischen Schikanen und Demütigungen im Kampf um die notwendigen Ausreisepapiere ausgesetzt: Sie mussten von Amt zu Amt laufen, stundenlang Schlange stehen, zermürbende Hinhaltetaktiken hinnehmen, hohe Auswanderungsabgaben entrichten und ein Visum des Ziellandes vorlegen, das nur über persönliche Kontakte vor Ort zu erhalten war. Mit Unterstützung ausländischer Hilfsorganisationen bemühten sich jüdische Hilfsvereine, die Ausreisewilligen zu beraten, Kontakte in alle Welt herzustellen und Mittel für die Auswanderung ins Exil zu beschaffen.

Angesichts der wachsenden Flüchtlingsströme verschärften jedoch immer mehr Länder ihre Aufnahmebedingungen, da sie soziale und wirtschaftliche Belastungen befürchteten. Daneben sorgten in einigen Ländern Fremdenfeindlichkeit und Antisemitismus für die Durchsetzung strikterer Einwanderungsgesetze. Auch eine im Sommer 1938 im französischen Evian-les-Bains einberufene Flüchtlingskonferenz änderte an der Haltung des Auslandes nichts. Erst nach dem „Novemberpogrom“ öffneten wieder Länder ihre Grenzen in größerem Umfang für Juden. Bis September 1939 retteten sich 75 000 Flüchtlinge – darunter 10 000 Kinder ohne ihre Eltern – nach Großbritannien.

Mit Beginn der systematischen Deportationen wurde Juden im Oktober 1941 offiziell die Ausreise verboten. Viele unternahmen verzweifelte Versuche, illegal über die Grenzen zu gelangen, die meisten aber blieben zurück. Ab diesem Zeitpunkt waren die im Reich verbliebenen Juden den nationalsozialistischen Behörden, die die Deportation der jüdischen Bevölkerung organisierten, beinahe hilflos ausgeliefert.

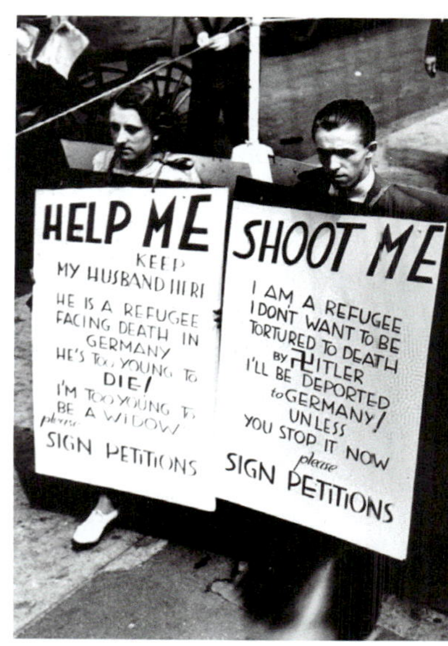

▶ **Jüdische Emigranten protestieren in New York gegen die Abschiebung.**
Foto vom 12. Juni 1936.
Das jüdische Ehepaar Richter protestierte auf der amerikanischen Einwandererinsel Ellis Island gegen die drohende Abschiebung zurück nach Deutschland, weil es keine gültigen Einreisepapiere besaß.

* Siehe S. 136.

M1 „Recht ist, was dem Volke nützt“

Hans Frank, Sohn eines Rechtsanwalts aus Karlsruhe, ist bereits seit Anfang der 1920er-Jahre Unterstützer der NSDAP. Nach der Machtübernahme der Nationalsozialisten wird er von April 1933 bis Dezember 1934 als „Reichskommissar für die Gleichschaltung der Justiz in den Ländern und für die Erneuerung der Rechtsordnung“ tätig. Von 1933 bis 1942 ist er Präsident der Akademie für deutsches Recht (1933 - 1942), ab Dezember 1934 bis zum Kriegsende hat er zudem den Posten eines Reichsministers ohne Geschäftsbereich inne. Nach seiner Ernennung zum Generalgouverneur der besetzten Gebiete von Polen (Generalgouvernement) im Oktober 1939 organisiert er u. a. die Deportation der polnischen Juden in die Ghettos. 1936 äußert sich Frank zur Funktion der Gerichte im Führerstaat:

1. Der Richter ist nicht als Hoheitsträger des Staates über den Staatsbürger gesetzt, sondern er steht als Glied in der lebendigen Gemeinschaft des deutschen Volkes. Es ist nicht seine Aufgabe, einer über der Volksgemeinschaft stehenden Rechtsordnung zur Anwendung zu verhelfen oder allgemeine Wertvorstellungen durchzusetzen, vielmehr hat er die konkrete völkische Gemeinschaftsordnung zu wahren, Schädlinge auszumerzen, gemeinschaftswidriges Verhalten zu ahnden und Streit unter Gemeinschaftsgliedern zu schlichten.
2. Grundlage der Auslegung aller Rechtsquellen ist die nationalsozialistische Weltanschauung, wie sie insbesondere in dem Parteiprogramm und den Äußerungen unseres Führers ihren Ausdruck findet.
3. Gegenüber Führerentscheidungen, die in die Form eines Gesetzes oder einer Verordnung gekleidet sind, steht dem Richter kein Prüfungsrecht zu. [...]
4. Gesetzliche Bestimmungen, die vor der nationalsozialistischen Revolution erlassen worden sind, dürfen nicht angewendet werden, wenn ihre Anwendung dem heutigen gesunden Volksempfinden ins Gesicht schlagen würde. [...]
5. Zur Erfüllung seiner Aufgaben in der Volksgemeinschaft muss der Richter unabhängig sein. Er ist nicht an Weisungen gebunden. Unabhängigkeit und Würde des Richters machen geeignete Sicherungen gegen Beeinflussungsversuche und ungerechtfertigte Angriffe erforderlich.

Deutsches Recht, 6. Jg., (1936), S. 10

1. *Erläutern Sie, wie Frank die nationalsozialistische Rechtsauffassung begründet.*

2. *Erörtern Sie die Konsequenzen dieser Rechtsauffassung für die Rechtspraxis.*

3. *Vergleichen Sie die dargestellte Rechtsauffassung mit derjenigen in der Bundesrepublik Deutschland.*

M2 „Jugendverführer“

Herbert R., der damals in einem Vorort von Hamburg gelebt hat, erzählt, wie die Gestapo 1935 in seinem Bekanntenkreis aktiv geworden ist. Das erste Opfer ist sein Chef:

Als ich in die Firma kam, sah ich, wie er verhaftet und von zwei Kriminalbeamten abgeführt wurde. Jedermann wunderte sich über seine Verhaftung. Niemand wagte etwas zu sagen. Man wusste nicht weshalb, ob es politisch war, oder ob es möglicherweise wegen seiner Homosexualität war. Alle waren wie erstarrt von den Dingen, die einen überfielen, wo man nicht wusste, was für eine Gefahr auf einen zukam. Dieser Druck in den folgenden Tagen und Wochen war wahnsinnig. Niemand wagte nachzufragen, alle stellten Vermutungen an, warum er verhaftet worden war. Ich brauchte nichts zu vermuten, weil ich wusste, was hier gespielt wurde. Was in der Untersuchungshaft passiert ist, weiß ich nicht. Vierzehn Tage war er in Haft. Während dieser Zeit wurde er fast jeden Tag in seine Wohnung geführt, wo man alles zusammen mit ihm durchstöberte. Man ließ verlauten, dass er als „Jugendverführer“ keinen Betrieb mehr leiten dürfe.
Diese Dinge, die da auf ihn eindrangen, sind wahrscheinlich so fürchterlich gewesen, dass er sich drei Wochen nach seiner Verhaftung im Gefängnis erhängt hat. Das war im Sommer 1935. Mit einem Schlage setzte eine Verfolgungswelle von Homosexuellen in unserem Orte ein. Als nächster wurde mein Freund verhaftet. Er war bis 1933 Leiter einer Mädchenrealschule in Hamburg, antifaschistisch eingestellt und hatte nach der Machtergreifung der NSDAP mit 42 Jahren seinen Dienst quittiert, weil er mit diesem Regime nichts zu tun haben wollte. Er hatte in unserem Ort eine kleine Wohnung bezogen, wo ich ihn oft besuchte. Er verweigerte sich dem System und fiel natürlich dadurch auf, wenn er an bestimmten Tagen keine Flagge aus dem Fenster hing [...].
Eines Tages erschienen bei ihm Leute von der Gestapo und holten ihn ab. Sich zu erkundigen, wo er geblieben sein könnte, war zwecklos. Wenn das jemand von uns getan hätte, dann hätte die Gefahr bestanden, dass man ihn gleich dabehielt, weil er ein Bekannter war, der auch verdächtigt wurde. An der Schule, wo er unterrichtet hatte, war man entsetzt. Man kannte zwar seine politische Einstellung, aber niemand wusste, dass er homosexuell war, und ich konnte es ihnen nicht sagen. Nach seiner Verhaftung wurde seine Wohnung von Gestapo-Beamten durchsucht. Bücher wurden mitgenommen und besonders Notizbücher und Adressbücher beschlagnahmt, in der Nachbarschaft herumgefragt, und da hieß es: Da kommen immer nur junge Leute hin.

Die Notiz- und Adressbücher waren das Schlimmste. Alle, die darin vorkamen und mit ihm zu tun hatten, wurden festgenommen oder zur Gestapo zitiert. [...]

Hans-Georg Stümke, Vom „unausgeglichenen Geschlechtshaushalt". Zur Verfolgung Homosexueller, in: Projektgruppe für die vergessenen Opfer des NS-Regimes in Hamburg e.V. (Hrsg.), Verachtet – verfolgt – vernichtet – zu den „vergessenen" Opfern des NS-Regimes, Hamburg 1986, S. 49

1. *Untersuchen Sie die Reaktionen der beteiligten Personen und vergleichen Sie mit M5.*

2. *Erläutern Sie die Arbeit der Gestapo und ihre Methoden der Machtausübung.*

M3 „Nürnberger Gesetze"

Aus dem „Reichsbürgergesetz" und dem „Blutschutzgesetz" („Nürnberger Gesetze") vom 15. September 1935:

3 a) „Reichsbürgergesetz", 15. September 1935:

§ 1 (1) Staatsangehöriger ist, wer dem Schutzverband des Deutschen Reiches angehört und ihm dafür besonders verpflichtet ist.

(2) Die Staatsangehörigkeit wird nach den Vorschriften des Reichs- und Staatsangehörigkeitsgesetzes erworben.

§ 2 (1) Reichsbürger ist nur der Staatsangehörige deutschen oder artverwandten Blutes, der durch sein Verhalten beweist, dass er gewillt und geeignet ist, in Treue dem deutschen Volk und Reich zu dienen. [...]

3 b) „Gesetz zum Schutze des deutschen Blutes und der deutschen Ehre", 15. September 1935:

Durchdrungen von der Erkenntnis, dass die Reinheit des deutschen Blutes die Voraussetzung für den Fortbestand des deutschen Volkes ist, und beseelt von dem unbeugsamen Willen, die deutsche Nation für alle Zukunft zu sichern, hat der Reichstag einstimmig das folgende Gesetz beschlossen, das hiermit verkündet wird: [...]

§ 1 (1) Eheschließungen zwischen Juden und Staatsangehörigen deutschen oder artverwandten Blutes sind verboten. Trotzdem geschlossene Ehen sind nichtig, auch wenn sie zur Umgehung dieses Gesetzes im Ausland geschlossen sind.

(2) Die Nichtigkeitsklage kann nur der Staatsanwalt erheben.

§ 2 Außerehelicher Verkehr zwischen Juden und Staatsangehörigen deutschen oder artverwandten Blutes ist verboten.

§ 3 Juden dürfen weibliche Staatsangehörige deutschen oder artverwandten Blutes unter 45 Jahren in ihrem Haushalt nicht beschäftigen.

§ 4 (1) Juden ist das Hissen der Reichs- und Nationalflagge und das Zeigen der Reichsfarben verboten.

(2) Dagegen ist ihnen das Zeigen der jüdischen Farben gestattet. Die Ausübung dieser Befugnis steht unter staatlichem Schutz.

§5 (1) Wer dem Verbot des § 1 zuwiderhandelt, wird mit Zuchthaus bestraft.

(2) Der Mann, der dem Verbot des § 2 zuwiderhandelt, wird mit Gefängnis oder Zuchthaus bestraft.

(3) Wer den Bestimmungen der §§ 3 oder 4 zuwiderhandelt, wird mit Gefängnis bis zu einem Jahr und mit Geldstrafe oder mit einer dieser Strafen bestraft.

Wolfgang Michalka (Hrsg.), Deutsche Geschichte 1933-1945, Frankfurt am Main 1993, S. 95 f.

1. *Erläutern Sie die Auswirkungen des „Reichsbürgergesetzes".*

2. *Arbeiten Sie die Folgen des Gesetzes „Zum Schutze des deutschen Blutes und der deutschen Ehre" für das Zusammenleben der jüdischen und nichtjüdischen Bevölkerung heraus.*

M4 Wo war die Polizei?

Im November 1938 geht die NS-Führung landesweit mit planmäßigen Gewaltaktionen gegen Juden und jüdische Einrichtungen vor („Reichskristallnacht"). Ein geschädigter Hausbesitzer schreibt danach anonym der Krefelder Polizei einen Brief:

Wo war die Polizei, als heute die Nachmittagsplünderungen, Demolierungen, zum Teil fremden arischen Eigentums, stattfanden!!!!!! Man muss sich wohl in die Psychose des Volkes hineinversetzen und man darf unter keinen Umständen die Empörung des deutschen Volkes über die feige Pariser Mordtat unterschätzen und man muss es verstehen, wenn im ganzen Reiche fast auf die Minute die jüdischen Tempel ausgeräuchert, die jüdischen Geschäfte und Wohnungen demoliert wurden. Dass es aber von der Aufsichtsbehörde, und das ist die Polizei, mit geschlossenen Augen zugegeben wurde, dass vom Mob der Straße, vom Plebs, vom Halbwüchsigen dann noch die Waren aus den jüdischen Geschäften geplündert wurden, das kann man als guter Deutscher nicht verstehen und das wird auch das Ausland nicht verstehen können. [...]
Wer ist in den meisten Fällen der Geschädigte? Der Hausbesitzer, denn die meisten Juden wohnten in gemieteten Räumen. – Zu Hunderten ist die Polizei auf der Straße, wenn irgendein Umzug ist, wenn irgendeine höhere Persönlichkeit sich auch mal bei uns in Krefeld blicken lässt; jeder von den

▲ **Jüdische Geschäfte in Berlin nach dem Novemberpogrom 1938.**
▪ *Beschreiben Sie die Abbildung und erklären Sie, welche Personengruppen zu sehen sind. Welche Gruppe fehlt?*

Polizisten, von oben bis unten, blinzelt nach dem Orden, jeder war dann, soweit es sich um die alten Krefelder Stadtsoldaten handelt, ein alter Kämpfer, kein Einziger von ihnen hat in der Kampfzeit mit dem Knüppel auf die Nazis gehauen, alle waren sie mit dem Herzen schon dabei, nur durften sie es nicht offen zeigen.
Und heute, als es darum geht, die Juden auf vernünftigen Wegen aus unserem Reiche zu entfernen, da lässt es die Polizei, die doch sonst alles im Voraus weiß, die so klug ist, glattweg zu, dass auch noch geplündert wird und dass man deutsch-arisches Privateigentum entwertet. [...] Die Empörung weitester Kreise, auch solcher, die schon lange vor der Machtübernahme dem Führer angehörten, ist unaussprechlich groß darüber, dass man es amtlicherseits zugelassen hat, dass der Mob der Straße sich breitmacht. Was steht uns erst bevor, wenn einmal, was Gott verhüten möge, einer anderen Fahne die Hakenkreuzfahne weichen muss!!! Dann bleibt dieselbe Beamtenschaft auch wieder am Ruder, beziehungsweise Futterkrippe, und schreit laut den Jubelruf der Gegenseite, so wie sie 1933 auch den Deutschen Gruß von heute auf morgen lernte, Motto: Wer mir zu fressen gibt, den liebe ich.

Hans Mommsen und Susanne Willems (Hrsg.), Herrschaftsalltag im Dritten Reich, Düsseldorf 1988, S. 438 f.

1. *Erläutern Sie nach diesem Bericht die Position der „alten Ordnungsmacht", der Polizei im NS-Staat.*
2. *Bewerten Sie die Aussagen des Hausbesitzers über die politische Mentalität der Beamtenschaft.*
3. *Bestimmen Sie den politischen Standort des Schreibers.*

M5 „Vollkommene Gleichgültigkeit"

Ursula von Kardorff ist in den Kriegsjahren Redakteurin bei der Berliner „Deutschen Allgemeinen Zeitung". Am 3. März 1943 notiert sie in ihrem Tagebuch:

Frau Liebermann ist tot. Tatsächlich kamen sie noch mit einer Bahre, um die Fünfundachtzigjährige zum Transport nach Polen abzuholen. Sie nahm in dem Moment Veronal[1], starb einen Tag später im jüdischen Krankenhaus, ohne das Bewusstsein wiedererlangt zu haben. [...] Durch welche Veränderung ist es eigentlich möglich geworden, aus einem im Durchschnitt gutmütigen und herzlichen Menschenschlag solche Teufelsknechte zu formen? Das spielt sich in einem kaltbürokratischen Vorgang ab, bei dem der Einzelne schwer zu greifen ist, Zecken, die sich in den Volkskörper einsaugen und plötzlich ein Stück von ihm geworden sind.
Der Metteur[2] Büssy erzählt mir heute beim Umbruch, dass sich in seiner Gegend am Rosenthaler Platz die Arbeiterfrauen zusammengerottet und laut gegen die Judentransporte protestiert hätten. Bewaffnete SS mit aufgepflanztem Bajonett und Stahlhelm holte Elendsgestalten aus den Häusern heraus. Alte Frauen, Kinder, verängstigte Männer wurden auf Lastwagen geladen und fortgeschafft. [...] Schließlich kam ein neues Aufgebot SS und zerstreute die Protestierenden, denen sonst nichts weiter geschah.[3]
In unserem Viertel sieht man so etwas nie. Hier werden die Juden des Nachts geholt. [...] Wie schnell haben wir uns alle an den Anblick des Judensterns gewöhnt. Die meisten reagieren mit vollkommener Gleichgültigkeit, so wie ein Volontär, der neulich zu mir sagte: „Was interessieren mich die Juden, ich denke nur an meinen Bruder bei Rshew, alles andere ist mir völlig gleichgültig."
Ich glaube, das Volk verhält sich anständiger als die sogenannten Gebildeten oder Halbgebildeten. Typisch dafür ist die Geschichte von dem Arbeiter, der in einer Trambahn einer Jüdin mit dem Stern Platz machte: „Setz dir hin, olle Sternschnuppe", sagte er, und als ein PG[4] sich darüber beschwerte, fuhr er ihn an: „Üba meenen Arsch verfüge ick alleene."

Ursula von Kardorff, Berliner Aufzeichnungen. Aus den Jahren 1942 bis 1945, München 1962, S. 36 f.

1. *Beschreiben Sie, wie die nichtjüdische Bevölkerung auf die Judenverfolgung reagierte.*
2. *Kardorff versucht, ein „Täterprofil" zu erstellen. Erläutern Sie ihre Aussagen.*

[1] Veronal: starkes Schlafmittel
[2] Metteur: alte Bezeichnung für Schriftsetzer
[3] Zum Protest in der Berliner Rosenstraße vgl. S. 147.
[4] PG: Parteigenosse; Mitglied der NSDAP

Arbeitswelt und Wirtschaftspolitik

Die Deutsche Arbeitsfront ■ Arbeitnehmer- und Arbeitgeberverbände wurden im nationalsozialistischen Deutschland „gleichgeschaltet". Um das eigene Überleben zu sichern, distanzierten sich die Gewerkschaften im März 1933 von der SPD und gelobten, sich künftig auf die Erfüllung sozialer Aufgaben zu beschränken. Die Mitarbeit im neuen Staat schien gesichert, als die Regierung den 1. Mai, den Tag der internationalen Arbeiterbewegung, zum gesetzlichen Feiertag erklärte. Doch bereits weniger als 24 Stunden nach den gemeinsam begangenen Großveranstaltungen besetzten parteieigene Kommandotrupps, vorwiegend SA und SS, Büros und Häuser der Freien Gewerkschaften und nahmen die führenden Funktionäre in „Schutzhaft". Liberale und christliche Gewerkschaften unterstellten sich daraufhin der Hitlerpartei. Alle Arbeitnehmervereinigungen wurden in die am 10. Mai gegründete Deutsche Arbeitsfront (DAF) überführt.

1934 waren in dieser Einrichtung 21 Millionen Arbeiter und Angestellte organisiert. Aufgaben der DAF waren vor allem die allgemeine Betreuung und die weltanschauliche Schulung der Mitglieder. Auf Löhne und Arbeitszeit hatte die Organisation keinen Einfluss.

Nachdem auch die Unternehmerverbände unter nationalsozialistische Leitung gestellt worden waren, wurde die DAF im November 1933 in eine Vereinigung von Arbeitgebern und Arbeitnehmern umorganisiert. Streik und Aussperrung waren verboten (▸ M1). Interessenkonflikte durften die Wirtschaftsverbände nicht mehr im Rahmen ihrer Tarifautonomie regeln – dies übernahm ein vom Regime bestellter „Treuhänder der Arbeit".

▲ **Nationalsozialistischer Druck.**
- *Erörtern Sie die gesellschaftliche Utopie, die hier entworfen wird. Wie „modern" ist die skizzierte Wirtschaftswelt?*
- *Analysieren Sie das Verhältnis zu „Heimat und Boden", das sich hier spiegelt. Nehmen Sie unter umweltgeschichtlichen Gesichtspunkten dazu Stellung.*

Soziale Errungenschaften? ■ Auf der einen Seite waren die Mitbestimmungsrechte der Arbeitnehmer, der „Gefolgschaft", entfallen. Auf der anderen Seite erhielten die Arbeitnehmer mehr, als die Gewerkschaften bis 1933 erstritten hatten: Gewährung von Kündigungsschutz, Verlängerung des bezahlten Urlaubs (von ursprünglich drei auf sechs bis zwölf Tage), verbesserte Sozialleistungen der Unternehmen. Als fortschrittlich empfundene Neuerungen verwirklichte die DAF auch aus den Geldern der enteigneten Gewerkschaften. Ihre Unterorganisation *Kraft durch Freude* (KdF) wollte das Arbeitsleben in vielerlei Hinsicht angenehmer gestalten. Belegschaftsräume in den Betrieben wurden verbessert, Kantinenessen, Filme und Theatervorstellungen konnten verbilligt angeboten werden. Für den Massentourismus bereitgestellte Erholungsmöglichkeiten, Sonderzug-, sogar Schiffsreisen verwirklichten lang gehegte Urlaubsträume – vor allem jedoch für verdiente Parteigenossen, zu einem geringen Teil auch für Arbeiter. Der von einem der DAF gehörenden Werk gebaute *Volkswagen** sollte zum Preis von 990 Reichsmark auch für den „kleinen Mann" erschwinglich sein. Alle diese Vergünstigungen sollten die Arbeiterschaft für das neue Regime einnehmen. Auch auf dem Bildungssektor sollte gemäß Hitlers Willen mehr Gleichheit bei der Verteilung der Zukunftschancen herrschen. *Nationalpolitische Erziehungsanstalten* und *Adolf-Hitler-Schulen*, denen Schülerheime angeschlossen waren, hatten die Aufgabe, die körperliche Ertüchtigung und die ideologische Indoktrinierung nachhaltig zu fördern. Ziel war nicht eine wissenschaftliche Ausbildung, sondern die Heranbildung einer gesinnungstreuen Elite. Die Eltern mussten in diesen Institutionen kein Schulgeld entrichten. Ab Oktober 1942 konnte jeder Geeignete, unabhängig vom Schulabschluss, die Offizierslaufbahn einschlagen.

* Siehe dazu die Abbildung auf S. 106.

▲ **„Deutsche Symphonie."**
Gemälde von Hans Toepper, ca. 1938.

- *Interpretieren Sie das hier versinnbildlichte Gesellschaftsmodell und leiten Sie daraus die politischen Konsequenzen ab. Beachten Sie dabei Vorder- und Hintergrund-, Zentral- und Seitenposition, Alter und Geschlecht, Blickkontakt und Attribute der Abgebildeten.*

Ideologische Wendepunkte Zentrale Angriffsziele der NSDAP vor 1933 waren die Großindustrie, Großbanken, Warenhäuser und Handelsketten gewesen. Gegen diese „Erfindungen des Judentums und des Liberalismus" hatte die Partei für Kleinhändler, Gewerbetreibende und für Kleinbauern gekämpft.

Nach der „Machtergreifung" indessen stellten die Nationalsozialisten bald fest, dass sie die Modernisierung der Industriegesellschaft in Deutschland unterstützen mussten, wenn sie Großmachtpolitik betreiben wollten. Den dafür notwendigen Prozess beschleunigten sie durch die Förderung der Großindustrie und durch nachhaltige Mobilisierung der Gesellschaft. Den Machthabern war der „Verrat" an den eigenen Prinzipien sehr wohl bewusst. Deshalb sollte in einer fernen Zukunft, wenn der „Lebensraum im Osten" erst gewonnen war, die propagierte Wirtschafts- und Gesellschaftsutopie im neu zu besiedelnden Gebiet verwirklicht werden.

Die Überwindung der Wirtschaftskrise Hitler war mit dem Versprechen angetreten, innerhalb von vier Jahren die wirtschaftlichen und sozialen Probleme zu überwinden und allen Deutschen „Arbeit und Brot" zu verschaffen. Davon ausgeschlossen waren die Juden und andere Minderheiten, die ab 1933 aus dem deutschen Wirtschaftsleben verdrängt wurden. Tatsächlich konnte das Regime schneller Erfolge vorweisen, als Anhänger und Gegner im In- und Ausland dies für möglich gehalten hätten. Bis 1936 sank die Zahl der Arbeitslosen von über sechs auf unter zwei Millionen. Industrieproduktion und Sozialprodukt lagen über den Marken der „Goldenen Zwanzigerjahre". Wie hatte es zu diesem erstaunlichen Aufschwung kommen können?

Genauere Untersuchungen haben gezeigt, dass die Nationalsozialisten die Arbeitslosenzahlen schönten, indem sie nicht alle Arbeitssuchenden in der offiziellen Statistik aufführten. Unter anderem entzogen sie bestimmten Berufsgruppen ihren Anspruch auf Arbeitslosenunterstützung. Obwohl arbeitslos, wurden diese dann ab 1933 von der offiziellen Zählung ausgeklammert. Bereits vor der „Machtergreifung" hatten viele Wirtschaftsdaten einen positiven Trend signalisiert. Als Hitler die Regierung übernahm, war der Tiefpunkt der Weltwirtschaftskrise schon überwunden. Die ersten Arbeitsbeschaffungsmaßnahmen der Nationalsozialisten führten nur fort, was bereits von den vorigen Regierungen eingeleitet worden war. Die Regierung Hitler schrieb den Rückgang der Arbeitslosigkeit in der Folge jedoch allein ihrer Politik zu und schlachtete die vermeintlich schnellen Erfolge propagandistisch aus.

Ideologisch unterfütterte Arbeitsprogramme wie der Autobahnbau halfen zwar, die Arbeitslosigkeit zu senken, einen höheren Lebensstandard brachten sie für die Masse der Bevölkerung jedoch nicht (▸ M2). Den Preis für die wirtschaftlichen „Erfolge" musste die Bevölkerung vielmehr mit längeren Arbeitszeiten, niedrig gehaltenen Löhnen und Engpässen bei Konsumgütern bezahlen. Ein nationalsozialistisches „Wirtschaftswunder" oder Vollbeschäftigung hat es daher nie gegeben. Zu keinem Zeitpunkt ging es der nationalsozialistischen Führung wirklich darum, den Arbeitslosen zu helfen und die Wirtschaft wieder in Schwung zu bringen, sondern allein um die Aufrüstung für den nächsten Krieg.

Schulden für die Aufrüstung Soweit man von einem spezifisch deutschen Wirtschaftsaufschwung ab 1933 sprechen kann, stand dieser auf zwei Säulen: auf der langfristigen Planung, Deutschland wieder kriegsbereit zu machen, und auf einer höchst riskanten *Schuldenpolitik*.

Nachdem die Nationalsozialisten eine wirtschaftsfreundliche Politik, die Beibehaltung von Privateigentum und Gewinnorientierung in Aussicht gestellt hatten, fanden sie dafür auch Unterstützung von Unternehmerschaft und Banken. In der Folge förderten sie durch Subventionen, Steuererleichterungen und Staatsaufträge vor allem die rüstungsrelevante Industrie. Die Produktion wurde dadurch erheblich gesteigert, insbesondere in der Schwerindustrie, im Fahrzeugbau, in der chemischen und Textilindustrie (▸ M3). Ab Ende 1934 begann die Umstellung der wirtschaftlichen Produktion auf die Bedürfnisse der „Wehrwirtschaft". Die Ausgaben im Bereich von Rüstung und Reichswehr stiegen explosionsartig an. Von 30 Milliarden ausgegebenen Reichsmark konnten jedoch lediglich 18 Milliarden aus Steuermitteln gedeckt werden. Die Staatsverschuldung wuchs dramatisch.

Die Ausgaben für die Rüstung wurden nicht über Banknoten, sondern über sogenannte *Mefo-Wechsel* finanziert. Reichsbankpräsident *Hjalmar Schacht*, der seit 1935 auch Reichswehrminister und Generalbevollbemächtigter für die Kriegswirtschaft war, hatte im März 1933 mit dem Kapital von fünf Industrieunternehmen, darunter Krupp und Siemens, die Scheinfirma Metallurgische Forschungsgesellschaft (Mefo) gegründet. Diese versah Wechsel von Rüstungslieferanten mit ihrer Unterschrift, sodass sie bei der Reichsbank gegen Bargeld eingereicht werden konnten. So ließ sich die Aufrüstung auf Pump verschleiern, denn die Wechsel galten nicht als Staatsschulden und wurden nicht im Reichshaushalt verzeichnet. Als die Mefo-Wechsel fällig wurden und nicht gezahlt werden konnten, warnte Schacht Hitler Anfang 1939 vor der Inflationsgefahr und trat als Reichsbankpräsident zurück. Zur Tilgung der horrenden Fehlbeträge sollte einerseits das „Sühnegeld" der Juden dienen, das diese nach dem „Novemberpogrom" von 1938 zu entrichten hatten (das Pogrom war daher auch wirtschaftlich motiviert gewesen); andererseits sollten die Fehlbeträge später auch durch die Einnahmen aus besetzten Territorien beglichen werden. Insofern war der Eroberungskrieg von Anfang an in der Wirtschaftspolitik mit eingeplant.

Autarkiestreben Verbunden mit der Aufrüstung war das Ziel der deutschen Führung, die eigene Wirtschaft autark, also von ausländischen Gütern und Rohstoffen möglichst unabhängig zu machen. Damit sollten sowohl Devisen eingespart als auch die Auswirkungen eines Versiegens der Handelsströme im Kriegsfall gemildert werden.

1936 versuchte Hitler in einem *Vierjahresplan*, die wichtigsten Initiativen dafür zu bündeln. So mussten unter anderem jetzt einheimische Bodenschätze auch dann abgebaut werden, wenn sie qualitativ schlechter oder aufwändiger zu gewinnen waren als die auf dem Weltmarkt gehandelten Güter. Außerdem trieb man ohne Rücksicht auf Kosten die synthetische Erzeugung von Benzin und Gummi voran. Solche Strategien wurden nicht allein von den führenden Nationalsozialisten entwickelt, sondern trugen zum Teil deutlich die Handschrift derjenigen Großunternehmen, die ein massives Interesse an der Aufrüstung hatten.

Mit diesen Investitionen in den zukünftigen Krieg brachte sich Hitler-Deutschland am Ende der Dreißigerjahre selbst in Zugzwang, da die Schuldenpolitik ein bedrohlich steigendes Inflationsrisiko verursachte. Die Hypotheken auf die „Eroberung neuen Lebensraumes" mussten eingelöst werden.

M1 „Hitlergläubige“ Arbeiter?

Führende Mitglieder der verbotenen SPD sind ins Exil gegangen und haben versucht, Kontakte zur deutschen Arbeiterschaft aufrechtzuerhalten. Ein illegaler Bericht erörtert die Stimmung im Ruhrgebiet im Sommer 1934:

Die indifferente[1] Arbeiterschaft – und sie stellt gerade im Ruhrgebiet die Mehrheit dar – ist noch immer größtenteils hitlergläubig. Der Umstand, dass durch die „Arbeitsbeschaffung“ Arbeitslose in wenn auch noch so schlecht bezahlte Arbeit gekommen sind, hat sie sehr beeindruckt. Sie trauen Hitlers „schneller Entschlusskraft“ zu, dass er, wenn er „richtig informiert“ wird, eines Tages das Steuer über Nacht zu ihren Gunsten herumwerfen wird. Als nach der „Abstimmung“ vom 19. August neue Gesetze, die aus Führermund angekündigt waren, nicht herausgegeben wurden – Gesetze, von denen sie, ohne eine Ahnung ihres vermutlichen Inhaltes zu haben, annahmen, sie besserten ihre Lage –, da war die Enttäuschung wieder groß. Merkwürdigerweise setzt man in diesen indifferenten Arbeiterkreisen auch Hoffnungen auf Dr. Ley[2], der wegen diesem und jenem Kraftwort als ein vorläufig leider durch böse Mächte verhinderter Arbeiterbeglücker gehalten wird. Dabei wissen die Leute durchaus, dass diese Arbeitsfrontorganisationen keine Gewerkschaften im alten Sinne mehr sind, dass die Organisationen kaum noch einen Überblick über ihre wahre Mitgliederzahl haben und dass die Vertrauensräte feige Hunde sind, von denen kaum einer wagt, den „Betriebsführer“ auch nur anzusprechen. Gewisse Auflehnungen kommen auch mal vor.

Hans Mommsen und Susanne Willems (Hrsg.), Herrschaftsalltag im Dritten Reich, Düsseldorf 1988, S. 165 f.

1. *Erläutern Sie die Akzeptanz des NS-Regimes in der Arbeiterschaft.*

2. *Beurteilen Sie, inwiefern nach dem Bericht das „Führerprinzip“ in der Arbeitswelt durchgesetzt ist.*

▲ **Reichsautobahnen in Deutschland.**
Plakat von Robert Zinner, 1937 (Ausschnitt).

- *Erläutern Sie die Einstellung gegenüber Raum, Technik und Umwelt, die das Plakat ausdrückt.*

M2 Die Bedeutung der Autobahn

Der rheinische Schwerindustrielle Fritz Thyssen, ein wichtiger Finanzier der NSDAP, schreibt am 20. Juli 1933 an Fritz Todt, den Generalinspektor für das deutsche Straßenwesen:

Das rheinisch-westfälische Industriegebiet ist eines der bedeutendsten Wirtschaftsgebiete Deutschlands und Europas. Strategisch liegt es im Aufmarschgelände künftiger Auseinandersetzungen im Westen. Die Frage seines Anschlusses an das geplante Reichsautobahnnetz wird daher sehr bald an Sie herantreten. Man wird sich hier im Bezirk vor allem des Siedlungsverbandes Ruhrkohlenbezirk bedienen können, der auf dem Gebiet der Straßenplanung und des Straßenausbaus schon seit Jahren vorbildliche Arbeit nach großen Gesichtspunkten geleistet hat. Wie ich höre, ist demnächst eine Besprechung über die Frage der Fortführung der Autobahn Bonn-Köln in Düsseldorf beabsichtigt. Für meine Beteiligung an dieser Besprechung wäre ich Ihnen ergebenst dankbar.

Dietrich Eichholtz und Wolfgang Schumann (Hrsg.), Anatomie des Krieges. Neue Dokumente über die Rolle des deutschen Monopolkapitals bei der Vorbereitung und Durchführung des Zweiten Weltkrieges, Berlin 1969, S. 117 f.

Erläutern Sie die politischen und wirtschaftlichen Motive Thyssens.

[1] indifferent: gleichgültig
[2] Robert Ley (1890-1945) war Leiter der Deutschen Arbeitsfront.

M3 Kriegswirtschaft in Zahlen

Selbstversorgungsgrad bei Grundnahrungsmitteln in Prozent:

	1927/28	1938/39
Brotgetreide	79	115
Kartoffeln	96	100
Zucker	100	101
Fleisch	91	97
Fett	44	57

Karl-Dietrich Bracher, Manfred Funke und Hans Adolf Jacobsen (Hrsg.), Nationalsozialistische Diktatur 1933-1945, Bonn 1983, S. 308

Produktion im Deutschen Reich nach dem Gebietsstand von 1937 in 1000 Tonnen:

	1928	1936	1939
Eisenerz	2089	2259	3928
Hüttenaluminium	33	95	194
Buna[1]	0	1	22
Zellwolle[2]	0	43	192
Flugbenzin	0	43	302
Sonstiges Motorenbenzin	0	1214	1633

Karl-Dietrich Bracher, Manfred Funke und Hans Adolf Jacobsen (Hrsg.), a.a.O., S. 304

Rüstungsausgaben und Volkseinkommen in Mrd. Reichsmark:

Haushaltsjahr	Rüstungsausgaben	Volkseinkommen	Rüstungsausgaben in % des Volkseinkommens
1932	0,6	45,2	1,3
1933	0,7	46,5	1,5
1934	4,1	52,8	7,8
1935	5,5	59,1	9,3
1936	10,3	65,8	15,7
1937	11,0	73,8	15,0
1938	17,2	82,1	21,0

Fritz Blaich, Wirtschaft und Rüstung im „Dritten Reich", Düsseldorf 1987, S. 83

Öffentliche Investitionen:

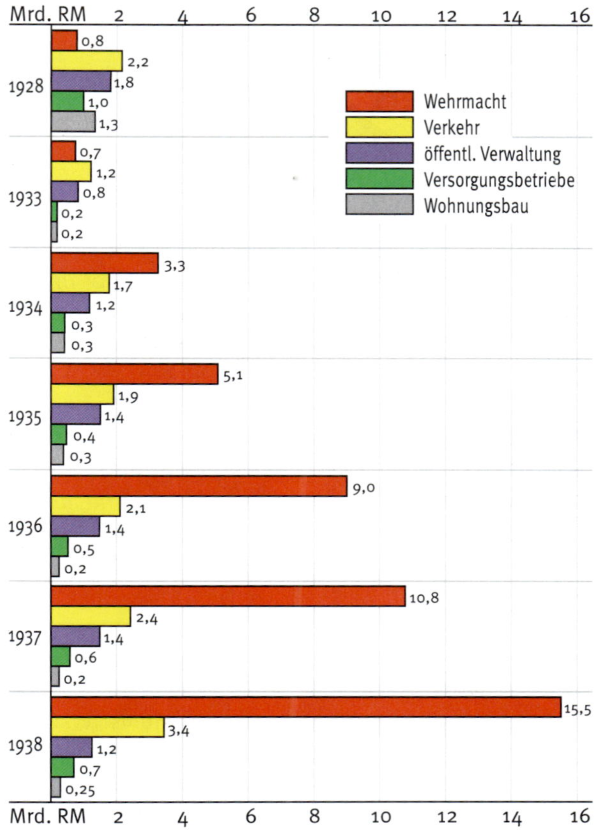

Nach: René Erbe, Die nationalsozialistische Wirtschaftspolitik. 1933-1939 im Lichte der modernen Theorie, Zürich 1958

1. *Setzen Sie die Tabellen in geeignete Diagrammformen um.*

2. *Erläutern Sie die wirtschaftlichen Anstrengungen, die Deutschland zugunsten der Kriegsrüstung unternommen hat.*

3. *Trennen Sie die Bereiche in einen zivilen und militärischen Sektor und interpretieren Sie die Unterschiede im Versorgungs- und im Produktionsfortschritt.*

[1] Buna: Bezeichnung für synthetisch hergestellten Gummi
[2] Zellwolle: frühere Bezeichnung für Kunststofffasern

Geschichte kontrovers

Nationalsozialismus: Staatsterror oder Volksgemeinschaft?

Der Nationalsozialismus war unbestritten eine Diktatur. Kontrovers diskutiert die Geschichtswissenschaft aktuell ein Kennzeichen dieser Periode: Wie hat sich der Nationalsozialismus der deutschen Gesellschaft bemächtigt, d. h. wie erklärt sich das Ausmaß der Zustimmung zu bzw. der Beteiligung der deutschen Bevölkerung an dieser Diktatur? Während die eine Seite den staatlichen Terror von oben betont, hebt die andere die Zustimmung zu einer nicht nur gedachten, sondern zu einer wirklichen NS-Volksgemeinschaft hervor und unterstreicht den inneren Konsens zahlreicher Deutscher mit vielen Maßnahmen der Nationalsozialisten. Zur Leitfrage „Staatsterror oder Volksgemeinschaft?“ äußern sich zwei international bekannte Historiker:

M1 „Verführung und Gewalt“?

Nach Hans-Ulrich Thamer, Professor für Geschichte an der Universität Münster, kennzeichnen vor allem zwei Maßnahmen das Regime des Nationalsozialismus:

Worauf gründete sich diese Macht, die sich im Ornament der marschierenden Gefolgschaft und im Nimbus[1] der strahlenden Führergestalt darstellte? Worauf beruhte die Stabilität des nationalsozialistischen Herrschaftssystems? War das Dritte Reich, wie es sich mit dem Anspruch auf Ewigkeit und Erlösung nannte, ein Führerstaat, in dem der Wille des „Führers“ alles bestimmte und der auf die blinde Gefolgschaft der breiten Massen rechnen konnte? [...]

Sicherlich waren es nicht allein Manipulation und Terror; die verschiedenen Formen von Zustimmung und Hinnahme hatten das während der Machtergreifungsphase gezeigt. Es war vielmehr die verwirrende Verbindung von Zustimmung und Gewalt, sie kennzeichnet die Wirkungsweise der nationalsozialistischen Herrschaft. Bezugspunkt des Konsenses wie der absoluten Macht war weiterhin der charismatische Führer Hitler, wie bereits in der „Kampfzeit“ und in der Machtergreifungsphase. Das Ansehen der nationalsozialistischen Partei schwand hingegen ebenso kontinuierlich wie die traditionelle Staatlichkeit. Das änderte freilich nichts an der Integrationsfähigkeit des Regimes, das bis zu seinem bitteren Ende ein hohes Maß an Stabilität und Loyalität vorfand und gleichzeitig eine ungeheure Vernichtungskraft entfaltete. [...]

Die Autorität des Diktators blieb in den Friedensjahren unbestritten und wuchs im Kriege immer weiter. Das lag an der Anpassungsbereitschaft der Bürokratie und an der blinden Gefolgschaft der Unterführer, aber ebenso an dem sich mit innen- und außenpolitischen Erfolgen fast überschlagenden Führerkult. Die Bereitschaft der bürokratischen Eliten zur Mitarbeit im „nationalen Staat“ war einzig an die Person Hitlers gebunden. Sie war einmal in deren obrigkeitsstaatlichem Denken begründet, aber genauso in der Unterschätzung Hitlers, der sich erfolgreich als gemäßigter Staatsmann zu stilisieren und damit den Radikalismus seines politischen Denkens und Handelns zu verbergen verstand. Wann immer Zweifel und Kritik an Hitlers Politik aufkamen, sie wurden durch die suggestive Überredungsgabe Hitlers selbst wie durch die Wirkung des Hitler-Mythos aufgefangen. Die Fähigkeit Hitlers, auch erfahrene Politiker und selbstsichere Militärs umzustimmen und an sich zu binden, ist zu häufig bezeugt, als dass sie als unglaubwürdige Schutzbehauptung abgetan werden konnte. Doch ohne schon vorhandene Anpassungsbereitschaft, Selbsttäuschung und den stabilisierenden Effekt des Hitler-Kultes wäre diese Ausstrahlungskraft nicht so wirkungsvoll gewesen. [...]

Es war die alte Verbindung von Verführung und Gewalt, die die Stabilität des Regimes bis in die Katastrophe hinein sicherte. Die Rücksichtnahme auf die materiellen und emotionalen Bedürfnisse der Menschen, verbunden mit Einschüchterung und Terror, die Atomisierung der Gesellschaft und der weitgehende Verzicht auf gesellschaftliche Verantwortung, eine sich verstärkende Realitätsflucht wie das Eingeständnis einer partiellen Komplizenschaft mit dem Regime, der sich nur langsam aufzehrende Führermythos wie patriotische Loyalitäten. Es war ein Bündel von Einstellungen, Motiven und Zwängen, die einen offenen Widerstand fast ganz ausschlossen, die auch jede Kraft schwächten, eine andere politische Wirklichkeit zu denken.

Hans-Ulrich Thamer, Verführung und Gewalt. Deutschland 1933-1945, Berlin 1994, S. 338 f., 347 f. und 725 f.

[1] Nimbus: Ansehen, Glanz, der eine Person oder Sache umgibt

M2 Spiel des Anprangerns, Ausgrenzens und „Erledigens“

Der kanadische Historiker Robert Gellately lehrt und forscht an verschiedenen amerikanischen Universitäten, auch am Center for Holocaust Studies in den USA. In seinen Werken geht er immer wieder auf die Loyalität zahlreicher Deutscher zum System des Nationalsozialismus ein:

Zustimmung und Zwang (waren) während des gesamten Dritten Reiches aufs engste miteinander verknüpft, was zum Teil daran lag, dass Zwang und Terror meistens gegen bestimmte Individuen, Minderheiten und soziale Gruppen eingesetzt wurde, gegen die das Volk wenig Sympathie hegte. Zwang und Terror waren höchst selektiv und regneten jedenfalls nicht gleichmäßig auf die Köpfe der deutschen Bevölkerung herab. Anfang 1933 begannen Polizei und SA, Köpfe einzuschlagen, und es wurden neue Konzentrationslager errichtet, aber kaum mehr als eine Miniwelle des Terrors ging über Deutschland hinweg. Im Großen und Ganzen bedurfte es des Terrors nicht, um die Mehrheit – oder auch signifikante Minderheiten – in Reih und Glied zu zwingen. [...] Ich behaupte [...], dass ab 1933 die Zustimmung zu Hitler und immer mehr auch zum Nationalsozialismus praktisch niemals infrage stand. [...]

Man muss sich vor der Annahme hüten, ganz Deutschland habe einem militärischen Ausbildungslager geglichen, in dem die Menschen der Doppelbeeinflussung von Propaganda und Terror unterworfen sind. Man hat wenig von der nationalsozialistischen Propaganda begriffen, wenn man sie sich als Gehirnwäsche oder reine Manipulation der Gefühle vorstellt. [...] Die nationalsozialistische Propaganda sollte und konnte dem deutschen Volk nicht auf primitive Weise aufgezwungen werden. Im Gegenteil, sie sollte es ansprechen und deutschen Denkweisen gerecht werden. [...]

Noch bis vor Kurzem betonte die Geschichtswissenschaft die Passivität der deutschen Bürger im Dritten Reich und tat so, als sei der nationalsozialistische „Polizeistaat“ dermaßen allgegenwärtig gewesen, dass er der Initiative der Bürger über Zeremonien und Rituale hinaus wenig Spielraum gelassen habe. Heute wissen wir, dass vielleicht nicht alle Bürger mit allem einverstanden waren, auch was bestimmte Aspekte der Verfolgung von Juden und Fremdarbeitern in Deutschland betraf, dass aber das Regime keine Mühe hatte, die Bevölkerung zur Denunziation von Verstößen gegen das rassistische System zu animieren. Das Liefern von Informationen an Polizei oder Partei gehörte zu den wichtigsten Beiträgen des staatsbürgerlichen Engagements im Dritten Reich. Immerhin war es eine Sache, neue Gesetze und Verordnungen zu erlassen und die Bestimmungen von oben her zu verkünden, aber eine ganz andere, sie in der Gesellschaft als Ganzer durchzusetzen. Es war ein charakteristisches Merkmal des Dritten Reiches (durch das es sich zum Beispiel vom faschistischen Italien unterschied), dass das Regime keine Mühe hatte, sich die Kollaboration normaler Bürger zu sichern. [...]

Die Nationalsozialisten beanspruchten, sich der Schaffung der „Volksgemeinschaft“ verschrieben zu haben. In dem Bestreben, diese „Volksgemeinschaft“ zu schmieden, deren Fundament eine irrwitzige Logik der Gleichheit, Reinheit und Homogenität war, verstrickten sich die Nationalsozialisten wie das deutsche Volk insgesamt in ein mörderisches Spiel des Anprangerns, Ausgrenzens und schließlich „Erledigens“ von unerwünschten sozialen „Elementen“ und „Volksfeinden“. Das begann damit, dass viele normale Bürger (mitunter aus selbstsüchtigen Gründen) die Einteilung zu handhaben lernten, wer zur „Volksgemeinschaft“ dazugehörte und wer nicht.

Robert Gellately, Hingeschaut und weggesehen. Hitler und sein Volk, Bonn ^{3}2005, S. 14, 15, 359 und 362 f.

▲ **Unvollendete Volksgemeinschaft.**
Während eines Stapellaufes des Marineschulschiffes Horst Wessel auf der Hamburger Werft Blohm & Voss verweigert ein Arbeiter, vermutlich hieß er August Landmesser, den „Hitlergruß“. Foto vom 13. Juni 1936.
▪ *Informieren Sie sich im Internet über Landmesser und diskutieren Sie anschließend mit Blick auf die hier vorgestellten Materialien die Frage, welche Möglichkeiten der Zustimmung oder Ablehnung des nationalsozialistischen Regimes die Deutschen in den 1930er-Jahren hatten.*

1. *Zeigen Sie anhand von M1 und M2 die Kontroverse mit ihren jeweiligen Begründungen, aber auch Gemeinsamkeiten in der Einschätzung auf.*
2. *Überprüfen Sie M1 und M2 anhand der Informationen im Darstellungstext auf den Seiten 92 bis 121 (Sachurteil).*
3. *Der Nationalsozialismus: Staatsterror oder Volksgemeinschaft? Nehmen Sie Stellung.*

Der Weg in den Krieg

Grundlagen der NS-Außenpolitik ■ Die Öffentlichkeit in den europäischen Staaten beobachtete mit Misstrauen die nationalsozialistische „Machtergreifung“: den NS-Straßenterror, die Aushöhlung der Weimarer Verfassung, die Ausschaltung der Parteien sowie die einsetzende antijüdische Politik. Der Weg in die Diktatur kostete Deutschland sein in der Weimarer Republik wiedergewonnenes Ansehen im Ausland.

▲ **Eine englische Karikatur von David Low setzt sich 1936 mit der Appeasement-Politik auseinander.**
Die „Führer“ der europäischen Demokratien werden als „rückgratlos“ bezeichnet.

- *Interpretieren Sie die Haltung des Zeichners gegenüber der englischen Politik.*
- *Diskutieren Sie die Einstellung des Karikaturisten gegenüber der Demokratie.*
- *Erläutern Sie die Bedeutung einer nichtdeutschen Quelle für unser Geschichtsbild vom „Dritten Reich“.*

Aber Hitler beließ zunächst den bisherigen Außenminister *Konstantin von Neurath* im Amt. Dies schien die Kontinuität der Weimarer Außenpolitik zu verbürgen, die auf diplomatischem Weg versucht hatte, eine Revision des Versailler Vertrages und politische sowie militärische Gleichberechtigung zu erreichen. In solchen Nahzielen stimmte Hitler durchaus mit den traditionellen Führungsschichten überein. Konsequenterweise folgte er deshalb in seiner Bündnisstrategie den überkommenen Mustern deutscher Außenpolitik: Einvernehmen mit England, um dadurch freie Hand gegen Frankreich und vor allem im Osten zu bekommen.

Die Pläne Hitlers blieben aber nicht bei einer Revision der Versailler Regelungen stehen (▶ M1, M2). Ziele seiner Außenpolitik waren die Eroberung von „Lebensraum“ im Osten Europas und die Herrschaft der „arischen Rasse“. Die Zerschlagung der kommunistischen UdSSR und zugleich des „jüdischen Bolschewismus“ insgesamt bildeten den eigentlichen Kern von Hitlers außenpolitischem Programm. Letztendlich sollte wohl die Beherrschung eines europäischen Imperiums als Ausgangspunkt dienen, im Bündnis mit Japan und eventuell Großbritannien in einem Krieg der Kontinente gegen die USA die Weltherrschaft des Deutschen Reiches zu vollenden. Hitler ging dabei in den Dreißigerjahren keineswegs nach einem bestimmten Plan vor, sondern reagierte jeweils mit Skrupellosigkeit auf die Veränderungen der internationalen Politik, und er hatte Glück.

Bruch mit Versailles ■ Schon im Oktober 1933 trat das Deutsche Reich aus dem Völkerbund aus. Im Januar 1934 schloss es einen Nichtangriffspakt mit Polen und durchbrach damit die außenpolitische Isolation. Die Sowjetunion war jetzt gewarnt und suchte den Schulterschluss mit den ehemaligen Alliierten. Im September 1934 trat sie dem Völkerbund bei. Schon im Juli 1934 hatte Hitler einen nationalsozialistischen Putsch in Österreich vorangetrieben, um den 1919 von den Alliierten verbotenen *„Anschluss Österreichs“* an das Deutsche Reich vorzubereiten. Die Aktion scheiterte am massiven Einspruch des Nachbarlandes Italien. Mussolini* drohte mit militärischem Eingreifen.

Am 13. Januar 1935 fand die im Versailler Vertrag vorgesehene Volksabstimmung über die Zukunft des Saargebietes statt. Das Votum von 91 Prozent der Bevölkerung für die Rückkehr ins Deutsche Reich feierte das Naziregime als großen Erfolg. Kurz darauf erklärte Hitler alle Rüstungsbeschränkungen des Versailler Vertrages für nichtig und führte die allgemeine Wehrpflicht wieder ein.

Drei Monate später, am 18. Juni 1935, kam sogar ein deutsch-englisches Abkommen zustande, in dem die relative Stärke der Flotten beider Länder festgeschrieben wurde. Damit hatte sich ein Siegerstaat über das Verbot hinweggesetzt, militärische Abkommen

* Siehe S. 19.

mit Deutschland zu schließen. Im März 1936 besetzten deutsche Truppen in einer Blitzaktion das *entmilitarisierte Rheinland*. Die Westmächte reagierten auch auf diese Vertragsverletzung nur mit Protesten. Der Versailler Vertrag war bedeutungslos geworden.

Neue Bündnisse Als Hitler Ende 1935 Italien im Krieg gegen Äthiopien unterstützte, begann die Annäherung der beiden Diktaturen. Am 1. November 1936 verkündete Mussolini die „Achse Berlin – Rom". Ein Jahr später trat Italien auch dem *Antikominternpakt* bei, in dem sich Deutschland und Japan 1936 dazu verpflichtet hatten, weltweit den Kommunismus zu bekämpfen und die Sowjetunion außenpolitisch zu isolieren. Im März 1939 schloss sich dem Pakt auch Spanien unter General Franco an, den die Nationalsozialisten und die italienischen Faschisten im Bürgerkrieg seit 1936 massiv unterstützt hatten. Wenn auch das von Hitler stets angestrebte Bündnis mit England nicht zustande gekommen war, so schien das „weltpolitische Dreieck" Berlin – Rom – Tokio eine Politik ohne – oder sogar gegen – das britische Weltreich zuzulassen (▸ M3).

Der amerikanische Präsident **Franklin D. Roosevelt** signalisierte zwar in einer Rede eine Abwendung von der Neutralitätspolitik, aber weder Hitler noch Mussolini ließen sich davon beeindrucken. England, Frankreich und die meisten anderen westeuropäischen Länder hatten mit inneren Problemen und den Nachwirkungen der Weltwirtschaftskrise zu kämpfen. Sie wollten unbedingt am Frieden festhalten und setzten auf Appeasement („Beschwichtigung") als Maxime ihrer Außenpolitik. Nur so ist es zu erklären, dass das Deutsche Reich keinen ernsthaften Widerstand fand und ab 1938 die Aggressivität seiner Außenpolitik noch steigern konnte.

Franklin Delano Roosevelt (1882-1945): Rechtsanwalt und Politiker, Neffe Theodore Roosevelts, 1933-1945 US-Präsident (Demokrat). Er setzte sich für soziale Reformen ein, führte die USA in den Zweiten Weltkrieg und engagierte sich für die Gründung der Vereinten Nationen.

Die Österreich-Frage Anders als 1934 hatte Hitler 1937/38 die Billigung Mussolinis, als er erneut versuchte, massiven Einfluss auf Österreich zu gewinnen. Deutschland erreichte im Juli 1937 zunächst die Verstärkung des Einflusses österreichischer Nationalsozialisten, die Zulassung von NS-Zeitungen und die Aufnahme von Ministern in die Regierung des Bundeskanzlers **Kurt Schuschnigg**. Nachdem Hitler offen mit dem Einmarsch der Wehrmacht gedroht hatte, wurde Schuschnigg zur Unterzeichnung eines Abkommens gedrängt, das den Nationalsozialisten in Österreich weitreichende Vollmachten gab, vor allem die Kontrolle über den gesamten Polizeiapparat.

Schuschnigg glaubte, mit diesen Zugeständnissen die Eigenstaatlichkeit gesichert zu haben. Als seine neuen Regierungspartner jedoch immer unverhohlener die Staatsgeschäfte übernahmen, sah er eine Machtergreifung voraus und rief die Österreicher am 9. März zu einer Volksabstimmung über die Unabhängigkeit auf. Dies reichte Hitler als Grund für die Mobilisierung der Wehrmacht. Schuschnigg trat auf dessen Druck am 11. März zugunsten des Nationalsozialisten *Arthur Seyß-Inquart* zurück, der sofort ein telegrafisches „Hilfeersuchen" an die Wehrmacht richtete. Am 12. März marschierten deutsche Soldaten in Österreich ein und wurden zum Teil mit triumphalem Jubel empfangen. Unter dem Eindruck dieser Zustimmung verkündete Hitler am 15. März vor begeisterten Menschenmassen auf dem Wiener Heldenplatz „den Eintritt meiner Heimat in das Deutsche Reich". In den folgenden Wochen wurden in Österreich dann etwa 80 000 Menschen verhaftet, darunter viele Politiker des alten Systems sowie Juden.

Kurt Schuschnigg (1897-1977): österreichischer Politiker, Bundeskanzler 1934-1938, regierte Österreich diktatorisch und ohne legale Opposition. Nach dem „Anschluss" zum Rücktritt gezwungen, bis 1945 in deutschen Konzentrationslagern inhaftiert.

Weitere Expansion Auch in Deutschland fand Hitlers Politik jetzt fast uneingeschränkte Zustimmung. Nun forderte Hitler die „Lösung des Sudetenproblems", die für ihn darin bestand, die deutschsprachig dominierten Gebiete der Tschechoslowakei dem

▸ **Die Erweiterung des Deutschen Reiches zwischen 1933 und 1939.**

Reich einzugliedern. Er machte sich dabei bestehende Konflikte zunutze. Nicht nur die Deutschen, auch Polen, Ungarn und andere Volksgruppen in der Tschechoslowakei erhoben Autonomieforderungen. Mit seiner Beteuerung, das sudetendeutsche Gebiet sei die letzte territoriale Forderung des Deutschen Reiches, konnte Hitler sich wiederum durchsetzen. Auf der *Konferenz von München* am 29. September 1938 legten Deutschland, Italien, Frankreich und England ohne Beteiligung von Vertretern der Tschechoslowakei die Modalitäten für die geforderten territorialen Veränderungen fest.

Nur ein halbes Jahr später waren Hitlers Beteuerungen als Lügen entlarvt. Am 15. März 1939 marschierten deutsche Truppen in der „Rest-Tschechei" ein. Drei Tage später wurde das *Protektorat Böhmen und Mähren* de facto der Reichsverwaltung unterstellt. Diesmal konnte das Deutsche Reich seinen Schritt nicht mehr mit dem Hinweis auf das Selbstbestimmungsrecht der Völker begründen. Erneut griffen die anderen europäischen Mächte nicht ein, aber sie wussten nun, dass sie nicht länger zusehen konnten. Schon Ende März gaben Frankreich und England eine verbindliche Garantieerklärung für Polen ab, das zunehmend die Zielscheibe aggressiver deutscher Propaganda wurde. Der nächste Schritt der Machtausdehnung auf Kosten Polens musste den von Hitler längst einkalkulierten Krieg bedeuten.

In dieser Phase gelang der deutschen Diplomatie ein spektakulärer Erfolg: Die Nationalsozialisten, die sich immer als schärfste Feinde des „Bolschewismus" verstanden und inszeniert hatten, schlossen einen *Nichtangriffspakt mit der Sowjetunion** („Hitler-Stalin-Pakt"; ▸ M4, M5). Diese hatte kurz zuvor noch Verhandlungen über einen britisch-französisch-sowjetischen Dreibund unter möglicher polnischer Beteiligung geführt, die aber gescheitert waren.

Der sowjetische Diktator Josef W. Stalin** konnte sich nun bei einem zu erwartenden Angriff Deutschlands auf Polen aus allen Kampfhandlungen heraushalten und wusste seine Einflusssphäre in Osteuropa gesichert. In einem geheimen Zusatzprotokoll vereinbarten Deutschland und die Sowjetunion die Aufteilung Polens.

* Siehe S. 36.
** Siehe S. 34.

M1 Hitlers Kriegsziele in „Mein Kampf"

Zur Frage eines künftigen Krieges schreibt Hitler Mitte der 1920er-Jahre in „Mein Kampf":

Man muss sich damit kühl und nüchtern auf den Standpunkt stellen, dass es sicher nicht Absicht des Himmels sein kann, dem einen Volke fünfzigmal so viel an Grund und Boden auf dieser Welt zu geben als dem anderen. Man darf in diesem Falle sich nicht durch politische Grenzen von den Grenzen des ewigen Rechtes abbringen lassen. Wenn diese Erde wirklich für alle Raum zum Leben hat, dann möge man uns also den uns zum Leben notwendigen Boden geben.

Man wird das freilich nicht gerne tun. Dann jedoch tritt das Recht der Selbsterhaltung in seine Wirkung; und was der Güte verweigert wird, hat eben die Faust sich zu nehmen. Hätten unsere Vorfahren einst ihre Entscheidungen von dem gleichen pazifistischen Unsinn abhängig gemacht wie die heutige Gegenwart, dann würden wir überhaupt nur ein Drittel unseres jetzigen Bodens zu eigen besitzen; [...]

Wenn die nationalsozialistische Bewegung wirklich die Weihe einer großen Mission für unser Volk vor der Geschichte erhalten will, muss sie [...] kühn und zielbewusst den Kampf aufnehmen gegen die Ziellosigkeit und Unfähigkeit, die bisher unser deutsches Volk auf seinen außenpolitischen Wegen leiteten. Sie muss dann, ohne Rücksicht auf „Traditionen" und Vorurteile, den Mut finden, unser Volk und seine Kraft zu sammeln zum Vormarsch auf jener Straße, die aus der heutigen Beengtheit des Lebensraumes dieses Volk hinausführt zu neuem Grund und Boden und damit auch für immer von der Gefahr befreit, auf dieser Erde zu vergehen oder als Sklavenvolk die Dienste anderer besorgen zu müssen. Die nationalsozialistische Bewegung muss versuchen, das Missverhältnis zwischen unserer Volkszahl und unserer Bodenfläche – diese als Nährquelle sowohl wie auch als machtpolitischer Stützpunkt angesehen –, zwischen unserer historischen Vergangenheit und der Aussichtslosigkeit unserer Ohnmacht in der Gegenwart zu beseitigen. [...]

Adolf Hitler, Mein Kampf. Ausgabe in einem Band, München (Franz Eher Nachf.) 1936, S. 152 und 731 f.

1. *Fassen Sie zusammen, welche Ziele einer deutschen Außenpolitik Hitler formuliert, welche Rechtfertigung er dafür anführt und welche Mittel zu ihrer Verwirklichung er verfolgen will.*
2. *Beurteilen Sie, welche Konsequenzen eine Politik nach diesen Grundsätzen für die europäische Nachkriegsordnung um 1925 haben könnte.*

M2 „Friedensrede" vor dem Reichstag

Am 17. Mai 1933 hält Adolf Hitler vor dem Reichstag eine Rede, in der er den deutschen Friedenswillen betont:

Wenn ich in diesem Augenblick bewusst als deutscher Nationalsozialist spreche, so möchte ich namens der nationalen Regierung und der gesamten Nationalerhebung bekunden, dass gerade uns in diesem jungen Deutschland das tiefste Verständnis beseelt für die gleichen Gefühle und Gesinnungen sowie für die begründeten Lebensansprüche der anderen Völker.

Die Generation dieses jungen Deutschlands, die in ihrem bisherigen Leben nur die Not, das Elend und den Jammer des eigenen Volkes kennenlernte, hat zu sehr unter dem Wahnsinn gelitten, als dass sie beabsichtigen könnte, das gleiche anderen zuzufügen.

Indem wir in grenzenloser Liebe und Treue an unserem eigenen Volkstum hängen, respektieren wir die nationalen Rechte auch der anderen Völker aus dieser selben Gesinnung heraus und möchten aus tiefinnerstem Herzen mit ihnen in Frieden und Freundschaft leben. Wir kennen daher auch nicht den Begriff des Germanisierens. Die geistige Mentalität des vergangenen Jahrhunderts, aus der heraus man glaubte, vielleicht aus Polen und Franzosen Deutsche machen zu können, ist uns genauso fremd, wie wir uns leidenschaftlich gegen jeden umgekehrten Versuch wenden. Wir sehen die europäischen Nationen um uns als gegebene Tatsache. Franzosen, Polen usw. sind unsere Nachbarvölker, und wir wissen, dass kein geschichtlich denkbarer Vorgang diese Wirklichkeit ändern könnte. [...]

Wir aber haben keinen sehnlicheren Wunsch, als dazu beizutragen, dass die Wunden des Krieges und des Versailler Vertrages endgültig geheilt werden. Deutschland will keinen anderen Weg dabei gehen als den, der durch die Verträge selbst als berechtigt anerkannt ist. Die Deutsche Regierung wünscht, sich über alle schwierigen Fragen mit den Nationen friedlich auseinanderzusetzen. Sie weiß, dass jede militärische Aktion in Europa auch bei deren völligem Gelingen, gemessen an den Opfern, in keinem Verhältnis stehen würde zu dem Gewinn.

Max Domarus, Hitler. Reden und Proklamationen 1932-1945, Bd. 1: 1932-1934, Leonberg [4]1988, S. 271 f.

1. *Stellen Sie in einer Tabelle die Schlüsselbegriffe aus M1 und M2 gegenüber.*
2. *Arbeiten Sie die Unterschiede zwischen den Aussagen Hitlers von 1925/27 und 1933 heraus. Diskutieren Sie die Möglichkeiten, zwischen einem echten Sinneswandel und einer taktischen Verstellung zu unterscheiden.*

M3 Achse Berlin – Rom – Tokio

a) Am 1. November 1936, eine Woche nach dem Abschluss des geheimen deutsch-italienischen Freundschaftsvertrages, hält der italienische Regierungschef Benito Mussolini in Mailand eine Rede vor Hunderttausenden Anhängern:

Die Berliner Begegnung hat eine Verständigung über gewisse Fragen gezeitigt, von denen einige gerade in diesen Tagen besonders brennend sind. Diese Verständigung, die in guter und gehöriger Form bekräftigt worden ist, diese Diagonale Berlin – Rom ist jedoch keine Trennungslinie, sondern eher eine Achse, um die sich alle europäischen Staaten, die von dem Willen der Zusammenarbeit und des Friedens beseelt sind, sammeln können.

Deutschland hat die Sanktionen nicht mitgemacht, obwohl man es bestürmte und ihm damit in den Ohren lag. [...] Ein Element der Spannung zwischen Berlin und Rom ist verschwunden. Außerdem erinnere ich euch daran, dass Deutschland schon vor der Berliner Zusammenkunft das römische Imperium praktisch anerkannt hat.

b) Am 6. November 1937 tritt Italien dem deutsch-japanischen Antikominternpakt bei. Zwei Tage später betont Hitler:

Deutschland ist heute nicht mehr vereinsamt! Wir alle haben die glückhafte Zuversicht, dass die Isolierung, die uns mehr als fünfzehn Jahre lang umgab, beendet ist. Und zwar nicht nur durch eine nichtssagende Teilnahme an unbedeutenden Völkergremien, sondern durch die Bedeutung, die sich Deutschland selbst wieder geschaffen hat!

Aus dieser Bedeutung resultieren für uns neue Beziehungen, die man vielleicht als nicht in die Völkerbundsideologie passend ansehen kann. Allein sie passen jedenfalls für uns und unsere Interessen! Und sie passen auch den Interessen anderer Völker, die diese Beziehungen mit uns aufgenommen haben!

Der sicherste Garant für die Dauerhaftigkeit solcher Beziehungen sind nicht irgendwelche Phrasen, sondern die nüchterne und klare Erkenntnis der Zweckmäßigkeit. Aus dieser Zweckmäßigkeit heraus haben sich heute drei Staaten zusammengefunden, erst eine europäische Achse und jetzt ein großes weltpolitisches Dreieck! [...] Es besteht nicht aus drei kraftlosen Gebilden, sondern aus drei Staaten, die bereit und entschlossen sind, ihr Recht und ihre Lebensinteressen entschlossen wahrzunehmen.

c) Aus einer Rede Mussolinis in deutscher Sprache auf dem Maifeld in Berlin am 28. November 1937:

Das wiedererstandene Imperium Roms ist das Werk dieses neuen Geistes [des Faschismus], der Italien beseelt. Die deutsche Wiedergeburt ist gleichfalls das Werk einer geistigen Kraft, des Glaubens an eine Idee, an die erst nur ein Einziger glaubte, dann eine Schar von Vorkämpfern und Märtyrern, dann eine Minderheit und endlich ein ganzes Volk.

Deutschland und Italien verfolgen das gleiche Ziel auch auf dem Gebiet der Wirtschaftsautarkie: Ohne wirtschaftliche Unabhängigkeit ist die politische Unabhängigkeit einer Nation selbst infrage gestellt, und ein Volk von großer militärischer Kraft kann zum Opfer einer wirtschaftlichen Blockade werden.

Wir haben diese Gefahr in ihrer ganzen Unmittelbarkeit zu spüren bekommen, als 52 in Genf versammelte Staaten die kriminellen Wirtschaftssanktionen gegen Italien beschlossen, jene Sanktionen, die mit aller Schärfe durchgeführt wurden, aber ihr Ziel nicht erreichten, ja, dem faschistischen Italien sogar Gelegenheit gaben, der Welt seine Widerstandskraft zu beweisen. Trotz allem Drängen hat Deutschland sich den Sanktionen nicht angeschlossen. Wir werden das niemals vergessen.

Dies ist der Punkt, an dem zum ersten Mal ganz deutlich das Vorhandensein eines notwendigen Zusammengehens zwischen dem nationalsozialistischen Deutschland und dem faschistischen Italien in Erscheinung tritt. [...] Das, was man nun in der ganzen Welt als die Achse Berlin – Rom kennt, entstand im Herbst 1935 und hat in den letzten zwei Jahren für die immer stärkere Annäherung unserer beiden Völker aneinander wie für die wachsende politische Stärkung des europäischen Friedens großartig gearbeitet.

Erster Text: Walter Anger, Das Dritte Reich in Dokumenten, Hamburg 1957, S. 73
Zweiter Text: Günter Schönbrunn, Weltkriege und Revolutionen 1914-1945. Geschichte in Quellen, München 1961, S. 365
Dritter Text: ebd., S. 364 f.

1. *Zeigen Sie auf, mit welchen Gründen die drei Texte die Annäherung der Staaten rechtfertigen.*

2. *Mussolini äußert sich im Abstand von etwa einem Jahr zur italienisch-deutschen Freundschaft. Arbeiten Sie die Unterschiede zwischen 1936 und 1937 heraus.*

3. *Erörtern Sie vor dem Hintergrund der geänderten internationalen Lage die Gründe für diesen Wandel.*

M4 Der Nichtangriffspakt mit der UdSSR

Im August 1939 wird der Öffentlichkeit ein Abkommen präsentiert, das der sowjetische Außenminister Wjatscheslaw M. Molotow mit dem deutschen Außenminister Joachim von Ribbentrop ausgehandelt hat:

Art. 1 Die beiden vertragschließenden Teile verpflichten sich, sich jeden Gewaltakts, jeder aggressiven Handlung und jedes Angriffs gegeneinander, und zwar sowohl einzeln als auch gemeinsam mit anderen Mächten, zu enthalten.
Art. 2 Falls einer der vertragschließenden Teile Gegenstand kriegerischer Handlungen seitens einer dritten Macht werden sollte, wird der andere vertragschließende Teil in keiner Form diese dritte Macht unterstützen. [...]
Art. 4 Keiner der beiden vertragschließenden Teile wird sich an irgendeiner Mächtegruppierung beteiligen, die sich mittelbar oder unmittelbar gegen den anderen Teil richtet.
Geheimes Zusatzprotokoll[1]: Für den Fall einer territorial-politischen Umgestaltung der zum polnischen Staate gehörenden Gebiete werden die Interessensphären Deutschlands und der UdSSR ungefähr durch die Linie der Flüsse Narew, Weichsel und San abgegrenzt.
Die Frage, ob die beiderseitigen Interessen die Erhaltung eines unabhängigen polnischen Staates erwünscht erscheinen lassen und wie dieser Staat abzugrenzen wäre, kann endgültig erst im Laufe der weiteren politischen Entwicklung geklärt werden. In jedem Falle werden beide Regierungen diese Frage im Wege einer freundschaftlichen Verständigung lösen.

OSTEUROPA. Zeitschrift für Gegenwartsfragen des Ostens, 39. Jg. (1989), S. 417-419

1. *Erläutern Sie, was der Nichtangriffspakt über die außenpolitischen Planungen beider Länder aussagt.*
2. *Diskutieren Sie die Bedeutung des geheimen Zusatzprotokolls.*

M5 Aus Todfeinden werden „Freunde"

Der sowjetische Beamte Victor A. Kravchenko aus der sibirischen Industriestadt Kemerowo erinnert sich an den „Hitler-Stalin-Pakt":

Für uns galt es all die Jahre als ausgemacht, dass der einzige Feind der Nazis die Sowjetunion sei. [...] Wir hatten doch unsere führenden Armeegeneräle [...] erschossen, weil sie angeblich Verbündete von Hitlers Reichswehr waren. Die großen Verräterprozesse, in denen Lenins[1] vertrauteste Freunde liquidiert wurden, stützten sich auf die Voraussetzung, dass Nazideutschland und seine Achsenfreunde Italien und Japan sich gegen uns zum Kriege rüsteten. Diese Nationen waren angeblich nur die Exponenten einer Weltkoalition von Kapitalisten, die sich verschworen hatten, unser sozialistisches Vaterland zu vernichten. [...] Die Schurkerei Hitlers galt in unserem Land als fast ebenso geheiligter Glaubensartikel wie die Unfehlbarkeit Stalins. Unsere Sowjetkinder spielten Faschisten-gegen-Kommunisten-Spiele [...]. Erst als wir die Wochenschauen und Zeitungsbilder sahen, auf denen Stalin lächelnd Ribbentrop die Hand schüttelte, begannen wir das Unglaubliche zu glauben. Hakenkreuz und Hammer-und-Sichel flatterten Seite an Seite in Moskau! Bald darauf erklärte uns Molotow, der Faschismus sei schließlich „Geschmacksache"! Stalin begrüßte seinen diktatorischen Kollegen mit begeisterten Worten über die gemeinsame „mit Blut besiegelte Freundschaft"!

Victor A. Kravchenko, Ich wähle die Freiheit. Das private und politische Leben eines Sowjetbeamten, übersetzt von Albert Hess, Zürich 1947, S. 63 f.

Diskutieren Sie die Auswirkungen der außenpolitischen Kehrtwendung auf die sowjetische Bevölkerung.

▲ **Stalin-Karikatur in der französischen Zeitschrift „Marianne" von 1939.**
■ *Erläutern Sie die Bildsymbolik und die damit verbundene Interpretation des „Hitler-Stalin-Paktes".*

[1] Das Zusatzprotokoll wurde im Westen 1948 bekannt; die Sowjetunion bestritt bis 1989 die Existenz dieser Abmachung.

[1] Wladimir I. Lenin (1870-1924): Führungsfigur der russischen Oktoberrevolution, erster Regierungschef der Sowjetunion

Der Zweite Weltkrieg

▲ Europa im Zweiten Weltkrieg.

Hitlers Anfangserfolge 1939/40 ■ Am 1. September 1939 griffen deutsche Truppen ohne Kriegserklärung Polen an. Nach Ablauf ihrer Ultimaten erklärten Frankreich und Großbritannien Deutschland am 3. September den Krieg. Allerdings hielten sich die Westmächte vorläufig in der Defensive, weil sie sich militärisch noch zu schwach fühlten. Daher konnte die deutsche Wehrmacht Polen so schnell besiegen, dass sie später von einem *„Blitzkrieg"* sprach. Bereits Ende September wurde Polen – wie im Zusatzprotokoll des „Hitler-Stalin-Paktes" vereinbart – zwischen Deutschland und der Sowjetunion aufgeteilt.

Als die englische Regierung auf deutsche Friedensangebote nicht reagierte, ließ Hitler im April 1940 Dänemark und Norwegen besetzen. Einen Monat später griff die Wehrmacht Belgien, die Niederlande, Luxemburg und Frankreich an. Durch schnelle Panzervorstöße gelang der riskante Feldzug gegen den westlichen Gegner. Am 14. Juni zogen die Deutschen in Paris ein. Hitler hielt das Reich nun für unbesiegbar.

Die Briten – seit Mai 1940 unter dem konservativen Premierminister **Winston Churchill** – waren entschlossen, den Krieg gegen das Deutsche Reich unter allen Umständen durchzustehen (▸ M1). Daher strebten Hitler und sein Generalstab eine Invasion auf den Britischen Inseln an und forcierten ab Juli 1940 den Luft- und U-Boot-Krieg, um eine Landung vorzubereiten. Der Plan erwies sich aber als grobe Fehleinschätzung. Zum ersten Mal erreichte Hitler sein militärisches Ziel nicht. Im Gegenteil, die strategische Lage verschlechterte sich durch die immer deutlichere Parteinahme der USA für die Engländer.

Winston Churchill (1874-1965): britischer Journalist, Offizier und Politiker; 1940-1945 und 1951-1955 Premierminister, 1940-1955 Führer der Konservativen. 1953 erhielt er den Nobelpreis für Literatur.

Die Wende in Russland ■ Inzwischen hatte das Deutsche Reich den Krieg gegen die Sowjetunion begonnen, weil Hitler glaubte, nicht länger mit dem Krieg gegen „Bolschewiken und Juden" um „Lebensraum" warten zu können. Seit Sommer 1940 hatte Hitler Pläne für den Angriff gegen die Sowjetunion ausarbeiten lassen, ohne den Gegner im Westen – Großbritannien – besiegt zu haben. Mit einem Überraschungsangriff, der von der Ostsee bis zu den Karpaten auf breiter Front von über drei Millionen Soldaten geführt wurde, eröffnete Hitler am 22. Juni 1941 ohne Kriegserklärung den Kampf gegen die Sowjetunion (*„Unternehmen Barbarossa"*). Unterstützt wurde die deutsche Offensive von verbündeten finnischen, slowakischen, ungarischen, rumänischen und italienischen Truppen. Stalin hatte britische und amerikanische Warnungen vor einem deutschen Angriff als Propaganda abgetan und nicht ernst genommen.

Die deutsche Führung hoffte, die zahlenmäßig überlegene Rote Armee in einem „Blitzfeldzug" überrumpeln zu können. Panzereinheiten sollten die Rote Armee mit Luftwaffenunterstützung in Kesselschlachten besiegen. Bis zum Herbst hatte die Wehrmacht die Ukraine erobert und war bis Leningrad und bis kurz vor Moskau vorgedrungen. Auf Anordnung der Führung waren Richtlinien und Befehle erlassen worden, die internationale Regeln der Kriegführung missachteten: Gefangene genossen keinen Schutz, Kommunisten, Kommissare (Politoffiziere der Roten Armee) und Juden konnten ohne Einschränkung getötet werden (▸ M2). In dieser Phase des Krieges begann der **Völkermord (Genozid)**.* Vollstrecker der Verbrechen waren vor allem spezielle **Einsatzgruppen** der Sicherheitspolizei und des SD, Einheiten aus SS, Gestapo und Polizei, aber auch reguläre Einheiten der Wehrmacht beteiligten sich.** Bis zum Frühjahr 1942 hatte die Sowjetunion 1,5 bis 2,5 Millionen Kriegstote zu beklagen. Darunter waren auch etwa 1,8 von insgesamt 3,7 Millionen sowjetischen Kriegsgefangenen, die allein während des Russlandfeldzuges im Jahr 1941 in deutsche Hände gefallen und entweder sofort durch systematische Erschießungen ermordet oder unter elenden Bedingungen in Kriegsgefangenenlagern vor Erschöpfung und Hunger gestorben waren. Die Zahl der Toten sollte sich bis Kriegsende auf drei Millionen erhöhen; damit starben über 50 Prozent der insgesamt 5,7 Millionen sowjetischen Kriegsgefangenen in der „Obhut" der deutschen Armee (Christian Hartmann).

Der Ostfeldzug war als Blitzkrieg geplant; die UdSSR sollte innerhalb weniger Wochen besiegt werden. Diese Zielsetzung erwies sich aber als völlig unrealistisch. Nachschubprobleme, die Weite des Landes und das raue Klima, auf das die Wehrmacht nur unzureichend vorbereitet war, stoppten den deutschen Vormarsch. Darüber hinaus war die Rote Armee unerwartet gut organisiert. Im Dezember 1941 konnte diese eine Gegenoffensive einleiten, der die Deutschen auf Dauer nicht gewachsen waren. In einer *Kesselschlacht bei Stalingrad* gelang der sowjetischen Armee Anfang 1943 ein überwältigender Sieg, dessen psychologische Wirkung für beide Seiten von großer Bedeutung war. Nachdem die Wehrmacht die Stadt ab August 1942 belagert hatte, war es der Roten Armee bei Wintereinbruch gelungen, die deutschen Linien zu durchbrechen und 200 000 Soldaten einzuschließen. Hitler verbot jeden Ausbruchsversuch, worauf Tausende verhungerten und über 100 000 Soldaten in sowjetische Kriegsgefangenschaft gerieten. Davon sollten nach dem Krieg nur etwa 5 000 Mann nach Deutschland zurückkehren. Anfang Februar 1943 kapitulierte die 6. Armee unter Generalfeldmarschall *Friedrich Paulus*, nur 25 000 Soldaten hatten zuvor ausgeflogen werden können. Gegen die tiefe Niedergeschlagenheit in der Bevölkerung versuchte Propagandaminister Goebbels anzukämpfen, indem er zum „totalen Krieg" aufrief. Doch der Mythos, der den „Führer" umgeben hatte, war zerstört (▸ M3).

Die deutsche Wirtschaft im Krieg Die NS-Machthaber waren bemüht, die Belastungen für die deutsche Bevölkerung in möglichst engen Grenzen zu halten und alle Kräfte für den Krieg zu bündeln. Niemand sollte Hunger leiden, denn Hitler fürchtete Streiks und innere Unruhen, wie er sie am Ende des Ersten Weltkrieges erlebt hatte. Nicht zuletzt infolge der enormen Gebietsgewinne gelang es, die Zufuhr an Rohstoffen und Lebensmitteln ins Deutsche Reich zu steigern. Rücksichtslos wurden Produktion und Ressourcen aller besetzten Länder für die deutschen Bedürfnisse ausgebeutet. Der private Besitz sollte möglichst nicht angetastet werden. Im Gegenteil, zum Urlaub heimkehrende Soldaten durften, teils unter Umgehung der Zollvorschriften, große Mengen an Lebensmitteln und Verbrauchsgütern in die Heimat mitnehmen. Die Einschränkungen beim Verschicken von Feldpostsendungen wurden aus dem gleichen Grund sehr großzügig gehandhabt, Anzeigen in Übertretungsfällen oft abgewiesen.

* Vgl. dazu auch S. 136 ff.
** Siehe ebenda.

Völkermord (Genozid): Auslöschung willkürlich definierter Gruppen von Menschen unter zumeist extrem brutalen Begleitumständen; der englische Begriff für Völkermord, *genocide*, geht auf Raffael Lemkin, einen Juristen polnisch-jüdischer Herkunft, zurück, der ihn im Jahr 1944 prägte; das Wort „Genozid" setzt sich aus dem griechischen *genos* (Stamm, Rasse, Volk) und dem lateinischen *cadere* (töten) und dem Suffix *-cide* zusammen; Beispiel für Genozide in der Geschichte sind der Holocaust sowie der Völkermord an den Armeniern während des Ersten Weltkrieges.

Einsatzgruppen: Sondereinheiten, die nach dem Einmarsch in besetzte und eroberte Gebiete, so etwa in Polen und in der Sowjetunion, die „Bekämpfung der Reichsfeinde" übernehmen sollten. Bereits in Polen sowie dann vor allem in der Sowjetunion geschah dies primär durch Erschießungen – auf sowjetischem Gebiet ermordeten die Einsatzgruppen, die mit der Wehrmacht ins Land kamen, vermutlich über eine Million Menschen, vor allem jüdische Männer, Frauen und Kinder (vgl. S. 138 f.).

Lektüretipp
Volkhard Knigge u.a. (Hrsg.), Zwangsarbeit. Die Deutschen, die Zwangsarbeiter und der Krieg, Weimar 2010 (Ausstellungskatalog)

Internettipps
http://www.mit-stempel-und-unterschrift.de
http://www.ausstellung zwangsarbeit.org

Die Währungen der besetzten Länder wurden an den Rand des Ruins getrieben, Goldreserven, Devisen, Aktien und viele Depositen von der Reichsbank beschlagnahmt. Nur mit knapper Not konnte in einigen Staaten der Bankrott vermieden werden.

Zu den Maßnahmen, mit denen die Leistung der deutschen Kriegswirtschaft gesteigert werden sollte, zählte auch der Einsatz ausländischer Gefangener und *Zwangsarbeiter* (▸ M4, M5). Da die Millionen Kriegsgefangenen den Ausfall der in die Wehrmacht eingezogenen Männer nicht ausgleichen konnten, wurden in den besetzten Gebieten systematisch arbeitsfähige Menschen gefangen genommen und nach Deutschland geschickt – rund sieben Millionen Frauen und Männer insgesamt. Fast drei Millionen „Fremdarbeiter" stammten aus der Sowjetunion, eine Million aus Polen. Massentransporte in Güterwaggons, schlechte Behandlung und Unterbringung, mangelhafte Ernährung sowie schwerste körperliche Arbeit gehörten zu den unmenschlichen Bedingungen, denen die Opfer in der Regel ausgesetzt waren. Sie wurden nicht nur wesentlich geringer entlohnt, sondern auch mit einem höheren Steuersatz belegt. Den Lohnanteil, der für die Angehörigen in der Heimat bestimmt war, kassierte die deutsche Finanzverwaltung. Gleichzeitig nahm mit dem Krieg der politische Druck auf die Bevölkerung zu. Zweifel am Endsieg wurden hart bestraft, wobei die Nationalsozialisten sich nicht nur auf die Geheime Staatspolizei verlassen konnten, sondern auch auf ein Heer von Denunzianten.

Der europäische Krieg wird zum Weltkrieg ▀ Am 7. Dezember 1941 eröffnete Japan mit einem Luftangriff auf die amerikanische Pazifikflotte in *Pearl Harbor* die Kampfhandlungen gegen die USA. Deutschland und Italien erklärten daraufhin, ohne vertraglich gegenüber Japan verpflichtet zu sein, den Vereinigten Staaten wenige Tage später den Krieg. Dagegen etablierte sich auf der anderen Seite die **Anti-Hitler-Koalition** einschließlich der UdSSR, die der britische Premierminister Winston Churchill – trotz weltanschaulicher Bedenken – förderte.

Anti-Hitler-Koalition: die Gegner des nationalsozialistischen Deutschland mit den USA, Großbritannien und der Sowjetunion an der Spitze. Die „Großen Drei" legten gemeinsame Kriegsziele wie die bedingungslose Kapitulation Deutschlands, Japans und Italiens fest.

Die großen Materialreserven, das Industriepotenzial und die frischen Truppen der USA verhalfen den Alliierten zu einer deutlichen Überlegenheit. Als den Amerikanern und Engländern am 6. Juni 1944 die Landung an der Küste der Normandie gelang, war die deutsche Niederlage nur noch eine Frage der Zeit. Auch die Lufthoheit lag jetzt bei den Westmächten. Auf der *Konferenz von Jalta* (4.2.-11.2.1945) einigten sich die Regierungschefs von Großbritannien, der UdSSR und der USA – Churchill, Stalin und Roosevelt – auf Regelungen für die künftige Besetzung Deutschlands, vor allem die Aufteilung in vier Besatzungszonen. Da die nationalsozialistische Führung verbissen den Widerstand aufrechterhielt, sanken die meisten deutschen Großstädte unter den alliierten Luftangriffen in Schutt und Asche. Erst als die Rote Armee vor Berlin stand, begingen Hitler und mehrere seiner Mitarbeiter Selbstmord. Im Mai 1945 unterzeichneten die Generäle Jodl und Keitel die deutsche Gesamtkapitulation.

Der Zweite Weltkrieg endete drei Monate später mit der bedingungslosen Kapitulation Japans, nachdem die USA über Hiroshima und Nagasaki erstmals Atombomben abgeworfen hatten. Diese Waffen waren mit einem riesigen Forschungsaufwand in den USA entwickelt worden. Der amerikanische Präsident **Harry S. Truman**, der nach dem Tode Roosevelts im April 1945 die Macht übernommen hatte, schob Bedenken gegen die gewaltige Zerstörungskraft der Atomwaffen u.a. mit dem Hinweis beiseite, dass man die Japaner nur auf diese Weise zur bedingungslosen Kapitulation zwingen könne. Über 200 000 Menschen starben bei den Bombenabwürfen sofort. Die Langzeitfolgen der radioaktiven Verseuchung wurden erst später deutlich: Zahllose Menschen starben an Leukämie und an anderen Folgekrankheiten.

Harry S. Truman (1884-1972): Als Vizepräsident wurde er nach dem Tod von Franklin D. Roosevelt im April 1945 US-Präsident. Seine Amtszeit dauerte bis 1953.

M1 England kapituliert nicht

Als die Niederlage Frankreichs offenbar wird, betont Englands Premierminister Winston Churchill in einer Rede am 18. Juni 1940, dass Großbritannien nicht aufgeben werde:

Die Schlacht, die General Weygand[1] die Schlacht um Frankreich nannte, ist vorbei. Ich erwarte, dass jetzt die Schlacht um England beginnen wird. Von ihrem Ausgang hängt der Fortbestand der christlichen Kultur ab. Von ihr hängt unsere eigene nationale Existenz, die lange währende Stetigkeit unserer Einrichtungen und unseres Weltreiches ab. Die ganze Wut und Macht des Feindes muss sich sehr bald gegen uns wenden, Hitler weiß sehr wohl, dass er entweder uns auf unserer Insel zerschmettern oder den Krieg verlieren muss. Vermögen wir ihm standzuhalten, so kann ganz Europa befreit werden, und die Menschheit kann zu weiten, sonnenhellen Höhen aufwärtsschreiten. Versagen wir aber, dann wird die ganze Welt, samt den Vereinigten Staaten und samt all dem, was wir gekannt und geliebt haben, in den Abgrund eines neuen dunklen Zeitalters versinken, dem die Lichter einer missbrauchten Wissenschaft noch tiefere Finsternis und vielleicht auch längere Dauer verleihen. Rüsten wir uns daher zur Erfüllung unserer Pflicht; handeln wir so, dass, wenn das Britische Reich und seine Völkergemeinschaft noch tausend Jahre bestehen, die Menschen immer noch sagen werden: „Das war ihre größte Stunde."

Winston S. Churchill, Memoiren. Der Zweite Weltkrieg, Bd. II, 1, Stuttgart 1954, S. 272

1. *Arbeiten Sie heraus, wie Churchill die Situation Europas nach der Niederlage Frankreichs beurteilt.*
2. *Analysieren Sie, welche Bedeutung die USA für Churchill einnehmen.*
3. *Prüfen Sie, ob es in Diktion Ähnlichkeiten zu Rednern des NS-Regimes gibt. Welche Ursachen könnte das haben?*

[1] Maxime Weygand (1867-1965): General im Ersten und Zweiten Weltkrieg, 1940 Oberbefehlshaber der französischen Truppen

M2 „Völlige Vernichtung"

Der Oberbefehlshaber der 6. Armee, General von Reichenau, gibt am 10. Oktober 1941 einen Befehl aus, der das „Verhalten der Truppen im Ostraum" betrifft. Hitler bezeichnet diesen Befehl als vorbildlich, sodass er auch von anderen Truppenteilen übernommen wird:

Hinsichtlich des Verhaltens der Truppe gegenüber dem bolschewistischen System bestehen vielfach noch unklare Vorstellungen. Das wesentlichste Ziel des Feldzuges gegen das jüdisch-bolschewistische System ist die völlige Zerschlagung der Machtmittel und die Ausrottung des asiatischen Einflusses im europäischen Kulturkreis. Hierdurch entstehen auch für die Truppe Aufgaben, die über das hergebrachte einseitige Soldatentum hinausgehen. Der Soldat ist im Ostraum nicht nur ein Kämpfer nach den Regeln der Kriegskunst, sondern auch Träger einer unerbittlichen völkischen Idee und der Rächer für alle Bestialitäten, die deutschem und anverwandtem Volkstum zugefügt wurden. Deshalb muss der Soldat für die Notwendigkeit der harten, aber gerechten Sühne am jüdischen Untermenschentum volles Verständnis haben. Sie hat den weiteren Zweck, Erhebungen im Rücken der Wehrmacht, die erfahrungsgemäß stets von Juden angezettelt wurden, im Keime zu ersticken. Der Kampf gegen den Feind hinter der Front wird noch nicht ernst genug genommen. Immer noch werden heimtückische, grausame Partisanen und entartete Weiber zu Kriegsgefangenen gemacht, immer noch werden halb uniformierte oder in Zivil gekleidete Heckenschützen und Herumtreiber wie anständige Soldaten behandelt und in die Gefangenenlager abgeführt. [...] Fern von allen politischen Erwägungen der Zukunft hat der Soldat zweierlei zu erfüllen: 1.) die völlige Vernichtung der bolschewistischen Irrlehre, des Sowjetstaates und seiner Wehrmacht. 2.) die erbarmungslose Ausrottung artfremder Heimtücke und Grausamkeit und damit die Sicherung des Lebens der deutschen Wehrmacht in Russland. Nur so werden wir unserer geschichtlichen Aufgabe gerecht, das deutsche Volk von der asiatisch-jüdischen Gefahr ein für allemal zu befreien.

Reinhard Rürup (Hrsg.), Der Krieg gegen die Sowjetunion 1941-1945. Eine Dokumentation, Berlin 1991, S. 122

1. *Erörtern Sie, inwiefern die deutsche Kriegsführung eine Umsetzung der nationalsozialistischen Rassenideologie war (vgl. Seite 95, M1).*
2. *Informieren Sie sich über damalige und heutige Völkerrechtsvereinbarungen, die auch im Krieg gültig bleiben. Inwiefern haben die Deutschen dagegen verstoßen?*
3. *Erklären Sie, warum es unter den Soldaten „unklare Vorstellungen" über die Kriegsführung gab.*

M3 Frauen in der Heimat

Während die Front im Osten zurückweicht, zeichnet ein geheimer Bericht der SS vom 18. November 1943 die Stimmung bei der weiblichen Bevölkerung auf:

Am Kriegsgeschehen im Einzelnen nehmen die Frauen weniger Interesse. Besonders die weibliche Jugend zeige sich recht teilnahmslos. Häufig trete bei den Frauen eine ausgesprochene Kriegsmüdigkeit zutage. Sie sind bestrebt, allem aus dem Wege zu gehen, was die Gedanken zum Kriegsgeschehen hinlenke, so vermeiden sie z.B. entsprechende Radio- oder Filmdarbietungen und lassen den politischen Teil der Zeitung unbeachtet. Im Allgemeinen zeigten nur diejenigen Frauen, die nahe Angehörige an den Fronten haben, und Frauen der Intelligenzkreise wesentliches Interesse am politischen Geschehen. [...]
Mit Sorge sähen auch viele Frauen, dass der Zusammenhalt und das gegenseitige Verständnis in ihrer Ehe unter der langen Kriegsdauer zu leiden beginne. Die mit kurzen Unterbrechungen nun schon Jahre andauernde Trennung, die Umgestaltung der Lebensverhältnisse durch den totalen Krieg, dazu die hohen Anforderungen, die jetzt an jeden Einzelnen gestellt werden, formten den Menschen um und erfüllten sein Leben. Der Frontsoldat zeige im Urlaub oft kein Verständnis mehr für die kriegsbedingten häuslichen Dinge und bleibe interesselos gegenüber vielen täglichen Sorgen der Heimat. Daraus ergebe sich häufiger ein gewisses Auseinanderleben der Eheleute. So wiesen Ehefrauen bekümmert darauf hin, dass das sehnlichst erwartete Zusammensein in der schnell vorübergehenden Urlaubszeit getrübt worden sei durch häufige Zusammenstöße, die durch gegenseitige Nervosität hervorgerufen wurde. [...]
Auffallend sei, dass viele Maßnahmen der Partei und führender Persönlichkeiten von den Frauen in stärkerem Maße als von den Männern kritisiert würden, jedoch stellten sich die meisten Frauen stets hinter die Person des Führers. Allgemein werde von den Frauen immer der Standpunkt vertreten, dass der Führer bestimmt Abhilfe schaffen würde, wenn er alles wüsste. Die meisten Frauen richteten jedoch ihre Gedanken vorwiegend auf ihre gegenwärtigen praktischen Aufgaben. Von den drängenden Tagesanforderungen bereiteten derzeit die Kartoffelnot und der Gemüsemangel den Frauen große Sorge. Viele Mütter von heranwachsenden Kindern hätten schlaflose Nächte, denn „sie wüssten oft nicht, was sie auf den Tisch bringen sollten". [...]
Mit lebhafter Freude sei von den Frauen die wesentlich erhöhte Mehlzuteilung und die Ankündigung der Weihnachtssonderzuteilungen begrüßt worden, da sie mit diesen Mengen nicht gerechnet hatten. Bedauert werde jedoch, dass kein Fleischzuschuss vorgesehen sei, ferner werde häufig die Erwartung ausgesprochen, dass die Zuwendungen später nicht wieder durch entsprechende Kürzungen eingespart werden müssten.

Wolfgang Michalka (Hrsg.), Deutsche Geschichte 1933-1945. Dokumente zur Innen- und Außenpolitik, Frankfurt am Main 1993, S. 298f.

1. *Arbeiten Sie heraus, wie sich der Krieg nach dem vorliegenden Bericht auf die Frauen in der Heimat auswirkt.*

2. *Beurteilen Sie Gründe und Auswirkungen der in Zeile 28-36 genannten Haltung der Frauen.*

3. *Die nationalsozialistische Propaganda hat das Leben der Zivilbevölkerung während des Krieges zur „Heimatfront" stilisiert. Erläutern Sie, welche Absicht mit dieser Maßnahme verbunden war.*

M4 Das Schicksal von Häftlingen und „Fremdarbeitern" im Arbeitseinsatz

a) Das menschenverachtende System der Konzentrationslager nutzt die Arbeitskraft der Häftlinge bis zum Letzten aus. Das Beispiel zeigt, wie die SS die „Rentabilität" von „Leiharbeitern" berechnet, die sie Unternehmen zur Verfügung stellt:

Täglicher Verleihlohn durchschnittlich	RM 6,—
abzüglich Ernährung	RM —,60
abzüglich Bekl. Amort.	RM —,10

durchschnittl. Lebensdauer
9 Mt. = 270 x RM 5,30 = RM 1431,—

Erlös aus rationeller Verwertung der Leiche:
1. Zahngold 3. Wertsachen
2. Kleidung 4. Geld

abzüglich Verbrennungskosten RM 2,—	RM 200,—
Gesamtgewinn nach 9 Monaten	RM 1631,—

zuzüglich Erlös aus Knochen und Aschenverwertung

b) Ganz anders liest sich das Schicksal von „Fremdarbeitern" in einem Bericht, den Fritz Sauckel, der Generalbevollmächtigte für den Arbeitseinsatz, am 14. April 1943 an Hitler schickt:

Nach einjähriger Tätigkeit als Generalbevollmächtigter für den Arbeitseinsatz darf ich Ihnen melden, dass vom 1. April vorigen Jahres bis zum 31. März dieses Jahres der deutschen Kriegswirtschaft 3 638 056 neue fremdvölkische Arbeitskräfte zugeführt werden konnten. Im großen Ganzen haben diese Kräfte zufriedenstellende Leistungen gebracht. Ihre

Ernährung und Unterbringung ist sichergestellt, die Behandlung ist so einwandfrei geregelt, dass unser nationalsozialistisches Reich gegenüber den Methoden der kapitalistischen und bolschewistischen Welt auch in dieser Beziehung ein leuchtendes Beispiel darstellt. Dabei ist es natürlich unvermeidlich, dass hier und da noch Fehl- und Missgriffe vorkommen. Ich werde stets bemüht bleiben, sie mit der größten Energie auf ein Mindestmaß zu beschränken.

Erster Text: Eberhard Aleff (Hrsg.), Das Dritte Reich, Hannover [5]1973, S. 208
Zweiter Text: Wolfgang Michalka (Hrsg.), a.a.O., S. 297

1. *Arbeiten Sie aus beiden Materialien das Menschenbild des Nationalsozialismus heraus.*

2. *Klären Sie die behaupteten Unterschiede beim Umgang mit Arbeitskräften in der „kapitalistischen und bolschewistischen Welt".*

M5 Einsatz von Arbeitskräften im Krieg

a) Die Verteilung der Arbeitskräfte im Deutschen Reich in den Grenzen von 1937, einschließlich Österreich, Sudetenland und Memelgebiet, jeweils in Mio. Personen bei einer Gesamtbevölkerung von knapp 80 Millionen (1937):

Zeitpunkt	zivile dt. Arbeitskräfte			Wehrmacht	Verluste
	Männer	Frauen	insgesamt	insges. einberufen	insgesamt
1939, Ende Mai	24,5	14,6	39,1	1,4	–
1940, Ende Mai	20,4	14,4	34,8	5,7	0,1
1941, Ende Mai	19,0	14,1	33,1	7,4	0,2
1942, Ende Mai	16,9	14,4	31,3	9,4	0,8
1943, Ende Mai	15,5	14,8	30,3	11,2	1,7
1944, Ende Mai	14,2	14,8	29,0	12,4	3,3
1944, Ende Sept.	13,5	14,9	28,4	13,0	3,9

b) Einsatz von Ausländern („Fremdarbeitern") und Kriegsgefangenen jeweils in Millionen:

Zeitpunkt	insgesamt	davon in den Sektoren:				
		Landwirtschaft	Industrie	Handwerk	Verkehr	Übrige
1941, Ende Mai	3,0	1,5	1,0	0,3	0,1	0,1
1942, Ende Mai	4,2	2,0	1,4	0,3	0,2	0,3
1943, Ende Mai	6,3	2,3	2,8	0,4	0,3	0,5
1944, Ende Mai	7,1	2,6	3,2	0,5	0,4	0,4

Nach: Fritz Blaich, Wirtschaft und Rüstung im „Dritten Reich", Düsseldorf 1987, S. 105

1. *Analysieren Sie die Tendenzen und Verschiebungen in den Zahlen der Arbeitskräfte.*

2. *Nennen Sie Gründe für die Entwicklung des Frauenanteils an den zivilen Arbeitskräften.*

3. *Erläutern Sie, welche Auswirkungen es für den einzelnen Deutschen gehabt haben könnte, dass Millionen von Ausländern während des Krieges im Reichsgebiet arbeiten mussten.*

Massenmord und Holocaust

„Asoziale“: in der NS-Zeit als minderwertig geltende, „arbeitsscheue“ oder unangepasst lebende Menschen u.a. aus sozialen Unterschichten, wie Bettler, Landstreicher, Prostituierte, Fürsorgeempfänger oder Alkoholiker

„Euthanasie“: Sterbehilfe, abgeleitet von griech. „guter“ oder „leichter Tod“

„Aktion T4“: nach dem Verwaltungssitz der Vernichtungsaktion in der Tiergartenstraße 4 in Berlin bezeichneter Code

Vernichtungslager: Im Gegensatz zu den Konzentrationslagern wurden die Menschen nach ihrer Ankunft in den Vernichtungslagern fast ausnahmslos sofort getötet. Zu den Vernichtungslagern gehörten Kulmhof, Belzec, Sobibor, Treblinka und Birkenau, ein Lagerteil von Auschwitz. In Birkenau wurde ein Teil der ankommenden Deportierten jedoch auch in die Lagerregistratur aufgenommen. Manche Häftlinge blieben über Monate im Lager. Die, die nicht für die Vernichtung in den Gaskammern bestimmt wurden, überlebten in Birkenau bis zur Befreiung von Auschwitz im Januar 1945 oder sie waren zuvor zur Zwangsarbeit in die Außenlager von Auschwitz oder anderer Konzentrationslager deportiert worden. Auch Lublin-Majdanek war sowohl ein Konzentrations- als auch ein Vernichtungslager. Ob Maly Trostinez zu den Vernichtungslagern gezählt werden muss, ist in der historischen Forschung umstritten.

Vorstufe zum Völkermord: das „Euthanasie“-Programm ■ Nach den pseudobiologischen Lehren von „Rassenhygiene“ und „Erbgesundheit“ galten alle „sozial oder rassisch Unerwünschten“ wie die Sinti und Roma und alle slawischen Völker, darunter vor allem Russen und Polen, die Zeugen Jehovas, Homosexuelle oder **„Asoziale“**, als „minderwertig“ und „lebensunwert“. Dazu zählten auch „erbkranke“, geistig und körperlich behinderte Menschen. Das „Gesetz zur Verhütung erbkranken Nachwuchses“ vom 14. Juli 1933 ordnete die Zwangssterilisation von Menschen mit vermeintlich verändertem Erbgut an. Ab 1935 wurden schwangere Frauen, bei denen eine „Erbkrankheit“ diagnostiziert wurde, zur Abtreibung gezwungen.

In den Monaten vor Kriegsbeginn wurden konkrete Vorbereitungen für den ersten systematischen Massenmord des NS-Regimes getroffen. Seit August 1939 mussten Hebammen und Ärzte den Gesundheitsämtern alle behinderten Neugeborenen und Kleinkinder melden. Diese Meldepflicht war die Grundlage der im Herbst 1939 einsetzenden, verharmlosend als **„Euthanasie“** bezeichneten Ermordung kranker Kinder in eigens eingerichteten „Kinderfachabteilungen“. Bis zum Kriegsende forderte die „Kindereuthanasie“ nach Schätzungen zwischen 5 000 und 10 000 Opfer.

Unter dem Deckmantel des Krieges wurde das „Euthanasie“-Programm auf Erwachsene ausgedehnt. Hitler ermächtigte den Leiter der Kanzlei des Führers, *Philipp Bouhler*, und seinen Begleitarzt *Karl Brandt* zunächst mündlich, später in einem Schreiben, „unheilbar Kranken“ den „Gnadentod“ zu gewähren. Tarngesellschaften organisierten die als **„Aktion T4“** benannte „Vernichtung unwerten Lebens“. Ab 1940 wurden etwa 70 000 Menschen in sechs zu Tötungsanstalten umgerüsteten „Heil- und Pflegeanstalten“ mit dem Giftgas Kohlenmonoxid ermordet. Doch trotz aller Geheimhaltung waren die Morde spätestens im Frühjahr 1941 in weiten Teilen des Reiches bekannt. In der Bevölkerung regte sich öffentlicher Protest, vor allem vonseiten der Angehörigen der Opfer und auch einiger Bischöfe, wie dem evangelischen Landesbischof *Theophil Wurm* oder dem Münsteraner Bischof *Clemens August Graf von Galen*. Ende August 1941 ließ Hitler das „Euthanasie“-Programm offiziell einstellen.

Im Geheimen jedoch wurde die Mordaktion bis zum Kriegsende fortgesetzt. Viele tausend Kranke ließ man verhungern oder tötete sie durch Injektionen überdosierter Medikamente. Mit der sogenannten *„Aktion 14f13“* wurden vor allem in den „Euthanasie“-Tötungsanstalten Sonnenstein in Pirna/Sachsen sowie Bernburg an der Saale von April 1941 bis 1943 etwa 10 000 bis 20 000 kranke und nicht mehr arbeitsfähige KZ-Häftlinge und Zwangsarbeiter sowie jüdische Häftlinge ermordet. Die Aktion 14f13 war nach einem internen Aktenkürzel benannt worden: 14f stand in der KZ-Verwaltung für die Tötung von Häftlingen, der Zusatz 13 wies auf die Tötungsart in besonderen Mordanstalten hin. Auch in Hartheim (bei Linz) starben bis Dezember 1944 noch einmal Tausende KZ-Häftlinge aus den Lagern Dachau und *Mauthausen*.

„Euthanasie“ im Ausland ■ Auch in den besetzten polnischen und später den eroberten sowjetischen Gebieten fanden organisierte Mordaktionen statt. Dabei wurden nicht nur psychisch kranke Patienten durch systematische Unterernährung und in sogenannten „Gaswagen“ ermordet. Ab und an kam es auch zur Tötung von Menschen, die aufgrund von Geschlechtskrankheiten o.Ä. als „medizinische Gefahr“ eingestuft worden waren. Etwa 30 Gaswagen, in denen die Menschen durch eingeleitete Auspuffgase getötet wurden, kamen ab Herbst 1941 im Osten zum Einsatz. Darüber hinaus wurden die Gaswagen auch stationär betrieben, so etwa im **Vernichtungslager**

Chelmno (*Kulmhof*), und zur Tötung jüdischer Häftlinge verwendet. Insgesamt 700 000 Menschen, so lauten Schätzungen, sollen in den Gaswagen ermordet worden sein.

Unterstützung bekamen die Polizeieinheiten vor Ort von rund 100 ehemaligen Mitarbeitern der „Aktion T4“, die nach der offiziellen Einstellung des „Euthanasie“-Programms im Reich an Standorte im Generalgouvernement versetzt wurden. So wurde der ehemalige Leiter der T4-Tötungsanstalten Brandenburg und Bernburg, *Dr. Irmfried Eberl*, erster Kommandant des Vernichtungslagers *Treblinka*, wo die Massenvernichtung ab Sommer 1942 bisher ungeahnte Dimensionen erreichen sollte.

Besatzungsverbrechen Bereits im Herbst 1939 zeigte sich, welch neuartige Dimension der von Hitler vom Zaun gebrochene Krieg erreichen sollte, der im Osten als „Kampf um Lebensraum“ geführt wurde. Ein Großteil des eroberten Landes, vor allem das annektierte Westpolen und Teile des Generalgouvernements, sollte ins Deutsche Reich eingegliedert und mithilfe von umgesiedelten Deutschen aus den baltischen Staaten und anderen osteuropäischen Gebieten gewaltsam „germanisiert“ werden („*Generalplan Ost*“). Über eine Million Polen wurden aus ihrer Heimat vertrieben oder zur Zwangsarbeit ins Reich verschleppt. Wer nicht „germanisiert“ werden konnte – nach deutschen Schätzungen über 95 Prozent der polnischen Bevölkerung – sollte zu harter Zwangsarbeit herangezogen werden (▸ M1). Repräsentanten der polnischen Oberschicht, Intellektuelle, Geistliche, aber auch Arbeiter und Gewerkschafter wurden zu Tausenden ermordet oder in Konzentrationslager deportiert. Die jüdische Bevölkerung wurde ins überbevölkerte Generalgouvernement vertrieben, in Ghettos zusammengepfercht oder sofort erschossen. Unter der Leitung des von Heinrich Himmler neu geschaffenen und von **Reinhard Heydrich** geführten **Reichssicherheitshauptamtes (RSHA)** rückten eigens für den Angriff auf Polen aufgestellte Einsatzgruppen der Sicherheitspolizei und des SD hinter der Wehrmacht vor, um Hitlers rassenideologisches Vernichtungskonzept in die Tat umzusetzen.*

Auch in anderen besetzten Staaten kam es zu massenhaften Vertreibungen und zur „Germanisierung“ bestimmter Gebiete, so wurden etwa Teile Sloweniens annektiert und Zehntausende von Einwohnern vertrieben. Zum Teil wurde diese Politik der Vertreibung mit Blick auf eine gewünschte Herstellung ethnisch homogener Räume auch von Staaten praktiziert, die mit dem Deutschen Reich kollaborierten, so etwa von Italien oder Ungarn, die ihrerseits Gebiete z. B. in Jugoslawien besetzt hielten bzw. annektiert hatten. Auch aus Elsass-Lothringen, das 1940 wieder an das Reich angeschlossen worden war, wurde ein Großteil der französischsprachigen Bevölkerung ins unbesetzte Frankreich abgeschoben. Vor allem in Gebieten in Süd- und Osteuropa, die von der Wehrmacht erobert und besetzt worden waren, wurde auch in Kauf genommen, die einheimische Bevölkerung auszuhungern, um die deutschen Truppen versorgen zu können. So hungerten viele Tausend Menschen in Polen, in Griechenland oder gegen Kriegsende auch in Nordholland. Die Mangelversorgung traf vor allem Kinder, Alte, Kranke oder Menschen, die in Heimen untergebracht waren.

In den west- und nordeuropäischen Staaten bemühten sich die deutschen Besatzer dagegen um Zusammenarbeit mit den einheimischen Führungsschichten. Zum Teil ließen sie einheimische Verwaltungen bestehen oder setzten Marionettenregierungen ein. In einigen besetzten Ländern wie Belgien, Frankreich oder Norwegen und in kollaborierenden Staaten wie z. B. Ungarn machten faschistisch orientierte Gruppen auch gemeinsame Sache mit den Besatzern.

Reinhard Heydrich (1904-1942, bei einem Attentat in Prag ermordet): Leiter des Reichssicherheitshauptamtes (RSHA), „rechte Hand“ Himmlers, seit 1941 stellvertretender Reichsprotektor von Böhmen und Mähren und mit der „Endlösung der Judenfrage“ beauftragt, 1942 Leiter der „Wannsee-Konferenz“

Reichssicherheitshauptamt (RSHA): Gestapo, Kriminalpolizei und SD wurden 1939 im RSHA zusammengeführt, einer mächtigen und zentralen Behörde, die die „Endlösung der Judenfrage“ organisierte. Nach Heydrichs Tod übernahm Ernst Kaltenbrunner die Leitung des RSHA.

* Vgl. auch S. 131.

▲ **Erschießung russischer Zivilisten durch ein Kommando der Wehrmacht.**
Foto (Ausschnitt) von 1942.

Vorgehen in der Sowjetunion Die Verbrechen, die ab 1941 in den besetzten sowjetischen Gebieten begangen wurden, übertrafen alle Dimensionen. Dort nahm der Feldzug von Anfang Formen eines Raub- und Vernichtungskrieges an, der ohne Rücksicht auf die einheimische Bevölkerung durchgeführt wurde. Neben der gezielten Unterversorgung und massenhaften Tötung der sowjetischen Kriegsgefangenen und der Verfolgung und Vernichtung der jüdischen Bevölkerung (s.u.) kam es dabei auch zur gezielten Entrechtung der Zivilbevölkerung. Der sogenannte *„Kriegsgerichtsbarkeitserlass“* der Wehrmacht vom 13. Mai 1941 stellte einen „Freibrief für Gewalt“ (Dieter Pohl) gegen die einheimische Bevölkerung dar. Sowjetische Zivilisten durften ohne Verfahren hingerichtet und jede Form aktiven und passiven Widerstandes sollte von der Wehrmacht bekämpft werden. Dazu kam, dass Straftaten, die deutsche Soldaten gegen die einheimische Bevölkerung begangen hatten, nicht mehr verfolgt werden sollten. Damit verwandelten sich die besetzten Gebiete in einen nahezu rechtsfreien Raum. Insgesamt fielen rund 13 Millionen sowjetische Zivilisten nichtjüdischer Herkunft der mörderischen deutschen Kriegsführung zum Opfer.

Auch in der Sowjetunion war von Anfang eingeplant, die kämpfende Truppe aus den vorhandenen Ressourcen vor Ort zu verpflegen. Aus ideologischen Gründen sollten außerdem große Metropolen wie Moskau und Stalingrad dem Erdboden gleichgemacht werden. Bei der Ausbeutung der besetzten Gebiete und der damit verbundenen „Hungerpolitik“, an der allein in der belagerten Stadt Leningrad innerhalb von drei Jahren nach Schätzungen nahezu eine Million Einwohner starben, wurde der Tod von Millionen Menschen von Anfang an billigend in Kauf genommen. Darüber hinaus kam es zur Verschleppung vieler Zehntausend Menschen innerhalb der besetzten Gebiete, etwa zu Ernteeinsätzen, zu Zwangsevakuierungen und zur Deportation von mehreren Millionen Zwangsarbeitern in das Reich.*

Adolf Eichmann (1906-1962, hingerichtet): SS-Obersturmbannführer; seit 1939 Leiter beim RSHA, Amt IV, Referat IV D 4 „Auswanderung und Räumung“, dann Referat IV B 4 „Judenangelegenheiten“; zentraler Organisator der Deportation von 3 Mio. Juden

Die „Endlösung“ Zwischen 1939 und 1941 wurden in den verschiedenen Ressorts des Auswärtigen Amtes und des RSHA Pläne für eine „territoriale Endlösung der Judenfrage“ ausgearbeitet. Diese sahen vor, alle Juden aus dem deutschen Machtbereich in große Judenreservate in Osteuropa, auf die Insel Madagaskar („Madagaskar-Plan“) oder andere entfernte Orte zu deportieren. Während diese Pläne wieder fallen gelassen wurden, begann sich ein Programm für eine „Endlösung“ herauszubilden, die von Anfang an auf einen Völkermord (Genozid) zielte.

Bis heute sind sich die Wissenschaftler uneinig, wann im engsten Führungszirkel des Regimes die Entscheidung für den Völkermord an den europäischen Juden fiel. Planung und Verwirklichung galten als „Geheime Reichssache“. Die meisten Historiker datieren diesen Entschluss auf Oktober 1941. Der letzte Schritt war eine Generalermächtigung zur vollständigen Ermordung der europäischen Juden durch Hitler im Dezember 1941 (▸ M2). Die Verwaltung der „Endlösung der Judenfrage“ übernahm Heydrich, die Organisation der Deportationen, vor allem außerhalb des Generalgouvernements und der Sowjetunion, wurde **Adolf Eichmann** übertragen.

* Siehe dazu auch S. 132.

Noch vor dem Überfall auf die Sowjetunion erhielten die Einsatzgruppen und Polizeieinheiten Sondervollmachten, „in eigener Verantwortung gegenüber der Zivilbevölkerung Exekutivmaßnahmen zu treffen". Auch die Gestapo, Bataillone der Ordnungspolizei, Brigaden der Waffen-SS und Angehörige der Wehrmacht, der Zivilverwaltung sowie Freiwilligenverbände aus den besetzten Gebieten beteiligten sich an den Massakern.

Ab Juni 1941 ermordeten die Einsatzgruppen in den besetzten Gebieten der Sowjetunion mindestens 900 000 Menschen (▸ M3). Nahezu die ganze jüdische Bevölkerung der eroberten Gebiete, Sinti und Roma, Kriegsgefangene und Kommunisten wurden durch Massenerschießungen und durch Autoabgase in LKWs getötet (▸ M4, M5). Bei der größten dieser Mordaktionen in der Schlucht von Babi Jar bei Kiew im September 1941 starben innerhalb von zwei Tagen mehr als 33 000 Juden. Insgesamt wurden rund 2,4 Millionen sowjetische Juden ermordet.

Am 20. Januar 1942 trafen sich hohe Verwaltungsbeamte, SS-Offiziere und Staatssekretäre aus dem Innen-, Justiz- und Außenministerium unter der Leitung von Heydrich in einer Villa am Berliner Wannsee, um die „praktische Durchführung" der bereits begonnenen „Endlösung der Judenfrage" zu koordinieren. Laut Konferenzprotokoll der nach ihrem Tagungsort benannten *„Wannsee-Konferenz"* sollten über elf Millionen europäische Juden ermordet werden.

Im Osten mündeten die Massaker und Exekutionen schon zu diesem Zeitpunkt in einen industriell betriebenen Massenmord. Bereits im Frühjahr 1940 war auf polnischem Boden das größte Konzentrations- und spätere Vernichtungslager Auschwitz errichtet worden. Die Planungen für die Vernichtungslager gehen auf das Jahr 1941 zurück. Das erste dieser Lager wurde im Warthegau mitten im Dorf Kulmhof (Chelmno) auf Initiative des Gauleiters *Arthur Greiser* im Dezember 1941 eingerichtet. Mit *Belzec*, Sobibor und Treblinka entstanden im Jahr 1942 weitere Vernichtungslager im Generalgouvernement. Im Gegensatz zu den Menschen, die die Transporte nach Auschwitz bzw. Auschwitz II (Birkenau) überlebt hatten und vor Ort für den Tod in den Gaskammern oder zur Zwangsarbeit „selektiert" wurden, wurden die zumeist polnischen Juden nach ihrer Ankunft in Chelmno und den Vernichtungslagern der **„Aktion Reinhardt"** fast ausnahmslos sofort getötet. Nur wenige, die man für Hilfsarbeiten benötigte, ließ man zunächst am Leben. Noch „arbeitsfähige" Personen hatte man bereits vorher in den Ghettos für die Zwangsarbeit ausgewählt. In Belzec wurde der Massenmord im Dezember 1942 eingestellt, Sobibor und Treblinka wurden Ende 1943 geschlossen.

Die Deportationszüge aus allen Teilen Europas rollten bereits seit Mitte des Jahres 1942 nach Auschwitz, ab Sommer 1943 fuhren nahezu alle Züge dorthin (▸ M6). Neben dem massenhaften Mord in den Gaskammern durch das Blausäurepräparat *Zyklon B* starben die Häftlinge dort von Beginn an auch durch extrem harte und gefährliche Zwangsarbeit, Folter, medizinische Versuche und unmenschliche Lebensbedingungen.

Nahezu eine Millionen jüdische Opfer sind für Auschwitz dokumentiert, zwischen 870 000 und 925 000 wurden zwischen Juli 1942 und August 1943 in Treblinka ermordet, ca. 435 000 zwischen März und Dezember 1942 in Belzec, etwa 160 000 bis 200 000 von April bis Juni 1942 und von Oktober 1942 bis Oktober 1943 in Sobibor, 152 000 in Kulmhof, zwischen 80 000 und 110 000 in *Lublin-Majdanek*, vermutlich 65 000 in *Maly Trostinez*. Als seit 1944 die Ostfront näher rückte und die Lager im Osten auf Befehl Himmlers geräumt wurden, kamen zudem unzählige KZ-Insassen auf den grausamen „Todesmärschen" in den Westen durch Hunger, Kälte oder die Schüsse von SS-Männen ums Leben. Insgesamt fielen dem **Holocaust** mindestens 5,29 Millionen, wahrscheinlich aber knapp über sechs Millionen Juden aus ganz Europa zum Opfer, darunter mindestens 1,5 Millionen jüdische Kinder unter 14 Jahren.

Lektüretipps

- *Hermann Langbein, Die Stärkeren. Bericht aus Auschwitz und anderen Konzentrationslagern, Wien 2008*
- *Primo Levi, Ist das ein Mensch? Ein autobiographischer Bericht, München 2010*
- *Elie Wiesel, Die Nacht. Erinnerung und Zeugnis, Freiburg [5]2013*

„Aktion Reinhardt": Bezeichnung für die massenhafte Vernichtung jüdischer Männer, Frauen und Kinder in den Lagern Belzec, Sobibor und Treblinka ab Frühjahr 1942. Die Opfer kamen primär aus dem Generalgouvernement, aber auch aus Holland, Frankreich, Thrakien, Mazedonien und aus dem Lager Theresienstadt. Vermutlich wurde die Mordaktion nach dem Tod Heydrichs Anfang Juni 1942 nach ihm benannt. In den Lagern der „Aktion Reinhardt" wurden die Menschen mit von Dieselmotoren erzeugtem Kohlenmonoxid getötet.

Holocaust (griech. holócaustos: völlig verbrannt bzw. Brandopfer): wurde zunächst als Lehnwort ins Englische übernommen, gilt heute weltweit als Synonym für die systematische Ermordung von mindestens sechs Millionen europäischen Juden und anderen Opfergruppen. In der jüdischen Tradition wird für diesen Genozid der Begriff „Shoa" (hebr. „Großes Unheil, Katastrophe") verwendet, der sich jedoch ausschließlich auf die Judenvernichtung bezieht.

▲ **Orte des Terrors und der Vernichtung von 1941 bis 1945.**
Karte erstellt vom Institut für Zeitgeschichte, München – Berlin, 2007.
Nach einer Anfang 2013 veröffentlichten Studie des United States Holocaust Memorial Museum in Washington, D.C., gab es im besetzten Europa nicht – wie bisher angenommen – um die 7000 Lager und Ghettos, sondern wohl 42500 Zwangsarbeits- und Gefangenenlager, Konzentrationslager und Ghettos. Die meisten Lager wurden im Reich selbst und in den annektierten und besetzten Gebieten Polens errichtet. Darüber hinaus gab es aber auch in anderen Ländern, so etwa in Transnistrien (das ab 1940 von Rumänien besetzte Gebiet der Sowjetunion) oder ab 1944 in Ungarn zahllose Ghettos, in denen katastrophale Enge, Mangelernährung und schlechte hygienische Zustände herrschten. Während die ungarischen Juden mit Ausnahme der Juden Budapests im Frühjahr und Sommer nach nur kurzem Aufenthalt in den Ghettos fast ausschließlich nach Auschwitz-Birkenau deportiert wurden, wurden die Juden in Transnistrien zu Tausenden von rumänischen Armeeangehörigen, rumänischer Gendarmerie und durch Einheiten der ukrainischen Hilfspolizei erschossen.

Auf ein Programm zur Ermordung sämtlicher Sinti und Roma legte sich das NS-Regime nie fest, jedoch erließ Heinrich Himmler Ende 1942 den Befehl, alle noch im Deutschen Reich lebenden „zigeunerischen Sippen“ und „Zigeuner-Mischlinge“ nach Auschwitz zu deportieren. Die Zahl der ermordeten Sinti und Roma ist schwer zu bestimmen. Hochrechnungen gehen von 120 000, zeitweise von 200 000 bis zu 500 000 Opfern aus, die von den Einsatzgruppen hinter den Fronten in Osteuropa und in den Lagern getötet wurden. Allein in Auschwitz starben etwa 23 000 Sinti und Roma aus elf Staaten.

Darüber hinaus kostete der Vernichtungskrieg im Osten zehntausende Angehörige der slawischen Bevölkerungsgruppen, vor allem Polen und Russen, sowie der Sorben in der Lausitz, der Masuren in Ostpreußen und der Kaschuben in Westpreußen das Leben.

M1 Menschen als „Rohstoffbasis"

Reinhard Heydrich (1904-1942), Chef des Reichssicherheitshauptamtes, hält am 2. Oktober 1941 in Prag einen Vortrag über nationalsozialistische „Neuordnungs-Politik":

Und nun haben wir unter der Führung des Führers unendlich viel Räume in Europa besetzt als militärische Voraussetzung für die weitere Führung und siegreiche Beendigung des Krieges. Wir wollen uns darüber im Klaren sein, dass die Besetzung dieser Räume jedenfalls in vielen Gebieten nicht eine vorübergehende, sondern eine endgültige sein wird, wobei es gleichgültig ist, wie die Form des Kontaktes dieser Räume zu uns werden wird. Das heißt aber, die Zukunft des Reiches hängt nach Beendigung des Krieges ab von der Fähigkeit des Reiches und von der Fähigkeit der Menschen dieses Reiches, diese Räume zu halten, zu beherrschen und gegebenenfalls mit dem Reich zu verschmelzen. Es hängt also ab von der Art, wie wir imstande sind, diese Menschen zu behandeln, diese Menschen zu führen und zu verschmelzen. Wir müssen hier eigentlich große Gruppen unterscheiden:
Das eine sind die Räume mit germanischen Menschen, das sind jene Menschen, die unseres Blutes sind und daher an sich unseres Charakters sind. Es sind jene Menschen, die durch eine schlechte politische Führung und Einfluss des Judentums irgendwie verbogen sind, die sich erst langsam zurückführen müssen zu den Grundelementen des Gegenwartsdenkens. Es sind das die Räume, die ich sehe: Norwegen, Holland, Flandern, so wie in späterer Zukunft ich sehe: Dänemark, Schweden. Es sind jene Räume, die germanisch besiedelt sind und die in irgendeiner Art, darüber müssen wir uns hier im Klaren sein, ob im Staatenbund, Gau oder sonstwie, zu uns gehören werden. Es ist klar, dass wir diesen Menschen gegenüber eine ganz andere Art der Behandlung finden müssen als gegenüber den andersrassigen, slawischen und ähnlichen Völkern [...].
Das Zweite sind die Osträume, die zum Teil slawisch besiedelt sind, das sind die Räume, in denen man wissen muss, dass Güte nur als Schwäche ausgelegt wird, das sind die Räume, wo der Slawe selber gar nicht will, dass er gleichberechtigt behandelt wird, wo er gewöhnt ist, dass der Herr sich mit ihm nicht gemein macht. [...] Das sind die Räume, in denen eine deutsche Oberschicht nach der militärischen Entwicklung bis weit nach Russland hinein, bis weit an den Ural einmal in der ganz klaren Führungsform als Rohstoffbasis, als Arbeiter für große, auch Kulturaufgaben, als Heloten, wenn ich es ganz drastisch sagen will, für uns eingesetzt werden muss [...].

Wolfgang Michalka (Hrsg.), Deutsche Geschichte 1933-1945. Dokumente zur Innen- und Außenpolitik, Frankfurt am Main 2002, S. 249 f.

1. *Erläutern Sie die europäische „Völkerordnung", die Heydrich vor Augen hat.*

2. *Analysieren Sie Moralvorstellungen und Menschenbild, die hier zugrunde liegen.*

M2 Die Entscheidung für die „Endlösung"

a) Die Frage, wann die Entscheidung gefallen ist, alle europäischen Juden zu ermorden, ist bis heute in der Forschung umstritten, weil es keinen schriftlichen Befehl dazu gibt. Adolf Hitler erklärt am 30. Januar 1939:

Wenn es dem internationalen Finanzjudentum inner- und außerhalb Europas gelingen sollte, die Völker noch einmal in einen Weltkrieg zu stürzen, dann wird das Ergebnis nicht die Bolschewisierung der Erde und damit der Sieg des Judentums sein, sondern die Vernichtung der jüdischen Rasse in Europa.

b) Zwei Jahre danach, der Höhepunkt des Zweiten Weltkrieges ist erreicht, macht sich Joseph Goebbels Aufzeichnungen über eine Rede Hitlers vom 12. Dezember 1941 auf einer Tagung der Reichs- und Gauleiter der NSDAP:

Bezüglich der Judenfrage ist der Führer entschlossen, reinen Tisch zu machen. Er hat den Juden prophezeit, dass, wenn sie noch einmal einen Weltkrieg herbeiführen würden, sie dabei ihre Vernichtung erleben würden. Das ist keine Phrase gewesen. Der Weltkrieg ist da, die Vernichtung des Judentums muss die notwendige Folge sein. Diese Frage ist ohne jede Sentimentalität zu betrachten. Wir sind nicht dazu da, Mitleid mit den Juden, sondern nur Mitleid mit unserem deutschen Volk zu haben. Wenn das deutsche Volk jetzt wieder im Ostfeldzug an die 160 000 Tote geopfert hat, so werden die Urheber dieses blutigen Konflikts dafür mit ihrem Leben bezahlen müssen.

Christian Gerlach, Krieg, Ernährung, Völkermord. Forschungen zur deutschen Vernichtungspolitik im Zweiten Weltkrieg, Hamburg 1998, S. 123 f.

Erklären Sie, warum die Nationalsozialisten den Juden die Schuld am Krieg zugeschoben haben und welche Folgen der Kriegsausbruch für die Juden Europas hatte.

▲ **Wenige Minuten vor der Exekution.**
Foto (Ausschnitt) aus Litauen, Sommer 1941.
Eine Gruppe jüdischer Frauen aus Panevezys (ca. 100 km nördlich von Vilnius) wird von litauischen Hilfstruppen gezwungen, sich zu entkleiden. Anschließend wurden die Frauen im Wald von Pajuoste erschossen. Karl Jäger erwähnt in seinem Bericht fünf Erschießungsaktionen in der Nähe von Panevezys, an denen nicht nur deutsche Soldaten, sondern auch Litauer beteiligt waren. Schon kurz nach dem Angriff auf die Sowjetunion im Juni 1941, aber noch vor Einmarsch der Deutschen, war es in Litauen mehrfach zu schweren Pogromen gegen die jüdische Bevölkerung gekommen, die von einheimischen Milizen organisiert und durchgeführt wurden. Später arbeiteten diese mit den deutschen Einsatzgruppen und den Bataillonen der Ordnungspolizei zusammen und erschossen bis 1944 mehrere Zehntausend jüdische Litauer.

M3 „In Litauen gibt es keine Juden mehr"

Der Leiter des EK (Einsatzkommando) 3, SS-Standartenführer Karl Jäger, fasst am 1. Dezember 1941 für die Dienststelle der Sicherheitspolizei einen Bericht vom Einsatz seines Kommandos von Juli bis November 1941 in Litauen ab:

Ich kann heute feststellen, dass das Ziel, das Judenproblem für Litauen zu lösen, vom EK 3 erreicht worden ist. In Litauen gibt es keine Juden mehr, außer den Arbeitsjuden incl. ihrer Familien. [...] Diese Arbeitsjuden incl. ihrer Familien wollte ich ebenfalls umlegen, was mir jedoch scharfe Kampfansage der Zivilverwaltung (dem Reichskommissar) und der Wehrmacht eintrug und das Verbot auslöste: Diese Juden und ihre Familien dürfen nicht erschossen werden! Die Durchführung solcher Aktionen ist in erster Linie eine Organisationsfrage. Der Entschluss, jeden Kreis systematisch judenfrei zu machen, erforderte eine gründliche Vorbereitung jeder einzelnen Aktion und Erkundung der herrschenden Verhältnisse in dem betreffenden Kreis. Die Juden mussten an einem Ort oder an mehreren Orten gesammelt werden. Anhand der Anzahl musste der Platz für die erforderlichen Gruben ausgesucht und ausgehoben werden. Der Anmarschweg von der Sammelstelle zu den Gruben betrug durchschnittlich 4 bis 5 km. Die Juden wurden in Abteilungen zu 500, in Abständen von mindestens 2 km, an den Exekutionsplatz transportiert. [...] Nur durch geschickte Ausnutzung der Zeit ist es gelungen, bis zu 5 Aktionen in einer Woche durchzuführen und dabei doch die [...] anfallende Arbeit so zu bewältigen, dass keine Stockung im Dienstbereich eingetreten ist. [...] Ich bin der Ansicht, dass sofort mit der Sterilisation der männlichen Arbeitsjuden begonnen wird, um eine Fortpflanzung zu verhindern. Wird trotzdem eine Jüdin schwanger, so ist sie zu liquidieren.

Reinhard Rürup (Hrsg.), Der Krieg gegen die Sowjetunion 1941-1945. Eine Dokumentation, Berlin 1991, S. 119 f.

1. *Erläutern Sie die internen Querelen um die „Arbeitsjuden", die der Verfasser andeutet.*

2. *Analysieren Sie die Sprache, in der hier über Massenmorde gesprochen wird.*

M4 „Posener Rede"

Am 4. Oktober 1943 hält Heinrich Himmler bei der SS-Gruppenführertagung in Posen eine Rede:

Ich will hier vor Ihnen in aller Offenheit auch ein ganz schweres Kapitel erwähnen. Unter uns soll es einmal ganz offen ausgesprochen sein, und trotzdem werden wir in der Öffentlichkeit nie darüber reden. Genau so wenig, wie wir am 30. Juni 1934[1] gezögert haben, die befohlene Pflicht zu tun und Kameraden, die sich verfehlt hatten, an die Wand zu stellen und zu erschießen, genau so wenig haben wir darüber jemals gesprochen und werden je darüber sprechen. Es war eine, Gottseidank in uns wohnende Selbstverständlichkeit des Taktes, dass wir uns untereinander nie darüber unterhalten haben, nie darüber sprachen. Es hat jeden geschaudert und doch war sich jeder klar darüber, dass er es das nächste Mal wieder tun würde, wenn es befohlen wird und wenn es notwendig ist. [...]
Ich meine jetzt die Judenevakuierung, die Ausrottung des jüdischen Volkes. Es gehört zu den Dingen, die man leicht ausspricht. – „Das jüdische Volk wird ausgerottet", sagt ein jeder Parteigenosse, „ganz klar, steht in unserem Programm, Ausschaltung der Juden, Ausrottung, machen wir." Und dann kommen sie alle an, die braven 80 Millionen Deutschen, und jeder hat seinen anständigen Juden. Es ist ja klar, die anderen sind Schweine, aber dieser eine ist ein prima Jude. Von allen,

[1] Himmler bezieht sich hier auf den „Röhm-Putsch", bei dem 1934 ca. 100 SA-Führer und Regimegegner starben; siehe S. 108.

die so reden, hat keiner zugesehen, keiner hat es durchgestanden. Von Euch werden die meisten wissen, was es heißt, wenn 100 Leichen beisammen liegen, wenn 500 daliegen oder wenn 1000 daliegen. Dies durchgehalten zu haben, und dabei – abgesehen von Ausnahmen menschlicher Schwächen – anständig geblieben zu sein, das hat uns hart gemacht. Dies ist ein niemals geschriebenes und niemals zu schreibendes Ruhmesblatt unserer Geschichte, denn wir wissen, wie schwer wir uns täten, wenn wir heute noch in jeder Stadt – bei den Bombenangriffen, bei den Lasten und bei den Entbehrungen des Krieges – noch die Juden als Geheimsaboteure, Agitatoren und Hetzer hätten. [...] Die Reichtümer, die sie hatten, haben wir ihnen abgenommen. Ich habe einen strikten Befehl gegeben, den SS-Obergruppenführer Pohl[2] durchgeführt hat, dass diese Reichtümer selbstverständlich restlos an das Reich abgeführt wurden. Wir haben uns nichts davon genommen. Einzelne, die sich verfehlt haben, werden gemäß einem von mir zu Anfang gegebenen Befehl bestraft, der androhte: Wer sich auch nur eine Mark davon nimmt, der ist des Todes. [...]
Wir hatten das moralische Recht, wir hatten die Pflicht gegenüber unserem Volk, dieses Volk, das uns umbringen wollte, umzubringen. Wir haben aber nicht das Recht, uns auch nur mit einem Pelz, mit einer Uhr, mit einer Mark oder mit einer Zigarette oder mit sonst etwas zu bereichern. Wir wollen nicht am Schluss, weil wir einen Bazillus ausrotteten, an dem Bazillus krank werden und sterben. Ich werde niemals zusehen, dass hier auch nur eine kleine Fäulnisstelle entsteht [...]. Insgesamt aber können wir sagen, dass wir diese schwerste Aufgabe in Liebe zu unserem Volk erfüllt haben. Und wir haben keinen Schaden in unserem Inneren, in unserer Seele, in unserem Charakter daran genommen.
[...] Im Großen und Ganzen war unsere Haltung gut. Manches ist auch in unseren Reihen noch zu bessern. Dieses auszusprechen, ist mit der Sinn dieses Appells der Kommandeure und der Gruppenführer. Ich möchte dieses Kapitel überschreiben mit der Überschrift „Wir selbst".

Rede des Reichsführers SS bei der SS-Gruppenführertagung in Posen am 4. Oktober 1943, zitiert nach: http://www.1000dokumente.de/pdf/dok_0008_pos_de.pdf (Zugriff vom 29. April 2013)

1. *Analysieren Sie Himmlers Menschenbild und seine moralischen Vorstellungen, die aus der Rede deutlich werden. Von welchem Bild des SS-Mannes geht er aus?*

2. *Überprüfen Sie, inwiefern die Rede als „Schlüsseldokument" für die „Endlösung der Judenfrage" und den Holocaust angesehen werden kann.*

[2] Oswald Pohl (1892-1951) war Chef des SS-Wirtschafts-verwaltungshauptamtes.

M5 „Ganz normale Männer" als Mörder?

a) Der amerikanische Historiker Daniel Jonah Goldhagen untersucht die Hauptursache der Judenmorde:

Es musste sich etwas ändern, unbedingt. Das Wesen der Juden galt den Deutschen jedoch als unveränderlich, da in ihrer „Rasse" begründet, und nach vorherrschender deutscher Auffassung waren die Juden eine Rasse, die der germanischen Rasse in unüberwindlicher Fremdheit gegenüberstand. Hinzu kam, dass der „Augenschein" den Deutschen zeigte, dass die Mehrheit der Juden sich bereits assimiliert hatte, zumindest in dem Sinne, dass sie Manieren, Kleidung und Sprache des modernen Deutschland übernommen hatte. Also hatten die Juden jede erdenkliche Möglichkeit gehabt, zu guten Deutschen zu werden – und diese ausgeschlagen. Der unumstößliche Glaube an die Existenz einer „Judenfrage" führte mehr oder weniger selbstverständlich zu der Annahme, die einzige „Lösung" bestehe darin, alles „Jüdische" in Deutschland zu „eliminieren": auszugrenzen und zu beseitigen. [...]
Hätten die ganz gewöhnlichen Deutschen die eliminatorischen Ideale ihrer Führung nicht geteilt, dann hätten sie dem sich stetig verschärfenden Angriff auf ihre jüdischen Landsleute und Brüder mindestens ebenso viel Widerstand und Verweigerung entgegengesetzt wie den Angriffen ihrer Regierung gegen die Kirchen oder dem sogenannten Euthanasieprogramm. [...] Hitler und die Nationalsozialisten taten also nichts anderes, als den bestehenden und angestauten Antisemitismus freizusetzen und zu aktivieren.

b) Der Jurist Claus Arndt, der in den 1960-Jahren an Untersuchungen über die belasteten Polizeieinheiten beteiligt ist, schreibt in einem 1998 veröffentlichten Brief an Goldhagen:

Ich muss jedoch erhebliche Zweifel anmelden gegen die Richtigkeit jener These von Ihnen, dass die Mordtaten der Polizeiangehörigen in Polen und anderswo [...] antisemitisch begründet waren. Bei aller Würdigung der Abscheulichkeit des Antisemitismus halte ich diese Ursachenfeststellung für eine Verharmlosung der Motivierung der Täter.
Leider war deren Motivation viel schlimmer: Sie bestand in ihrem ethisch-moralischen Unvermögen, von menschlichen Werten getragen zu handeln. Ihr Motto war: „Befehl ist Befehl". Es war die Weigerung und totale Unfähigkeit, nach menschlichen und moralischen Grundsätzen zu handeln. Dies wurde nicht zuletzt dadurch bewiesen, dass die Betroffenen sich nicht nur Juden gegenüber so verhielten, sondern auch jeder Menschengruppe gegenüber, die von den ihnen erteilten Befehlen betroffen war. Die gleichen Polizisten sind

bei der Vernichtung und Ermordung zum Beispiel der polnischen Intelligenz gegen die Frauen und Kinder dieser Gruppe mit ebenderselben Grausamkeit, Gefühllosigkeit und Brutalität vorgegangen wie gegen Juden.

c) Der amerikanische Historiker Christopher R. Browning untersucht am Beispiel des Reserve-Polizeibataillons 101, das in Polen 1942 während einer „Aktion" etwa 1200 Juden erschossen hat (insgesamt tötete diese Einheit ca. 38 000 Juden), die Motive der ausführenden Männer:

Im Bataillon kristallisierten sich einige ungeschriebene „Grundregeln" heraus. Für kleinere Erschießungsaktionen wurden Freiwillige gesucht beziehungsweise die Schützen aus den Reihen derjenigen genommen, die bekanntermaßen zum Töten bereit waren [...]. Bei großen Einsätzen wurden die, die nicht töten wollten, auch nicht dazu gezwungen. [...] Neben der ideologischen Indoktrinierung war ein weiterer entscheidender Aspekt [...] das gruppenkonforme Verhalten. Den Befehl, Juden zu töten, erhielt das Bataillon, nicht aber jeder einzelne Polizist. Dennoch machten sich 80 bis 90 Prozent der Bataillonsangehörigen ans Töten, obwohl es fast alle von ihnen – zumindest anfangs – entsetzte und anwiderte. Die meisten schafften es einfach nicht, aus dem Glied zu treten und offen nonkonformes Verhalten zu zeigen. Zu schießen fiel ihnen leichter. Warum? Zunächst einmal hätten alle, die nicht mitgemacht hätten, die „Drecksarbeit" einfach den Kameraden überlassen. Da das Bataillon die Erschießungen auch dann durchführen musste, wenn einzelne Männer ausscherten, bedeutete die Ablehnung der eigenen Beteiligung die Verweigerung des eigenen Beitrags bei einer unangenehmen kollektiven Pflicht. Gegenüber den Kameraden war das ein unsozialer Akt. [...]
Es gibt auf der Welt viele Gesellschaften, die durch rassistische Traditionen belastet und aufgrund von Krieg oder Kriegsdrohung in einer Art Belagerungsmentalität befangen sind. Überall erzieht die Gesellschaft ihre Mitglieder dazu, sich der Autorität respektvoll zu fügen, und sie dürfte ohne diese Form der Konditionierung wohl auch kaum funktionieren. [...] In jeder modernen Gesellschaft wird durch die Komplexität des Lebens und die daraus resultierende Bürokratisierung und Spezialisierung bei den Menschen, die die offizielle Politik umsetzen, das Gefühl für die persönliche Verantwortung geschwächt. In praktisch jedem sozialen Kollektiv übt die Gruppe, der eine Person angehört, gewaltigen Druck auf deren Verhalten aus und legt moralische Wertmaßstäbe fest. Wenn die Männer des Reserve-Polizeibataillons 101 unter solchen Umständen zu Mördern werden konnten, für welche Gruppe von Menschen ließe sich dann noch Ähnliches ausschließen?

Erster Text: Daniel Jonah Goldhagen, Hitlers willige Vollstrecker. Ganz gewöhnliche Deutsche und der Holocaust, übers. v. Klaus Kochmann, Berlin 1996, S. 107 f., 489 und 518
Zweiter Text: Claus Arndt, in: „Die Zeit" vom 15.01.1998
Dritter Text: Christopher R. Browning, Ganz normale Männer. Das Reserve-Polizeibataillon 101 und die „Endlösung" in Polen, übers. v. Jürgen Peter Krause, Reinbek [4]2007, S. 224, 241 und 246 f.

1. *Vergleichen Sie die Erklärungsansätze.*
2. *Diskutieren Sie anhand von Brownings Überlegungen, ob sich Massenverbrechen wie der Holocaust wiederholen können.*

M6 „Innerhalb einer Sekunde war ich allein"

Die Fotos des „Auschwitz-Albums" sind die einzigen bekannten fotografischen Zeugnisse, die den Prozess der Ankunft und der „Selektion" in Birkenau zeigen. Sie wurden im Frühsommer 1944 von zwei SS-Männern gemacht und danach unter dem Titel „Die Umsiedlung der Juden aus Ungarn" zu einem Album zusammengestellt. Viele ungarische Überlebende haben die Erfahrung der Ankunft in Auschwitz-Birkenau später in Erinnerungsberichten und Interviews geschildert. Éva Fahidi aus der ungarischen Stadt Debrecen, die am 1. Juli 1944 nach mehrtägiger Fahrt in einem überfüllten Viehwaggon im Lager eintrifft, schreibt:

Wir kommen früh am Morgen an, es wird gerade hell. Am Bahnhof ist keine Aufschrift. Wir haben keine Ahnung, wohin man uns gebracht hat. Die Waggontüren werden aufgerissen, und unter entsetzlichem Brüllen und Fluchen zerrt man uns aus dem Waggon. Wer nicht aussteigen kann, wird hinausgeworfen. Endlich haben wir Boden unter den Füßen. Wir können uns ausstrecken, die frische Morgenluft tut gut. Undefinierbare Gestalten nehmen uns in Empfang, ich kann sie nicht einordnen. Sie tragen hässliche grau-schwarz gestreifte Pyjamas, auf dem Kopf eine eigenartige Seemannskappe aus demselben gestreiften Stoff. Sie schreien in einer seltsamen Sprache, die ans Deutsche erinnert, aber doch keines ist. Deutsche sehe ich gar nicht. Es scheint, als ob diese gestreiften Wesen hier die Herren wären. Jedenfalls treten sie so auf.
Die Gestreiften sagen, wir sollen uns nicht um unser Gepäck kümmern, das würde uns hinterher gebracht. Die kleinen Kinder nimmt man den Müttern weg und übergibt sie den Großmüttern. Sie sagen, wir sollen zu Fuß gehen. Wer zu schwach ist, der würde mit dem Bus nachkommen. Wir freuen uns, dass wir uns endlich bewegen, unsere versteiften Gliedmaßen strecken können. Diejenigen unter uns, die sehr jung wirken, werden gefragt, wie alt sie sind. Wenn jemand

▶ **„Aussortierung" ungarischer Juden an der sogenannten „Rampe" von Birkenau.**
Ab Mai 1942 begann in Auschwitz-Birkenau der systematische Massenmord, zunächst in zwei provisorischen Gaskammern. Ab Mitte des Jahres entstanden insgesamt vier neue Krematorien mit Gaskammern im Kellergeschoss (Krematorium II und III) bzw. im Erdgeschoss (Krematorium IV und V); diese wurden ab März 1943 genutzt. Die sogenannte „Judenrampe", ein Gleis, das vom Bahnhof außerhalb direkt in das Lager führte, kam nach knapp einjähriger Bauzeit erst ab Mai 1944 zum Einsatz. Zu diesem Zeitpunkt erreichte die Massenvernichtung in Birkenau ihren Höhepunkt: Innerhalb von drei Monaten wurden etwa 450 000 Juden aus Ungarn nach Auschwitz deportiert. Auf der Rampe wurden die „noch einsatzfähigen" Männer und Frauen zunächst ins Lager aufgenommen und später zur Zwangsarbeit vornehmlich auf Reichsgebiet überstellt. Ein Teil, vor allem Zwillingskinder, fiel den KZ-Ärzten um Dr. Josef Mengele für „medizinische" Experimente zum Opfer. Die große Mehrzahl der Ankommenden, vor allem Alte, Kranke, schwangere Frauen und Mütter mit Kindern, wurde jedoch als „arbeitsunfähig" eingestuft und – unter dem Vorwand, sich duschen und desinfizieren zu müssen – unverzüglich in die Gaskammern geschickt.

angibt, jünger als sechzehn zu sein, schreien sie ihn wütend an: „Du bist sechzehn, vergiss das nicht, wer immer Dich auch fragt, sag sechzehn, verstehst Du, sechzehn, merk Dir das gut, Du bist sechzehn Jahre alt!!!"
Wir bemerken nicht, dass wir in zwei Gruppen aufgeteilt worden sind, eine Frauen- und eine Männergruppe. [...] Ich passe auf, neben meiner Mutter und Gilike zu bleiben, ich sehe nicht, wohin die Männer verschwinden. Wir sind mit Ferike beschäftigt, meine Mutter und Boci legen ihn auch jetzt oben auf den Korb und tragen jede einen Henkel, wie beim Einsteigen. Ein Gestreifter sagt ihnen, sie sollten Ferike meiner Tante Margit geben, aber sie antworten, er sei nicht schwer und sie trügen ihn gern. [...]
Schließlich sehen wir auch die Deutschen, es sind wenige, Männer und Frauen durcheinander, sie stehen vor uns, wir müssen an ihnen vorbei. Als die Reihen bei ihnen ankommen, sprechen sie den einen oder anderen an, leise, fast könnte man sagen freundlich. Daraufhin geht der eine in diese, der andere in die andere Richtung. Wenn jemand mit dem, den man in die andere Richtung geschickt hat, zusammenbleiben will, beruhigen sie ihn freundlich, die Kräftigen gingen zu Fuß, die etwas Erschöpfteren bringe man im Bus hinterher. In kurzer Zeit würden sie wieder zusammen sein. So beruhigt sich jeder. Natürlich.
Auch wir kommen zu der Gruppe der Deutschen.
Boci ist, da sie stillt, etwas fülliger als sonst. Dass sie acht Jahre älter ist als ich, sieht man nicht, und wir haben viel Ähnlichkeit miteinander. Freundlich spricht uns ein deutscher Herr an und fragt:
– Seid ihr Zwillinge?
– Nein – antworten wir, und seine Handbewegung befolgend gehe *ich in die eine Richtung.*
Boci, der Korb, im Korb Ferike, auf der anderen Seite des Korbes meine Mutter, an der Hand meiner Mutter Gilike und Tante Margit
... gehen in die andere Richtung.
Schon ist die nächste Reihe vor die Deutschen gekommen, und die setzen ihre freundlichen Einweisungen fort – hierhin, dorthin.
Die größte Tragödie meines Lebens geschah so, dass ich sie nicht einmal bemerkte. Innerhalb einer Sekunde war ich allein, hatte meinen Vater, meine Mutter, meine Schwester, meine nächsten Verwandten verloren (Tanti überlebte). Mit einem Schlag war meine Kindheit vorbei, ich war erwachsen und völlig auf mich alleine gestellt. Das war mir damals noch nicht bewusst.

Éva Fahidi, Die Seele der Dinge, aus dem Ungarischen von Doris Fischer, Berlin 2011, S. 161-163

1. *Analysieren Sie, wie Éva Fahidi die Ankunft im Lager beschreibt. Welchen Menschen begegnet sie auf der „Rampe" und welche Funktion weist sie diesen Personen zu?*

2. *Vergleichen Sie die Beschreibung der Überlebenden mit der hier gezeigten Abbildung zur „Selektion" der ungarischen Juden in Birkenau. Welche Gemeinsamkeiten und welche Unterschiede zwischen Text und Bild fallen auf? Erläutern Sie dabei auch, welche Vorgänge des „Selektionsprozesses" auf dem Foto nicht zu sehen sind.*

3. *Erörtern Sie anschließend, welche Absicht die SS-Männer vermutlich mit den Aufnahmen verbanden. Welche Bedeutung haben die Fotos dagegen heute vor allem für die ungarischen Überlebenden von Auschwitz-Birkenau und für die Erinnerung an den Holocaust weltweit?*

Widerstand

▲ **Blick in die Dauerausstellung der Gedenkstätte Deutscher Widerstand in Berlin.**
Foto von 2012.
Die Gedenkstätte befindet sich am historischen Ort des Umsturzversuches vom 20. Juli 1944 (siehe Seite 149), im „Bendler-Block" in Berlin-Mitte. Darüber hinaus gibt es in Berlin weitere Gedenkstätten, die den Widerstand verschiedener Menschen und Gruppen gegen das NS-Regime thematisieren. So erinnert etwa die „Gedenkstätte Stille Helden" in der Rosenthaler Straße an jene Menschen, die während der NS-Diktatur verfolgten Juden beistanden.

Motive Eine breite Widerstandsbewegung gegen das NS-Regime hat es nicht gegeben. Hitlers Herrschaft wurde über viele Jahre von einer großen Mehrheit des deutschen Volkes akzeptiert. Selbst in Kreisen, die keine enge Identifikation mit den Zielen und Wertmaßstäben der Nationalsozialisten aufbrachten, verließen sich die meisten auf die politische Führung, wie sie es schon immer getan hatten.

Seit den 1980er-Jahren bemühen sich Historiker um eine genauere Definition von Widerstand. So werden verschiedene Stufen zwischen *nonkonformem Verhalten* und *aktivem Widerstand* unterschieden. Zwischen privaten Unmutsäußerungen im Freundeskreis, dem freiwilligen Rücktritt aus einem Amt oder der Planung und Durchführung eines Umsturzes gab es eine Vielzahl von Abstufungen. So differenziert die Motive des Widerstandes auch waren, gemeinsam war allen Gruppierungen der feste Glaube an ethische Grundnormen, der ihnen die Kraft zu einem eigenverantwortlichen Denken gab.

Kommunisten und Sozialdemokraten hatten schon frühzeitig vor Hitler gewarnt und wurden unter anderem deshalb von Anfang an verfolgt. Revolutionärer oder demokratischer Sozialismus, Klassenkampf und Weltrevolution standen im Widerspruch zu Hitlers nationalistischem und imperialistischem Konzept. Aus der Überzeugung, dass nur die Überwindung der reaktionären NS-Diktatur den Fortschritt der Menschheit sichern könne, entschlossen sich viele zum aktiven Widerstand. Der UdSSR sollte nach Auffassung der Kommunisten in diesem Kampf eine bedeutende Rolle zufallen.

Aber auch Liberale und Konservative stellten sich gegen Hitler. Die brutale Missachtung fundamentaler Grund- und Menschenrechte sowie demokratischer Spielregeln verletzte die freiheitlichen Prinzipien der einen; der Missbrauch tradierter Werte wie Ehre, Treue, Deutschtum, Volk und Vaterland zeigte den anderen, dass sie lange Zeit die wahre Gesinnung Hitlers nicht erkannt hatten. Selbst manche Mitglieder der Partei und ihrer Organisationen konnten auf Dauer ihre moralischen Bedenken gegen die welt- und menschenverachtende Ideologie der NSDAP nicht zurückstellen.

Ziele und Formen Die letzte Übersteigerung des NS-Regimes seit Beginn des Zweiten Weltkrieges hatte zwar viele von der Notwendigkeit der Gewalt gegen die Diktatur überzeugt, aber auf die Frage „Was dann?" gab es keine eindeutige Antwort. Die Errichtung eines christlich-konservativen Nationalstaates, eine übernationale Ordnung Europas oder die Einführung der Diktatur des Proletariats als Übergang zur Weltrevolution waren Visionen der politischen Zukunft. Einzelpersonen, lose Gesprächskreise oder Verschwörergruppen arbeiteten auf sehr verschiedene Weise, meist ohne gegenseitige Kontakte wegen des hohen Risikos eines Verrates.

Es wurden Flugblätter verteilt, Gegenparolen an die Hauswände belebter Straßen geschrieben, ausländische Sender abgehört und regimefeindliche Nachrichten verbreitet. In Rüstungsbetrieben kam es zu Arbeitsniederlegungen und Sabotageakten. In der Berliner Rosenstraße wagten „arische" Frauen im Februar 1943, sich für die Befreiung ihrer verhafteten jüdischen Ehegatten einzusetzen. Über mehrere Tage versammelten sie sich vor dem Gebäude Rosenstraße 2-4, das als provisorisches Gefängnis genutzt wurde, und riefen nach ihren Männern, um deren Freilassung zu erreichen. Umfang und Zahl der Beteiligten wie der Erfolg der Aktion sind unter Historikern umstritten, nicht hingegen die Achtung vor der Tatkraft und dem Mut der Protestierenden (▸ M1).

Trotz umfangreicher Sicherheitsvorkehrungen sind mehrere Attentate auf Hitler zur Ausführung gekommen. *Georg Elser*, ein Tischler aus Württemberg, scheiterte aber am 8. November 1939 in München mit einem Bombenanschlag ebenso wie alle anderen, die Hitler mit Gewalt zu beseitigen versuchten. Vermutlich wurden über 10 000 Angehörige des Widerstandes von NS-Schergen getötet oder vom Volksgerichtshof zum Tode verurteilt. Dass die Erfolge des Widerstandes bescheiden blieben, lag an der Heterogenität der Widerstandsgruppen und vor allem an der Brutalität, mit der die Nationalsozialisten jede Opposition im Keim zu ersticken suchten.

Widerstand aus der Arbeiterbewegung Schon vor 1933 hatten Kommunisten und Sozialdemokraten gegen die Nationalsozialisten gekämpft. Sie wurden deshalb nach der Machtübernahme Hitlers sofort massiv verfolgt. Partei- und Gewerkschaftsmitglieder wurden verhaftet, zur Flucht ins Ausland gezwungen oder ermordet. Ein gemeinsames Vorgehen kam allerdings nicht zustande, da die politischen Gegensätze zwischen KPD und SPD zu groß waren. Bis 1937 gelang es den Nationalsozialisten, deren Widerstand vollständig zu unterdrücken (▸ M2).

Nach Kriegsbeginn und vor allem nach dem Angriff auf die Sowjetunion 1941 lebte der Widerstand wieder auf. Die ins Exil geflohenen und im Lande verbliebenen Kommunisten und Sozialdemokraten operierten aus dem Untergrund und versuchten, die Kontakte – auch zu anderen Widerstandsbewegungen – aufrechtzuerhalten. Sie verbreiteten Flugblätter, organisierten Hilfe für Verfolgte und entwarfen Pläne für die Zeit nach dem „Dritten Reich". Um der Verfolgung zu entgehen, bildeten sie dabei möglichst kleine lokale oder nur locker verbundene größere Netzwerke.

Eine dieser Widerstandsgruppen war die *„Rote Kapelle"*. Die Bezeichnung stammte von der Gestapo und galt einer seit 1939 bestehenden, vorwiegend kommunistisch orientierten Gruppe, die die UdSSR über Funk mit Berichten zur politischen, wirtschaftlichen und militärischen Lage versorgte. Wichtige Personen dieses Kreises waren *Harro Schulze-Boysen*, Oberleutnant im Luftwaffenministerium, und der im Wirtschaftsministerium tätige *Dr. Arvid Harnack*. In einer Geheimdruckerei erstellten Helfer Zeitschriften und Flugblätter mit Reden von Bischof Clemens August Graf von Galen, *Thomas Mann*, Winston Churchill und Josef Stalin. Nach der Enttarnung einer Spionageaktion wurde die Organisation 1942/43 zerschlagen und viele Mitglieder hingerichtet.

Lektüretipp
Eine gut zu lesende Zusammenfassung der Ereignisse in der Rosenstraße bietet der Band des Historikers Wolf Gruner, Gedenkort Rosenstraße 2-4. Internierung und Protest im NS-Staat, Berlin 2013

▲ **Georg Elser.**
Der 42-jährige Hitler-Attentäter wurde im April 1945 im KZ Dachau umgebracht.

▸ **Geschichte In Clips:**
Zum Attentat Georg Elsers auf Adolf Hitler siehe Clip-Code 32003-05

Siehe auch S. 156 f.

Die „Weiße Rose" Die Angehörigen der „Weißen Rose" waren fast ausschließlich Studenten bis zum Alter von 25 Jahren. In bürgerlichen Elternhäusern mit vorwiegend christlichen Traditionen aufgewachsen, hatten sie zum Teil begeistert der Hitler-Jugend angehört, aber bald die moralische Verwerflichkeit der NS-Bewegung durchschaut. Durch ihren Fronteinsatz wurden einige Zeugen der Unmenschlichkeit von Kriegsführung und Besatzungspolitik und hegten bald Zweifel am „Endsieg". In München, wo die meisten Angehörigen der „Weißen Rose" studierten, bildete sich um die Geschwister *Hans* und *Sophie Scholl*, *Willi Graf*, *Alexander Schmorell* und ihren Universitätslehrer, den Musikwissenschaftler *Kurt Huber*, ein Freundeskreis.

Im Sommer 1942 erschien das erste Flugblatt der „Weißen Rose". 100 Exemplare verschickte man an ausgesuchte Adressen. Mitte Februar 1943 wurde das letzte Flugblatt in einer Auflage von 3000 Exemplaren erstellt und wieder teilweise per Post versandt. Bei der Verteilung des Restes im Lichthof der Universität hielt ein Hörsaaldiener die Geschwister Scholl fest und übergab sie der Polizei. In mehreren Prozessen wurden Angehörige des Freundeskreises, darunter auch das Geschwisterpaar, zum Tode verurteilt und hingerichtet, andere erhielten Gefängnisstrafen.

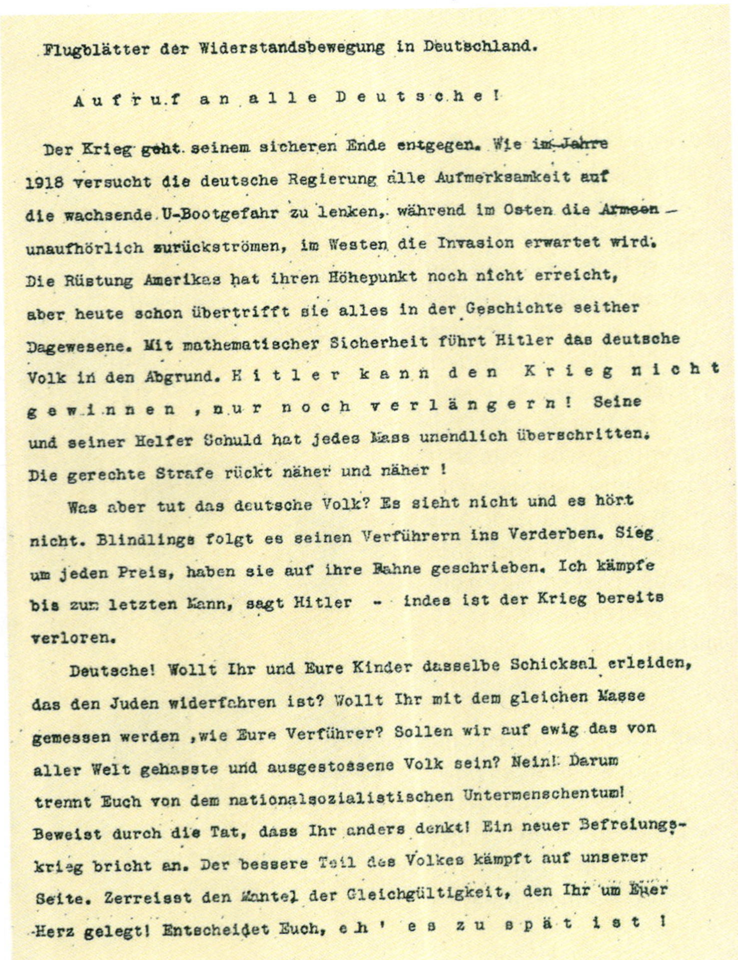

Flugblätter der Widerstandsbewegung in Deutschland.

A u f r u f a n a l l e D e u t s c h e !

Der Krieg geht seinem sicheren Ende entgegen. Wie im Jahre 1918 versucht die deutsche Regierung alle Aufmerksamkeit auf die wachsende U-Bootgefahr zu lenken, während im Osten die Armeen unaufhörlich zurückströmen, im Westen die Invasion erwartet wird. Die Rüstung Amerikas hat ihren Höhepunkt noch nicht erreicht, aber heute schon übertrifft sie alles in der Geschichte seither Dagewesene. Mit mathematischer Sicherheit führt Hitler das deutsche Volk in den Abgrund. H i t l e r k a n n d e n K r i e g n i c h t g e w i n n e n , n u r n o c h v e r l ä n g e r n ! Seine und seiner Helfer Schuld hat jedes Mass unendlich überschritten. Die gerechte Strafe rückt näher und näher !

Was aber tut das deutsche Volk? Es sieht nicht und es hört nicht. Blindlings folgt es seinen Verführern ins Verderben. Sieg um jeden Preis, haben sie auf ihre Fahne geschrieben. Ich kämpfe bis zum letzten Mann, sagt Hitler – indes ist der Krieg bereits verloren.

Deutsche! Wollt Ihr und Eure Kinder dasselbe Schicksal erleiden, das den Juden widerfahren ist? Wollt Ihr mit dem gleichen Masse gemessen werden, wie Eure Verführer? Sollen wir auf ewig das von aller Welt gehasste und ausgestossene Volk sein? Nein! Darum trennt Euch von dem nationalsozialistischen Untermenschentum! Beweist durch die Tat, dass Ihr anders denkt! Ein neuer Befreiungskrieg bricht an. Der bessere Teil des Volkes kämpft auf unserer Seite. Zerreisst den Mantel der Gleichgültigkeit, den Ihr um Euer Herz gelegt! Entscheidet Euch, eh' e s z u s p ä t i s t !

▲ **Flugblatt „Aufruf an alle Deutsche!" der „Weißen Rose" vom Januar 1943.**
Das fünfte von insgesamt sechs Flugblättern der Widerstandsgruppe wurde in mehreren hundert Exemplaren in der Münchener Universität ausgelegt.

Konkordat: völkerrechtlicher Vertrag zwischen der katholischen Kirche und einer weltlichen Regierung

Die Rolle der Kirchen Hitler bemühte sich von Anfang an um die Zustimmung der kirchlichen Amtsträger und Gemeindemitglieder. Die Haltung der Kirchen gegenüber den Nationalsozialisten dagegen war ambivalent. Obwohl sie vor der „Machtergreifung" die Unvereinbarkeit von Weltanschauung und Politik mit der christlichen Lehre betonten, änderten sie ihre ablehnende Haltung gegenüber dem neuen Regime.

Das am 20. Juli 1933 mit dem Heiligen Stuhl geschlossene **Reichskonkordat** garantierte der katholischen Kirche ihre Unabhängigkeit und die Nichteinmischung des Staates in kirchliche Institutionen. Im Gegenzug war Geistlichen jegliche politische Betätigung untersagt. Als die Nationalsozialisten jedoch dazu übergingen, Bekenntnisschulen und katholische Verbände aufzulösen oder „gleichzuschalten", Klöster und kirchliche Heime zu enteignen, forderte dies wiederholt scharfen Protest heraus. Gegen die Verdrängung des Christentums und die „Vergötzung" des Nationalsozialismus wandte sich Papst *Pius XI.* in seiner 1937 veröffentlichten *Enzyklika „Mit brennender Sorge"*. Jedoch kritisierte die Kirchenführung die Verbrechen der Nationalsozialisten, insbesondere die Verfolgung der Juden, nicht öffentlich. Lediglich einzelne Priester, Ordensgeistliche und Laien verurteilten offen die Judendiskriminierung und die Tötung behinderter Menschen („Euthanasie"; ▸ M3).

Die evangelische Kirche war gespalten. Die *Deutschen Christen* setzten sich für die „Gleichschaltung" der evangelischen Landeskirchen ein und war für eine regimetreue Reichskirche und für die Entlassung „nichtarischer" Geistlicher und Kirchenbeamten.

Dagegen formierte sich im Mai 1934 auf Initiative des Pfarrers *Martin Niemöller* die *Bekennende Kirche*, der sich mehr als die Hälfte der evangelischen Pfarrer anschloss. In Schriften und Predigten protestierten sie gegen die staatliche Vereinnahmung der Kirche, die nationalsozialistische Rassenpolitik und die Konzentrationslager.

▲ **Sonderbriefmarken der Deutschen Bundespost von 1964 anlässlich des Jahrestages des Attentates auf Hitler am 20. Juli 1944.**

Militärischer Widerstand – der 20. Juli 1944 Der einzige Machtfaktor im Hitlerstaat, der zur Organisation und Durchführung eines Umsturzes in der Lage schien, war das Militär. Außerdem waren die Generäle die ersten Befehlsempfänger für Hitlers maßlose Eroberungspläne, und da dieser sprunghaft und ohne strategischen Sachverstand befehligte, wuchs aufseiten der militärischen Führung die Skepsis. Selbst moralische Einwände kamen zum Tragen, denn der rassistische Vernichtungskrieg Hitlers ging für viele weit über das hinaus, was Berufssoldaten zu tun bereit waren (▸ M4).

Generaloberst *Ludwig Beck*, der 1938 wegen Hitlers Einmarsch in die Tschechoslowakei als Generalstabschef zurückgetreten war, versuchte seitdem, den Widerstand gegen das Regime zu organisieren. Gemeinsam mit dem ehemaligen Oberbürgermeister von Leipzig, *Carl Friedrich Goerdeler*, plante er schon eine neue deutsche Regierung und knüpfte Kontakte mit dem Ausland. Doch dies war höchst gefährlich, außerdem gab es in den scheinbar erfolgreichen Jahren des Regimes weder in der militärischen Führung noch in der Bevölkerung genügend Unterstützung. Erst nach der militärischen Wende Anfang 1943 erhielt die Verschwörung größeren Rückhalt und mehr Teilnehmer, so Oberst *Claus Schenk Graf von Stauffenberg*, der als Mitglied des Generalstabs direkten Zugang zu Hitler hatte. Die Ausweitung des Kreises der Verschwörer erhöhte aber auch die unmittelbare Gefahr. So waren ihnen die Sicherheitskräfte auf der Spur und hatten bereits einige Mitwisser verhaftet. Am 20. Juli 1944 nutzte Stauffenberg eine günstige Gelegenheit und deponierte eine Aktentasche voll Sprengstoff in Hitlers Nähe. Die Bombe verfehlte ihren Zweck. Hitler entkam verletzt, berief sich aber künftig auf die „Vorsehung", die ihn geschützt habe. Das Regime nahm grausam Rache. Graf Stauffenberg und seine engsten Mitarbeiter wurden noch in derselben Nacht erschossen. Die Geheime Staatspolizei verhaftete 7000 Personen, auch solche, die mit der Verschwörung nichts zu tun hatten. Himmlers Anordnung der „absoluten Sippenhaftung" bedeutete, dass Verwandte für die Tat mitverantwortlich waren und gleichfalls bestraft wurden.

Der Kreisauer Kreis Auf dem schlesischen Gut Kreisau, das dem Sachverständigen für Kriegs- und Völkerrecht im Oberkommando der Wehrmacht, *Helmuth James Graf von Moltke*, gehörte, trafen sich seit Ende 1938 Männer verschiedener Anschauungen und Herkunft: Konservative, Sozialisten, ehemalige Gewerkschaftsvertreter, Großgrundbesitzer, protestantische und katholische Geistliche. Der *Kreisauer Kreis* erarbeitete Grundsätze für einen Staats- und Gesellschaftsaufbau nach dem Sturz Hitlers, der vom Europagedanken geprägt war. Staatsstreichpläne wurden zwar nicht konkret ausgearbeitet, aber es bestanden Kontakte zu Widerstandsgruppen im In- und Ausland, so auch zu den Attentätern vom 20. Juli 1944. Viele Mitglieder des Kreisauer Kreises, wie Moltke, *Peter Graf Yorck von Wartenburg*, *Adam von Trott zu Solz*, Pater *Alfred Delp* oder der Gewerkschaftsführer *Julius Leber*, wurden hingerichtet.

Filmtipps
Im Kino wird das Thema Widerstand gegen das NS-Regime immer wieder aufgegriffen. „Unbeugsam" (Regie: Edward Zwick) aus dem Jahr 2008 erzählt die Geschichte der jüdischen Partisanengruppe um die Brüder Tuvia, Zus und Asael Bielski.

Auch der Film „Im Nebel" (Regie: Sergei Loznitsa), eine deutsch-lettische Koproduktion aus dem Jahr 2012, spielt in den Wäldern Weißrusslands. Dabei geht es jedoch nicht allein um den Widerstand von Partisanen, vielmehr setzt sich der Regisseur darin auch mit Fragen von Verrat und Loyalität, Verantwortung und Pflichtvergessenheit sowie Schuld und Unschuld auseinander.

Partisanen: bewaffnete Widerstandskämpfer im Hinterland

Widerstandsbewegungen in den besetzten Ländern In allen eroberten Gebieten rief die deutsche Besatzungspolitik Widerstand hervor. Angesichts des von den Deutschen im Osten grausam geführten Vernichtungskrieges wuchs er sich in der Sowjetunion, in Polen und auf dem Balkan zum **Partisanen**krieg aus. In Polen entstand bereits 1939 eine eigene „Heimatarmee", die Aufstände organisierte und Partisanen mobilisierte. Die sowjetische Widerstandsbewegung hielt engen Kontakt zur politischen Führung und zur „Roten Armee". Die zunehmenden Überfälle der Partisanen auf deutsche Soldaten sowie Anschläge auf Eisenbahnlinien und Lastwagen schwächten die deutsche Wehrmacht erheblich. Nirgends jedoch entwickelte der Widerstand eine solche Stärke wie auf dem Balkan, wo unter dem späteren jugoslawischen Staatspräsidenten *Josip Broz*, genannt Tito, eine riesige Partisanenarmee von anfangs 80 000 und später 400 000 Mann (im Winter 1944/45) gegen die Besatzer kämpfte.

In West- und Nordeuropa bestand der aktive Widerstand hauptsächlich in der Übermittlung von Nachrichten an Spione, der Verbreitung von Flugblättern und illegalen Zeitungen sowie der Hilfe für Kriegsgefangene, Juden und andere Verfolgungsopfer. In Frankreich verübte die aus verschiedenen Widerstandsgruppen bestehende *Résistance* gezielte Sabotageakte und Attentate. Von General *Charles de Gaulle* aus dem Londoner Exil organisiert, beteiligte sich der französische Widerstand nach der Landung der Alliierten in der Normandie an der Befreiung Frankreichs. In Großbritannien und den USA unterstützten zudem seit 1940 bzw. seit 1943 eigene staatliche Institutionen die Partisanen mit Waffenlieferungen, Informationen und Spezialagenten.

Jüdischer Widerstand Auch die Juden waren keineswegs nur passive Opfer der NS-Herrschaft, sondern sie wehrten sich auf verschiedene Art und Weise gegen das Vorgehen ihrer Verfolger. In ganz Europa versteckten sich Juden bei nichtjüdischen Helfern oder auf eigene Faust (das bekannteste Beispiel dafür ist *Anne Frank*) und halfen anderen, vor allem jüdischen Kindern, den Nationalsozialisten zu entkommen. Darüber hinaus gab es bewaffnete Aufstände in Ghettos und Lagern und über 1,5 Millionen Juden beteiligten sich in den alliierten Armeen oder als Partisanen am Kampf gegen den NS-Staat. So waren sie etwa in Belgien und Frankreich im Untergrund und in Einheiten der Résistance aktiv, schlossen sich den Partisanen unter Tito an und auch in den Wäldern Weißrusslands und der Ukraine kämpften Zehntausende in jüdischen Partisaneneinheiten.

Eindrucksvollster Beweis für den jüdischen Widerstand ist der *Aufstand im Warschauer Ghetto*, wo die Nazis Hunderttausende Juden in einem kleinen abgeriegelten Stadtbezirk unter unmenschlichen Bedingungen eingepfercht hatten. Nachdem im Jahr 1942 über 240 000 Juden aus Warschau nach Treblinka deportiert worden waren, bildete sich unter den verbleibenden 55 000 bis 60 000 Ghettobewohnern die „Jüdische Kampforganisation", die im April 1943 einen bewaffneten Aufstand organisierte. Etwa vier Wochen lang führten sie unter ihrem erst 23-jährigen Anführer *Mordechai Anielewicz* einen erbitterten Häuserkampf gegen die übermächtigen deutschen Kommandos. Der Aufstand scheiterte zwar, jedoch wirkte er wie eine Aufforderung. Danach gab es selbst in Vernichtungslagern wie Treblinka und Sobibor Aufstände, einigen Häftlingen gelang dabei die Flucht aus Sobibor. Auch in Auschwitz organisierten die Häftlinge des *„Sonderkommandos"*, die in den Krematorien von Birkenau für die Verbrennung der zuvor vergasten Menschen zuständig waren, einen Aufstand. Ihnen gelang es im Oktober 1944, eines der Krematorien mit Sprengsätzen zu zerstören.

M1 Der Protest in der Rosenstraße – Beispiel erfolgreichen Widerstandes gegen das NS-Regime?

Der Berliner Historiker Wolf Gruner, der sich jahrelang intensiv mit der Aufarbeitung der Ereignisse in der „Rosenstraße“ beschäftigt hat, kommt zu folgendem Ergebnis:

Es wurde in den Medien des Öfteren die Meinung vertreten, eine Darstellung, die den Erfolg des Protestes bezweifelt, stelle den Mut der Protestierenden in Frage. Das ist aus zwei Gründen falsch: 1. Die Courage der einzelnen Beteiligten wird überhaupt nicht bestritten. 2. Die Frage nach dem Erfolg oder Misserfolg der beteiligten Menschen ist völlig irrelevant für die Bewertung der Ereignisse und ihre Charakterisierung als Widerstand.

Auch die Protestaktion selbst wird durch eine Relativierung des Erfolges überhaupt nicht entwertet, wie beklagt worden ist. Im Gegenteil, die vor dem Gebäude in der Rosenstraße Versammelten ahnten von den wirklichen Plänen der Gestapo nichts. Angesichts der mit großer Brutalität durchgeführten Großrazzia mussten sie eine Deportation ihrer Angehörigen befürchten, wogegen sie mutig protestierten. [...] Ein Problem stellen lediglich die Schlussfolgerungen dar, die heute aus dem angenommenen Erfolg des Protestes in der Rosenstraße von Forschung und Öffentlichkeit gezogen werden: Hätten mehr Menschen so protestiert, hätte man die NS-Judenverfolgung bzw. -vernichtung aufhalten können! Doch in der Rosenstraße leisteten Menschen in der allerletzten Phase der Massendeportationen Widerstand. Sie wollten ihre jüdischen Angehörigen retten, die Teil einer „privilegierten“ Gruppe waren. Die Mehrheit der deutschen Juden hatte der NS-Staat zu diesem Zeitpunkt längst deportiert. [...] Angesichts des fortgeschrittenen Standes des Völkermordes steht die Annahme auf tönernen Füßen, man hätte nur Goebbels oder Hitler beeindrucken müssen, um den Lauf der Verfolgungspolitik zu ändern. [...]

Wenn man nach Würdigung aller Umstände in der historischen Analyse nun zu der Auffassung gelangt, dass die NS-Verantwortlichen Ende Februar 1943 nicht beabsichtigten, die Insassen der Rosenstraße zu deportieren, und daher auch der Protest nicht zu ihrer Freilassung geführt hat, so resultiert daraus in keinem Fall der Schluss, dass Widerstand oder öffentlicher Protest im „Dritten Reich“ zwecklos gewesen wäre. Allerdings taugt das Beispiel Rosenstraße als Lehrmaterial für heute nur bedingt, wenn man dabei allein auf die angenommene Wirkung der Ereignisse blickt. Statt einer Geschichte vom Erfolg zu erliegen, scheint es für Forschung und Öffentlichkeit ertragreicher, dem individuellen Handeln der Menschen seit dem Beginn der NS-Diktatur mehr Aufmerksamkeit zu widmen, ob als Planer, Mitgestalter oder Verweigerer antijüdischer Maßnahmen oder als von diesen betroffene Opfer. [...] In der Rosenstraße bewirkte das einzigartige Verhalten vieler Frauen und Männer zwar nicht die Freilassung ihrer Angehörigen, doch schmälert dieser Befund – das sei nochmals betont – weder ihren Mut noch die Größe ihres Handelns. Ein öffentlicher Protest in der NS-Zeit, egal wie viele Menschen an ihm teilnahmen, ist ein bleibendes Zeugnis für Zivilcourage.

Wolf Gruner, Widerstand in der Rosenstraße. Die Fabrik-Aktion und die Verfolgung der „Mischehen“ 1943, Frankfurt am Main 2005, S. 202 f. und 204-206

1. *Analysieren Sie, welche Aspekte der Erinnerung an den Protest in der Rosenstraße der Autor kritisch sieht.*

2. *Arbeiten Sie heraus, worin nach Meinung von Gruner die große Leistung der protestierenden Frauen besteht.*

3. *Erörtern Sie, ob das Verhalten der Protestierenden für das Regime eine Gefahr darstellte.*

M2 Kommunistischer Widerstand

Dagobert Biermann (1904-1943) ist Kommunist und hat im Hamburger Hafen gearbeitet. Nach dem Krieg erzählt seine Frau Emmi vom Schicksal ihres Mannes:

1936 war ich schwanger, und grad da begann wieder die illegale Arbeit. Hitler ließ Kriegsmaterial nach Spanien liefern. Da wollten die Faschisten die Republik kaputthauen, und die Nazis halfen denen dabei. Mein Bruder war Ewerführer[1] im Hamburger Hafen. Er hatte Wind davon bekommen, dass Schiffe mit Munition nach Spanien rausgehen. Getarnt waren die als Handelsschiffe. Wir mussten die Arbeiter in Spanien doch warnen! Die sollten die gleich übern Schnabel nehmen[2], wenn die da ankommen. Mein Bruder spionierte aus, wo die Schiffe lagen, und notierte sie. Unter Lebensgefahr! Aber er war ja roter Betriebsrat gewesen und hatte eine gute Nummer im Hafen. Die Kollegen verpfiffen ihn nicht. Die Unterlagen wurden nach Spanien geschmuggelt. Wenn ein Waffenschiff im Hafen lag, rief mein Mann den Herbert Michaelis, unsern Kurier, an, und der nahm die neuesten Nachrichten mit. [...]

Mein Mann kam in „Schutzhaft“. So hieß das damals. Ich wollte genau wissen, wo er sitzt, aber ich wurde immer abgewiesen. Eines Tages hab ich dann doch erfahren, dass er in Fuhlsbüttel ist. Und man erlaubte mir, seine Wäsche zu holen und ihm neue zu bringen. Aber ich hab ihn nicht gesehen, nur das Blut, das an der Wäsche klebte. Die Wäsche wurde von

[1] Ewer: kleines Küstenschiff
[2] umgangssprachlich: etwas übernehmen, in Empfang nehmen

der SS in Empfang genommen, und die haben die Wäsche gegen das Licht gehalten, ob auch nichts darin versteckt ist. Einmal machte ich eine Entdeckung. Da, wo die kleinen Stäbe in den Hemdkragen kamen, die Stelle war zugenäht. Darin war ein Kassiber[3], auf dünnem Papier geschrieben. Da stand drauf: „Michaelis packt aus." Das war das Zeichen, jetzt sollte der Prozess beginnen. Zwei Jahre hatte das gedauert. Solange hatten die gebraucht, bis sie was zusammengestoppelt hatten gegen meinen Mann. [...] Für den Prozess kam extra der Volksgerichtshof nach Hamburg. [...] Mein Mann und mein Bruder hatten zuerst immer geleugnet, etwas mit der Sache zu tun zu haben, mit den Waffen und den Informationen für die Spanier. Aber dann wurden Geschosse auf den Tisch gepackt, die mein Bruder aus dem Hafen mitgebracht hatte. Sogar Dumdumgeschosse hatte er von den Schiffen geklaut, die reißen große Wunden. Die hatten wir Michaelis mitgegeben, damit die Spanier wussten, was ihnen blühte.
Mein Bruder hat mir später erzählt, wie er sich verteidigt hat. Er hat auf doof gemacht. Im Hafen klauen alle mal, hat er gesagt, nur so aus Spaß wird geklaut. Und dann hat er immer Platt gesprochen, das war für die Richter was Neues. Die Richter wollten darauf hinaus, mein Mann hätte meinen Bruder beauftragt, die Sache auszubaldowern. Das hätte gereicht, dann hätten sie ihn gleich umgebracht. Der Pflichtverteidiger meines Bruders war aber ausnahmsweise ein guter Mann. Er wollte meinen Bruder direkt fragen: „Hat Biermann Sie beauftragt?" Wenn er dann mit Nein antwortet, musste der Anklagepunkt fallengelassen werden. Aber die Anwälte mussten alle Fragen vorlegen. Die Frage wurde natürlich nicht zugelassen, die wollten meinem Mann an den Kragen. Da hat der Anwalt alles auf eine Karte gesetzt und die Frage einfach dazwischengerufen. Und mein Bruder sagte natürlich sofort: „Nee, mein Schwager hat mich nicht dazu beauftragt." Damit entfiel der Punkt.
Mein Bruder wurde freigesprochen. Ein „irregeleiteter Arbeiter", meinten die Richter. Mein Mann kriegte sechs Jahre. Ich war bei der Urteilsverkündung dabei, bin am Schluss schnell durch die Barriere gelaufen und hab ihm die Hand gedrückt. Wir wurden sofort auseinandergerissen. Er konnte mich noch trösten: „Die sechs Jahre sitz ich auf einer Arschbacke ab." Das war 1937. Er ist nie wieder rausgekommen.

Harald Focke und Uwe Reimer, Alltag der Entrechteten, Reinbek 1980, S. 27-29

1. *Erläutern Sie die politische Arbeit, die hier von Kommunisten geleistet wurde.*
2. *Analysieren Sie die Motive der Beteiligten.*
3. *Arbeiten Sie aus dem Text die speziellen Merkmale der verwendeten Quellengattung heraus.*

[3] Kassiber: geheimer Brief von einem oder an einen Gefangenen

M3 Wir fordern Gerechtigkeit

Immer wieder nutzt der katholische Bischof von Münster, Clemens August Graf von Galen, seine Predigten, um Unrecht und Missstände des NS-Regimes, besonders die Tötung behinderter Menschen („Euthanasie") und die Enteignung von Klöstern, anzuprangern. Der folgende Auszug stammt aus einer Predigt vom 13. Juli 1941:

Bei den Anordnungen und Strafverfügungen der GSTP[1] ist die Verwaltungsgerichtsbarkeit ausgeschlossen. Da wir alle keinen Weg kennen, der für eine unparteiische Kontrolle der Maßnahmen der GSTP, ihrer Freiheitsbeschränkungen, ihrer Aufenthaltsverbote, ihrer Verhaftungen, ihres Gefangenhaltens deutscher Volksgenossen in Konzentrationslagern gegeben wäre, so hat bereits in weitesten Kreisen des deutschen Volkes ein Gefühl der Rechtlosigkeit, ja feiger Ängstlichkeit Platz gegriffen, das die deutsche Volksgemeinschaft schwer schädigt. Die Pflicht meines bischöflichen Amtes, für die sittliche Ordnung einzutreten, die Pflicht meines Eides, in dem ich vor Gott und vor dem Vertreter der Reichsregierung gelobt habe, nach Kräften „jeden Schaden zu verhüten, der das deutsche Volk bedrohen könnte", drängen mich, angesichts der Taten der GSTP diese Tatsache öffentlich warnend auszusprechen. Meine Christen! Man wird mir vielleicht den Vorwurf machen, mit dieser offenen Sprache schwäche ich jetzt im Kriege die innere Front des deutschen Volkes. Demgegenüber stelle ich fest: Nicht ich bin die Ursache einer etwaigen Schwächung der inneren Front, sondern jene, die ungeachtet der Kriegszeit, ungeachtet der Schreckenswoche schauriger Feindesangriffe, schuldlose Volksgenossen ohne Gerichtsurteil und Verteidigungsmöglichkeit in harte Strafe nehmen, unsere Ordensleute, unsere Brüder und Schwestern, ihres Eigentums berauben, auf die Straße setzen, aus dem Lande jagen. Sie zerstören die Rechtssicherheit, sie untergraben das Rechtsbewusstsein, sie vernichten das Vertrauen auf unsere Staatsführung. Und darum erhebe ich im Namen des rechtschaffenen deutschen Volkes, im Namen der Majestät der Gerechtigkeit und im Interesse des Friedens und der Geschlossenheit der inneren Front meine Stimme, darum rufe ich laut als deutscher Mann, als ehrenhafter Staatsbürger, als Vertreter der christlichen Religion, als katholischer Bischof: Wir fordern Gerechtigkeit.
Bleibt dieser Ruf ungehört und unerhört, wird die Herrschaft der Königin Gerechtigkeit nicht wiederhergestellt, so wird unser deutsches Volk und Vaterland trotz des Heldentums unserer Soldaten und ihrer ruhmreichen Siege an innerer Fäulnis und Verrottung zugrunde gehen. Lasset uns beten für

[1] GSTP: Geheime Staatspolizei (Gestapo)

alle, die in Not sind, besonders für unsere Ordensleute, für unsere Stadt Münster, dass Gott weitere Prüfungen von uns fernhalte, für unser deutsches Volk und Vaterland und seinen Führer!

Heinrich Portmann, Der Bischof von Münster, Münster 1946, S. 132 f.

1. *Skizzieren Sie Beweggründe und Ziele für Galens Predigt.*
2. *Diskutieren Sie, inwiefern es sich bei dieser Predigt um eine Form des Widerstandes handelt.*

M4 Widerstand im Militär

a) Die Offiziere Henning von Tresckow (1901 - 1944, Selbstmord) und Claus Schenk Graf von Stauffenberg (1907 - 1944, hingerichtet) sind maßgeblich an einem Bombenanschlag auf Hitler am 20. Juli 1944 beteiligt. Tresckow hat sich seit 1934 innerlich vom Regime distanziert und sich an mehreren Attentaten auf Hitler beteiligt. Ein Weggefährte erinnert sich an ein Treffen mit ihm am 17. November 1942 beim Oberkommando der Heeresgruppe Mitte in Smolensk:

Hier griff Henning ein. Er müsse mir etwas Entscheidendes sagen. Unser Generalstab verdiene diesen Namen nicht mehr. Nur noch die Kragenspiegel und die karmesinroten Streifen an den Hosen ließen ihn noch als solchen erscheinen. Clausewitz und der alte Moltke seien nicht mehr gefragt. Hitler habe – mit seinen eigenen Worten – gefordert, der Generalstabsoffizier müsse sein wie ein „Bluthund, der gierig an der Leine zerre, um, losgelassen, sich auf den Feind zu stürzen und ihn zu zerfleischen“. Eine Beleidigung des Generalstabs seien diese Worte des Führers gewesen. Hitler wolle nur noch „subalterne Erfüllungsgehilfen“ im Generalstab haben. „Erfüllungsgehilfen im Dienste eines Kapitalverbrechers“, rief er. Und er wiederholte die Worte. [...] Nach einer Pause fragte ich ihn, was an den Gerüchten von Übergriffen der SS gegen die Zivilbevölkerung in den rückwärtigen Gebieten sei. Diese Gerüchte träfen zu, antwortete er, allerdings mit der Ergänzung, dass es sich nicht um einzelne Übergriffe handele, sondern um planmäßige Ausrottungen von Menschen. Man habe bei der Heeresgruppe zuverlässige Informationen, dass der SD und die SS Spezialeinheiten gebildet hätten, die das sorgfältig organisiert betrieben, und zwar in einem Umfang, der jede Fantasie übersteige. Während wir, die Soldaten an der Front, uns vorne totschießen lassen dürften, betreibe die SS in unserem Rücken ein grauenvolles Geschäft. Er, Henning, sehe darin eine Schändung der Opferbereitschaft des Soldaten an der Front. Fassungslos hatte ich ihm zugehört. Es war ungeheuerlich, was er gesagt hatte. Dann sprach er davon, dass er auf den Tag hinarbeite, an dem dies alles zu Ende sei. Niemand könne heute sagen, wann dieser Tag komme, aber kommen werde er mit Sicherheit, und er werde schrecklich sein.

b) Im Juni 1944 soll Tresckow gegenüber Freunden erklärt haben:

Das Attentat auf Hitler muss erfolgen, um jeden Preis. Sollte es nicht gelingen, so muss trotzdem der Staatsstreich versucht werden. Denn es kommt nicht mehr auf den praktischen Zweck an, sondern darauf, dass die deutsche Widerstandsbewegung vor der Welt und vor der Geschichte unter Einsatz des Lebens den entscheidenden Wurf gewagt hat. Alles andere ist daneben gleichgültig.

▲ Ehrenmal im Innenhof des Bendlerblocks/Gedenkstätte Deutscher Widerstand in Berlin.
Foto (Ausschnitt) von 2011.
An diesem Ort waren nach dem Umsturzversuch vom 20. Juli 1944 fünf Offiziere, darunter Oberst Claus Schenk Graf von Stauffenberg, hingerichtet worden.

c) Kurz vor dem Attentat vom 20. Juli 1944, das Hitler überleben wird, sagt Stauffenberg zu einer Bekannten:

Es ist Zeit, dass jetzt etwas getan wird. Derjenige allerdings, der etwas zu tun wagt, muss sich bewusst sein, dass er wohl als Verräter in die deutsche Geschichte eingehen wird. Unterlässt er jedoch die Tat, dann wäre er ein Verräter vor seinem eigenen Gewissen.

Erster Text: Reinhard Rürup (Hrsg.), Der Krieg gegen die Sowjetunion. Eine Dokumentation, Berlin 1991, S. 193
Zweiter Text: Peter Steinbach und Johannes Tuchel (Hrsg.), Widerstand in Deutschland 1933 - 1945. Ein historisches Lesebuch, München [3]2000, S. 326
Dritter Text: Peter Hoffmann, Claus Schenk Graf von Stauffenberg und seine Brüder, Stuttgart 1992, S. 395

1. *Erörtern Sie die Motive des Widerstandes im Militär. Beachten Sie hierbei, dass Tresckow vom Judenmord im Bereich der Heeresgruppe Mitte dienstlich Kenntnis hatte.*
2. *Diskutieren Sie, unter welchen Umständen in unserem Staat ein Widerstandsrecht besteht. Berücksichtigen Sie dazu auch Artikel 20 des Grundgesetzes.*

Historische Spielfilme

Historische Spielfilme legen für ihre Handlung historische Personen, Ereignisse oder Epochen zugrunde. Wie andere Spielfilme auch gehorchen sie den Regeln der Filmdramaturgie. Sie haben immer das Ziel, den Zuschauer zu unterhalten und Spannung zu erzeugen.
Im Gegensatz dazu erheben historische Dokumentationen nicht in erster Linie den Anspruch zu unterhalten. Sie wollen vielmehr den Zuschauern Wissen über die Vergangenheit vermitteln. Sie verwenden historische Quellen und versuchen, die Zusammenhänge herzustellen.

Umgang mit historischen Spielfilmen

Manche Spielfilme verwenden Historisches nur als Kulisse für ihre Erzählungen und berücksichtigen die historische Wahrheit nur wenig. Andere versuchen, die Geschichte mit filmischen Mitteln auf der Grundlage von Quellen möglichst exakt zu rekonstruieren. Bei Spielfilmen über historische Persönlichkeiten, den sogenannten „Biopics", bilden die gesicherten biografischen Erkenntnisse die Basis für den Film. Lücken in der Überlieferung werden in der Regel frei ergänzt, Dialoge oder Situationen erfunden, um durch die zusammenhängende Handlung die Person näher zu charakterisieren.
Als Informationsquelle für reale historische Ereignisse sind deshalb historische Spielfilme niemals uneingeschränkt zu nutzen. Die folgenden Hinweise ermöglichen die Analyse von historischen Spielfilmen wie dem gewählten Beispiel: „Georg Elser – Einer aus Deutschland".

Formale Kennzeichen
- Wer hat den Film in Auftrag gegeben und produziert?
- Wo wurde der Film gezeigt?

Inhalt
- Was ist das Thema des Films?
- Welche Ereignisse und Personen werden dargestellt?
- Welche filmsprachlichen Mittel werden verwendet?

Historischer Hintergrund
- Welche Fakten über das thematisierte historische Geschehen lassen sich ermitteln?
- Wo stimmen historische Tatsachen und Film nicht überein?
- Wo fügt der Film den historischen Ereignissen etwas hinzu?
- Bei Spielfilmen, die sich nicht auf konkrete historische Personen und Ereignisse beziehen: Erfasst die Darstellung des vergangenen Geschehens das Wesentliche?

Intention und Wirkung
- Welches Bild von der dargestellten Zeit und von den Personen wird vermittelt?
- Welche Zielgruppen will der Film erreichen?
- Welche Denkanstöße vermittelt der Film?
- Welche Bedeutung hat die Musik?

Bewertung und Fazit
- Wie werden die historischen Ereignisse filmisch umgesetzt? Sind Tendenzen erkennbar?
- Wo müssten andere Informationen ergänzt werden? Wo müsste korrigiert werden?
- Welche Rezensionen zu dem Film gibt es?

Allgemeine Hinweise zur Filmanalyse

Struktureinheiten von Filmen

Die beiden wichtigsten filmischen Einheiten (Abschnitte) sind:

1. *Einstellung (shot)*: Bei ihr handelt es sich um die kleinste Einheit des Films. Sie umfasst den Zeitraum von der Aufblende bis zur Abblende der Kamera. Meist ist sie nur wenige Sekunden lang, sie kann aber auch einige Minuten dauern.
2. *Sequenz*: Sie besteht meist aus mehreren Einstellungen und bildet eine inhaltlich zusammenhängende Einheit des Filmes.

Kameraperspektiven

Unterschieden werden muss zwischen „Vogelperspektive" (Kamera von oben), „Froschperspektive" (Kamera von unten) oder „Normalsicht" (Kamera auf Augenhöhe).
Mit der „Froschperspektive" können Personen erhöht und bedrohlich dargestellt werden, die Vogelperspektive lässt die Zuschauer auf Personen herabblicken und vermindert sie in der Bedeutung.

Einstellungsgrößen

Je nach dem, was ins Bild gerückt ist, spricht man von „Panoramaeinstellung"/„Supertotale" (Landschaft, bei der Menschen nur klein zu erkennen sind), „Totale" (Personen werden in ihrer Umgebung gezeigt), „Naher Einstellung" (Personen vom Kopf bis zur Körpermitte), „Großaufnahme" (Kopf und Teile der Schultern) oder „Detail". Die Übergänge zwischen den Einstellungsgrößen sind dabei fließend.
Die Totale ordnet eine Person in ihr Umfeld ein, lässt sie unter Umständen verloren und „einsam" wirken, Großaufnahmen erhöhen die Bedeutung einer Person, betonen ihre Individualität.

Hell-Dunkel-Kontraste/Farben

Ein weiteres Gestaltungsmittel sind Farben. Sie haben auf den Betrachter unterschiedliche Wirkungen. So gelten blaue Farben in der Regel als kalt, rote und braune Töne hingegen als warm und emotional.

Das *Sequenzprotokoll* ist der Ausgangspunkt für jede Filmanalyse. In ihm werden die Dauer der einzelnen Abschnitte und Besonderheiten in der Filmsprache notiert.

Unter Besonderheiten können u.a. aufgeführt werden:
Wo gibt es auffällige Großaufnahmen und Kamerapositionen?
Wie bewegt sich die Kamera?
Wie ist das Verhältnis von kurzen und langen Einstellungen?
Wo gibt es auffällige „Schnittstellen"?

Welche Wirkung erzielen Geräusche bzw. Musik?
Wie sind die Dialoge ausgestaltet?
Wie spricht die Gedankenstimme?
Wie umfangreich ist der Kommentar?
Was sind die Kernsätze?

Muster für ein Sequenzprotokoll. ▸

Sequenz	Dauer (in min.)	Zahl der Einstellungen	Besonderheiten

Beispielsequenz

Georg Elser wird von SA-Männern auf der Toilette des Bürgerbräukellers zusammengeschlagen, weil er den Hitler-Gruß verweigert. Am Ende der Sequenz uriniert ein SA-Mann auf den am Boden liegenden Elser. Zwei unbeteiligte Besucher erleben die Misshandlungen Elsers und verlassen schweigend die Toilette. Funktion der Sequenz: Sie zeigt zum einen das mutige, unangepasste Verhalten Elsers. Zum anderen wird deutlich, dass der Einzelne dem brutalen Regime ausgeliefert ist und von Zeugen und Mitwissern keine Hilfe erwarten kann.

Filmische Elemente

Kadrierung:
Fliesenrand, Toilettenbegrenzung suggerieren Enge und Ausweglosigkeit.

Schwaches Licht, dunkle und düstere Atmosphäre:
Bedrohlichkeit der Situation

SA-Männer in Froschperspektive; der auf Elser eintretende Mann füllt fast die gesamte Bildhöhe aus:
Optische Vergrößerung zeigt Überlegenheit und Stärke.

Die stark verschmutzten Fliesen und der Fußboden steigern die Ekelhaftigkeit der Sequenz.

Georg Elser aus leichter Vogelperspektive:
Optische Erniedrigung und Unterlegenheit. Die Kamera ist Elsers Blickwinkel näher als dem der SA-Männer.

Einstellungsgröße Totale:
Der Zuschauer übersieht die gesamte Szene. Als Beobachter wird er zur Stellungnahme aufgefordert. Zugleich erlebt er die Szene aus der Distanz.

Formale Kennzeichen Der Film wurde produziert von zwei Produktionsfirmen in Zusammenarbeit mit dem bayerischen und österreichischen Runkfunk. Er kam 1989 in die Kinos.

Inhalt Der Film stellt dar, wie der aus dem württembergischen Königsbronn stammende Tischler Georg Elser sein Attentat auf Hitler im Münchener Bürgerbräukeller 1938 plant und durchführt. Gegenfigur ist der Gestapo-Mann Wagner, der den Anschlag beinahe verhindert und für die Verhaftung Elsers sorgt.

Historischer Hintergrund Informationen zum Leben Georg Elsers bieten neben Zeitzeugenberichten die Angaben Elsers, die er bei Verhören nach seiner Verhaftung in Konstanz machte. Demnach entschloss sich Elser, der grundsätzlich pazifistisch eingestellt war, zu dem Attentat, als er nach dem Münchener Abkommen am 29. September 1938 die Kriegsgefahr erkannte. Elser konstruierte selbst eine Bombe mit Zeitschalter und installierte sie im Münchener Bürgerbräukeller. Mit ihr wollte er Adolf Hitler, der dort am 8. November 1939 zum Gedenken an seinen gescheiterten Putschversuch 1923 sprach, und weitere Mitglieder der NS-Führung töten. Weil Hitler einige Minuten früher als geplant den Saal verlassen hatte, entkam er dem Anschlag. Die Bombe tötete insgesamt acht Personen und verletzte 63. Noch am selben Abend wurde Elser an der Grenze zur Schweiz in Konstanz festgenommen. Er sollte nach dem Krieg in einem Schauprozess verurteilt werden. Am 9. April 1945, wenige Wochen vor Kriegsende, wurde er im Konzentrationslager Dachau ohne Prozess hingerichtet.
Die NS-Propaganda machte den englischen Geheimdienst für das Attentat verantwortlich, was aber nicht zutraf. Elser war ein Einzeltäter, der niemanden eingeweiht hatte. Er zeigte bereits früh eine Abneigung gegen den Nationalsozialismus. In den Verhören bei der Gestapo gab er dafür verschiedene Gründe an: die Verschlechterung der Lebensbedingungen der Arbeiter nach 1933, die Ansprüche der HJ auf die Jugend und nicht zuletzt die Aufrüstungspolitik und Kriegspläne Hitlers. Obwohl er nach eigenen Angaben immer die kommunistische Partei gewählt hatte und 1928/29 auch der Schutztruppe der Kommunistischen Partei beitrat, war er politisch vor 1933 kaum aktiv und beteiligte sich auch selten an Diskussionen.

Intention und Wirkung Die Kernaussage ist, dass es sich bei Elser um einen Einzeltäter aus dem Volk handelt, der das Attentat allein plante und durchführte. Der Film orientiert sich im Wesentlichen an den gesicherten Fakten zu Elsers Leben und zu den Vorbereitungen der Tat. Erfunden sind die Figur des Gestapo-Offiziers Wagner und die Liebesbeziehung zu der Kellnerin Annemarie.
Der Film will nicht nur historische Fakten dokumentieren. Einige Episoden werden hinzugefügt, die historisch nicht belegbar sind, aber den Charakter Elsers verdeutlichen sollen. So wird Elser von SA-Männern auf der Toilette des Bürgerbräukellers niedergeschlagen (siehe Seite 156). In einer anderen Sequenz tarnt er sich als SA-Mann, um besseren Zugang zum Gastraum zu haben.
Mit seiner spannenden Handlung wendet sich der Film an ein breites Publikum. Er will zeigen, dass es auch einem Einzelnen möglich war, sich gegen die Diktatur zu stellen. Und nicht zuletzt will der Film die Erinnerung an einen exemplarischen Widerstandskämpfer wachhalten: „Kein Denkmal erinnert an ihn“, heißt es am Ende des Films.

Bewertung und Fazit Der Film wurde mit renommierten Filmpreisen ausgezeichnet. Er darf nicht als detailgetreue Darstellung von Elsers Leben verstanden werden. Die Würdigung eines mutigen Einzelattentäters beruht jedoch auf historischen Tatsachen.

Hinweis:
Erst seit November 2011 gibt es in Berlin ein sogenanntes „Denkzeichen“ zur Erinnerung an Georg Elser. Es befindet sich im Bezirk Mitte an der Ecke Wilhelmstraße/An der Kolonnade.

Erinnern

Der Nationalsozialismus im Spiegel der Geschichtskultur

▸ **In einer Arena.**
Foto von Lee Miller vom 16. April 1945.
Die Täter und Mitläufer, die Sieger und Richter, die Opfer und Zeugen: Auf Befehl des US-Generals George S. Patton mussten etwa tausend Weimarer Bürger das gerade befreite KZ Buchenwald inspizieren.

„Vergangenheitsbewältigung“ in der Besatzungszeit ■ Die Auseinandersetzung mit der nationalsozialistischen Vergangenheit wurde 1945 zunächst von den Alliierten angestoßen. Unmittelbar nach ihrem Einmarsch zwangen sie die Deutschen, die nationalsozialistischen Verbrechen wahrzunehmen. Das geschah beispielsweise im vormaligen Konzentrationslager Buchenwald oder in Lüneburg, wo die britische Besatzungsmacht die Bewohner der weiteren Umgebung nötigte, dem **Bergen-Belsen-Prozess** als Zuschauer beizuwohnen. In vielen Orten wurden die deutschen Verbrechen auch auf großen Foto-Schautafeln dokumentiert.

In dieser ersten Phase bis 1949, der *„Phase der politischen Säuberung“* (Norbert Frei), wurden Kriegsverbrecher, frühere nationalsozialistische Funktionäre, aber auch Mitläufer zur Rechenschaft gezogen. Für die Bevölkerung waren die Nachkriegsprozesse dabei eine erste wichtige Informationsquelle. So gaben im November 1945 65 Prozent und im Sommer 1946 sogar 87 Prozent der befragten Deutschen an, dass sie durch die Berichterstattung über das *Internationale Militärtribunal* der Alliierten in Nürnberg etwas erfahren hatten, was ihnen bislang nicht bekannt gewesen sei. Ein weiteres Beispiel hierfür ist der Dresdener Euthanasie-Prozess von 1947, der durch eine umfangreiche Presseberichterstattung begleitet wurde und erstmals über die Dimensionen des nationalsozialistischen Krankenmordes informierte. Im Westen waren die Prozesse der Alliierten größtenteils und die der deutschen Gerichtsbarkeit immer öffentlich; sie trugen so zur Aufklärung und zur Aufarbeitung bei. Die **Sowjetischen Militärtribunale (SMT)** in der Sowjetischen Besatzungszone hingegen tagten der stalinistischen Rechtspraxis folgend nicht öffentlich und lieferten somit auch keinen Beitrag zur Geschichtskultur.

Gegen Ende der Besatzungszeit wandelte sich die Bewertung der justiziellen Aufarbeitung in der Bevölkerung. 1949 hielt nur noch jeder dritte Deutsche die Nürnberger Prozesse für gerecht. Ein Großteil sah sich als „Opfer Hitlers“ und – nach Jahren der Entnazifizierung und Umerziehung – auch als „Opfer der Alliierten“ und ihrer „Siegerjustiz“.

Bergen-Belsen-Prozess: Als erster Prozess gegen jene, die die eigentliche „Tötungsarbeit“ in den KZ und Vernichtungslagern verrichtet hatten, wurde am 17. September 1945 in Lüneburg der „First Belsen Trial“ gegen den KZ-Kommandanten, 20 weitere SS-Männer, 16 Aufseherinnen des Lagers und elf Funktionshäftlinge eröffnet. Der Kommandant, weitere sieben Männer und drei Frauen wurden zum Tode verurteilt. 19 Personen, darunter acht Funktionshäftlinge, erhielten Haftstrafen, die übrigen Freisprüche.

Sowjetische Militärtribunale (SMT): Ihre Rechtsnorm war das sowjetische Kriegsrecht und die sowjetische Strafprozessordnung. Etwa 35 000 deutsche Zivilisten wurden durch SMT verurteilt, ebenso viele Kriegsgefangene, hiervon 70 Prozent der Generäle, zehn Prozent der Offiziere sowie ein Prozent der Mannschaften.

Amnestie und Integration nach der doppelten Staatsgründung Mit der doppelten Staatsgründung im Herbst 1949 wurden bereits erste Parallelen und Differenzen in den beiden deutschen Geschichtskulturen sichtbar (▸ M1). Der Wunsch nach einem „Schlussstrich" war weit verbreitet. In der freien Presse der Bundesrepublik oder im Wahlkampf zum ersten Bundestag konnte das auch öffentlich gemacht werden. Schon vom ersten „Straffreiheitsgesetz" des Bundestages vom 31. Dezember 1949 profitierten Zehntausende von Nazi-Tätern. In dieser zweiten Phase, der *„Phase der Vergangenheitspolitik"*, ermöglichten weitere Amnestie- und Integrationsangebote – wie beispielsweise die zum **Artikel 131 GG** – den Aufstieg der Eliten und Trägergruppen des „Dritten Reiches" in maßgebliche Positionen in Staat, Gesellschaft und Politik. Allerdings gab es auch Politiker, die gegen diesen Hang zur Schuldabwehr auftraten (▸ M2).

In der DDR rehabilitierte das am 9. November 1949 verabschiedete „Gleichberechtigungsgesetz" der Volkskammer alle, die einzig und allein wegen der Mitgliedschaft in der NSDAP ihre Beschäftigungsmöglichkeiten und ihre Rechte verloren hatten. 1952 wurden auch geringfügig Belastete integriert, der Bereich der Justiz und der Exekutive blieb ihnen jedoch weiter verschlossen. Mit dem Abschluss der „antifaschistisch-demokratischen Umwälzung" und der Gründung der DDR sah man die strukturellen und ideologischen Wurzeln des Nationalsozialismus „ein für alle Mal ausgerissen". Die Existenz sowjetischer Internierungslager stand dem symbolischen Abschluss der Entnazifizierung jedoch entgegen, was die SED-Führung seit 1949 zu ändern suchte. Schließlich wurden die Lager Anfang 1950 aufgelöst. 10 000 Internierte kamen frei, 10 500 bereits von den SMT Verurteilte wurden zur weiteren Strafverbüßung und weitere 3 400 „zur Feststellung der Schuld und zur Aburteilung" an die DDR übergeben, was in den **Waldheimer Prozessen** geschah. Danach wurde der „Abschluss der Entnazifizierung entsprechend der Potsdamer Beschlüsse" verkündet.

In der Bundesrepublik wurden die von der NATO herangetragenen Erwartungen an einen westdeutschen „Wehrbeitrag" mit Forderungen nach Freilassung der „Kriegsverurteilten" und der Rehabilitation der Waffenträger des „Dritten Reiches" beantwortet. Viele von den Alliierten verurteilte Kriegsverbrecher kamen frei. Auf Drängen der Deutschen erklärte NATO-Oberbefehlshaber *Dwight D. Eisenhower* am 22. Januar 1951: „Ich für meinen Teil glaube nicht, dass der deutsche Soldat seine Ehre verloren hat." Eine Ehrenerklärung von Bundeskanzler Konrad Adenauer vor dem Bundestag gemäß der die Gruppe der Kriegsverbrecher „außerordentlich gering und außerordentlich klein" gewesen sei, folgte am 5. April 1951. Unter dem Eindruck des Kalten Krieges „konnte der Zweite Weltkrieg", resümiert der Historiker *Edgar Wolfrum* daher, „zuweilen sogar als deutscher Beitrag zu einer antikommunistisch-westeuropäischen Einigung interpretiert werden".

Erst knapp 50 Jahre später, in den Jahren 1995-1999 und 2001-2004, sollte es schließlich möglich sein, die Dimensionen des Vernichtungskrieges im Osten, den die – so die Vorstellung der bundesdeutschen Öffentlichkeit – im wesentlichen „sauber gebliebene" Wehrmacht 1941-1944 geführt hatte, in zwei kontrovers diskutierten Wechselausstellungen zu präsentieren und damit ein weiteres Kapitel deutscher Schuld zu beleuchten.

Antifaschismus als Integrationsideologie und Legitimationsquelle Der Verweis auf die „Nazi- und Kriegsverbrechen" war von Beginn an ein zentraler Pfeiler der Identitätspolitik der DDR. Da die Macht- und Kulturelite des Landes größtenteils aus einst Verfolgten und aus Kämpfern gegen den Nationalsozialismus bestand, konnte sie erstens der ostdeutschen Bevölkerung gegenüber mit einer gewissen moralischen Überlegen-

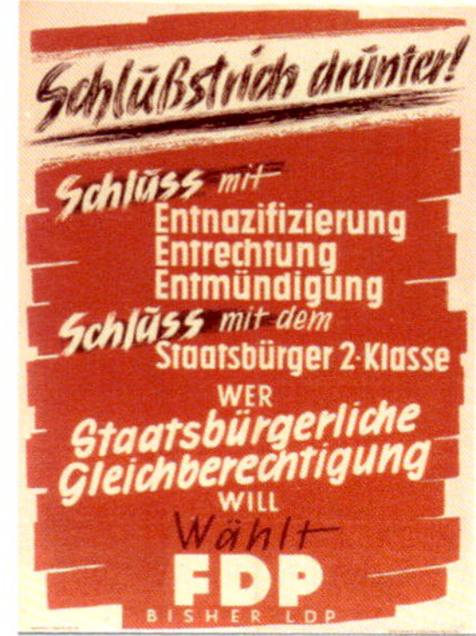

▲ **Schlussstrich drunter!**
Wahlplakat der Freien Demokratischen Partei (FDP) zur Bundestagswahl 1949.

Artikel 131 GG: Das Gesetz zu diesem Artikel des Grundgesetzes vom 11. Mai 1951 erlegte dem öffentlichen Dienst auf, mindestens 20 Prozent des Besoldungsaufwandes für jene Beamten und Berufssoldaten zu verwenden, die derzeit noch „ausgeschieden sind und bisher nicht oder nicht ihrer früheren Stellung entsprechend verwendet werden". Aus diesem Grund stellten die Behörden schon aus Budget-Gründen bevorzugt wieder diese Belasteten (Juristen, Gestapo-Leute, Berufssoldaten und Schreibtischtäter) ein.

Waldheimer Prozesse: Von April bis Juni 1950 wurden in Waldheim (Sachsen) 3 324 Insassen ehemaliger sowjetischer Speziallager in der DDR in dreißigminütigen „Prozessen" zu Strafen von 15 bis 25 Jahren Haft verurteilt. Als Informationen zu den Geheimverfahren durchsickerten, eröffnete man gegen zehn offenkundige Nazi-Verbrecher Schauprozesse, in denen auch lebenslängliche Haftstrafen oder Todesurteile verhängt wurden. In den Medien suggerierte man danach, dass die vorangegangenen Verfahren ebenfalls öffentlich gewesen seien.

▸ **Einweihung der KZ-Gedenkstätte Buchenwald.** *Foto vom 14. September 1958. Ein Jahr später wurden am Ort des ehemaligen KZ Ravensbrück sowie 1965 des KZ Sachsenhausen weitere „Nationale Mahn- und Gedenkstätten" der DDR eröffnet.*

heit auftreten. Die von ihnen verordnete antifaschistische Geschichtsdeutung besagte, dass „der Aufbau des Sozialismus die einzig richtige Konsequenz aus dem Faschismus" sei, denn nur mit der Abschaffung des Kapitalismus sei auch die Grundlage für den Faschismus für immer beseitigt.* Somit konnten sich alle, die sich mit dem Sozialismus identifizieren, auch als „Sieger der Geschichte" verstehen. Zweitens versuchte sich die DDR mit ihrer antifaschistischen Staatsdoktrin auch außenpolitisch zu legitimieren. Beide Funktionen des Antifaschismus illustrierte der Staatsakt, mit dem 1958 gemeinsam mit Gästen und ehemaligen Häftlingen aus vielen Ländern die Gedenkstätte Buchenwald eingeweiht wurde (▸ M3). Drittens nutzte die DDR den Verweis auf die nationalsozialistische Vergangenheit aus, um den Konkurrenten im Westen, dessen Elite und Beamtenschaft eine kaum gebrochene personelle Kontinuität zum „Dritten Reich" aufwies, als „braunes System" darzustellen.

Die aufwändigste und folgenreichste Kampagne hierzu startete am 23. Mai 1957 in Ost-Berlin. Während der internationalen Pressekonferenz „Gestern Hitlers Blutrichter – Heute Bonner Justizelite" wurden die früheren Positionen von 118 bundesdeutschen Richtern und Staatsanwälten enthüllt. Im Laufe der folgenden drei Jahre identifizierte die DDR ungefähr alle sechs Monate weitere 200 Juristen des „Dritten Reiches". Das erregte auch im Ausland Aufmerksamkeit – beispielsweise debattierten im Juli 1957 die britische Presse und das Unterhaus über die Zustände in der bundesdeutschen Justiz – sodass die Politik unter Handlungsdruck geriet. Letztlich beschloss die Ende 1958 tagende Konferenz der Justizminister, die **Zentrale Stelle der Landesjustizverwaltungen zur Aufklärung nationalsozialistischer Verbrechen** zu gründen. Das war eine Verlegenheitslösung. Sie trug zwar nicht die Hypothek der NS-belasteten Juristen ab, ließ jedoch die systematische Ermittlung gegen Nazi-Täter, die Anfang der 1950er-Jahre nahezu zum Erliegen gekommen war, wieder Fahrt aufnehmen. Als ein Jahr später, am Heiligen Abend 1959, eine Synagoge mit Hakenkreuzen beschmiert wurde und es in den folgenden Wochen zu fast 700 ähnlichen Übergriffen kam, wurde auch breiteren Kreisen der bundesdeutschen Öffentlichkeit bewusst, dass die Gesellschaft ihr Verhältnis zur nationalsozialistischen Vergangenheit klären muss.

Zentrale Stelle der Landesjustizverwaltungen zur Aufklärung nationalsozialistischer Verbrechen: Sie nahm ihre Arbeit am 1. Dezember 1958 auf und ermittelte systematisch zu nationalsozialistischen Verbrechen, die jenseits der alten Reichsgrenzen an Zivilisten und in den KZ begangen wurden, da die bundesdeutschen Staatsanwaltschaften und Gerichte für in deren Bezirk begangene Straftaten oder dort lebende Täter zuständig waren. Ab 1964 wurde ihre Zuständigkeit auf das Bundesgebiet erweitert. Schon 1959 leitete die „Zentrale Stelle" den Staatsanwaltschaften 400 Vorermittlungen, teilweise mit hunderten Beschuldigten, zu. Ihr erster Leiter, Erwin Schüle, trat 1966 wegen falscher Angaben zu seiner NSDAP-Mitgliedschaft und wegen des Vorwurfs der Beteiligung an Kriegsverbrechen in der Sowjetunion zurück.

* Diese Vorstellung basierte auf der Faschismus-Definition des Bulgaren Georgi Dimitroff aus dem Jahr 1935; vgl. dazu auch S. 16, M2.

Skandal und Wandel in der Bundesrepublik – Ritualisierung in der DDR Die dritte Phase, die *„Phase der Vergangenheitsbewältigung“*, dauerte vom Ende der 1950er- bis zum Ende der 1970er-Jahre und zeichnete sich besonders in der Bundesrepublik scharf von den vorherigen Phasen ab. Langsam setzte ein Umdenken ein. Orte des NS-Terrors, etwa frühere Konzentrationslager wie Dachau, wurden zu Gedenkstätten, auch gewann der Nationalsozialismus in westdeutschen Lehrplänen sowie in der politischen Bildung zunehmend an Bedeutung. Gleichzeitig wurde die bundesdeutsche Öffentlichkeit buchstäblich im Gerichtssaal über die Verbrechen des Nationalsozialismus aufgeklärt. So schrieb der Schriftsteller *Martin Walser* zum Abschluss des Frankfurter *Auschwitz-Prozesses* 1963-1965: „Der Prozess gegen die Chargen von Auschwitz hat eine Bedeutung erhalten, die mit dem Rechtsgeschäft nichts mehr zu tun hat. Geschichtsforschung läuft mit, Enthüllung, moralische und politische Aufklärung einer Bevölkerung, die offenbar auf keinem anderen Wege zur Anerkennung des Geschehenen zu bringen war.“ Die Gerichtsverhandlungen der 1960er-Jahre stellten das in der westdeutschen Gesellschaft gängige Täter-Bild infrage und präzisierten die Vorstellungen von der Funktionsweise des nationalsozialistischen Regimes. Der *Eichmann-Prozess* 1961 in Jerusalem zeigte, dass nicht nur „eine kleine Clique um Hitler und Himmler“ und einzelne brutale „Exzesstäter“ oder „menschliche Randexistenzen“ für den Massenmord an den Juden Europas verantwortlich waren, sondern auch ein Heer unscheinbarer Bürokraten in einem breit gefächerten Institutionennetz, welches Eichmann koordinierte – ein „Verwalter, dessen Ressort das Morden“ war, wie „Die Zeit“ damals schrieb.

Während sich in der DDR der ritualisierte antifaschistische Bezug auf den Nationalsozialismus nur in Nuancen wandelte und öffentliche Kontroversen ohnehin nicht möglich waren, spitzte sich in der Bundesrepublik in den 1960er-Jahren die Auseinandersetzung um die Vergangenheit zu. Dem Verschwiegenheitskomplott einer Gesellschaft, deren tragende Stützen immer noch Sechzigjährige waren, welche häufig im Nationalsozialismus ihre Karriere begonnen hatten, trat eine neue Generation Historiker, Journalisten, Juristen oder politisierter Bürger entgegen. Vieles wurde skandalisiert. Hierzu gehörte auch, dass der Bundestag am 1. Dezember 1966 mit *Kurt Georg Kiesinger* ein ehemaliges NSDAP-Mitglied zum Bundeskanzler wählte.

Im Mai 1968 wurden dem Bundestag einige wenig spektakulär wirkende Gesetzesvorlagen, die sich mit Ordnungswidrigkeiten befassten, zur Abstimmung zugeleitet. Zusätzlich ging es auch um die Neuformulierung des **Paragrafen 50, Absatz 2 des Strafgesetzbuches**. Für die Strafverfolgung nationalsozialistischer Verbrecher war die Novellierung des Beihilfe-Paragrafen ein Desaster: Da im bundesdeutschen Rechtsverständnis als Haupttäter immer Hitler, Himmler, Heydrich u. a. galten, wurde die Masse der Schreibtischtäter stets nur wegen Beihilfe zum Mord angeklagt. Aufgrund der Novelle mussten viele Prozesse und Ermittlungsverfahren eingestellt werden – unter anderem auch die schon seit sechs Jahren andauernden Ermittlungen gegen etwa 300 Täter des Reichssicherheitshauptamtes. Was in der offiziellen Sprachregelung als „Panne des Gesetzgebers“ galt, nannte die kritische Öffentlichkeit *„kalte Amnestie“*. Im gleichen Jahr wurde mit *Hans-Joachim Rehse* einer der am schwersten belasteten Richter des Volksgerichtshofes freigesprochen. Seine Todesurteile hätten damals der legitimen Selbstbehauptung des Staates gedient, so die Begründung des Freispruchs von 1968. Einen Sturm der Entrüstung entfachte der Hinweis des Gerichtes, dass sich der Staat auch heute mit härteren Strafen gegen Demonstranten wehren müsse. Die gingen daraufhin wieder auf die Straße und verglichen den Freispruch mit der einjährigen Gefängnisstrafe, die **Beate Klarsfeld** bekommen hatte, nachdem sie Bundeskanzler Kurt Georg Kiesinger aufgrund seiner früheren NSDAP-Mitgliedschaft mit den Rufen „Nazi, Nazi!“ geohrfeigt hatte.

▲ **„Rosen für den Staatsanwalt.“**
Plakat von 1959.
Der Film „Rosen für den Staatsanwalt“ (Regie: Wolfgang Staudte; Darsteller: Martin Held, Walter Giller u.a.) kam 1959 in die bundesdeutschen Kinos. Thema ist die Verdrängung der NS-Vergangenheit eines Kriegsrichters in der Bundesrepublik. Staudte erhielt dafür 1960 den Bundesfilmpreis, lehnte ihn aber ab.

Paragraf 50, Absatz 2 des Strafgesetzbuches: Diese Strafgesetzbuchänderung erklärte den Tatbestand „Beihilfe zum Mord aus niederen Beweggründen“ rückwirkend seit 1960 straffrei.

Beate Klarsfeld: geb. 1939 in Berlin, lebt in Paris. Die Journalistin provozierte Skandale um etablierte Ex-Nazis und half, Massenmörder wie Kurt Lischka und Klaus Barby vor Gericht zu bringen. Sie ist „Offizierin der Ehrenlegion“ Frankreichs und trägt die israelische „Tapferkeitsmedaille der Ghettokämpfer“. Die Verleihung des Bundesverdienstkreuzes wurde bislang abgelehnt.

▲ **„Die Bilder des Zeugen Schattmann."**
1972 strahlt das DDR-Fernsehen diese vierteilige Serie über die Verfolgung, KZ-Haft und Ermordung der Juden aus. Der Streifen ist die Verfilmung des drei Jahre zuvor erschienenen gleichnamigen autobiografischen Romans von Peter Edel.

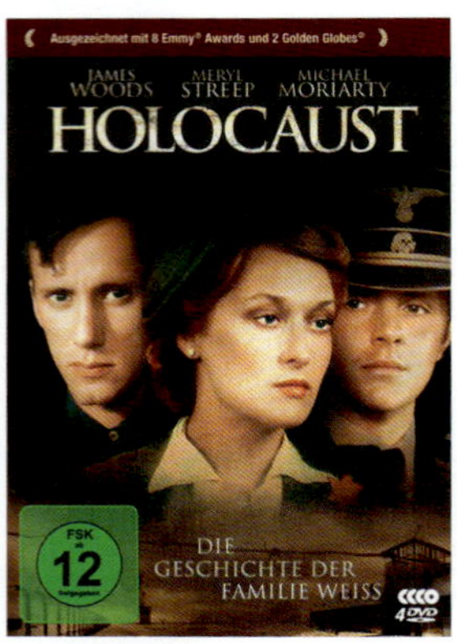

▲ **„Holocaust."**
Filmplakat zur TV-Serie von 1979.

Historikerstreit: Debatte der Jahre 1986/87, in der Wissenschaftler die Frage nach der historischen Einzigartigkeit des Holocaust diskutierten sowie über die Funktion und Rolle der „Vergangenheitsbewältigung", d.h., wie in der Bundesrepublik künftig in Politik und Gesellschaft mit dem Nationalsozialismus umzugehen sei.

Die oft sehr persönlich geführte Auseinandersetzung der Jugend von 1968 mit der Vergangenheit ihrer Eltern, Lehrer und Professoren ging mit einem politisierten, abstrakten, inflationären Gebrauch des Faschismus-Vorwurfes einher. So wurde die NS-Vergangenheit auch für den Kampf gegen das „Establishment" instrumentalisiert, bisweilen prangerte man sogar Fahrscheinkontrollen als „tendenziell faschistisch" an. In der DDR blieb eine solche auf den Nationalsozialismus zentrierte Auseinandersetzung der jungen Generation mit der älteren aus. Neben der diktatorischen Verfasstheit des Staates war das einerseits durch die „antifaschistische Herkunft" der Herrschenden bedingt. „Wir fühlten eine starken Hemmung, gegen Menschen Widerstand zu leisten, die in der Nazi-Zeit im KZ gesessen hatten", kommentierte die Schriftstellerin *Christa Wolf* rückblickend. Andererseits war in der DDR die Auseinandersetzung mit dem „Hitler-Faschismus" ein Dauerthema in Politik, Bildung und Medien. Seit Gründung des Landes war die Bevölkerung durch dutzende Romane, Fernseh- und Kinoproduktionen, die zum Teil auch zum zentral vorgegebenen Schulstoff gehörten, „antifaschistisch" beeinflusst.

Der Holocaust im Fokus der Aufmerksamkeit ■ Ende der 1970er-Jahre begann die *„Phase der Vergangenheitsbewahrung"*, in der sich die Beschäftigung mit dem Nationalsozialismus, vor allem aber auch mit dem Holocaust, auf wissenschaftlichem, publizistischem und politischem Gebiet deutlich intensivierte und in zahlreichen Diskussionen um Gedenktage, Gedenkreden oder Museen ihren Ausdruck fand.

Im Januar 1979 hatte die bundesdeutsche Öffentlichkeit die Ausstrahlung der vierteiligen US-Fernsehserie „Holocaust" erschüttert. Sie zeigte am Schicksal einer Berliner Arztfamilie die Ausgrenzung und schließlich die Ermordung der Juden, die Karriere eines Obersturmbannführers im Nationalsozialismus und illustrierte detailliert die verschiedenen Formen des Massenmordes. In der wissenschaftlichen Forschung und publizistischen Öffentlichkeit war die Beschäftigung mit dem Holocaust bis zu diesem Zeitpunkt so weit zurückgegangen, dass der Historiker *Ulrich Herbert* rückblickend von einer „zweiten Verdrängung" spricht. Erst Mitte der Achtzigerjahre wandten sich Historiker dem Thema verstärkt zu. Neben den Juden kamen nun auch andere Opfergruppen in den Blick: „Zigeuner", Behinderte, „Asoziale", Homosexuelle, Kriegsgefangene, Zwangsarbeiter und Deserteure. Im Unterschied zu den 1960er-Jahren, als engagierte Wissenschaftler und Juristen im Rahmen von Strafprozessen die Verbrechenskontexte erhellten und damit zwangsläufig den Fokus auf die Nazi-Täter legten, kam nun viel stärker die Perspektive der Opfer und Überlebenden ins Bewusstsein der Öffentlichkeit. Kontroversen um die Vergangenheit und den Holocaust gab es nach wie vor. Einen der Höhepunkte stellte zweifelsohne der Mitte der 1980er-Jahre geführte **Historikerstreit** dar.

In der DDR hatte das Thema Holocaust eine geringere Bedeutung. Nicht der Antisemitismus, sondern der Kampf gegen „die Arbeiterklasse" und gegen die Sowjetunion sei das wesentliche Element des „Hitler-Faschismus" gewesen, lautete die immer wieder propagierte Doktrin der SED-Führung. Die Juden erfuhren daher auch keine besondere Anerkennung als Opfer. Erst Ende der 1980er rückte die politische Führung der DDR den Holocaust und die Opfer des Antisemitismus stärker in den Fokus. Den

Feierlichkeiten zum Gedenken an den 50. Jahrestag der „Reichspogromnacht“ 1988 kam daher eine nie zuvor dagewesene Bedeutung zu. So stieg die DDR, wie der Historiker *Peter Bender* resümiert, erst kurz vor ihrem Ende herunter „vom hohen Ross des ‚Siegers der Geschichte‘ und wurde, was die Bundesrepublik war: ein Nachfolgestaat des Nazi-Reiches“.

▲ Deportationsmahnmal Putlitzbrücke in Berlin.
Foto von 2011.
Vom Güterbahnhof in Berlin-Moabit wurden ab Januar 1942 über 30 000 Berliner Juden in die Konzentrationslager deportiert. Das Mahnmal wurde 1987 aufgestellt und war 1992 Ziel eines Sprengstoffanschlages, der es schwer beschädigte.

Ein neuer Typ von Geschichtskultur Mit dem Zusammenbruch der DDR-Diktatur konnten die Ostdeutschen damit beginnen, die Instrumentalisierung des DDR-Antifaschismus zu diskutieren. Darüber hinaus wurde seit Mitte der 1990er-Jahre der zutreffende Befund vom „instrumentalisierten Antifaschismus“ seinerseits instrumentalisiert, um die DDR zu delegitimieren.

In der Bundesrepublik war die politische Kultur seit Ende der 1970er-Jahre pluraler. Bürgergesellschaftliche Initiativen waren zur Normalität geworden. Das beeinflusste auch die Geschichtskultur. Die (Um-)Benennung von Straßen, Plätzen, Institutionen und Kasernen, die Errichtung, Entfernung oder Umwidmung von Gedenkorten verstand man nun nicht mehr als alleinige Angelegenheit des Staates, sondern als Resultat eines Selbstverständigungsprozesses der Gesellschaft. Selbst das große *„Denkmal für die ermordeten Juden Europas“* im Zentrum Berlins hatte bürgergesellschaftliche Ursprünge.

Heute gibt es in Deutschland eine Vielzahl von Gedenkstätten für Opfer und Widerstandskämpfer aus der Zeit des Nationalsozialismus, die vom Bund, den Ländern, Kommunen oder von bürgergesellschaftlichen Akteuren errichtet wurden und betrieben werden. Das Spektrum reicht von den KZ-Gedenkstätten bis hin zu jüngeren Gedenkorten.

Etwa seit dem Jahr 2000 hat das Thema Nationalsozialismus und Zweiter Weltkrieg auch in Kino- und TV-Produktionen Konjunktur. Eine neue Generation von Autoren und Regisseuren entwickelt hier eine eigene Sichtweise auf die Vergangenheit, welche in der Geschichtswissenschaft, aber auch in den Medien immer wieder kontrovers diskutiert wird (▸ M4).

▲ Stolperstein vor einem Haus in der Elberfelder Straße in Berlin-Moabit.
Foto von 2011.

Im Jahr 2000 wurde mit der „Stolperstein“-Initiative des Künstlers *Gunter Demnig* eine neue geschichtskulturelle Qualität erreicht. Die Aktion liefert den Rahmen für das Engagement bürgergesellschaftlicher Akteure, die in ihrem lokalen Umfeld an das Schicksal von Opfern des Nationalsozialismus erinnern wollen, indem sie die Patenschaft für die Verlegung eines „Stolpersteins“ beantragen. Der „Stolperstein“ wird vor dem letzten selbstgewählten Wohnsitz des Opfers plan ins Pflaster eingelassen und enthält knapp gehaltene Angaben zur Person. Bis 2011 dienten 32 000 Steine an 700 Orten in zehn europäischen Ländern dazu, das Gedenken an die Opfer im lokalen Kontext wachzuhalten und die Beschäftigung mit dem Nationalsozialismus anzuregen. Gleichzeitig steht diese länderübergreifende Initiative exemplarisch für die zunehmend internationaler werdende Gedenk- und Erinnerungskultur an Nationalsozialismus und Holocaust, die sich heute vor allem in Museen wie dem *United States Holocaust Memorial Museum* in Washington, D.C., oder im *Jüdischen Museum* in Berlin zeigt. Auch die Entwicklung des **27. Januar** von einem nationalen Gedenktag der Deutschen zum „Internationalen Tag des Gedenkens an die Opfer des Holocaust“ verweist auf die Tatsache, dass der Holocaust heute Teil einer *transnationalen Erinnerungskultur* geworden ist (▸ M5).

27. Januar: Tag der Befreiung des Vernichtungslagers Auschwitz-Birkenau (1945) durch die Rote Armee; 1996 Etablierung als nationaler Gedenktag in Deutschland. Seit 2005 ist der 27. Januar auch europäischer Gedenktag der EU sowie globaler Gedenktag der Vereinten Nationen.

M1 Antifaschismus und Antitotalitarismus

Der Historiker Martin Sabrow vergleicht, wie nach 1945 „Vergangenheitspolitik" betrieben worden ist:

Der ostdeutsche Legitimationsantifaschismus wies schließlich tabuisierende Züge auf, indem er wesentliche Aspekte des Nationalsozialismus aus dem kollektiven Gedächtnis wie aus der wissenschaftlichen Forschung verbannte, darunter so zentrale Fragen wie die Massenattraktivität des Hitler-Regimes und die Teilhabe der Bevölkerung an Verfolgung und Vernichtung. Nie brachte die DDR-Geschichtswissenschaft eine Hitler-Biografie hervor, und bis zum Schluss hielt sie an einem dogmatisierten Denken fest, das Hitler als bloßen Handlanger der Monopole verstand, die KPD als führende Kraft des Widerstandes und das deutsche Volk als verführtes Opfer der Fremdherrschaft einer kleinen Clique. Die erste Überblicksdarstellung der DDR-Geschichtswissenschaft zur NS-Zeit widmete der Shoah kein Kapitel und keinen Unterabschnitt, sondern konzentrierte sich in den vier von 260 der „faschistische[n] Barbarei in den okkupierten Gebieten" gewidmeten Seiten auf die deutschen Gräueltaten in den besetzten Teilen der Sowjetunion. Juden wurden als Opfergruppe in diesem Zusammenhang nur ein einziges Mal und zwar als Teil der sowjetischen Bevölkerung erwähnt, und auch der Leidensbilanz dieses Opferkapitels, das mit den zukunftsgerichteten Ausbeutungsplänen der deutschen Okkupanten schloss, vermochte der Verfasser noch einen heroisierenden Schlusssatz abzugewinnen: „Die Sowjetvölker vereitelten alle diese Pläne." [...]
Eine vergleichbare politische Instrumentalität und Tabuisierungskraft besaß auf der anderen Seite der Grenze der bundesdeutsche Antitotalitarismus. Sie zeigte sich im Umgang etwa mit dem kommunistischen Widerstand, der in der Bundesrepublik aus der symbolischen wie der materiellen Integration ausgeschlossen blieb. Sie zeigte sich ebenso in der Wiedergutmachungspolitik gegenüber den Opfern der nationalsozialistischen Gewaltherrschaft: Der zur westlichen Hemisphäre zählende Staat Israel erhielt Entschädigungsleistungen, osteuropäische Staaten erhielten sie bis 1989 nicht. [...] Seine tabuisierende Kraft bewies der bundesdeutsche Antitotalitarismus, indem er das Bild des christlichen und konservativen Widerstands ebenso von unwillkommenen Zügen zu reinigen erlaubte, wie es der Antifaschismus in Bezug auf den kommunistischen Widerstand vermochte. Die antidemokratischen und teils sogar antisemitischen Grundüberzeugungen vieler Männer des 20. Juli 1944, die in den Anfangsjahren der NS-Herrschaft oft überzeugte Hitler-Anhänger gewesen waren, blieben ebenso im Verborgenen wie die erst jüngst näher beleuchtete Frage der Verstrickung des militärischen Widerstandsflügels in den nationalsozialistischen Genozid. Diese [...] Haltung belastete die frühe Bundesrepublik mit einer unheilvollen und bis zum Anschein der Komplizenschaft reichenden Symbiose von Amnesie und Amnestie, die aus heutiger Sicht als ein empörender „Triumph des ‚Beschweigens'" vor uns steht, sie erlaubte aber zugleich analog zur staatlich verfolgten und gesellschaftlich verlangten Wiedereingliederungspolitik die unzweideutige Verurteilung des NS-Systems, ohne seine ehemaligen Träger und Anhänger auszugrenzen.

Martin Sabrow, Die NS-Vergangenheit in der geteilten deutschen Geschichtskultur, in: Christoph Kleßmann und Peter Lautzas (Hrsg.), Teilung und Integration. Die doppelte deutsche Nachkriegsgeschichte als wissenschaftliches und didaktisches Problem, Bonn 2005, S. 142-144

1. *Nennen Sie die strukturellen Gemeinsamkeiten in der Vergangenheitsbewältigung beider deutscher Staaten, die der Autor anführt.*
2. *Erörtern Sie, welche Effekte Sabrow dem Antifaschismus auf der einen und dem Antitotalitarismus auf der anderen Seite zuschreibt.*

M2 „Schamreiche Jahre"

Auszüge aus der Rede von Bundespräsident Theodor Heuss[1] zur Einweihung der Gedenkstätte Bergen-Belsen am 30. November 1952:

Als ich gefragt wurde, ob ich heute, hier, aus diesem Anlass ein Wort zu sagen bereit sei, habe ich ohne lange Überlegung mit ja geantwortet. Denn ein Nein der Ablehnung, der Ausrede, wäre mir als eine Feigheit erschienen, und wir Deutschen wollen, sollen und müssen, will mir scheinen, tapfer zu sein lernen gegenüber der Wahrheit, zumal auf einem Boden, der von den Exzessen menschlicher Feigheit gedüngt und verwüstet wurde. [...] Wer hier als Deutscher spricht, muss sich die innere Freiheit zutrauen, die volle Grausamkeit der Verbrechen, die hier von Deutschen begangen wurden, zu erkennen. Wer sie beschönigen oder bagatellisieren wollte oder gar mit der Berufung auf den irregegangenen Gebrauch der sogenannten „Staatsraison" begründen wollte, der würde nur frech sein. [...]
Dieses Belsen und dieses Mal [Mahnmal der Gedenkstätte] sind stellvertretend für ein Geschichtsschicksal. Es gilt den Söhnen und Töchtern fremder Nationen, es gilt den deutschen und ausländischen Juden, es gilt auch dem deutschen Volke und nicht bloß den Deutschen, die auch in diesem Boden verscharrt wurden.

[1] Zu Theodor Heuss vgl. S. 227.

Ich weiß, manche meinen: War dieses Mal notwendig? Wäre es nicht besser gewesen, wenn Ackerfurchen hier liefen und die Gnade der sich ewig verjüngenden Fruchtbarkeit der Erde verzeihe das Geschehene? Nach Jahrhunderten mag sich eine vage Legende vom unheimlichen Geschehen an diesen Ort heften, darüber mag man meditieren; und Argumente fehlen nicht, Argumente der Sorge, dass dieser Obelisk ein Stachel sein könne, der Wunden, die der Zeiten Lauf heilen solle, das Ziel der Genesung zu erreichen nicht gestatte.
Wir wollen davon in allem Freimut sprechen. Die Völker, die hier die Glieder ihres Volkes in Massengräbern wissen, gedenken ihrer, zumal die durch Hitler zu einem volkhaften Eigenbewusstsein schier gezwungenen Juden. Sie werden nie, sie können nie vergessen, was ihnen angetan wurde; die Deutschen dürfen nie vergessen, was von Menschen ihrer Volkszugehörigkeit in diesen schamreichen Jahren geschah.
Nun höre ich den Einwand: Und die anderen? Weißt du nichts von den Internierungslagern 1945/46 und ihren Rohheiten, ihrem Unrecht? Weißt du nichts von den Opfern in fremdem Gewahrsam, von dem Leid der formalistisch-grausamen Justiz, der heute noch deutsche Menschen unterworfen sind? Weißt du nichts von dem Fortbestehen der Lagermisshandlung, des Lagersterbens in der Sowjetzone, Waldheim, Torgau, Bautzen? Nur die Embleme haben sich dort gewandelt. Ich weiß davon und habe nie gezögert, davon zu sprechen. Aber Unrecht und Brutalität der anderen zu nennen, um sich darauf zu berufen, das ist das Verfahren der moralisch Anspruchslosen, die es in allen Völkern gibt [...].
Sicher ist das, was zwischen 1933 und 1945 geschah, das Furchtbarste, was die Juden der Geschichte gewordenen Diaspora erfuhren. Dabei war etwas Neues geschehen. [...] Judenverfolgungen kennt die Vergangenheit in mancherlei Art. Sie waren ehedem teils Kinder des religiösen Fanatismus, teils sozial-ökonomische Konkurrenzgefühle. Von religiösem Fanatismus konnte nach 1933 nicht die Rede sein. [...] Der Durchbruch des biologischen Naturalismus der Halbbildung führte zur Pedanterie des Mordens als schier automatischer Vorgang, ohne das bescheidene Bedürfnis nach einem bescheidenen quasi-moralischen Maß. Dies gerade ist die tiefste Verderbnis dieser Zeit. Und dies ist unsere Scham, dass sich solches im Raum der Volksgeschichte vollzog, aus der Lessing und Kant, Goethe und Schiller in das Weltbewusstsein traten. Diese Scham nimmt uns niemand, niemand ab. [...]
Der Mensch, die Menschheit ist eine abstrakte Annahme, eine statistische Feststellung, oft nur eine unverbindliche Phrase; aber die Menschlichkeit ist ein individuelles Sich-Verhalten, ein ganz einfaches Sich-Bewähren gegenüber dem anderen, welcher Religion, welcher Rasse, welchen Standes, welchen Berufes er auch sei. Das mag ein Trost sein.
Da steht der Obelisk, da steht die Wand mit den vielsprachigen Inschriften. Sie sind Stein, kalter Stein. Saxa loquuntur, Steine können sprechen. Es kommt auf den Einzelnen, es kommt auf dich an, dass du ihre Sprache, dass du diese ihre besondere Sprache verstehst, um deinetwillen, um unser aller willen!

Bulletin des Presse- und Informationsamtes der Bundesregierung, Nr. 189 vom 2. Dezember 1952, S. 1655 f.

1. *Arbeiten Sie zentrale Elemente der Rede heraus.*
2. *Erläutern Sie den Begriff der „Scham", den Heuss verwendet. Inwieweit kann der Begriff als zeitgebunden verstanden werden?*
3. *Erörtern Sie, wie die Ursachen des Nationalsozialismus, die Opfer und die Täter von Heuss beschrieben werden.*
4. *Recherchieren Sie eine jüngere Rede eines Bundespräsidenten zum Thema Aufarbeitung der nationalsozialistischen Vergangenheit und untersuchen Sie, welche der zentralen Themen, die Heuss 1952 anspricht, auch in heutigen Gedenkreden zum Holocaust noch immer eine Rolle spielen. Inwiefern kann von einer „Weiterentwicklung" der Holocaust-Erinnerung gesprochen werden?*

M3 Zum Sieg über den „Hitlerfaschismus"

Otto Grotewohl, Ministerpräsident der DDR, spricht am 14. September 1958 zur Einweihung der „Nationalen Mahn- und Gedenkstätte Buchenwald":

Liebe Kameraden! Verehrte Gäste und Freunde! In Liebe und Verehrung verneigen wir uns vor den toten Helden des antifaschistischen Widerstandskampfes, vor den Millionen Opfern faschistischer Barbarei. Mutig haben sie ihr Leben eingesetzt gegen ein grauenvolles, menschenfeindliches Mordsystem, für den Frieden und für das Glück der Völker. Wir gedenken der tapferen Söhne und Töchter aus allen Ländern Europas, die sich dem Terror und der brutalen Gewalt nicht beugten, deren tapferes Sterben eine furchtbare Anklage gegenüber ihren Mördern und ein stummes Werben für die Freiheit und das Recht der Völker war. Standhaft kämpften sie, und standhaft sind sie gefallen. Man hat sie zerbrochen, vergast, erschlagen und zu Tode gequält, doch sie beugten sich nicht. Aufrecht und treu ihrer großen Idee ergeben gingen sie in den Tod. Aufrecht und mutig gingen sie ihren letzten Gang wie der Kommunist Thälmann, der Sozialdemokrat Breitscheid, der Pfarrer Schneider, die ungezählten sowjetischen Kriegsgefangenen, die gequälten Zwangsarbeiter aus allen Nationen und die namenlosen Tausende. [...] Der antifaschistische Widerstand war und ist ein Volkskampf. Er kann nur dort zu Ende geführt werden, wo sich die Völker entschlossen unter der Führung der Arbeiterklasse zum Kampf gegen die faschistische Reaktion erheben. Auch der Widerstandskampf gegen den Hitlerfaschismus wurde neu organisiert und geleitet von der Arbeiterklasse und ihren Parteien. Die faschistische Diktatur ist immer unmenschlich, grausam und verbrecherisch. Ihre Methoden der Völkerhetze, des Terrors und des organisierten Massenmordens sind Ausdruck eines untergehenden, sterbenden Systems. Die Naziherrschaft in Deutschland war eine faschistische Diktatur der reaktionärsten Kreise des deutschen Imperialismus. Ihr Ziel war die Errichtung der faschistischen Weltherrschaft unter deutscher Führung. Ihr Weg war zügelloser Terror und blutiges Massenmorden. [...] Mehr als 18 Millionen Menschen wurden in die Menschenvernichtungsfabriken, die Konzentrationslager, verschleppt. Davon wurden über elf Millionen auf bestialische Weise ermordet. Allein im Konzentrationslager Buchenwald, hier an dieser Stelle, fanden über 56 000 Menschen ihren Tod.

Den Sieg über dieses abscheuliche System danken wir in erster Linie der heldenhaften Sowjetunion, den tapferen Söhnen und Töchtern des Sozialismus und den Millionen namenlosen Helden der antifaschistischen Widerstandsbewegung aus vielen Ländern Europas. Sie haben ihr Blut und ihr Leben für die Zerschmetterung des Hitlerfaschismus eingesetzt. [...]

Der Hitlerfaschismus wurde 1945 militärisch zerschlagen, aber er wurde nur in einem Teil Deutschlands, in der Deutschen Demokratischen Republik, mit der Wurzel ausgerottet. [...] In Westdeutschland wurde das Abkommen von Potsdam über die Ausrottung des Faschismus verraten und zerstört. Die alten Verderber Deutschlands und Europas tauchten unter im Strom der Namenlosen, um beim ersten gedämpften Trommelklang wieder hervorzutreten und im alten faschistischen Geist weiterzumarschieren. [...]

Wir müssen eine einheitliche gesamtdeutsche Volksbewegung gegen Atomkriegsvorbereitungen bilden [...]. Diese Volksbewegung würde auch die friedliche, demokratische Wiedervereinigung auf dem Wege einer Konföderation der beiden deutschen Staaten erleichtern. Damit würde zugleich der Hauptgefahrenherd eines Krieges in Europa beseitigt. Die Einheit der fortschrittlichen und friedliebenden Menschen in Deutschland und in der ganzen Welt ist die Garantie für eine friedliche und glückliche Zukunft der Menschen. Diesem Ziel dient auch unser Treffen zur Einweihung der Mahn- und Gedenkstätte. Es ist eine Demonstration gegen den Krieg, für Abrüstung und Atomwaffenverbot, für die Schaffung einer atomwaffenfreien Zone in Europa und für die Freundschaft und Verständigung zwischen allen Völkern.

Buchenwald mahnt, Weimar 1961, S. 7, 9 f., 12 und 15

1. *Beschreiben Sie, wie Grotewohl das nationalsozialistische Regime charakterisiert. Welche Konsequenzen ergeben sich daraus für den Umgang mit der jüngsten Vergangenheit in Politik und Gesellschaft der DDR?*

2. *Vergleichen Sie den Text mit der Rede von Heuss (M2) im Hinblick auf die Rolle, die Opfer und Täter im NS-Regime in den Augen der Autoren jeweils einnahmen.*

3. *Stellen Sie dar, welche Handlungsempfehlungen Heuss und Grotewohl ihren Zuhörern geben.*

M4 Aussöhnung mit der Vergangenheit?

Die Medien- und Politikwissenschaftlerin Antonia Schmid über die pauschale Viktimisierung der Deutschen im TV-Zweiteiler „Dresden“:

Der Erfolg von Dresden ist symptomatisch für das Verhältnis des „wiedervereinigten“ Deutschlands zur NS-Vergangenheit: Die Täterschaft Deutscher wird zwar durchaus thematisiert, gleichwohl ist das Identifikationsangebot der Opferstatus. Darüber hinaus wird die Differenz von Täter- und Opferkategorien in diesem kulturindustriellen Großprojekt insofern jedoch obsolet – „verwaschen“ –, dass im „Feuersturm“ *allen* die „Vernichtung“ droht: Ob sie vorher Opfer oder Täter waren – alle müssen gleichermaßen büßen. Sämtliche Unterschiede hinsichtlich des Zustandekommens des Opferstatus verschwinden spätestens in den letzten 45 Minuten, in denen mit ausgiebiger Pyrotechnik die „Bombennacht“ inszeniert wird. Drehbuchautor Stefan Kolditz: „Die Bombe kennt keinen Unterschied. Sie demokratisiert das Sterben. Und doch bleibt der Mensch der Gegenentwurf zur Maschine.“ (Damit übergeht er hier eine gewichtige Differenz, die im Film dennoch realistisch dargestellt wird: Jüdischen Menschen war der Zugang zu den lebensrettenden Luftschutzkellern verwehrt. „Die Bombe“ beinhaltete also durchaus unterschiedliche Bedrohungsgrade.) [...] Bemerkenswert ist hinsichtlich der Viktimisierung deutscher Figuren überdies die intertextuelle Anwendung des [...] als „Wechselrahmung“ charakterisierten Verfahrens in der Subsequenz am Morgen nach der Bombardierung: Anna wandert durch die graue Trümmerlandschaft, wobei sich ihr rotes Kleid als einziger Farbpunkt von der Umgebung abhebt. Diese Bilder rufen Assoziationen an jene Szenen in *Schindlers Liste* auf, in denen ein – jüdisches! – Mädchen im roten Mantel als einziger Farbpunkt im schwarz-weiß gefilmten Ghetto markiert ist. [...] Darüber hinaus wird diese Analogisierung mit Bildern des Abtransports von Leichen kombiniert, die ebenfalls zum der Ikonografie von Holocaustrepräsentationen entnommenen kulturellen Bilderrepertoire von Opferschaft gehören. Dass diese Einstellungen am Ende des Films stehen, entspricht der vom Läuterungskonzept geleiteten Entwicklung der Figuren, die, durch den „Feuersturm" zum Opfer geworden, „gereinigt" in die Zukunft entlassen werden. [...]

Nach einer kurzen Abblende erscheint das Insert „30. Oktober 2005. Weihe der Frauenkirche Dresden". Zu sehen ist die Totale einer riesigen Menschenmenge auf dem Dresdner Neumarkt, zu hören die Festaktrede des Bundespräsidenten Horst Köhler: „Eine Ruine, eine offene Wunde, über 45 Jahre, ist wiedererstanden. Wiederaufgebaut als ein Zeichen der Versöhnung [...]", gefolgt von „Annas" Stimme aus dem Off: „Es ist schwer zu begreifen, was damals im Februar 1945 passiert ist, aber jeder, der überlebt hat, hatte die Verpflichtung, etwas Neues zu schaffen." [...] Aussöhnung mit der Vergangenheit ist das zeitgemäße Diktum des Films, der Rede Köhlers wie auch „Annas" abschließender, 15 mahnender Worte: „Wer immer nur zurückschaut ... sieht nichts als seinen Schatten." Die „Schatten" der Vergangenheit sind diesem Gleichnis zufolge für den Aufbruch in die neue Zukunft nur hinderlich.

Antonia Schmid, Der „Feuersturm" als Vollwaschprogramm: Zur Universalisierung des Opfers im Fernseh-Zweiteiler Dresden, in: Kittkritik (Hrsg.), Deutschlandwunder. Wunsch und Wahn in der postnazistischen Kultur, Mainz 2007, S. 141-158

1. *Erklären Sie, was Antonia Schmid unter „Viktimisierung" versteht.*

2. *Fassen Sie die Hauptkritikpunkte der Autorin am Film „Dresden" zusammen und diskutieren Sie, ob diese Ihnen angemessen erscheinen.*

M5 „Schafft diesen Gedenktag wieder ab!"

Der Soziologe Y. Michal Bodemann verfasst am 26. Januar 1999 folgenden Kommentar in der Berliner Tageszeitung taz:

Der 27. Januar, der Tag der Befreiung von Auschwitz, ist seit 1995 der offizielle deutsche Gedenktag. Und niemand merkt es. Es könnte alles so schön werden: erst ein ordentlicher Gedenktag für die Opfer, dazu das für den ausländischen Besucher eindrucksvolle Eisenman-Mahnmal[1]. [...]

Er scheint als Gedenktag für alle Nazi-Opfer weniger kontrovers: Der 27. Januar erinnert an die Befreiung von Auschwitz durch die Rote Armee 1945. Doch zu diesem Zeitpunkt war das KZ nur noch ein Schatten. In den Wochen zuvor hatte sich die Mordmaschinerie verlangsamt, zehn Tage zuvor wurde Auschwitz evakuiert, über 130 000 Häftlinge wurden auf Transporte und Todesmärsche geschickt, und nur ein elendes Überbleibsel von knapp 8 000 Insassen wurde am 27. Januar befreit. [...] Der 27. Januar ist ein fernes, konstruiertes Datum, ohne deutsche Erinnerung, in einem anderen Land und ohne deutsche Akteure, denn selbst die SS-Wachmannschaften waren damals bereits verschwunden.

Für die Verfolgtenseite mag dieser Tag ein Symbol der Befreiung sein, es waren ihre Angehörigen, die nun das Ende dieses Schreckens vor sich sahen. In Deutschland stand hinter der Entscheidung für diesen Tag offenbar die wohlmeinende, doch naive und beschönigende Idee, in Solidarität mit der Opferseite an das Ende des Mordens zu erinnern. Dadurch, dass der Befreiung von Auschwitz statt seiner Errichtung gedacht wird, stellt sich Deutschland an die Seite der Opfer und der Siegermächte – ein Anspruch, der Deutschen nicht zusteht. Der 27. Januar suggeriert darüber hinaus ein „Ende gut, alles gut". Ein Tag der Erinnerung für Deutsche soll er sein, doch tatsächlich ist es ein Tag der Zubetonierung von Erinnerung, ein Tag, der den historischen Schlussstrich signalisiert.

Wir könnten nun pragmatisch argumentieren: Solange dieser Tag engagiert begangen wird, wäre es ja gut; zumindest besser als gar nichts. Doch der 27. Januar ist eben gerade nicht angenommen worden, er ist ein Tag ohne deutsche Erinnerung geblieben. Die obligatorischen Reden werden zwar gehalten, doch schon bei seiner Einführung 1996 wurden die Feiern im Bundestag um einige Tage vorverlegt, weil es den Abgeordneten so wegen der Urlaubszeit besser passte. Auch 1998 waren die Gedenkfeierlichkeiten Pflichtübungen, die in der Mahnmaldebatte untergingen: Über diesen Tag gab es wenig zu sagen, da kam die Mahnmaldebatte gerade recht.

Y. Michal Bodemann, 27. Januar: Schafft diesen Gedenktag wieder ab!, in: taz vom 26. Januar 1999

[1] Gemeint ist das von dem Architekten Peter Eisenman entworfene Denkmal für die ermordeten Juden Europas in Berlin.

1. *Geben Sie zentrale Aussagen Bodemanns mit eigenen Worten wieder.*

2. *Verfassen Sie eine Rede zum 27. Januar, in der Sie auch Stellung zu den im Text genannten Vorbehalten gegen diesen Gedenktag nehmen.*

3. *Der Politikwissenschaftler Harald Schmid bezeichnet die Etablierungsgeschichte des 27. Januar – wie auch die des 3. Oktober – als ein Beispiel für etatistische, also vom Staat verordnete, Geschichtspolitik. Beurteilen Sie diese Aussage.*

4. *Diskutieren Sie folgende These: Wenn der 27. Januar zum internationalen Gedenktag erhoben und damit auf die ganze Welt ausgedehnt wird, bedeutet dies nicht zugleich eine Entlastung für die Deutschen?*

Geschichte vor Ort

Sachsenhausen als außerschulischer Lernort

Erinnern und Gedenken seit 1961 Die Erinnerung an die Konzentrationslager Oranienburg (1933-1934) und Sachsenhausen (1936-1945), an das sowjetische Speziallager (1945-1950) sowie an die Nationale Mahn- und Gedenkstätte Sachsenhausen in der Zeit der DDR (1961-1990) wird seit 1993 von der Gedenkstätte und Museum Sachsenhausen wachgehalten. Dazu gehört das Sammeln von Quellen, das Erforschen, Dokumentieren und Präsentieren der Lagergeschichte, das Trauern um die Toten sowie das Anbieten von Lerngelegenheiten für die historische Bildung.

Das Konzentrationslager Sachsenhausen 1936-1945 Im System der nationalsozialistischen Konzentrationslager nahm Sachsenhausen als Modell- und Schulungslager für die SS in der Nähe der Reichshauptstadt Berlin eine Sonderstellung ein. Dies zeigt sich auch darin, dass ab 1938 die „Inspektion der Konzentrationslager", die Verwaltungszentrale aller Konzentrationslager im deutschen Machtbereich, nach Sachsenhausen verlegt wurde. Zwischen 1936 und 1945 waren mehr als 200000 Menschen im Lager Sachsenhausen und seinen rund 100 Außenlagern inhaftiert: politische Gegner, Juden, Sinti und Roma, Menschen aus den besetzten Ländern Europas sowie Homosexuelle, Geistliche und Zeugen Jehovas. Zehntausende kamen durch Hunger, Krankheit, Zwangsarbeit und Misshandlungen um oder wurden Opfer von systematischen Vernichtungsaktionen der SS. Nachdem die SS gegen Kriegsende mehr als 30000 Häftlinge auf einen Todesmarsch geschickt hatte, wurden am 22. und 23. April 1945 noch etwa 3000 Inhaftierte von sowjetischen und polnischen Soldaten befreit.

Das Sowjetische Speziallager 1945-1950 Der sowjetische Geheimdienst NKWD inhaftierte von 1945 bis 1950 rund 60000 Menschen im Lager – NS-Belastete (zumeist unterer Ränge) und Unbelastete, politisch Missliebige, willkürlich Verhaftete und von sowjetischen Militärtribunalen Verurteilte. Nahezu 12000 von diesen starben an Unterernährung und Krankheiten.

Vor dem Besuch

- Informieren Sie sich (im Internet, in der Bibliothek) über a) die Geschichte des Lagers Sachsenhausen, b) dort Inhaftierte, c) NS-Täter.
- Verständigen Sie sich darüber, ob und wie Sie vor Ort auch der Toten gedenken wollen.

Vor Ort

- Informieren Sie sich (arbeitsteilig) über eine der neun Dauerausstellungen auf dem Lagergelände.
- Notieren Sie Ihre Beobachtungen und Eindrücke auf dem Gelände, machen Sie Skizzen, fotografieren Sie.

Nach dem Besuch

- Berichten und diskutieren Sie im Plenum über die Geschichte der Lager, der Gedenkstätten und die unterschiedlichen Gestaltungen der Ausstellungen.
- Entwickeln Sie eine Präsentation (als Ausstellung in der Schule, für die Website, als Übung für eine Prüfung ...). Nutzen Sie dabei die gesammelten Informationen, Ihre persönlichen Eindrücke sowie Ihre Fotografien.
- Schlussstrich oder Erinnerung wachhalten? Diskutieren und beurteilen Sie, welchen Umgang mit der historischen Vergangenheit Sie für angemessen halten.

Internettipps
- *http://www.stiftung-bg.de/gums/de*
- *http://de.wikipedia.org/wiki/KZ_Sachsenhausen*
- *http://www.orte-der-erinnerung.de*

CD-ROM-Tipp
- *Gegen das Vergessen – Häftlingsalltag im KZ Sachsenhausen 1936-1945*, verbesserte Auflage, München 2004

Literaturtipps
- Hermann Kaienburg, Sachsenhausen – Stammlager, in: Wolfgang Benz und Barbara Distel (Hrsg.), Der Ort des Terrors. Geschichte der nationalsozialistischen Konzentrationslager, Bd. 3, München 2006, S. 17-72
- Günter Morsch und Astrid Ley (Hrsg.), Das Konzentrationslager Sachsenhausen 1936-1945. Ereignisse und Strukturen, Berlin ³2010
- Harry Naujoks, Mein Leben im KZ Sachsenhausen 1936-1942, Berlin 1989

Filmtipp
- *Das kann sich keiner vorstellen ...* – Sachsenhausen (DVD), 2008 (36 Min.). Diese DVD ist über die Gedenkstätte und Museum Sachsenhausen unentgeltlich auszuleihen.

M1 Appell

Emil Ackermann, 1937 bis 1939 deutscher politischer Häftling in Sachsenhausen, erinnert sich an das alltägliche Ritual des Lagerappells:

Beim Lagerappell [...] kam es drauf an, dass die Sollzahl des Rapportführers mit der errechneten Istzahl des Lagerschreibers übereinstimmte. Fehlte ein Häftling oder stimmten beide Zahlen aus anderen Gründen nicht überein, heulten sofort die Alarmsirenen.

Aussage von Emil Ackermann (um 1980), in: Günter Morsch und Astrid Ley (Hrsg.), Das Konzentrationslager Sachsenhausen 1936-1945. Ereignisse und Entwicklungen, Berlin ³2010, S. 83

▲ **Zählappell mit Maschinengewehr im Vordergrund.**
SS-Propagandafoto, Februar 1941.

M2 Lageralltag

Auch Zdzisław Jasko aus Polen, der von 1940 bis 1945 als Häftling in Sachsenhausen ist, muss sich Tag für Tag und oft stundenlang in die Masse der Häftlinge einreihen:

Es war noch nicht Tag. Alles war noch grau. [...] Nach dem Waschen wurden wir auf die Lagerstraße getrieben, wo schon Leute standen. Auch wir mussten uns sofort aufstellen. Überall gingen die SS-Leute, die Blockältesten und Stubenältesten mit Knüppeln umher und brüllten: „Los, los", natürlich unter Schlägen.

Aussage von Zdzisław Jasko (2006), in: Günter Morsch und Astrid Ley (Hrsg.), a.a.O., S. 93

▲ **„Morgenappell."**
Bleistiftzeichnung des niederländischen Häftlings Jan Budding, 1943.

1. *Beschreiben Sie beide Bilder und benennen Sie die dargestellte historische Situation. Beziehen Sie dabei auch die Informationen über die unterschiedlichen Hierarchiestufen der Häftlingsgesellschaft im KZ Sachsenhausen ein, die Sie aus M1 und M2, vor Ort oder über Recherche in Büchern oder im Internet erarbeiten können.*

2. *Von welchem Standpunkt aus wurde fotografiert?*
Recherchieren Sie mithilfe des Lageplans (siehe http://www.stiftung-bg.de/gums/de).

3. *Erarbeiten Sie die Gemeinsamkeiten der Bilder sowie die Unterschiede.*

4. *Erörtern Sie den jeweiligen Wert der unterschiedlichen Darstellungen als Quelle und beurteilen Sie, welche Sie mit welchem Ziel in einer Ausstellung verwenden würden.*

5. *Beide Abbildungen zeigen die „Geometrie des totalen Terrors". Nehmen Sie zu dieser These begründet Stellung.*

◂ **Titelblatt des Wochenmagazins „Der Spiegel" vom 8. Mai 1995.** *Die Collage aus Anlass des 50. Jahrestages der deutschen Kapitulation zeigt einen Ausschnitt aus Caspar David Friedrichs Landschaftsgemälde „Der Wanderer über dem Nebelmeer" (um 1818).*

- *Untersuchen Sie die Bildelemente und erläutern Sie, auf welche Themen und Probleme der deutschen Geschichte diese hinweisen. Deuten Sie die Aussage des Titelbildes.*
- *Beurteilen Sie die Haltung zum Umgang mit der NS-Zeit und gegenüber dem Thema „Vergangenheitsbewältigung", die in der Collage zum Ausdruck kommt.*

1. *Skizzieren Sie die Probleme, die sich für die europäischen Länder am Ende des Ersten Weltkrieges auf politischer, wirtschaftlicher und sozialer Ebene auftaten. Erläutern Sie dabei auch die Bedeutung der Pariser Vorortverträge für die innenpolitische Entwicklung der Kriegsverlierer Deutschland und Ungarn.*

2. *Definieren Sie die Begriffe „autoritäres Regime", „faschistisches Regime" und „kommunistisches Regime". Zeigen Sie Gemeinsamkeiten und Unterschiede auf.*

3. *Arbeiten Sie aus einem Vergleich der Weimarer Verfassung mit dem Grundgesetz der Bundesrepublik Deutschland Gemeinsamkeiten und Unterschiede bezüglich der Stellung von Präsident, Parlament und Kanzler heraus. Welche strukturellen Veränderungen gegenüber der Weimarer Verfassung wurden im Grundgesetz verankert?*

4. *Recherchieren Sie, welche außen- und wirtschaftspolitischen Positionen die wichtigsten Parteien (KPD, SPD, Zentrum, DDP, DVP, DNVP) gegenüber der Republik einnahmen.*

5. *Das Jahr 1923 wird als Krisenjahr der Weimarer Republik bezeichnet. Beschreiben Sie kurz wichtige Ereignisse dieses Jahres und versuchen Sie einen kausalen Zusammenhang zwischen ihnen herzustellen.*

6. *Nennen Sie zentrale Zielsetzungen der deutschen Außenpolitik seit 1919 und erläutern Sie deren Umsetzung bis 1925 an Beispielen.*

7. *„Weimar" war eine „Republik ohne Republikaner". Diskutieren Sie diese häufig zitierte Aussage für die Jahre 1929 bis 1932.*

8. *Machtergreifung – Machtübernahme – Machtübertragung: Erörtern Sie, welche Bezeichnung für den Regierungsantritt Hitlers gewählt werden sollte.*

9. *Skizzieren Sie die Stufen der Entrechtung und Verfolgung der Juden und anderer Minderheiten während der NS-Zeit.*

10. *Eine Darstellung, die Mitte der 1990er-Jahre unter Historikern und in der Öffentlichkeit erhebliche Kontroversen ausgelöst hat, bezeichnet das deutsche Volk als „Hitlers willige Vollstrecker". Nehmen Sie Stellung.*

11. *In den Anfangsjahren der Bundesrepublik hatten nur 40 Prozent der Deutschen eine positive Meinung zu den Attentätern des 20. Juli 1944. Im Jahr 1952 wurde der ehemalige Wehrmachtsoffizier Remer, der diese Gegner des nationalsozialistischen Regimes als „Verräter" bezeichnet hatte, wegen übler Nachrede und Verunglimpfung des Andenkens Verstorbener verurteilt. Damit wurden die Widerstandskämpfer zugleich rehabilitiert. Recherchieren Sie, welche Bedeutung das Attentat für das Selbstverständnis der Bundesrepublik heute hat und in welcher Form daran erinnert wird. Erörtern Sie, ob es angemessen ist, diesem Attentat eine herausragende Stellung innerhalb des Widerstandes gegen die nationalsozialistische Diktatur einzuräumen.*

12. *Kriegsruinen wie die Berliner Kaiser-Wilhelm-Gedächtniskirche sind eine Form von Denkmal, um an die Schrecken von Nationalsozialismus und Zweitem Weltkrieg zu erinnern. Stellen Sie dazu weitere unterschiedliche Formen von Denkmälern zusammen. Bewerten Sie jeweils, ob es sich um gelungene Beispiele für Gedenkkultur handelt.*

Literaturtipps

Till Bastian, Sinti und Roma im Dritten Reich. Geschichte einer Verfolgung, München 2001

Kurt Bauer, Nationalsozialismus. Ursprünge, Anfänge, Aufstieg und Fall, Wien/Köln/Weimar 2008

Wolfgang Benz, Geschichte des Dritten Reiches, München 2003

Walther L. Bernecker, Europa zwischen den Weltkriegen 1914-1945, Stuttgart 2002

Ursula Büttner, Weimar. Die überforderte Republik 1918-1933, Stuttgart 2008

Ulrich Chaussy und Gerd R. Ueberschär, „Es lebe die Freiheit!" Die Geschichte der Weißen Rose und ihrer Mitglieder, Frankfurt am Main ²2013

Bernward Dörner, Die Deutschen und der Holocaust. Was niemand wissen wollte, aber jeder wissen konnte, Berlin 2007

Jörg Echterkamp, Die 101 wichtigsten Fragen – Der Zweite Weltkrieg, München 2010

Avraham Milgram und Robert Rozett (Hrsg.), Der Holocaust. FAQs – häufig gestellte Fragen, Göttingen 2011

Dieter Pohl, Verfolgung und Massenmord in der NS-Zeit 1933-1945, Darmstadt ³2011

Lutz Raphael, Imperiale Gewalt und mobilisierte Nation. Europa 1914-1945, München 2011

Michael Wildt, Geschichte des Nationalsozialismus, Göttingen 2008

Internettipps

http://www.dhm.de/lemo/home.html

http://www.gdw-berlin.de
Gedenkstätte Deutscher Widerstand, Berlin

http://www.shoah.de/index1.html

http://www.stiftung-bg.de
Stiftung Brandenburgische Gedenkstätten

http://www.stiftung-evz.de
Stiftung Erinnerung, Verantwortung, Zukunft

http://www.stiftung-denkmal.de
Denkmal für die ermordeten Juden Europas, Berlin

http://www.zeitgeschichte-online.de

▲ Denkmal für die im Nationalsozialismus ermordeten Sinti und Roma Europas.
Foto von 2012.
Das Denkmal des Künstlers Dani Karavan wurde im Oktober 2012 eingeweiht, 20 Jahre nachdem die Bundesregierung die Errichtung beschlossen hatte. Es befindet sich im Zentrum Berlins – zwischen Brandenburger Tor und Reichstagsgebäude.

◄ Eingangstor zum Gelände des ehemaligen Konzentrationslagers Sachsenhausen in Oranienburg bei Berlin.
Foto von 2012.

Die deutsche Geschichte nach 1945 war länger als vier Jahrzehnte die Geschichte einer geteilten Nation. Mit der bedingungslosen Kapitulation des nationalsozialistischen Deutschland gegenüber den alliierten Siegermächten endete am 8. Mai 1945 in Europa der Zweite Weltkrieg – die größte, von Deutschen verschuldete Katastrophe des 20. Jahrhunderts. Die überlebenden Opfer des NS-Regimes wussten, dass sie ihre Rettung allein der totalen Niederlage Deutschlands verdankten. Den vielen Regimetreuen und Mitläufern stand hingegen eine ungewisse Zukunft bevor. Die Siegermächte waren sich darin einig, dass von den Deutschen keine Gefahr mehr für den Weltfrieden ausgehen durfte.

Die Solidarität der Siegermächte zerbrach aber schon bald nach 1945 im Ost-West-Konflikt, der sich zuspitzte und in den Kalten Krieg mündete. Eine der Folgen war die staatliche Spaltung Deutschlands. Weder die Sowjetunion noch die Westmächte wollten aus machtpolitischen Gründen auf ihren Teil Deutschlands verzichten. Jahrzehnte der Konfrontation und die Abgrenzung zwischen kommunistischer und demokratischer Grundordnung bestimmten die Existenz der beiden 1949 gegründeten deutschen Teilstaaten. In beiden Fällen wurden aus den besiegten Deutschen Verbündete der ehemaligen Besatzungsmächte.

Im Sozialismus des Ostens herrschten Planwirtschaft und eine Diktatur der Parteielite, in den Demokratien des Westens entfalteten sich Marktwirtschaft und frei gewählte Staatsführungen. Nach der kurzen „Inkubationszeit des Kalten Krieges" (Bernd Stöver) wurde der Gegensatz seit 1946/47 politisch ausgetragen. Er fand seinen Niederschlag im Wettrüsten, das die Menschheit über mehrere Jahrzehnte an den Rand einer nuklearen Katastrophe führte. Jedoch blieb es beim Kalten Krieg, beim Gleichgewicht des Schreckens. Ost und West, die Sowjetunion und die Vereinigten Staaten, waren nur in regionale Konflikte verwickelt, zu einem direkten Krieg der beiden Großmächte kam es nicht. Aber der Gegensatz beherrschte die Welt und überlagerte andere Gegensätze – so zwischen den westlichen Demokratien und ihren ehemaligen Kolonien, zwischen reichen und armen Weltregionen (Nord-Süd-Konflikt), zwischen einer dem Individuum zugewandten Wertordnung des Westens und einer der Gemeinschaft zugewandten Wertordnung der islamischen Welt sowie des südöstlichen Asien.

Um 1990 brach der kommunistische Osten Europas zusammen – ohne dass auch nur ein Schuss gefallen wäre. Noch wissen wir nicht, ob das Modell des Westens weiterhin Nachahmung finden wird. Oder werden die kulturellen, zivilisatorischen und ethnischen Unterschiede im 21. Jahrhundert zum Tragen kommen und zu neuartigen Konflikten führen?

Konflikt und Konfliktlösung im Kontext des Ost-West-Gegensatzes

◂ La bombe.
Gemälde des isländischen Künstlers Erró (Gudmundur Gudmundsson) von 1977.

Blockbildung und atomares Patt

- **1945** Die USA werfen zwei Atombomben auf Japan ab. 1949 wird auch die Sowjetunion Atommacht.
- **1945-1948** Sowjetisierung Ostmitteleuropas. Die USA verstärken ihr Engagement in Westeuropa.
- **1949** Die USA, Kanada und zehn westeuropäische Staaten gründen die NATO.
- **1950-1953** Der Korea-Krieg endet mit der Teilung des Landes in einen prowestlichen und einen kommunistischen Staat.
- **1955** „Vertrag über Freundschaft, Zusammenarbeit und gegenseitigen Beistand“ zwischen der Sowjetunion und ihren Satellitenstaaten („Warschauer Pakt“).
- **1956** Chruschtschow verkündet das Prinzip der „friedlichen Koexistenz“.

Globale Rivalität

- **1958-1961** Die zweite Berlin-Krise führt zur faktischen Anerkennung des sowjetischen Machtbereichs in Deutschland durch die Westmächte. Berlin wird durch eine Mauer geteilt.
- **1962** Die Kuba-Krise bringt die Welt an den Abgrund eines Atomkrieges.
- **1965-1975** Die US-Politik scheitert im Vietnam-Krieg, ganz Vietnam wird kommunistisch.
- **1968** In der ČSSR wird der „Prager Frühling“ von sowjetischen Truppen niedergeschlagen.

Entspannung und neue „Eiszeit“

- **1968** Der Atomwaffensperrvertrag soll die unkontrollierte Verbreitung von Kernwaffen verhindern.
- **1972** Der SALT I-Vertrag begrenzt das Wettrüsten zwischen den USA und der UdSSR.
- **1975** Erste Konferenz über Sicherheit und Zusammenarbeit in Europa (KSZE).
- **1979** NATO-Doppelbeschluss zur Nachrüstung von Mittelstreckenraketen in Europa. Die Sowjetunion marschiert in Afghanistan ein.

Zusammenbruch des Ostblocks, neue Weltordnung

- **1985** Michail Gorbatschow wird Staats- und Parteichef der Sowjetunion und beginnt seine Reformpolitik aus Glasnost und Perestroika.
- **1986-1987** Abschluss der INF-Verhandlungen in Genf: Abbau von Raketen beschlossen.
- **1989/90** Fall der Berliner Mauer, friedliche Revolutionen in Osteuropa.
- **1991** Die Sowjetunion und die Warschauer Vertragsorganisation lösen sich auf.
- **1999-2007** Die meisten Staaten Ostmitteleuropas treten der NATO sowie der EU bei.

Wer hatte Schuld am Ausbruch des Kalten Krieges? Der politische Gegensatz zwischen den Großmächten USA und Sowjetunion wurde während des Zweiten Weltkrieges durch die gemeinsame Frontstellung gegen das nationalsozialistische Deutsche Reich und dessen Verbündete überlagert. Schon wenige Jahre nach dem Sieg über Deutschland verschärfte sich die Rivalität der beiden Mächte. Die Welt schien in zwei gegnerische Lager zu zerfallen (Bipolarität), in den Osten unter Führung der UdSSR und den Westen mit den USA als Vormacht.

Als Reaktion auf die Sowjetisierung Ostmitteleuropas betrieben die Vereinigten Staaten eine Politik der Eindämmung des Kommunismus. Sie gewährten noch nicht kommunistischen Staaten wirtschaftliche, politische und militärische Unterstützung und betrieben die Gründung der NATO im Jahr 1949. Dabei wurde eine direkte Konfrontation vermieden – nicht zuletzt wegen der atomaren Bewaffnung von USA und UdSSR. Stattdessen bekämpften sich beide Mächte in den Jahrzehnten nach 1945 politisch, weltanschaulich und wirtschaftlich sowie durch Stellvertreterkriege. Das Zeitalter des „Kalten Krieges" prägte die Weltpolitik. Die Trennlinie zwischen Ost und West, der „Eiserne Vorhang", verlief dabei mitten durch Deutschland. Seit ihrer Einbindung in beide Machtblöcke standen sich auch Bundesrepublik und DDR feindlich gegenüber. 1961 wurde der Bau der Mauer quer durch Berlin zum Symbol des Kalten Krieges.

Bei der Frage nach der Ursache für die Spaltung der Welt in zwei Lager waren sich (vor allem amerikanische) Wissenschaftler in den 1950er-Jahren einig: Die aggressive Expansionspolitik der Sowjetunion und die Etablierung des „Ostblocks" hätten eine weitere friedliche Kooperation zwischen West und Ost nach dem Krieg verhindert. In den 1960er- und 70er-Jahren wurde diese Sichtweise von Intellektuellen bezweifelt, die der amerikanischen Regierungspolitik aufgrund der Ereignisse in Vietnam kritisch gegenüberstanden. Nicht Moskau habe den Kalten Krieg verursacht, sondern Washington; der sich ausbreitende Wirtschaftsimperialismus der USA, der auch die Sowjetunion unterwerfen wollte, habe den Konflikt provoziert.

Als der Ost-West-Konflikt 1989/90 schließlich endete, wurde die Teilung Deutschlands und Europas überwunden und es eröffneten sich neue Perspektiven für die Politik in der Welt. Auch die Auseinandersetzungen um Ursachen und Triebkräfte des Kalten Krieges fanden einen moderateren Ton. Heute stehen Wissenschaftler auf dem Standpunkt, dass beide Seiten aus Angst vor der Hegemonie der jeweils anderen Supermacht handelten und dass dies zur Eskalation der politischen Konfrontation geführt habe. „Die westliche Politik der Kooperationsverweigerung [...]", so resümiert zum Beispiel der Historiker Wilfried Loth, „provozierte die Abschließung und einheitliche Ausrichtung des Sowjetblocks, die die amerikanischen Dogmatiker schon zuvor behauptet hatten; die Monolithisierung [Blockbildung] Osteuropas und die Obstruktion [Verhinderung] des Marshall-Plans riefen die westliche Blockbildung hervor, gegen deren vermutete Folgen sie gerichtet waren; und beide Seiten fanden in der gegnerischen Blockbildung Anlass, die Überschätzung der Kräfte der Gegenseite bestätigt zu sehen."

- *Warum kam es nach 1945 zu einer weltweiten Blockbildung und wodurch war diese gekennzeichnet?*
- *Was verursachte Krisen und Konflikte im Zeichen des Kalten Krieges, wie verliefen diese und wie wurden sie bewältigt?*
- *Welche Auswirkungen hatte die Entspannungspolitik auf die vorherrschenden Konflikte und wie trug diese zur Sicherung des Friedens bei?*
- *Welche Ursachen und Folgen hatte das Ende des Kalten Krieges und welche Möglichkeiten bestanden für die Neuordnung des internationalen Systems nach 1989/90?*

Der Ost-West-Konflikt seit dem Zweiten Weltkrieg

▲ **„Ja, der hat's gut, der lebt unter einem besseren Himmel."**
Karikatur von Karl Holtz, 1946. Titelblatt einer Ausgabe der Satirezeitschrift „Ulenspiegel".
- *Erklären Sie die einzelnen Elemente der Karikatur.*

Wettstreit der Visionen Der Ost-West-Konflikt im 20. Jahrhundert war die globale Auseinandersetzung zwischen zwei politischen Weltanschauungen: dem Modell einer liberaldemokratisch und marktwirtschaftlich bestimmten Gesellschaft einerseits und dem einer sozialistischen Staats- und Gesellschaftsordnung nach den Lehren des **Marxismus-Leninismus** andererseits.

Der Ursprung des Ost-West-Konflikts lag in der russischen Oktoberrevolution von 1917, als die kommunistische Partei unter Wladimir Iljitsch Lenin die Macht in Russland übernahm. An die Stelle des Zarenreiches trat die 1922 gegründete Union der Sozialistischen Sowjetrepubliken (UdSSR). Das Sowjetregime verkündete die Herrschaft der Arbeiterklasse im eigenen Land und ging davon aus, dass sich ihr Gesellschaftsmodell weltweit durchsetzen werde. Seither befürchteten die Menschen in den Industrieländern, die an der bisherigen Gesellschaftsordnung festhalten wollten oder um ihre Machtgrundlagen bangten, eine sozialistische Revolution.

Demgegenüber wurden vor allem die USA zum Vorreiter des Selbstbestimmungsrechts der Völker, der parlamentarischen Demokratie und eines reformierten Kapitalismus, der auch den sozial Schwachen ein menschenwürdiges Dasein sichern sollte. Dies waren die Antworten des „Westens" auf die Probleme des internationalen Friedens und der Sozialen Frage im Innern der Staaten. Hatten sich die USA nach dem Ende des Ersten Weltkrieges aus der europäischen Politik wieder zurückgezogen, so zwang sie der Zweite Weltkrieg, ihre isolationistische Haltung endgültig aufzugeben. Zusammen mit Großbritannien und der Sowjetunion unter Josef Stalin* bildeten die USA ein Kriegsbündnis gegen ihre Angreifer, das Deutsche Reich (Anti-Hitler-Koalition)** und Japan.

1945 war Europa vom Nationalsozialismus befreit und der Krieg in Ostasien beendet. Die UdSSR trat zwar 1945 den Vereinten Nationen (UNO) bei, die von den USA und Großbritannien als neue Weltfriedensorganisation gegründet wurde. Dennoch schufen die beiden Weltmächte USA und UdSSR – die übrigen Mächte waren bei Kriegsende entweder geschlagen oder allzu geschwächt – keine gemeinsame Weltfriedensordnung. Vielmehr führten sie die beiden entstehenden feindlichen Machtblöcke an und rangen weltweit um die Erweiterung ihres Einflussbereiches (*Bipolarität*). Sie bekämpften sich in den Jahrzehnten nach 1945 politisch, ideologisch und wirtschaftlich sowie durch **Stellvertreterkriege**, während eine direkte militärische Konfrontation unterblieb. Daher spricht man auch vom „Kalten Krieg" (▸ M1).

Marxismus-Leninismus: Gesellschaftstheorie nach den Lehren von Karl Marx (1818-1883) und Lenin (1870-1924). Ihr zufolge soll eine revolutionäre Partei die fortschrittlichen Kräfte eines Landes vereinen und der Arbeiterklasse zur Herrschaft verhelfen, notfalls mit Gewalt und Terror.

Stellvertreterkrieg: Staaten führen einen militärischen Konflikt nicht unmittelbar gegeneinander, sondern tragen ihn auf externem Gebiet oder gegen eine dritte Macht aus.

Die Anti-Hitler-Koalition zerfällt Angesichts ihrer unvereinbaren macht- und sicherheitspolitischen Interessen konnten sich die beiden Weltmächte nicht über die Probleme der Nachkriegszeit verständigen (▸ M2).

Das Kriegsende in Europa und Ostasien wurde zu einem Wettlauf um die Einflusszonen der Siegermächte. Bereits auf der Konferenz der Alliierten in Jalta am Schwarzen Meer (Februar 1945) hatten die USA, Großbritannien und die UdSSR ihre Interessenbereiche gegeneinander abgrenzen müssen. Auf der Potsdamer Konferenz, die im Juli

* Siehe S. 34.
** Siehe S. 132.

1945 begann, wurde Deutschland in vier Besatzungszonen geteilt. Sowjetische Truppen standen in Berlin sowie im östlichen Teil Deutschlands, nachdem zuvor die Rote Armee schon ganz Osteuropa besetzt hatte.

Im Fernen Osten versuchte Stalin erfolglos, nach der Kapitulation Japans (2. September 1945) Einfluss auf die Kontrolle des Landes zu gewinnen. In Korea kam es im Dezember 1945 zur Teilung in einen sowjetisch beherrschten Norden und einen von den Amerikanern kontrollierten Süden. In China, das die USA traditionell zu ihren Verbündeten zählten, flammte 1946 der Bürgerkrieg zwischen den Kommunisten unter **Mao Zedong** und der Nationalregierung unter *Chiang Kai-shek* wieder auf. Er endete mit der Proklamation der Volksrepublik China durch Mao (1. Oktober 1949).

In Vorderasien weigerte sich die Sowjetunion zunächst, ihre Truppen vereinbarungsgemäß aus dem Iran zurückzuziehen. Außerdem forderte sie Küstengebiete der Türkei sowie die türkischen Meerengen. Die USA antworteten mit der demonstrativen Entsendung ihrer Flotte ins Mittelmeer. Auch die britische Regierung sah ihre Sicherheitsinteressen bedroht: In Griechenland, Ägypten, in der gesamten arabischen Welt, in Indien und in den fernöstlichen Kolonien förderte die Sowjetunion „nationale Befreiungsbewegungen". Ebenso wurde die Unterstützung der kommunistischen Parteien in Frankreich und Italien als Beleg dafür gewertet, dass Stalin das Nachkriegschaos für seine Zwecke nutzen wollte.

Mao Zedong (1893 - 1976): chinesischer Revolutionär; 1949 - 1959 erster Staatschef der Volksrepublik China

Die Sowjetisierung Ostmitteleuropas Entscheidend für das immer schlechtere Verhältnis zwischen den Siegermächten war die Sowjetisierung der Staaten Ostmitteleuropas. Im Gegensatz zu den Abmachungen von Jalta ließ die Rote Armee in Polen, Rumänien, Ungarn und Bulgarien keine freie, demokratische Entwicklung zu. Durch Einschüchterung der Bevölkerung, durch Schauprozesse und die Zwangsvereinigung der sozialdemokratischen mit den kommunistischen Parteien festigten die Kommunisten in diesen Ländern ihre Alleinherrschaft. Es folgten die Kollektivierung der Landwirtschaft sowie die Einbeziehung der zentral gesteuerten Volkswirtschaften in den sowjetischen Wirtschaftsbereich. Stalins Gefolgsleute sorgten durch die systematische Entfernung nationaler „Abweichler" dafür, dass der Machtanspruch Moskaus nicht infrage gestellt wurde.

Nach 1945 entwickelten sich die kommunistischen Parteien in diesen Ländern zu Massenparteien in der Hand einer kleinen Gruppe von Aktivisten. Deren bedingungslose Unterordnung unter den Willen Stalins war die Voraussetzung für ihr politisches Überleben. Als letztes Land wurde im Frühjahr 1948 die Tschechoslowakei durch einen kommunistischen Staatsstreich, den die Rote Armee möglich machte, in das politisch-ökonomische Herrschaftssystem der UdSSR einbezogen. Nur Jugoslawien unter **Tito** konnte sich der sowjetischen Kontrolle entziehen. Winston Churchill* sah diese Entwicklung schon früh und prägte 1946 das Wort vom „*Eisernen Vorhang*", der sich auf Europa herabsenke und den sowjetischen Machtbereich vom Rest der Welt abriegle (▸ M3).

Josip Broz, gen. Tito (1892 - 1980): Partisanenführer der jugoslawischen Kommunisten im Zweiten Weltkrieg; 1945 Ministerpräsident, 1953 - 1980 Staatspräsident Jugoslawiens

Die USA reagieren: Eindämmung und Wiederaufbau Die Vereinigten Staaten sahen sich gehalten, auf die Sowjetisierung zu antworten und die noch nicht unter kommunistischer Führung stehenden Länder wirtschaftlich, politisch und militärisch zu stabilisieren. US-Präsident Harry S. Truman** erhob im März 1947 die „Eindämmung"

* Siehe S. 130.
** Siehe S. 132.

▲ **Ausdehnung des sowjetischen Herrschaftsbereiches in Europa.**

(*containment*) des Kommunismus und der Sowjetunion zum Grundprinzip seiner Außenpolitik (*Truman-Doktrin* ▸ M4). Als Antwort darauf gründete Stalin Ende September 1947 das Kommunistische Informationsbüro (*Kominform*), das die weltweite Steuerung der kommunistischen Parteien unter Führung der Kommunistischen Partei der Sowjetunion (KPdSU) zur Aufgabe hatte (▸ M5).

Zur Stützung der nichtkommunistischen Länder in Europa rief die US-Regierung im Frühjahr 1948 das Europäische Wiederaufbauprogramm (*European Recovery Program*, ERP) ins Leben, nach seinem Initiator **George Marshall** auch *Marshall-Plan* genannt. Der Marshall-Plan bot den kriegszerstörten Ländern Europas wirtschaftliche Hilfe beim Wiederaufbau.* Den Ländern in seinem Machtbereich verbot Stalin die Beteiligung an diesem Programm und bildete stattdessen den *Rat für Gegenseitige Wirtschaftshilfe* (RGW). Dieser leistete keine Aufbauhilfe in den Mitgliedstaaten.

George C. Marshall (1880-1959): General im Zweiten Weltkrieg, 1947-1951 US-Außenminister; erhielt 1953 den Friedensnobelpreis

Die Gründung der NATO Wegen des großen militärischen Übergewichts der Sowjetunion an Landstreitkräften in Europa gaben die britische und französische Regierung den Anstoß zu einem längerfristigen militärischen Engagement der USA in Europa. Nur ein gemeinsames Verteidigungssystem unter Mitwirkung der USA schien Westeuropa gegen die Sowjetunion schützen zu können. Die Berlin-Blockade von 1948/49** verstärkte das Gefühl der Bedrohung im Westen noch weiter.

* Siehe S. 228 und 234 f.
** Siehe S. 236.

Am 4. April 1949 gründeten zehn europäische Staaten sowie die USA und Kanada die NATO. Ihre Hauptaufgabe sollte der Schutz sämtlicher Mitglieder gegen einen bewaffneten Angriff sein. Mit der Gründung der NATO gewährten die USA den Staaten Westeuropas dauerhaft militärischen Beistand.

Die Sowjetunion hatte dagegen schon seit 1945 bilaterale (zweiseitige) Abkommen über Freundschaft, Zusammenarbeit und gegenseitigen Beistand mit allen Staaten ihres Machtbereiches geschlossen.

Blockbildung in Ost und West ■ Die Teilung Europas, der „Eiserne Vorhang", verlief unterdessen mitten durch das besiegte Deutschland. 1948 waren die Besatzungszonen der USA, Großbritanniens und Frankreichs zu einem gemeinsamen Wirtschaftsraum (Trizone) verschmolzen, im Mai 1949 wurde daraus die Bundesrepublik Deutschland als Staat mit eingeschränkter Souveränität. Im Oktober desselben Jahres erfolgte die Gründung der Deutschen Demokratischen Republik auf dem Boden der Sowjetischen Besatzungszone im Osten Deutschlands. Die DDR wurde wie ihre östlichen Nachbarn ein von der Sowjetunion abhängiger Satellitenstaat.

Als die Bundesrepublik Deutschland 1955 der NATO beitrat, unterzeichneten die UdSSR und ihre Verbündeten in Warschau den Vertrag über Freundschaft, Zusammenarbeit und gegenseitigen Beistand. Die beiden deutschen Teilstaaten waren seitdem vollständig in das westliche bzw. östliche Bündnissystem integriert.

„Friedliche Koexistenz" und atomares Gleichgewicht ■ Auf den Tod des Diktators Stalin im Jahr 1953 folgte eine neue Phase der Ost-West-Beziehungen. Der neue sowjetische Staats- und Parteichef Nikita Chruschtschow verkündete 1956 die Doktrin von der „friedlichen Koexistenz". Die unterschiedlichen Gesellschaftssysteme in Ost und West sollten vorerst nebeneinander bestehen und auf einen Krieg verzichten.

Diese Forderung stand in der Tradition Lenins und Stalins, die ihre revolutionären Ziele nötigenfalls der politischen Entwicklung angepasst hatten. Sie war desto dringender, als beide Seiten inzwischen über Nuklearwaffen verfügten. Die USA waren seit 1945 zunächst der einzige Staat gewesen, der Atomwaffen besaß. Im August 1949 war auch der Sowjetunion die Zündung einer Atombombe gelungen. 1955 hatte die Sowjetunion mit den USA bei der Herstellung einer Wasserstoffbombe gleichgezogen. Am 4. Oktober 1957 sandte die Sowjetunion den ersten künstlichen Satelliten („Sputnik") in den Weltraum. Der „Sputnik-Schock" führte der westlichen Öffentlichkeit schlagartig die Fortschritte des Ostblocks in der Raketentechnik vor Augen. Bald darauf verfügte die Sowjetunion über Raketen, die direkt auf die USA zielen konnten. Die USA hatten ihre atomare Überlegenheit verloren und waren nun auf dem eigenen Territorium angreifbar. Zwischen den Weltmächten trat eine strategische Pattsituation ein.

Die Entwicklung der Raketen als Trägersysteme wurde vor allem durch die Weltraumfahrt vorangetrieben. Der Wettlauf um die Vorherrschaft im Weltraum, der u.a. zur ersten bemannten Mondlandung der Amerikaner am 21. Juli 1969 führte, war ein weiteres Feld, auf dem der Kalte Krieg ausgetragen wurde. Dabei diente der technologische Vorsprung als Indiz für die Überlegenheit des jeweiligen Gesellschaftssystems. Unterdessen wuchs das Atomwaffenarsenal auf beiden Seiten stetig an. Mit den vorhandenen Sprengköpfen konnte die Menschheit mehrfach ausgelöscht werden („overkill capability"). Die Hochrüstung führte zu einem *„Gleichgewicht des Schreckens"*.

NATO (North Atlantic Treaty Organization): Die Zugehörigkeit verpflichtet nicht zum automatischen militärischen Beistand, sondern stellt die erforderlichen Maßnahmen in das Ermessen jedes Partners. Truppen der NATO wurden nach dem Ende des Kalten Krieges als Krisenreaktionskräfte auch zur Durchsetzung von Resolutionen der UNO eingesetzt.
Die NATO besteht nach wie vor, derzeit gehören ihr 28 Staaten an. Zu den zehn europäischen Gründungsmitgliedern gehören Belgien, Dänemark, Frankreich, Großbritannien, Island, Italien, Luxemburg, Niederlande, Norwegen und Portugal.

Exkursionstipp
Die Dauerausstellung des AlliiertenMuseums in Berlin-Dahlem erzählt die Geschichte der Westmächte in Berlin von 1945 bis 1994.
Siehe: http://www.alliierten museum.de/home.html

Vertrag über Freundschaft, Zusammenarbeit und gegenseitigen Beistand: Militärbündnis, gegründet am 14. Mai 1955; im Westen „Warschauer Pakt" genannt. Ihm gehörten die UdSSR, Albanien (bis 1968), Bulgarien, ČSSR, DDR (bis 1990), Polen, Rumänien und Ungarn an. Ökonomisch waren die Staaten des Ostblocks bereits seit 1949 im Rat für Gegenseitige Wirtschaftshilfe organisiert.
Der Vertrag von 1955 wurde am 1. April 1991 aufgelöst.

Nikita Sergejewitsch Chruschtschow (1894-1971): 1958-1964 Regierungschef der Sowjetunion, schließlich vom Politbüro der KPdSU entmachtet

M1 Erklärungsversuche zum Kalten Krieg

Der Historiker Bernd Stöver fasst Erklärungsversuche für die Entstehung des Kalten Krieges zusammen:

(1) Nach der *traditionellen Vorstellung*, der frühesten Erklärung, war aus westlicher Sicht für die Entstehung und Forcierung des Kalten Krieges die marxistisch-leninistische Ideologie mit ihrem Anspruch auf die Weltrevolution verantwortlich. Diese habe die Sowjetunion prinzipiell auf einen aggressiven Kurs gegenüber dem Westen festgelegt. Pragmatische Annäherungen in Entspannungsphasen seien zwar möglich gewesen, nicht jedoch eine Abschwächung des Expansionsdrangs. [...]
(2) [*Revisionistische Erklärung*] [...] Als der erste Band der revisionistischen Schule, William A. Williams' *The Tragedy of American Diplomacy*, 1959 erschien, befand sich die Welt nach der nur kurze Zeit zurückliegenden Doppelkrise um Ungarn und Suez[1] mit der Zweiten Berlin-Krise wieder auf Konfrontationskurs. Die Revisionisten [...] unterstrichen ausdrücklich die amerikanische Verantwortung für die Entstehung des Kalten Krieges. Die Sowjetunion sei aus dem Zweiten Weltkrieg geschwächt hervorgegangen und habe dem wirtschaftlich überlegenen Westen, insbesondere den USA und ihrer forcierten „Politik der Offenen Tür"[2], nahezu hilflos gegenübergestanden. Neben der ökonomischen Überlegenheit wurde hier ausdrücklich das amerikanische Atomwaffenmonopol der ersten Nachkriegsjahre als Argument für die amerikanische Verantwortung herangezogen. Stalins Politik sei weniger von imperialen Vorstellungen ausgegangen als von der Bewahrung und Sicherung des bestehenden Staates, der kontinuierlich gefährdet gewesen sei. [...]
(3) Beide Positionen näherten sich seit den Siebzigerjahren in der sogenannten *postrevisionistischen Interpretation* des Kalten Krieges an: Sie geht davon aus, dass gerade die angenommene Bedrohung durch die Gegenseite für die rasante Dynamik der Auseinandersetzung maßgeblich war. Kontinuierlich habe die verfehlte Wahrnehmung falsche Entscheidungen produziert. [...] Tatsächlich können die Postrevisionisten für sich verbuchen, dass vieles, was man nach der Öffnung bisher verschlossener Archive in den Jahren nach 1991 zutage förderte, in die Richtung wies, dass der Verlauf des Kalten Krieges nicht zuletzt durch massive Kommunikationsprobleme gefördert wurde. Gerade sein Ende – etwa der Wandel des Gorbatschow-Bildes im Westen – zeigt deutlich, wie stark die Überwindung von eingefahrenen Perzeptionsmustern[3] zur Beendigung des Kalten Krieges beitrug. Dennoch stießen auch diese Interpretationen auf Kritik. Tatsächlich muss man sich natürlich fragen, ob die Einschätzungen der Gegenseite wirklich so konsequent falsch waren wie unterstellt. Schloss nicht schon der Universalanspruch der beiden Ordnungsentwürfe den jeweils anderen kategorisch aus? Wurde nicht trotz der Abrüstungsverhandlungen alles versucht, das gegnerische System weiterhin zu unterminieren[4], und zwar nicht nur im eigenen Machtbereich, sondern auch an den entlegensten Peripherien des Konflikts? Wo konnte es eine Fehlinterpretation der jeweiligen gegnerischen Vorstellungen bei der gigantischen nuklearen Aufrüstung geben, die schließlich militärisch sinnvoll nicht mehr eingesetzt werden konnte und in der Lage war, nicht nur die gesamte Erdbevölkerung mehrfach zu vernichten, sondern die Erde auf Dauer unbewohnbar zu machen?
Alle drei Antworten auf die Frage, *warum* dieser Konflikt begann und mit aller Härte und vollem Einsatz der Kräfte bis zum Ende geführt wurde, blieben zeitgebundene Teilerklärungen. So wie die traditionelle und revisionistische Erklärung jeweils einseitige Schuldzuweisungen unternahmen, schloss der kommunikationstheoretische Ansatz des Postrevisionismus weitgehend die Möglichkeit aus, dass der Kalte Krieg ein klassischer Machtkonflikt war, der nicht aus Versehen oder aufgrund von Verständigungsproblemen, sondern bewusst und kalkuliert in Eskalationen und Deeskalationen geführt wurde, weil er ausgefochten und siegreich beendet werden sollte. Gerade für diese Annahme sprach jedoch immer vieles.

Bernd Stöver, Der Kalte Krieg 1947-1991. Geschichte eines radikalen Zeitalters, München 2007, S. 16-19

1 Ungarn-Krise: 1956 führte in Ungarn ein Volksaufstand zur Abschaffung der kommunistischen Einparteiendiktatur. Die sowjetische Armee beseitigte die neue Regierung und stellte die alten politischen Verhältnisse wieder her.
Suez-Krise: Ägypten hatte 1956 die Kontrolle über den Suezkanal übernommen, der bis dahin für die internationale Schifffahrt geöffnet war. Großbritannien und Frankreich griffen militärisch ein. Die USA und die Sowjetunion erreichten daraufhin den Rückzug der britischen und französischen Truppen.

2 Politik der Offenen Tür: Sie zielt darauf, dass keinem Land der freie Handel mit einem anderen Land verwehrt werden darf. Geprägt wurde der Begriff Ende des 19. Jahrhunderts im Zeitalter des Imperialismus.

1. *Arbeiten Sie heraus, wie der Westen und der Ostblock den Kalten Krieg erklärten.*

2. *Erläutern Sie die Feststellung Stövers, die drei Interpretationen seien jeweils „zeitgebundene Teilerklärungen" (Zeile 60 f.).*

3. *Nehmen Sie Stellung zur These Stövers, der Kalte Krieg sei ein „klassischer Machtkonflikt" gewesen (Zeile 65).*

3 Perzeptionsmuster: Wahrnehmungsmuster
4 unterminieren: untergraben

M2 „Drahtbericht aus Moskau"

Am 22. Februar 1946 schickt der Berater des US-Botschafters in Moskau, George F. Kennan, ein Telegramm nach Washington, das wesentliche Grundsätze der späteren amerikanischen Außenpolitik enthält:

Die UdSSR lebt immer noch inmitten feindseliger „kapitalistischer Einkreisung", mit der es auf die Dauer keine friedliche Koexistenz geben kann. [...] Die Erfordernisse ihrer eigenen vergangenen und gegenwärtigen Position sind es, die die sowjetische Führung dazu zwingen, ein Dogma zu verkünden, nach dem die Außenwelt böse, feindselig und drohend, aber zugleich von einer schleichenden Krankheit befallen und dazu verurteilt ist, von immer stärker werdenden inneren Kämpfen zerrissen zu werden, bis sie schließlich von einer erstarkenden Macht des Sozialismus den Gnadenstoß erhält und einer neuen und besseren Welt weicht. Diese These liefert den Vorwand für das Anwachsen von Militär und Polizei im russischen Staat, für die Isolierung der russischen Bevölkerung von der Außenwelt und für die ständigen Versuche, die russische Polizeigewalt noch weiter auszuweiten, alles Dinge, die seit je den natürlichen Instinkten russischer Herrscher entsprechen. [...]

Wo es angezeigt und Erfolg versprechend scheint, wird man versuchen, die äußeren Grenzen der Sowjetmacht zu erweitern. [...]

Gegenüber Kolonialgebieten und rückständigen oder abhängigen Völkern wird die sowjetische Politik sogar auf amtlicher Ebene das Ziel verfolgen, Macht, Einfluss und Kontakte der hoch entwickelten westlichen Nationen zu schwächen, und zwar unter dem Gesichtspunkt, dass bei einem Erfolg dieser Politik ein Vakuum entstünde, das sowjetisch-kommunistisches Eindringen erleichtern müsste [...].

Alles in allem haben wir es mit einer politischen Kraft zu tun, die sich fanatisch zu dem Glauben bekennt, dass es mit Amerika keinen dauernden Modus Vivendi[1] geben kann, dass es wünschenswert und notwendig ist, die innere Harmonie unserer Gesellschaft, unsere traditionellen Lebensgewohnheiten und das internationale Ansehen unseres Staates zu zerstören, um der Sowjetmacht Sicherheit zu verschaffen [...].

Sie [die Sowjetunion] arbeitet nicht nach festgelegten Plänen. Sie geht keine unnötigen Risiken ein. Der Logik der Vernunft unzugänglich, ist sie der Logik der Macht in hohem Maße zugänglich. Daher kann sie sich ohne Weiteres zurückziehen – und tut das im Allgemeinen –, wenn sie irgendwo auf starken Widerstand stößt. Wenn also dem Gegner genügend Hilfsmittel zur Verfügung stehen und er die Bereitschaft zu erkennen gibt, sie auch einzusetzen, wird er das selten tun müssen. Wenn die Situation richtig gehandhabt wird, braucht es zu keiner das Prestige verletzenden Kraftprobe kommen. [...]

Ich bin überzeugt, dass es in unserem Lande heute viel weniger antisowjetische Hysterie gäbe, wenn unser Volk mit der Situation besser vertraut wäre. Nichts ist so gefährlich oder so schrecklich wie das Unbekannte [...].

Viel hängt von der Gesundheit und Kraft unserer eigenen Gesellschaft ab. Der Weltkommunismus ist wie ein bösartiger Parasit, der sich nur von erkranktem Gewebe nährt. Das ist der Punkt, in dem Innen- und Außenpolitik einander begegnen.

George F. Kennan, Memoiren eines Diplomaten, Bd. 1, Stuttgart 1968, S. 553 ff.

▸ Demonstration gegen das wegen sowjetischer Atomspionage angeklagte Ehepaar Rosenberg im März 1951.
Die USA bekämpften die „rote Gefahr" auch im eigenen Land. 1951 befand ein Gericht den Elektroingenieur Julius Rosenberg und seine Frau Ethel für schuldig, im Krieg Atomgeheimnisse an die Sowjetunion weitergegeben zu haben. Beide wurden zum Tode verurteilt und am 19. Juni 1953 hingerichtet. Die Hysterie wurde Anfang der 1950er-Jahre noch durch die „Hexenjagd" des republikanischen Senators Joseph McCarthy gegen vermeintliche Kommunisten in Politik und Öffentlichkeit gesteigert („McCarthyismus").

1. *Arbeiten Sie heraus, worin Kennan den Unterschied zwischen „Logik der Vernunft" und „Logik der Macht" sieht.*
2. *Vergleichen Sie die im Text skizzierten Bilder, die die UdSSR und die USA voneinander entwerfen.*
3. *Nennen Sie mögliche außenpolitische Konsequenzen der US-Regierung aus Kennans Analyse.*

[1] Modus Vivendi (lat.): Zustand erträglichen Zusammenlebens

▲ **„Churchill und seine Vorläufer."**
Karikatur aus der sowjetischen Zeitschrift „Krokodil", März 1946. Auf den Flaggen steht: „Eiserner Vorhang über Europa" und „Die Angelsachsen sollten die Welt beherrschen".

- *Identifizieren Sie die beiden Personen in Churchills Schatten.*
- *Erläutern Sie die Darstellung Churchills in dieser sowjetischen Karikatur.*

M3 Der „Eiserne Vorhang" in Europa

In Gegenwart und nach Absprache mit US-Präsident Truman spricht der Oppositionsführer im britischen Unterhaus, Winston Churchill, am 5. März 1946 über die sowjetische Politik in Osteuropa:

Ein Schatten ist auf die Erde gefallen, die erst vor Kurzem durch den Sieg der Alliierten hell erleuchtet worden ist. Niemand weiß, was Sowjetrussland und die kommunistische internationale Organisation in der nächsten Zukunft zu tun gedenken oder was für Grenzen ihren expansionistischen und Bekehrungstendenzen gesetzt sind, wenn ihnen überhaupt Grenzen gesetzt sind. [...] Von Stettin an der Ostsee bis hinunter nach Triest an der Adria ist ein „Eiserner Vorhang" über den Kontinent gezogen. [...] Die kommunistischen Parteien, die in allen diesen östlichen Staaten Europas bisher sehr klein waren, sind überall großgezogen worden, sie sind zu unverhältnismäßig hoher Macht gelangt und suchen jetzt überall die totalitäre Kontrolle an sich zu reißen. [...] Welches auch die Schlussfolgerungen sind, die aus diesen Tatsachen gezogen werden können, eines steht fest, das ist sicher nicht das befreite Europa, für dessen Aufbau wir gekämpft haben. Es ist nicht ein Europa, das die unerlässlichen Elemente eines dauernden Friedens enthält.

Ich glaube nicht, dass Sowjetrussland den Krieg will. Was es will, das sind die Früchte des Krieges und die unbeschränkte Ausdehnung seiner Macht und die Verbreitung seiner Doktrin. Was wir aber heute, solange noch Zeit vorhanden ist, in Erwägung ziehen müssen, das sind die Mittel zur dauernden Verhütung des Krieges und zur Schaffung von Freiheit und Demokratie in allen Ländern.

Keesings Archiv der Gegenwart 1946, S. 669 f.

1. *Skizzieren Sie, wie Churchill die internationale Lage bewertet. Welche Kurskorrekturen spricht er an?*

2. *Prüfen Sie, ob sich die Einschätzung Churchills mit derjenigen Kennans (M2) deckt.*

M4 Die Truman-Doktrin

In seiner Rede vor dem amerikanischen Kongress am 12. März 1947 fordert Präsident Truman die Bereitstellung von 400 Millionen Dollar zur Unterstützung Griechenlands und der Türkei. Dadurch soll verhindert werden, dass kommunistische Kräfte im griechischen Bürgerkrieg die Macht an sich reißen. Truman führt aus:

Eins der ersten Ziele der Außenpolitik der Vereinigten Staaten ist es, Bedingungen zu schaffen, unter denen wir und andere Nationen uns ein Leben aufbauen können, das frei von Zwang ist. Das war ein grundlegender Faktor im Krieg gegen Deutschland und Japan. [...]

In einer Anzahl von Ländern waren den Völkern kürzlich gegen ihren Willen totalitäre Regimes aufgezwungen worden. Die Regierung der Vereinigten Staaten hat mehrfach gegen Zwang und Einschüchterung bei der Verletzung des Jalta-Abkommens in Polen, Rumänien und Bulgarien protestiert. Und weiter muss ich feststellen, dass in einer Anzahl anderer Staaten ähnliche Entwicklungen stattgefunden haben. Im gegenwärtigen Abschnitt der Weltgeschichte muss fast jede Nation ihre Wahl in Bezug auf ihre Lebensweise treffen. Nur allzu oft ist es keine freie Wahl. Die eine Lebensweise gründet sich auf den Willen der Mehrheit und zeichnet sich durch freie Einrichtungen, freie Wahlen, Garantie der individuellen Freiheit, Rede- und Religionsfreiheit und Freiheit vor politischer Unterdrückung aus. Die zweite Lebensweise gründet sich auf den Willen einer Minderheit, der der Mehrheit aufgezwungen wird. Terror und Unterdrückung, kontrollierte Presse und Rundfunk, fingierte Wahlen und Unterdrückung der persönlichen Freiheiten sind ihre Kennzeichen.

Ich bin der Ansicht, dass es die Politik der Vereinigten Staaten sein muss, die freien Völker zu unterstützen, die sich der

Unterwerfung durch bewaffnete Minderheiten oder durch Druck von außen widersetzen. Ich glaube, dass wir den freien Völkern helfen müssen, sich ihr eigenes Geschick nach ihrer eigenen Art zu gestalten. [...]
Die Saat der totalitären Regimes gedeiht in Elend und Mangel. Sie verbreitet sich und wächst in dem schlechten Boden von Armut und Kampf. Sie wächst sich vollends aus, wenn in einem Volk die Hoffnung auf ein besseres Leben ganz erstirbt. Wir müssen diese Hoffnung am Leben erhalten. Die freien Völker der Erde blicken auf uns und erwarten, dass wir sie in der Erhaltung der Freiheit unterstützen.

Ernst Schräpler und Herbert Michaelis (Hrsg.), Ursachen und Folgen. Vom deutschen Zusammenbruch 1918 und 1945 bis zur staatlichen Neuordnung in der Gegenwart, Bd. 25, Berlin o. J., S. 148 ff.

1. *Stellen Sie dar, inwiefern die Rede eine fundamentale Neuorientierung der US-Außenpolitik anzeigt.*
2. *Die USA müssten nach Truman den freien Völkern helfen, „sich ihr eigenes Geschick nach ihrer eigenen Art zu gestalten" (Zeile 28 f.). Erörtern Sie, inwieweit diese Verpflichtung über den Grundsatz des Selbstbestimmungsrechts der Völker hinausgeht, den die USA bis dahin vertraten.*
3. *Diskutieren Sie den Anspruch von Großmächten, sich in die Belange „freier Völker" einzumischen.*

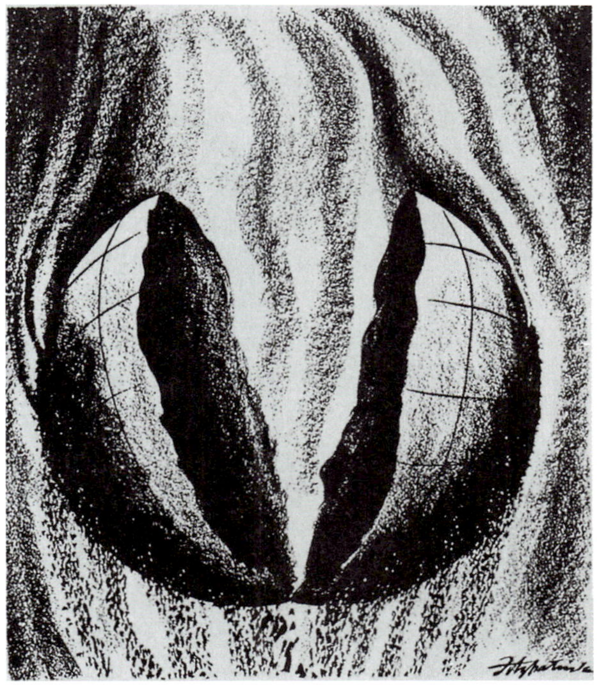

▲ **„One world?"**
Karikatur von Daniel R. Fitzpatrick aus dem „St. Louis Post-Dispatch" vom 12. März 1947.

M5 Die Welt ist in zwei Lager geteilt

Bei der Gründung der Kominform am 30. September 1947 entwickelt der sowjetische Delegierte Andrei Schdanow auf Veranlassung Stalins die folgende Theorie:

Die Sowjetunion und die demokratischen Länder betrachteten als Hauptziele des Krieges die Wiederherstellung und Festigung der demokratischen Systeme in Europa, die Liquidierung des Faschismus, Verhütung der Möglichkeit einer neuen Aggression Deutschlands und allseitige dauernde Zusammenarbeit der Völker Europas. Die USA, und in Übereinstimmung mit ihnen Großbritannien, setzten sich im Krieg ein anderes Ziel: Beseitigung ihrer Konkurrenten auf dem Weltmarkt (Deutschland und Japan) und Festigung ihrer eigenen Vormachtstellung. Die Meinungsverschiedenheiten in der Zielsetzung des Krieges und der Aufgaben der Nachkriegsgestaltung haben sich in der Nachkriegszeit vertieft. Es bildeten sich zwei einander entgegengesetzte politische Richtungen heraus: auf dem einen Pol die Politik der UdSSR und der demokratischen Länder, die auf Untergrabung des Imperialismus und Festigung der Demokratie gerichtet ist, auf dem anderen die Politik der USA und Großbritanniens, die auf Stärkung des Imperialismus und Drosselung der Demokratie abzielt. Da die UdSSR und die Länder der neuen Demokratie ein Hindernis bei der Durchführung der imperialistischen Pläne des Kampfes um die Weltherrschaft und der Zerschlagung der demokratischen Bewegung sind, wurde ein Kreuzzug gegen die UdSSR und die Länder der neuen Demokratie proklamiert, der auch durch Drohungen mit einem neuen Krieg vonseiten der besonders eifrigen imperialistischen Politiker der USA und Englands bestärkt wird. Auf diese Weise entstanden zwei Lager: das imperialistische, antidemokratische Lager, dessen Hauptziel die Weltherrschaft des amerikanischen Imperialismus und die Zerschlagung der Demokratie ist, und das antiimperialistische und demokratische Lager, dessen Hauptziel die Untergrabung des Imperialismus, die Festigung der Demokratie und die Liquidierung der Überreste des Faschismus ist.

Keesings Archiv der Gegenwart 1947, S. 1207 f.

1. *Erklären Sie, inwiefern Schdanows Ausführungen eine Antwort auf Truman-Doktrin und Marshall-Plan (Seite 182 f. und 178) sind.*
2. *Erläutern Sie den sowjetischen Demokratiebegriff.*
3. *Beurteilen Sie die Bedeutung der sogenannten Zwei-Lager-Theorie für das Verhältnis zwischen Moskau und den kommunistischen Parteien Osteuropas.*

Krisen und Konflikte im Zeichen des Kalten Krieges

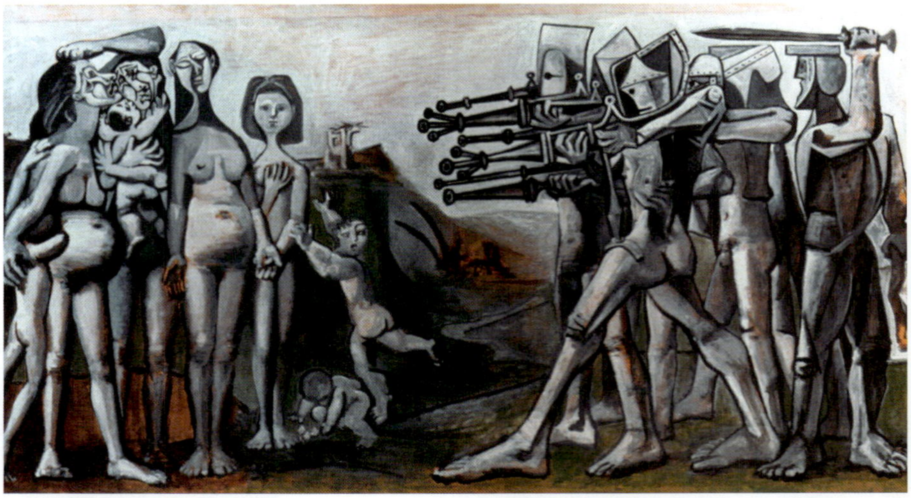

▲ **Massaker in Korea.**
Gemälde des spanischen Künstlers Pablo Picasso (1881-1973) von 1951, das zeigt, wie sehr der Krieg in Korea auch in Europa Beachtung fand.

Von Korea nach Berlin Das militärische Gleichgewicht bewahrte die USA und die Sowjetunion davor, gegeneinander Krieg zu führen. Dennoch hielten zahlreiche Krisen und Konflikte in den 1950er- und 60er-Jahren den Ost-West-Gegensatz wach.

Mit dem *Korea-Krieg* fand der erste Stellvertreterkrieg zwischen den Großmächten statt. Nach der Kapitulation Japans im September 1945 hatten sowjetische und amerikanische Truppen Korea besetzt, das Land war daraufhin in einen kommunistischen Norden und einen an Amerika angelehnten Süden geteilt worden. Als im Juni 1950 nordkoreanische Truppen mit Billigung Stalins Südkorea überfielen, beschloss der UN-Sicherheitsrat den Einsatz von Truppen unter amerikanischer Führung. Damit standen sich die beiden Blöcke in Korea erstmals in einem „heißen Krieg" gegenüber.

Zwischen 1950 und 1953 kämpften US-Truppen an der Seite Südkoreas gegen nordkoreanische Truppen, die mit Billigung Moskaus von China unterstützt wurden. Der Krieg endete mit einem Waffenstillstand, der die Teilung des Landes bestätigte und die Grenzen von 1945 wiederherstellte. Die Auseinandersetzungen hinterließen ein zerstörtes Land und Millionen von Kriegsopfern.

1953 wurde der *Arbeiter- und Volksaufstand gegen das DDR-Regime* mit dem Einsatz der in Ostdeutschland stationierten Roten Armee beendet. Die Westmächte griffen nicht ein, ebenso wenig wie 1956 beim *Aufstand der Ungarn* gegen das kommunistische Regime, der ebenfalls von den Sowjets niedergeschlagen wurde.

In der *Zweiten Berlin-Krise* 1958-1961 drängte der sowjetische Staats- und Parteichef Chruschtschow auf eine Neuregelung des Status von Berlin. Dabei wollte er den Abzug der westlichen Alliierten erreichen. Zudem drohte er mit einem separaten Friedensvertrag zwischen der Sowjetunion und der DDR – ein Verstoß gegen die Vereinbarungen der Siegermächte. Zusätzlich belastet wurde das Verhältnis zwischen Washington und Moskau durch den Abschuss eines amerikanischen Spionageflugzeugs über dem Gebiet der Sowjetunion. Beide Seiten konnten sich nicht einigen, auch ein Gipfeltreffen im Juni 1961 blieb erfolglos. Die Welt befürchtete einen Atomkrieg angesichts des Streits um Berlin. Die USA unter Präsident **John F. Kennedy** lenkten schließlich ein,

John F. (Fitzgerald) Kennedy (1917-1963): 1961-1963 US-Präsident (Demokrat); fiel 1963 einem Attentat zum Opfer

indem sie lediglich für West-Berlin eine Bestandsgarantie aussprachen. Damit erkannte der Westen auch offiziell die alleinige Vormacht der Sowjetunion über die DDR und Ost-Berlin an. Moskau gab daraufhin der DDR-Führung im August 1961 freie Hand für den Bau der Berliner Mauer. Sie wurde weltweit zum Symbol des Kalten Krieges.

▲ **Nikita Chruschtschow (rechts) und Fidel Castro bei dessen Moskau-Besuch im Mai 1963.**
Für Chruschtschow war Castro der Hoffnungsträger des Kommunismus. Castros Ziel war es, Kuba endgültig aus dem amerikanischen Machtkreis zu befreien. Er wurde zur weltweiten Symbolfigur des Antiamerikanismus und zum Feindbild für Washington. Dort befürchtete man nun, Kuba könne zum Einfallstor für die Ausdehnung des Kommunismus in Süd- und Mittelamerika werden. Ein US-Präsident nach dem anderen nahm sich vor, Castro zu stürzen; mehrfach versuchte der amerikanische Geheimdienst, ihn zu ermorden.

Die Kuba-Krise Das Zurückweichen der USA vor den sowjetischen Drohungen in der Berlin-Krise des Sommers 1961 veranlasste den sowjetischen Staats- und Parteichef Nikita Chruschtschow zur Fortsetzung seines Konfrontationskurses in unmittelbarer Nachbarschaft der amerikanischen Weltmacht. Nie wieder stand die Welt so nah am Rand eines dritten Weltkrieges wie in den dreizehn Tagen der *Kuba-Krise* vom 16. bis 28. Oktober 1962. Die Ereignisse fielen in den Beginn der Amtszeit von John F. Kennedy. Trotz der massiven Aufrüstung, die der US-Präsident nach seiner Wahl betrieb, war er überzeugt, den Kalten Krieg durch eine wirtschaftliche Stabilisierung der schwachen und für den Kommunismus anfälligen Länder gewinnen zu können. Für die Karibikinsel Kuba kam diese Politik allerdings zu spät.

Nach einem jahrelangen Guerillakrieg gegen das korrupte Regime des Diktators *Fulgencio Batista* hatte der kommunistische Revolutionär **Fidel Castro** 1959 die Macht in Havanna übernommen. Er erklärte Kuba zu einer sozialistischen Republik, führte eine Bodenreform durch und leitete die Verstaatlichung des gesamten US-Besitzes ein (Zucker- und Erdöl-Raffinerien, Banken, sonstige Unternehmen). Die USA reagierten darauf mit einem Handelsembargo und dem Abbruch der diplomatischen Beziehungen. Unterstützung fand Castro bei Chruschtschow, der im Sommer 1960 ein Militärabkommen mit Kuba schloss. Der sowjetische Parteichef wollte die Gelegenheit nutzen, um sich in Lateinamerika eine Operationsbasis in der westlichen Hemisphäre zu schaffen. Im April 1961 scheiterte eine von US-Präsident John F. Kennedy geförderte Invasion von Exilkubanern zur Entmachtung Castros, dessen Position dadurch erheblich gestärkt wurde.

Zu diesem Zeitpunkt verfügten die USA und die Sowjetunion über atomare Mittelstreckenraketen, die Nuklearsprengköpfe in wenigen Minuten mehrere tausend Kilometer weit transportieren konnten. Die Vereinigten Staaten besaßen jedoch einen strategischen Vorteil, da sie solche Raketen 1959 in den NATO-Staaten Italien und der Türkei stationiert hatten, von wo aus der Süden der UdSSR ohne wesentliche Vorwarnzeit erreichbar war. Demgegenüber konnte die Sowjetunion das Gebiet der USA nur mit Bombern oder Interkontinentalraketen erreichen, die durch eine ungleich längere Vorwarnzeit Abwehrmaßnahmen zuließen. Chruschtschow wollte nun die Gelegenheit nutzen, um das militärische Gleichgewicht zugunsten der Sowjetunion zu verschieben. Zudem bildete Kuba eine Basis für die Ausbreitung des Kommunismus in Lateinamerika, die er sich sichern wollte. 1961 begann die UdSSR deshalb, heimlich Atomraketen auf Kuba zu stationieren (▸ M1).

Seit Mitte Oktober 1962 hatte die US-Regierung durch Luftaufnahmen ihres Geheimdienstes den Beweis in den Händen, dass auf Kuba sowjetische Mittelstreckenraketen in Stellung gebracht wurden. Die USA waren nun unmittelbar bedroht. Nach mehreren Krisensitzungen ordnete Kennedy eine Seeblockade an, außerdem forderte er Chruschtschow zum sofortigen Abzug der Waffen auf. In einer Fernsehansprache

Fidel Castro (geb. 1926): kubanischer Revolutionsführer und kommunistischer Diktator; von 1959 bis 2008 kubanischer Regierungs- und von 1976 bis 2008 zudem Staatspräsident

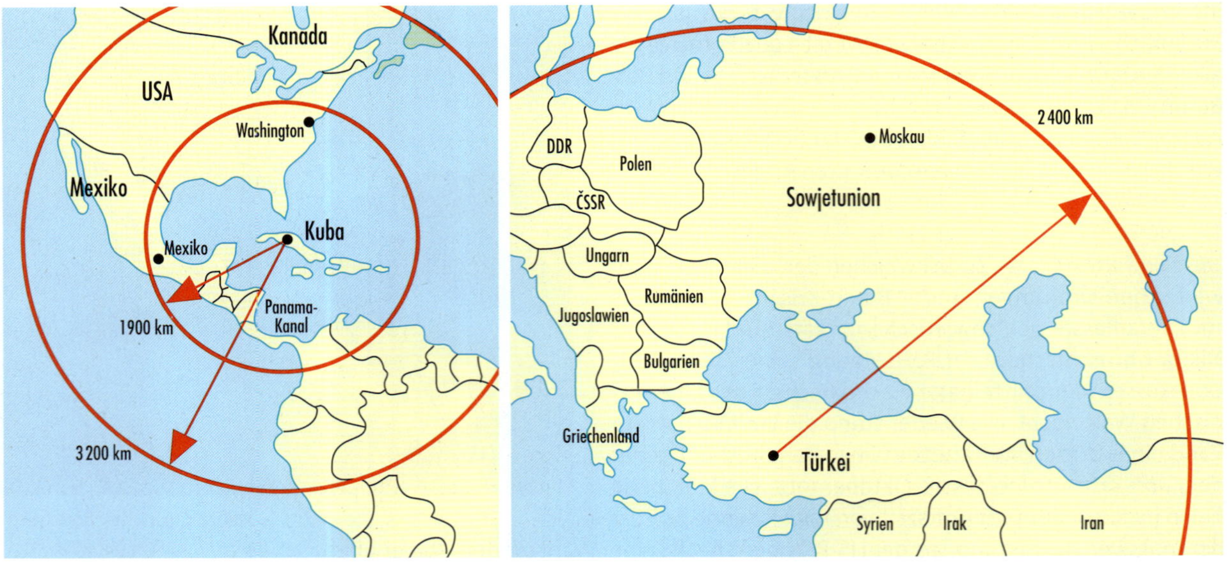

▲ **Reichweite der sowjetischen Atomraketen auf Kuba und der amerikanischen Atomraketen in der Türkei.**

am 22. Oktober 1962 informierte er die Weltöffentlichkeit über die Existenz sowjetischer Raketen auf Kuba und über die Forderung seiner Regierung, diese wieder abzubauen. In einem geheimen Briefwechsel lenkten beide Staatschefs Ende Oktober 1962 schließlich ein. Chruschtschow befahl den Rücktransport der Raketen, während Kennedy auf alle Invasionspläne gegen Kuba verzichtete und die – wenngleich veralteten – US-Raketen in der Türkei abzog (▸ M2).

Krieg in Vietnam Der *Vietnam-Krieg* war ein weiterer Stellvertreterkrieg im Rahmen des Ost-West-Konflikts. Er fiel in eine Phase, in der die Sowjetunion und die USA nach der Kuba-Krise bemüht waren, die militärische und scharfe machtpolitische Konfrontation abzubauen. Das globale Ringen um Einflusszonen aber hörte deshalb nicht auf.

Vietnam war 1954 auf einer internationalen Konferenz geteilt worden. Außerdem waren freie Wahlen beschlossen worden, die jedoch der diktatorisch regierende Präsident Südvietnams verhinderte. Die in Nordvietnam regierenden Kommunisten unterstützten die prokommunistischen Guerillakämpfer (**Vietcong**) in Südvietnam, die bis 1962 mit brutaler Gewalt einen Großteil der ländlichen Gebiete Südvietnams unter ihre Kontrolle brachten. In Washington fürchtete man, bei einem Sieg des Kommunismus in Südvietnam würden auch die übrigen Staaten Südostasiens einer nach dem anderen unter kommunistische Herrschaft geraten („*Domino-Theorie*"). Daher entsandte die US-Regierung zunächst Waffen und Militärberater, ehe sie im August 1964 unter Präsident *Lyndon B. Johnson* (1908 - 1973) offiziell in den Krieg eintrat. Der Krieg dauerte elf Jahre, kostete über 58 000 Amerikaner das Leben und konnte nur unter größtem Einsatz der US-Militärmacht beendet werden.

Vietcong: Untergrundorganisation aus verschiedenen politischen Gruppen, die 1960 den bewaffneten Kampf gegen die Regierung Südvietnams aufnahm

Die Vietcong verteidigten die Kontrolle über ländliche Gebiete Südvietnams und griffen amerikanische Militärstützpunkte an. Sie erhielten Nachschub an Waffen und Gerät, auch an bewaffneten Kämpfern und nordvietnamesischen Truppen über den nach dem nordvietnamesischen Präsidenten benannten *Ho-Chi-Minh-Pfad*, ein verzweigtes Netz von Dschungelwegen, das von Nordvietnam über Laos und Kambodscha Südvietnam erreichte. Auf diese Nachschubwege konzentrierten sich zunächst die Luftangriffe der amerikanischen Truppen, die zunehmend auch in Bodenkämpfe verwickelt wurden. Obwohl die US-Regierung chemische Kampfstoffe, mehr Bomben als im Zweiten Weltkrieg und bald auch mit 543 000 Mann (1968) doppelt so viele Soldaten wie Nordvietnam und der Vietcong einsetzte, gewann sie militärisch nicht die Oberhand.

Die Zivilbevölkerung Südvietnams litt unsäglich unter dem Bomben- und Dschungelkrieg. Bilder toter und verstümmelter Menschen gingen um die Welt. Flächenbombardements und chemische Kampfstoffe verwüsteten weite Landstriche. Etwa drei Millionen Vietnamesen kamen um, darunter eine Million Soldaten. Die Berichte in den Medien steigerten die öffentliche Kritik und den Widerstand gegen den Krieg, vor allem in den USA selbst. Waffenstillstandsverhandlungen zogen sich jedoch in die Länge; obwohl bereits 1968 begonnen, wurden sie erst 1973 abgeschlossen. Die US-Truppen zogen sich daraufhin ganz zurück, sodass nordvietnamesische Truppen bis 1975 den Süden erobern konnten. 1976 folgte die Vereinigung zur Sozialistischen Republik Vietnam. Der Schaden für die US-Politik indes war enorm. Nach dem Rückzug kamen – wie erwartet – auch in Laos und Kambodscha kommunistische Regime an die Macht. Insofern bestätigte sich die Domino-Theorie der USA. Die amerikanische Bevölkerung war tief gespalten und traumatisiert angesichts der Verluste sowie der Kriegsgräuel, die in ihrem Namen verübt wurden. Auch büßten die USA viel Ansehen in der westlichen Öffentlichkeit ein.

▲ **Von Napalm verbrannte vietnamesische Frau.**
Foto von 1965.

Alexander Dubček (1921-1992): 1968 Chef der tschechoslowakischen KP; wurde nach dem „Prager Frühling" von der Partei ausgeschlossen, 1989 rehabilitiert und zum Parlamentspräsidenten ernannt

Leonid Iljitsch Breschnew (1907-1982): 1964-1982 Chef der KPdSU; 1977-1982 sowjetischer Staatschef

Die gewaltsame Unterdrückung des „Prager Frühlings" Auf der Gegenseite zeigte der Ostblock im *„Prager Frühling"* von 1968 erste Risse. In der Tschechoslowakei versuchte **Alexander Dubček** Anfang 1968, einen „Kommunismus mit menschlichem Antlitz" einzuführen. So sollten unter anderem die Einparteiendiktatur über alle Bereiche des gesellschaftlichen Lebens aufgehoben und oppositionelle Parteien zugelassen werden. Der Reformkurs wurde von der Bevölkerung begeistert aufgenommen. Der sowjetische Parteichef **Leonid Breschnew** fürchtete allerdings Auswirkungen auf andere Staaten des Ostblocks und sah die absolute Vorherrschaft seines Landes in Gefahr.

▶ **Niederschlagung des „Prager Frühlings" in Bratislava.**
Foto von Ladislav Bielik vom 21. August 1968. Im Rahmen des „Prager Frühlings" gab es Massendemonstrationen nicht nur in der tschechoslowakischen Hauptstadt Prag, sondern auch in anderen großen Städten des Landes.
Das Bild entstand nach dem Einmarsch der Truppen der Warschauer Vertragsorganisation in Bratislava. Ein Einzelner stellt sich vor einen sowjetischen Panzer und entblößt dabei seine Brust von seinem karierten Handwerkeranzug.
- *Oft wurde nur der markierte Ausschnitt gezeigt. Erläutern Sie, wie sich dadurch die Wirkung des Bildes verändert.*
- *Das Bild wurde zu einem Symbol für die „Macht der Ohnmächtigen". Stellen Sie dar, wodurch der Mann als unterdrückt und hilflos erscheint.*
- *Erörtern Sie, ob es angemessen ist, die Wirkung von Nachrichtenbildern durch Ausschnitte zu verändern.*

Als die tschechoslowakische Regierung trotz aller Einschüchterungsmaßnahmen ihre Demokratisierungspolitik fortsetzte, marschierten Truppen der Warschauer Vertragsorganisation am 20. August 1968 in die ČSSR ein. Die DDR unterstützte die Aktion propagandistisch. Die führenden Köpfe des „Prager Frühlings" wurden verhaftet, die Abhängigkeit der „sozialistischen Bruderrepublik" von Moskau wiederhergestellt. Breschnew rechtfertigte die Intervention im Nachhinein mit der sogenannten *Breschnew-Doktrin* (▸ M3). Danach sei die Sowjetunion berechtigt, Abweichungen vom „Weg des Sozialismus" notfalls mit militärischer Gewalt zu unterdrücken. Wie schon beim Aufstand in Ungarn 1956 nahmen die USA und ihre europäischen Verbündeten das Vorgehen der Sowjets in deren Einflussbereich tatenlos hin.

Versuche zur Annäherung Der Ost-West-Konflikt ließ freilich auch Raum für Verständigung. Schon nach der Kuba-Krise 1962 hatten das Weiße Haus und der Kreml eine direkte Fernschreiberverbindung („*Heißer Draht*") eingerichtet, die die Kommunikation in Konfliktfällen sicherstellte. Das „Gleichgewicht des Schreckens" hielt nicht nur den militärischen Rüstungswettlauf in Gang, sondern förderte im Laufe der Sechzigerjahre auch die Bereitschaft zu Rüstungskontrollverhandlungen. 1963 wurde das *Atomteststoppabkommen* unterzeichnet, das überirdische Kernwaffentests untersagte, um Mensch und Umwelt vor weiterer radioaktiver Verseuchung zu schützen. 1968 einigten sich die USA, die Sowjetunion, Großbritannien, Frankreich und China auf die Nichtverbreitung von Kernwaffen (*Atomwaffensperrvertrag*). Bis zum Jahr 2006 traten diesem Abkommen 189 Staaten bei.

Zu Beginn der Siebzigerjahre, mit dem Amtsantritt von US-Präsident *Richard Nixon* (1914-1994), standen die Zeichen auf Entspannung. Die Sowjetunion suchte die Kooperation mit Amerika, um das kostspielige Wettrüsten einzuschränken und an der fortschrittlichen Technologie des Westens teilzuhaben. Nicht zuletzt war Bewegung in die Ost-West-Beziehungen geraten, seit sich die USA und China erstmals annäherten.

Vor dem Hintergrund dieser Interessenlage schlossen Washington und Moskau eine Reihe von Verträgen zur Rüstungsbegrenzung und Rüstungskontrolle sowie zum wirtschaftlichen Austausch. Das Klima der Ost-West-Beziehungen schien sich zu bessern, insbesondere in Europa wuchs die Hoffnung auf einen gesicherten Frieden im Rahmen des Status quo.

SALT: Abkürzung für „Strategic Arms Limitation Talks"

Von besonderer Bedeutung war der 1972 abgeschlossene **SALT-I-Vertrag** über die Begrenzung der vorhandenen nuklearen Abwehr- und Angriffssysteme und über die Kontrolle des Rüstungswettlaufs. Der bizarren Logik der Rüstungsstrategen im Atomzeitalter folgend sollte sich aus der erstmals festgeschriebenen gegenseitigen Vergeltungsfähigkeit ein Zugewinn an globaler Sicherheit ergeben. Doch weder die Zahl noch die Zerstörungskraft der atomaren Sprengköpfe wurden festgelegt, und viele Bestimmungen waren bewusst vage gehalten. So war letztlich die Tatsache des Vertragsabschlusses wichtiger als dessen Inhalt. Auch der 1979 von US-Präsident *Jimmy Carter* (geb. 1924) und Breschnew in Wien unterzeichnete *SALT-II-Vertrag* schrieb lediglich eine Obergrenze für die Trägersysteme vor, ließ jedoch die Zahl der nuklearen Sprengköpfe und anderer Waffensystem (U-Boote) für beide Seiten offen.

Ein Höhepunkt der Ost-West-Entspannung war die *Konferenz über Sicherheit und Zusammenarbeit in Europa* (KSZE), zu der seit 1972 35 Länder zusammengefunden hatten und die am 1. August 1975 mit der Unterzeichnung der sogenannten *Schlussakte von Helsinki* vorläufig endete (▸ M4). Die Unterzeichnerstaaten (die USA, Kanada und alle europäischen Länder außer Albanien) gingen damit die politisch-moralische Verpflichtung ein, ihre Beziehungen auf friedlicher Basis unter Verzicht auf Gewaltandro-

Die bipolare Welt nach 1945

hung, im Rahmen der gegebenen Grenzen und bei Respektierung der Menschenrechte im Innern zu entwickeln. Die Sowjetunion erhielt mit der Anerkennung der Grenzen in Europa ihren Hegemonialanspruch im Ostblock bestätigt, die Westmächte pochten vor allem auf mehr Freiheitsrechten für die Menschen im sozialistischen Teil Europas. Seither mussten die kommunistischen Diktaturen Reiseerleichterungen und Familienzusammenführung gewähren und den Austausch von Informationen erleichtern. Auch wenn sie weiter Andersdenkende verfolgten, konnten sie nicht länger verhindern, dass sich in der Tschechoslowakei (**Charta 77**), in Polen (**Solidarność**) und später auch in der DDR Bürgerrechtler auf die Prinzipien von Helsinki beriefen. Bereits auf der ersten KSZE-Folgekonferenz in Belgrad (Oktober 1977/März 1978) kam es zum Streit zwischen der Sowjetunion und US-Präsident Carter über die Umsetzung der Menschenrechte – ein Signal für die Krise, in welche die Ost-West-Beziehungen mittlerweile wieder geraten waren.

Charta 77: Petition gegen Menschenrechtsverletzungen, veröffentlicht im Januar 1977; gleichzeitig der Name für die in den 1970er- und 80er-Jahren aktive Bürgerrechtsbewegung in der Tschechoslowakei, die zum Zentrum der Opposition gegen das kommunistische Regime wurde

Solidarność (dt. „Solidarität"): Bezeichnung für eine polnische Gewerkschaft, die 1980 entstand und großen Einfluss auf die politische Wende von 1989 hatte

Rückfall in den Kalten Krieg Die Annäherung zwischen Ost und West kam Ende der 1970er-Jahre rasch an ihre Grenzen, als die UdSSR eine neue Phase massiver Aufrüstung einläutete. Mit einer aktuellen Generation von Interkontinentalraketen, zusätzlichen atomgetriebenen U-Booten und den neuen *Mittelstreckenraketen* SS-20 versuchte die Sowjetunion, ihre militärische Position, insbesondere in Europa, zu stärken. Auf Anraten des deutschen Bundeskanzlers *Helmut Schmidt* (geb. 1918) einigte sich die NATO im Dezember 1979 auf den sogenannten *„Nachrüstungsdoppelbeschluss"* (NATO-Doppelbeschluss). Er sah die Aufrüstung im Bereich der Mittelstreckenraketen, zugleich aber Verhandlungen mit der Sowjetunion vor. In der amerikanischen Innenpolitik gewannen allerdings die Gegner der Verhandlungen wieder an Einfluss. Den SALT-II-Vertrag von 1979 über weitere Maßnahmen zur Rüstungskontrolle ließ der Senat scheitern, zudem kündigte US-Präsident Carter die Erhöhung des Verteidigungshaushaltes ab 1981 an.

Am 27. Dezember 1979 marschierten sowjetische Truppen in Afghanistan ein. Dort sollte die prokommunistische Regierung gegen eine islamisch-fundamentalistische Oppositionsbewegung geschützt werden. Der Westen befürchtete, Moskau werde die Ölvorkommen am Persischen Golf unter seine Kontrolle bringen. Die US-Regierung reagierte mit einer Reihe von Sanktionen (Stopp von Weizenlieferungen und Gütern der Hochtechnologie, Landeverbot für sowjetische Flugzeuge in den USA, Boykott der Olympischen Spiele 1980 in Moskau).

Noch entschiedener setzte seit Anfang 1981 der neue US-Präsident *Ronald Reagan* (1911-2004) auf eine Politik der Stärke gegenüber der Sowjetunion, die er öffentlich als „Reich des Bösen" bezeichnete. Mit einem gigantischen Rüstungsprogramm wollte er die Sowjetunion zu Verhandlungen zwingen (▸ M5). Entwickelt werden sollte dabei auch ein weltraumgestütztes Raketenabwehrsystem (*Strategic Defense Initiative*, SDI), das bald den Spottnamen „Krieg-der-Sterne-Programm" erhielt. Der US-Verteidigungshaushalt wuchs bis 1985 um 60 Prozent auf knapp 287 Milliarden Dollar an. Dieser Kurs, der einen neuen Tiefstand der amerikanisch-sowjetischen Beziehungen markierte (▸ M6), fand die Zustimmung eines Großteils der Amerikaner, die Ronald Reagan im November 1984 ein zweites Mal zum Präsidenten wählten.

▸ **Ohne Worte.**
Karikatur von Horst Haitzinger, April 1982.
▪ *Beschreiben Sie die Karikatur und charakterisieren Sie die Rolle der Beteiligten, wie der Karikaturist sie sieht.*

M1 Sowjetische Interessen auf Kuba

Die Historikerin Daniela Spenser erläutert die Gründe, die den sowjetischen Regierungschef Nikita Chruschtschow dazu bewogen haben, ab 1961 Nuklearwaffen auf Kuba zu stationieren:

Als Chruschtschow die Entscheidung traf, Nuklearwaffen auf Kuba zu stationieren, hatte er nicht die Absicht, einen Weltkrieg zu entfesseln. In seinen Memoiren schreibt er: „Wir wollten, dass Kuba revolutionär und sozialistisch bleibt, und wir wussten, dass es dazu Hilfe benötigte [...]. Um den Kubanern gegen die Bedrohung durch die US-Amerikaner beizustehen, hatten wir keine andere Möglichkeit, als unsere Raketen auf der Insel zu stationieren, die aggressiven Kräfte der Vereinigten Staaten vor ein Dilemma zu stellen: Wenn ihr in Kuba einmarschiert, müsst ihr mit einem atomaren Angriff auf eure Städte rechnen." [...]
Chruschtschow glaubte fest an die Überlegenheit der UdSSR über den Westen und den unaufhaltsamen Vormarsch des Kommunismus. Entspannungspolitik zur Stabilisierung der Ost-West-Beziehungen hielt er zwar für ebenso notwendig wie Aufrüstung, doch vor allem meinte er, dass der Sozialismus auf dem Weg sei, die USA militärisch, politisch und ökonomisch zu überholen [...].
Darüber hinaus handelte Chruschtschow in dem Bewusstsein, dass die UdSSR zu einer nuklearen Supermacht geworden war und damit die USA auf militärischer Ebene offenbar eingeholt hätte. Diese veränderte Realität veranlasste ihn, Revolution, Sozialismus und internationale Beziehungen neu zu durchdenken. Wenn die Drohung mit Nuklearwaffen den USA zur Eindämmung des Kommunismus diente, warum sollte sie dann nicht umgekehrt der Sowjetunion dazu dienen, den US-Imperialismus einzudämmen, befreundete Staaten in der kolonialen Welt vor der Bedrohung mit einem Atomkrieg zu schützen und den Kapitalismus zum Rückzug zu zwingen? Mittels atomarer Aufrüstung wollte Chruschtschow erreichen, dass die USA die UdSSR als ebenbürtigen weltpolitischen Gegenspieler anerkannten; der nukleare Gleichstand sollte die Sowjetunion in den Stand versetzen, nationale Befreiungsbewegungen vor Interventionen der USA und der europäischen Kolonialmächte zu schützen.

Daniela Spenser, Die Kubakrise 1962 und ihre Folgen für das kubanisch-sowjetische Verhältnis, in: Bernd Greiner, Christian Th. Müller und Dierk Walter (Hrsg.), Krisen im Kalten Krieg. Studien zum Kalten Krieg, Bd. 2, Bonn 2009, S. 298 f.

1. *Fassen Sie Chruschtschows Beweggründe zusammen.*
2. *Bewerten Sie Chruschtschows Aussage im Gesamtkontext. Berücksichtigen Sie, dass es sich um persönliche Erinnerungen handelt.*

M2 Krisenmanagement um Kuba

Als die UdSSR ihre Mittelstreckenraketen auf Kuba in Stellung bringt, verhängen die USA eine Seeblockade. Daraufhin schreibt der sowjetische Staatschef Chruschtschow am 26. Oktober 1962 an US-Präsident Kennedy:

Wie können Sie [...] diese völlig falsche Interpretation geben, die Sie jetzt verbreiten, dass einige Waffen in Kuba Offensivwaffen sind, wie Sie sagen? Alle Waffen dort – das versichere ich Ihnen – sind defensiver Art; sie sind ausschließlich zu Verteidigungszwecken in Kuba gedacht, und wir haben sie auf Bitten der kubanischen Regierung nach Kuba entsandt. Und Sie behaupten, es seien Offensivwaffen. [...]
Sie haben nun piratenhafte Maßnahmen der Art angekündigt, die man im Mittelalter praktiziert hat, als man Schiffe überfiel, die internationale Gewässer befuhren; und Sie haben das eine „Quarantäne" um Kuba genannt. Unsere Schiffe werden wahrscheinlich bald die Zone erreichen, in der Ihre Kriegsmarine patrouilliert. Ich versichere Ihnen, dass die Schiffe, die gegenwärtig nach Kuba unterwegs sind, die harmlosesten, friedlichsten Ladungen an Bord haben. [...]
Lassen Sie uns deshalb vernünftig sein, Herr Präsident. Ich versichere Ihnen, dass die Schiffe, die nach Kuba unterwegs sind, keinerlei Rüstungsgüter an Bord haben. Die Waffen, die zur Verteidigung Kubas notwendig sind, sind bereits dort. Ich will nicht behaupten, dass es überhaupt keine Waffenlieferungen gegeben hat. Nein, es hat solche Lieferungen gegeben. Aber nun hat Kuba die notwendigen Verteidigungswaffen bereits erhalten. [...]
Wenn der Präsident und die Regierung der Vereinigten Staaten zusichern würden, dass die Vereinigten Staaten sich selbst nicht an einem Angriff auf Kuba beteiligen werden und andere von einem solchen Vorgehen abhalten; wenn Sie Ihre Kriegsmarine zurückrufen würden – das würde sofort alles ändern. Ich spreche nicht für Fidel Castro, aber ich glaube, er und die Regierung Kubas würden vermutlich eine Demobilisierung verkünden und würden das kubanische Volk aufrufen, ihre friedliche Arbeit aufzunehmen. Dann würde sich auch die Frage der Waffen erübrigen; denn wo keine Bedrohung ist, stellen Waffen für jedes Volk nur eine Belastung dar. [...]
Lassen Sie uns deshalb staatsmännische Klugheit beweisen. Ich schlage vor: Wir erklären unsererseits, dass unsere Schiffe mit Kurs auf Kuba keine Waffen an Bord haben. Sie erklären, dass die Vereinigten Staaten weder mit eigenen Truppen eine Invasion in Kuba durchführen werden noch andere Truppen unterstützen werden, die eine Invasion in Kuba planen könnten. Damit hätte sich die Präsenz unserer Militärexperten in Kuba erübrigt.

Kennedys Antwort vom 27. Oktober 1962:

Sehr geehrter Herr Vorsitzender,
ich [...] begrüße Ihre Absichtserklärung, eine sofortige Lösung des Problems anzustreben. Was jedoch als Erstes getan werden muss, ist, die Arbeit an den offensiven Raketenstützpunkten in Kuba einzustellen und alle Waffensysteme in Kuba, die sich offensiv einsetzen lassen, zu entschärfen, und dies unter angemessenen Vorkehrungen der Vereinten Nationen.

[...] Wie ich Ihren Brief verstanden habe, enthalten Ihre Vorschläge [...] folgende Schlüsselelemente:

1) Sie würden sich bereit erklären, diese Waffensysteme unter angemessener Beobachtung und Überwachung der Vereinten Nationen abzuziehen, und sich verpflichten, geeignete Sicherheitsvorkehrungen vorausgesetzt, die weitere Einfuhr solcher Waffensysteme nach Kuba zu unterbinden.

2) Wir unsererseits würden uns bereit erklären – nachdem die Vereinten Nationen geeignete Vorkehrungen getroffen haben, die Erfüllung und Einhaltung dieser Verpflichtungen sicherzustellen –,

a) die Quarantäne-Anordnungen, die derzeit gelten, umgehend aufzuheben; und

b) Garantien gegen eine Invasion Kubas zu geben. Ich bin zuversichtlich, dass andere Länder der westlichen Hemisphäre bereit wären, das Gleiche zu tun.

Wenn Sie Ihren Vertretern entsprechende Anweisungen erteilen, gibt es keinen Grund, weshalb wir nicht in der Lage sein sollten, diese Vereinbarungen innerhalb einiger Tage zustande zu bringen und sie der Welt bekannt zu geben. Die Wirkung, die eine solche Klärung für den Abbau der Spannungen in der Welt hätte, würde es uns ermöglichen, auf eine umfassendere Vereinbarung über „andere Rüstungen" hinzuarbeiten, wie Sie es in Ihrem zweiten Brief vorschlagen, den Sie veröffentlicht haben. Ich möchte noch einmal erklären, dass die Vereinigten Staaten sehr daran interessiert sind, die Spannungen abzubauen und den Rüstungswettlauf zu beenden; und sollte Ihr Brief signalisieren, dass Sie bereit sind, Gespräche über eine Entspannung bezüglich der NATO und des Warschauer Paktes zu führen, sind wir gerne bereit, mit unseren Verbündeten über jeden sachdienlichen Vorschlag nachzudenken. Doch der erste wesentliche Schritt – lassen Sie mich dies betonen – ist die Einstellung der Arbeiten an den Raketenstützpunkten in Kuba und das Einleiten von Maßnahmen, diese Waffen zu entschärfen, und zwar unter wirksamen internationalen Garantien.

Bernd Greiner, Kuba-Krise. 13 Tage im Oktober, Nördlingen 1988, S. 319 ff. und 382 f.

1. *Nennen Sie die Formulierungen, mit denen die sowjetische Seite ein Nachgeben andeutet.*

2. *Arbeiten Sie heraus, welche Strategien US-Präsident Kennedy verfolgt, um die Situation zu entschärfen.*

▸ **„O.k., Mr. President, wir reden miteinander."** *Karikatur aus der britischen Zeitung „Daily Mail" von 1962. Das „H" auf den Bomben ist das Zeichen für Wasserstoff. Links Chruschtschow, rechts Kennedy.*

▲ **Propaganda für den „großen Bruder".**
Sonderbriefmarke anlässlich des 25-jährigen Bestehens der Deutsch-Sowjetischen Freundschaft (DSF), 1972.
Links im Bild Leonid Breschnew, rechts Erich Honecker, seit 1971 Erster Sekretär des Zentralkomitees der SED.

M3 Breschnew-Doktrin

Der sowjetische Parteichef Leonid Breschnew definiert nach der Beendigung des kommunistischen Reformkurses in der Tschechoslowakei („Prager Frühling") durch sowjetische Truppen 1968 das Verhältnis der UdSSR zu den übrigen Staaten der Warschauer Vertragsorganisation. Die wesentlichen Inhalte sind am 26. September 1968 in der „Prawda" (Parteizeitung der KPdSU) zusammengefasst:

Die von der Sowjetunion gemeinsam mit den anderen sozialistischen Ländern zum Schutz der sozialistischen Errungenschaften des tschechoslowakischen Volkes ergriffenen Maßnahmen haben für die Festigung der sozialistischen Gemeinschaft, die Hauptterrungenschaft der internationalen Arbeiterklasse, eine große Bedeutung.
Dabei kann man jedoch nicht die hier und da auftauchenden Behauptungen, dass die Aktionen der fünf sozialistischen Länder[1] angeblich dem marxistisch-leninistischen Prinzip der Souveränität und des Rechts der Völker auf Selbstbestimmung widersprächen, unbeachtet lassen.
Die Haltlosigkeit dieser Behauptungen besteht vor allem darin, dass sie auf einem abstrakten, nicht klassenmäßigen Herangehen an die Fragen der Souveränität und des Rechts der Völker auf Selbstbestimmung beruhen. Die Völker der sozialistischen Länder, die kommunistischen Parteien haben ihre uneingeschränkte Freiheit, und sie müssen sie haben, die Entwicklungswege ihres Landes zu bestimmen. Jedoch darf keine Entscheidung von ihrer Seite entweder dem Sozialismus in ihrem Land oder den Grundinteressen der anderen sozialistischen Länder, der ganzen internationalen Arbeiterbewegung, die den Kampf für den Sozialismus führt, Schaden zufügen. Das bedeutet, dass jede kommunistische Partei vor ihrem Volk und auch vor den sozialistischen Ländern, vor der ganzen sozialistischen Bewegung verantwortlich ist. Wer das vergisst, wer nur die Selbstständigkeit und Unabhängigkeit der kommunistischen Parteien hervorhebt, verfällt in Einseitigkeit und weicht seinen internationalen Pflichten aus. Die marxistische Dialektik fordert, jede Erscheinung konkret, in ihrem allseitigen Zusammenhang mit anderen Erscheinungen und Prozessen und nicht einseitig zu betrachten. Wie, nach den Worten W.I. Lenins, ein Mensch, der in der Gesellschaft lebt, nicht von dieser Gesellschaft frei sein kann, so kann auch ein Staat im System anderer Staaten, die die sozialistische Gemeinschaft bilden, nicht frei sein von den gemeinsamen Interessen dieser Gemeinschaft. Man kann die Souveränität einzelner sozialistischer Länder nicht den Interessen des Weltsozialismus, der revolutionären Bewegung der Welt entgegenstellen. [...]
Man muss unterstreichen, dass, selbst wenn ein sozialistisches Land danach strebt, eine „nichtblockgebundene" Position einzunehmen, es allein dank der Stärke der sozialistischen Gemeinschaft und vor allem seiner Hauptkraft, der Sowjetunion, dank der Macht ihrer bewaffneten Kräfte, tatsächlich seine nationale Unabhängigkeit bewahren kann. [...]
Getreu ihrer internationalen Pflicht gegenüber den Brudervölkern der Tschechoslowakei und zum Schutz ihrer eigenen sozialistischen Errungenschaften sind die Sowjetunion und andere sozialistische Staaten entschieden gegen die antisozialistischen Kräfte in der Tschechoslowakei aufgetreten. [...]
Die Kommunisten der Bruderländer konnten natürlich nicht zulassen, dass im Namen einer abstrakt verstandenen Souveränität die sozialistischen Staaten tatenlos zusehen, wie ein Land der Gefahr einer antisozialistischen Umwälzung ausgesetzt wird.

Boris Meissner, Die „Breshnew-Doktrin". Das Prinzip des „proletarisch-sozialistischen Internationalismus" und die Theorie von den „verschiedenen Wegen zum Sozialismus". Dokumentation, Köln 1969, S. 64 ff.

[1] Sowjetunion, Bulgarien, DDR, Polen und Ungarn

1. *Arbeiten Sie heraus, wie das Eingreifen der Sowjetunion in der Tschechoslowakei gerechtfertigt wird.*
2. *Erläutern Sie, was Breschnew unter einem „klassenmäßigen Herangehen an die Fragen der Souveränität und des Rechts der Völker" (Zeile 13-15) versteht.*
3. *Vergleichen Sie die Vorstellungen Breschnews mit den westlichen Vorstellungen von Souveränität. Welche Grenzen sind der Souveränität eines Landes jeweils gesetzt?*
4. *Weisen Sie nach, in welchen Textpassagen die Führungsrolle der Sowjetunion deutlich wird.*

▶ **„Helsinki und die Folgen."**
Karikatur aus dem „Deutschen Allgemeinen Sonntagsblatt" vom 19. Oktober 1975.

M4 KSZE-Schlussakte von Helsinki

Die Schlussakte vom 1. August 1975 stellt ausdrücklich kein völkerrechtlich verbindliches Abkommen, sondern eine Absichtserklärung dar:

I. Souveräne Gleichheit, Achtung der der Souveränität innewohnenden Rechte
Die Teilnehmerstaaten werden gegenseitig ihre souveräne Gleichheit und Individualität sowie alle ihrer Souveränität innewohnenden und von ihr umschlossenen Rechte achten, einschließlich insbesondere des Rechtes eines jeden Staates auf rechtliche Gleichheit, auf territoriale Integrität sowie auf Freiheit und politische Unabhängigkeit. Sie werden ebenfalls das Recht jedes anderen Teilnehmerstaates achten, sein politisches, soziales, wirtschaftliches und kulturelles System frei zu wählen und zu entwickeln sowie sein Recht, seine Gesetze und Verordnungen zu bestimmen. [...]
II. Enthaltung von der Androhung oder Anwendung von Gewalt
Die Teilnehmerstaaten werden sich in ihren gegenseitigen Beziehungen sowie in ihren internationalen Beziehungen im Allgemeinen der Androhung oder Anwendung von Gewalt, die gegen die territoriale Integrität oder politische Unabhängigkeit irgendeines Staates gerichtet oder auf irgendeine andere Weise mit den Zielen der Vereinten Nationen und mit der vorliegenden Erklärung unvereinbar ist, enthalten. [...]
III. Unverletzlichkeit der Grenzen
Die Teilnehmerstaaten betrachten gegenseitig alle ihre Grenzen sowie die Grenzen aller Staaten in Europa als unverletzlich und werden deshalb jetzt und in der Zukunft keinen Anschlag auf diese Grenzen verüben. [...]
V. Friedliche Regelung von Streitfällen
Die Teilnehmerstaaten werden Streitfälle zwischen ihnen mit friedlichen Mitteln auf solche Weise regeln, dass der internationale Frieden und die internationale Sicherheit sowie die Gerechtigkeit nicht gefährdet werden. [...]
VI. Nichteinmischung in innere Angelegenheiten
Die Teilnehmerstaaten werden sich ungeachtet ihrer gegenseitigen Beziehungen jeder direkten oder indirekten, individuellen oder kollektiven Einmischung in die inneren oder äußeren Angelegenheiten enthalten, die in die innerstaatliche Zuständigkeit eines anderen Teilnehmerstaates fallen. [...]
VII. Achtung der Menschenrechte und Grundfreiheiten
Die Teilnehmerstaaten werden die Menschenrechte und Grundfreiheiten, einschließlich der Gedanken-, Gewissens-, Religions- oder Überzeugungsfreiheit für alle ohne Unterschied der Rasse, des Geschlechts, der Sprache oder der Religion achten.

Helmut Krause und Karlheinz Reif (Bearb.), Die Welt seit 1945 (Geschichte in Quellen, Bd. 6), München 1980, S. 691 ff.

1. *Stellen Sie gegenüber: Welche Teile des Dokuments entsprechen vorwiegend den sowjetischen, welche den westlichen Interessen?*
2. *Begründen Sie, warum die KSZE-Schlussakte große Bedeutung für die Oppositionsbewegung in den osteuropäischen Staaten hatte.*

M5 Ronald Reagan und die Politik der Stärke

US-Präsident Ronald Reagan rechtfertigt im Januar 1984 seine Politik in einer Fernsehansprache:

Die Geschichte lehrt uns, dass Kriege beginnen, wenn Regierungen glauben, dass der Preis einer Aggression niedrig ist. Um den Frieden zu erhalten, müssen wir und unsere Verbündeten stark genug sein, jeden potenziellen Aggressor überzeugen zu können, dass Krieg keinen Vorteil, sondern nur die Katastrophe bringen würde. [...]
Die Abschreckung ist von entscheidender Bedeutung für die Erhaltung des Friedens und den Schutz unserer Lebensform, aber die Abschreckung ist nicht Anfang und Ende unserer Politik gegenüber der Sowjetunion. Wir müssen und werden die Sowjets in einen Dialog einbinden, der so ernsthaft und konstruktiv wie möglich ist und der der Förderung des Friedens in den Unruhegebieten der Welt dienen, den Stand der Rüstungen verringern und ein konstruktives Arbeitsverhältnis schaffen wird. [...] Stärke und Dialog gehen Hand in Hand.

Europa-Archiv, 39. Jahrgang (1984), S. D 109 ff.

Untersuchen Sie, weshalb die außen- und militärpolitische Strategie Reagans unter den NATO-Mitgliedern umstritten war.

M6 Fieberkurve der Ost-West-Beziehungen

Die Schärfe der Konfrontation und der Grad der Entspannung werden von dem Politikwissenschaftler Karl Dietrich Bracher in eine Skala von –10 bis +10 eingeteilt. Im Mittelpunkt seiner Wertungen stehen die amerikanisch-sowjetischen Beziehungen:

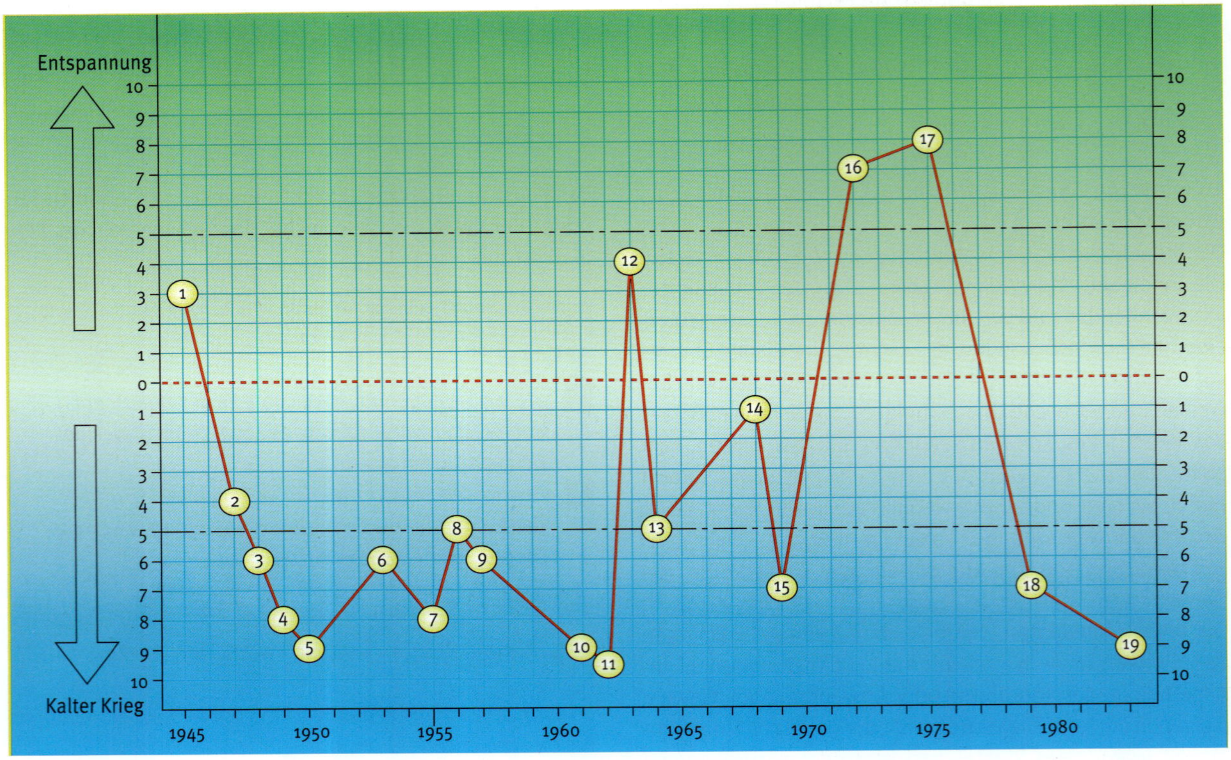

Grafik nach einer Idee von: Karl Dietrich Bracher, Die Krise Europas 1917-1975, Frankfurt/Main 1976, S. 443

1	1945	Ende des Zweiten Weltkrieges; Gründung der UNO
2	1947	Truman-Doktrin; Marshall-Plan; Zwei-Lager-Theorie
3	1948	Kommunistischer Umsturz in der Tschechoslowakei; Beginn der sowjetischen Blockade Berlins
4	1949	Gründung der NATO; kommunistische Staatsgründungen in China und der DDR
5	1950	Ausbruch des Korea-Krieges
6	1953	Tod Stalins; Volksaufstand in der DDR; Waffenstillstand in Korea
7	1955	Bundesrepublik wird NATO-Mitglied; Gründung der Warschauer Vertragsorganisation
8	1956	Aufstände in Polen und Ungarn; Suez-Krise[1]
9	1957	„Sputnik"-Erfolg der Sowjetunion
10	1961	Bau der Berliner Mauer
11	1962	Kuba-Krise
12	1963	Vertrag über den Stopp von Atomtests; „Heißer Draht" zwischen der amerikanischen und sowjetischen Führung
13	1964	Die USA erhöhen ihren militärischen Einsatz in Vietnam
14	1968	Kernwaffensperrvertrag; Ende des „Prager Frühlings"
15	1969	Mondlandung der Amerikaner
16	1972	SALT-I-Abkommen begrenzt die Zahl nuklearer Angriffswaffen zwischen den USA und der UdSSR
17	1975	Schlussakte der KSZE in Helsinki
18	1979	NATO-Doppelbeschluss; sowjetischer Einmarsch in Afghanistan
19	1983	Abbruch aller Rüstungskontrollverhandlungen

1. *Erläutern Sie den Verlauf der Ost-West-Beziehungen.*
2. *Bewerten Sie, ob der Verlauf der „Kurve" zutreffend ist.*
3. *Führen Sie die Grafik für die Zeit bis 1991 weiter.*

[1] Suez-Krise: auch Sinai-Krieg genannt; siehe S. 180, Anm. 1

Reden als gesprochene Geschichte

Reden sind rhetorische Texte, die auf eine bestimmte Situation eingehen, welche der Redner im eigenen Sinne beeinflussen will. Dabei steht der Appell an die Zuhörer im Vordergrund. Bei der Beschäftigung mit historischen Themen begegnet uns hauptsächlich die politische Rede, die ein Politiker hält, um für sich, sein Programm oder ein Vorhaben zu werben, Gegner zu kritisieren oder um Ereignisse und Personen zu würdigen.

Politische Reden analysieren

Reden sind für uns in Zeitung, Rundfunk, Fernsehen und digitalen Medien, aber auch in Geschichtsbüchern etwas Alltägliches. Wenn wir sie im Druckbild vor uns haben, vergessen wir leicht, dass es sich hierbei nicht um „normale" schriftliche, sondern mündlich vorgetragene Quellen handelt. Nicht umsonst heißt es bei im Vorabdruck veröffentlichten Reden ausdrücklich: „Es gilt das gesprochene Wort".
Anders als alle anderen schriftlich fixierten Texte wurden und werden politische Reden für einen bestimmten Anlass, Ort und Adressatenkreis mit einer bestimmten Wirkungsabsicht verfasst und gehalten. Neben Inhalt und rhetorischen Stilmitteln beeinflussen Mimik und Gestik des Redners, die Redesituation und die Atmosphäre die Wirkung auf die Zuhörer. Auch wenn diese Faktoren nur in Ton- oder Bilddokumenten nachvollzogen werden können, darf ihre Wirkung für die Gesamtbewertung, sogar in nur schriftlich vorliegenden Reden, nicht außer Acht gelassen werden. Bei der Analyse und Interpretation einer (politischen) Rede sind deshalb mehrere Ebenen zu berücksichtigen:

Formale Kennzeichen

- Wer ist der Redner und welche Funktion hat er?
- Was ist über seine politische Haltung oder seine Weltanschauung bekannt?
- Wann, wo und aus welchem Anlass wurde die Rede gehalten?

Inhalt und Stil

- Was sind Thema und Inhalt der Rede?
- Wie ist die Rede aufgebaut? Welche Merkmale kennzeichnen sie (Länge, Argumentation, Sprach- und Wortwahl, Stil, Umgangs- oder Hochsprache)?
- Wie wird die Rede gehalten (freier Vortrag oder abgelesen, Stimme, Tonfall, Tempo, Lautstärke, Körpersprache)?

Historischer Kontext

- Welchen Zeitraum, welches Ereignis oder welche Person behandelt die Rede?
- In welchem Bezug steht der Redner zum Thema?
- Wie ist die Redesituation und Atmosphäre (Art und Anlass der Veranstaltung, besonderer Redeort, Publikum, Rundfunk- oder Fernsehaufzeichnung)?

Intention und Wirkung

- An wen wendet sich der Redner?
- Welche Absichten verfolgt er?
- Welche Wirkung hatte die Rede auf Zuhörer, Zeitgenossen und spätere Leser/Zuhörer?

Einordnung und Bewertung

- Wie lässt sich die Rede in den historischen Kontext einordnen und bewerten?
- Welchen Einfluss hatte die Rede auf die Situation oder Entwicklung?

Lösungsvorschlag für die Analyse

John F. Kennedy: Amtsantrittsrede vom 20. Januar 1961 (Ausschnitte)

Anrede in Tradition früherer Amtsantrittsreden

Überhöhung des Redeanlasses; Signalwort „wir"

Meine Mitbürger,
wir feiern heute nicht den Sieg einer Partei, sondern wir begehen eine Feier der Freiheit – die sowohl ein Ende als auch einen Anfang symbolisiert, die sowohl eine Erneuerung als auch eine Veränderung bedeutet, denn ich habe vor Ihnen und dem allmächtigen Gott den gleichen feierlichen Eid geschworen, den unsere Vorväter vor beinahe eindreiviertel Jahrhunderten vorgeschrieben haben. [...]

Anspielung auf atomares Wettrüsten; Appell/Dialogangebot an Sowjetunion

Und schließlich möchten wir an all jene Nationen, die sich selbst zu unserem Gegner erklären wollen, nicht ein Versprechen, sondern ein dringendes Ersuchen richten: dass beide Seiten erneut mit der Suche nach dem Frieden beginnen mögen, bevor die dunklen Mächte der Zerstörung, die von der Wissenschaft entfesselt worden sind, die ganze Menschheit in geplanter oder zufälliger Selbstvernichtung verschlingen.

Politisches Ziel: Überwindung des „Missile Gap" durch atomares Patt

Wir werden sie nicht durch Schwäche in Versuchung führen. Denn nur, wenn die Stärke unserer Waffen über jeden Zweifel erhaben ist, können wir ganz sicher ausschließen, dass sie jemals angewandt werden. [...]

Anapher „Lasst uns" als Appell an Solidarität und gemeinsame Verantwortung

Lasst uns auf beiden Seiten zum ersten Mal ernsthafte und präzise Vorschläge für die Inspektion und Kontrolle der Rüstungen formulieren – und die absolute Macht, andere Nationen zu vernichten, unter die absolute Kontrolle anderer Nationen bringen.

Aufbruch in Weltraum („New Frontier") als Reaktion auf „Sputnik-Schock"

Lasst uns von beiden Seiten zusammenkommen, um die Wunder der Wissenschaft anstatt ihre Schrecken zu erwecken. Lasst uns gemeinsam die Sterne erforschen, die Wüsten erobern, die Krankheiten ausrotten, die Tiefen des Ozeans ausmessen und die Künste und den Handel fördern. [...]

Vision einer neuen Weltordnung

Und wenn in dem Dschungel des Argwohns ein Brückenkopf der Zusammenarbeit errichtet werden kann, dann lasst uns von beiden Seiten zu der nächsten Aufgabe zusammenkommen: der Schaffung nicht eines neuen Gleichgewichts der Kräfte, sondern einer neuen Welt des Rechtes und des Gesetzes, in der die Starken gerecht und die Schwachen sicher sind und der Friede für immer erhalten bleibt. [...]

Traditioneller, mit Pathos verbundener Appell an Nation und ihre Geschichte

In Ihren Händen, meine Mitbürger, wird noch viel mehr als in den meinigen der letztliche Erfolg oder Fehlschlag unseres Kurses liegen. Seit dieser Staat gegründet wurde, ist jede Generation aufgerufen gewesen, Zeugnis ihrer nationalen Loyalität abzulegen. Die Gräber junger Amerikaner, die diesem Ruf nachgekommen sind, sind auf dem ganzen Erdball verstreut. [...]

Anspielung auf Roosevelts „Vier-Freiheiten-Rede"

In der langen Geschichte dieser Welt ist es nur wenigen Generationen vergönnt gewesen, die Rolle der Verteidigung der Freiheit in der Stunde ihrer höchsten Gefahr zu spielen. Ich schrecke vor dieser Aufgabe nicht zurück – ich begrüße sie. [...]

Historischer, viel zitierter Satz: Aufruf zur Übernahme persönlicher Verantwortung für Bestehen der globalen Herausforderungen; Adressaten nicht nur Nation, sondern Weltöffentlichkeit

Und so, meine amerikanischen Mitbürger: Fragt nicht, was euer Land für euch tun wird – fragt, was ihr für euer Land tun könnt.
Meine Mitbürger in der Welt: Fragt nicht, was Amerika für euch tun wird, sondern fragt, was wir zusammen für die Freiheit des Menschen tun können.

Abschließender Appell für den Erfolg der amerikanischen „Mission" (Sendungsbewusstsein)

Und schließlich, ob ihr Bürger Amerikas oder der Welt seid, verlangt von uns das gleiche hohe Maß an Stärke und Opferbereitschaft, das wir von euch verlangen werden. Mit einem guten Gewissen als einzigen sicheren Lohn, mit der Geschichte als dem letztlichen Richter unserer Taten lasst uns die Aufgabe in Angriff nehmen, das Land zu führen, das wir lieben, um seinen Segen und um seine Hilfe bitten – in dem Wissen aber, dass hier auf der Erde unser Werk wahrhaft Gottes Werk sein muss.

Herbert Schambeck, Helmut Widder und Marcus Bergmann (Hrsg.), Dokumente zur Geschichte der Vereinigten Staaten von Amerika, Berlin ²2007, S. 547-551

Formale Kennzeichen In den Präsidentschaftswahlen von 1960 konnte sich der demokratische Senator aus Massachusetts John F. Kennedy knapp gegen den langjährigen republikanischen Vizepräsidenten Richard Nixon durchsetzen. Am 20. Januar 1961 wurde Kennedy als jüngster gewählter US-Präsident vor dem Kongressgebäude in Washington feierlich in sein Amt eingeführt. Im Anschluss an seine Vereidigung hielt er wie jeder neue Präsident eine Amtsantrittsrede, die er mit seinem Redenschreiber Theodore C. Sorensen formuliert hatte.

Inhalt und Stil Kennedys Antrittsrede ist eindeutig auf die Außenpolitik zugeschnitten. Der Präsident warnt vor der drohenden Gefahr einer Vernichtung durch Nuklearwaffen. Seinen ersten Appell richtet er an die Sowjetunion und ihre Verbündeten, gemeinsam mit der „Suche nach dem Frieden" zu beginnen. Sicherheit vor einem gegnerischen Atomschlag garantiere jedoch nur ein atomares Patt, das Kennedy durch weitere Aufrüstung erreichen will. Er vermittelt ein Bild der USA, die in einem – durch seinen Amtsantritt eingeleiteten – neuen Abschnitt der Weltgeschichte aus einer Position der Stärke heraus dem Gegner die Hand zu Verhandlungen ausstrecken. Sie treten ein für die Vision einer von Frieden, Freiheit und Fortschritt erfüllten Weltordnung.
Die Rede ist mit etwa 14 Minuten relativ kurz. Kennedy spricht pointiert und in knappen, verständlichen Sätzen, die er durch kurze Pausen zusätzlich unterteilt. Die Rede zeichnet sich nicht durch Argumente oder konkrete Vorschläge, sondern durch plakative Bilder, pathetische Aussagen, Signalwörter und emotionale Aufrufe aus. Wiederholt appelliert Kennedy nicht nur an die Opferbereitschaft und Verantwortung der eigenen Nation, sondern an die „Mitbürger der Welt", was den Anspruch der USA auf ihre Rolle als Weltordnungsmacht unterstreicht.

Historischer Kontext Bei Kennedys Amtsantritt wurde die Außenpolitik besonders vom Rüstungswettlauf zwischen Ost und West geprägt. Im Mai 1961 umkreiste der sowjetische Kosmonaut Juri Gagarin als erster Mensch die Erde. Die Sowjetunion eröffnete damit nicht nur das Zeitalter der bemannten Raumfahrt, sondern auch die Weltraumrüstung. Erstmals war eine atomare Bedrohung der USA aus dem All durch sowjetische Raketen denkbar. Schon im Wahlkampf bemühte Kennedy den Mythos der „New Frontier", die er nun auf den Weltraum richtete. Kennedys Amtsantrittsrede war Teil einer vierstündigen Zeremonie, an der mehrere tausend Zuschauer teilnahmen. Die Rede wurde in Rundfunk und Fernsehen weltweit direkt übertragen.

Intention und Wirkung Die Rede hat auf die Zeitgenossen der westlichen Welt, besonders die junge Generation, einen großen Eindruck gemacht und bei vielen ihr Ziel erreicht, die Hoffnung auf eine bessere, friedlichere Zukunft zu bestärken und die Nation auf ihren Zusammenhalt einzuschwören. Jedoch mag Kennedys mitunter apokalyptischer Unterton sowie die eingeforderten weitreichenden Verpflichtungen gegenüber Volk und Verbündeten manche Zuhörer verschreckt haben.

Einordnung und Bewertung Kennedys Amtsantrittsrede gehört zu den berühmtesten politischen Reden. Besonders die Worte „Fragt nicht, was euer Land für euch tun wird – fragt, was ihr für euer Land tun könnt" sind bis heute populär. Sie leiteten eine neue Phase des politischen Aktivismus in den USA ein. Ein Beitrag zur Entspannung oder gar Lösung des Kalten Krieges war die Rede jedoch nicht. Kennedys Dialogangebot wurde von der Sowjetunion nicht als Zeichen der Stärke, sondern als Schwäche aufgefasst. Es kam zu keiner Annäherung. Im Gegenteil: Im August 1961 wurde unter sowjetischer Aufsicht die Berliner Mauer errichtet, im November desselben Jahres ordnete Kennedy eine Verstärkung des amerikanischen Engagements in Südvietnam an, und 1962 drohte der Kalte Krieg in der Kuba-Krise zu eskalieren.

Das Ende der Bipolarität

Wende in der Sowjetunion Warum ging die Sowjetunion unter und warum endete der Kalte Krieg? Diese Fragen sind in der Forschung seit einigen Jahren umstritten, noch lässt sich darauf keine eindeutige Antwort geben. Historiker betonen, dafür habe es „interne" und „externe" Gründe gegeben (Bernd Stöver). So habe sich die Sowjetunion bereits seit Ende der 1960er-Jahre in einer politischen Krise befunden, und auch wirtschaftlich sei es ihr nicht möglich gewesen, mit den USA Schritt zu halten. Außerdem hätten der immer wieder befeuerte Rüstungswettlauf, der den Staat an den Rand des Zusammenbruchs gebracht habe, sowie diverse Nationalitätenkonflikte im Vielvölkerreich zum Untergang beigetragen. Historiker, die die „externen" Gründe für das Ende des Kalten Krieges verantwortlich machen, heben vor allem die „unbeugsame Haltung" des Westens heraus. Der Ostblock sei quasi gezwungen gewesen nachzugeben; diese These wurde auch gern von US-Präsidenten wie *Ronald Reagan* und *George Bush* bemüht. Letztlich gibt es noch eine dritte Richtung, die vor allem die Rolle des Reformers **Michail Gorbatschow** betont. So habe es bis zu seinem Antritt keine Krise in der Sowjetunion gegeben. Zwar habe die Wirtschaft am Boden gelegen und die Rüstung habe unglaublich viel Geld benötigt, doch sei zumindest dies in den USA auch nicht anders gewesen. Erst der neue Generalsekretär der KPdSU – diese Position hatte Gorbatschow seit März 1985 inne – habe solch grundlegende Veränderungen am gesamten System des Staates vorgenommen, dass der Zusammenbruch einem „Selbstmord" gleichgekommen sei.

Gorbatschows Reformen im Innern wollten den Sozialismus keineswegs abschaffen, sondern ihn menschlicher und leistungsfähiger machen. Mit seiner Politik der „Offenheit" (*Glasnost*) und der „Umgestaltung" (*Perestroika*) versuchte er, der ökonomischen Krise seines Landes Herr zu werden. Er ordnete Wahlen zum *Kongress der Volksdeputierten* an (März 1989). Erstmals seit 1917 konnten die Bürger zwischen mehreren Kandidaten frei und geheim entscheiden. Im März 1990 wurde Gorbatschow in das neu geschaffene Amt eines Präsidenten der UdSSR gewählt. Die Freiheit zur öffentlichen Kritik an den Missständen im Land und an der Kommunistischen Partei entwickelte nun eine Dynamik, die das Machtmonopol der KPdSU binnen Kurzem beendete.

▲ **Titelblatt des Time-Magazine vom 1. Januar 1990.**
Gorbatschow wird als „Man of the Decade" (Mann des Jahrzehnts) gefeiert.

Michail Sergejewitsch Gorbatschow (geb. 1931): studierter Jurist, ab 1978 Sekretär des Zentralkomitees für Landwirtschaft, 1985-1991 letzter sowjetischer Staats- und Parteichef, erhielt 1990 den Friedensnobelpreis

INF-Vertrag (intermediate range nuclear forces): Abkommen der Supermächte über die Beseitigung aller Mittelstreckenraketen mit einer Reichweite zwischen 500 und 5500 km

Abkehr von der Weltmachtpolitik Auch in der Außenpolitik verkündete Gorbatschow seit 1985 ein „neues Denken". Es führte zu einem völligen Bruch mit der bisherigen Militär- und Sicherheitspolitik der Sowjetunion. Gorbatschow machte eine Reihe von Vorschlägen zur Beendigung des Wettrüstens, betonte den Gedanken der „gemeinsamen Sicherheit" und forderte die einvernehmliche Ausgestaltung des „europäischen Hauses".

Innerhalb weniger Jahre wandelten sich die sowjetisch-amerikanischen Beziehungen tief greifend. Nach mehreren Gipfeltreffen Gorbatschows mit US-Präsident Reagan unterzeichneten beide in Washington am 8. Dezember 1987 den **INF-Vertrag**. Erstmals wurde ein wirklicher Abrüstungserfolg erzielt. Die Sowjetunion musste 1500, die USA 500 Systeme verschrotten. Moskau stellte zudem seine Unterstützung sozialistischer Regime in der Karibik, in Afrika und Asien ein (1986), zog seine Streitkräfte aus Afghanistan ab (1988/89) und kündigte vor der UNO einseitige Truppenverringerungen an (1989). Der wichtigste Schritt war jedoch die Anerkennung der nationalen Unabhängigkeit der bisherigen Ostblockstaaten (1987/88). Der neuen sowjetischen Führung war es ernst mit ihrem Wunsch, ihr Land politisch und wirtschaftlich in die Weltgemeinschaft zu integrieren.

Erfolgreiche Abrüstungsverhandlungen Nach dem Sieg der Reformkräfte in den Staaten des Ostblocks unterzeichneten die NATO-Staaten und die Staaten der Warschauer Vertragsorganisation am 19. November 1990 anlässlich der KSZE-Folgekonferenz in Paris den *Vertrag über konventionelle Streitkräfte in Europa* (*KSE-Vertrag*). Vereinbart wurden ein drastischer Waffenabbau sowie ein detailliertes Überprüfungssystem. Außerdem wurden für die einzelnen Regionen zwischen Atlantik und Ural verbindliche Rüstungsobergrenzen festgelegt.

Im Juli 1991 einigten sich die Sowjetunion und die USA nach neunjähriger Verhandlungszeit auf eine Reduzierung ihrer interkontinentalen Atomraketen um knapp 40 Prozent (**START-I-Vertrag**). Einen weiteren einschneidenden Abbau der atomaren Vernichtungswaffen sollte schließlich der im Januar 1993 unterzeichnete *START-II-Vertrag* bringen, der die Beseitigung von etwa zwei Dritteln aller Nuklearwaffen bis zum Jahr 2003 festschrieb. Damit wäre in etwa der Stand der späten Fünfzigerjahre wieder erreicht worden. Allerdings trat der Vertrag nicht in Kraft.

So wurde der Rüstungswettlauf zwischen den beiden Supermächten und ihren Verbündeten beendet. Die Ära des Ost-West-Konflikts war damit zu Ende (▸ M2).

Internettipp
Auf den Seiten der Bundeszentrale für politische Bildung informiert der renommierte Historiker Manfred Görtemaker über die demokratische Revolution in Osteuropa. Siehe: http://www.bpb.de/izpb/10355/die-demokratische-revolution-in-osteuropa

START: Abkürzung für „Strategic Arms Reduction Talks"

Von der Sowjetunion zur Gemeinschaft Unabhängiger Staaten In der Sowjetunion verstand es Gorbatschow zunächst virtuos, sich an die Spitze der inneren Demokratisierungsprozesse zu stellen und dafür auch den Beifall der westlichen Öffentlichkeit zu erhalten. Allerdings verfügte er über kein Konzept für den dringend notwendigen Umbau der sowjetischen Planwirtschaft.

Der Zerfall des Landes war nicht länger aufzuhalten. Zahlreiche Sowjetrepubliken, darunter die **baltischen Staaten**, die Ukraine und Moldawien, lösten sich von Moskau. Die Kommunistische Partei wurde verboten. Am 21. Dezember 1991 gründeten 15 nunmehr unabhängige Republiken die *Gemeinschaft Unabhängiger Staaten* (GUS) und erklärten die UdSSR für aufgelöst. Russland als bedeutendstes Mitglied der GUS übernahm deren Sitz in der UNO. Fünf Tage später trat Gorbatschow als Präsident der Sowjetunion zurück (▸ M1).

Baltische Staaten: Estland, Lettland und Litauen, seit 1918 unabhängig, 1940 von der Sowjetunion annektiert. 1991 erklärten sie ihre Unabhängigkeit und traten aus dem Staatsverband der UdSSR aus.

Der Ostblock löst sich auf Die von Moskau ausgehenden Reformanstöße ab Mitte der 1980er-Jahre stärkten auch die oppositionellen *Bürgerrechtsbewegungen* in den Mitgliedstaaten der Warschauer Vertragsorganisation. Als die sowjetische Außenpolitik ab 1989 die Entwicklung wieder bremsen wollte, war es bereits zu spät: Das Ende der kommunistischen Parteidiktaturen war nicht mehr aufzuhalten.

Vorreiter waren Polen und Ungarn, wo unter Mitwirkung kommunistischer Reformkräfte 1989 bzw. 1990 freie Wahlen stattfanden. Auch die DDR, die Tschechoslowakei, Bulgarien, Rumänien und Albanien befreiten sich meist friedlich von ihren kommunistischen Regierungen. Im Juni und Juli 1991 wurden der Rat für Gegenseitige Wirtschaftshilfe und das Militärbündnis der Warschauer Vertragsorganisation aufgelöst. Seit 1999 sind Polen, Ungarn und die Tschechische Republik, seit 2004 die baltischen Staaten, Bulgarien, Rumänien, die Slowakei und Slowenien Mitglieder der NATO und seit 2004 bzw. 2007 auch Mitglieder der Europäischen Union. Sie und weitere Länder Ostmitteleuropas unternahmen in den 1990er-Jahren erhebliche Anstrengungen beim Aufbau von Rechtsstaat, Demokratie und Marktwirtschaft.

▲ **Das Ende der Sowjetunion.**
Titelbild des „Spiegel", 2. September 1991.

M1 Das Ende der Sowjetunion

Der anhaltende Demokratisierungsprozess in der Sowjetunion lässt Anfang der 1990er-Jahre nicht mehr darüber hinwegtäuschen, dass das Land vor enormen Problemen steht. Die beharrenden Kräfte erweisen sich stärker als das geforderte „neue Denken“. Im August 1991 putscht eine Gruppe orthodox-kommunistischer Politiker, die strikt gegen Gorbatschows Reformen ist, gegen den amtierenden Staatschef. Unter Federführung des sowjetischen Geheimdienstes KGB setzen die Verschwörer den Präsidenten gefangen und verhängen den Ausnahmezustand über das Land. Doch schon nach zwei Tagen geben die Putschisten auf. Mittlerweile ist die Versorgungslage der Bevölkerung jedoch so schlecht, dass auch Streiks und Demonstrationen zunehmend für Unruhe im Land sorgen. Der Widerstand der Bevölkerung wird von Boris Jelzin (1931 - 2007) angeführt, dem kurz zuvor gewählten Präsidenten der Russischen Föderation, dem Kernland der Sowjetunion. Nach unruhigen Monaten tritt Gorbatschow am 25. Dezember 1991, einen Tag nach seiner Abschiedsrede, zurück. In der Rede heißt es:

Das Schicksal hat es so gefügt, dass es sich bereits bei meiner Amtsübernahme zeigte, dass es im Land Probleme gab. Gott hat uns viel geschenkt: Land, Erdöl, Gas und andere Naturreichtümer. Und auch viele talentierte und kluge Menschen. Und dabei leben unsere Menschen schlechter als in den anderen entwickelten Ländern. Wir bleiben sogar immer weiter hinter ihnen zurück. Der Grund dafür war schon zu sehen – die Gesellschaft befand sich in der Schlinge eines bürokratischen Kommandosystems. Die Gesellschaft musste der Ideologie dienen und dabei die furchtbare Last des Wettrüstens tragen. [...] Alle Versuche von halbherzigen Reformen [...] scheiterten nacheinander. Das Land verlor immer mehr an Perspektive. So konnte man nicht weiterleben. Es musste alles grundlegend verändert werden. [...]
Mir war klar, dass die Einleitung von solchen großen Reformen in einer solchen Gesellschaft wie der unseren eine äußerst schwere und auch in bestimmter Hinsicht eine riskante Sache ist. Und auch heute bin ich noch von der historischen Richtigkeit der demokratischen Reformen überzeugt, die im Frühjahr 1985 eingeleitet wurden.
Der Prozess der Erneuerung des Landes und der grundlegenden Veränderungen in der Weltgemeinschaft hat sich komplizierter erwiesen, als man voraussagen konnte. Trotzdem muss man das Vollbrachte gebührend einschätzen. Die Gesellschaft wurde frei. Und das in politischer und geistiger Hinsicht. Und das ist die größte Errungenschaft. [...] Es wurde ein totalitäres System beseitigt, das ein weiteres Aufblühen und Wohlergehen des Landes verhinderte. Es wurde ein Durchbruch zu demokratischen Veränderungen vollzogen. Freie Wahlen, eine freie Presse, Religionsfreiheit, wirkliche Machtorgane und ein Mehrparteiensystem wurden zur Realität. Die Menschenrechte wurden als oberstes Prinzip anerkannt. Es wurde mit dem Übergang zu einer vielseitigen Wirtschaft begonnen. Alle Formen des Eigentums werden als gleichberechtigt anerkannt, im Rahmen der Bodenreform ist die Bauernschaft wiedererstanden. Farmen wurden gegründet, Millionen Hektar Land werden an Land- und Stadtbewohner übergeben. Die wirtschaftliche Freiheit des Produzenten wurde gesetzlich verankert. Das Unternehmertum, die Gründung von Aktiengesellschaften und die Privatisierung gewannen immer mehr an Kraft. Es muss daran erinnert werden, dass der Übergang zur Marktwirtschaft im Interesse des Menschen erfolgt. [...]
Wir leben in einer anderen Welt: Der „Kalte Krieg“ ist vorbei. Das Wettrüsten wurde gestoppt. Die wahnsinnige Militarisierung unseres Landes, die unsere Wirtschaft, das gesellschaftliche Bewusstsein und die Moral zugrunde richtete, wurde beendet. Die Gefahr eines Weltkrieges wurde beseitigt. [...] Wir öffneten uns der Welt und verzichteten auf die Einmischung in fremde Angelegenheiten sowie auf den Einsatz von Truppen außerhalb unseres Landes. Und man antwortete uns mit Vertrauen, Solidarität und Respekt. Wir wurden zu einer der wichtigsten Stützen bei der Umgestaltung der modernen Zivilisation auf friedlicher und demokratischer Basis. Die Völker und Nationen haben die reale Freiheit erhalten, den Weg ihrer Entwicklung selbst zu bestimmen. Die Suche nach einer demokratischen Reformierung unseres Vielvölkerstaates führte uns an die Schwelle eines neuen Unionsvertrages.
Ich möchte von ganzem Herzen all jenen danken, die in all diesen Jahren mit mir für die gerechte und gute Sache eingetreten sind. Sicherlich war eine Reihe von Fehlern vermeidbar. Vieles hätte man besser machen können. Aber ich bin überzeugt, dass unsere Völker in einer aufblühenden und demokratischen Gesellschaft leben werden.

Zitiert nach: Die Sowjetunion 1953 - 1991, hrsg. von der Bundeszentrale für politische Bildung (Informationen zur politischen Bildung, Heft 236), Bonn 1992, S. 38

1. *Arbeiten Sie heraus, welche schwierigen Bedingungen und Probleme in der Sowjetunion Gorbatschow nennt.*
2. *Fassen Sie die Kritikpunkte Gorbatschows am Zustand der Sowjetunion zusammen. Welche innen- und außenpolitischen Ziele und Grundsätze verfolgten die Reformen?*
3. *Prüfen Sie, ob sich aus dieser Bilanz neue politische Visionen ableiten lassen.*
4. *Leiten Sie ab, welche Kritikpunkte an Gorbatschows Kurs aus marxistisch-leninistischer Sicht vorgebracht werden können.*

M2 „Wir sind nicht länger mehr Gegner“

Anfang 1992 unterzeichnen der amerikanische Präsident George Bush und der russische Präsident Jelzin eine gemeinsame Erklärung:

▲ Gipfeltreffen.
Foto vom 30. Juli 1991.
Der russische Präsident Boris Jelzin (l.), der sowjetische Staatspräsident Michail Gorbatschow (m.) und US-Präsident George H. W. Bush (r.) unterhalten sich auf einem Empfang zu Ehren des US-Präsidentenpaares während des Gipfeltreffens zur Unterzeichnung des START-I-Vertrages in Moskau.

Zum Abschluss dieses historischen Treffens zwischen einem amerikanischen Präsidenten und dem Präsidenten eines neuen und demokratischen Russland stimmen wir – die Führer von zwei großen Völkern und Nationen – überein, dass eine Reihe von Prinzipien die Beziehungen zwischen Russland und Amerika leiten sollten:

Erstens, dass Russland und die Vereinigten Staaten sich nicht länger als potenzielle Gegner betrachten. Von heute an wird ihre Beziehung durch Freundschaft und Partnerschaft charakterisiert sein, die auf gegenseitigem Vertrauen und Respekt und einer gemeinsamen Verpflichtung zu Demokratie und wirtschaftlicher Freiheit beruht.

Zweitens, dass wir daran arbeiten werden, irgendwelche Überreste von Kalter-Kriegs-Feindseligkeit zu beseitigen, eingeschlossen Schritte zur Verringerung unserer strategischen Arsenale.

Drittens, dass wir alles in unserer Macht Stehende tun werden, um gegenseitiges Wohlbefinden unserer Völker zu fördern und die Bindungen so weit als möglich auszubauen, die unsere Völker jetzt vereinen. Offenheit und Toleranz sollten das Markenzeichen der Beziehungen zwischen unseren Völkern und Regierungen sein.

Viertens, dass wir aktiv freien Handel, Investitionen und wirtschaftliche Zusammenarbeit zwischen unseren beiden Ländern fördern.

Fünftens, dass wir jede Anstrengung unternehmen, die Förderung der von uns geteilten Werte der Demokratie, der Herrschaft des Rechts, der Respektierung der Menschenrechte einschließlich der Rechte von Minderheiten, der Respektierung von Grenzen und der friedlichen Veränderung weltweit zu unterstützen.

Sechstens, dass wir aktiv zusammenarbeiten, – die Ausbreitung von Massenvernichtungswaffen und dazugehöriger Technologie zu verhindern und die Ausbreitung von konventionellen Waffen auf der Grundlage von zu vereinbarenden Prinzipien zu beschränken; – regionale Konflikte friedlich beizulegen und – Terrorismus entgegenzutreten, Rauschgifthandel zu stoppen und der Umweltschädigung vorzubeugen.

Mit der Annahme dieser Prinzipien beginnen die Vereinigten Staaten und Russland heute eine neue Ära in ihren Beziehungen. In dieser neuen Ära streben wir nach Frieden, einem anhaltenden Frieden, der auf dauerhaften gemeinsamen Werten beruht. Dies kann ein Zeitalter von Frieden und Freundschaft sein, das nicht nur unseren Völkern, sondern Völkern in der ganzen Welt Hoffnung bringt. Denn während unser Konflikt die Welt für Generationen teilen half, können wir nun, in Zusammenarbeit mit anderen und zwischen uns, die Welt durch unsere Freundschaft vereinigen – eine neue Allianz von Partnern, die gegen die gemeinsamen Gefahren arbeitet, vor denen wir stehen.

Süddeutsche Zeitung vom 3. Februar 1992, S. 27

1. *Nennen Sie die wichtigsten Gründe für das Ende des Kalten Krieges zwischen den beiden Weltmächten.*

2. *Analysieren Sie, ob sich in der Erklärung überwiegend westliche Vorstellungen finden.*

3. *Gegenwärtig bedrohen neue Konflikte den Frieden in Europa und in der Welt. Benennen Sie dafür die Ursachen. Beurteilen Sie, inwiefern eine Verständigung zwischen den USA und Russland wirksam ist gegen diese Gefahren für den Frieden.*

Geschichte kontrovers

Das Ende des Kalten Krieges – Ergebnis des militärischen Niederrüstens?

Das Ende des Kalten Krieges wurde im Jahr 1990 gleich von mehreren Seiten offiziell erklärt. Damit klang auch der scharfe Ost-West-Konflikt abrupt aus, der in seiner radikalsten Phase zu existenziellen Krisen geführt und die Welt beinahe in den Abgrund gestürzt hätte.

Am 25. Dezember 1991 wurde auf dem Kreml in Moskau die rote Fahne der Sowjetunion durch die weiß-blau-rote Fahne Russlands ersetzt; zahlreiche Staaten in Osteuropa hatten zu diesem Zeitpunkt bereits ihre Unabhängigkeit erklärt, nachdem freie Wahlen stattgefunden hatten. In der Geschichts- und Politikwissenschaft ist umstritten, warum dieser auf politischer, wirtschaftlicher und weltanschaulicher Ebene so massiv geführte Kalte Krieg mit dem Untergang der Sowjetunion endete. War dieser Zusammenbruch – gemessen an westlichem Fortschrittsdenken, das sich an Demokratie und Marktwirtschaft orientiert – eine von der Sowjetunion selbst verschuldete Krise oder Ergebnis eines Drucks massiver Aufrüstung seitens der USA? Oder erodierte die Sowjetunion langsam durch die westliche Entspannungspolitik und durch die Infiltration westlicher Ideen und Vorbilder?

M1 „Den amerikanischen Anstrengungen nicht gewachsen“

Zbigniew Brzeziński, ehemaliger Sicherheitsberater verschiedener amerikanischer Regierungen und Dozent an amerikanischen Universitäten, nimmt Stellung:

Der Kalte Krieg endete tatsächlich mit dem Sieg auf der einen und der Niederlage auf der anderen Seite. Diese Realität kann nicht bestritten werden – trotz der verständlichen Empfindlichkeiten, die eine solche Schlussfolgerung unter den Weichherzigen im Westen und einigen früheren Führern der besiegten Seite hervorruft. [...]
Die globale sowjetische Offensive dauerte unvermindert bis in die zweite Hälfte der 70er-Jahre an. Nicht länger durch die strategische amerikanische Stärke politisch gehindert, wurden sowjetische Truppen in Vietnam, Äthiopien, Jemen, Kuba, ganz zu schweigen von dem geopolitisch wichtigen Mittleren Osten, eingesetzt, während sowjetische militärische Stellvertreter in Mosambik, Angola und anderswo aktiv waren. [...] Das Ergebnis war die letzte Phase des Kalten Krieges ungefähr von 1979-1991. Sie war gekennzeichnet durch die graduelle Wiederaufnahme der ideologischen Initiative des Westens, durch den Ausbruch einer weltanschaulichen und politischen Krise im Lager des Gegners und durch den letzten und entscheidenden Stoß der USA im Rüstungswettlauf. Diese Phase dauerte ein Jahrzehnt. Ihr Ergebnis war Sieg. [...]
Die massive US-Verteidigung, die in den frühen Achtzigern aufgebaut wurde und die auch die Entscheidung einschloss, mit der Strategic Defense Initiative fortzufahren – beides schockte die Sowjets und strapazierte ihre Ressourcen. Ihre Größe, ihre Wucht und ihr technologischer Wagemut waren in Moskau vollkommen unerwartet gewesen. 1983 entwickelte sich eine echte Kriegsangst im Kreml und die USA wurden vielleicht eingeschätzt, sogar eine militärische Lösung anzustreben. Und dann in der Mitte des Jahrzehnts dämmerte es den sowjetischen Führern, dass sie weder mit den amerikanischen Anstrengungen gleichziehen konnten noch ihnen gewachsen waren. [...] Der Rüstungswettkampf erschöpfte die sowjetische Volkswirtschaft und widerlegte somit die eigenen ideologischen Erwartungen. [...]
Die reformorientierte Gorbatschow-Führung, umschmeichelt, umworben, sogar verführt durch den Westen und in seiner letzten Phase geschickt beeinflusst durch Präsident Bush und den deutschen Kanzler Helmut Kohl, wählte den zweiten Weg. Das Ergebnis war ein Chaos im östlich-zentralen Europa und dann Kapitulation. [...] Während des ganzen Kalten Kriegs war es Amerika, das die meiste Last trug und seinen stärksten Willen demonstrierte durchzuhalten. Die Alliierten Amerikas waren im Allgemeinen standhaft in kritischen Augenblicken, aber auf der anderen Seite neigten sie mehr zu Kompromissen. [...] Es war Amerika, das die ganze Zeit des Kalten Krieges die sowjetische Machtausübung mit einer Haltung und Führung aufhielt, die im Gesamten bemerkenswert konsistent war.

Zbigniew Brzeziński, The Cold War and its Aftermath, in: Foreign Affairs 71/1992, S. 31-49, hier S. 31-46 (übersetzt von Rolf Schulte)

M2 Die Attraktivität des Westens

Hat der Westen den Sieg im Kalten Krieg davongetragen? Historiker und Politologen widersprechen solchen Auffassungen, wie sie etwa von Zbigniew Brzeziński vertreten werden.

a) Archie Brown, Professor für Politikwissenschaft an der Universität Oxford, kommentiert:

Die Beerdigung des Kalten Kriegs war ein Sieg des Westens in dem Sinn, dass demokratische politische Systeme sich als attraktiver als die eigenen politischen Systeme für die Bürger des kommunistischen Europas erwiesen und dass sich die Marktwirtschaften als effizienter als die Planwirtschaften nach Sowjetstil herausgestellt hatten. Das ist etwas gänzlich anderes als die populäre Übervereinfachung, dass es der Druck der Reagan-Regierung oder die amerikanische Waffenüberlegenheit war, welche die sowjetische Führung in die Situation brachte, nichts anderes als die Niederlage einzugestehen. [...] Während Gorbatchov eventuell gute persönliche Beziehungen mit Reagan und Bush pflegte, war er ideell mehr mit europäischen sozialdemokratischen Staatmännern wie Brandt (obwohl er während der Perestroijka-Periode nicht mehr deutscher Bundeskanzler war) und González[1] verbunden. [...] Obwohl wir eine Grenze der Entwicklung von Gorbatchovs Ansichten in eine bestimme Richtung erkennen müssen, war diese Richtung sozialdemokratisch, eine Fusion liberaler und sozialistischer Traditionen.

b) Und John W. Young, Professor für internationale Geschichte an der Universität Nottingham/Großbritannien, äußert sich folgendermaßen:

Wenn der Zusammenbruch des Sowjet-Systems als Ergebnis eines langzeitigen Versagens des Kommunismus gegenüber der freien Marktwirtschaft gesehen werden kann, dann war der Erfolg der Westeuropäer durch den Aufbau stabiler, blühender demokratischer Systeme, die ökonomischen Erfolg mit sozialer Gerechtigkeit verbanden, eine wichtige Komponente des Siegs des Westens im Kalten Krieg. Die Tagesordnung der NATO im Helsinki-Prozess wurde tatsächlich eingelöst. Die Sowjets mögen Anerkennung für ihre territorialen Nachkriegsgrenzen erzielt haben, aber nur auf Kosten, westliche Güter und Ideen in einem zunehmend altersschwachen marxistischen System zu erlauben. Für die Satelliten-Staaten Osteuropas stellten die Freiheit und der Reichtum der westeuropäischen Nachbarn einen Magnet dar, der diese von Moskau wegzog und die Fundamente des Systems unterspülte, das in den späten 1989'n so spektakulär auseinanderbrach. [...]
Es war auch bedeutsam, dass dieses elastische System [Westeuropas] sich an der Haustür der Sowjetunion befand. Von hier aus konnten die Westeuropäer ihre Kredite an Osteuropa gewähren, Druck auf die Respektierung von Menschenrechten ausüben und Gorbatchovs Glasnost-Politik nutzen. [...]
Der entscheidende Beitrag für das Ende des Kalten Kriegs zu freiheitlichen Bedingungen war die Demonstration, dass die Vorteile einer Marktwirtschaft mit politischer Demokratie, Wohlfahrtsmaßnahmen und sozialer Gerechtigkeit verbunden werden konnten.

[1] Felipe González: sozialdemokratischer Ministerpräsident Spaniens von 1982 bis 1996

▲ **Handschlag zwischen Ost und West.**
Foto vom 19. November 1985.
Der sowjetische Parteichef Michail Gorbatschow (links) und US-Präsident Ronald Reagan begegnen sich im November 1985 bei der ersten ihrer fünf Gipfelkonferenzen.

Erster Text: Archie Brown, The Gorbatchev revolution and the end of the Cold War, in: Melvyn P. Leffler; Odd Arne Westad (Hrsg.), The Cambridge History of the Cold War, Vol. III, Cambridge 2010, S. 244-266, hier S. 264 f. (übersetzt von Rolf Schulte)
Zweiter Text: John W. Young, Western Europe and the end of the Cold War, 1979-1989, in: ebenda, S. 289-310, hier S. 289 ff., 309 f. (übersetzt von Rolf Schulte)

1. *Zeigen Sie anhand von M1 und M2 die Kontroverse mit ihren jeweiligen Begründungen auf.*
2. *Überprüfen Sie die Stellungnahmen in M1 und M2 anhand der Informationen im Darstellungstext auf den Seiten 198-199 (Sachurteil).*
3. *Das Ende des Kalten Krieges – Ergebnis militärischen Niederrüstens der Sowjetunion? Nehmen Sie Stellung.*

Erinnern

Der Kalte Krieg im Spiegel der Geschichtskultur

Zeitgenössische Wahrnehmungen des Kalten Krieges Der Kalte Krieg war eine furchteinflößende weltpolitische Konstellation. Die dauerhafte Konfrontation zwischen den USA und der Sowjetunion, der NATO und der Warschauer Vertragsorganisation beschwor immer wieder einzelne Krisen herauf, die einen Atomkrieg als eine unmittelbar bevorstehende Katastrophe wahrscheinlich werden ließen. Beispiele sind die Berlin-Krisen von 1948/49 und 1958-1961, die Kriege in Korea und Vietnam oder die Kuba-Krise.* Die Furcht und Abscheu vor dem Feind und den Eigenschaften, die man ihm zuschrieb, spiegelt sich in Plakaten aus der ersten Phase des Kalten Krieges wider (▸ M1).

Nach dem Ende des Vietnam-Krieges schöpften viele Menschen in der Entspannungszeit der Siebzigerjahre Hoffnung auf ein friedliches Nebeneinander der Systeme. Doch diesem Intermezzo folgte in den Achtzigerjahren die atomare Überrüstung. Größer als die Furcht vor dem Gegner war nun die Angst vor den Atomwaffen selbst. Immer mehr Menschen in West und Ost erkannten, dass die militärtechnische Logik des „overkill" den Armeen und Bevölkerungen im Kriegsfall lediglich die Alternative gelassen hätte, durch den nuklearen „Erstschlag" oder durch die stets sichergestellte „**Zweitschlagfähigkeit**" des Gegners vernichtet zu werden. Die Friedensbewegung in West und Ost forderte daher immer drängender die Kooperation der feindlichen Blöcke in Sachen Abrüstung.

Zweitschlagfähigkeit: beschreibt das Potenzial einer Militärmacht, kurz nach dem Erleiden eines nuklearen Erstschlages den Angreifer noch mit einem massiven nuklearen Gegenschlag zugrunde zu richten. Zweitschlagwaffen sind nuklear bestückte Raketen, Bomben und Marschflugkörper, die von mobilen Abschussrampen an Land, von strategischen U-Booten und Bombern permanent in Bewegung gehalten werden, um im Bedarfsfall Bevölkerungszentren und Industrieanlagen zu vernichten.

Jedoch standen nicht nur die Industrienationen der nördlichen Hemisphäre im Kalten Krieg. Darüber hinaus war eine Vielzahl von Staaten oder militärischen Bewegungen, die durch die westlichen oder östlichen Führungsmächte gelenkt oder zumindest unterstützt wurden, zum Bestandteil des Kalten Krieges geworden. Hier, in der „Dritten Welt", verwandelte sich der Kalte Krieg in „heiße Kriege". Als beispielsweise Angola 1975 nach einer antikolonialen Erhebung unabhängig geworden war, entbrannte ein Bürgerkrieg zwischen den drei einstigen Rebellenorganisationen. Die völkerrechtlich anerkannte Regierung wurde politisch durch die Sowjetunion und die sozialistischen Länder, aber auch direkt mit kubanischen Soldaten unterstützt, die Gegner der Regierung indessen durch den Westen und China, ferner durch Söldner aus Südafrika und Zaire**.

1979 marschierte die Sowjetunion in Afghanistan ein. Sie reagierte auf ein Hilfeersuchen der Zentralregierung Afghanistans, welche beim Versuch, das sozialistische Modell gegen den Widerstand der islamischen Geistlichen und Stammesoberhäupter durchzusetzen, in Bedrängnis geraten war. Es kam zu einem zehnjährigen Krieg. Die afghanischen Mudschaheddin wurden von den westlichen Staaten, dem Iran und anderen islamischen Ländern mit Geld unterstützt. Darüber hinaus stellten die USA kriegsentscheidende Luftabwehrwaffen zur Verfügung. Als die Sowjetarmee 1989 abzog, waren eine Million Menschen getötet worden, doch der Bürgerkrieg der Mudschaheddin gegen die afghanische Regierung ging weiter. Im Jahr der sowjetischen Afghanistan-Intervention wurde in Nicaragua der USA-freundliche Diktator *Somoza* von einem breiten Bündnis landloser Bauern, des Mittelstandes und der Kirche gestürzt. Gegen die neue linksgerichtete Regierung setzten die USA eine Wirtschafts- und Seeblockade sowie eine von Honduras aus operierende Armee, die „Contras", ein. Über eine halbe Million Nicaraguaner starben in diesem Krieg, bis es 1990 zu einem politisch herbeigeführten Machtwechsel kam.

* Siehe dazu S. 185 f.

** Zaire: von 1971 bis 1997 Bezeichnung für die Demokratische Republik Kongo

Die hier exemplarisch aufgezählten Konflikte spielten in der Binnenkommunikation der NATO- und der Warschauer-Vertrags-Staaten eine wichtige Rolle. So sprach die DDR-Propaganda unaufhörlich vom „Kampf der Völker" in Angola oder Nicaragua gegen „Imperialismus und Neokolonialismus". Solidarität mit dem Abwehrkampf war damit Pflicht. Die Agitation ächtete die Gegner im Kalten Krieg als aggressive und internationales Recht brechende Mächte. In der Bundesrepublik waren es wiederum Aktivistengruppen aus alternativen, links-akademischen und linkskirchlichen Milieus, die sich gegen die militärische Intervention in Nicaragua wandten. Darüber hinaus lenkten die USA mit dem 1980 initiierten internationalen Olympia-Boykott die Aufmerksamkeit der Weltöffentlichkeit auf den sowjetischen Einmarsch in Afghanistan. Die Regierung von Nicaragua bezeichnete der amerikanische Präsident Ronald Reagan als „Krebsgeschwür" in der westlichen Hemisphäre und als gefährlichen „Brückenkopf" der Sowjets in Amerika. Diese Position und der Stellvertreterkrieg gegen Nicaragua wurden in der Öffentlichkeit des Westens kontrovers diskutiert.

Der Kalte Krieg kostete also auch ohne die direkte militärische Auseinandersetzung zwischen NATO und Warschauer Vertragsorganisation Menschenleben. Darüber hinaus manifestierte sich die Wahrnehmung des Kalten Krieges in den westlichen und östlichen Industrienationen in der nicht unbegründeten Furcht vor einem „Dritten Weltkrieg", einem Krieg, der gewissermaßen über Nacht losbrechen konnte – durch politisches Ungeschick, militärische Provokationen oder einen Computerfehler.

▲ **„Nein zu Cruise Missiles."** *Button für eine Aktionswoche der bundesdeutschen Friedensbewegung, 1983.*

▲ **„WAR ist die Vergangenheitsform von SEIN."** *Ostdeutsches Anti-Kriegs-Plakat von Joseph Huber, 1984.*

- *Beschreiben Sie die Plakate und vergleichen Sie, wie die Kriegsbedrohung jeweils präsentiert und in welchen Kontext sie gestellt wird.*

Wettlauf im Weltall Der Kalte Krieg war aber nicht nur eine machtpolitische und militärische Konfrontation. Er stellte sich auch als ein Wettstreit in Wissenschaft und Technik, in Sport oder Kultur dar.

Im Oktober 1957 brachte die Sowjetunion den ersten Satelliten ins All. Die Signale von „Sputnik 1" waren von Amateurfunkern und Radiostationen überall auf der Welt zu empfangen. In den östlichen Medien galten sie als Beleg für die Überlegenheit des Sozialismus. Der Westen war über das Potenzial der als rückständig angesehenen „Russen" überrascht, beeindruckt und erschreckt („*Sputnik-Schock*"). Nun erwartete die westliche Welt, dass die USA die Herausforderung annahm. 1961 unterstrich die Sowjetunion abermals ihren Vorsprung: *Juri Gagarin* umrundete als erster Mensch im Weltraum die Erde. Der Sohn eines Kolchos-Zimmermanns und einer Bäuerin war zu einem Helden von Weltbedeutung geworden. Sein persönlicher Hintergrund, so lautete das Credo im Osten, habe die „Schöpferkraft des Volkes unter sozialistischen Bedingungen" belegt, zudem habe der Weltraumflug das „Banner des Kommunismus in die unendlichen Weiten des Universums getragen". Mit seinem gewinnenden Lächeln wurde Gagarin für viele Menschen im Westen einer der wenigen Sympathieträger aus der Sowjetunion. „Ich kann mir vorstellen, dass die Russen eine Rakete gebaut haben, die auch fliegen kann", stöhnte damals ein amerikanischer Journalist, „aber wie zum Teufel haben sie diesen Gagarin geschaffen?" Ende der Sechzigerjahre hatten die USA ihren Rivalen beim Wettlauf zum Mond überholt. Als 1969 schließlich *Neil Armstrong* vor Millionen Fernsehzuschauern als erster Mensch den Mond betrat, kleidete er den amerikanischen Triumph ebenfalls in große Worte: „Das ist ein kleiner Schritt für den Menschen, ein riesiger Sprung für die Menschheit."

▲ Der Kalte Krieg im Stadion. *Foto (Ausschnitt) von 1972. Im olympischen Staffelwettbewerb der Frauen (4 x 100 m) siegte die bundesdeutsche Auswahl 1972 in München knapp vor dem Team der DDR. Im Medaillenspiegel lag die Mannschaft aus der DDR am Ende jedoch deutlich vorn. Dabei waren die Spiele in München die ersten, bei der die Sportler aus der DDR hinter ihrer Landesfahne in das Stadion einziehen durften. Noch bis 1964 hatte es eine gesamtdeutsche Olympiamannschaft gegeben; in Mexiko-Stadt traten die Deutschen 1968 erstmals in zwei Teams (Germany und East-Germany) an. Als Hymne nutzten beide Beethovens „Ode an die Freude" sowie die schwarz-rot-goldene Flagge, in deren Mitte die olympischen Ringe in Weiß prangten. Erst nach den Spielen in Mexiko wurde die DDR vollwertiges Mitglied des Internationalen Olympischen Komitees (IOC).*

Der Wettstreit der Systeme im Sport ... Die Sowjetunion und die USA waren Großmächte des Sports und so verwandelten sich auch internationale Sportveranstaltungen in Arenen des Kalten Krieges. Hier konnte man vor den Augen der Welt über die Gegner aus dem anderen Block triumphieren, damit auch gleich die Überlegenheit seines Gesellschaftssystems unter Beweis stellen und sich mit eigenen Symbolen (Flaggen, Hymnen etc.) in Szene setzen. Die DDR sah – insbesondere vor ihrer erst 1973 erfolgten weltweiten diplomatischen Anerkennung – ihre Spitzensportler als „Diplomaten im Trainingsanzug". Kein Land der Welt gab anteilsmäßig so viel für den Sport aus wie die DDR, zudem wurde systematisch gedopt. Als die DDR bei den Olympischen Spielen von 1968 erstmals mit eigener – und nicht mehr in einer gesamtdeutschen – Mannschaft antrat und die der Bundesrepublik in den Sommerspielen deklassierte, sah sich auch die Bundesrepublik genötigt, die staatliche Sportförderung zu forcieren. Auch im Westen war Doping nicht unbekannt. Im Jahr vor den Olympischen Spielen 1972 erklärte Bundesinnenminister *Hans-Dietrich Genscher* in einer Beratung: „Von Ihnen als Sportmedizinern will ich nur eines: Medaillen für München."

... und zwischen westlichem und östlichem Lebensstil Auf dem Gebiet der Konsum- und Popkultur kündigte sich der globale Sieg des Westens seit den Sechzigerjahren an. Die Sprache des Pop war Englisch, nicht Russisch. Blue Jeans und Coca Cola wurden weltweit zu Ikonen westlicher Lebensweise. In den Kinos und im Fernsehen sahen die Menschen der Welt vor allem westliche Produktionen. Dabei wurden dem Publikum nicht nur die Ästhetik, der Lebensstil und die Werte des Westens nahe gebracht. Bisweilen wurde der Kalte Krieg auf der Leinwand auch in heiße Konflikte zwischen West und Ost umgewandelt (▸ M2).

Das Ende des Kalten Krieges und die Geschichtskultur – im Westen Das Ende des Kalten Krieges brachte zunächst allseitige Erleichterung, aber auch viele Illusionen über eine nun möglich erscheinende Welt friedlicher Kooperation und natürlich den Beginn der geschichtskulturellen Aufarbeitung der zurückliegenden Jahrzehnte. Allerdings waren die Auswirkungen auf die Geschichtskultur der einst in diesen Konflikt verwickelten Länder sehr unterschiedlich. Auf westlicher Seite gab es über das Ende des Kalten Krieges hinweg institutionelle und ideologische Kontinuität. Die nordatlantische Allianz bestand fort und auch die europäische Integration konnte weiter vorangetrieben werden. Für die Bevölkerung im Westen änderte sich nichts. Der Gegner aus der Zeit des Kalten Krieges war von der politischen Bühne verschwunden und es gab keinen Anlass, die früheren Überzeugungen einer Revision zu unterziehen. Die Erzählung vom Westen als „Sieger des Kalten Krieges" und von der Überlegenheit seiner Werte erschien nun besonders plausibel. Mit dem Ende des Kalten Krieges sei die Suche nach dem richtigen Gesellschaftsmodell erledigt und „Das Ende der Geschichte" erreicht – so der paradigmatische* Titel eines Buches, das den Zeitgeist der frühen Neunzigerjahre gut widerspiegelt. Die Rolle des Westens im Kalten Krieg wird aber nun zunehmend durch die zeitgeschichtliche Forschung aufgearbeitet und differenziert dargestellt. Die entsprechenden Regelungen des Archivgesetzes und die Lockerung von

* Paradigma: Bezeichnung für eine wissenschaftliche Denkweise oder Weltanschauung. Beispiele für Paradigmen sind das geozentrische und das heliozentrische Weltbild. Ein Paradigma wird solange anerkannt, bis Beobachtungen angestellt werden, die mit ihm nicht länger vereinbar sind. Setzt sich eine neue Lehrmeinung allgemein durch, spricht man von einem Paradigmenwechsel.

Geheimhaltungsbestimmung für westliche Aktenbestände bilden hierfür die Grundlage – und die Medien sowie das Internet stellen den Verbreitungsweg für neue Erkenntnisse dar.

▲ **Zornesausbruch.**
Foto von 2005.
Am zwei Meter hohen Denkmal des Bronzesoldaten in Tallinn entlud sich die Wut über die jahrzehntelange Zwangsmitgliedschaft Estlands in der Sowjetunion 2005 in einem symbolischen Farbanschlag. Auch die von der Regierung beschlossene Verlegung des Denkmals führte zwei Jahre später zu wütenden Protesten – diesmal jedoch von prosowjetischer Seite.

Das Ende des Kalten Krieges und die Geschichtskultur – im Osten Während die militärischen und politischen Institutionen des Westens und dessen Wertvorstellungen weiter Bestand hatten, vollzog sich im Osten ein tief greifender Umbruch. Die Sowjetunion und das von ihr dominierte Militärbündnis lösten sich auf. Die drei baltischen Republiken strebten bald in die EU und in die NATO. Auch die meisten der anderen postsozialistischen Länder Mittel- und Osteuropas bemühten sich um einen Anschluss an die vormals westlichen Bündnisse.

Die staatliche Unabhängigkeit von der Sowjetunion brachte zugleich eine Befreiung der öffentlichen Erinnerung. Die sozialistischen Diktaturen hatten ihre Herrschaft auch durch dogmatisierte Geschichtsbilder gestützt. Die Erzählung vom „Kampf der Arbeiter und Bauern gegen Ausbeutung und Unterdrückung", von der „Zerschlagung des Hitler-Faschismus" oder von der „Befreiung der Völker durch die Rote Armee" und schließlich vom „brüderlichen Aufbau des Sozialismus" wurde zum einzigen und verbindlichen Deutungsmuster. Für manche Teile der Bevölkerung wirkten die sozialistischen Mythen integrierend und identitätsstiftend. Für viele andere hatte die offizielle Geschichtsdeutung jedoch nie mit den persönlichen Erinnerungen und Familiengeschichten über Enteignungen und Repressionen im Sozialismus zusammengepasst. Nun kam die erstarrte Geschichtskultur der osteuropäischen Gesellschaften wieder in Fluss. Doch die befreiten Erinnerungen wirkten nicht befriedend oder versöhnend, sie wurden im Gegenteil sofort zum Gegenstand scharfer geschichtspolitischer Auseinandersetzungen. Denn in Osteuropa ist das nationale Gedächtnis fraktionierter, sind die Erinnerungsgemeinschaften zahlreicher als im Westen. Das hat weniger mit dem Kalten Krieg zu tun als vielmehr mit der Geschichte der osteuropäischen Völker zwischen 1918 und 1945, also der Phase, die historisch vor dem Kalten Krieg lag.

So hatten beispielsweise viele Einwohner der 1940 von der Sowjetunion annektierten Baltenrepubliken im Zweiten Weltkrieg als Partisanen oder innerhalb deutscher Verbände gegen die Sowjetarmee gekämpft. Andere Balten wiederum hatten sich während der deutschen Besetzung der Roten Armee oder prosowjetischen Partisanen angeschlossen. Gemäß den gegensätzlichen Erfahrungen sprechen die unterschiedlichen Erinnerungsgemeinschaften heute von ein und demselben Ereignis als „erneuter Okkupation" oder als „Befreiung vom Hitler-Faschismus". Beide Sichtweisen führten ab 2004 zum estnischen „Denkmalskrieg". Dabei ging es sowohl um den Gedenkstein für die Esten, die in SS-Verbänden „gegen den Bolschewismus" und „für die Unabhängigkeit" gekämpft hatten, wie auch um die Bronzestatue des trauernden Sowjetsoldaten im Stadtzentrum Tallinns. Der Gedenkstein wurde 2004 entfernt, der Bronzesoldat 2007 auf einen Militärfriedhof umgesetzt. Seit 2008 besitzt Tallinn nun auf dem „Freiheitsplatz" mit einer 27 Meter hohen Glassäule ein „Freiheitsdenkmal", welches 2009 mit dem „Freiheitskreuz" gekrönt wurde.

Während sich in Russland und Weißrussland die nationalen Geschichtsbilder weiterhin sehr stark an der sowjetischen Geschichtsmythen orientieren, wurde in den anderen postsozialistischen Gesellschaften damit gebrochen. In den identitätsstiftenden Mythen Polens, Ungarns oder der baltischen Republiken beispielsweise stehen die Opfer und der Sieg im Kampf gegen die Unterdrückung durch das nationalsozialistische Deutschland und (Sowjet-)Russland im Zentrum.

Die ehemalige DDR ist im Ensemble der postsozialistischen Geschichtskulturen ein Sonderfall. Da die fünf „neuen Bundesländer“ auch der bundesdeutschen Erzählung zum Kalten Krieg gewissermaßen „beitraten“, war es hier nicht nötig und möglich, eine neue historische Deutung zum Kalten Krieg zu entwickeln. Exemplarisch zeigte sich das darin, dass in den frühen Neunzigerjahren alte bundesdeutsche Schulbücher verwendet wurden. Allerdings wirkte die Identitätserzählung des Landes, in dem die Ostdeutschen nun lebten, für viele von ihnen wie ein Fremdblick auf das eigene zurückliegende Leben und war oft nicht mit den persönlichen Erinnerungen und Familiengeschichten zur DDR vereinbar.

Der Kalte Krieg im Museum Die Musealisierungen des Kalten Krieges sind recht heterogen, oft nicht Bestandteil der offiziellen Geschichtskultur und sie bieten auch mehr Perspektiven als nur die der Weltmächte. Während es große Kriegsmuseen gibt, beispielsweise das „*Zentralmuseum des Großen Vaterländischen Krieges*“ in Moskau oder das „*Imperial War Museum*“ in London, welches das britische Militärengagement von 1917 bis 1995 zeigt, existiert noch kein relevantes „Museum des Kalten Krieges“, das diesen globalen Konflikt aus einer neutralen und wissenschaftlichen Perspektive reflektieren würde.

Amerikanische und russische Ausstellungen Amerikanische und russische Museen, die auf die Zeit des Kalten Krieges verweisen, nehmen meist die Perspektive der Hauptakteure im damaligen Konflikt ein. Das zeigt sich beispielsweise im „*Bradbury Science Museum*“ in Los Alamos (USA/New Mexico), wo einst die erste amerikanische Atombombe gebaut wurde. Eine deutsche Journalistin beschreibt ihre Eindrücke aus dem Jahre 2011 so: „An Tischen, die an Spielkonsolen erinnern, in einem Rundgang, der völlig entspannt an Flugzeugmodellen und Kriegsszenarien vorbeiführt. Für europäische Besucher schockierend: Wer will, spielt mit: Die Besucher bedienen mit Joysticks die Flieger, sie verfolgen den Weg der Bomben nach.“

Die ungebrochene russische Perspektive auf den Kalten Krieg kann man beispielsweise in einem ehemaligen Moskauer Atombunker kennenlernen. In der 60 Meter tief liegenden Anlage aus dem Jahr 1956 sollten einst 2500 Personen die Moskauer Raketenabwehr koordinieren. Stolz, im Kalten Krieg letztlich nicht besiegt worden zu sein, versprechen die Ausstellungsbetreiber abenteuerliche Erlebnisse: Die Besucher können die Technik besichtigen, einen Schutzanzug anprobieren – und am Ende der Exkursion die Simulation eines Atomschlages erleben.

In Europa war während des Kalten Krieges „*Point Alpha*“ ein strategisch wichtiger Beobachtungspunkt der US-Armee. Von dort hörte man den Funkverkehr der Gegenseite ab und wachte über etwaige Truppenaufmärsche, denn zwischen dem thüringischen Geisa und dem hessischen Rasdorf vermuteten die Amerikaner den Durchbruchspunkt der östlichen Panzerarmeen. Heute erinnert eine Gedenkstätte an diese Nahtstelle zwischen den militärischen Lagern des Kalten Krieges (▸ M3).

Westdeutsche und ostdeutsche Ausstellungen Auch die beiden deutschen Staaten betrieben während des Kalten Krieges Führungsstellen. Viele davon erinnern nun als Bunker-Museen an den Kalten Krieg. Das wichtigste und am besten ausgestattete musealisiert den „*Ausweichsitz der Verfassungsorgane der Bundesrepublik Deutschland im Kriegs- und Krisenfall*“ in Bad Neuenahr-Ahrweiler (Rheinland-Pfalz), welcher von

1966 bis 1997 als Schutzraum bereitstand. Der Rückbau der unterirdischen Anlage dauerte von 2001 bis 2006, danach begann der Aufbau der „Dokumentationsstätte Regierungsbunker", den der Bund mit 2,5 Millionen Euro finanzierte. Die Dokumentationsstätte wurde 2008 eröffnet. Ihr Träger ist der Heimatverein Alt-Ahrweiler. Die Anlage informiert über die spezielle Technik und die Abläufe der Regierungsarbeit unter Bunkerbedingungen.

Auch auf einstigem DDR-Territorium kann man ehemalige Bunker besichtigen, wie beispielsweise das Museum zum Führungsbunker des Ministeriums für Nationale Verteidigung der DDR in Harnekop (Brandenburg) oder die ehemalige Führungsstelle des Militärbezirkes III in Kossa (Sachsen). Hier ist das Niveau der Musealisierung und Finanzierung allerdings mit dem Bunker in Rheinland-Pfalz nicht vergleichbar (▸ M4).

▲ Blick auf Schaltpulte im ehemaligen NVA-Führungsbunker im brandenburgischen Harnekop.
Foto von 2003.
Der Bunker wurde zwischen 1971 und 1976 für die Führung der Nationalen Volksarmee (NVA) gebaut. Ausgestattet mit modernster Technik hätten dort, dreißig Meter tief unter der Erde, im Kriegsfall bis zu 450 Menschen etwa einen Monat lang überleben können.

Musealisierung des Kalten Krieges – ein Ausblick Es hat sich gezeigt, dass die Erinnerung an den Kalten Krieg und an die Stellvertreterkriege im Deutungsrahmen der *nationalen* Geschichtskulturen gepflegt wird. In einigen Ländern, die einst Schauplatz eines „heißen Krieges" waren, wird an diese Zeit in Museen erinnert. Das geschieht beispielsweise im „Museum der Kriegsverbrechen" in Ho-Chi-Minh-Stadt (Vietnam), im „Museum der Armee" in Luanda (Angola) oder im „Museum der Revolution" in Managua (Nicaragua).

Europa befindet sich derzeit in einem Prozess der Aufarbeitung seiner diktatorischen und autoritären Vergangenheiten – beispielsweise der faschistischen Diktaturen in den NATO-Staaten Portugal, Spanien und Griechenland oder der einstigen sozialistischen Diktaturen. Das Europäische Parlament hat im Jahr 2009 beschlossen, den 23. August zum „europaweiten Gedenktag an die Opfer aller totalitären und autoritären Regime" zu machen. Die blutige Bilanz der Kolonialherrschaft und -kriege der westlichen Demokratien gerät bei dieser Perspektive aus dem Blick.

In den postsozialistischen Ländern Europas ist die Musealisierung der Zeit des Kalten Krieges von der Neukonstruktion nationaler Erzählungen dominiert. Im Vordergrund stehen hierbei meist die Unterdrückung des eigenen Volkes durch (Hitler-) Deutschland und die Sowjetunion, die Opfer-Bilanz sowie die Tradition der Freiheitskämpfe. Die Zeit des Kalten Krieges wird somit nicht durch Museen des Kalten Krieges, sondern beispielsweise durch das „Museum der Okkupation" in Tallinn, das „Okkupationsmuseum" in Riga, das „Museum der sowjetischen Okkupation" in Kiew, das „Museum der Genozidopfer" in Vilnius oder das „Haus des Terrors" in Budapest abgehandelt. Diese in der postsozialistischen Zeit eingerichteten Museen füllen damit die Lücken im Geschichtsbild. Dennoch gibt es auch hier, vor allem mit Blick auf den Zweiten Weltkrieg, neue Lücken. Denn die Beteiligung der einheimischen Bevölkerung an der Verfolgung von Juden, „Zigeunern", ethnischen Minderheiten und Kommunisten in den 1930er- und 40er-Jahren wird ebenso ausgeblendet wie die Tatsache, dass die Träger rassistischer, nationalistischer oder kommunistischer Einstellungen nicht nur die deutschen oder sowjetischen Okkupanten, sondern auch große Gruppen der eigenen Bevölkerung waren.

In Deutschland und Berlin, wo einst eine wichtige „Frontlinie" des Kalten Krieges lag, wird diesem globalen Konflikt vor allem mit Verweis auf die Berliner Mauer und

▲ **Panzerkonfrontation am Checkpoint Charlie in Berlin – Blick von West nach Ost.**
Foto vom Oktober 1961.
Nachdem die DDR den freien und unkontrollierten Zugang der Westalliierten nach Ost-Berlin infrage gestellt hatte, fuhren am 26. Oktober amerikanische Panzer auf. Einen Tag später stellte sich die Sowjetunion der Herausforderung und ließ ihrerseits Panzer auf der Ostseite positionieren. Am 28. Oktober zogen sich die Panzer auf beiden Seiten wieder zurück, wobei diesmal die Sowjetunion den ersten Schritt gemacht hatte.

das Grenzregime der DDR gedacht. Der bekannteste deutsche Erinnerungsort zum Kalten Krieg ist der „Checkpoint Charlie" in Berlin. Hier standen sich am 27. und 28. Oktober 1961 dreißig bewaffnete Panzer der US- und der Sowjetarmee in der Friedrichstraße direkt gegenüber – bis die Konfrontation auf höchster politischer Ebene aufgelöst wurde. Die Foto- und Filmaufnahmen dieses Ereignisses gehören zu den eindrücklichsten Bildsymbolen des Kalten Krieges. Im Verhältnis zu dessen einstiger realgeschichtlichen Bedeutung ist der Erinnerungsort Checkpoint Charlie recht einfach gehalten. Neben der Nachbildung des ersten, hölzernen Kontrollunterstandes fällt vor allem eine Bildtafel auf, die in etwa fünf Meter Höhe zwei mehrere Quadratmeter große Bilder zeigt. Es sind Fotos von zwei jungen Soldaten in Paradeuniform der US-Streitkräfte und der nicht mehr existierenden sowjetischen Armee. Blickt der heutige Besucher aus westlicher Richtung auf den Checkpoint, so „sieht ihn" der sowjetische Soldat „an", blickt man aus östlicher Richtung, so wird man vom amerikanischen Soldaten „angesehen" (▸ M5).

Der Checkpoint Charlie ist ein Beispiel für das von privaten Akteuren ohne übergreifendes Konzept betriebene Wachstum eines Erinnerungsortes. Nur zwei Jahre nach der Eröffnung des Checkpoint Charlie durch die westlichen Alliierten wurde im Jahr 1963 auf der westlichen Seite des Kontrollpunktes das Museum Haus am Checkpoint Charlie eröffnet. Hier werden zwar noch heute verschiedene Fluchtapparate und -exponate präsentiert, die Zusammenhänge zwischen dem historischen Ort und seinem weltpolitischen Kontext jedoch nur ungenügend erklärt. Das Museum Haus am Checkpoint Charlie sei, so der Historiker *Konrad Jarausch*, mittlerweile „in gewisser Weise selbst zu einem Dokument des Kalten Krieges geworden".

Nach dem Ende des Kalten Krieges und dem Abzug der Alliierten wurde der Checkpoint 1992 privatisiert. Touristen aus aller Welt können sich heute dort gegen Bezahlung mit als Grenzsoldaten verkleideten Schauspielstudenten vor dem Nachbau der Kontrollbaracke fotografieren, die Pässe stempeln oder die Kofferräume kontrollieren lassen. Als Reaktion auf diese „Verhöhnung der Opfer" errichtete *Alexandra Hildebrandt*, Chefin des Museums Haus am Checkpoint Charlie, im Jahr 2004 auf einer sich in direkter Nachbarschaft befindlichen Brache ein privates Mahnmal. Vor einer 200 Meter langen Mauer-Rekonstruktion standen 1065 übermannshohe Kreuze, welche die Opfer des DDR-Grenzregimes symbolisieren sollten. Die Installation musste nach einem halben Jahr wieder entfernt werden und wurde damals sehr kontrovers diskutiert (▸ M6).

Im Jahr 2008 haben Politiker und Historiker angeregt, ein großes Museum des Kalten Krieges zu errichten. Dafür sei Berlin der am besten geeignete Standort, denn hier hatten sich immer wieder vier Ebenen des Kalten Krieges überlagert: das weltweite Ringen der Supermächte um Dominanz, die europäische Konfrontation der beiden Militärbündnisse, der Sonderkonflikt von DDR und Bundesrepublik um die Gestaltung Deutschlands und schließlich die Konkurrenz beider Stadthälften um die Loyalität der jeweiligen Bevölkerung. Ideen und Konzepte liegen vor, nun soll das Museum 2014 oder 2015 eröffnet werden.

M1 Plakate als Träger politischer Kommunikation

▲ **„Nein. Darum CDU."**
Wahlplakat zur ersten Bundestagswahl, 1949.

▲ **„NATO – nein."**
DDR-Plakat von Arno Fleischer, 1957.

1. *Beschreiben Sie die Plakate und achten Sie dabei auf die verwendeten Symbole und Stereotypen.*

2. *Interpretieren Sie den historischen Kontext, in den der Feind gestellt wird, und analysieren Sie, welche Interessen und Absichten ihm zugeschrieben werden.*

3. *Erörtern Sie, welche Haltung dem Betrachter jeweils nahe gelegt wird.*

M2 Protest und Dissens

Jessica C. E. Gienow-Hecht, Professorin für Neuere Geschichte, Internationale Geschichte und Friedens- und Konfliktforschung an der Universität zu Köln, beschäftigt sich in einem Artikel mit den Auswirkungen des Kalten Krieges auf den Wettstreit der Kulturen:

In Roald Dahls 1972 publiziertem Kinderbuch „Charlie and the Great Glass Elevator" reisen ein kleiner Junge und ein Schokoladenfabrikant mit einem Fahrstuhl durch das Weltall und entdecken das soeben eröffnete „Space Hotel USA". Das luxuriöse Hotel soll den Vormachtsanspruch amerikanischer Konsumkultur im Weltall untermauern. Während die fernsehende Welt gebannt der Landung des Fahrstuhls folgt, interpretiert das Weiße Haus diesen als feindlichen Akt der Sowjetunion oder Chinas. Im amerikanischen Krisenstab ergreift Präsident Lancelot Gilligrass seine Telefone – eines rot, das andere aus Porzellan –, um seinen Kontrahenten in Moskau und Peking ein Ultimatum zu stellen: Sie könnten ihn nicht für dumm verkaufen; würde nicht sofort der Rückzug eingeleitet, lasse er alles zusammenschießen. Der Oberkommandierende sekundiert ihm: „Hooray! ... Let's blow everyone up! Bang-bang! Bang-bang!" Es bedarf keiner großen Fantasie, um Dahls Satire zwischen den Zeilen zu lesen. Doch die Geschichte des gläsernen Fahrstuhls symbolisiert zugleich die Penetranz des Wettlaufs zwischen Ost und West, eines Wettlaufs, der in Stellvertreterkriegen überall in der Welt und in fast allen Lebensbereichen stattfand – von Technologieprogrammen bis zur Kinderliteratur. [...]

Die Ironie des Kalten Krieges besteht darin, [...] dass der Wettlauf um technologischen und kulturellen Vorsprung langfristig zu massiven Protesten im jeweils eigenen Einflussbereich gegen den bipolaren Konflikt führte. In vielen Ländern kam es seit den 50er-Jahren zu Dissidenten- und Protestbewegungen gegen die sowjetische Unterdrückung bzw. den Einfluss US-amerikanischer Kultur. Überall nährte sich der Protest inhaltlich und strukturell aus ebenjener kulturellen Expansion, die der Wettlauf der Systeme hervorgebracht hatte. Deutsche Musik etwa orientierte sich deutlich an Vorbildern wie Bob Dylan und Bruce Springsteen. In den 70er- und 80er-Jahren hatten Udo Lindenberg, Nina Hagen und Herbert Grönemeyer oder Gruppen wie „BAP", „Die Toten Hosen" und die

▲ **„Man lebt nur zweimal."**
Filmplakat aus dem Jahr 1967.

„Einstürzenden Neubauten" das musikalische Erbe von Pop, Rock und New Wave verinnerlicht. Gleichzeitig reflektierten ihre Songs aber die Tradition der deutschen Liedermacher sowie harsche Kritik an der Hegemonie der USA.

In den Staaten des Warschauer Pakts speiste sich der Protest gegen Kommunismus und Unterdrückung aus dem Einfluss der Popkultur wie aus dem zunehmenden materiellen Mangel, den der technologische Wettkampf für die Bürger mit sich brachte. Konsumkultur, Jeans, Jazz und Stars wie Elvis Presley zogen Jugendliche in Ost und West in ihren Bann. Und gerade weil die Machthaber Pop und Konsum als kapitalistisch diffamierten, mutierte diese Musik zu einer geheimen Sprache des Protests. In den 50er- und 60er-Jahren mündeten diese Konfrontationen in einer Reihe von kommunistischen Staaten in einen unterschwelligen Widerstand gegen den Mangel an kultureller, internationaler und materieller Offenheit – was wiederum die kommunistischen Entscheidungsträger zu einer graduellen kulturellen Öffnung ermutigte.

In dem technologischen und kulturellen Wettlauf gab es weder Gewinner noch Verlierer. Im *space race* sahen sich beide Systeme als Sieger an. [...] Kulturell war die Sachlage noch weniger eindeutig. Die Sowjetunion trat mit einem unwiderstehlichen Argument an: Antiamerikanismus, der Europa (wie Lateinamerika und viele Regionen in Asien) seit Jahrzehnten beschäftigte und der nach dem Fall der Berliner Mauer die Menschen in Ost und West erneut in seinen Bann zog. Die USA verwandten einen wesentlichen Teil ihrer Kultur- und Informationsprogramme in Europa und der „Dritten Welt" auf den Versuch, den kulturellen Antiamerikanismus aus dem Weg zu räumen; gelungen ist ihnen das letztlich nicht.

Ebenso unscharf wie der Unterschied zwischen Gewinnern und Verlierern blieb der zwischen Krieg und Stellvertreterkrieg. Am Ende der Geschichte des großen gläsernen Fahrstuhls lädt Präsident Gilligrass Charlie und seine Freunde in das Blaue Zimmer des Weißen Hauses ein, um sie für ihre Tapferkeit im Weltraum zu ehren. Die wichtigsten Köpfe der Nation sollen der Zeremonie beiwohnen, dazu die Kinderschwester und die Katze des Präsidenten, ein Dolmetscher und ein berühmter Schwertschlucker aus Afghanistan, der dem mächtigsten Mann der Erde beibringen soll, wie er seine eigenen Worte aufessen kann. Für Roald Dahl, der zuvor das Drehbuch zu dem James-Bond-Film „Man lebt nur zweimal" geschrieben hatte, war der Wettlauf um kulturellen und technologischen Vorsprung kein Stellvertreterkrieg. Es war der Krieg, um den es eigentlich ging.

Jessica C. E. Gienow-Hecht, Wer gewinnt den Wettlauf?, in: Der Kalte Krieg, herausgegeben von Uta Andrea Balbier in Zusammenarbeit mit DAMALS – Das Magazin für Geschichte, Darmstadt 2010, S. 83 und 89 f.

1. *Arbeiten Sie heraus, was unter der von der Autorin erwähnten „kulturellen Expansion" (Zeile 30 f.) in der Zeit des Kalten Krieges zu verstehen ist.*

2. *Erklären Sie, welche Bedeutung „Stellvertreterkriege" auf technologischem und kulturellem Gebiet für das politische Handeln im amerikanischen und sowjetischen Machtbereich hatten und wie sich diese Entwicklungen auf den Alltag der Menschen auswirkten.*

3. *Vergleichen Sie die Ergebnisse mit den Reaktionen, die „heiße Stellvertreterkriege", etwa in Vietnam, unter den Menschen in West und Ost hervorriefen.*

4. *Recherchieren Sie, inwieweit Filme während des Kalten Krieges auf beiden Seiten als Propagandainstrument eingesetzt wurden. Überprüfen Sie dabei die Aussage der Autorin, der Wettlauf um kulturellen und technologischen Vorsprung sei für Drehbuchautoren wie Roald Dahl kein Stellvertreterkrieg gewesen, sondern „der Krieg, um den es eigentlich ging" (Zeile 81).*

M3 Auge und Ohr der NATO

Aus der Internetseite der Gedenkstätte Point Alpha:

Das *Fulda Gap* war Schwerpunkt und Zentrum der NATO-Verteidigungslinie. Diese „Fulda-Lücke" galt bei den NATO-Planern als eine der vier möglichen Einfallschneisen des Warschauer Paktes in die Bundesrepublik Deutschland. Aufgrund seiner geostrategisch günstigen Lage kam dem *Fulda Gap* eine besondere Bedeutung zu. Hier, wo der Ostblock am weitesten in den Westen hineinragte, hätten die Angreifer innerhalb von nur 48 Stunden bis an den Rhein vorstoßen und die Hauptstandorte des V. US-Armeekorps ausschalten können. Das *Fulda Gap* wäre somit zu einem ersten Schlachtfeld des Dritten Weltkrieges geworden. Im Ernstfall hätte die NATO entlang der innerdeutschen Grenze und der Staatsgrenze der damaligen Tschechoslowakei die Strategie der Vorwärtsverteidigung angewendet, um den feindlichen Vormarsch so lange wie möglich zu binden und aufzuhalten. Um den Verteidigungsfall zu proben, führten Bundeswehr und US-Streitkräfte in dieser Region Osthessens in regelmäßigen Abständen Manöver durch. Die Angriffsstrategien des Warschauer Paktes bevorzugten den Eisenacher Raum als mögliche Einfallschneise in den Westen. Neueste Forschungen an Akten der Ostblockstaaten, die bisher unter Verschluss waren, legen den Schluss nahe, dass bei einem Angriff auch nukleare Waffen zum Einsatz gekommen wären.
Auch die Überlegungen der NATO, das ist bekannt, schlossen den Einsatz von Kernwaffen ein, um den zahlenmäßig überlegenen Gegner zu stoppen. Obwohl diese von nur begrenzter Wirkung sein sollten, wurden Verluste unter der Zivilbevölkerung in Kauf genommen. Zudem sollte der feindliche Vormarsch mit an den Straßen angebrachten Sprengkammern – zwei in der Nähe befinden sich in der Obhut der Gedenkstätte – verzögert werden. Außerdem waren überall sogenannte Strecksperren installiert, wie in der Gedenkstätte beim Wachhaus zu sehen.

Zitiert nach: www.pointalpha.com/us-beobachtungsstuetzpunkt (Zugriff vom 14.12.2011)

1. *Skizzieren Sie, wie der Text die Ziele der Militärblöcke des Kalten Krieges beschreibt.*
2. *Analysieren Sie, wie über den Kernwaffeneinsatz der NATO und der Warschauer-Vertrags-Staaten reflektiert wird.*

M4 Bunkermuseen – Museen gegen das Vergessen?

a) Auf einer Internetseite, auf der sich verschiedene Bunker-Dokumentationsstätten gemeinsam präsentieren, heißt es zur Gedenkstätte Regierungsbunker Bad Neuenahr-Ahrweiler:

Es war Europas größter Bunker mit über 17 Kilometer Länge und das teuerste Bauwerk in der Geschichte der Bundesrepublik, was 20 000 Arbeiter zwischen 1960 und 1972 im Ahrtal als „Ausweichsitz der Verfassungsorgane der Bundesrepublik Deutschland im Kriegs- und Krisenfall" der Geschichte hinterließen. Ein Superlativ, auch was die Aufgabe dieses Ausnahmebauwerkes betraf: Der Bunker sollte als geschützte Befehlsstelle das Überleben der Bundesregierung und ihrer Stäbe im Atomkrieg sicherstellen. Die ungewöhnliche Baumaßnahme war eingebettet in die bundesdeutsche Notstandsplanung, die im Bundesinnenministerium über Jahre bearbeitet wurde. Damit kommt dem Bunker in Bau und Betrieb ein starker innenpolitischer Ansatz zu. […]
Was die gründlichen Rückbauarbeiten zwischen 2001 und 2006 überlebt, ist nach einer wechselvollen Geschichte heute in und mit der Dokumentationsstätte Regierungsbunker zu sehen. 200 Meter und einige wenige Einrichtungsgegenstände bleiben von den Baumaschinen verschont und im Originalzustand erhalten. Hier soll ein Museum den Kalten Krieg auch für nachfolgende Generationen erlebbar machen. […]
Seit Eröffnung der Dokumentationsstätte für das Publikum am 1. März 2008 begleiten die ehrenamtlichen Mitarbeiter der Dokumentationsstätte – heute sind es über 70 unter Museumsleiterin Heike Hollunder – Besucher aus aller Welt auf ihrem Weg in die Zeit des Kalten Krieges und informieren über den Bunker und seine ehemalige Aufgabe. Die Dokumentationsstätte hat damit eine beeindruckende Erfolgsstory geschrieben. Am Ende des 1. Museumsjahres wurden 75 000 Besucher gezählt, im Juni 2009 kommt der 100 000ste Gast. Einer von ihnen war am 17. November 2008 Bundespräsident Horst Köhler, der sich zusammen mit Ehefrau Eva Luise Köhler und dem rheinland-pfälzischen Ministerpräsident Kurt Beck vor Ort über die Geschichte des Regierungsbunkers, das Museum wie auch die Arbeit des Trägers informierte.
Das große Interesse der Öffentlichkeit resultiert nicht zuletzt aus einer Tatsache, die sich über Jahrzehnte immer mit der Bunkeranlage verband: die Geheimhaltung. Und so beeindruckt heute nicht nur die Größe, die Technik oder die Kosten, die aufgebracht wurden, sondern auch die Tatsache, dass sich die Bundesregierung vorbei an der öffentlichen Wahrnehmung sehr intensiv auf einen 3. Weltkrieg vorbereitete. Damit ist der Regierungsbunker als Museum auch zu einem Mahnmal für Frieden geworden.

b) Aus der Internetseite des Militär-Museums Kossa:

Wir möchten mit unseren Museen ein Zeichen setzen gegen das Vergessen. Es geht nicht um einen sentimentalen Rückblick in die Vergangenheit, sondern um die Warnung vor den Folgen übermäßiger Rüstung. Zur Zeit des Kalten Krieges ist uns allen ein 3. Weltkrieg erspart geblieben. Die Darstellung der Weltmächte auf einem Schema war einfach mit rot und blau darzustellen. Und heute ...

Wir glauben, alles zu wissen und alles vorhersehen zu können. Die Geschichte hat uns oft eines Besseren belehrt. Diese Anlage wird nicht erhalten, um in Ostalgie und alten Geschichten zu versinken. Sehen Sie in unserer Führung durch den Führungsbunker, mit welchen verheerenden atomaren, biologischen und chemischen Waffen man sich im Kalten Krieg gegenüberstand. Ein Bruchteil der Wirkungskraft von heute ... Deshalb – Museen gegen das Vergessen. Vielleicht können wir das Vergangene akzeptieren und daraus lernen – für eine bessere Zukunft.

Erster Text: Zitiert nach: www.bunker-doku.de/regierungsbunker-bad-neuenahr-ahrweiler/geschichte-ausweichsitz-bund.html (Zugriff vom 14.12.2011); Zweiter Text: Zitiert nach: www.bunker-kossa.de/index.php/hintergrund (Zugriff vom 14.12.2011)

1. *Arbeiten Sie heraus, welche Absichten und Ziele die Betreiber der Bunkermuseen mit ihren Ausstellungen verbinden.*

2. *Vergleichen Sie die Texte und diskutieren Sie, ob Bunkermuseen heute als „Mahnmal[e] für Frieden" (Zeile 43 f.) dienen können.*

3. *Erörtern Sie, inwiefern der Kalte Krieg in Bunkermuseen für nachfolgende Generationen „erlebbar" (Zeile 20) gemacht werden kann. Welche Aspekte des Kalten Krieges sind in diesen Museen darstellbar, welche müssen zwangsläufig entfallen?*

M5 Soldatenporträts am Checkpoint Charlie

▲ **Blick nach Westen.**

▲ **Blick nach Osten.**

Fotos von 2011.

1. *Beschreiben Sie die Gesichter der abgebildeten Soldaten und stellen Sie Ihre Beobachtungen zur Bildgestaltung den unter M1 gezeigten Plakaten gegenüber.*

2. *Vergleichen Sie die Installation mit Ihnen bekannten Heldendenkmälern und Mahnmalen. Arbeiten Sie heraus, welche Gemeinsamkeiten und welche Unterschiede Ihnen auffallen.*

3. *Interpretieren Sie die Botschaft, die in diesen Bilddarstellungen steckt.*

M6 Kontroversen um den Checkpoint Charlie

Die Soziologin Sybille Frank analysiert in einem Artikel die langjährige Entwicklung des Gedenkortes Checkpoint Charlie und die Kontroverse um den von Alexandra Hildebrandt ausgewählten Standort der Gedenk-Kreuz-Installation:

▲ **Protest gegen die geplante Räumung des Mauermahnmals.** *Foto von 2005.*

Obwohl Hildebrandt vom Bezirk Mitte lediglich eine „temporäre Kunstaktion" genehmigt worden war, erklärte die Museumschefin nach der Einweihung des Mahnmals, ihre Installation stehenlassen zu wollen. Ihr Argument lautete, dass das bisherige „offizielle" Mauergedenken am von Bund und Land in den 1990er-Jahren an der Grenze zwischen den Bezirken Mitte (Ost) und Wedding (West) errichteten Gedenkort Bernauer Straße, wo sich viele dramatische Fluchtgeschichten abgespielt hatten, zu verkopft und für Touristinnen und Touristen nur schwer zu erreichen sei. Demgegenüber sei der Checkpoint Charlie ein international bekanntes Symbol der Weltenteilung, und so sei es nur folgerichtig, an diesem zentral gelegenen touristischen Ort auch der Opfer dieser Weltenteilung zu gedenken. Laut Hildebrandt sollten also nicht die Touristinnen und Touristen zu den Gedenkorten, sondern vielmehr das Gedenken an die touristischen Aufenthaltsorte reisen. Dort sollten die Kreuze die Symbolik der Mauer und ihrer Opfer unmittelbar und drastisch vermitteln und Emotionen auslösen. [...] Während in Berlin eine breite Koalition aus Opferverbänden und Tourismusanbietern Hildebrandts Mahnmal dafür lobte, dass angesichts der drastischen Symbolik des Todesstreifens mit den Kreuzen am Checkpoint Charlie „selbst ein Tourist aus Japan sofort begreift, was die Mauer für Berlin bedeutete", verurteilte eine nicht minder breite Koalition aus Regierungsvertreterinnen, Kulturfunktionären, Denkmalexpertinnen und Kuratoren den Checkpoint Charlie als einen durch „Kunstbausteine" charakterisierten und daher „disneyfizierten" Ort: Der Standort der Mauerrekonstruktion sei, so hieß es, nicht authentisch, da leicht verschoben, die verwendeten originalen Mauersegmente hätten nie am Checkpoint Charlie gestanden, der frühere Grenzübergang sei niemals ein Ort des Massensterbens gewesen, und die emotionalisierte Darstellungsform sei insgesamt ungeeignet, Lehren aus der Geschichte zu vermitteln.

Diese Argumentation führte jedoch in ein Dilemma. Denn angesichts des längst vollzogenen Abrisses der Mauer musste auch das „offizielle" Mauergedenken an den meisten Orten der Stadt ohne historische Substanz auskommen. Überdies war auch der Mauergedenkstätte am Gedenkort Bernauer Straße von ihren Kritikerinnen und Kritikern stets ein Authentizitätsdefizit attestiert worden: Die von „Mauerspechten" skelettierten dortigen Mauerreste waren einer umfassenden Betonsanierung unterzogen worden. Auch diese Gedenkstätte zeigte keine „authentische", sondern eine künstlerisch überhöhte Rekonstruktion des Todesstreifens, und auch an der Bernauer Straße hatte nie ein Sterben hunderter Maueropfer stattgefunden.

Sybille Frank, Der Mauer um die Wette gedenken, in: Aus Politik und Zeitgeschichte 31-34 (2011), S. 51-53

1. *Fassen Sie die Pro- und Kontra-Argumente zur Installation von Alexandra Hildebrandt zusammen.*
2. *Nehmen Sie Stellung zur Idee der Museumschefin, das Gedenken an die Aufenthaltsorte der Touristen reisen zu lassen (Zeile 17-19). Erläutern Sie, welche Vor- und welche Nachteile damit verbunden sind.*
3. *Erörtern Sie, welche Form der Vergangenheitsbetrachtung den Besuchern am Checkpoint Charlie präsentiert wird. Ziehen Sie dafür die folgende Doppelseite zum außerschulischen Lernort Checkpoint Charlie in diesem Buch hinzu.*

Geschichte vor Ort

History sells?
Der Checkpoint Charlie als außerschulischer Lernort

Erinnerungspluralität Vom Checkpoint Charlie sind so gut wie keine authentischen historischen Überreste vorhanden. Dafür wird heute an diesem Ort auf vielfältige Art und Weise an die Vergangenheit erinnert. Manches, wie das „Mauermuseum. Haus am Checkpoint Charlie", beruht auf privater, anderes, wie die Checkpoint Gallery am Straßenrand, auf staatlicher Initiative. Voraussichtlich 2014/15 wird an der Stelle der ehemaligen Sektorengrenze das Museum „Zentrum Kalter Krieg" eröffnet.

Checkpoint Charlie – Kontrollposten für Alliierte und Ausländer Der Checkpoint Charlie war ein innerstädtischer Kontrollposten der Alliierten zwischen West- und Ost-Berlin. Zwischen 1961 und 1990 wurde er als die einzige Übergangsstelle der Stadt für die Angehörigen der alliierten Streitkräfte genutzt. Er durfte außerdem nur von Ausländern, Mitarbeitern der Ständigen Vertretung der Bundesrepublik Deutschland in der DDR sowie von DDR-Funktionären passiert werden.

Konfrontation im Kalten Krieg Die Alliierten hatten aufgrund des Vier-Mächte-Status von Berlin das Recht, sich unbehindert in allen Sektoren, also auch in Ost-Berlin, zu bewegen. Eine von der DDR im Herbst 1961 einseitig eingeführte Ausweiskontrolle begrenzte dieses Recht auf uneingeschränkte Verkehrsfreiheit und löste einen dramatischen Konflikt aus. Die Atommächte standen sich mit Panzern gefechtsbereit wenige Meter voneinander entfernt gegenüber. Nach dem beiderseitigen Rückzug konnten die Westalliierten den Übergang wieder ungehindert passieren.

Vor dem Besuch
Informieren Sie sich im Internet über a) den Checkpoint Charlie, b) das Mauermuseum, Haus am Checkpoint Charlie, c) Peter Fechter, d) das Bildungszentrum des Bundesbeauftragten für die Unterlagen der Staatssicherheit der ehemaligen DDR.

Vor Ort
- Informieren Sie sich (arbeitsteilig) über die Geschichte der Berliner Mauer und des Checkpoint Charlie. Analysieren Sie die unterschiedliche Art und Weise der Darstellung der Vergangenheit in den vor Ort gezeigten Ausstellungen.
- Erkunden und analysieren Sie den historischen Lernort Checkpoint Charlie: Bewerten Sie, mit welchen Mitteln im Straßenraum an die Vergangenheit erinnert wird. Nutzen Sie dabei die Liste mit den möglichen Formen und Mitteln der Erinnerung:

  Aus der Zeit der Berliner Mauer 1961-1989: Quellen

  Aus der Zeit nach der Berliner Mauer ab 1989/90: Rekonstruktionen, Living History, Markierung, Denkmal, Information, Gestaltung, Marketing

Nach dem Besuch
Führen Sie eine Pro- und Kontra-Diskussion zu folgenden Themen:
- Der Checkpoint Charlie – ein authentischer Ort historischer Information oder ein Ort der Vermarktung der Vergangenheit?
- Souvenirs: Kitsch und Kommerz oder zulässige Form des Erinnerns?
- Verfassen Sie für einen Stadtführer zur Geschichte Berlins eine Rezension über die Art und Weise des Erinnerns an die Vergangenheit am Checkpoint Charlie (Adressat: junge Berlin-Besucher).

Internettipps
- *http://www.bstu.bund.de*
- *http://www.mauer-museum.com*
- *http://www.chronik-der-mauer.de*
- *http://www.berlin.de/mauer*

Literaturtipps
- Anna Kaminsky (Hrsg.), Orte des Erinnerns. Gedenkzeichen und Museen zur Diktatur in SBZ und DDR, Berlin 2007
- Konrad H. Jarausch, Checkpoint Charlie, in: Klaus-Dietmar Henke (Hrsg.), Die Mauer. Errichtung, Überwindung, Erinnerung, München 2011

Filmtipp
- *Die Frau vom Checkpoint Charlie* (Spielfilm, 2007)

▲ **Das Denkmal für Peter Fechter in der Zimmerstraße.**

▲ **Souvenirhandel.**

▲ **Blick auf den Nachbau der Baracke und auf einen Schauspieler, mit dem man sich gegen Bezahlung fotografieren lassen kann.**

▲ **Die Bodenmarkierung des Mauerverlaufs vor der Checkpoint Gallery.**
Fotos von 2011.

1. *Beschreiben Sie die Abbildungen und analysieren Sie, mit welchen Mitteln an die Vergangenheit erinnert wird.*
2. *Erläutern Sie, welche Ziele mit diesen Mitteln erreicht werden sollen.*
3. *„Disneyland des Kalten Krieges"? Nehmen Sie Stellung zu dieser These des Wochenmagazins „Der Spiegel" über den Checkpoint Charlie.*

Ereignis und Struktur am Beispiel der doppelten deutschen Geschichte

◂ **Der Reichstag in Berlin bei Nacht.**
Foto von 2006.
Von seiner Fertigstellung 1894 bis 1933 diente der Bau als Parlamentsgebäude. Zerstört wurde er durch den Reichstagsbrand im Februar 1933, durch Kampfhandlungen am Ende des Zweiten Weltkrieges sowie durch die Sprengung der Kuppel 1954. Zwischenzeitlich wiederaufgebaut, beschloss der Ältestenrat des Deutschen Bundestages nach der Wiedervereinigung, dass der Reichstagsbau als Sitz des gesamtdeutschen Parlaments genutzt werden solle. Leitendes Prinzip bei der Umgestaltung des Gebäudes war u.a. Transparenz. So ermöglicht die neue gläserne Kuppel die Durchsicht auf den darunterliegenden Plenarsaal. Die Umbauarbeiten waren 1999 abgeschlossen.

Zwischen Zusammenbruch und Neubeginn	**1945**	Potsdamer Konferenz der alliierten Siegermächte über Deutschland.
	1945 - 1948	Vertreibung von rund 14 Millionen Deutschen aus den ehemaligen Ostgebieten des Deutschen Reiches sowie aus Ost- und Südosteuropa.
	1945/46	Nürnberger Prozess gegen die Hauptkriegsverbrecher.
	21./22.4.1946	In der Sowjetischen Besatzungszone schließen sich KPD und SPD zur SED zusammen.
Die doppelte Staatsgründung	**1947**	Erstes deutsches Parlament nach dem Zweiten Weltkrieg: der Frankfurter Wirtschaftsrat.
	1948/49	Berlin-Blockade. Die Stadt wird geteilt und erhält getrennte Verwaltungen.
	1948 - 1952	US-amerikanische Aufbauhilfe (Marshall-Plan) für die westeuropäischen Länder.
	1949	Gründung der Bundesrepublik Deutschland und der DDR.
Geteilte Geschichte: Bundesrepublik und DDR 1949-1989	**1950**	Gründung des Ministeriums für Staatssicherheit (MfS); die DDR wird Mitglied im Rat für Gegenseitige Wirtschaftshilfe (RGW).
	17.6.1953	Landesweiter Arbeiteraufstand gegen das SED-Regime.
	Mai 1955	Mit den Pariser Verträgen endet die Besatzungszeit im Westen. Die Bundesrepublik wird Mitglied der NATO.
	1957	Gründung der Europäischen Wirtschaftsgemeinschaft (EWG).
	13.8.1961	Die DDR-Regierung beginnt in Berlin mit dem Bau der Mauer.
	1972/73	Grundlagenvertrag zwischen Bundesrepublik und DDR.
	1975	Die DDR unterzeichnet die KSZE-Schlussakte, in der Menschen- und Bürgerrechte nach westlichem Maßstab festgelegt sind.
Friedliche Revolution und Wiedervereinigung	**1985 - 1989**	In der DDR entsteht eine Oppositionsbewegung.
	4.9.1989	Erste „Montagsdemonstration" in Leipzig. Einen Monat später fordern über 500 000 Menschen in Berlin einen „eigenständigen Weg" der DDR.
	7./8.11.1989	Die DDR-Regierung und das Politbüro der SED treten zurück.
	9.11.1989	Die Grenzübergänge nach West-Berlin und in die Bundesrepublik werden geöffnet.
	3.10.1990	Wiedervereinigung Deutschlands.

Deutschland nach dem Zweiten Weltkrieg: Teilung – Verflechtung – Wiedervereinigung

Nach der bedingungslosen Kapitulation Deutschlands am 8. Mai 1945 und dem Ende des Zweiten Weltkrieges in Europa erschien es fraglich, ob auf deutschem Boden eine stabile freiheitlich-parlamentarische Demokratie mit einer pluralistischen Gesellschaft entstehen könnte.
Die Bedingungen für den Neubeginn gaben die Alliierten vor, wie sie während der Konferenz von Potsdam 1945 diskutiert und formuliert wurden. Deutschland stand zu diesem Zeitpunkt vor enormen Problemen. Zu bewältigen war die Auseinandersetzung mit dem Nationalsozialismus und die als Entnazifizierung bezeichnete politische Säuberung, außerdem die Beseitigung der Kriegsschäden, der Neuaufbau der Wirtschaft sowie die Integration der Millionen Menschen, die nach Flucht und Vertreibung ins Land strömten.
Die zunehmenden ideologischen und politischen Spannungen zwischen der Sowjetunion und den USA im beginnenden Kalten Krieg beendeten die Zusammenarbeit zwischen den Alliierten. Sie blockierten wegen der Gründung der Bundesrepublik Deutschland und der Deutschen Demokratischen Republik im Jahr 1949 auch die Lösung der deutschen Frage.
Es sollte 20 Jahre dauern, bis es im Rahmen der globalen Entspannungspolitik in den 1970er-Jahren zu einer Normalisierung der Beziehungen zwischen den beiden deutschen Staaten kam (Ostverträge und Grundlagenvertrag). Eine Lösung der deutschen Frage blieb aber einem Friedensvertrag vorbehalten. Die Regierung in Bonn bekräftigte die Wiedervereinigung als Ziel.
In der DDR wurde in der Ära Honecker der Widerspruch zwischen Propaganda und Wirklichkeit stetig unerträglicher. Verkündet wurde, der Sozialismus verkörpere die menschlichere und erfolgreichere Alternative zum westlichen Kapitalismus. Dabei wurde die Lage im „real existierenden Sozialismus" immer trostloser.
Die DDR-Führung verkannte, dass mit der ab 1985 in der UdSSR betriebenen Reformpolitik von Michail Gorbatschow (Glasnost und Perestroika) der militärische Bestandsschutz ihrer Diktatur wegbrach. Während sie sich und ihren Staat anlässlich des 40. Jubiläums der Staatsgründung im Herbst 1989 feiern ließ, formierte sich eine friedliche Revolution. Massendemonstrationen führten in diesem Jahr nicht nur zum Sturz kommunistischer Regierungen in Osteuropa, sondern am 9. November 1989 auch zum Mauerfall. Er machte die innerdeutsche Grenze zunächst nur durchlässig, war aber schließlich der Auftakt für die Wiedervereinigung Deutschlands, die am 3. Oktober 1990 durch den Beitritt der fünf neuen Bundesländer zur Bundesrepublik staats- und völkerrechtlich vollzogen wurde. Damit war die deutsche Frage 45 Jahre nach dem Ende des Zweiten Weltkrieges beantwortet.

- *Welchen Bedingungen unterlag der Neubeginn des Landes nach 1945 und welche Faktoren führten zur Spaltung Deutschlands?*
- *Wie lässt sich die Entwicklung von Bundesrepublik und DDR bis zur deutschen Einheit bewerten?*
- *Wie lassen sich trennende und verbindende Elemente zwischen beiden Staaten und den Menschen in West und Ost beschreiben?*
- *Welche Entwicklungen führten zu den Ereignissen von 1989 und wie verlief der Vereinigungsprozess?*

Deutschland nach 1945: zwischen Zusammenbruch und Neubeginn

Kriegsende Das Deutsche Reich war im Mai 1945 vollkommen zusammengebrochen. Mit der bedingungslosen Kapitulation der Wehrmacht gab die Reichsleitung alle Regierungsgewalt in die Hände der Sieger. Die USA, Großbritannien und die Sowjetunion trugen nun die Verantwortung für Deutschland. Im Juli 1945 wurde auch Frankreich in den Kreis der alliierten Siegermächte aufgenommen. Es gab vorerst keinen Friedensvertrag mit Deutschland, sondern lediglich Abkommen der Siegermächte über die Regelung des öffentlichen Lebens.

Die Potsdamer Konferenz Die politischen, territorialen und ökonomischen Probleme, die der Zweite Weltkrieg in Europa hinterlassen hatte, sollten auf einer Konferenz gelöst werden, zu der sich die „Großen Drei", Harry S. Truman, Winston Churchill (der nach seiner Wahlniederlage am 28. Juli von *Clement R. Attlee* abgelöst wurde) und Josef Stalin, mit ihren Beraterstäben vom 17. Juli bis zum 2. August 1945 im Schloss Cecilienhof bei Potsdam einfanden. Frankreich wurde an den Verhandlungen nicht beteiligt und fühlte sich deshalb an die Ergebnisse der Konferenz nicht gebunden (▸ M1).

Über die politischen Grundsätze der zukünftigen Behandlung Deutschlands bestand zwischen den Alliierten seit der **Konferenz von Jalta** (Februar 1945) äußerliche Einigkeit. Allerdings verbanden die Westmächte und die Sowjetunion mit den gefundenen „Formelkompromissen" unterschiedliche Inhalte. Neben der Frage der polnischen Westgrenze stritt man im Verlauf der Konferenz am heftigsten über die Reparationen, die Deutschland leisten sollte. Schließlich kam man überein, dass jede Besatzungsmacht ihre Reparationsansprüche im Wesentlichen aus ihrer eigenen Zone befriedigen sollte. Damit war das Land in vier Reparationsgebiete geteilt, obwohl man sich in der Abschlusserklärung darauf geeinigt hatte, Deutschland während der Besatzungszeit als eine „wirtschaftliche Einheit" zu behandeln.

In der polnischen Grenzfrage akzeptierten beide Westmächte die **Oder-Neiße-Linie** „bis zur endgültigen Festlegung" durch einen Friedensvertrag. Polen musste nun Gebiete im Osten an die Sowjetunion abtreten und erhielt im Westen Gebiete des ehemaligen Deutschen Reiches (Westverschiebung). Ein Zusatzprotokoll hielt auch die „Umsiedlung" der deutschen Bevölkerung aus allen sowjetisch und polnisch besetzten Gebieten sowie aus Ungarn und der Tschechoslowakei fest.

Konferenz von Jalta: Treffen der „Großen Drei" (Churchill, Roosevelt, Stalin) vom 4. bis 11. Februar 1945. Folgende Bestimmungen wurden Deutschland auferlegt: Entwaffnung und Entmilitarisierung, Entnazifizierung, Demokratisierung des politischen Lebens, Dezentralisierung der staatlichen Ordnung und der Wirtschaft sowie Wiederaufbau der lokalen Selbstverwaltung „nach demokratischen Grundsätzen".

Oder-Neiße-Linie: von den Alliierten verfügte Grenzlinie zwischen Polen und Deutschland entlang der Flüsse Oder und Neiße westlich von Stettin bis Görlitz; seit 1990 endgültige Staatsgrenze zwischen Deutschland und Polen

Der Zusammenbruch als „Stunde Null"? Der Zusammenbruch des staatlichen und gesellschaftlichen Lebens in Deutschland bei Kriegsende war zugleich auch die Stunde der Befreiung von einem menschenverachtenden Regime.

Das Ende der Kriegshandlungen, des Nazi-Terrors und der Propaganda ließ Millionen von Deutschen aufatmen, doch standen viele vor dem Nichts, und der tägliche Kampf ums Überleben ging weiter. Erleichterung und Bedrückung, Apathie und ein Hochgefühl der Freiheit vermischten sich zu einer verschwommenen Stimmungslage, die häufig mit dem Begriff *„Stunde Null"* umschrieben worden ist. Der Begriff enthält sowohl die Vorstellung vom totalen Zusammenbruch als auch die Hoffnung auf einen radikalen Neubeginn. Er darf aber nicht darüber hinwegtäuschen, dass auch nach 1945 viele politische und gesellschaftliche Kontinuitäten wirksam blieben.

Zahllose Familien waren zerrissen, Frauen suchten ihre Männer, Eltern ihre Kinder, Ausgebombte ein Dach über dem Kopf, Flüchtlinge und Vertriebene eine neue Heimat. Jeder zweite Deutsche war damals auf Wanderschaft. Hinzu kamen etwa neun bis zehn Millionen ausländische Kriegsgefangene und Zwangsarbeiter (Displaced Persons, „DP's"), von denen die meisten schnell in ihre Heimat zurückkehren wollten. Befreit waren auch die Opfer der NS-Verfolgung, zumal die Überlebenden der Konzentrations- und Vernichtungslager. Insgesamt 750 000 Menschen konnten gerettet werden, davon lebten von 1945 bis 1952 mehr als 250 000 jüdische Überlebende in DP-Lagern in Deutschland.

Auf der anderen Seite befanden sich etwa elf Millionen deutsche Soldaten in alliierter Gefangenschaft. Die Westmächte entließen die meisten von ihnen bald nach Kriegsende, die letzten von ihnen 1948. Von den drei Millionen Gefangenen in sowjetischer Hand mussten die meisten jahrelang Schwerstarbeit unter harten äußeren Bedingungen leisten. Über eine Million verloren ihr Leben. Erst 1955 sagte die Regierung in Moskau die Entlassung der letzten Gefangenen aus den Straflagern zu.

▲ Deutsche Soldaten nach der Kapitulation auf dem Weg in die sowjetische Kriegsgefangenschaft.
Foto aus Berlin, Mai 1945.

Zerstörte Infrastruktur Weite Teile Europas lagen in Trümmern. Not und Hunger gehörten zum Alltag der Überlebenden. Deutschland schien im Mai 1945 ein in Auflösung befindliches Land zu sein. Viele Städte waren nahezu entvölkert, weil die Menschen versucht hatten, sich durch die Flucht aufs Land vor den Luftangriffen zu schützen. So hausten in dem schwer getroffenen Köln bei Kriegsende von ursprünglich 770 000 Einwohnern noch ganze 40 000 in den Trümmern. Mehr als drei Viertel der Wohnungen waren vernichtet (▸ M2). In den Städten fehlte es für Millionen Menschen an Gas, Wasser, Strom. Post und Telefonverkehr waren zusammengebrochen.

Die Wohnungsnot der Obdachlosen wurde noch durch die Millionen von Flüchtlingen und Vertriebenen aus dem Osten verschärft, die nach einer Behausung suchten, aber ebenso durch die Besatzungstruppen, die Häuser und Wohnungen für ihren Bedarf beschlagnahmten. Ein Zimmer diente häufig als Wohnraum für ganze Familien. Keller, Dachböden, Viehställe, stillgelegte Fabriken, primitive Baracken wurden zu Notunterkünften umgestaltet, in denen die Menschen auf engstem Raum und unter elenden Bedingungen leben mussten.

Schlimm war die Verkehrssituation: Ganze 650 Kilometer des Schienennetzes waren noch intakt, die meisten Lokomotiven und Waggons unbrauchbar geworden. Straßen, Schienen und Flüsse mussten erst wieder passierbar gemacht werden. Die industrielle Kapazität war hingegen nur zu einem Fünftel zerstört, was annähernd dem Stand von 1936 entsprach.

Hunger und Not Ein katastrophales Bild bot in den ersten Nachkriegsjahren die völlig unzureichende Versorgung der Bevölkerung in den Städten. War der durchschnittliche Kalorienverbrauch einer Person kurz vor Kriegsende bereits von 3 000 auf gut 2 000 Kalorien abgesunken, so halbierte er sich bis Mitte 1946 noch einmal. Für einen „Normalverbraucher" hieß dies beispielsweise, dass er täglich mit zwei Scheiben Brot, etwas Margarine, einem Löffel Milchsuppe und zwei Kartoffeln auskommen musste. Aber die Menschen litten nicht nur an Hunger, es fehlte auch an Brennstoffen,

▲ **„Care-Pakete" aus dem Ausland.**
Ausstellungsstücke aus dem Haus der Geschichte in Bonn.

CARE: Abkürzung für *Cooperative for American Remittances to Europe* (später *to Everywhere*); in den USA gegründete Organisation für Hilfssendungen nach Europa und später auch weltweit

Filmtipp
Aber das Leben geht weiter. Dokumentarfilm von Karin Kaper und Dirk Szuszies von 2012 zum Thema Flucht, Vertreibung und Neubeginn.

Kleidung und Hausrat. Krankheiten wie Typhus, Diphtherie und Keuchhusten grassierten. Ein Teil der produzierten Waren kam auch deshalb bei den Verbrauchern nicht an, weil sie als Tauschgegenstände auf dem florierenden *Schwarzmarkt* benötigt wurden.

Ohne die Einfuhr von Nahrungsmitteln und Kohle durch die Besatzungsmächte wäre die Situation noch schlimmer ausgefallen. Die Militärregierungen veranstalteten „Schulspeisungen" für Kinder und Jugendliche zwischen sechs und 18 Jahren. Karitative Organisationen, vor allem in Amerika, schickten Lebensmittel, „**CARE**-Pakete" nach West-Berlin und Westdeutschland, um die schlimmste Not zu mildern. Amerikanische und kanadische Bürger finanzierten für Westdeutschland bis 1963 insgesamt etwa 9,5 Millionen Pakete in einem Gesamtwert von umgerechnet 177 Millionen Euro.

Flucht und gewaltsame Vertreibung Zu den einschneidendsten Folgen des Zweiten Weltkrieges wurde für etwa 20 Millionen Menschen in Europa der Verlust ihrer Heimat. Er traf Polen, Tschechen, Slowaken, Ukrainer, Weißrussen, Litauer, Ungarn und Deutsche. Rund 14 Millionen Deutsche aus Ostpreußen, Pommern, Brandenburg und Schlesien sowie den deutschen Siedlungsgebieten in Ost- und Südosteuropa mussten ihre Heimatorte verlassen. Nach Schätzungen kamen dabei etwa 2,5 Millionen Menschen ums Leben.

Anfang 1945 flohen mehr als sechs Millionen Menschen aus den deutschen Ostgebieten vor der anrückenden Roten Armee. Die Zivilbevölkerung war Misshandlungen, Vergewaltigungen, Plünderungen und Verschleppungen ausgesetzt. Im Juni 1945 begann die brutalste Phase der gezielten Vertreibung von rund 300 000 Deutschen östlich von Oder und Neiße. Aus der Tschechoslowakei wurden gleichzeitig etwa 800 000 meist ältere Menschen, Frauen und Kinder vertrieben. Was Deutsche zuvor an ihren Nachbarn in Osteuropa verübt hatten – Unterdrückung, Verfolgung und Vertreibung –, schlug nun mit aller Grausamkeit auf sie zurück.

Obwohl auf der Potsdamer Konferenz eine „Ausweisung Deutscher aus Polen, der Tschechoslowakei und Ungarn" in „ordnungsgemäßer und humaner Weise" beschlossen worden war, blieb der Rachegedanke zunächst das vorherrschende Motiv für die Vertreibung, die erst nach 1947 in eine „geordnete Umsiedlung" überging (▸ M3).

Die Vertriebenen und Flüchtlinge konnten meist nur wenig Besitz retten. Für die sowjetische, britische und amerikanische Besatzungszone (die französische Besatzungsmacht weigerte sich bis 1948, Flüchtlinge aufzunehmen) bedeutete dieser Zustrom eine Verschärfung der ohnehin schon katastrophalen Versorgungs- und Wohnsituation. Zur materiellen Not kam hinzu, dass die Einheimischen die Flüchtlinge selten mit offenen Armen empfingen, mussten sie doch selbst Wohnraum abgeben und das Wenige, das sie zum Essen hatten, teilen.

Integration der Vertriebenen Bis 1950 wurden knapp acht Millionen Vertriebene in Westdeutschland und 4,4 Millionen auf dem Gebiet der späteren DDR aufgenommen. Besonders schwierig war die Wohnungs- und Beschäftigungssituation: Millionen mussten über Jahre in Lagern leben, 3,4 Millionen Vertriebene im Westen Deutschlands bis 1963 noch einmal ihren Wohnsitz wechseln. Von den Vertriebenen, die zunächst in die Sowjetische Besatzungszone (SBZ) bzw. DDR gelangt waren, flüchteten mindestens 2,7 Millionen erneut und verließen das Land. Von den zehn Prozent Arbeitslosen, die es 1950 in Westdeutschland gab, war jeder Dritte ein Vertriebener.

Die 1949 gegründete Bundesrepublik legte mit Gesetzen unter dem Schlagwort *„Lastenausgleich“* (Lastenausgleichsgesetz 1952, Bundesvertriebenengesetz 1953)* die Basis dafür, dass sich die Heimatvertriebenen bereitwillig in die westdeutsche Gesellschaft integrierten. Der Staat garantierte Hilfen, entweder als individuelle Entschädigung oder als Beihilfen zum Aufbau einer neuen Existenz. Die enorme Verbesserung der Beschäftigungssituation – 1960 war nahezu Vollbeschäftigung erreicht – war der entscheidende Grund für die gelungene Integration. Ihrerseits trugen die Vertriebenen zum wirtschaftlichen Aufstieg der Bundesrepublik bei.

In der DDR bekamen etwa 350 000 Vertriebene, offiziell „Umsiedler“ genannt, im Zuge der Bodenreform* Land zugewiesen. Vergleichbare Entschädigungen wie in der Bundesrepublik gab es in der DDR nicht. Erst nach der Wiedervereinigung 1990 erhielt rund eine Million ehemaliger Vertriebener in den neuen Bundesländern eine einmalige Zuwendung von umgerechnet je 2 050 Euro (Vertriebenenzuwendungsgesetz von 1994).

▲ Flüchtlinge schleppen sich bei Kriegsende über die Elbbrücke bei Tangermünde.
Foto vom 1. Mai 1945.
Ganze Trecks verließen den Osten Deutschlands, um der Verfolgung zu entkommen. Hunderttausende kamen auf der Flucht ums Leben.

Deutschland wird in Besatzungszonen geteilt Schon auf der Konferenz von Jalta im Februar 1945 hatten die Vereinigten Staaten, die Sowjetunion und Großbritannien vereinbart, Deutschland zum Zwecke der Besatzung in drei Zonen zu teilen. Im Juli 1945 erhielt dann auch Frankreich aus den von Briten und Amerikanern besetzten Gebieten eine eigene Besatzungszone zugewiesen. Die vier Zonen waren nur als rein militärische Abgrenzungen gedacht, denn nach wie vor sollte Deutschland von den Siegermächten gemeinsam verwaltet werden.

In Berlin wurde der *Alliierte Kontrollrat* eingerichtet, ein Gremium der vier Militärgouverneure, das die Regierung für ganz Deutschland übernahm. Gemeinsam sollten die alliierten Befehlshaber die Besatzungsziele festlegen und dann in jeweils eigener Verantwortung in den Besatzungszonen umsetzen. Da im Kontrollrat jedoch das Einstimmigkeitsprinzip galt, führten Meinungsverschiedenheiten zwischen den Siegermächten bald zu seiner Handlungsunfähigkeit. Nach dem 20. März 1948 trat der Kontrollrat nicht wieder zusammen.

Politische Konzepte der Besatzungsmächte Pragmatisch, von den Gegebenheiten vor Ort geleitet, waren die alliierten Besatzungstruppen zunächst bemüht, die Verwaltung ihrer Gebiete in Gang zu bringen, damit die lebensnotwendigen Einrichtungen funktionieren konnten. Sie setzten Bürgermeister, Landräte und andere Verwaltungsfachleute ein, die unter der strengen Kontrolle der Besatzungsoffiziere tätig werden durften. Wie man jedoch mit den Deutschen in Zukunft verfahren sollte, blieb zwischen den Siegermächten strittig.

1. Die amerikanische Deutschlandpolitik hielt bis 1946 an einer primär moralisch begründeten Politik der Bestrafung und Umerziehung (*Re-Education*) der Deutschen fest. Es gab aber in Washington bereits damals einflussreiche Kräfte, die zur Sicherung

* Siehe S. 246.

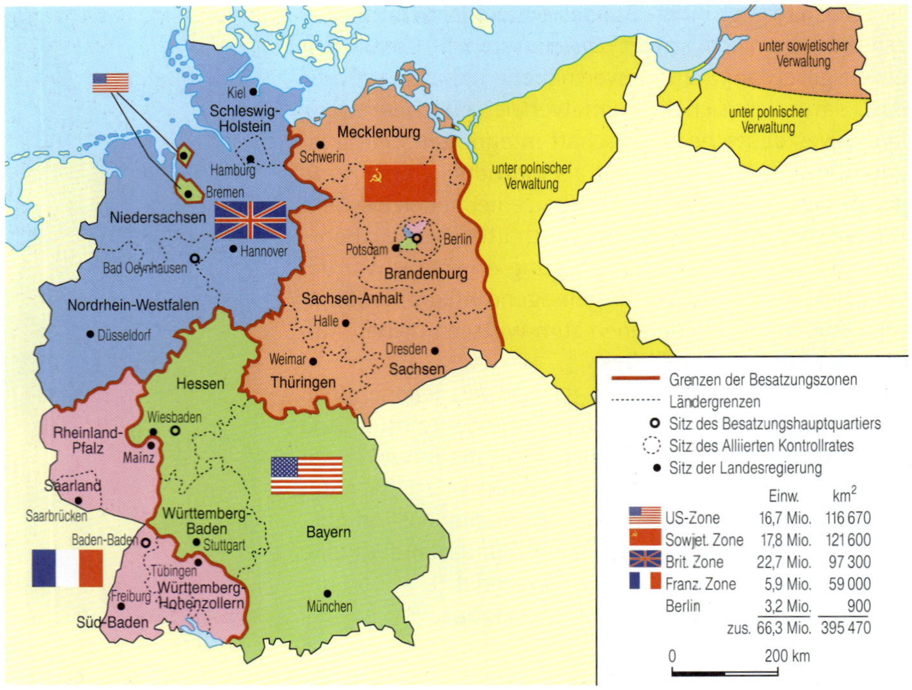

▲ Die Besatzungszonen und die 1946/47 gebildeten Länder.

Westeuropas gegenüber der Sowjetunion den Zusammenschluss und den raschen Wiederaufbau der westlichen Besatzungszonen forderten.

2. Großbritannien war aus dem Krieg militärisch als Sieger, wirtschaftlich jedoch nahezu ruiniert hervorgegangen. Das Land war tief verschuldet, 1945/46 hungerte die Londoner Bevölkerung fast ebenso wie die Menschen im zerstörten Berlin. Die Briten wollten die deutsche Volkswirtschaft rasch wieder in Gang setzen, um sie von eigenen Hilfslieferungen unabhängig zu machen. Wie die USA setzten sie auf eine politische Stabilisierung Westdeutschlands gegen die Ausweitung des Kommunismus.

3. Frankreich war zunächst an einem politisch und ökonomisch zerstückelten Deutschland interessiert. Eine deutsche Bedrohung sollte dauerhaft verhindert werden. Entsprechend blockierte die französische Regierung bis 1947/48 alle Versuche der Briten und Amerikaner, gemeinsam die wirtschaftliche und politische Krise in Deutschland zu steuern, und schottete die eigene Besatzungszone von den übrigen ab.

4. Die sowjetische Regierung unter Stalin behielt sich die Einflussnahme auf ganz Deutschland vor, weil sie dringend Reparationslieferungen für das eigene Land benötigte. In der Sowjetischen Besatzungszone (SBZ) sollten grundlegende Strukturreformen stattfinden und ein kommunistisches Herrschafts- und Gesellschaftssystem mit Vorbildcharakter für Gesamtdeutschland errichtet werden.

Der Nürnberger Prozess Die Alliierten hatten sich nicht zuletzt auf die Verfolgung und Verurteilung der deutschen Kriegsverbrecher geeinigt. Am 20. November 1945 eröffnete der Internationale Militärgerichtshof, zusammengesetzt aus Vertretern der Siegermächte, das Strafverfahren gegen die noch lebenden inhaftierten Vertreter der NS-Führung. Als Ort des Verfahrens wählte man Nürnberg, die Stadt der NS-Reichsparteitage. Angeklagt waren insgesamt 22 Einzelpersonen, ferner die Organisationen

▲ **Am 20. November 1945 begann vor dem Internationalen Militärgerichtshof in Nürnberg der Prozess gegen die Hauptkriegsverbrecher.**
Foto von November 1945.
Hinter der Absperrung sitzen in der ersten Reihe (von links): Hermann Göring (Reichsminister für Luftfahrt), Rudolf Heß (stellvertretender Parteiführer der NSDAP bis 1941), Joachim von Ribbentrop (Reichsminister des Auswärtigen), Wilhelm Keitel (Chef des Oberkommandos der Wehrmacht), Ernst Kaltenbrunner (ab 1943 Chef des Reichssicherheitshauptamtes), Alfred Rosenberg (ab 1941 Reichsminister für die besetzten Gebiete), Hans Frank (Generalgouverneur von Polen), Wilhelm Frick (1933-1943 Reichsinnenminister, ab 1943 Reichsprotektor in Böhmen und Mähren), Walter Funk (ab 1938 Reichswirtschaftsminister), Julius Streicher (1924-1940 Gauleiter der NSDAP in Franken, Herausgeber des „Stürmer") und Hjalmar Schacht (1935-1937 Reichswirtschaftsminister).

NSDAP, Gestapo und SD, SS, SA, die Reichsregierung und das Oberkommando der Wehrmacht. Die vier Anklagepunkte lauteten:

1. *Verschwörung gegen den Frieden* (Vorbereitung eines Angriffskrieges),
2. *Verbrechen gegen den Frieden* (Führen eines Angriffskrieges),
3. *Kriegsverbrechen* (Verstoß gegen die Haager Landkriegsordnung von 1907 durch Tötung und Misshandlung von Kriegsgefangenen, Hinrichtung von Geiseln, Misshandlung der Zivilbevölkerung, Verschleppung zur Zwangsarbeit),
4. *Verbrechen gegen die Menschlichkeit* (Völkermord).

Nach einjähriger Verhandlung wurden zwölf Angeklagte zum Tode verurteilt, sieben erhielten lange Haftstrafen, drei wurden freigesprochen. Von den angeklagten Organisationen wurden die NSDAP, die SS, die Gestapo und der SD zu verbrecherischen Organisationen erklärt; die Strafverfolgung ihrer Mitglieder wurde jedoch von einer nachweislichen persönlichen Schuld abhängig gemacht.

Der Nürnberger Prozess war ein wichtiger Schritt zur Aufhellung der Geschichte des NS-Regimes. Ein nachträgliches Bemänteln und Beschönigen der nationalsozialistischen Verbrechen ist angesichts der Beweiskraft der vielen tausend Dokumente und Zeugenaussagen seitdem unmöglich. Dass der Einzelne für seine Taten haftet und sich nicht hinter seinem Amt oder seiner Funktion verstecken kann, ist eines der wichtigsten Ergebnisse dieses Prozesses. Allerdings diente der Nürnberger Prozess auch vielen Deutschen als Entlastung: Während die noch lebenden, vormals führenden Kräfte des NS-Regimes vor Gericht standen, glaubte sich die Bevölkerung von der Frage einer Mitverantwortung entbunden.

Nachfolgeprozesse In allen vier Besatzungszonen fanden zwischen 1945 und 1949 zahlreiche weitere Prozesse gegen mutmaßliche NS-Täter statt. Von besonderer Bedeutung waren die zwölf großen Verfahren vor amerikanischen Militärgerichten in Nürnberg gegen SS-Ärzte, Juristen, Leiter von Einsatzgruppen der Sicherheitspolizei, Industrielle, hohe Offiziere der Wehrmacht, SS-Führer, leitende Beamte des Auswärtigen Amtes und KZ-Wächter. Insgesamt verurteilten die westlichen Besatzungsmächte 5025 Angeklagte, 486 wurden hingerichtet.

Von westdeutschen Gerichten wurden von 1948 bis 1951 weitere 5487 Personen wegen NS-Verbrechen verurteilt. Danach fanden nur noch wenige Prozesse gegen NS-Täter statt. Die systematische Erforschung und Verfolgung von NS-Gewaltverbrechen begann erst seit 1958 mit der Gründung der Zentralen Stelle der Landesjustizverwaltungen zur Aufklärung nationalsozialistischer Gewaltverbrechen in Ludwigsburg.* Vorausgegangen war der sogenannte „Ulmer Einsatzgruppenprozess“: In einem Gerichtsverfahren wurden dabei ein ehemaliger Polizist, der auf Wiedereinstellung geklagt hatte, und von ihm benannte Zeugen des Massenmordes an Juden während der NS-Zeit überführt und verurteilt. Eine breite Öffentlichkeit nahm Anteil an Großverfahren wie dem ersten *Auschwitz-Prozess* in Frankfurt am Main (1963-1965) und dem *Majdanek-Prozess*** in Düsseldorf (1975-1981). Erst diese Prozesse machten den Deutschen das ganze Ausmaß des Holocaust deutlich.

In einem der letzten großen NS-Prozesse wurde 1992 in Stuttgart der ehemalige SS-Lagerkommandant von Przemysl in Polen, *Josef Schwammberger*, zu lebenslanger Haft verurteilt. Noch im April 2001 verurteilte das Landgericht Ravensburg einen ehemaligen SS-Offizier wegen der Ermordung von Zwangsarbeitern im Frühjahr 1945 zu zwölf Jahren Freiheitsstrafe. Viele Täter konnten dagegen nie belangt werden.

Internettipp
http://www.hr-online.de/website/static/spezial/auschwitzprozess/index.html

DVD-Tipp
Deutsch-deutsche Geschichte. Umgang mit der NS-Vergangenheit; Grünwald 2008, Produktion: FWU Institut für Film und Bild, in Zusammenarbeit mit der Bundesstiftung zur Aufarbeitung der SED-Diktatur

Entnazifizierung Neben der Aburteilung der Kriegsverbrecher gehörte zum Entnazifizierungskonzept der Alliierten auch eine umfassende politische Säuberung im besetzten Deutschland. Anders als Briten und Franzosen betrieben die Amerikaner die Entnazifizierung mit großer Strenge und einem gewaltigen bürokratischen Aufwand. Von 18000 Volksschullehrern in Bayern verloren 10000 ihre Stellen. In Hessen wurde jeder zweite Beamte und jeder dritte Angestellte entlassen. Ausnahmen wurden jedoch immer gemacht, wenn es um Experten ging, die für den Wiederaufbau benötigt wurden. In allen drei Westzonen wurden mehr als 170000 NS-Aktivisten in Internierungslager gebracht („automatischer Arrest“), die meisten von ihnen aber bald wieder entlassen – die letzten 1948.

Im März 1946 übergaben die Amerikaner die Entnazifizierung in deutsche Hände. Jeder Deutsche über 18 Jahren musste einen Fragebogen mit 131 Fragen über seine berufliche und politische Vergangenheit ausfüllen. *Spruchkammern* stuften in einem prozessähnlichen Verfahren die erfassten Personen in fünf Kategorien ein: Hauptschuldige, Belastete, Minderbelastete, Mitläufer und Entlastete. Demgemäß verhängten sie die vorgesehenen Strafen.

Bei mehr als 13 Millionen Fragebögen in der US-Zone fielen 3,4 Millionen Personen unter die Entnazifizierung, zehn Prozent von ihnen wurden verurteilt, aber nur knapp ein Prozent tatsächlich bestraft. Es war die Zeit der **„Persilscheine“**, die man sich wechselseitig ausstellte, aber auch der Denunziation und der Korruption. Viele empfanden

„Persilschein“: im Volksmund Bestätigung, wonach jemand Gegner oder zumindest nicht Sympathisant des Nationalsozialismus war

* Vgl. dazu das Kapitel „Der Nationalsozialismus im Spiegel der Geschichtskultur“, S. 158-167.

** Majdanek: Vorort von Lublin (Polen), bei dem die Nationalsozialisten ein Vernichtungslager einrichteten. Es existierte von Herbst 1941 bis Juli 1944; zwischen 80000 und 110000 Menschen kamen in Majdanek zu Tode.

es als ungerecht, dass die harmloseren Fälle zuerst und mit Strenge, die verantwortlichen Nazis aber erst später und dann oft milde behandelt wurden. Außerdem gelang es zahlreichen schwer belasteten NS-Tätern, durch Tarnung und geschickte Anpassung an die neuen Verhältnisse durch die Maschen der Justiz zu schlüpfen – eine Hypothek, die später noch schwer auf der jungen Bundesrepublik lasten sollte.

Neugründung von politischen Parteien in den Westzonen Die Demokratisierung setzte Parteien voraus, deren Zulassung im „Potsdamer Abkommen“ vorgesehen war. Im August/September 1945 lizenzierten die Vereinigten Staaten und Großbritannien die bislang illegal tätigen Gruppierungen – darunter das „Büro Dr. Schumacher“ in Hannover – als Zentralstelle der wiederbelebten „Sozialdemokratischen Partei Deutschlands“ (SPD) und die in Köln von verschiedenen Politikern des ehemaligen Zentrums und christlichen Gewerkschaften gegründete „Christlich-Demokratische Union“ (CDU).

Die CDU war das parteipolitische Novum der Nachkriegszeit. Die Überwindung der konfessionellen Spaltung zwischen evangelischen und katholischen Wählern sowie die Einbeziehung konservativ-bürgerlicher Schichten und der christlichen Gewerkschaften sollten mit dem Begriff „Union“ zum Ausdruck gebracht werden. Kennzeichnend für die Gründungsphase der CDU ist ihr antikapitalistischer Akzent, die Forderung nach Vergesellschaftung bestimmter Grundstoffindustrien sowie nach Mitbestimmung der Arbeitnehmer (Ahlener Programm von 1947). Vorsitzender der CDU in der britischen Zone wurde im März 1946 Konrad Adenauer. 1950 schlossen sich die CDU-Verbände unter seiner Führung zur Bundespartei zusammen. Die bayerische „Christlich-Soziale Union“ (CSU) verweigerte sich 1946 dem bundesweiten Zusammenschluss der Union.

Die SPD knüpfte organisatorisch, programmatisch und personell an ihre Stellung in der Weimarer Republik an. In den weitgehend von Kurt Schumacher formulierten „Politischen Leitsätzen“ wurde die sofortige Sozialisierung der Bodenschätze und der Grundstoffindustrien gefordert. Zu ihren Zielen gehörten auch die Mitbestimmung der Arbeitnehmer und eine volkswirtschaftliche Gesamtplanung für die vergesellschafteten Betriebe. Bereits Ende 1947 brachte es die Partei wieder auf 875 000 Mitglieder.

Die liberalen Parteien betonten stärker als die anderen das Recht auf Privateigentum und die Bedeutung der freien Initiative für die Wirtschaft. Ende 1948 schlossen sich konservativ-liberale und liberal-demokratische Politiker zur „Freien Demokratischen Partei“ (FDP) zusammen. Theodor Heuss wurde ihr erster Vorsitzender.

Auch die „Kommunistische Partei Deutschlands“ (KPD) wurde in den Westzonen wieder zugelassen, wo sie jedoch ohne größere Wahlerfolge blieb.

Staatlicher und politischer Neuaufbau in den Westzonen Schon Ende Mai 1945 setzten die Amerikaner in Bayern eine erste provisorische Regierung ein. Im Herbst 1945 wurden die Länder Bayern (ohne die Pfalz), Großhessen und Württemberg-Baden gegründet; Bremen folgte 1947 nach. Koalitionsregierungen aller wieder zugelassenen Parteien wurden unter Aufsicht der Militärregierung tätig.
Da die amerikanische Militärregierung ihre Zone möglichst rasch aufbauen wollte, veranlasste General Lucius D. Clay schon im Oktober 1945 in Stuttgart die Gründung eines Länderrates, eine Art ständiger Konferenz der Ministerpräsidenten der US-Zone, zur Bewältigung gemeinsamer Probleme.

Konrad Adenauer (1876-1967): 1917-1933 Oberbürgermeister von Köln, 1948 Vorsitzender des Parlamentarischen Rates, 1950-1966 Mitbegründer und Bundesvorsitzender der CDU, 1949-1963 Bundeskanzler, 1951-1955 zugleich Bundesaußenminister

Kurt Schumacher (1895-1952): 1946-1952 erster Vorsitzender der SPD nach dem Zweiten Weltkrieg

Theodor Heuss (1884-1963): 1945-1946 Kultusminister von Württemberg-Baden, 1949-1959 erster Präsident der Bundesrepublik Deutschland

Lucius D. Clay (1897-1978): amerikanischer General; 1947-1949 Militärgouverneur der US-Besatzungszone in Deutschland

▲ Wahlplakate der neu zugelassenen Parteien KPD und SPD zu Landtagswahlen 1946/47.

Die Amerikaner ließen Anfang 1946 auch als Erste wieder demokratische Wahlen in Gemeinden und Kreisen zu. Im Sommer 1946 entwarfen verfassunggebende Versammlungen die zukünftigen Länderverfassungen, die nach Genehmigung durch die Besatzungsmacht im November/Dezember 1946 durch Volksabstimmung in den drei Ländern der US-Zone in Kraft gesetzt wurden. Erstmals nach 13 Jahren wählten die Bürger in demokratischen Wahlen ihre Landtage, aus denen demokratisch legitimierte Regierungen hervorgingen. Die Besatzungsbehörden verlegten sich nunmehr auf die Kontrolle der deutschen Behörden.

In der britischen Zone zog sich der Prozess der Länderneugründung länger hin. Hier entstanden die Länder Nordrhein-Westfalen, Schleswig-Holstein (beide August 1946) und Niedersachsen (November 1946). Die ersten Landtagswahlen fanden hier 1947 statt.

In der französischen Zone zögerte die Besatzungsmacht den staatlichen Neuaufbau in den 1946 geschaffenen Ländern Rheinland-Pfalz, Württemberg-Hohenzollern und Süd-Baden noch bis Mitte 1947 hinaus, verhängte eine strenge Zensur in allen politisch-gesellschaftlichen Bereichen und untersagte zunächst den neu gegründeten Parteien, das Wort „deutsch" im Parteinamen zu verwenden. Das Saarland blieb vorerst unter französischer Verwaltung.

Reparationen und Wiederaufbau ■ Nach zähen Verhandlungen einigten sich die vier Mächte Ende März 1946 im Alliierten Kontrollrat auf eine drastische Absenkung der gesamten industriellen Tätigkeit in Deutschland. Doch die Westmächte beließen es bei einem Abbau von 668 Werken bis zur endgültigen Einstellung der Demontagen im Jahr 1951. Dies bedeutete einen Kapazitätsverlust von nicht mehr als fünf Prozent gegenüber 1936.

Demgegenüber demontierten die Sowjets in ihrer Zone bis 1948 etwa 3 000 Betriebe, was einer Kapazitätsminderung von schätzungsweise 30 Prozent gegenüber 1936 entsprach. Alles in allem beliefen sich die Reparationsleistungen Ostdeutschlands an die Sowjetunion auf etwa 14 Milliarden Dollar. Das war deutlich mehr, als Stalin ursprünglich von ganz Deutschland gefordert hatte.

Die Sowjetunion weigerte sich bald, die in Potsdam vereinbarten Gegenleistungen aus ihrer Zone (vor allem Nahrungsmittel) für ihren Anteil an den in den Westzonen demontierten Industrieausrüstungen zu liefern. Im Mai 1946 stoppte deshalb General Clay die amerikanischen Reparationslieferungen in die UdSSR. Die Solidarität zwischen den ehemaligen Verbündeten war aufgekündigt.

Stattdessen wurden die Westzonen in das umfassende Wiederaufbauprogramm der US-Regierung für Europa (Marshall-Plan) einbezogen.* Insgesamt erhielt Westdeutschland ca. 1,4 Milliarden Dollar an Hilfen. Der wirtschaftliche Wiederaufbau wurde dadurch wesentlich verstärkt und beschleunigt. Außerdem war eine wichtige Vorentscheidung für die Einbindung dieses Teils von Deutschland in die westliche Gemeinschaft gefallen. Anders als nach dem Ersten Weltkrieg wurde der ehemalige Feind als künftiger Partner behandelt.

* Siehe S. 178 und 234 f.

M1 Besatzungsziele der Siegermächte

Im sogenannten „Potsdamer Abkommen" vom 2. August 1945 einigen sich die drei Siegermächte auf folgende Formulierungen zur Behandlung Deutschlands. Die endgültige Festlegung der Westgrenze Polens wird darin einer künftigen Friedenskonferenz vorbehalten:

III. Deutschland

[...] Es ist nicht die Absicht der Alliierten, das deutsche Volk zu vernichten oder zu versklaven. Die Alliierten wollen dem deutschen Volk die Möglichkeit geben sich vorzubereiten, sein Leben auf einer neuen demokratischen und friedlichen Grundlage von Neuem wieder aufzubauen. [...]

A. Politische Grundsätze

[...] 3. Die Ziele der Besetzung Deutschlands, durch welche der Kontrollrat sich leiten lassen soll, sind:

(I) Völlige Abrüstung und Entmilitarisierung Deutschlands und die Ausschaltung der gesamten deutschen Industrie, welche für eine Kriegsproduktion benutzt werden kann, oder deren Überwachung. [...]

(II) Das deutsche Volk muss überzeugt werden, dass es eine totale militärische Niederlage erlitten hat und dass es sich nicht der Verantwortung entziehen kann für das, was es auf sich geladen hat, dass seine eigene mitleidlose Kriegsführung und der fanatische Widerstand der Nazis die deutsche Wirtschaft zerstört und Chaos und Elend unvermeidlich gemacht haben.

(III) Die nationalsozialistische Partei mit ihren angeschlossenen Gliederungen und Unterorganisationen ist zu vernichten [...].

(IV) Die endgültige Umgestaltung des deutschen politischen Lebens auf demokratischer Grundlage und eine eventuelle friedliche Mitarbeit Deutschlands am internationalen Leben sind vorzubereiten.

4. Alle nazistischen Gesetze [...] müssen abgeschafft werden.

5. Kriegsverbrecher [...] sind zu verhaften und dem Gericht zu übergeben. [...]

6. Alle Mitglieder der nazistischen Partei, welche mehr als nominell an ihrer Tätigkeit teilgenommen haben, und alle anderen Personen, die den alliierten Zielen feindlich gegenüberstehen, sind aus den öffentlichen oder halböffentlichen Ämtern und von den verantwortlichen Posten in wichtigen Privatunternehmungen zu entfernen. [...]

7. Das Erziehungswesen in Deutschland muss so überwacht werden, dass die nazistischen und militärischen Lehrsätze völlig entfernt werden und eine erfolgreiche Entwicklung der demokratischen Ideen möglich gemacht wird.

8. Das Gerichtswesen wird entsprechend den Grundsätzen der Demokratie und der Gerechtigkeit auf der Grundlage der Gesetzlichkeit und der Gleichheit aller Bürger vor dem Gesetz ohne Unterschied der Rasse, der Nationalität und der Religion reorganisiert werden.

9. Die Verwaltung Deutschlands muss in Richtung auf eine Dezentralisation der politischen Struktur und der Entwicklung einer örtlichen Selbstverantwortung durchgeführt werden. Zu diesem Zwecke:

(I) Die lokale Selbstverwaltung wird in ganz Deutschland nach demokratischen Grundsätzen [...] wiederhergestellt.

(II) In ganz Deutschland sind alle demokratischen politischen Parteien zu erlauben und zu fördern [...].

(IV) Bis auf Weiteres wird keine zentrale deutsche Regierung errichtet werden. [...]

10. Unter Berücksichtigung der Notwendigkeit zur Erhaltung der militärischen Sicherheit wird die Freiheit der Rede, der Presse und der Religion gewährt. Die religiösen Einrichtungen sollen respektiert werden. Die Schaffung freier Gewerkschaften, gleichfalls unter Berücksichtigung der Notwendigkeit zur Erhaltung der militärischen Sicherheit, wird gestattet werden.

B. Wirtschaftliche Grundsätze

11. Mit dem Ziel der Vernichtung des deutschen Kriegspotenzials ist die Produktion von Waffen, Kriegsausrüstung und Kriegsmitteln, ebenso die Herstellung aller Typen von Flugzeugen und Seeschiffen zu verbieten und zu unterbinden. Die Herstellung von Metallen und Chemikalien, der Maschinenbau und die Herstellung anderer Gegenstände, die unmittelbar für die Kriegswirtschaft notwendig sind, ist streng zu überwachen und zu beschränken, entsprechend dem genehmigten Stand der friedlichen Nachkriegsbedürfnisse Deutschlands [...].

12. In praktisch kürzester Frist ist das deutsche Wirtschaftsleben zu dezentralisieren mit dem Ziel der Vernichtung der bestehenden übermäßigen Konzentration der Wirtschaftskraft [...].

Bei der Organisation des deutschen Wirtschaftslebens ist das Hauptgewicht auf die Entwicklung der Landwirtschaft und der Friedensindustrie für den inneren Bedarf (Verbrauch) zu richten. [...]

14. Während der Besatzungszeit ist Deutschland als eine wirtschaftliche Einheit zu betrachten. [...]

15. Es ist eine alliierte Kontrolle über das deutsche Wirtschaftsleben zu errichten, jedoch nur in den Grenzen, die notwendig sind [...].

19. Die Bezahlung der Reparationen soll dem deutschen Volke genügend Mittel belassen, um ohne eine Hilfe von außen zu existieren. [...]

IV. Reparationen aus Deutschland

[...] 3. Die Reparationsansprüche der Vereinigten Staaten, des Vereinigten Königreiches und der anderen zu Reparationsforderungen berechtigten Länder werden aus den westlichen Zonen und den entsprechenden deutschen Auslandsguthaben befriedigt werden.

4. In Ergänzung der Reparationen, die die UdSSR aus ihrer eigenen Besatzungszone erhält, wird die UdSSR zusätzlich aus den westlichen Zonen erhalten:

a) 15 % [der westlichen Reparationsgüter] im Austausch für einen entsprechenden Wert an Nahrungsmitteln, Kohle, Kali, Pottasche, Zink, Holz, Tonprodukten, Petroleumprodukten und solchen anderen Waren, nach Vereinbarung,

b) 10 % [der westlichen Reparationsgüter] ohne Bezahlung oder Gegenleistungen irgendwelcher Art.

Herbert Michaelis u. a. (Hrsg.), Ursachen und Folgen. Vom deutschen Zusammenbruch 1918 und 1945 bis zur staatlichen Neuordnung in der Gegenwart, Bd. 24, Berlin o. J., S. 447 ff.

1. *Fassen Sie die gemeinsamen Besatzungsziele der Siegermächte zusammen.*

2. *Weisen Sie nach, dass in manchen Formulierungen unterschiedliche Interpretationen und zukünftiger Streit angelegt sind.*

3. *Arbeiten Sie die Widersprüche zwischen den politischen und wirtschaftlichen Zielen des Potsdamer Abkommens heraus.*

M2 Mythos „Trümmerfrau“

Die Historikerin Marita Krauss setzt sich mit der Bedeutung der Fotografien aus den ersten Nachkriegsjahren auseinander, die sog. „Trümmerfrauen“ bei Aufräumarbeiten zeigen:

Die Bilder von Trümmerstädten, oft im Geiste ästhetisierender Ruinenromantik inszeniert, liefern ein großes Panorama des deutschen Leidens aufgrund des Bombenkriegs der Alliierten. [...] Solche Architekturfotos werden ergänzt durch ikonografisch[1] reduzierte Bilder des Kriegsbeschädigten, des ankommenden Flüchtlingstransports, des Schlangestehens vor Lebensmittelgeschäften, paradierender Besatzer in Uniform, manchmal Hand in Hand mit einem deutschen „Fräulein“. Auch diese Bilder erzählen von deutschem Leiden. Sie sind die Gegenerzählung zu den Bildern aus den Konzen-

▲ „Trümmerfrauen“ bergen Ziegelsteine im Berliner Stadtbezirk Prenzlauer Berg.
Foto von 1945.

trationslagern, die das Schreckliche thematisieren, das die Deutschen anderen zufügten.

In diesem Spektrum nehmen die Bilder der Trümmerfrauen einen besonderen Platz ein. Sie sind Teil einer Hoffnungsikonografie. Die Fotos bilden keine düstere Trümmersituation ab, sie stehen vielmehr für den Neuanfang. [...] Zeitlich liegt der Schwerpunkt der Bilder im Sommer 1945 und 1946 und geografisch in Berlin. Dieser geografische Schwerpunkt ist kein Zufall: Trümmerfrauen im engeren Sinn gab es vor allem in Berlin: Hier mussten sich die Frauen ab dem 1.6.1945 beim Arbeitsamt melden, sie wurden registriert und als „Hilfsarbeiterinnen im Baugewerbe“ dienstverpflichtet. [...]

In den meisten westdeutschen Städten wurde die Trümmerräumung jedoch von Anfang an anders organisiert: Sie lag in den Händen professioneller Baufirmen, die überwiegend Männer beschäftigten. Gut belegt ist dies beispielsweise für München oder für Heilbronn. Wenn es Zwangsverpflichtungen gab, dann von ehemaligen NS-Parteigenossen und von deutschen oder ungarischen Kriegsgefangenen, die unter alliierter Aufsicht standen. [...] Es sollten, so die übereinstimmende Haltung der Stadtverwaltungen und der Militärregierungen, diejenigen den Schutt wegräumen, die für den Krieg verantwortlich waren. NS-belastete Frauen waren dabei mit zu erfassen, hätten sie doch auch, so eine Münchner Stadt-

[1] ikonografisch/Ikonografie: Geschichte der Bilder; Bildikonen sind Bilder, die symbolisch für historische Ereignisse stehen und in das kollektive Gedächtnis einer Gesellschaft eingegangen sind, vgl. dazu auch den Methoden-Baustein auf S. 293 ff.

rätin, während der vergangenen Jahre Zeit gehabt, „herumzulaufen und Geld einzusammeln [...], sie müssen heute auch in der Lage sein, hier mitzuarbeiten". [...]
Warum, so ist zu fragen, war es wichtig, dass die Rolle der Frauen bei der Trümmerräumung so betont wurde? Warum verschwanden vor allem die räumenden Männer in der Ikonografie des Trümmerfotos? Diese Betonung scheint nicht primär zeitgenössisch zu sein: In München wurde jedenfalls in dem Aufbaubericht *Aus Trümmern wächst das neue Leben* von 1949 korrekt die Rolle der amerikanischen Besatzer, der deutschen und ungarischen Kriegsgefangenen, der NS-Belasteten und dann auch der Baufirmen genannt. Keine Trümmerfrau weit und breit. Doch ein Blick in die Frauenzeitschriften dieser Jahre mit den sprechenden Namen *Der Regenbogen* und *Der Silberstreifen* zeigt: Viele Frauen sahen sich selbst in der Rolle, die ihnen dann nachträglich zugewiesen wurde. [...] Frauen, so suggerieren diese Texte, waren nicht an der „Verwahrlosung" während der NS-Zeit beteiligt, sie sind „anständig" und „gerecht" geblieben und bieten sich daher als Wegweiserinnen in die Nachkriegszeit an. Damit wird die aktive Rolle der Frauen während der NS-Zeit verleugnet, deren Dimensionen inzwischen immer deutlicher zutage treten. [...]
Ein Zweites kommt hinzu: Als die neue Frauenbewegung der 1970er-Jahre auf die Suche nach den Frauen in der Geschichte ging, war es naheliegend, den eigenen Müttern ein Denkmal zu setzen. In den Blick kamen damit die „starken Frauen" der Nachkriegszeit, die in einer vaterlosen Gesellschaft die Kinder alleine großzogen, für Essen und das alltägliche Überleben sorgten. Da diese Alltagsarbeit, tatsächlich das millionenfache Schicksal der Nachkriegsfrauen, nicht spektakulär genug schien, trat die „Trümmerfrau" im engeren Sinne in den Mittelpunkt, die mit schwerer Arbeit den Karren aus dem Dreck zog und „wie ein Mann" anpackte. Es ist daher nicht verwunderlich, dass manche Trümmerfrauen-Bilder eigentlich „Trümmerspechte" zeigen, also Frauen, die Holz für den heimischen Ofen aus den Ruinen holen.

Marita Krauss, Trümmerfrauen. Visuelles Konstrukt und Realität, in: Gerhard Paul (Hrsg.), Das Jahrhundert der Bilder, Bd. I: 1900 bis 1949, Göttingen 2009, S. 740 f. und 743 f.

1. *Arbeiten Sie heraus, warum gerade Fotografien von „Trümmerfrauen" in das kollektive Gedächtnis der Deutschen eingingen.*
2. *Stellen Sie dar, welche historischen Tatsachen über die Betonung der Aufbauarbeit der „Trümmerfrauen" in Vergessenheit gerieten. Ziehen Sie dazu auch Texte und Materialien aus dem Kapitel „Der Nationalsozialismus im Spiegel der Geschichtskultur" heran.*

M3 Vertreibung als Ausdruck der Rache

Aus Anlass des Besuches des deutschen Bundespräsidenten Richard von Weizsäcker in Prag hält der tschechoslowakische Staatspräsident Václav Havel am 15. März 1990 eine Ansprache, in der er auch auf die Vertreibung der Deutschen aus seinem Land eingeht. Erstmals bekennt sich ein führender Politiker der Tschechoslowakei zu der Verantwortung für das mit der Vertreibung begangene Unrecht:

Sechs Jahre nazistischen Wütens haben [...] ausgereicht, dass wir uns vom Bazillus des Bösen anstecken ließen, dass wir uns gegenseitig während des Krieges und danach denunzierten, dass wir – in gerechter, aber auch übertriebener Empörung – uns das Prinzip der Kollektivschuld zu eigen machten. Anstatt ordentlich all die zu richten, die ihren Staat verraten haben, verjagten wir sie aus dem Land und belegten sie mit einer Strafe, die unsere Rechtsordnung nicht kannte. Das war keine Strafe, das war Rache. Darüber hinaus verjagten wir sie nicht auf Grundlage erwiesener individueller Schuld, sondern einfach als Angehörige einer bestimmten Nation.
Und so haben wir in der Annahme, der historischen Gerechtigkeit den Weg zu bahnen, vielen unschuldigen Menschen, hauptsächlich Frauen und Kindern, Leid angetan.
Und wie es in der Geschichte zu sein pflegt, wir haben nicht nur ihnen Leid angetan, sondern mehr noch uns selbst: Wir haben mit der Totalität so abgerechnet, dass wir ihren Keim in das eigene Handeln aufgenommen haben und so auch in die eigene Seele, was uns kurz darauf grausam zurückgezahlt wurde in Form unserer Unfähigkeit, einer anderen und von anderswoher importierten Totalität entgegenzutreten. [...]
Die Opfer, die eine Wiedergutmachung verlangt, werden also – unter anderem – auch der Preis für die Irrtümer und Sünden unserer Väter sein.
Wir können die Geschichte nicht umkehren, und so bleibt uns neben der freien Erforschung der Wahrheit nur das Eine: Immer wieder freundschaftlich die zu begrüßen, die mit Frieden in der Seele hierher kommen, um sich vor den Gräbern ihrer Vorfahren zu verneigen oder anzusehen, was von den Dörfern übriggeblieben ist, in denen sie geboren wurden.

Presse- und Informationsamt der Bundesregierung (Hrsg.), Bulletin Nr. 36, 17. März 1990, S. 278

1. *Benennen Sie den Unterschied zwischen Strafe und Rache.*
2. *Erläutern Sie die Argumentation, mit der Havel die Vertreibung der Deutschen ein Unrecht nennt.*
3. *Bewerten Sie die Schlussfolgerung, die Havel für das Verhältnis der Tschechen zu den Deutschen zieht.*

Die doppelte Staatsgründung

Im Westen: die Bizone Seit 1946 warnte die britische Regierung nachdrücklich vor der „russischen Gefahr“ und drängte auf die Schaffung eines separaten Westdeutschland. Nachdem auf der Pariser Außenministerkonferenz von April bis Juli 1946 die Sowjetunion alle amerikanischen Vorschläge blockiert hatte, schlug die US-Regierung im Alliierten Kontrollrat die sofortige Verschmelzung der eigenen mit einer oder mehreren Besatzungszonen vor. Die Sowjets und die Franzosen lehnten ab, die Briten stimmten einer Fusion zu. Die Rede von US-Außenminister *James F. Byrnes* am 6. September in Stuttgart wurde von den Zeitgenossen als die lang erwartete Wende in der amerikanischen Deutschlandpolitik verstanden (▸ M1).

Am 1. Januar 1947 trat das britisch-amerikanische Abkommen über die Bildung des Vereinigten Wirtschaftsgebietes (Bizone) in Kraft. Die weitere Entwicklung zeigte, dass mit der Gründung der Bizone, der sich 1948 auch die französische Besatzungszone anschloss, das Fundament für den späteren westdeutschen Staat gelegt worden war.

Der Frankfurter Wirtschaftsrat Die wichtigste Neuerung in der Zone war die Schaffung eines Wirtschaftsrates im Juni 1947, des ersten deutschen Parlaments nach dem Krieg, dessen Beschlüsse über ein Land hinausreichten. Die insgesamt 52 (später 104) Abgeordneten des Wirtschaftsrates wurden von den Landtagen der acht Länder der Bizone gewählt. Im Exekutivrat (dem Vorläufer des späteren Bundesrates) saßen Vertreter der acht Länder, die zusammen mit dem Wirtschaftsrat die fünf Verwaltungsdirektoren ernannten und kontrollierten. Entscheidungen für das Vereinigte Wirtschaftsgebiet – der Rat sollte sich vor allem um die Verbesserung der Versorgungssituation kümmern – bedurften jedoch weiterhin der Genehmigung durch Amerikaner und Briten.

Im Osten: Neubeginn unter sowjetischer Besatzung Während die westlichen Besatzungstruppen zunächst viel improvisierten, um das Leben in halbwegs geordnete Bahnen zu lenken, ging die sowjetische Besatzungsmacht gezielter ans Werk.

Walter Ulbricht (1893-1973): 1950-1971 Generalsekretär der SED, 1960-1971 Staatsratsvorsitzender der DDR

Schon Anfang Mai 1945 war eine Gruppe deutscher Exilkommunisten in die Sowjetische Besatzungszone (SBZ) eingeflogen worden. An ihrer Spitze stand der ehemalige kommunistische Reichstagsabgeordnete **Walter Ulbricht**, der seit 1938 in Moskau gelebt hatte. Er und weitere Spitzenfunktionäre der KPD hatten genaue Vorstellungen von einer wirtschaftlich-sozialen Umwälzung, bei der der politische Einfluss der Sozialdemokratie und der sogenannten bürgerlichen Kräfte ausgeschaltet werden sollte. Ulbricht gab dazu im Mai 1945 die Devise aus: „Es muss demokratisch aussehen, aber wir müssen alles in der Hand haben.“*

In den im Juli 1945 errichteten (1952 wieder aufgelösten) Landesverwaltungen in Brandenburg, Mecklenburg-Vorpommern, Sachsen, Sachsen-Anhalt und Thüringen besetzten KPD-Funktionäre die Schlüsselfunktionen. Dies galt erst recht für die ebenfalls im Juli 1945 geschaffenen und wesentlich wichtigeren elf Zentralverwaltungen (für Verkehr, Finanzen, Justiz etc.). Die Zentralverwaltungen waren unmittelbar der sowjetischen Militärregierung zugeordnet und hatten deren Befehle zu vollziehen.

* Das Zitat ist von Wolfgang Leonhard (geb. 1921) in seiner Autobiografie „Die Revolution entlässt ihre Kinder“ von 1955 überliefert. Leonhard war Mitglied der „Gruppe Ulbricht“, wandte sich jedoch 1949 vom Kommunismus ab und emigrierte Ende der 1950er-Jahre in die Bundesrepublik.

▶ Propaganda für den Volksentscheid in Sachsen zum „Gesetz über die Übergabe von Betrieben von Kriegs- und Naziverbrechern in das Eigentum des Volkes".
Foto aus Leipzig, 1946.
1946 wurden die Bürger in Sachsen zu einem Volksentscheid über die Enteignung wichtiger Industrie- und Gewerbebetriebe aufgerufen. Zwei Drittel der Bevölkerung stimmten zu. Dies genügte der SED, um die Enteignung auch in allen übrigen Gebieten Ostdeutschlands durchzuführen. Sachsen galt damit für die Partei als „Motor der weiteren antifaschistisch-demokratischen Bewegung".

Entnazifizierung in der SBZ Die Entnazifizierung in der Sowjetischen Besatzungszone betraf über eine halbe Million ehemaliger Nationalsozialisten in Justiz, Schule, Verwaltung und Industrie. Sowjetische Militärtribunale haben schätzungsweise 45 000 Personen verurteilt und etwa ein Drittel von ihnen in Zwangsarbeitslager deportiert. Betroffen waren nicht nur NS-Täter, sondern auch viele Gegner des Kommunismus. Dagegen wurden bereits frühzeitig die ehemaligen kleinen Parteimitglieder von einer Bestrafung ausgenommen, um sie möglichst rasch in die neuen Verhältnisse zu integrieren.

Weit umfassender als das systematische Vorgehen gegen missliebige Personen waren die zur selben Zeit durchgeführte Bodenreform* sowie die Enteignung und Verstaatlichung der großen Industriebetriebe. Als „strukturelle Entnazifizierung" sollten diese Maßnahmen jeden Rückfall in den Nationalsozialismus verhindern.

Politische Parteien in Ostdeutschland Die Sowjets gestatteten noch vor Beginn der Potsdamer Konferenz als Erste in ihrem Machtbereich die Gründung politischer Parteien (10. Juni 1945). KPD, SPD, CDU und LDPD (Liberal-Demokratische Partei Deutschlands) schlossen sich bereits einen Monat später zur „Einheitsfront der antifaschistisch-demokratischen Parteien" (Antifa-Block) zusammen.

Schon bald förderte die *Sowjetische Militäradministration in Deutschland* (SMAD) einseitig die Kommunistische Partei. Die KPD war jedoch wegen ihrer Nähe zur Besatzungsmacht in der Bevölkerung unbeliebt. Nach katastrophalen Wahlniederlagen der Kommunisten in Österreich und Ungarn suchte deshalb die KPD den Zusammenschluss mit der SPD, um damit ihren vermeintlich schärfsten Konkurrenten auszuschalten.

▶ **Geschichte In Clips:** Zur Gründung von SED und DDR siehe Clip-Code 32003-06

Kurt Schumacher warnte vor der Fusion, und auch die SPD in der sowjetischen Zone wollte darüber zunächst nur auf einem gesamtdeutschen Parteitag entscheiden. Der Besatzungsmacht gelang es mit Drohungen, Redeverboten und Verhaftungen, auch durch Überredung führender Sozialdemokraten der sowjetischen Zone, den Widerstand zu brechen. Schließlich stimmten **Otto Grotewohl** und die Spitze der Ost-SPD auf dem „Vereinigungsparteitag" in Berlin am 21./22. April 1946 geschlossen für die Vereinigung der beiden Arbeiterparteien zur „Sozialistischen Einheitspartei Deutschlands" (SED) (▶ M2).

Obwohl die sowjetische Militärregierung die CDU und LDPD in der Folgezeit massiv benachteiligte, erhielten die bürgerlichen Parteien bei den Kreis- und Landtagswahlen vom 20. Oktober 1946 mehr als die Hälfte der Stimmen. In Berlin, wo die SPD noch kandidieren durfte, wurde die SED mit 19,8 Prozent der Stimmen nur drittstärkste Partei. Die Sowjets verstärkten daraufhin ihren Druck auf alle zugelassenen Parteien. Die SED selbst wurde zu einer „Partei neuen Typus" nach stalinistischem Modell umgebildet und von oppositionellen Kräften „gesäubert". Etwa 6 000 Sozialdemokraten wurden von sowjetischen Militärgerichten als „Agenten" verurteilt und in Arbeitslager gebracht. Rund 100 000 Sozialdemokraten flohen in den Westen.

Otto Grotewohl (1894-1964): 1945 Mitbegründer der ostdeutschen SPD, 1946-1954 Vorsitzender der SED (zusammen mit Wilhelm Pieck), 1949-1964 Ministerpräsident der DDR

* Siehe S. 223.

▲ **Junker-Land in Bauernhand.**
Propagandaplakat für die Bodenreform, 1945.

▲ **Westdeutsches Plakat, um 1949.**

Umgestaltung der ostdeutschen Wirtschaft Bei der Umgestaltung der SBZ erwiesen sich die Demontagen in ihrer Wirkung noch gravierender als die unmittelbaren Kriegszerstörungen. Zur Befriedigung der sowjetischen Forderungen nach Gütern aus der laufenden Produktion gingen zusätzlich ganze Industriezweige in das Eigentum der Siegermacht über („Sowjetische Aktiengesellschaften", SAG) und fielen damit für den wirtschaftlichen Wiederaufbau in Ostdeutschland aus. Auf Befehl der sowjetischen Besatzungsmacht wurden seit 1945 in Etappen insgesamt 75 Prozent des Industrievermögens, etwa 9 000 Firmen einschließlich aller Banken und Versicherungen, entschädigungslos enteignet und verstaatlicht („Volkseigene Betriebe", VEB). Die bisherigen Eigentümer wurden pauschal zu Nazis und Kriegsverbrechern erklärt. In einer Volksabstimmung in Sachsen stimmten über 77 Prozent diesen Maßnahmen zu. Wer zuvor als „Aktivist des Faschismus" oder „Kriegsinteressent" eingestuft worden war, hatte dabei kein Stimmrecht.

Auch die Bodenreform ging auf einen sowjetischen Befehl zurück. Sie betraf 35 Prozent der Agrarfläche in der Sowjetischen Besatzungszone. Unter der Parole „Junkerland in Bauernhand" wurde 7 000 Großgrundbesitzern ihr Land entschädigungslos entzogen und zum größten Teil an 500 000 Landarbeiter, landlose Bauern, Flüchtlinge und Vertriebene verteilt; ein Drittel blieb in öffentlichem Besitz („Volkseigene Güter"). Auf die Enteignung und Umverteilung folgte die Kollektivierung: Die Bauern schlossen sich auf staatlichen Druck hin seit 1952 in „Landwirtschaftlichen Produktionsgenossenschaften" (LPG) zusammen. Dabei hatten die meisten Höfe so wenig Land zugewiesen bekommen, dass keine funktionsfähigen Betriebe entstehen konnten.

Hilfe im Westen: der Marshall-Plan Seit Kriegsende hatten die USA erhebliche Wirtschaftshilfe in Form von Krediten, Lebensmitteln und Rohstoffen für zahlreiche europäische Länder geleistet: Über elf Milliarden Dollar waren bis Ende 1947 nach Europa geflossen. Vor allem Großbritannien und Frankreich, aber auch zahlreiche osteuropäische Regierungen profitierten davon, ohne dadurch den allgemeinen wirtschaftlichen Niedergang bremsen zu können.

Um die drohende ökonomische Zerrüttung und politische Destabilisierung in Europa zu verhindern und einem wachsenden politischen Druck der Sowjetunion entgegenzuarbeiten, entwickelte die US-Regierung ein umfassendes Wiederaufbauprogramm für Europa (Marshall-Plan). Der wegweisende und völlig neue Gedanke dieses Hilfsprogramms war die amerikanische Forderung nach zwischenstaatlicher Zusammenarbeit der Empfänger. Formal auch an die Sowjetunion und die Staaten in ihrem Machtbereich gerichtet, versprach dieses Programm allen Ländern Europas die großzügige Finanzhilfe der USA bei ihrem wirtschaftlichen Wiederaufbau.*

16 europäische Länder schlossen sich 1948 zur OEEC (*Organization for European Economic Cooperation*) zusammen, die über die Verteilung und Verwendung der amerikanischen Gelder zu wachen hatte. Alles in allem belief sich die amerikanische Marshall-Plan-Hilfe bis 1952 auf rund 14 Milliarden Dollar. Ein Zehntel davon floss nach Westdeutschland.

Selbstverständlich nutzte das Wiederaufbauprogramm auch der amerikanischen Wirtschaft, die einen funktionierenden westeuropäischen Absatzmarkt benötigte. Doch mindestens gleichrangig war das Interesse der USA, die liberaldemokratischen Gesellschaften in Westeuropa zu festigen.

* Siehe S. 228.

Wie erwartet lehnte die sowjetische Regierung den Marshall-Plan ab. Offiziell sah sie darin eine Gefährdung der Souveränität der europäischen Staaten. Zugleich verbot Moskau allen osteuropäischen Ländern und der eigenen Besatzungszone die Annahme des amerikanischen Angebots. Stattdessen reagierte Stalin zunächst mit zweiseitigen Handelsabkommen, schließlich 1949 mit der Gründung des „Rates für Gegenseitige Wirtschaftshilfe". Darin lenkte die Sowjetunion die Volkswirtschaften der ostmitteleuropäischen Verbündeten auf die Moskauer Bedürfnisse hin. Die Spaltung Europas in zwei Blöcke war offenkundig geworden.

▲ Ostdeutsches Plakat von 1948.

Währungsreform und Entscheidung für die Soziale Marktwirtschaft Anfang 1948 setzte der neu gewählte parteilose Wirtschaftsdirektor **Ludwig Erhard** im Frankfurter Wirtschaftsrat gegen den heftigen Widerstand der sozialdemokratischen Fraktion eine Neuorientierung der Wirtschaftsordnung im Sinne einer **Sozialen Marktwirtschaft** durch. Bis dahin wurden die Produktion, Verteilung und Preise aller Güter staatlich festgelegt – nun sollte diese Reglementierung weitgehend entfallen und eine Belebung der Marktkräfte in Gang gesetzt werden.

Dazu bedurfte es jedoch einer umfassenden Reform des zerrütteten Geldwesens. Um 1947 war noch immer zu viel Geld in Umlauf, für das es keine ausreichenden Sachwerte gab. Das war die verspätete Rechnung für Hitlers über die Notenpresse finanzierte Rüstungspolitik.

Während die von Erhard propagierte Wirtschaftsreform von den Deutschen ausging, war die Währungsreform ein Anliegen der Westalliierten, vor allem der Amerikaner. Die neuen deutschen Banknoten wurden in den USA gedruckt und nach Bremerhaven gebracht. An einem Freitag, dem 18. Juni 1948, erfuhren die Deutschen, dass am 20. Juni die allseits erwartete Währungsreform stattfinden würde. Jeder Deutsche erhielt zunächst 40 „Deutsche Mark" als „Kopfgeld" (später noch einmal 20 DM).* Löhne, Gehälter, Pensionen und Mieten wurden im Verhältnis 1:1, Schulden auf ein Zehntel in DM-Beträge umgewertet. Sparer wurden mit einem Schlag nahezu enteignet, denn die Guthaben in Reichsmark konnten nur zu einem Bruchteil umgewandelt werden.

Die Währungsreform von 1948 war einer der radikalsten Einschnitte der Nachkriegszeit. Zugleich sorgte sie wie kaum ein anderes Ereignis für Aufbruchstimmung. Mit einem Schlag waren die Schaufenster mit all den Waren gefüllt, die man lange vermisst hatte. Denn wegen der Geldentwertung hatten die Händler ihre Waren gehortet, statt sie zum Verkauf anzubieten. Gleichzeitig mit der Währungsreform beschloss der Frankfurter Wirtschaftsrat auf Betreiben Erhards die Aufhebung der Preisbindung und Wirtschaftsbeschränkungen; ausgenommen davon waren Hauptnahrungsmittel und wichtige Rohstoffe. Wettbewerb und Verbrauch sollten ab sofort die Wirtschaft steuern, nicht mehr der Staat. Unmittelbar nach der Währungsreform und der Umstellung auf die Soziale Marktwirtschaft blieb der erhoffte Aufschwung zunächst aus. Die Zahl der Arbeitslosen nahm sprunghaft zu. Steigenden Preisen versuchte Wirtschaftsminister Ludwig Erhard mit „Preisregeln" gegenzusteuern. Auch in Erhards Partei, der CDU, wurde der Ruf nach stärkeren staatlichen Eingriffen in die Wirtschaft immer lauter. Erst während des sogenannten „Korea-Booms" wurden Kräfte freigesetzt, durch die sich Westdeutschland wirtschaftlich rasch erholen konnte. Angesichts des Korea-Krieges 1950-1953 konzentrierten die kriegführenden Staaten ihre industrielle Produktion auf den Militärsektor, während die westdeutsche Industrie den Weltmarkt mit modernen Verbrauchsgütern zu beliefern begann.

Ludwig Erhard (1897-1977): 1949-1963 Bundesminister für Wirtschaft, 1963-1966 Bundeskanzler, 1966/67 Vorsitzender der CDU

Soziale Marktwirtschaft: Wirtschaftsordnung, die soziale Gerechtigkeit auf der Grundlage einer leistungsfähigen Wettbewerbswirtschaft vorsieht. Der Begriff wurde 1946 von dem Nationalökonomen Alfred Müller-Armack (1901-1978) geprägt.

* Das entspricht ca. 20 bzw. 10 Euro. Allerdings war die Kaufkraft des Geldes wesentlich höher als heute.

Die Berlin-Blockade 1948/49 Die Antwort Stalins auf die Währungsreform in den Westzonen war die Berliner Blockade von 1948/49. Sie war der gewaltsame Versuch, die Schaffung eines westdeutschen Staates jenseits des kommunistischen Machtbereiches in letzter Minute zu verhindern.

Nachdem Verhandlungen der vier Siegermächte über die Einführung der D-Mark in Berlin geplatzt waren, verbot am 19. Juni 1948 der Chef der sowjetischen Militärverwaltung Sokolowski die Einführung des neuen Geldes in ganz Berlin. Vier Tage später wurde für die Ostzone eine eigene Währungsreform angeordnet, unter ausdrücklicher Einbeziehung ganz Berlins. Gegen die Einbeziehung ihrer drei Sektoren erhoben die Westmächte sofort Einspruch und dehnten ihrerseits den Geltungsbereich der neuen D-Mark auf West-Berlin aus. In der Nacht vom 23. zum 24. Juni 1948 wurde daraufhin die Elektrizitätsversorgung West-Berlins unterbrochen; es begann die Sperrung des Personen- und Güterverkehrs sowie der Lebensmittellieferungen. Mit der Blockade zu Lande und zu Wasser wollte die Sowjetunion die 2,1 Millionen West-Berliner aushungern und in einer Art Geiselnahme die Westmächte zwingen, ihre Weststaatspläne aufzugeben und ganz Berlin den Sowjets zu überlassen.

Den USA und ihren Verbündeten blieb zur Versorgung der eigenen Truppen sowie der West-Berliner Bevölkerung nur noch der Luftweg. Im Rahmen des als *„Berliner Luftbrücke"* bekannt gewordenen Unternehmens wurden 2,34 Millionen Tonnen Lebensmittel, Kohle und Maschinen nach West-Berlin gebracht. Erst am 4. Mai 1949 einigten sich die vier Siegermächte in New York auf das Ende der Blockade. Am 12. Mai, nach 322 Tagen, wurde sie aufgehoben.

Für die Sowjetunion erwies sich die Berlin-Blockade als schwerer Fehler: Stalin hatte keines seiner Ziele erreicht, stattdessen im In- und Ausland viel Ansehen verloren. Dagegen verstanden sich Deutsche und Westalliierte zum ersten Mal als Verbündete. Amerikanische und britische Flugzeuge über Deutschland bedeuteten nicht mehr Schrecken und Zerstörung wie während des Bombenkrieges, sondern sorgten für Beistand und Hilfe.

Während der Blockade war Berlin zu einer gespaltenen Stadt geworden, der Ost- und der Westteil hatten eigene Oberbürgermeister und getrennte Verwaltungen eingesetzt.

▲ **„Gefährliche Passage."** *Karikatur aus der „New York Sun", wieder abgedruckt in „Der Spiegel" vom 18. September 1948.*

Im Westen: Trizone und Beratungen über eine Bundesverfassung Seit Ende 1947 waren Amerikaner und Briten entschlossen, ihre Besatzungszonen in einen westdeutschen Teilstaat umzuwandeln. Dieser sollte eine leistungsfähige Wirtschaft haben und dadurch von den Hilfslieferungen der westlichen Alliierten unabhängig werden. Die Franzosen zögerten in dieser Frage zunächst. Dennoch beauftragten die drei westlichen Militärgouverneure am 1. Juli 1948 die Ministerpräsidenten der elf westdeutschen Länder mit Verfassungsberatungen zur Gründung eines westdeutschen Staates. Die Einzelheiten waren in den sogenannten „Frankfurter Dokumenten" festgelegt: Eine einberufene Verfassunggebende Versammlung sollte eine demokratische Verfassung für einen föderalistischen Staat erarbeiten, der die Grund- und Menschenrechte garantierte. In einer Volksabstimmung sollte dann die Verfassung in Kraft gesetzt werden. Die Ministerpräsidenten stimmten diesem Angebot einer beschränkten Selbstverwaltung zu, nachdem sie durch einige Korrekturen den provisorischen Charakter des geplanten politischen Gebildes verdeutlichen konnten: Um die Chance eines vereinigten deutschen Staates offenzuhalten, wurde nicht von einer Verfassunggebenden Versammlung gesprochen, sondern von einem *Parlamentarischen Rat*, und statt einer Verfassung sollte ein *Grundgesetz* verabschiedet werden.

▲ **Die Mütter des Grundgesetzes.**
Foto von 1949.
Vor allem dem Engagement dieser vier Frauen ist es zu verdanken, dass der Gleichberechtigungsartikel (Art. 3) in das Grundgesetz aufgenommen wurde, obwohl er zunächst im Parlamentarischen Rat mehrheitlich abgelehnt worden war. Das Bild zeigt von links: Helene Wessel (Zentrum), Helene Weber (CDU), Friederike Nadig (SPD) und Elisabeth Selbert (SPD).

Der Parlamentarische Rat Die 65 Abgeordneten des in Bonn tagenden Parlamentarischen Rates waren von den Länderparlamenten im August 1948 gewählt worden. Mit jeweils 27 Abgeordneten waren SPD und CDU/CSU gleich stark vertreten. Zum Präsidenten wurde der 72-jährige Parteivorsitzende der CDU in der britischen Zone, Konrad Adenauer, gewählt, während der Vorsitz im Hauptausschuss, in dem die wichtigsten Verfassungsberatungen stattfanden, an Professor **Carlo Schmid** (SPD) ging.

Viele Verfassungsfragen wurden vor dem Hintergrund der Erfahrungen der Weimarer Republik und der nationalsozialistischen Diktatur rasch und einvernehmlich gelöst. Dazu gehörten die unbedingte Geltungskraft der Grundrechte, die starke Stellung des Regierungschefs (Kanzler), das **konstruktive Misstrauensvotum**, die Machtbeschränkung des Staatsoberhauptes (Bundespräsident), die Ablehnung des Plebiszits und die Errichtung eines rein parlamentarisch-repräsentativen Regierungssystems (▸ M3).

Die heftigste Kontroverse im Parlamentarischen Rat betraf die Ausgestaltung der bundesstaatlichen Ordnung. Die SPD forderte eine starke Bundesgewalt, die CDU – und noch mehr die CSU – wollte das politische Gewicht der Länder sichern. Das Ergebnis war ein Kompromiss. Einerseits wurde ein *Bundesrat* als Ländervertretung geschaffen, der eigene Gesetze einbringen und solche des Parlaments bestätigen konnte – eine Lösung, die den Föderalisten aus den süddeutschen Ländern entgegenkam. Dagegen setzte sich die SPD bei der Regelung der Finanz- und Steuerfragen durch. Dazu gehörten eine starke Bundesfinanzverwaltung, umfassende Steuererhebungskompetenzen des Bundes sowie ein verbindlicher Finanzausgleich zwischen wirtschaftsstärkeren und -schwächeren Bundesländern.

Carlo Schmid (1896-1979): Politiker und Staatsrechtler, einer der „Väter des Grundgesetzes“, Vizepräsident des Deutschen Bundestages 1949-1962 und 1969-1972

Konstruktives Misstrauensvotum: Nach Art. 67 GG kann der amtierende Kanzler vom Parlament nur dann abgewählt werden, wenn eine Mehrheit „konstruktiv“ für einen neuen Kandidaten stimmt.

Bundesversammlung: Gremium zur Wahl des Bundespräsidenten, das sich aus den Mitgliedern des Bundestages und einer gleichen Anzahl von Vertretern der Länder zusammensetzt

Volkskongresse 1947 und 1948: Zu ihnen lud die SED-Führung; sie sollten ein gesamtdeutsches Vorparlament sein. Hieran nahmen Vertreter von Parteien und Massenorganisationen, Betriebsräte, Bauernverbände, Künstler und Wissenschaftler aus allen Besatzungszonen teil, die meisten jedoch aus der sowjetisch besetzten Zone.

Die Gründung der Bundesrepublik Deutschland Am 8. Mai 1949, genau vier Jahre nach der deutschen Kapitulation, stimmten 53 Abgeordnete des Parlamentarischen Rates für das Grundgesetz, bei zwölf Gegenstimmen, darunter sechs Abgeordnete der CSU sowie die Abgeordneten der KPD, des Zentrums und der Deutschen Partei (DP). Nachdem die Militärgouverneure das Grundgesetz am 12. Mai 1949 genehmigt hatten, wurde es in allen Ländern mit Ausnahme Bayerns ratifiziert. Am 23. Mai 1949 unterzeichneten die Ministerpräsidenten der Länder und die Landtagspräsidenten in einem feierlichen Akt in Bonn das Grundgesetz. Aus den westlichen Besatzungszonen war ein Staat unter alliierter Aufsicht geworden. Der neue Staat erhielt den Namen „Bundesrepublik Deutschland".

Aus den Wahlen zum ersten Deutschen Bundestag am 14. August 1949 ging die CDU/CSU mit 31 Prozent als Gewinner hervor, gefolgt von der SPD mit 29,2 Prozent, der FDP mit 11,9 Prozent und der KPD mit 5,7 Prozent. Weitere sechs Parteien einschließlich einiger Parteiloser blieben unter fünf Prozent der Stimmen, waren aber im ersten Bundestag vertreten. Adenauer bildete eine „kleine Koalition" aus CDU/CSU, FDP und DP. Am 7. September 1949 trat der Bundestag zum ersten Mal in Bonn zusammen. Er wählte am 15. September Konrad Adenauer mit einer Stimme Mehrheit zum ersten Bundeskanzler der Bundesrepublik Deutschland. Kurt Schumacher (SPD) fiel die Rolle des Oppositionsführers zu. Theodor Heuss, der Kandidat der FDP, war bereits am 12. September von der **Bundesversammlung** zum Bundespräsidenten gewählt worden.

▲ **Parteiemblem der SED.** *Werbeschild, Pappe.*

Die Gründung der DDR Seit Ende 1947 propagierte die SED mit Rückendeckung Stalins die Einheit Deutschlands in Gestalt der sogenannten **Volkskongressbewegung**. In Wirklichkeit ging es ihren Spitzenfunktionären jedoch um die Schaffung eines kommunistischen Teilstaates. Bei den Wahlen zum Volkskongress im Mai 1949 sicherte sich die SED die Mehrheit der Mandate. Sie dominierte auch den daraus hervorgehenden *Deutschen Volksrat*.

Die sowjetische Regierung wartete mit der Staatsgründung in der eigenen Besatzungszone, bis die westdeutsche Bundesregierung sich konstituiert hatte. Erst nach einer erneuten Besprechung führender SED-Funktionäre mit Stalin Ende September 1949 erklärte die sowjetische Regierung Anfang Oktober 1949 in einer Note an die drei Westmächte, dass mit der „Bildung der volksfeindlichen Separatregierung in Bonn [...] jetzt in Deutschland eine neue Lage entstanden" sei. Am 7. Oktober 1949 nahm der Deutsche Volksrat einen 1948 ausgearbeiteten Verfassungsentwurf an und erklärte sich selbst zur *Provisorischen Volkskammer*. Damit war die „Deutsche Demokratische Republik" (DDR) gegründet. Wenige Tage später wurde Otto Grotewohl (SED) zum Regierungschef, **Wilhelm Pieck** (SED) zum Präsidenten der DDR gewählt. Obwohl in der neuen Regierung alle Parteien vertreten waren, besetzte die SED die wichtigsten Ministerien.

Die Gründung zweier Staaten auf dem Boden des ehemaligen Deutschen Reiches bedeutete einen weiteren, wesentlichen Schritt zur Teilung des Landes. Die deutsche Teilung war damals von niemandem gewollt, aber auch von niemandem verhindert worden. Sie war das Ergebnis eines sich verschärfenden Gegensatzes der Siegermächte des Zweiten Weltkrieges, vor allem der USA und der Sowjetunion. Die Hoheit der Besatzungsmächte über Deutschland blieb nach der Gründung von Bundesrepublik und DDR bestehen. Über Deutschlands Zukunft entschieden im Grundsatz weiterhin die Siegermächte und ihre weltpolitischen Beziehungen. Innerhalb dieses Rahmens bestimmten jedoch nun auch die Regierungen in Bonn und Ost-Berlin über das Verhältnis beider Teile Deutschlands. Allerdings überwogen dabei zunächst Feindschaft und Misstrauen (▸ M4).

Wilhelm Pieck (1876-1960): 1946-1960 Vorsitzender der SED (neben Otto Grotewohl), 1949-1960 Präsident der DDR

M1 Kurswechsel

Am 6. September 1946 hält US-Außenminister James F. Byrnes in Stuttgart vor den Ministerpräsidenten der süddeutschen Länder eine Rede, die in Deutschland unter der Bezeichnung „Rede der Hoffnung" populär geworden ist. Der Text stammt weitgehend von General Lucius D. Clay, Militärgouverneur der US-Besatzungszone:

Es liegt weder im Interesse des deutschen Volkes noch im Interesse des Weltfriedens, dass Deutschland eine Schachfigur oder ein Teilnehmer in einem militärischen Machtkampf zwischen dem Osten und dem Westen wird. [...]
Die Vereinigten Staaten sind der festen Überzeugung, dass Deutschland als Wirtschaftseinheit verwaltet werden muss und dass die Zonenschranken, soweit sie das Wirtschaftsleben und die wirtschaftliche Betätigung in Deutschland betreffen, vollständig fallen müssen. [...]
Wir treten für die wirtschaftliche Vereinigung Deutschlands ein. Wenn eine völlige Vereinigung nicht erreicht werden kann, werden wir alles tun, was in unseren Kräften steht, um eine größtmögliche Vereinigung zu sichern. [...]
Der Hauptzweck der militärischen Besetzung war und ist, Deutschland zu entmilitarisieren und entnazifizieren, nicht aber den Bestrebungen des deutschen Volkes hinsichtlich einer Wiederaufnahme seiner Friedenswirtschaft künstliche Schranken zu setzen. [...]
Die Potsdamer Beschlüsse sahen nicht vor, dass Deutschland niemals eine zentrale Regierung haben sollte. Sie bestimmten lediglich, dass es einstweilen noch keine zentrale deutsche Regierung geben sollte. Dies war nur so zu verstehen, dass keine deutsche Regierung gebildet werden sollte, ehe eine gewisse Form von Demokratie in Deutschland Wurzeln gefasst und sich ein örtliches Verantwortungsbewusstsein entwickelt hätte. [...]
Die Vereinigten Staaten treten für die baldige Bildung einer vorläufigen deutschen Regierung ein. [...]
Während wir darauf bestehen werden, dass Deutschland die Grundsätze des Friedens, der gutnachbarlichen Beziehungen und der Menschlichkeit befolgt, wollen wir nicht, dass es der Vasall irgendeiner Macht oder irgendwelcher Mächte wird oder unter einer in- oder ausländischen Diktatur lebt. Das amerikanische Volk hofft, ein friedliches und demokratisches Deutschland zu sehen, das seine Freiheit und seine Unabhängigkeit erlangt und behält. [...]
Die Vereinigten Staaten können Deutschland die Leiden nicht abnehmen, die ihm der von seinen Führern angefangene Krieg zugefügt hat. Aber die Vereinigten Staaten haben nicht den Wunsch, diese Leiden zu vermehren oder dem deutschen Volk die Gelegenheit zu verweigern, sich aus diesen Nöten herauszuarbeiten, solange es menschliche Freiheit achtet und vom Wege des Friedens nicht abweicht.
Das amerikanische Volk wünscht, dem deutschen Volk die Regierung Deutschlands zurückzugeben. Das amerikanische Volk will dem deutschen Volk helfen, seinen Weg zurückzufinden zu einem ehrenvollen Platz unter den freien und friedliebenden Nationen der Welt.

Dokumente der Deutschen Politik und Geschichte von 1848 bis zur Gegenwart, Bd. VI: Deutschland nach dem Zusammenbruch 1946, S. 130 ff.

1. *Arbeiten Sie heraus, warum die Westdeutschen die Rede des amerikanischen Außenministers als eine Wende empfinden konnten.*
2. *Erörtern Sie, wie die Rede von Byrnes auf die sowjetische beziehungsweise französische Regierung wirken musste.*
3. *Beurteilen Sie, ob in dem Text machtpolitische Interessen der USA zum Ausdruck kommen.*

M2 Mit Zwang zur SED

Am 21./22. April 1946 schließen sich KPD und SPD auf einem „Vereinigungsparteitag" zur Sozialistischen Einheitspartei Deutschlands (SED) zusammen. Das britische Außenministerium analysiert die politische Situation in der SBZ unmittelbar zuvor:

Die SPD-Zeitungen wurden rigoroser Zensur unterworfen, SPD-Organisationen in den Provinzen nur noch dann Zusammenkünfte gestattet, wenn diese gemeinsam mit der KPD abgehalten wurden. Betriebsgruppen wurden vorgeladen, um Resolutionen zu einer sofortigen Vereinigung zu verabschieden. Die russischen Militärkommandeure begannen darauf zu bestehen, nur noch solche SPD-Mitglieder für führende Parteiposten auf Orts-, Bezirks- und Landesebene zu nominieren, die für die Vereinigung waren [...]. [Der SPD-Vorstand informierte am 15. Januar alle Landes- und Bezirksvorstände,] dass gemäß den gemeinsamen Beschlüssen von KPD und SPD vom 20. und 21. Dezember eine Vereinigung auf lokaler Ebene nicht erlaubt sei und die Parteienvereinigung lediglich von einer Parteiversammlung auf Reichsebene beschlossen werden könne. Die russische Militärbehörde verbot die Veröffentlichung dieser Instruktion. Verstöße gegen das Verbot resultierten in Redeverboten für Sprecher auf Versammlungen und in Festnahmen. Parteisekretäre, die der Vereinigung widerstrebend gegenüberstanden, [...] wurden entfernt, andere mit Arrest bedroht oder verhaftet und nach Oranienburg und Sachsenhausen verbracht [...].

Reiner Pommerin, Die Zwangsvereinigung von KPD und SPD zur SED. Eine britische Analyse vom April 1946, in: Vierteljahreshefte für Zeitgeschichte, 36. Jg. 1988, Heft 2, S. 328 f.

▲ **Fotomontage zum Vereinigungsparteitag von KPD und SPD am 21./22. April 1946.**
Abgebildet sind Wilhelm Pieck (KPD, links) und Otto Grotewohl (SPD, rechts).
- *Beschreiben Sie die verschiedenen Bildelemente und ihre jeweilige Funktion.*

1. *Erläutern Sie die Rolle der sowjetischen Besatzungsbehörden laut dieser Einschätzung.*
2. *Bewerten Sie die demokratische Legitimation der Parteienvereinigung.*
3. *Im April 2001 entschuldigte sich die Führung der PDS (Partei des Demokratischen Sozialismus, Rechtsnachfolgerin der SED) für die Form, in der 1946 die Vereinigung von KPD und SPD vollzogen wurde. Diskutieren Sie die politische Bedeutung einer solchen Erklärung.*

M3 Lehren aus Weimar

Der Historiker Heinrich August Winkler beschreibt die Lehren, welche die „Mütter und Väter des Grundgesetzes" aus dem Scheitern der Weimarer Republik gezogen haben:

Der Bonner Parlamentarische Rat war drei Jahrzehnte später in einer radikal anderen Situation als die Verfassunggebende Deutsche Nationalversammlung in Weimar. Er konnte auf die Erfahrungen einer gescheiterten parlamentarischen Demokratie und einer von außen niedergeworfenen totalitären Diktatur zurückblicken und gleichzeitig, in der Sowjetischen Besatzungszone, den Aufbau einer neuen Diktatur beobachten. Vor diesem Hintergrund lag nichts näher als der Versuch, einen anderen Typ von Demokratie zu entwickeln als den, der nach 1930 Schiffbruch erlitten hatte. [...]

Die Verwirkung von Grundrechten, das Verbot verfassungswidriger Parteien durch das Bundesverfassungsgericht, die „Ewigkeitsklausel" des Artikels 79, Absatz 3, die eine Änderung des Grundgesetzes für unzulässig erklärt, durch welche die Gliederung des Bundes in Länder, die grundsätzliche Mitwirkung der Länder bei der Gesetzgebung oder die in den Grundrechtsartikeln niedergelegten Grundsätze berührt werden: Das waren einige der Vorkehrungen, die der Parlamentarische Rat traf, um aus der Bundesrepublik Deutschland eine wertorientierte und wehrhafte Demokratie zu machen. Die Weimarer Erfahrungen schlugen sich in Bindungen des Gesetzgebers und Einschränkungen des Wählerwillens nieder, wie sie es wohl in keiner anderen demokratischen Verfassung gibt. Mehrheiten dadurch vor sich selber zu schützen, dass bestimmte unveräußerliche Werte und freiheitssichernde Institutionen ihrem Willen entzogen werden: diese Entscheidung des Verfassunggebers setzte die Erfahrung voraus, dass Mehrheiten so fundamental irren können, wie die Deutschen sich geirrt hatten, als sie 1932 mehrheitlich für Parteien stimmten, die ihre Demokratiefeindschaft offen zur Schau trugen.

Weimarer Erfahrungen entsprach auch die Einsicht, dass nur ein funktionstüchtiges parlamentarisches System demokratischen Legitimitätsglauben zu bewirken vermag. Deshalb sorgte der Parlamentarische Rat dafür, dass parlamentarische Mehrheiten ihre Verantwortung nicht mehr auf das Staatsoberhaupt abschieben und einen Regierungschef nur noch durch ein „konstruktives Misstrauensvotum", also die Wahl eines Nachfolgers, stürzen konnten. Die Weimarer Verfassung hatte es zugelassen, dass der vom Volk direkt gewählte Reichspräsident in der Lage war, eine höhere Legitimität für sich zu beanspruchen als das in Parteien gespaltene Parlament. [...]

Von der ersten deutschen Demokratie sollte sich die zweite auch in anderer Hinsicht unterscheiden. Gesetzgebung, vollziehende Gewalt und Rechtsprechung waren fortan uneingeschränkt an die Grundrechte gebunden, die, anders als in der Weimarer Republik, unmittelbar geltendes Recht waren, also nicht bloß programmatische Bedeutung hatten. Im Gegensatz zur Weimarer Reichsverfassung durfte das Grundgesetz auch nur noch durch ein Gesetz geändert werden, das den Wortlaut der Verfassung ausdrücklich änderte oder ergänzte. Abweichungen von der Verfassung, die der Gesetzgeber mit verfassungsändernder Mehrheit beschloss, ohne die Verfassung formell zu ändern, waren mithin nicht mehr möglich. Beim Nein zu plebiszitären Formen von Demokratie wie Volksbegehren und Volksentscheid spielte freilich nicht nur die Erinnerung an Weimar eine Rolle, sondern mindestens ebenso sehr die Furcht, die Kommunisten könnten sich dieser Instrumente auf demagogische Weise für ihre Zwecke bedienen.

Heinrich August Winkler, Der lange Weg nach Westen, Bd. 2: Deutsche Geschichte vom „Dritten Reich" bis zur Wiedervereinigung, München 2000, S. 133 f.

1. *Listen Sie die „Korrekturen" des Parlamentarischen Rates auf, mit denen dieser den Erhalt der Demokratie sichern wollte.*

2. *Die Annahme des Grundgesetzes erfolgte durch Ratifizierung in den Länderparlamenten. Begründen Sie, warum es nicht der Bevölkerung zur Abstimmung vorgelegt wurde.*

M4 Im Schlepptau der Siegermächte

a) Zur Gründung der DDR hält Ministerpräsident Otto Grotewohl am 12. Oktober 1949 eine Ansprache:

Der westdeutsche Sonderstaat ist nicht in Bonn, sondern in London entstanden. Bonn hat nur die Londoner Empfehlungen, die in Wahrheit Befehle der westlichen Alliierten waren, ausgeführt. [...]
Statt der im Potsdamer Abkommen vorgesehenen Demokratisierung, Entmilitarisierung und Entnazifizierung Deutschlands sind sie [die Westmächte] bestrebt, die von ihnen besetzten Teile Deutschlands in eine Kolonie zu verwandeln, die mit den traditionellen Methoden imperialistischer Kolonialherrschaft regiert und ausgebeutet wird. Von Demokratisierung, Entmilitarisierung und Entnazifizierung ist keine Rede. Die von Anfang an sorgfältig konservierten Kräfte der deutschen Reaktion [...] haben mit aktiver Unterstützung der Besatzungsmächte die alten Machtpositionen wieder eingenommen. [...]
Wir wissen, dass wir in unserem Kampf um die Einheit Deutschlands, der ein Bestandteil des Kampfes um den Frieden ist, nicht allein stehen. Wir haben das Glück, uns in diesem Kampf auf das große Lager des Friedens in der Welt stützen zu können, dessen ständig zunehmende Stärke die imperialistischen Kriegsinteressen Schritt um Schritt zurückdrängt. Diese Kräfte des Friedens in der ganzen Welt werden geführt von der Sowjetunion, die eine andere Politik als die Politik des Friedens weder kennt noch kennen kann.

b) Am 15. Oktober 1949 antwortet der SPD-Vorsitzende Kurt Schumacher im Deutschen Bundestag auf die Rede Grotewohls:

Man kann erfolgreich bestreiten, dass der neue Oststaat überhaupt ein Staat ist. Dazu fehlt ihm auch der Ansatz zur Bildung einer eigenen Souveränität, er ist eine Äußerungsform der russischen Außenpolitik. [...]
Jetzt ist der Oststaat ein Versuch, die magnetischen Kräfte des Westens mithilfe staatlicher Machtmittel und eines scheinbaren Willens der deutschen Bevölkerung dieser Zone abzuwehren. Er bedeutet die Anerkennung der Tatsache, dass bis auf Weiteres das große russische Unternehmen, ganz Deutschland in die politischen, gesellschaftlichen, wirtschaftlichen und kulturellen Formen der Sowjets hineinzuzwingen, gescheitert ist. Die Loslösung der Ostzone durch die Russen, wie sie 1945 radikal und erfolgreich eingeleitet wurde, bedeutet das Hinausdrängen der westalliierten Einflüsse und der internationalen Kritik. Es war aber zur gleichen Zeit das Ende jeder demokratischen Freiheit der Deutschen in dieser Zone. Die westlichen Alliierten tragen an dieser Entwicklung viel Schuld. [...]
Das darf nicht darüber hinwegtäuschen, dass die Etablierung dieses sogenannten Oststaates eine Erschwerung der deutschen Einheit ist. Die Verhinderung dieser Einheit aber kann dieses Provisorium im Osten nicht bedeuten, weil das deutsche Volk und besonders die Bevölkerung der Ostzone Gebilde russischer Machtpolitik auf deutschem Boden ablehnt.

Erster Text: Otto Grotewohl, Im Kampf um die einige Deutsche Demokratische Republik. Reden und Aufsätze, Bd. 1, Berlin 1959, S. 489 ff.
Zweiter Text: Wolfgang Benz, Die Gründung der Bundesrepublik. Von der Bizone bis zum souveränen Staat, München 1984, S. 160 f.

1. *Weisen Sie nach, wie bestimmte Begriffe unterschiedliche inhaltliche Bedeutung gewinnen, je nachdem, ob sie im Osten oder im Westen verwendet werden.*

2. *Stellen Sie dar, mit welchen Argumenten Grotewohl den deutschen Weststaat zu diskreditieren versucht.*

3. *Erläutern Sie, was Schumacher unter den „magnetischen Kräften des Westens" versteht.*

4. *Diskutieren Sie Schumachers Aussage über die „Schuld der Westmächte".*

Bundesrepublik Deutschland: politische und wirtschaftliche Entwicklung 1949-1989

Grundlinien der Außenpolitik seit Adenauer Vier Jahrzehnte lang bestimmte der Ost-West-Konflikt den Rahmen für die Außenpolitik der Bundesrepublik. Sie musste sich an die Phasen der Anspannung und Entspannung im Verhältnis der Supermächte USA und UdSSR anpassen. Die Bundesrepublik war vorerst noch nicht souverän, das Besatzungsstatut schränkte ihr Außenhandeln ein. Bundeskanzler Adenauer, seit 1951 auch Außenminister, hatte sich mit den Alliierten Hochkommissaren abzusprechen.

Aus der Tatsache der vom Ost-West-Konflikt beherrschten Teilung Europas und der Welt zog Adenauer die Konsequenz einer politischen, wirtschaftlichen und kulturellen Westorientierung der jungen Bundesrepublik. Aus einer Position der Stärke sollte der freie und ökonomisch attraktive westliche Teilstaat eine unwiderstehliche Anziehungskraft auf die Deutschen im sowjetischen Herrschaftsbereich ausüben (*Magnettheorie*). Die eigene Überlegenheit würde langfristig eine Wiedervereinigung „in Frieden und Freiheit" ermöglichen, wobei ein künftiges demokratisches Gesamtdeutschland unwiderruflich mit dem Westen verbunden bleiben sollte. Die Bundesrepublik galt als „Limes des Abendlandes" gegenüber einer als gefährlich eingeschätzten Sowjetunion. Bereits im Oktober 1949 hatte Bundeskanzler Adenauer das Prinzip formuliert, das der Deutschlandpolitik aller Bundesregierungen bis 1969 zugrunde lag: „Die Bundesrepublik Deutschland ist allein befugt, für das deutsche Volk zu sprechen." Dieser von sämtlichen demokratischen Parteien geteilte *Alleinvertretungsanspruch* und die strikte Nichtanerkennung des nicht frei gewählten DDR-Regimes bestimmten und begrenzten die Beziehungen Bonns zu Ost-Berlin zwei Jahrzehnte lang (▸ M1).

▲ **Antrittsbesuch.**
Foto vom 21. September 1949. Bundeskanzler Adenauer stellt sein Kabinett den Vertretern der Westalliierten vor. Selbstbewusst tritt er dabei auf den Teppich, vor dem er eigentlich „in gemessenem Abstand haltmachen" sollte (vgl. dazu die Abbildung auf S. 281).

Ihre Haltung fasste die Bundesregierung 1955 in den Grundsatz, die Bundesrepublik unterhalte keine Beziehungen zu Staaten, die die DDR durch Aufnahme diplomatischer Beziehungen anerkannten (*Hallstein-Doktrin**). Bis zum Ende der 1960er-Jahre konnte die Bundesregierung damit die internationale Anerkennung der DDR verhindern, vor allem in den Ländern der „Dritten Welt", denen die Bundesrepublik andernfalls ihre Wirtschaftshilfe aufkündigte. Die Sowjetunion und Polen musste die Bundesrepublik allerdings von dieser Vorgehensweise ausnehmen.

Schulden und Wiedergutmachung Die Bundesrepublik sah sich als Rechtsnachfolgerin des untergegangenen Deutschen Reiches. Daher hatte sie auch die deutschen Auslandsschulden zu übernehmen. Nach langen Verhandlungen wurde im Februar 1953 das *Londoner Schuldenabkommen* unterzeichnet. Die Bundesregierung erkannte gegenüber den Westmächten sowie 17 weiteren Gläubigerstaaten Schulden in Höhe von 13,5 Milliarden DM an, wovon fast die Hälfte erlassen wurde. An Schulden aus der Nachkriegszeit – darunter die Gelder der Marshall-Plan-Förderung – wurden 16 Milliarden DM festgelegt, von denen Bonn zuletzt nur sieben Milliarden zurückzahlen musste.

Schon 1952 hatten Verhandlungen über die Vermögenswerte von jüdischen Opfern des Nationalsozialismus zu einem Ergebnis geführt. Die Bundesrepublik und Israel unterzeichneten im September das *Luxemburger Abkommen*. Es sicherte Israel drei Milliarden DM in Sachwerten als Entschädigung zu. Gegenüber der **Jewish Claims**

Jewish Claims Conference: gegründet 1951 als Zusammenschluss von Verbänden, die jüdische Opfer des Nationalsozialismus in der Frage ihrer Entschädigung vertreten

* Hallstein-Doktrin: benannt nach Walter Hallstein (1901-1982), 1951-1957 Staatssekretär im Auswärtigen Amt, 1958-1967 Präsident der Kommission der Europäischen Wirtschaftsgemeinschaft (EWG) in Brüssel

Conference verpflichtete sich die Bundesregierung zur Zahlung von 450 Millionen DM. Die Regelungen wurden von der Regierung Adenauer als materielle Wiedergutmachung verstanden und als Zeichen, dass die Bundesrepublik die Verantwortung für den Holocaust übernahm.

Neues Sicherheitsdenken im Westen – deutsche Wiederbewaffnung

Die Bundesrepublik Deutschland besaß bei ihrer Gründung 1949 keine Streitkräfte. Eine Wiederbewaffnung hing von der Billigung durch die Westalliierten ab und stand wenige Jahre nach Kriegsende nicht zur Debatte. Der Korea-Krieg (1950-1953)* schuf eine neue Situation. Er führte die Gefahr einer sowjetischen Invasion Mittel- und Westeuropas vor Augen. Die USA machten ihren Verbleib in Europa als militärische Schutzmacht von der Bereitschaft der Europäer abhängig, ihre eigenen Rüstungsanstrengungen zu verstärken und auch die Bewaffnung der Bundesrepublik zu akzeptieren. Das war damals keineswegs populär, weder in der deutschen Bevölkerung noch bei den Nachbarn, insbesondere in Frankreich. Die französische Regierung schlug im Oktober 1950 eine europäische Armee unter einem französischen Oberkommandierenden vor, in der die deutschen Truppen voll integriert wären. Damit hoffte sie, den amerikanischen Forderungen zu entsprechen und zugleich Deutschland unter Kontrolle zu halten.

Bundeskanzler Adenauer sah die Chance, schneller als erwartet das Besatzungsregime zu beenden und eine militärische Sicherheitsgarantie der USA für die Bundesrepublik zu erwirken. Er war bereit, mit einer Wiederbewaffnung des Landes den militärischen Beitrag zu leisten, den die USA einforderten, um dadurch seinem Ziel näher zu kommen, die Bundesrepublik zu einem gleichberechtigten Mitglied der westlichen Gemeinschaft zu machen.

▲ **SED-Plakat gegen Adenauers Politik der Westintegration, 1951.**

■ *Benennen Sie die einzelnen Bildmotive und ihre Funktion.*

Stalins Angebot zur Wiedervereinigung Bis ins Frühjahr 1952 verhandelten Bonn und die Westmächte über ein Ende des Besatzungsregimes und die Aufnahme der Bundesrepublik in ein Militärbündnis. Als die Verträge kurz vor dem Abschluss standen, trat die Sowjetunion mit einem überraschenden Angebot auf.

In mehreren Noten vom März und April 1952 unterbreitete Stalin den Entwurf eines Friedensvertrages mit Deutschland, das als einheitlicher Staat wiederhergestellt werden und über nationale Streitkräfte verfügen sollte – Voraussetzung dafür war die Neutralität dieses Staates. Die Sowjetunion erklärte sich sogar bereit, über gesamtdeutsche Wahlen zu verhandeln, nicht aber, diese unter Aufsicht der UNO zuzulassen.

Deutschland vereint, aber ohne Bündnis und ohne Garantie einer demokratischen Verfassung? Die Westmächte lehnten ab, und Adenauer stimmte damit völlig überein. Er sah keine Alternative zur Westintegration, um die Freiheit und Stabilität der Bundesrepublik zu sichern (▸ M2). Da über das Angebot aus Moskau nicht weiter verhandelt wurde, hat man viel über dessen Ernsthaftigkeit und Motive spekuliert. Adenauer wie auch die Westmächte hielten die Stalin-Noten für ein Störfeuer, um die Einbeziehung der Bundesrepublik in das westliche Bündnis zu verhindern. Bis heute besteht kein einhelliges Urteil darüber, ob Stalin 1952 nur „geblufft" hat oder eine Wiedervereinigung tatsächlich möglich gewesen wäre (▸ M3).

* Siehe S. 184.

Die Pariser Verträge – das Ende der Besatzungszeit Am 26. Mai 1952 wurde in Bonn der „Vertrag über die Beziehungen zwischen der Bundesrepublik Deutschland und den Drei Mächten" (*Deutschlandvertrag*) unterzeichnet, der das Besatzungsregime in Westdeutschland beenden sollte. Ebenso kam in Paris der Vertrag über eine Europäische Verteidigungsgemeinschaft (*EVG-Vertrag*) zum Abschluss. Als Reaktion hierauf riegelten die DDR-Sicherheitskräfte auf Weisung Moskaus noch am selben Tag die Grenze nach Westdeutschland ab. Das Abkommen sah einen Verbund der Streitkräfte Frankreichs, Italiens, der Beneluxstaaten und der neu bewaffneten Bundesrepublik vor. Es wurde sowohl in der Bundesrepublik als auch in Frankreich heftig debattiert.

Adenauers Sieg bei den Bundestagswahlen vom 6. September 1953 wurde als eine Bestätigung seiner Westpolitik gewertet. Ein Jahr später allerdings schien alles wieder offen zu sein, als die französische Nationalversammlung am 30. August 1954 den EVG-Vertrag ablehnte. Einen Ausweg fand jedoch der britische Außenminister *Robert Anthony Eden*. Auf seine Initiative wurde der Brüsseler Beistandspakt, den Großbritannien, Frankreich und die Beneluxstaaten am 17. März 1948 geschlossen hatten, durch den Beitritt der Bundesrepublik und Italiens zu einer *Westeuropäischen Union* (WEU) erweitert. Die WEU stellte vor allem eine gegenüber der Bundesrepublik wirksame Rüstungskontrolleinrichtung dar, was den Interessen Frankreichs entsprach. Gleichzeitig wurde die Bundesrepublik in die NATO aufgenommen. Die beteiligten Mächte – Frankreich, Großbritannien, USA, Beneluxstaaten, Italien, Bundesrepublik, Kanada – einigten sich im September/Oktober 1954 in den *Pariser Verträgen* auf diese Vereinbarungen, nachdem die Bundesrepublik ihren Verzicht auf die Herstellung von atomaren, bakteriellen und chemischen Waffen erklärt hatte (▸ M4).

Das Ende des Besatzungsregimes wurde in einer für die deutsche Seite verbesserten Fassung des Deutschlandvertrages festgelegt. Die Westmächte erklärten sich bereit, „mit friedlichen Mitteln ihr gemeinsames Ziel zu verwirklichen: ein wiedervereinigtes Deutschland, das eine freiheitlich-demokratische Verfassung, ähnlich wie die Bundesrepublik, besitzt und das in die europäische Gemeinschaft integriert ist". Die Übereinkunft blieb die bis 1990 gültig und wurde schließlich im Zuge der Wiedervereinigung Deutschlands auch verwirklicht. Bonn und Paris einigten sich auch über eine Internationalisierung des Saarlandes, das unter die Kontrolle der WEU gestellt werden sollte, bei enger wirtschaftlicher Anbindung an Frankreich (*Saarstatut*). In einer Volksabstimmung lehnte eine übergroße Mehrheit das Saarstatut ab. Frankreich willigte nun in den Beitritt des Saarlandes zur Bundesrepublik ein, der am 1. Januar 1957 vollzogen wurde. Das war die erste „kleine" Wiedervereinigung in Deutschland.

▲ Plakat für die in die NATO integrierte Bundeswehr.
Herausgeber: Presse- und Informationsamt der Bundesregierung, um 1956.

Blockbildung Begleitet von heftigen parteipolitischen Auseinandersetzungen und Demonstrationen von SPD, Gewerkschaften und Kreisen der evangelischen Kirche gegen die Schaffung einer „Bundeswehr" stimmte der Bundestag Ende Februar 1955 mit der Mehrheit der Regierungsparteien den Pariser Verträgen zu. Sie traten am 5. Mai 1955 in Kraft. Vier Tage später trat die Bundesrepublik als 15. Mitglied der NATO bei. Das war eine der zentralen Weichenstellungen der Nachkriegszeit.

Als gleichberechtigter Partner des westlichen Verteidigungsbündnisses hatte die Bundesrepublik – zehn Jahre nach Kriegsende – den Status eines souveränen Landes unter gewissen Vorbehalten erreicht. Diese betrafen die alliierten Sonderrechte für ihre Truppen in Westdeutschland, Befugnisse für den Fall eines inneren Notstandes, die Rechte der Westmächte hinsichtlich Berlins sowie für „Deutschland als Ganzes" bei einem späteren Friedensvertrag.

Fortan garantierte die NATO die Sicherheit für Westdeutschland und gleichzeitig die Sicherheit *vor* Deutschland. Das amerikanische Konzept einer „doppelten Eindämmung" – Abwehr des sowjetischen Hegemonialstrebens, Einbindung der (West-)Deutschen in die westliche Staatengemeinschaft – war aufgegangen. Adenauer sah darin die Voraussetzung für das langfristige Ziel einer Wiedervereinigung, seine politischen Gegner sprachen hingegen von einer Festschreibung der deutschen Teilung. Sie schienen zunächst auch Recht zu behalten.

Die Blockbildung in Europa und Deutschland fand ihr vorläufiges Ende mit der Gründung der Warschauer Vertragsorganisation am 14. Mai 1955, zu deren Unterzeichnerstaaten auch die DDR gehörte. Bereits Anfang 1956 wurde sie mit der „Nationalen Volksarmee" (NVA) militärischer Teil des sowjetisch beherrschten Ostblocks.

Mit der Herausbildung eines militärischen Gleichgewichts zwischen den beiden atomaren Supermächten seit Mitte der Fünfzigerjahre verfestigte sich der Status quo in Europa und somit auch im geteilten Deutschland. Bundeskanzler Adenauer legte den Akzent seiner Außenpolitik auf die Stärkung der westlichen Staatengemeinschaft und die Aussöhnung mit Frankreich. Diesem Ziel dienten die Gründung der Europäischen Wirtschaftsgemeinschaft (EWG) 1957 und der enge Schulterschluss mit dem französischen Staatspräsidenten **Charles de Gaulle**, der seinen Höhepunkt im deutsch-französischen Freundschaftsvertrag von 1963 fand.

Charles de Gaulle (1890-1970): französischer General im Zweiten Weltkrieg; 1944-1946 Chef der Regierung des befreiten Frankreich. Entwirft 1958 als Ministerpräsident eine neue Verfassung (Fünfte Republik), die dem Präsidenten eine große Machtfülle verleiht und die in einer Volksabstimmung angenommen wird. 1959-1969 französischer Staatspräsident.

Die akzeptierte Demokratie Anders als die Weimarer Republik entwickelte sich die Bundesrepublik zu einem politisch stabilen Staat. Vor allem das „Wirtschaftswunder", der Aufbau des Sozialstaates* und die Handlungsfähigkeit der Regierungen festigten die Bonner Demokratie.

1949 war die Gefahr einer politischen Radikalisierung der Bevölkerung angesichts ungesicherter wirtschaftlicher Verhältnisse, Arbeitslosigkeit, sozialer Not und eines nicht geringen Potenzials politisch Unbelehrbarer noch durchaus gegeben. Als die Besatzungsmächte Anfang 1950 den Lizenzzwang für politische Parteien aufhoben, entstanden in kurzer Zeit rund 30 neue, zumeist nationale und rechtsextremistische Parteien.

Nach der zweiten Bundestagswahl 1953 setzte eine Entwicklung ein, die bis Anfang der Achtzigerjahre kennzeichnend für das Parteiensystem der Bundesrepublik und die Mehrheitsverhältnisse im Bundestag blieb: Die Zahl der im Bundestag vertretenen Parteien sank stark ab, und die Stimmen für die beiden großen Gruppierungen – Unionsparteien und Sozialdemokratie – nahmen zu. CDU/CSU, SPD und FDP waren und blieben die bestimmenden politischen Parteien.

Willy Brandt (vormals Ernst Karl Frahm) (1913-1992): Sozialdemokrat, 1933-1945 emigriert. 1957-1966 Regierender Bürgermeister von Berlin (West). 1964-1987 Vorsitzender der SPD. 1969-1974 Bundeskanzler. Erhielt 1971 den Friedensnobelpreis.

Herausbildung der Volksparteien Mit den Wahlerfolgen Adenauers bildete sich ein neuer Parteientypus heraus – die Volkspartei. Die CDU (und in Bayern die CSU) entwickelte sich zu einer bürgerlichen Sammlungsbewegung, die für alle großen sozialen Gruppen und Schichten wählbar war.

Nach empfindlichen Wahlniederlagen in den 1950er-Jahren wandelte sich auch die SPD zu einer modernen Volkspartei. Die Wähler hatten ihre Opposition gegen die Außen- und Wirtschaftspolitik der Regierung Adenauer nicht belohnt. Sozialdemokratische Reformer wie **Willy Brandt** und **Herbert Wehner** setzten einen Kurswechsel durch. Das Ergebnis war ein neues Parteiprogramm, das das *Godesberger Programm* von 1959, das das Heidelberger Programm von 1925 ablöste. An die Stelle klassenkämpfe-

Herbert Wehner (1906-1990): Mitglied der KPD in der Weimarer Republik, 1935 emigriert. 1969-1983 Vorsitzender der SPD-Fraktion im Bundestag.

* Siehe S. 246 f.

▲ **Wahlplakate zur Bundestagswahl 1953.**
Erich Ollenhauer wurde nach dem Tod Kurt Schumachers 1952 SPD-Vorsitzender und war 1953 der Kanzlerkandidat seiner Partei.

rischer Ziele traten die Grundwerte Freiheit, Gerechtigkeit und Solidarität. Die SPD bekannte sich nun zur Politik der Westintegration und zur Sozialen Marktwirtschaft. Als gemäßigt linke, reformistische Volkspartei vertrat sie nicht mehr nur die Interessen der Arbeiter, sondern öffnete sich neuen Wählerschichten.

Der scharfe Gegensatz zwischen Unionsparteien und SPD verschwand, Koalitionen zwischen ihnen wurden denkbar. Allein die FDP konnte sich zwischen beiden Großparteien als „dritte Kraft" behaupten, getragen von ihrer Klientel aus Akademikern und Selbstständigen. In den Jahren 1949 bis 1956 und 1961 bis 1966 war die FDP als Partner der Union an der Regierung beteiligt.

Politisches Klima im Zeichen des Antikommunismus Unter Politikern und Bürgern war das Gefühl verbreitet, vom Sowjetkommunismus bedroht zu sein. Begründet war diese Einstellung zum einen in der erfolgreichen jahrelangen Propaganda der Nationalsozialisten vom „bolschewistischen Untermenschen". Hinzu kamen die Erfahrungen des Kriegsendes und der Nachkriegszeit: Plünderung und Vergewaltigung, Flucht und Vertreibung, Gefangenschaft in der Sowjetunion, sowjetische Reparationspolitik und die Unterdrückung durch die SED. Der Antikommunismus verband die meisten Parteien und gesellschaftlichen Gruppen in der Bundesrepublik und war auch im westlichen Ausland weit verbreitet. Er diente als Integrationsideologie für die noch kaum gefestigte Demokratie in Westdeutschland.

Von diesem Grundkonsens ausgenommen blieb die westdeutsche KPD. Sie war der verlängerte Arm der SED, von der sie weitgehend finanziert und gelenkt wurde. Obwohl zahlenmäßig unbedeutend, galt sie als eine Gefahr für die demokratische Ordnung. Deshalb ging die Bundesregierung gegen Kommunisten im öffentlichen Dienst vor; verschiedene der KPD nahe stehende Organisationen wurden für verfassungswidrig erklärt, ihre Mitglieder mit Billigung der Arbeitsgerichte aus dem öffentlichen Dienst entlassen, bis die Partei 1956 vom Bundesverfassungsgericht verboten wurde. Das Bundesverfassungsgericht hatte als erste Partei bereits 1952 die Sozialistische Reichspartei (SRP) als Nachfolgerin der NSDAP verboten.

Der Sozialstaat schafft Stabilität Als ein wichtiger Stützpfeiler der jungen Demokratie erwies sich ihre erfolgreiche Sozialpolitik. Das Sozialstaatsgebot des Grundgesetzes (Artikel 20, Absatz 1) legte den Staat auf eine Politik der sozialen Gerechtigkeit und sozialen Sicherheit fest. Die Freiheitsrechte des Menschen als Kernbestand der neuen Verfassung sollten auch für die sozial und wirtschaftlich Schwachen verwirklicht werden. Denn die Not weiter Teile der Bevölkerung am Ende der Weimarer Republik und deren Anfälligkeit für radikale Parteien waren noch in lebhafter Erinnerung. Ohne sozialen Frieden im Land würde der politische und wirtschaftliche Wiederaufbau nicht gelingen, die Demokratie keine Wurzeln schlagen – darin waren sich alle einig.

Zunächst ging es um die Bewältigung der unmittelbaren Kriegsfolgen. Es gelang in kurzer Zeit, diese außergewöhnliche Herausforderung rechtlich und materiell zu bewältigen. Auf die Kriegsopferversorgung (1950) für 4,5 Millionen Menschen folgten gesetzliche Maßnahmen zum Schutz und zur beruflichen Wiedereingliederung von Schwerbeschädigten (1953) und umfangreiche Hilfen für Vertriebene (Bundesvertriebenengesetz, 1953). Das Gesetz über den Lastenausgleich von 1952 gewährte Flüchtlingen und Vertriebenen aus den deutschen Ostgebieten und der SBZ Finanzhilfe zum Ausgleich ihrer Schäden und Verluste.

Für die vom NS-Regime in Deutschland aus rassischen, politischen und religiösen Gründen Verfolgten sah das Bundesentschädigungsgesetz (1953) Wiedergutmachungsleistungen in Form von Renten, Beihilfen u.Ä. vor (Gesamtaufwand bis 1999 umgerechnet etwa 53 Mrd. Euro). Auch die staatliche Förderung des Wohnungsbaus trug entscheidend dazu bei, die Not der Nachkriegszeit zu überwinden. Bis 1961 wurden sechs Millionen neue Wohnungen gebaut. Der Bauboom setzte sich bis Anfang der 1970er-Jahre fort.

Eine der wichtigsten sozialpolitischen Neuerungen der Nachkriegszeit brachte die **Rentenreform** von 1957. Die Renten wurden durchschnittlich um 60 Prozent erhöht und – das war neu – jährlich an die allgemeine Lohnentwicklung angepasst („dynamisiert"). Erstmals wurde der Zirkel von Alter und Armut durchbrochen.

Rentenreform: Grundprinzip der bundesdeutschen Rentenversicherung ist das Umlageverfahren, bei dem die ausgezahlten Renten durch die Beiträge von Arbeitgebern und Arbeitnehmern finanziert werden. Aus diesem Grund ist die Rede von einem „Generationenvertrag".

Das bundesdeutsche „Wirtschaftswunder" Die Grundlage aller staatlichen Sozialleistungen war der unerwartet rasche wirtschaftliche Aufstieg (▸ M5). Das reale Bruttosozialprodukt nahm in den Fünfzigerjahren jährlich um acht Prozent zu, zwischen 1950 und 1970 verdreifachte es sich nahezu. Entsprechend wuchs das verfügbare Einkommen der Arbeitnehmer. Ab 1959 herrschte Vollbeschäftigung, ausländische Arbeitnehmer (damals „Gastarbeiter" genannt) wurden angeworben. Als geistiger Vater und Repräsentant des „Wirtschaftswunders" galt Wirtschaftsminister Ludwig Erhard. Der Erfolg seines Konzepts der „Sozialen Marktwirtschaft" war spätestens 1952 unübersehbar.
Der Aufschwung führte zu anhaltender Vollbeschäftigung und wachsendem Wohlstand. Die Entwicklung profitierte von mehreren Faktoren:

- Es gab genügend qualifizierte und motivierte Arbeitskräfte.
- Die Kriegsschäden waren geringer als befürchtet. Die Industrie konnte von einer gut ausgebauten Infrastruktur (Maschinen und Fabrikanlagen) ausgehen, die sich rasch modernisieren ließ.
- Dabei half auch eine zunächst bewusst zurückhaltende Tarifpolitik* der Gewerkschaften: Sie versetzte die Unternehmen in die Lage, ihre Gewinne für Investitionen zu verwenden (Selbstfinanzierung).
- Wegen des Wiederaufbaus gab es eine gewaltige Nachfrage nach Konsum- und Investitionsgütern aller Art sowie nach Wohnungen.
- In Engpasssektoren (Wohnungen, Grundnahrungsmittel und Energie) wurde die staatliche Verwaltungswirtschaft noch eine Zeitlang beibehalten, bis sich die Märkte normalisiert hatten.
- Der Güteraustausch mit Amerika erlaubte die Einfuhr moderner Technologie.
- Durch den Krieg in Korea 1950-1953 verlagerten die USA und viele westliche Industrien ihre Produktion auf Rüstungsgüter. Auf dem Weltmarkt entstand eine „Angebotslücke", die die bundesdeutsche Wirtschaft ausfüllte. Maschinen, Fahrzeuge, elektrische und chemische Erzeugnisse „made in Western Germany" fanden großen Absatz und machten die Bundesrepublik seither zur *Exportnation*.
- Seit 1957 sorgte die von Weisungen der Bundesregierung unabhängige Deutsche Bundesbank für die Stabilität einer „harten" D-Mark.
- Ab 1958 erfuhr der deutsche Außenhandel einen weiteren Impuls durch die Europäische Wirtschaftsgemeinschaft.
- Nicht zu unterschätzen ist die damalige Grundstimmung in der Bevölkerung, bei der Zukunftsvertrauen, Überlebenswille und die Sehnsucht nach Normalität vorherrschten.

▲ **„Erhard hält, was er verspricht."**
Plakat von 1957.
Im Bundestagswahlkampf 1957 setzt die CDU auf die Erfolge des Wirtschaftsministers Ludwig Erhard, „Vater des Wirtschaftswunders".

* Löhne und Arbeitsbedingungen werden von Arbeitgeber- und Arbeitnehmerverbänden vereinbart, ohne dass sich der Staat einmischt (Tarifautonomie).

▲ **„Samstags gehört Vati mir."** *Plakat des DGB zum 1. Mai 1956.*

Von der Arbeits- zur Konsumgesellschaft Insgesamt wurde die Verbesserung der Lebensverhältnisse für die Masse der Bundesbürger erst gegen Ende der 1950er-Jahre spürbar. Der Aufschwung führte zunächst zu einem Anstieg der Arbeitszeiten. Bis Mitte des Jahrzehnts lag die durchschnittliche Wochenarbeitszeit in der Industrie bei über 49 Stunden an sechs Werktagen. Der Samstag wurde erstmals 1956 für die Metallarbeiter zum arbeitsfreien Tag, der Jahresurlaub betrug zwei bis drei Wochen. Bis Ende der 1950er-Jahre sank die Wochenarbeitszeit für Arbeiter wie Angestellte auf rund 44 Stunden. Unternehmer und Freiberufler konnten den Wohlstand wesentlich früher genießen als Arbeiter und Angestellte. Die Not der Kriegs- und unmittelbaren Nachkriegszeit blieb zwar noch in Erinnerung, wurde aber von einem grundsätzlichen Optimismus und Fortschrittsglauben abgelöst. Immer mehr Bedürfnisse konnten durch den Aufschwung befriedigt werden. Auf die „Fresswelle" der Anfangsjahre (Lebensmittel waren seit Beginn der 1950er-Jahre ausreichend vorhanden) folgte die „Kaufwelle" (deutsche Haushalte statteten sich mit langlebigen Gebrauchsgütern und Möbeln aus), die „Reisewelle" (Italien wurde zum Traumland der Deutschen) und schließlich die „Motorisierungswelle" (▸ M6).

Bei den Einkommen und Vermögen kam es freilich nicht zu einer Angleichung zwischen den gesellschaftlichen Gruppen. Selbstständige verdienten drei Mal so viel wie ein Arbeitnehmer. Mitte der 1960er-Jahre besaßen 1,7 Prozent der Bundesbürger 74 Prozent des Produktivvermögens (Unternehmen, Aktien). Dagegen glichen sich die Lebensstile immer weiter an: Angehörige aller Schichten nahmen am allgemeinen Massenkonsum teil, besaßen ein eigenes Auto und unternahmen Urlaubsreisen.

Die wirtschaftliche Blüte hielt bis zur Mitte der 1960er-Jahre unverändert an. In der Bevölkerung war man stolz auf den erreichten materiellen Status. Das Ziel eines „Wohlstands für alle" schien Realität zu werden.

Kurt Georg Kiesinger (1904-1988): im „Dritten Reich" Mitarbeiter des Auswärtigen Amtes und NSDAP-Mitglied; 1958-1966 Ministerpräsident von Baden-Württemberg, 1966-1969 Bundeskanzler

Franz Josef Strauß (1915-1988): Mitbegründer der CSU, 1956-1962 Verteidigungsminister, 1961-1988 CSU-Vorsitzender, 1966-1969 Bundesfinanzminister; 1978-1988 bayerischer Ministerpräsident

Die Große Koalition 1966-1969 Im Oktober 1963 trat der 87-jährige Gründungskanzler der Bundesrepublik zurück. Auf Adenauer folgte dessen populärer Wirtschaftsminister Ludwig Erhard als Regierungschef. Seine eher glücklose Amtszeit endete bereits im November 1966, als eine erste, vergleichsweise harmlose Wirtschaftsrezession kurzfristig die Arbeitslosigkeit ansteigen ließ. Sie bescherte der neu gegründeten rechtsradikalen Nationaldemokratischen Partei Deutschlands (NPD) in Hessen und Bayern kräftige Stimmengewinne.

Eine Große Koalition aus Unionsparteien und SPD bildete die neue Regierung unter Bundeskanzler **Kurt Georg Kiesinger** von der CDU und dem Parteichef der SPD, Willy Brandt, als Außenminister. Den 447 Abgeordneten des Regierungslagers stand im Deutschen Bundestag eine extrem kleine Opposition von 47 Abgeordneten der FDP gegenüber. Für zukunftsweisende Weichenstellungen in der Finanz- und Wirtschaftspolitik sorgten Finanzminister **Franz Josef Strauß** (CSU) und Wirtschaftsminister *Karl Schiller* (SPD). Vor allem mit dem Gesetz zur Förderung der Stabilität und des Wachstums der Wirtschaft (*Stabilitätsgesetz*) von 1967 wurden dem Staat Steuerungsaufgaben für die Sicherung von wirtschaftlichem Wachstum, Preisstabilität, Vollbeschäftigung und Gleichgewicht im Außenhandel („magisches Viereck") zugewiesen. Staatliche Konjunkturprogramme sollten bei wirtschaftlichen Abschwüngen die Nachfrage nach Gütern und Dienstleistungen sichern.

Ab 1967 setzte ein „Aufschwung nach Maß" (Schiller) ein: 1969 herrschte wieder Vollbeschäftigung, die Zahl der ausländischen Arbeitskräfte erreichte die Rekordmarke von 1,5 Millionen Menschen. Das Bruttosozialprodukt wuchs um 8,2 Prozent, die Inflationsrate sank, und in der Bevölkerung verbreitete sich wieder Zuversicht.

Beginn der Bildungsreformen Der Konjunktureinbruch 1966/67 war nicht das einzige Anzeichen gewesen, das Politiker und Bevölkerung alarmiert hatte, weil das erreichte Wohlstandsgefüge bedroht schien. Seit Beginn der 1960er-Jahre warnten Experten vor den völlig überholten Zuständen im bundesdeutschen Bildungswesen. Nach einer Studie der **OECD** von 1966 rangierte die Bundesrepublik weit hinter allen westlichen Industrieländern, was den Zugang von Mädchen sowie Kindern aus ärmeren Schichten zu weiterführenden Schulen und zum Hochschulstudium betraf. Dieser Missstand führe, so mahnten Kritiker, zu Fachkräftemangel und einer Senkung des Bildungsniveaus der nachwachsenden Generation.

Beibehalten wurde das dreigliedrige Schulsystem aus Grund- und Hauptschule, Realschule und Gymnasium, das noch aus der Weimarer Republik stammte. Einschneidende Änderungen brachte die Bildungsreform Mitte der 1960er-Jahre. 1964 wurden die ländlichen „Zwergschulen" abgeschafft, die alle Grundschüler in einem Klassenverband unterrichteten. Nach und nach verschwanden auch die Konfessionsschulen; sie wurden durch gemischtkonfessionelle Schulen ersetzt, in denen nur noch der Religionsunterricht getrennt war. Auch die Koedukation (gemeinsamer Unterricht für Mädchen und Jungen) wurde allgemein üblich. Ähnlich drängend war die Lage an den Hochschulen, wo die Zahl der Studierenden unaufhaltsam stieg. In den 1960er-Jahren begannen in allen Bundesländern der Bau neuer Hochschulen und die Vergrößerung des Lehrangebotes.

1968 beschlossen die Bundesländer, alle Fachschulen und Ingenieurschulen zu Fachhochschulen (FH) aufzuwerten. Der Bundestag ergänzte 1969 das Grundgesetz, wonach Bund und Länder künftig bei „Gemeinschaftsausgaben" zusammenwirken konnten. Bund und Länder investierten nun gemeinsam in Bildung und Forschung. Die Reformanstrengungen wurden in den 1970er-Jahren unvermindert fortgesetzt.

OECD (Organization of Economic Cooperation and Development): Organisation für wirtschaftliche Zusammenarbeit und Entwicklung; koordiniert weltweit Wirtschaftsbeziehungen und berät zu Wirtschaft und Bildung

Notstandsgesetze und Außerparlamentarische Opposition Zu den zentralen innenpolitischen Fragen gehörte in den 1960-Jahren auch die Debatte über **Notstandsgesetze**. Die Befürworter argumentierten, ohne Notstandsgesetze gebe es keine Regeln für den Krisenfall, vielmehr würden die Kontrollrechte der Alliierten weiter gelten. Die Gegner fürchteten eine Aushöhlung der bürgerlichen Freiheiten (▸ M7).

Jahrelang hatte der Bundestag debattiert, ohne dass die erforderliche Zweidrittelmehrheit zur Änderung des Grundgesetzes zustande kam. Mit den Stimmen der Großen Koalition seit 1966 schien der Weg endlich frei für eine Verabschiedung. Nun verlagerte sich der Streit außerhalb des Bundestages. Intellektuelle, Studenten und Teile der Gewerkschaften bildeten landesweit eine *„Außerparlamentarische Opposition"* (APO). Sie protestierten gegen die geplanten Notstandsgesetze sowie gegen das Übergewicht der Großen Koalition im Bundestag. Ihrer Meinung nach gab es keine ausreichende demokratische Kontrolle der Regierung.

Die Proteste der APO standen in engem Zusammenhang mit den damaligen Studentenunruhen. Im Mai 1968 verabschiedete der Bundestag die Notstandsgesetze. Die Regierungsparteien hatten sich durchgesetzt, doch der Vorwurf mangelnden Dialogs zwischen Politik und Bevölkerung blieb bestehen.

Notstandsgesetze: Sie sollten im Falle eines inneren und äußeren Notstandes die Handlungsfähigkeit der Regierung sichern, indem sie die Einschränkung von Grundrechten erlaubten, darunter das Brief-, Post- und Fernmeldegeheimnis sowie die Unverletzbarkeit der Wohnung.

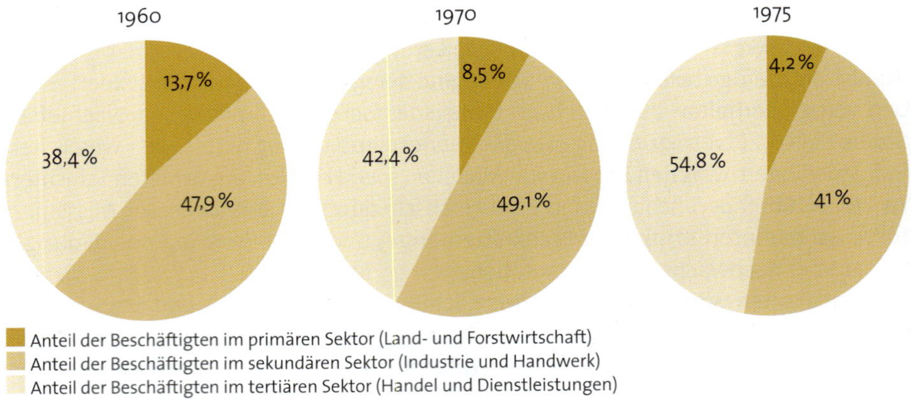

▸ **Strukturwandel der bundesdeutschen Wirtschaft.**
Nach: Axel Schildt, Die Sozialgeschichte der alten Bundesrepublik Deutschland bis 1989/90, München 2007, S. 19 und 56

Die Bundesrepublik Ende der 1960er-Jahre Die Große Koalition hatte die kurzzeitig einbrechende Wirtschaftskonjunktur erneut ankurbeln können. Der Wohlstand schien wieder gesichert. Das Wachstum hatte inzwischen die Wirtschaftsstruktur in Westdeutschland verändert. Die Landwirtschaft schrumpfte immer mehr, während zunächst Industrie und Handwerk zunahmen, ehe auch der Dienstleistungssektor anstieg und seit Mitte der 1970er-Jahre den größten Anteil der Volkswirtschaft ausmachte. Dieser *Strukturwandel* hatte sich bereits vor dem Zweiten Weltkrieg angekündigt und fand parallel in den westlichen Ländern statt. In Westdeutschland wurde er so vollzogen, dass es so gut wie keine Verlierer gab. Dafür sorgten Vollbeschäftigung, steigende Löhne, öffentliche Fördermaßnahmen und die Hilfen des Sozialstaates. Die Bundesrepublik schaffte – auf einem in der deutschen Geschichte bis dahin nicht erreichten Wohlstandsniveau – den Übergang in die *postindustrialisierte Gesellschaft*.

Die erfolgreiche Wirtschaftspolitik sorgte ebenso dafür, dass extremistischen Parteien der Boden entzogen wurde. Die Nationaldemokratische Partei (NPD) erreichte kurzzeitig Erfolge, etwa im April 1968 mit 9,8 Prozent bei Landtagswahlen in Baden-Württemberg. Mit nationalistischen, demokratie- und europafeindlichen Schlagworten sowie mit Kritik an der „Bewältigung" der NS-Vergangenheit (Auschwitz-Prozess 1960-1963 in Frankfurt am Main, Debatten im Bundestag über die Nichtverjährung von NS-Verbrechen 1965 und 1969) sprach die NPD Unzufriedene und Unbelehrbare an. Bei den Bundestagswahlen 1969 verfehlte sie jedoch den Einzug ins Parlament und verschwand einstweilen von der politischen Bildfläche. Daneben trat mit der 1968 neu gegründeten Deutschen Kommunistischen Partei (DKP) wieder eine linksextreme Partei in Erscheinung. Sie kam jedoch über den Status einer kleinen Splitterpartei nicht hinaus.

Die Regierung Kiesinger/Brandt führte auch umfangreiche Justizreformen durch – so wurden Ehebruch sowie Homosexualität nicht mehr unter Strafe gestellt und außereheliche Kinder den ehelichen rechtlich gleichgestellt.

Trotz vieler Reformen und Erfolge war das Bündnis zwischen Union und SPD zuletzt immer weniger populär, vor allem bei jüngeren Menschen. Sie vermissten die Mitsprache in der Politik und stellten ganz allgemein den Materialismus und die Selbstzufriedenheit der eigenen Gesellschaft infrage.

Die 68er-Bewegung Während die Mehrheit der Bevölkerung den wachsenden Wohlstand genoss, formierte sich in der westlichen Welt aus überwiegend studentischen Gruppen eine Protestbewegung gegen die Zustände in Staat und Gesellschaft. Vorbild war das Aufbegehren von Studenten in den USA gegen gesellschaftliche Missstände (Armut, Benachteiligung der schwarzen Bevölkerung) und den Vietnam-Krieg*. Hinzu kamen die Ablehnung der überkommenen Werte der Elterngeneration, Skepsis gegen die Industriegesellschaft und die Suche nach neuen Lebensstilen.

Leitbild der „Neuen Linken" waren die Politisierung und Demokratisierung aller Lebensbereiche und die Utopie von der herrschaftsfreien Gesellschaft, in der es keine Klassengegensätze und keine Ausbeutung mehr geben, in der Selbstbestimmung statt „Fremdbestimmung" herrschen sollte.

Die Protestbewegung der studentischen Jugend erfasste alle westlichen Länder. Besonders heftige Unruhen brachen in Frankreich im Mai 1968 aus. Dort protestierten die Studenten gegen die überfüllten Universitäten und die Staatsführung unter Präsident de Gaulle, errichteten Barrikaden und lieferten sich Straßenschlachten mit der Polizei. Im Gegensatz zu den USA oder der Bundesrepublik sympathisierten weite Kreise der Bevölkerung mit den rebellierenden Studenten.

▲ **Demonstration in West-Berlin.**
Foto (Ausschnitt) vom 18. Februar 1968. Mit Plakaten und Postern ihrer Vorbilder protestierten die Studenten 1968 gegen den Krieg in Vietnam. Die Porträts zeigen (von links nach rechts) den nordvietnamesischen Revolutionsführer Ho Chi Minh, die sozialistische Politikerin und Theoretikerin Rosa Luxemburg, den kubanischen Revolutionär Che Guevara und den Begründer des Sowjetkommunismus Lenin.

Jugendproteste ganz anderer Art gab es damals in der kommunistisch beherrschten Tschechoslowakei. In den Zielen der Reformkommunisten um Alexander Dubček sahen viele den „Frühling" einer Entwicklung hin zu Meinungsfreiheit und politischer Liberalisierung. Der Einmarsch von Streitkräften der Warschauer Vertragsorganisation im August 1968 begrub diese Hoffnungen jedoch umgehend.

In der Bundesrepublik blieb die Kritik an der bestehenden Gesellschaftsordnung zunächst auf universitäre Zirkel in West-Berlin und Frankfurt am Main begrenzt. Der Sozialistische Deutsche Studentenbund (SDS), von dem sich die SPD bereits 1960 getrennt hatte, bildete mit seinem Wortführer **Rudi Dutschke** zugleich den Kern der Außerparlamentarischen Opposition (APO).

Mit den Mitteln der Provokation und des spielerischen, geistreichen Protestes („sit-ins") stellte die Studentenbewegung zunächst die autoritären Strukturen an den Universitäten bloß. Bald verlagerte sich der zunehmend **neomarxistisch** beeinflusste Protest auch auf die Straße. Unterschiedliche Forderungen wurden laut:

- die Beendigung des Vietnam-Krieges,
- Widerstand gegen die Notstandsgesetzgebung der Großen Koalition,
- eine Reform der akademischen Ausbildung (mehr Studienplätze, mehr Mitsprache der Studierenden),
- ein offener Dialog mit der Generation der Eltern und Großeltern über die NS-Vergangenheit,
- Abschaffung des westlichen Gesellschaftssystems mit seiner angeblichen Verbindung von Imperialismus und Kapitalismus.

Die „Kinder des Wirtschaftswunders" wandten sich gegen das einseitige, unkritische Konsumdenken der Gesellschaft. Teile der Studentenschaft radikalisierten sich dabei so stark, dass sie die bestehende Gesellschaft grundsätzlich ablehnten und die „kapitalistischen Verhältnisse" durch „sozialistische" ersetzen wollten – notfalls mithilfe einer Revolution.

Rudi Dutschke (1940-1979): Soziologe, Führungsfigur der APO sowie der Studentenbewegung in der Bundesrepublik. Starb an den Spätfolgen eines 1968 auf ihn verübten Anschlages.

Neomarxismus: Sammelbegriff für alle kommunistischen Denkrichtungen, die vom Marxismus-Leninismus abweichen; hier: Weltanschauung, die den Kommunismus nicht durch die Arbeiterklasse, sondern durch Intellektuelle und Studenten aller Länder verwirklicht sehen will

* Siehe S. 186 f.

Mohammad Reza Pahlavi (1919-1980): persischer Schah von 1941 bis 1979, dessen autoritäres Regime sich auf den Geheimdienst und das Militär stützte. 1979 wurde der Schah von Rebellen um Ayatollah Khomeini (1902-1989) gestürzt. An die Stelle der Monarchie trat die Islamische Republik Iran.

Als Anfang Juni 1967 in Berlin bei einer Demonstration gegen Schah **Mohammad Reza Pahlavi** von Persien der Student *Benno Ohnesorg* von einem Polizisten erschossen wurde, kam es bundesweit zu gewaltsamen Ausschreitungen. Zeitungsredaktionen des konservativen Springer Verlages, der unaufhörlich gegen die Demonstranten hetzte, wurden belagert („Enteignet Springer"), Kaufhäuser in Brand gesetzt. Ihren Höhepunkt erreichten die Unruhen im April 1968 nach dem Mordanschlag eines Einzeltäters auf Rudi Dutschke in Berlin. Dutschke überlebte schwer verletzt, doch die Gewalt löste eine Welle von Demonstrationen in allen größeren Städten der Bundesrepublik aus. Insgesamt gab es über 400 Verletzte und zwei Tote.

Mit dem Ende der Großen Koalition nach den Bundestagswahlen 1969 zerfiel auch die APO. Ein großer Teil ihrer jugendlichen Anhänger fand eine politische Heimat in der SPD. Der harte Kern der Aktivisten spaltete sich in verschiedene linksradikale Gruppen und einen terroristischen Flügel, die *„Rote Armee Fraktion"* (RAF). Was blieb, war die Hoffnung, in einem „langen Marsch durch die Institutionen" in ferner Zukunft „das System zu überwinden". Neben den politischen Aktionen propagierten die verschiedenen Gruppen der Protestbewegung neue Lebensformen, die der bürgerlichen Moralvorstellung widersprachen. Wohngemeinschaften entstanden, die „repressive Sexualmoral" der Gesellschaft wurde kritisiert und Freizügigkeit proklamiert, ein Jugendlichkeitskult machte sich breit und prägte die Kleidung und das Auftreten weiter Teile der Bevölkerung. Eine antiautoritäre Erziehung der Kinder sollte die Gesellschaft zum Besseren hin verändern.

Die „68er-Bewegung", wie sie später genannt wurde, politisierte die bundesdeutsche Gesellschaft und prägte die Einstellungen und Wertüberzeugungen einer ganzen Generation. Selbstbestimmung, Selbstverwirklichung und Kritik an einer normierten Form der Lebensgestaltung waren Ziele und Schlagworte, die jenseits aller politischen Standpunkte das Lebensgefühl bestimmten. Eine Revolution des Lebensstils hatte stattgefunden, freilich auf der Grundlage gesicherter wirtschaftlicher und sozialer Verhältnisse.

▲ **„Emma."**
Titelbild der ersten Ausgabe vom Januar/Februar 1977.

Emanzipation und Frauenbewegung In den 1960er-Jahren begann sich auch die Emanzipationsbewegung zu formieren. Sie hatte das Ziel, die Gleichberechtigung der Geschlechter in Arbeitswelt und Alltag durchzusetzen und damit die Abhängigkeiten und Benachteiligungen von Frauen zu beenden. Dieser Prozess vollzog sich auf mehreren Ebenen:

- Das Grundgesetz von 1949 garantierte Frauen und Männern gleiche Rechte als Staatsbürger. Das in der Bundesrepublik gültige Ehe- und Familienrecht stammte hingegen aus dem Kaiserreich und gewährte den Ehemännern noch immer einseitige Vorrechte. 1958 trat nach langen Debatten das „Gesetz über die Gleichberechtigung von Mann und Frau im Bereich des Bürgerlichen Rechts" in Kraft. Es beseitigte den bisherigen Anspruch des Ehemannes auf den Gehorsam seiner Frau, ebenso sein Letztentscheidungsrecht über das gemeinsam in die Ehe eingebrachte Vermögen. Eine Berufstätigkeit der Ehefrau hing nicht länger von der Zustimmung ihres Mannes ab.
- Dank des massiven Ausbaus des Bildungswesens in den 1960er-Jahren waren immer mehr Frauen gut ausgebildet und vielseitig qualifiziert. Der Anteil erwerbstätiger Frauen stieg kontinuierlich an, von 30,2 Prozent im Jahr 1950 auf 37,1 Prozent im Jahr 1989. Zunächst überwiegend in Dienstleistungsberufen wie Lehrerin, Verkäuferin oder Sekretärin tätig, die nach konservativer Vorstellung für Frauen

ausschließlich geeignet schienen, drängten sie allmählich in Berufe, die als Männerdomänen galten. Auch nahmen viele Frauen die Möglichkeit der Teilzeitarbeit in Anspruch, die seit 1972 gesetzlich geregelt war. Bis heute jedoch erhalten Frauen bei vergleichbarer Arbeit weniger Lohn.

- Die Rolle der Frau wurde in den 1960er-Jahren kontrovers diskutiert. Dem konservativen Vorurteil, eine berufliche Tätigkeit von Frauen führe zur Verwahrlosung der Kinder, zu Sittenverfall und fehlendem Nachwuchs, stand das Eintreten der Frauenbewegung für das Selbstbestimmungsrecht der Frau gegenüber. Zu den führenden Feministinnen gehörte **Alice Schwarzer**, die in Zeitschriften wie „Courage" oder „Emma" engagiert ihre Positionen vertrat. Das Recht, selbst über das eigene Leben entscheiden zu dürfen, sollte in allen Bereichen durchgesetzt werden. Besonders umstritten war dabei die Forderung, das Abtreibungsverbot (§ 218) aufzuheben.
  In den 1970er-Jahren rückten die Belange von Frauen stärker ins öffentliche Bewusstsein. In vielen Städten wurden Frauenzentren eingerichtet. Zahlreiche Frauenhäuser entstanden, das erste 1976 in West-Berlin. Sie sollten Müttern und ihren Kindern Zuflucht vor häuslicher Gewalt bieten. Die Wissenschaften setzten sich mit der Erforschung von Frauen- und Geschlechterrollen (*gender studies*) auseinander.
- Nur sehr langsam reagierte der Sozialstaat auf den gesellschaftlichen Wandel. Zwar bestand ein gesetzlicher Mutterschutz. Er stellte Schwangere sechs Wochen vor der Entbindung und bis zu vier Monate nach der Geburt von ihrer Erwerbstätigkeit frei und garantierte die Lohnfortzahlung und den Arbeitsplatz. Lange Zeit besuchte nur ein kleiner Teil der Drei- bis Sechsjährigen einen Kindergarten: Ende der 1970er-Jahre gab es Plätze nur für etwa ein Drittel, zehn Jahre später für 80 Prozent. Für Kinderkrippen und -horte, Kindergärten und Ganztagesschulen wurden nur geringe Finanzmittel bereitgestellt.

Alice Schwarzer (geb. 1942): deutsche Journalistin und Frauenrechtlerin

Politik der inneren Reformen Zum ersten „echten" Regierungswechsel in der Geschichte der Bundesrepublik kam es mit der Wahl Willy Brandts zum Bundeskanzler am 21. Oktober 1969 mit den Stimmen von SPD und FDP. Die Union war trotz Verlusten stärkste Partei (46,1 %), doch die FDP unter ihrem neuen Vorsitzenden **Walter Scheel** wollte das Regierungsbündnis mit der SPD (42,7 %). Mit Brandt stand zum ersten Mal seit 1930 ein Sozialdemokrat an der Spitze der Regierung, der zudem noch als Emigrant den Nationalsozialismus bekämpft hatte.

Die neue Regierung trat mit dem Anspruch umfassender innerer Reformen an und traf damit die Erwartungen vieler Bürger, insbesondere der jungen Generation. Dazu gehörten die Verbesserung der betrieblichen Mitbestimmung sowie der weitere Ausbau des Sozialstaates: Erhöhung des Rentenniveaus, Einbeziehen von Selbstständigen und nicht berufstätigen Frauen, flexibles Renteneintrittsalter. Der Etat für Sozialausgaben verdoppelte sich zwischen 1970 und 1975 auf umgerechnet 170 Milliarden Euro. 1970 wurde die Altersgrenze für das aktive Wahlrecht von 21 auf 18 Jahre, das passive Wahlrecht von 25 auf 21 Jahre herabgesetzt.

Die sozial-liberale Koalition reformierte das Ehe- und Familienrecht. Die neuen Gesetze folgten dem Gedanken der Gleichberechtigung der Geschlechter sowie der Selbstbestimmung der Frau. 1974 trat an die Stelle des Abtreibungsverbotes eine Fristenlösung (straffreie Abtreibung bis zum dritten Schwangerschaftsmonat). Nach dem Einspruch des Bundesverfassungsgerichts wurde diese Regelung 1976 durch eine Indikationenlösung ersetzt: Eine Abtreibung blieb straffrei bei bestimmten Voraussetzungen und vorheriger Beratung.

Walter Scheel (geb. 1919): FDP-Politiker; 1968-1974 FDP-Vorsitzender; 1969-1974 Bundesaußenminister und Vizekanzler; 1974-1979 Bundespräsident

Bildungsexpansion In den 1970er-Jahren erreichte der Ausbau des Bildungswesens in der Bundesrepublik seinen Höhepunkt. Die Regierung setzte den Reformkurs der 1960er-Jahre fort und intensivierte ihn. 1971 trat ein Bundesausbildungsförderungsgesetz (BAföG) in Kraft, das Schülern, Studierenden oder jugendlichen Auszubildenden finanzielle Unterstützung bot, wenn Bedürftigkeit vorlag.

Als Folge der vielfältigen und kostenintensiven Anstrengungen stieg zwischen 1960 und 1980 die Schülerzahl an Gymnasien um 230 Prozent, an Realschulen um 310 Prozent. Auch im Hochschulbereich machten sich die Investitionen bemerkbar. Von 1960 bis 1980 entstanden bundesweit 24 neue Universitäten und Technische Hochschulen. Die Zahl der Studierenden überschritt 1980/81 eine Million, 1988/89 lag sie bei 1,5 Millionen. Die Quote der Studentinnen lag 1970 bei 35 Prozent und stieg bis 1994 auf 52 Prozent. Auch die Fachhochschulen mit ihrer größeren Praxisnähe fanden großen Anklang: Von 1972 bis 1982 verdoppelte sich die Zahl der dort Studierenden auf eine Viertelmillion.

Die Reformen waren ein Erfolg, was die Angleichung der Bildungschancen zwischen den Geschlechtern und die Anhebung des allgemeinen Bildungsniveaus betraf. Kinder aus Arbeiterfamilien besuchten zunehmend Realschulen und Gymnasien, blieben aber in diesen Schulzweigen unterrepräsentiert. Zwar stieg die Zahl der Studierenden, doch gab es immer mehr arbeitslose Akademiker. Nach wie vor lag die Quote der Studierenden unter derjenigen in den USA und anderen westlichen Ländern.

Soziale Ungleichheiten bestanden noch immer, als Bund und Länder Anfang der 1980er-Jahre mit Kürzungen der Bildungsetats begannen. Zudem blieben die Kinder von Zuwanderern vom Bildungsangebot in hohem Maße ausgeschlossen.

▲ **Kniefall Willy Brandts am Mahnmal für die Opfer des Warschauer Ghettos.**
Foto vom 7. Dezember 1970. Mit dieser spontanen Geste während seines Staatsbesuches gedachte Brandt der polnischen Juden, die 1943 beim Aufstand im Warschauer Ghetto von Deutschen ermordet worden waren. Am selben Tag unterzeichnete Brandt den Warschauer Vertrag, in dem die Bundesrepublik die Oder-Neiße-Linie als Westgrenze Polens anerkannte.

Die Neue Ostpolitik In einer Phase der internationalen Entspannung kam es unter Bundeskanzler Brandt zu einer folgenreichen Weichenstellung in der bundesdeutschen Ost- und Deutschlandpolitik (▸ M8). Brandt zielte auf ein Arrangement mit der Sowjetunion, das auf die Anerkennung des territorialen Status quo in Europa hinauslief: Anerkennung der polnischen Westgrenze und der DDR als zweiten deutschen Staat. Langfristig sollte ein „Wandel durch Annäherung" zur Überwindung der deutschen und europäischen Teilung beitragen. Diese Politik erschien vielen zunächst widersprüchlich und wurde von der oppositionellen CDU/CSU im Bundestag heftig kritisiert, da sie das Wiedervereinigungsgebot des Grundgesetzes verletzt sah. Ihr Nutzen für eine Annäherung an die DDR und andere Staaten des Ostblocks war jedoch spätestens seit dem Fall der Mauer 1989 und der deutschen Wiedervereinigung klar zu erkennen.

Der am 12. August 1970 unterzeichnete deutsch-sowjetische Vertrag (*Moskauer Vertrag*) verknüpfte den Verzicht beider Seiten auf Gewalt mit der Unverletzlichkeit der Grenzen aller Staaten in Europa einschließlich der Oder-Neiße-Linie und der innerdeutschen Grenze. In einem „Brief zur deutschen Einheit" an die Sowjetunion betonte die

Bundesregierung das Recht des deutschen Volkes, „in freier Selbstbestimmung seine Einheit" wiederzuerlangen. Damit wurde dem Wiedervereinigungsgebot des Grundgesetzes Rechnung getragen.

Der Moskauer Vertrag wurde zum Vorbild für die nachfolgenden Verträge mit Polen (Dezember 1970) und der Tschechoslowakei (Dezember 1973). In einem engen inneren Zusammenhang damit standen die gleichzeitig laufenden Verhandlungen der vier Mächte über den Status Berlins. Im *Viermächte-Abkommen über Berlin* vom 3. September 1971 einigten sich die Siegermächte darauf, dass West-Berlin zwar nicht Bestandteil der Bundesrepublik sei, aber enge „Bindungen" mit Westdeutschland pflegen dürfe und von Bonn diplomatisch vertreten werde. Die Sowjetunion hatte damit ihr Gesicht gewahrt, zugleich aber den ungestörten Transitverkehr von und nach West-Berlin durch die DDR garantiert. Die West-Berliner konnten aufatmen. Leonid Breschnew versprach sich von den Verträgen verbesserte Wirtschaftsbeziehungen mit der ökonomisch starken Bundesrepublik und eine Garantie einer Vormachtstellung der UdSSR über Ostmitteleuropa.

Anerkennung der DDR im Rahmen besonderer Beziehungen Damit waren die Voraussetzungen für eine grundsätzliche Neugestaltung der innerdeutschen Beziehungen gegeben. Um die Trennung der in Ost- und Westdeutschland lebenden Menschen durch Besuchsreisen, vermehrte wirtschaftliche Zusammenarbeit und Kontakte aller Art erträglicher zu machen, erklärte sich Bundeskanzler Brandt dazu bereit, die DDR als zweiten deutschen Staat anzuerkennen. Er kam damit einem dringenden Wunsch der kommunistischen Führung in Ost-Berlin nach, die sich dadurch die Legitimation ihrer Herrschaft versprach, über die sie in der Bevölkerung mangels freier Wahlen niemals verfügte. Willy Brandt unterstrich jedoch von Anfang an, dass die Bundesregierung an der Einheit der deutschen Nation unverändert festhalte. Die Bundesrepublik und die DDR seien, so Brandt in seiner ersten Regierungserklärung im Oktober 1969, „füreinander nicht Ausland".

Zwei Treffen mit dem DDR-Ministerratsvorsitzenden **Willi Stoph** 1970 endeten erfolglos. Die Regierung in Ost-Berlin wollte eine völkerrechtliche Anerkennung und damit den Austausch von Botschaftern, was ihr Brandt und Scheel eindeutig verweigerten. Es sollte bei der mit den USA abgesprochenen Formel von den „zwei Staaten in Deutschland" bleiben, und dafür sollte die SED-Führung humanitäre Erleichterungen garantieren. Nach zähen Verhandlungen mit der DDR-Führung konnten Brandt und Scheel bis 1972 Vereinbarungen über den Transitverkehr erreichen. In dringenden Familienangelegenheiten konnten jetzt auch DDR-Bürger, die noch nicht im Rentenalter waren, in die Bundesrepublik reisen, umgekehrt wurden Touristenreisen in die DDR erleichtert. Die Mauer war etwas durchlässiger geworden.

Willi Stoph (1914-1999): Gründungsmitglied der SED, 1952-1955 DDR-Innenminister, 1956-1960 Verteidigungsminister; 1964-1973 und 1976-1989 Vorsitzender des DDR-Ministerrates, 1973-1976 DDR-Staatsratsvorsitzender

Der Grundlagenvertrag Mit dem *Grundlagenvertrag* vom Dezember 1972 gab die Bundesregierung ihren seit 1949 erhobenen Alleinvertretungsanspruch* auf und erkannte die Gleichberechtigung der DDR an, die sich ihrerseits bereit erklärte, „im Zuge der Normalisierung ihrer Beziehungen praktische und humanitäre Fragen zu regeln". Am Ziel der Wiedervereinigung hielt die Bundesregierung ausdrücklich fest und unterstrich die „besonderen Beziehungen" zwischen beiden deutschen Staaten durch die Einrich-

* Siehe S. 242.

Erich Honecker (1912-1994): Kommunistischer Politiker, baute nach 1946 die Jugendorganisation der SED, die „Freie Deutsche Jugend", auf. 1961 organisierte er den Bau der Berliner Mauer. Ab 1971 Nachfolger Ulbrichts als SED-Chef; 1976-1989 Staatsratsvorsitzender der DDR.

Wirtschaftskrise von 1973: Nachdem die Wachstumsraten ohnehin rückläufig waren, belastete der „Ölpreisschock" die westliche Wirtschaft zusätzlich. Aus Protest gegen den Krieg Israels gegen Syrien und Ägypten verringerten oder stoppten arabische Staaten die Lieferung von Erdöl an die westlichen Verbündeten Israels.

Helmut Schmidt (geb. 1918): 1961-1965 Polizei- bzw. Innensenator von Hamburg, 1967-1969 Vorsitzender der SPD-Bundestagsfraktion, 1969-1972 Verteidigungsminister, 1972-1974 Bundesfinanzminister, 1974-1982 Bundeskanzler; seit 1983 Mitherausgeber der Wochenzeitung „Die Zeit".

tung von „Ständigen Vertretungen" anstelle von Botschaften. Außerdem beharrte sie auf dem Standpunkt, dass es für alle Deutschen nur eine Staatsangehörigkeit gebe.

Für die SED-Führung unter **Erich Honecker** brachte der Grundlagenvertrag nach der Aufnahme beider deutscher Staaten in die Vereinten Nationen (18. September 1973) die internationale Anerkennung der DDR.

Innenpolitisch führte die neue Ost- und Deutschlandpolitik der sozial-liberalen Koalition zu heftigen Auseinandersetzungen in der Öffentlichkeit und im Bundestag. Zwar scheiterte ein konstruktives Misstrauensvotum des Kanzlerkandidaten der CDU, *Rainer Barzel*, am 27. April 1972 nur äußerst knapp. Doch die Regierung Brandt/Scheel besaß keine Mehrheit mehr, weil mehrere Abgeordnete der Regierungsfraktionen aus Protest gegen die Ostpolitik zur CDU gewechselt waren. Neuwahlen waren unumgänglich. Die Popularität Willy Brandts und seiner Politik in der Bevölkerung sicherte der Koalition im November 1972 einen eindeutigen Wahlsieg. Erstmals wurde die SPD stärkste Partei (45,8 %). Die Mehrheit der Bevölkerung hatte sich für die neue Ost- und Deutschlandpolitik ausgesprochen.

Brandt konnte zwar die Wahlen gewinnen, er vermochte jedoch die Flügelkämpfe innerhalb seiner Partei nicht zu unterbinden. Die teuren inneren Reformen wurden nach der internationalen **Wirtschaftskrise von 1973** überwiegend negativ bewertet. Vor allem die wachsende Staatsverschuldung machte Sorgen. Zum auslösenden Moment für das Ende von Brandts Kanzlerschaft wurde die sogenannte Guillaume-Affäre: *Günter Guillaume*, ein langjähriger persönlicher Referent des Kanzlers, wurde als Geheimdienstagent der DDR enttarnt. Brandt erklärte daraufhin seinen Rücktritt, blieb allerdings Parteivorsitzender. Zu Brandts Nachfolger als Regierungschef wählte der Bundestag am 16. Mai 1974 den stellvertretenden Parteivorsitzenden der SPD, **Helmut Schmidt**.

Herausforderung des Staates durch den Terrorismus Im April des Jahres 1968 setzten in Frankfurt linksrevolutionäre Aktivisten, die aus der APO-Bewegung hervorgegangen waren, zwei Kaufhäuser in Brand. Unter den Tätern befanden sich die späteren Hauptakteure des bundesdeutschen Terrorismus *Andreas Baader* und *Gudrun Ensslin*. Wenig später schloss sich ihnen die Journalistin *Ulrike Meinhof* an. Aus dem Untergrund baute die „Baader-Meinhof-Gruppe" die „Rote Armee Fraktion" (RAF) auf.

Die RAF-Terroristen verübten in der Bundesrepublik eine Serie von bewaffneten Banküberfällen und Attentaten, bei denen sie bis 1993 34 Menschen töteten und über 200 zum Teil schwer verletzten. Im Sommer 1972 konnte zwar der harte Kern der RAF verhaftet werden, doch aus den Reihen ihrer Sympathisanten rekrutierte sich alsbald eine zweite Generation von Terroristen. Mit spektakulären Entführungen und Überfällen (etwa auf die deutsche Botschaft in Stockholm 1975) versuchte die neue RAF die Freilassung der Inhaftierten zu erpressen, wobei sie vor dem brutalen Mord an Geiseln nicht zurückschreckte.

1977 töteten RAF-Mitglieder Generalbundesanwalt *Siegfried Buback* und den Vorstandsvorsitzenden der Dresdner Bank, *Jürgen Ponto*. Am 5. September 1977 wurden der Arbeitgeberpräsident *Hanns Martin Schleyer* entführt und vier seiner Begleiter erschossen. Die Gewalttäter forderten die Freilassung der elf prominentesten inhaftierten Terroristen.

Unterstützt wurde die Aktion der RAF durch vier palästinensische Terroristen, die ein Linienflugzeug der Lufthansa mit 91 Personen an Bord entführten und später den Piloten ermordeten. Im Krisenstab der Bundesregierung unter der Leitung von Bundeskanzler Schmidt herrschte Einigkeit, dass der Staat sich nicht erpressen lassen dürfe. Ein Antiterrorkommando des Bundesgrenzschutzes (GSG 9) befreite in Mogadischu

(Somalia) in der Nacht vom 17. auf den 18. Oktober die Geiseln. Wenige Stunden später begingen Ensslin, Baader und der ebenfalls inhaftierte *Jan-Carl Raspe* im Gefängnis Stuttgart-Stammheim Selbstmord. Tags darauf fand die Polizei den ermordeten Arbeitgeberpräsidenten Schleyer in einem Auto in Mülhausen im Elsass.

Während die Mehrheit der Bevölkerung das Krisenmanagement der Regierung begrüßte, erhoben einige linke Intellektuelle aus dem In- und Ausland den Vorwurf, die Bundesrepublik sei auf dem Weg in einen Polizeistaat.

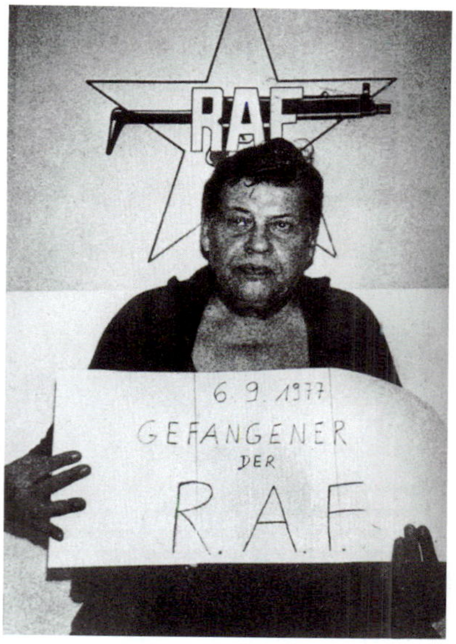

▲ Der entführte Hanns Martin Schleyer.
Dieses Foto des Arbeitgeberpräsidenten wurde von den Terroristen verbreitet.

Krisenbewusstsein und Umweltproblematik Die „Grenzen des Wachstums" wurden zum Signalwort der Siebziger- und Achtzigerjahre. So lautete der Titel eines vom „Club of Rome", einer internationalen Runde von Wissenschaftlern, 1972 veröffentlichten Buches. Verstärkt durch den „Ölpreisschock" von 1973, als sich schlagartig die Energiekosten und wichtige Rohstoffe auf dem Weltmarkt verteuerten, wurden die Begrenztheit von nicht erneuerbaren Ressourcen und deren globale Verschwendung öffentlich diskutiert. 1980 kam es zu einer weiteren Preisexplosion an den internationalen Ölmärkten, die in allen Industrieländern eine schwere wirtschaftliche Rezession auslöste. Erstaunlich schnell schlugen in der westlichen Öffentlichkeit Reformeuphorie und Fortschrittsgläubigkeit in Skepsis, Zivilisationskritik und Krisenbewusstsein um. Die Forderung nach einem effektiven Schutz der Umwelt verband sich mit der Kritik an der Nutzung der Kernenergie und dem Appell, sich mit einem bescheideneren Lebensstandard zufrieden zu geben.

Die fortschreitende Industrialisierung und die zunehmende Motorisierung belasteten auch die Umwelt immer stärker. Die Folgen dieser Entwicklung (etwa das **Waldsterben**) blieben lange Zeit unerkannt. Eine Art neues Umweltbewusstsein zeigte sich erstmals Anfang der Sechzigerjahre, als in Nordrhein-Westfalen das erste Umweltschutzgesetz auf Länderebene vom Landtag beschlossen wurde. Aber erst in den Siebzigerjahren gewann das Thema Umweltschutz großes öffentliches Interesse (▶ M9). Vor allem Angehörige der jüngeren Generation engagierten sich in der alternativ-ökologischen Bewegung, die an der Wende zu den Achtzigerjahren in die Gründung einer völlig neuen Partei mündete: die Grünen.

Waldsterben: Mitte der 1970er-Jahre wurde die Erkrankung großer Forstbestände in Mittel- und Nordeuropa festgestellt. Betroffen waren und sind alle Arten von Bäumen. Die Schäden haben vielfältige Ursachen wie Luftverschmutzung oder Klimaveränderungen. Trotz intensiver Bemühungen schreitet die Erkrankung der Bäume bis heute voran.

Nachrüstung und Friedensbewegung Zu einer der großen innenpolitischen Streitfragen wurde in den letzten Jahren der Regierung Helmut Schmidt die Sicherheitspolitik der NATO gegenüber der Sowjetunion. Die Warschauer Vertragsorganisation besaß bei konventionellen und Atomwaffen ein großes Übergewicht. Auf Betreiben Schmidts hatten die Mitgliedstaaten am 12. Dezember 1979 den sogenannten *NATO-Doppelbeschluss* gefasst: Angesichts der wachsenden Bedrohung Westeuropas durch die neuen sowjetischen SS-20-Mittelstreckenraketen sollten bis Ende 1983 in Westeuropa Pershing-II-Mittelstreckenraketen und bodengestützte Marschflugkörper (*Cruise Missiles*) aufgestellt werden, falls bis dahin Verhandlungen über den Abbau der sowjetischen Waffen ohne Erfolg blieben.

In der Bundesrepublik geriet Schmidt wegen des Nachrüstungsbeschlusses der NATO zunehmend unter Druck in Partei und Öffentlichkeit. Kritiker sahen die deutsch-sowjetischen Beziehungen bedroht und bestritten die Notwendigkeit einer Nachrüstung. Die sich neu etablierende Friedensbewegung gewann mit Demonstrationen und Appellen Teile der verunsicherten Öffentlichkeit für sich. Anstoß erregten die weltweiten Ausgaben von jährlich umgerechnet 510 Milliarden Euro für den Rüstungswettlauf zwischen Ost und West. Die Angst vor einem Atomkrieg, der die gesamte Menschheit auslöschen konnte, bestimmte das Denken und Handeln der ansonsten sehr heterogenen Gruppen innerhalb der Friedensbewegung. Dagegen hatte die Regierung mit ihren realpolitischen Erwägungen einer atomaren Abschreckungs- und Gleichgewichtspolitik einen schweren Stand.

Dauerproblem Arbeitslosigkeit Das Ende der Wiederaufbauphase nach dem Zweiten Weltkrieg, Ölkrisen, neue Technologien, aber auch häufig überzogene Ansprüche an die Wirtschaftskraft in den Industriestaaten beendeten Mitte der Siebzigerjahre die Periode der Vollbeschäftigung auf dem Arbeitsmarkt. Weltweit stiegen Inflation und Arbeitslosigkeit. In der Bundesrepublik sank das jährliche Wachstum der Volkswirtschaft auf durchschnittlich knapp zwei Prozent, und die Arbeitslosenquote schnellte von 2,6 Prozent im Jahr 1974 auf 9,3 Prozent im Jahr 1985. Obwohl die Zahl der Arbeitsplätze seit den Achtzigerjahren wieder deutlich wuchs, blieb im Auf und Ab der Konjunktur eine immer größere Zahl von Arbeitslosen zurück (*Sockelarbeitslosigkeit*).

Während die Bundesbank erfolgreich die Stabilität der Währung schützte, setzte sich Bundeskanzler Schmidt nachdrücklich für die Stärkung der Wachstumskräfte durch die staatliche Förderung der Nachfrage ein. Mittels Konjunkturprogammen half die Regierung dabei, dass sich die weltweite Krise in der Bundesrepublik weniger gravierend auswirkte als in anderen Industrieländern. Auf lange Sicht gesehen jedoch belastete das Ende der Sparpolitik den Staatshaushalt. Die Verschuldung stieg zwischen 1970 und 1982 von umgerechnet 24 auf 158 Milliarden Euro.

Hans-Dietrich Genscher (geb. 1927): 1969-1974 Bundesminister des Innern, 1974-1985 FDP-Vorsitzender, 1974-1992 Bundesaußenminister und Vizekanzler

Die christlich-liberale Koalition unter Helmut Kohl Nach 13-jähriger sozialdemokratischer Kanzlerschaft kündigte 1982 die FDP unter ihrem Vorsitzenden und langjährigen Innen- und Außenminister **Hans-Dietrich Genscher** die Koalition mit der SPD auf, vor allem weil sie die kostspielige Haushalts- und Sozialpolitik nicht mehr mittragen wollte. Stattdessen ging sie – nach der Abwahl Helmut Schmidts durch ein konstruktives Misstrauensvotum am 1. Oktober 1982 – ein Regierungsbündnis mit der Union ein. Der CDU-Vorsitzende **Helmut Kohl** wurde neuer Bundeskanzler.

Helmut Kohl (geb. 1930): Ministerpräsident von Rheinland-Pfalz 1969-1976, Bundesvorsitzender der CDU 1973-1998, 1982-1998 Bundeskanzler

Rationalisierung: Maßnahmen zur Senkung der Produktionskosten, oft verbunden mit dem Abbau von Arbeitsplätzen

In der Außen- und Sicherheitspolitik setzten Bundeskanzler Kohl und Außenminister Genscher den bisherigen Kurs fort. Gegen heftige Proteste in der Öffentlichkeit stimmte die neue Regierungsmehrheit Ende 1983 der Stationierung von amerikanischen Mittelstreckenraketen in der Bundesrepublik zu.

Finanzkrise, Massenarbeitslosigkeit und Wachstumsschwäche bestimmten das Bild der Bundesrepublik der frühen 1980er-Jahre. Die Regierung Kohl/Genscher setzte auf die Stärkung der Marktkräfte zur Förderung eines wirtschaftlichen Aufschwungs. Die wesentlichen Programmpunkte waren Eigeninitiative und Wettbewerb, Steuerentlastung für die Unternehmen, weniger staatliche Eingriffe in die Wirtschaft und Leistungseinschränkungen im Sozialbereich. Die Wirtschaftpolitik war somit stärker angebotsorientiert. Diese Politik war erfolgreich, begünstigt durch den bald einsetzenden Preisverfall für Erdöl. Das Bruttosozialprodukt nahm wieder zu, die Inflation ging zurück. Erfolglos blieb die Regierung Kohl jedoch im Kampf gegen die Arbeitslosigkeit. Es wurden zwar Hunderttausende neuer Arbeitsplätze geschaffen. Gleichwohl nahm die Zahl der Arbeitslosen zu, da die geburtenstarken Jahrgänge (um 1955 bis 1970) inzwischen auf den Arbeitsmarkt drängten und die **Rationalisierung** im industriellen Sektor unablässig voranschritt.

Soziale Probleme Der Mangel an Arbeitsplätzen erwies sich – wie in den übrigen Industrieländern – als strukturelles Problem. Dabei stieg die Jugendarbeitslosigkeit besonders stark, von ca. 200 000 jugendlichen Erwerbslosen 1983 auf rund 480 000 im Jahr 1988.

Auch öffnete sich die Schere zwischen Arm und Reich immer weiter. Während die Einkommen von Spitzenverdienern überdurchschnittlich stiegen, wuchs der Anteil der Armen (d.h. Menschen, deren Verdienst unterhalb der Hälfte des Durchschnittseinkommens liegt) von 6,5 Prozent der Bevölkerung 1973 auf über zehn Prozent im Jahr 1992 (alte Bundesländer). Die Zahl der Sozialhilfeempfänger war von 1,5 Millionen im Jahr 1970 auf 2,1 Millionen 1980 angewachsen und erhöhte sich auf 2,6 Millionen am Ende der Neunzigerjahre. In erster Linie betraf dies alleinerziehende Mütter, Eltern kinderreicher Familien, Jugendliche und Langzeitarbeitslose.

Die Bundesrepublik wird Einwanderungsland In Westdeutschland hatte es noch im ersten Nachkriegsjahrzehnt einen Überschuss an Auswanderern gegeben. Zwischen 1946 und 1961 verließen 780 000 Deutsche ihr Land, 90 Prozent davon wanderten in die USA, nach Kanada oder Australien. In den 1950er-Jahren zog auch etwa eine halbe Million Menschen von West- nach Ostdeutschland, die meisten davon Rückwanderer. In den 60er- und 70er-Jahren wurde die Bundesrepublik faktisch zum Einwanderungsland. Obwohl der Zustrom von außen der beste Beweis für den Erfolg der Bonner Demokratie und ihrer Wirtschaftsordnung war, verlief die Massenzuwanderung nicht ohne Probleme. Die Einwanderer lassen sich in drei Gruppen einteilen:

1. *Ausländische Arbeitnehmer* (damals sogenannte „Gastarbeiter"): Zwischen 1955 und 1973 waren 14 Millionen Ausländer in der Bundesrepublik beschäftigt und hatten maßgeblichen Anteil am wirtschaftlichen Boom der Fünfziger- und Sechzigerjahre. Elf Millionen kehrten wieder in ihre Heimatländer zurück. Von den übrigen ließen viele ihre Familien nachkommen, bekamen Kinder in der Bundesrepublik und richteten sich auf Dauer hier ein.
2. *Aussiedler und Übersiedler*: Deutsche, deren Vorfahren bereits vor Generationen in die östlichen Teile Europas ausgewandert waren (Aussiedler), und Flüchtlinge aus der DDR (Übersiedler) verstärkten den Zuwandererstrom in die Bundesrepublik. Insgesamt wurden zwischen 1950 und Ende 1988 rund 1,6 Millionen Aussiedler, vor allem aus Polen, der Sowjetunion und Rumänien, aufgenommen. Nach dem Ende der kommunistischen Diktaturen in Europa 1989/90 wuchs die Zahl der Zuwanderer noch einmal stark an. So zogen von 1988 bis 1994 insgesamt 1,9 Millionen sogenannte „Spätaussiedler" in die Bundesrepublik.
3. *Flüchtlinge*: Bis 1970 kamen fast nur Flüchtlinge aus kommunistisch regierten Ländern Europas in die Bundesrepublik, seit Ende der Siebzigerjahre dann in wachsender Zahl aus Ländern der „Dritten Welt". Die seit 1989 deutlich ansteigende Zahl der Zuflucht suchenden Asylbewerber stellte Bund, Länder und Gemeinden bei der Unterbringung und Versorgung vor große Probleme. Die Gewährung des im Grundgesetz verankerten Asylrechts und sein wirklicher oder angeblicher Missbrauch wurden zu einem heftig diskutierten Thema. Fremdenangst und Ausländerfeindlichkeit eskalierten 1991/92 im wiedervereinigten Deutschland zu Gewalttaten und Mordanschlägen durch Rechtsextremisten. Dagegen protestierten jedoch Millionen eindrucksvoll.

Der Deutsche Bundestag beschloss 1993 mit den Stimmen der sozialdemokratischen Opposition eine Reform des Grundrechts auf Asyl. Damit sollte die Zuwanderung nach Deutschland gesteuert und begrenzt werden. Politisch Verfolgte erhielten das Recht auf Asyl, wie vom Grundgesetz vorgesehen; wer jedoch aus „sicheren Drittstaa-

▲ **„Gastarbeiter."**
Karikatur von Vangelis Pavlidis, 1983.

ten" nach Deutschland einreiste, konnte sich nicht mehr auf das Asylrecht berufen. Kriegs- und Bürgerkriegsflüchtlinge erhielten eine befristete Aufenthaltserlaubnis, wovon in den 1990er-Jahren mehrere Hunderttausend Menschen vor allem aus dem zerfallenden, in einem blutigen Krieg verwüsteten Jugoslawien Gebrauch machten. Seit Anfang 2000 erhalten in Deutschland geborene Kinder ausländischer Eltern automatisch die doppelte Staatsangehörigkeit, später müssen sie sich für eine Staatsangehörigkeit entscheiden (bis zum 23. Lebensjahr). Weitreichende Veränderungen brachte das *Zuwanderungsgesetz* von 2005. Nach jahrelangen Debatten im Deutschen Bundestag hat der Gesetzgeber Regelungen getroffen, die die Tatsache anerkennen, dass Deutschland ein Einwanderungsland ist, und die der Integration der Migranten einen hohen Stellenwert beimessen.

▲ Plakat zur Europaparlamentswahl von 1979.

Neue politische Strömungen Das politische Engagement in der Gesellschaft hatte seit den 1970er-Jahren deutlich zugenommen. Einerseits entstanden neue soziale Bewegungen, die sich für die Gleichstellung der Frauen einsetzten und die Abrüstung, Gewaltfreiheit und den Schutz von Umwelt und Natur propagierten, Verfolgte oder gesellschaftliche Minderheiten vertraten oder Hilfe für die „Dritte Welt" leisten wollten. Andererseits organisierten sich sogenannte *Bürgerinitiativen*. Sie widmeten sich konkreten Zielen aus dem unmittelbaren Lebensbereich, indem sie etwa bei Verkehrsprojekten, Industrieansiedlungen oder Städtebaumaßnahmen Einspruch erhoben. 1978 waren 1,8 Millionen Menschen in Bürgerinitiativen tätig.

Zur selben Zeit erhielten auch die politischen Parteien großen Zulauf. Davon profitierte insbesondere die Union. CDU und CSU waren noch in den 1960er-Jahren stark auf ihre Führungsfiguren (Adenauer, Erhard, Kiesinger, Strauß) zugeschnitten, manche hatten vom „Kanzlerwahlverein" gesprochen. Erst in den Jahren der Opposition im Bundestag (1969-1982) entwickelten sie sich zu „Mitgliederparteien" mit einer der SPD vergleichbaren organisierten Massenbasis.

Seit Beginn der 1980er-Jahre veränderte sich die Parteienlandschaft der Bundesrepublik. Die Volksparteien verloren Wähler an neue Gruppierungen am linken und rechten Rand des politischen Spektrums.

Die Grünen nahmen ihren Anfang in Niedersachsen, wo aus verschiedenen Bürgerinitiativen der Anti-Atomkraft-Bewegung 1977 die erste landesweite grüne Partei hervorging. Der Zusammenschluss zu einer Bundespartei erfolgte 1980. Die neue politische Kraft bekannte sich in erster Linie zu „postmateriellen" Werten (mehr Lebensqualität, Gleichgewicht zwischen Mensch und Natur). Nach ersten Wahlerfolgen auf kommunaler Ebene zog die „Grüne Liste Umweltschutz" (GLU) bei den Landtagswahlen 1982 mit elf Abgeordneten (6,5 Prozent der Stimmen) in den niedersächsischen Landtag ein. In Hessen beteiligte sie sich 1985 an einer Regierungskoalition.

Den Sprung in den Deutschen Bundestag schafften die Grünen erstmals bei den Wahlen 1983 mit 5,6 Prozent der Stimmen. Anfangs verstanden sie sich im Gegensatz zu den „etablierten" Parteien als **basisdemokratische** Alternative. In den folgenden Jahren konnten sie auch in die meisten Landesparlamente der Bundesrepublik einziehen und wurden damit zur vierten politischen Kraft im Parteienspektrum. Dabei rangen die Grünen noch lange mit der Frage, ob sie reine Oppositionspartei bleiben oder auch Regierungsverantwortung übernehmen sollten.

Basisdemokratie: Form der Demokratie, in der Entscheidungen nicht von gewählten Vertretern, sondern von den Stimmberechtigten direkt getroffen werden

M1 „Die Bundesrepublik ist allein befugt ..."

Nach der Gründung der DDR erklärt Bundeskanzler Adenauer am 21. Oktober 1949 vor dem Deutschen Bundestag:

Ich stelle Folgendes fest: In der Sowjetzone gibt es keinen freien Willen der deutschen Bevölkerung. Das, was jetzt dort geschieht, wird nicht von der Bevölkerung getragen und damit legitimiert. Die Bundesrepublik Deutschland stützt sich dagegen auf die Anerkennung durch den frei bekundeten Willen von rund 23 Millionen stimmberechtigter Deutscher. Die Bundesrepublik Deutschland ist somit bis zur Erreichung der deutschen Einheit insgesamt die alleinige legitimierte staatliche Organisation des deutschen Volkes. [...] Die Bundesrepublik Deutschland fühlt sich auch verantwortlich für das Schicksal der 18 Millionen Deutschen, die in der Sowjetzone leben. Sie versichert sich ihrer Treue und ihrer Sorge. Die Bundesrepublik Deutschland ist allein befugt, für das deutsche Volk zu sprechen. Sie erkennt Erklärungen der Sowjetzone nicht als verbindlich für das deutsche Volk an.

Merith Niehuss und Ulrike Lindner, Besatzungszeit, Bundesrepublik und DDR 1945-1969 (Deutsche Geschichte in Quellen, Bd. 10), Stuttgart 2007, S. 202-205

1. *Arbeiten Sie heraus, wie Adenauer die höhere Legitimität der Bundesrepublik im Vergleich zur DDR begründet.*
2. *Diskutieren Sie die Probleme, die damit auf künftige Bundesregierungen zukamen.*

M2 Die Stalin-Note vom 10. März 1952

Die Sowjetregierung unterbreitet mit diesem diplomatischen Schriftstück (Note) den drei Westmächten den Entwurf eines Friedensvertrages mit Deutschland:

Politische Leitsätze

1. Deutschland wird als einheitlicher Staat wiederhergestellt. Damit wird der Spaltung Deutschlands ein Ende gemacht, und das geeinte Deutschland gewinnt die Möglichkeit, sich als unabhängiger, demokratischer, friedliebender Staat zu entwickeln.
2. Sämtliche Streitkräfte der Besatzungsmächte müssen spätestens ein Jahr nach Inkrafttreten des Friedensvertrages aus Deutschland abgezogen werden. Gleichzeitig werden sämtliche ausländische Militärstützpunkte auf dem Territorium Deutschlands liquidiert.
3. Dem deutschen Volk müssen die demokratischen Rechte gewährleistet sein, [...] einschließlich der Redefreiheit, der Pressefreiheit, des Rechts der freien Religionsausübung, der Freiheit der politischen Überzeugung und der Versammlungsfreiheit.
4. In Deutschland muss den demokratischen Parteien und Organisationen freie Betätigung gewährleistet sein [...].
5. Auf dem Territorium Deutschlands dürfen Organisationen, die der Demokratie und der Sache der Erhaltung des Friedens feindlich sind, nicht bestehen.
6. Allen ehemaligen Angehörigen der deutschen Armee, einschließlich der Offiziere und Generale, allen ehemaligen Nazis, mit Ausnahme derer, die nach Gerichtsurteil eine Strafe für von ihnen begangene Verbrechen verbüßen, müssen die gleichen bürgerlichen und politischen Rechte wie allen anderen deutschen Bürgern gewährt werden zur Teilnahme am Aufbau eines friedliebenden, demokratischen Deutschland.
7. Deutschland verpflichtet sich, keinerlei Koalitionen oder Militärbündnisse einzugehen, die sich gegen irgendeinen Staat richten, der mit seinen Streitkräften am Krieg gegen Deutschland teilgenommen hat.

Das Territorium

Das Territorium Deutschlands ist durch die Grenzen bestimmt, die durch die Beschlüsse der Potsdamer Konferenz der Großmächte festgelegt wurden. [...]

Militärische Leitsätze

1. Es wird Deutschland gestattet sein, eigene nationale Streitkräfte (Land-, Luft- und Seestreitkräfte) zu besitzen, die für die Verteidigung des Landes notwendig sind.
2. Deutschland wird die Erzeugung von Kriegsmaterial und -ausrüstung gestattet werden, deren Menge oder Typen nicht über die Grenzen dessen hinausgehen dürfen, was für die Streitkräfte erforderlich ist, die für Deutschland durch den Friedensvertrag festgesetzt sind.

Helmut Krause und Karlheinz Reif (Bearb.), Die Welt seit 1945 (Geschichte in Quellen), München 1980, S. 391 f.

1. *Nennen und erläutern Sie die wichtigsten Aussagen dieser diplomatischen Note. Zeigen Sie die Vieldeutigkeit mancher Formulierungen.*
2. *Adenauer sah in der Note Stalins die Gefahr einer Rückkehr zum System von Potsdam angelegt, also einer Einigung der vier Siegermächte über Deutschland ohne dessen Mitwirkung. Zeigen Sie, worauf sich diese Interpretation bezog.*

M3 Streit um Stalins Angebot

Der Historiker Edgar Wolfrum blickt 2005 auf den Streit um die Stalin-Noten zurück:

Wie aufgeladen die Atmosphäre noch jahrelang blieb, zeigte sich vor allem in der Bundestagssitzung vom 23. Januar 1958, als es zu einer Generalabrechnung mit Adenauers Deutschlandpolitik kam. In einer ungemein scharfen Rede [...] griff Thomas Dehler[1] Adenauer an, indem er ihm vorwarf, die Wiedervereinigung nicht nur nicht gewollt, sondern vielmehr alles getan zu haben, „um die Wiedervereinigung zu verhindern". Auch Gustav Heinemann[2], mittlerweile SPD-Abgeordneter, ließ in seiner anschließenden Rede keinen Zweifel daran, dass er Adenauer für historisch schuldig hielt, weil er 1952 Chancen leichtfertig verspielt habe.
Seit dieser legendären nächtlichen Bundestagssitzung vom 23. Januar 1958 ist die Debatte um die Stalin-Noten immer wieder einmal aufgeflammt, und sie hat sich dann ab den 80er-Jahren zu einer wissenschaftlichen Kontroverse entwickelt, die massiv von geschichtspolitischen Dimensionen dominiert wird, steht im Zentrum doch die Frage, ob 1952 eine Chance für die Wiedervereinigung vorschnell vertan wurde oder ob diese Chance überhaupt nicht bestand, sondern nur eine „Legende von der verpassten Gelegenheit" wucherte. [...] Die Antwort hängt vor allem von den unterstellten Intentionen Stalins ab. Bis heute jedoch kann man nicht mit letzter Sicherheit sagen, welches seine wirklichen deutschlandpolitischen Ziele waren [...]. Immerhin scheint es einsichtig, dass Stalin nicht bereit war, die sich abzeichnende Westintegration der Bundesrepublik tatenlos hinzunehmen, und ihm daran lag, eine dauerhafte amerikanische Truppenpräsenz in Europa zu verhindern. War ihm dies nicht wichtiger als der Fortbestand der Ulbricht-Diktatur? Weiterhin ungeklärt müssen aber die Fragen nach seinem beabsichtigten Weg zur Wiedervereinigung und der intendierten „demokratischen" Struktur eines vereinten Deutschlands bleiben. Ob somit Adenauer 1952 den westlichen Teil Deutschlands vor dem langfristigen Zugriff der Sowjetunion rettete und so ein Sowjetdeutschland verhinderte, lässt sich nicht entscheiden. Glücklicherweise ist den Westdeutschen ein sowjetisches Experiment erspart geblieben. Aber die Ostdeutschen hatten an diesem Glück nicht teil. Deutlich wurde 1952, dass die Westpolitik einen Preis kostete, der moralisch anfechtbar war, weil ihn fast 40 Jahre lang allein die 18 Millionen Deutschen in der DDR zahlen mussten. Forschung und Politik werden sich weiterhin streiten, ob Adenauers Westintegration den Ostdeutschen die Hypothek eines Lebens in der Diktatur aufbürdete und er somit einen Teil der deutschen Schicksalsgemeinschaft im Stich gelassen hat, oder ob seine Politik im Gegenteil im Westen ein Bollwerk der Freiheit schuf, welches die Wiedervereinigung unter westlichen Bedingungen 1989/90 erst ermöglichte.

Edgar Wolfrum, Die Bundesrepublik Deutschland 1949-1990 (Gebhardt, Handbuch der deutschen Geschichte, 10. Aufl., Bd. 23), Stuttgart 2005, S. 166-169

[1] Thomas Dehler (1897-1967): Jurist und Politiker, Mitglied der FDP. 1949-1953 Bundesminister der Justiz. Schied wegen Differenzen mit Bundeskanzler Adenauer 1953 aus der Regierung aus. 1953-1957 Vorsitzender der FDP-Fraktion im Bundestag.

[2] Gustav Heinemann (1899-1976): Trat 1950 aus dem Kabinett Adenauer sowie 1952 aus der CDU wegen der deutschen Wiederbewaffnung aus und gründete die Gesamtdeutsche Volkspartei (GVP). Seit 1957 Mitglied der SPD. 1966-1969 Bundesminister der Justiz in der Großen Koalition. 1969 mit den Stimmen von SPD und FDP zum Bundespräsidenten gewählt. Seine Amtszeit endete 1974.

▲ **Karikatur aus „Der deutsche Eisenbahner" vom 20. Mai 1952.**

■ *Analysieren Sie die einzelnen Bild- und Schriftelemente der Karikatur und erläutern Sie anschließend, welche Aussage der Zeichner damit treffen will.*

1. *Erläutern Sie die Bedeutung des Streits um die Stalin-Noten aus historischer Sicht.*
2. *Vergleichen Sie den Handlungsspielraum Adenauers in der Deutschlandpolitik mit demjenigen Stalins.*
3. *Formulieren Sie den letzten Satz des Textes so um, als wäre er vor 1989 geschrieben.*

M4 Würdigung der Pariser Verträge

a) In der ersten Lesung der Pariser Verträge im Bundestag gibt Bundeskanzler Konrad Adenauer am 15. Dezember 1954 eine Regierungserklärung ab:

Das Vertragswerk macht die Bundesrepublik erst fähig, die Spaltung Deutschlands zu beseitigen und die sich mit der Wiedervereinigung stellenden Aufgaben zu bewältigen. [...] Die großen Mächte werden sich entsprechend ihren vertraglichen Verpflichtungen bei kommenden Verhandlungen für unsere Wiedervereinigung solidarisch einsetzen. [...] Sie erklären also, dass die Schaffung eines völlig freien und vereinigten Deutschlands durch friedliche Mittel ein grundlegendes Ziel ihrer Politik ist. Ich sehe nicht, meine Damen und Herren, wie heute eine bessere Basis für die Wiedervereinigung Deutschlands gewonnen werden könnte. [...]
Die sowjetische Propaganda versucht im Zusammenhang mit der jüngsten Konferenz der Ostblockstaaten den Eindruck zu erwecken, dass Sowjetrussland bedroht werde. Es kann aber kein Zweifel daran bestehen, meine Damen und Herren, dass die Westmächte mit ihren Verteidigungsanstrengungen erst begonnen haben, nachdem klar erwiesen war, dass die Sowjetunion nicht daran dachte, ihre hochgerüsteten Streitkräfte zu vermindern, und dass sie bereit war, diese Streitkräfte mindestens psychologisch für die Verfolgung ihrer unverändert expansiven Politik einzusetzen.
Es ist, meine Damen und Herren, eine alte Taktik des Kommunismus, den Angriff stets in der Sprache der Verteidigung zu führen. Das heißt, man bereitet den Angriff vor, und wenn der, dem dieser Angriff gelten soll, daraufhin seinerseits entsprechende, defensive Maßnahmen trifft, sagen die Kommunisten, man bedrohe sie.
Dieser Taktik folgend hat die Sowjetunion gegen Ende der Berliner Konferenz[1] und seitdem mehrmals Vorschläge für ein System kollektiver Sicherheit gemacht, das die Verteidigungsorganisation des Westens in Europa auflösen, die Vereinigten Staaten ausschalten, die militärische Einheit des Ostblocks aber aufrechterhalten und die Sowjetunion zur vorherrschenden Militärmacht eines ganz Europa umfassenden Systems machen würde. Ein derartiges System würde ihr nicht nur den lange angestrebten Einfluss auf ganz Deutschland, sondern auf die Dauer auch auf alle anderen freien Staaten Europas gewährleisten.

[1] Berliner Konferenz: Treffen der Außenminister der Westmächte und der UdSSR im Januar/Februar 1954

b) Der Politiker Erich Ollenhauer, seit dem Tod Kurt Schumachers 1952 Vorsitzender der SPD, antwortet folgendermaßen auf die Regierungserklärung Adenauers:

Wir waren und wir sind der Meinung, dass [...] ein neuer ernsthafter Versuch unternommen werden sollte, in Vier-Mächte-Verhandlungen die Möglichkeiten einer befriedigenden Lösung der deutschen Frage zu prüfen. (Sehr gut! bei der SPD.) [...] In Paris ist zwar nicht schriftlich, aber tatsächlich festgelegt worden, dass neue Verhandlungen mit der Sowjetunion über das Problem der deutschen Einheit erst nach der Ratifizierung der Verträge ins Auge gefasst werden sollen. Der Herr Bundeskanzler hat sich diese These wiederholt und ausdrücklich zu eigen gemacht, auch in seiner heutigen Rede. Damit ist eindeutig der Aufrüstung der Bundesrepublik der Vorrang vor der Wiedervereinigung gegeben worden. [...]
Diese Politik basiert auf der Annahme, dass ohne die Einheit des Westens erfolgreiche Verhandlungen mit der Sowjetunion nicht möglich seien und dass die Sowjetunion nach der Ratifizierung der Pariser Verträge eine größere Bereitwilligkeit zu Verhandlungen über eine für den Westen und für das deutsche Volk tragbare Lösung der europäischen und deutschen Probleme zeigen werde. [...]
Selbstverständlich verfolgt die Sowjetunion mit ihren letzten Noten seit dem Scheitern des EVG-Vertrags ein taktisches Ziel. Sie hat das Interesse, die Ratifizierung der Pariser Verträge zu verhindern, weil sie eine Aufrüstung der Bundesrepublik nicht wünscht. Die Interessen der Sowjetunion sind nicht identisch mit unseren deutschen Interessen, und ihre Argumente sind nicht unsere Argumente. Aber vergessen wir nie, die Sowjetunion ist eine der vier Besatzungsmächte, und ohne ihre Zustimmung und ohne ihre Mitwirkung ist eine Wiedervereinigung Deutschlands ebenso unmöglich wie ohne die Zustimmung und die Mitwirkung der Westmächte. (Lebhafte Zustimmung bei der SPD.) Es kann und darf uns daher nicht gleichgültig sein, welche Konsequenzen die Sowjetunion aus einer Einbeziehung der Bundesrepublik in die NATO im Hinblick auf ihre Deutschlandpolitik ziehen wird. [...] Aber die eindeutige Ankündigung, dass dann Verhandlungen über die deutsche Frage zwecklos sein werden, können und dürfen wir nicht ignorieren.

Erster und zweiter Text: Verhandlungen des Deutschen Bundestages, 2. Wahlperiode 1953-1957, Bd. 22, S. 3135 ff.

1. *Analysieren Sie, welche Bedeutung den Pariser Verträgen hinsichtlich einer möglichen Wiedervereinigung Deutschlands in den beiden Reden zugewiesen wird.*

2. *Bewerten Sie die Unterschiede in den außenpolitischen Positionen.*

M5 Wirtschaftswachstum und Arbeitslosigkeit in der Bundesrepublik 1950-1989

a) Wirtschaftswachstum:

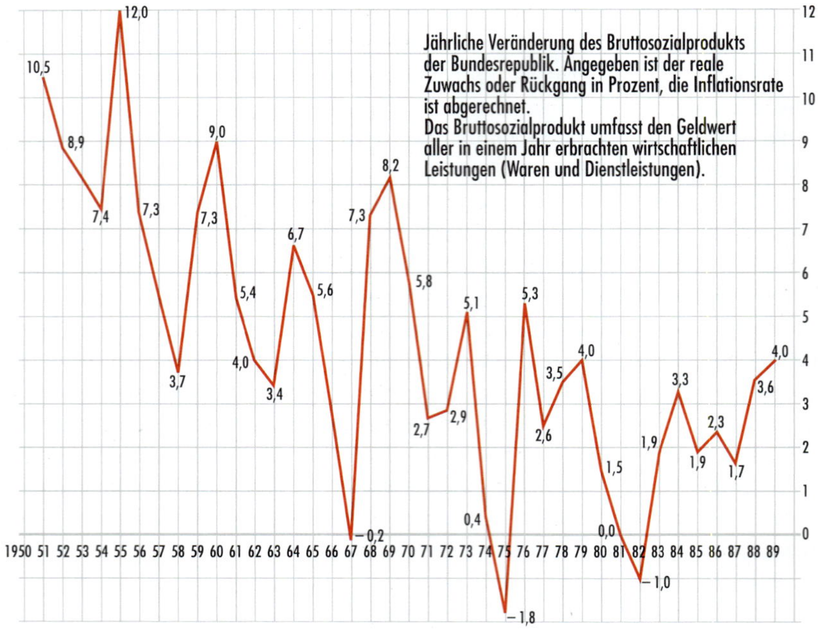

b) Zahl der Arbeitslosen:

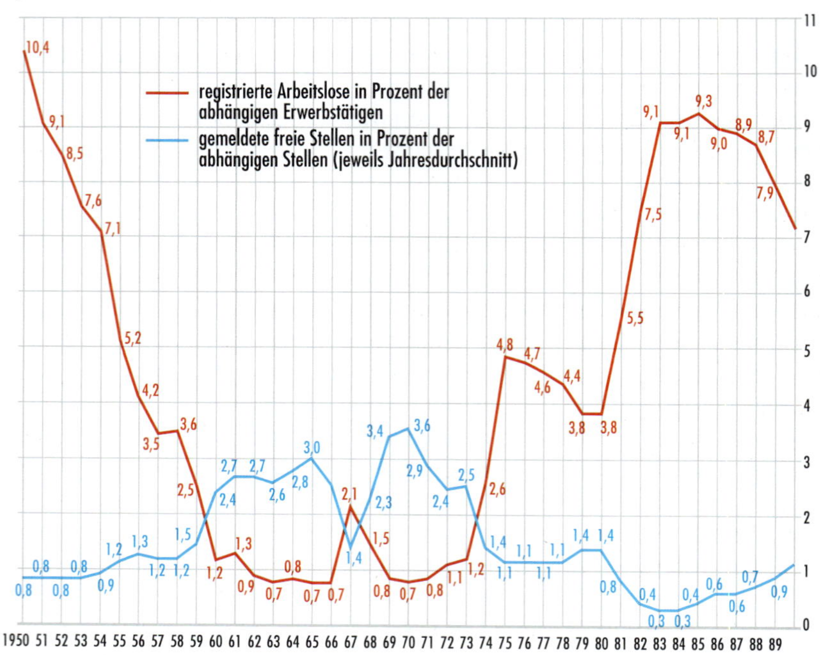

Daten nach: Bundesministerium für Wirtschaft (Hrsg.), Leistung in Zahlen bzw. Wirtschaft in Zahlen, verschiedene Jahrgänge

Beschreiben Sie die Entwicklung des Wirtschaftswachstums und der Zahl der Arbeitslosen. Setzen Sie die beiden Entwicklungen in Beziehung.

M6 Chancen und Grenzen der Konsumgesellschaft

Der Wirtschaftshistoriker Werner Abelshauser referiert Merkmale der bundesdeutschen Konsumgesellschaft:

Überraschenderweise konnte die Konsumgesellschaft Bundesrepublik in vielem, was für sie charakteristisch geworden ist, an die Entwicklung der dreißiger Jahre anknüpfen [...]. Neu für die Fünfzigerjahre war hingegen, dass der Konsum langlebiger Gebrauchsgüter nicht mehr auf mittlere und gehobene Einkommensklassen begrenzt war, sondern mit wachsendem Realeinkommen in nahezu allen Schichten der Bevölkerung einsickerte. Für den Besitz mancher Konsumgüter wie zum Beispiel für Fernsehgeräte, Musiktruhen oder Kühlschränke spielte in der zweiten Hälfte der Fünfzigerjahre die soziale Stellung kaum noch eine bestimmende Rolle. Die „Demokratisierung des Konsums" [...] setzte sich [...] durch. Kennzeichnend für diese Entwicklung ist das Scheitern schichtspezifisch konzipierter Automobile (z.B. die „Kabinenroller" von Gutbrod, Maico oder Messerschmidt) [...] und der Siegeszug des auf technische Funktionalität und ein (käufer-) schichtübergreifendes Image angelegten Volkswagen-Käfers [...].

Das private Automobil wurde in den Fünfzigerjahren zum Schlüsselbegriff für soziales Wohlbefinden, bürgerliches Freiheitsgefühl, wirtschaftliche Erwerbschancen und gesellschaftliches Prestige. Die Konsequenzen, die sich daraus für Städtebau, Siedlungspolitik, Freizeitgestaltung, Kommunikationsverhalten, Wirtschaftsstruktur, Umwelt, ja nahezu für alle Bereiche des menschlichen Lebens ergaben, revolutionierten das Alltagsleben. [...]

In dieselbe Richtung zeigten die Herausbildung des Tourismus als Kollektivphänomen und die Expansion des neuen Massenmediums „Fernsehen". Beide ebenfalls epochemachenden Entwicklungen haben in Deutschland ihren Ursprung in den Dreißigerjahren, sodass auch hier auf eigene Erfahrungen zurückgegriffen werden konnte. [...]

Es gibt keinen Zweifel daran, dass die Hauptstützen der „Konsumgesellschaft" – Motorisierung, Tourismus und Massenmedien – ihre tiefen Spuren im öffentlichen Bewusstsein und im Lebensgefühl der Massen erst im Laufe der Fünfziger- und Sechzigerjahre hinterlassen haben und daher zu Recht als Ergebnis des „Wirtschaftswunders" nach dem Zweiten Weltkrieg gesehen werden. [...]

Vor der generellen Verbesserung der wirtschaftlichen Lage traten andere Probleme der „Wirtschaftswunderzeit" zurück. [...] Je weiter die Motorisierung voranschritt und die Freiheit des Einzelnen zu erweitern versprach, desto mehr stiegen die sozialen Kosten einer „autogerechten" Welt, in der die Mehrheit der Bundesbürger nunmehr wohnen wollte, und verringerten sich in den Verdichtungsräumen des Straßenverkehrs die Entfaltungsmöglichkeiten des einzelnen Autofahrers. Ursprüngliche Lebensqualität schlug um in Umweltbelastung. Ähnliches gilt für den Massentourismus, dessen Reiz gerade durch die Folgen seiner steigenden Popularität und der Erschwinglichkeit von Pauschalreisen zwangsläufig Schaden nehmen musste, und für die elektronischen Medien, deren kulturelle Problematik im vollen Maße erst in den Siebzigerjahren erkannt worden ist.

Schließlich: In dem Maße, wie die Bundesrepublik in den Fünfzigerjahren zur Industriegesellschaft par excellence geworden ist, hat sie auch deren außerordentliche Probleme in Kauf nehmen müssen. Hohe Abhängigkeit vom Weltmarkt, von Energieimporten und knappen Rohstoffen, starke Umweltbelastungen durch industrielle Emissionen und Abfälle, Zersiedelung der Landschaft durch dezentrale Industrieansiedlung oder Beschäftigungskrisen durch wirtschaftlichen Strukturwandel waren noch keine dringenden Fragen der Sechzigerjahre. Aber all diese Probleme, die die Bundesrepublik jenseits der „Grenzen des Wachstums" besonders hart trafen, sind in den Langen Fünfzigerjahren entstanden.

Werner Abelshauser, Deutsche Wirtschaftsgeschichte seit 1945, München 2004, S. 336-341

1. *Arbeiten Sie die Kennzeichen der Konsumgesellschaft in der Zeit des „Wirtschaftswunders" heraus.*

2. *Welche Folgen hatte die „Demokratisierung des Konsums" (Zeile 12)?*

3. *Beurteilen Sie aus heutiger Sicht das damalige Konsumverhalten.*

M7 Innere Ordnung und Demokratie

In der Schlussdebatte des Bundestages zur Verabschiedung der Notstandsgesetze am 30. Mai 1968 macht sich Außenminister und Vizekanzler Willy Brandt für die Gesetzesvorlage stark:

Bisher hatten die Alliierten noch Rechte, die uns als Untermieter im eigenen Haus erscheinen ließen. Das soll jetzt geändert werden. Unsere Bundesrepublik ist erwachsen genug, um die Ordnung ihrer inneren Angelegenheiten ohne Einschränkung in die eigenen Hände zu nehmen. [...] An dem Tage, an dem eigene deutsche Gesetze zum Schutze unserer Demokratie in Notzeiten in Kraft treten, erlöschen die Rechte, die sich unsere Alliierten bis dahin vorbehalten haben. [...] Wir wissen, meine Damen und Herren, dass manche unserer Mitbürger noch immer fragen, ob denn die Vorsorgegesetze [= Notstandsgesetze] überhaupt nötig seien. Hierzu hat nicht zuletzt der Bundesjustizminister, mein Kollege Dr. Heinemann, wiederholt darauf hingewiesen, dass der Verzicht auf ein im Grundgesetz verankertes Notstandsrecht unweigerlich das Wiederaufleben von Bemühungen um eine außerparlamentarische Notstandsvorsorge der Exekutive zur Folge hätte, die an die Schranken unserer Verfassung nicht gebunden wäre. [...]

Es gibt eine Kritik an der Notstandsgesetzgebung, die ich für reine Demagogie[1] halte. Diese stützt sich in der Bevölkerung zum Teil auf einen Mangel an Vertrautheit mit Tatsachen, und daran sind wir vielleicht nicht immer ganz schuldlos gewesen. Es gibt zugleich eine andere Kritik, die ich ernst nehme und respektiere. Ich meine zahlreiche Männer unseres geistigen und wissenschaftlichen Lebens, aus denen eine ehrliche Sorge spricht. Manche von ihnen meinen, es könnte sich quer durch die Parteien eine Art „Partei der Ordnung" im Sinne bloßer Beharrung bilden, die alle Unzulänglichkeiten des Bestehenden zementieren und in Versuchung geraten könnte, sich zu diesem Zweck auch der Vorsorgegesetze zu bedienen; eben damit würde sie einen tiefen Bruch im Volk, also einen Notstand hervorrufen. [...]

Wir sind [...] Zeugen einer erregenden, manchmal anstrengenden Unruhe der jungen Generation, die inzwischen über alle nationalen Grenzen hinausgewachsen ist. Sie findet in jedem Land andere Anlässe des Protestes. Zum Teil ist sie von dem Aufbegehren gegen das Gefühl getragen, der einzelne Mensch könnte zum manipulierten Rädchen in einer alles beherrschenden Technisierung unserer Welt werden. Sie lehnt ab, sich von Erfahrungen leiten zu lassen, die für sie Geschichte sind. Sie sucht nach Maßstäben und Werten, die über Wohlstandskategorien hinausgehen. Sie möchte Technik in den Dienst ihres noch unformulierten Willens stellen.

Ich sympathisiere mit dieser Strömung in der jungen Generation. Das weiß man. Ich wünsche, dass sie ihren Idealen näher kommen möge, als andere imstande waren, im Laufe jüngerer deutscher Geschichte die Ideale ihrer Jugend zu verwirklichen. [...]

Die demokratische Empfindlichkeit vieler in unserem Volk hat sich als leicht ansprechbar erwiesen. Das ist auch gut. Doch gehöre ich zu denen, die meinen, dass wir uns fragen müssen, was in unserem Staat nicht stimmt, noch nicht stimmt, wenn zuweilen ganze Gruppen von tiefem Misstrauen erfüllt sind, wenn man dem Wort des anderen nicht mehr glaubt, wenn alle allen alles oder viele vielen vieles zutrauen. [...]

Dies und anderes hat mich [...] in der Überzeugung bestärkt, dass vieles doch noch notleidend ist im Verhältnis zwischen Staat und Teilen der geistigen Schichten, wohl auch der jungen Generation, wohl auch der Arbeiterschaft. Ich fürchte wirklich, dass uns weder die Bewältigung der Vergangenheit noch die Vorbereitung auf die Zukunft schon gut genug gelungen ist. [...]

Um die Vorsorgegesetze ist ein Kampf geführt worden, der Respekt verdient. Für Notzeiten, die hoffentlich niemals eintreten, ist das Menschenmögliche getan. Mein bescheidenes Votum [...] wäre nun, an die Arbeit zu gehen, um diesen Staat so zu gestalten, dass er der Mitarbeit aller seiner Bürger sicher sein kann.

Verhandlungen des Deutschen Bundestages, stenographische Berichte, Bd. 66, Bonn 1969, S. 9625-9631

[1] Demagogie: Aufwiegelung der öffentlichen Meinung, politische Hetze

1. *Fassen Sie die Kritikpunkte an der Notstandsgesetzgebung zusammen, auf die Brandt in seiner Rede eingeht. Welche Einwände weist er zurück, welchen begegnet er mit Anerkennung oder Selbstkritik?*

2. *Arbeiten Sie heraus, welches Bild Brandt von der Bundesrepublik um 1968 zeichnet. Welche bisherigen Leistungen in Staat und Gesellschaft spricht Brandt an, wo sieht er Mängel und Reformbedarf?*

3. *Brandt wendet sich an eine „Strömung in der jungen Generation" (Zeile 44 f.) und hofft auf die Verwirklichung ihrer Ideale. Nennen Sie Jugend- und Protestbewegungen in der deutschen und europäischen Geschichte und bewerten Sie, inwieweit sie an ihr Ziel gelangt sind.*

M8 „Wandel durch Annäherung"

Egon Bahr, ein enger Vertrauter Willy Brandts, erläutert am 15. Juli 1963 die Grundzüge einer künftigen neuen Ostpolitik:

Die Änderung des Ost-West-Verhältnisses, die die USA versuchen wollen, dient der Überwindung des Status quo, indem der Status quo zunächst nicht verändert werden soll. Das klingt paradox, aber es eröffnet Aussichten, nachdem die bisherige Politik des Drucks und Gegendrucks nur zu einer Erstarrung des Status quo geführt hat. Das Vertrauen darauf, dass unsere Welt die bessere ist, die im friedlichen Sinn stärkere, die sich durchsetzen wird, macht den Versuch denkbar, sich selbst und die andere Seite zu öffnen und die bisherigen Befreiungsvorstellungen zurückzustellen. [...] Die erste Folgerung, die sich aus einer Übertragung der Strategie des Friedens auf Deutschland ergibt, ist, dass die Politik des Alles oder Nichts ausscheidet. Entweder freie Wahlen oder gar nicht, entweder gesamtdeutsche Entscheidungsfreiheit oder ein hartes Nein, [...] das alles ist nicht nur hoffnungslos antiquiert und unwirklich, sondern in einer Strategie des Friedens auch sinnlos. Heute ist klar, dass die Wiedervereinigung nicht ein einmaliger Akt ist, [...] sondern ein Prozess mit vielen Schritten und vielen Stationen. Wenn es richtig ist, was Kennedy sagte, dass man auch die Interessen der anderen Seite anerkennen und berücksichtigen müsse, so ist es sicher für die Sowjetunion unmöglich, sich die Zone zum Zwecke einer Verstärkung des westlichen Potenzials entreißen zu lassen. Die Zone muss mit Zustimmung der Sowjets transformiert werden. Wenn wir so weit wären, hätten wir einen großen Schritt zur Wiedervereinigung getan. [...] Das ist eine Politik, die man auf die Formel bringen könnte: Wandel durch Annäherung. Ich bin fest davon überzeugt, dass wir Selbstbewusstsein genug haben können, um eine solche Politik ohne Illusion zu verfolgen, die sich außerdem nahtlos in das westliche Konzept der Strategie des Friedens einpasst, denn sonst müssten wir auf Wunder warten, und das ist keine Politik.

Archiv der Gegenwart 33, 1963, S. 10700 f.

1. *Skizzieren Sie, was Bahr mit der „Politik des Drucks und Gegendrucks" (Zeile 5) konkret meint.*

2. *Erläutern Sie, worin das grundlegend Neue der sozialliberalen Ostpolitik bestand.*

◄ **Duisburg-Bruckhausen.** *Foto von J.H. Darchinger von 1971.*

M9 Was ist Umweltpolitik?

Die seit 1969 regierende SPD/FDP-Koalition ist die erste deutsche Regierung, die sich ausdrücklich dem Umweltschutz verpflichtet. In ihrem Umweltprogramm von 1971 heißt es:

1. Umweltpolitik ist die Gesamtheit aller Maßnahmen, die notwendig sind,
   - um dem Menschen eine Umwelt zu sichern, wie er sie für seine Gesundheit und für ein menschenwürdiges Dasein braucht, und
   - um Boden, Luft und Wasser, Pflanzen- und Tierwelt vor nachhaltigen Wirkungen menschlicher Eingriffe zu schützen und
   - um Schäden oder Nachteile aus menschlichen Eingriffen zu beseitigen.
2. Die Kosten der Umweltbelastungen hat grundsätzlich der Verursacher zu tragen (Verursacherprinzip).
3. Die Leistungsfähigkeit der Volkswirtschaft wird bei Verwirklichung des Umweltprogramms nicht überfordert werden. Der Umweltschutz soll durch finanz- und steuerpolitische Maßnahmen sowie durch Infrastrukturmaßnahmen unterstützt werden.
4. Der Zustand der Umwelt wird entscheidend bestimmt durch die Technik. Technischer Fortschritt muss umweltschonend verwirklicht werden. [...]
5. Umweltschutz ist Sache jedes Bürgers. Die Bundesregierung sieht in der Förderung des Umweltbewusstseins einen wesentlichen Bestandteil ihrer Umweltpolitik.
6. Die Bundesregierung wird sich für ihre Entscheidungen in Fragen des Umweltschutzes verstärkt der wissenschaftlichen Beratung bedienen. Sie wird hierfür u.a. einen Rat von Sachverständigen für die Umwelt berufen.
7. Alle Umweltbelastungen und ihre Wirkungen müssen systematisch erforscht werden. Die notwendigen Forschungs- und Entwicklungskapazitäten für den Umweltschutz werden ausgebaut [...].
8. Die Möglichkeiten der Ausbildung für die Spezialgebiete des Umweltschutzes sollen, unter anderem durch interdisziplinäre und praxisbezogene Aufbaustudien an Hoch- und Fachhochschulen, vermehrt und verbessert werden.
9. Wirksamer Umweltschutz bedarf enger Zusammenarbeit zwischen Bund, Ländern und Gemeinden untereinander und mit Wissenschaft und Wirtschaft.
10. Der Umweltschutz verlangt internationale Zusammenarbeit. Die Bundesregierung ist hierzu in allen Bereichen bereit und setzt sich für internationale Vereinbarungen ein.

Drucksache VI/2710 des Deutschen Bundestages vom 14. Oktober 1971

1. *Erläutern Sie, was die Bundesregierung 1971 unter Umweltpolitik verstand.*

2. *Diskutieren Sie die vorgesehene Verteilung der Kompetenzen in Umweltfragen.*

Die DDR 1949-1989: Staat und Wirtschaft

▲ **„Stalin, das ist der Frieden."** *DDR-Propagandaplakat von 1952, herausgegeben vom „Amt für Informationen".*

Aufbau nach sowjetischem Vorbild Ganz ähnlich wie in den übrigen Staaten des sowjetischen Machtbereiches in Osteuropa entstand in der DDR eine Diktatur, deren Führung sich zu keinem Zeitpunkt auf die freiwillige Zustimmung einer Mehrheit der Bevölkerung berufen konnte. Schon vor der Gründung der DDR im Oktober 1949 war die SED dem Beispiel der KPdSU gefolgt. Danach stand sie nicht in Konkurrenz zu anderen Gruppen im Staat, sondern sie übte – gemäß der Lehre des Marxismus-Leninismus – an der Spitze des „Arbeiter- und Bauernstaates" ein Machtmonopol aus (▸ M1). Die kommunistische Führungsgruppe der Partei beschritt bei der Durchsetzung ihres Machtmonopols mehrere Wege:

1. die innere Umgestaltung der SED zu einer „Partei neuen Typus"*,
2. die Umformung aller Parteien, Gewerkschaften und Verbände zu einem Instrument der SED,
3. die Lenkung der Justiz zur Absicherung der Diktatur und
4. der Einsatz der Geheimpolizei (*Ministerium für Staatssicherheit*, MfS) zur Überwachung der Bevölkerung und zur Unterdrückung jeder Opposition.

Die straffe hierarchische Parteistruktur gewährleistete, dass die Entscheidungen der SED-Führung auf allen nachgeordneten Ebenen umgesetzt wurden. Vorbild war die Kommunistische Partei der Sowjetunion (KPdSU).

Das *Zentralkomitee* war das höchste Organ der SED zwischen den Parteitagen. Die Zahl seiner Mitglieder wuchs ständig, da langjährige Mitglieder nicht abberufen wurden (1951: 51 Mitglieder; 1986: 165 Mitglieder). Die Zahl seiner Sitzungen verringerte sich im Lauf der Zeit, bis es etwa zweimal im Jahr tagte. De facto bestätigte das ZK lediglich die Vorgaben der ständigen Organe der SED (*Politbüro* und *Sekretariat des ZK*). Das Sekretariat bestand aus den zuständigen Sekretären für bestimmte Fachbereiche. Das Politbüro war das oberste Führungsgremium und tagte mindestens einmal wöchentlich. Der Generalsekretär berief die Sitzungen des Politbüros sowie des Zentralkomitees ein und leitete sie. Da die Kompetenzen zwischen Politbüro und Sekretariat nicht genau geregelt waren, schwankte das Kräfteverhältnis zwischen den beiden Gremien.

Das Bekenntnis zu Stalin und zur „führenden Rolle" der Sowjetunion sowie den Kampf gegen „Spione und Agenten" und den „Sozialdemokratismus" erklärte der III. Parteitag der SED im Juli 1950 zur Pflicht für alle Mitglieder. Mit Unterstützung der sowjetischen Geheimpolizei ließ Walter Ulbricht, Erster Sekretär und mächtigster Mann der SED, missliebige Mitglieder aus der Partei ausschließen – allein 1950/51 waren es 150 000, darunter vor allem ehemalige Sozialdemokraten, aber auch viele Kommunisten. Selbst Mitglieder der Führungsgruppe wurden ihrer Funktionen enthoben oder verhaftet. In einer Atmosphäre der Angst entwickelte sich die SED zu einem monolithischen** Machtapparat, der von wenigen Spitzenfunktionären gelenkt wurde.

Durchsetzung des alleinigen Führungsanspruches der SED Neben der SED existierten seit 1945 die CDU (Christlich-Demokratische Union Deutschlands) und die LDPD (Liberal-Demokratische Partei Deutschlands) als „bürgerliche" Parteien in der Sowjetischen Besatzungszone. Um diese Parteien zu schwächen, rief die SED mit Zustimmung der Sowjetischen Militäradministration 1948 die „Demokratische Bauernpartei Deutsch-

* Siehe S. 233.
** monolithisch (griech. „aus einem Stein bestehend"): festgefügt, einen einheitlichen Machtblock bildend

lands" (DBD) und die „National-Demokratische Partei Deutschlands" (NDPD) ins Leben. Sie gehorchten den Weisungen der SED, sollten Zugang zu bäuerlichen und liberal-konservativen Kreisen gewinnen und die tatsächlichen Machtverhältnisse verschleiern.

Eine ähnliche Rolle wie den Parteien wies die SED-Spitze den großen Massenorganisationen zu, die zwischen 1945 und 1947 gegründet worden waren, vor allem dem „Freien Deutschen Gewerkschaftsbund" (FDGB), der „Freien Deutschen Jugend" (FDJ), dem „Demokratischen Frauenbund Deutschlands" (DFD), dem „Kulturbund" (KB) sowie der „Vereinigung der gegenseitigen Bauernhilfe" (VdgB). Sie sollten als „Transmissionsriemen" (Lenin) den Willen der kommunistischen Parteispitze auf die Gesellschaft übertragen. Gemeinsam mit den fünf zugelassenen Parteien bildeten sie den „Demokratischen Block der Parteien und Massenorganisationen", der aus dem Antifaschistischen Block* hervorgegangen war. Der „Demokratische Block" sowie weitere Massenorganisationen, Vereine und Verbände wurden nach der Staatsgründung in der *„Nationalen Front des demokratischen Deutschland"* zusammengeschlossen. Da die maßgeblichen Stellen der Nationalen Front von SED-Funktionären eingenommen wurden, konnte die SED auf diesem Weg alle Parteien und Massenorganisationen steuern.

▲ Plakat zur ersten Volkskammerwahl in der DDR am 15. Oktober 1950.
Eine Einheitsliste der „Nationalen Front", die alle Parteien und Massenorganisationen vereinte und die Kandidaten festlegte, sicherte der SED die Macht.
- *Analysieren Sie den propagandistischen Inhalt des Plakats.*

Die Nationale Front bestimmte die Kandidaten zu den Landtagswahlen und zur Wahl der Volkskammer, dem Parlament der DDR. Im Oktober 1950 fanden die ersten Volkskammerwahlen statt. Die Bürger hatten keine Möglichkeit zur Auswahl, sondern konnten die Einheitsliste nur bestätigen. Für das zuvor festgelegte Ergebnis (98 Prozent Wahlbeteiligung, 99,7 Prozent Zustimmung) mussten die SED und ihre Geheimpolizei allerdings Druck auf die Bevölkerung ausüben und die Wahlergebnisse fälschen.

Seit Anfang der Fünfzigerjahre forcierte die SED die Unterordnung der bürgerlichen Parteien. Widerstandsbereite Persönlichkeiten wurden ihrer Ämter enthoben, verhaftet und zu Zuchthaus oder Zwangsarbeit in sowjetischen Straflagern verurteilt. Seit 1952/53 erkannten CDU und LDPD in ihren Satzungen „die führende Rolle der SED als der Partei der Arbeiterklasse" vorbehaltlos an. In der Bevölkerung galten alle von der SED abhängigen Parteien als „Blockparteien". Damit war nicht nur die Zugehörigkeit zum „Demokratischen Block" gemeint, sondern vor allem der Umstand, dass echte Parteienvielfalt unter dem Diktat der SED ausgeschlossen blieb.

Justiz im Parteiauftrag Die Entfernung ehemaliger Nationalsozialisten aus dem Justizapparat nutzte die Führung der SED, um an ihrer Stelle zuverlässige Kommunisten zu platzieren. Die SED verstand die Justiz als Mittel zur Belehrung über den Sozialismus sowie zur Erziehung des Volkes. Sie kontrollierte die gesamte Justiz. Im Gegensatz zum Wortlaut der Verfassung waren die Richter (Volksrichter) nicht unabhängig, sondern politische Funktionäre, angeleitet und gelenkt vom Obersten Gericht und den Parteiinstanzen. Auch Rechtsanwälte sollten als „Organe der sozialistischen Rechtspflege" helfen, die staatlichen Vorgaben durchzusetzen – wenn nötig gegen ihre Mandanten. Die Öffentlichkeit von Gerichtsverfahren beschränkte sich darauf, dass meist nur ausgewählte Personengruppen an Prozessen teilnehmen durften. Die Haftbedingungen in den Gefängnissen waren unmenschlich.

* Siehe S. 233.

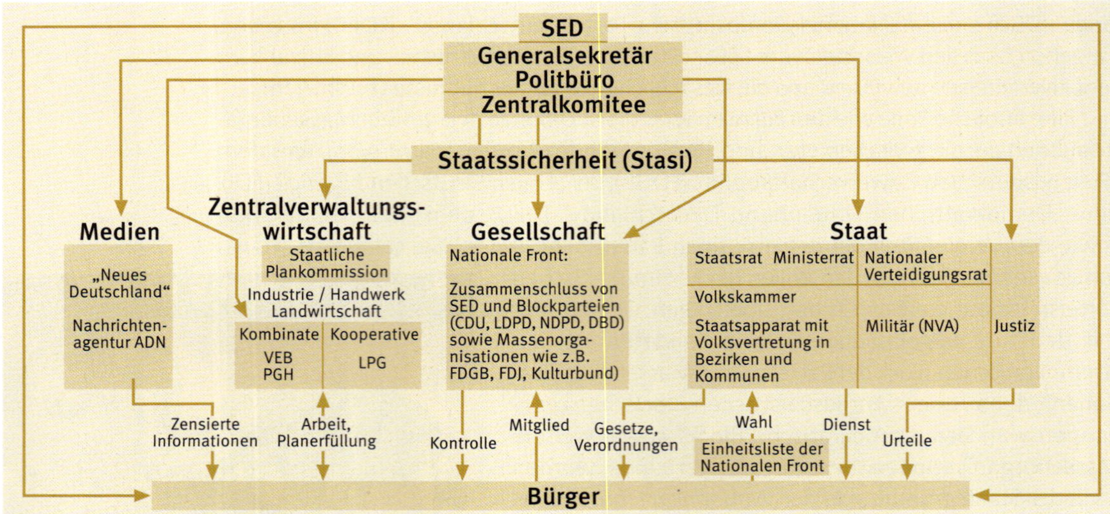

▲ **Die Verfassungswirklichkeit in der DDR.**
Grafik nach Eberhard Wilms.

Filmtipp
Ein Tag zählt wie ein Jahr – Die Frauen von Hoheneck. Eine Produktion von Kristin Derfler und Dietmar Klein von 2010. Der Film erinnert an das DDR-Frauengefängnis Hoheneck in Stollberg bei Chemnitz, in dem von 1950 bis 1989 tausende Frauen aus politischen Motiven inhaftiert waren.

Das Strafrecht diente somit als Instrument der Diktatur zur Bekämpfung ihrer Gegner. Als Straftatbestand diente häufig die Generalklausel des Artikels 6 der Verfassung von 1949 („Boykotthetze gegen demokratische Einrichtungen“). Bereits kritische Meinungsäußerungen über das Regime wurden mit hohen Freiheitsstrafen geahndet.

Schauprozesse zur Bekämpfung des sozialdemokratischen und bürgerlichen Widerstandes, aber auch der innerparteilichen Gegner Ulbrichts wurden vom Justizapparat der SED inszeniert und von den Gerichten ausgeführt. Das Politbüro betätigte sich in der Ära Ulbricht nicht selten als Ankläger, Richter und Gnadeninstanz. Heute wird die Zahl der politisch Verfolgten in 40 Jahren DDR auf 150 000 bis 200 000 geschätzt. Nicht weniger als 33 755 „politische Häftlinge“ kaufte die Bundesregierung zwischen 1963 und 1989 für umgerechnet 1,74 Milliarden Euro frei. Seit dem Untergang des SED-Regimes können die Opfer des Justizterrors ihre gerichtliche Rehabilitierung beantragen. Etwa 160 000 solcher Anträge sind bis 2001, der gesetzlichen Frist, gestellt worden; die meisten davon wurden mit positivem Ergebnis abgeschlossen.

Auch das Zivil-, Familien- und Arbeitsrecht nutzte der SED-Staat, um Andersdenkende, Kritiker oder Systemgegner einzuschüchtern. So wurden Schulabschlüsse, die Berufsausbildung, der berufliche Aufstieg von Menschen, die unliebsam aufgefallen waren, verhindert, die Wohnungszuteilung oder die Reiseerlaubnis versagt, der Personalausweis entzogen, der Arbeitsplatz gekündigt usw. Wegen der herrschenden Rechtsunsicherheit blieb für die Bürger das staatliche Handeln stets unberechenbar.

Das Ministerium für Staatssicherheit Neben der Roten Armee gewährleistete insbesondere der Staatssicherheitsdienst den Machterhalt der SED. Er war eine Kopie des sowjetischen Geheimdienstes und mit diesem lange Zeit aufs Engste verflochten. Im Februar 1950 wurde das MfS gegründet, um „Saboteure, Agenten und Diversanten*“ zu bekämpfen. Der Staatssicherheitsdienst war politische Geheimpolizei, geheimer Nachrichtendienst und Organ strafrechtlicher Untersuchungen. Vor allem bei politischen „Delikten“ führte er die Ermittlungsverfahren durch. Vom ersten Tag seiner

* Diversant: im kommunistischen Sprachgebrauch Saboteur

Existenz an arbeitete der Staatssicherheitsdienst unter strengster Geheimhaltung. **Erich Mielke**, der den Staatssicherheitsdienst ab 1957 leitete, bezeichnete ihn als „Schild und Schwert der Partei" und erweiterte fortlaufend dessen Zuständigkeiten. Die *Stasi* – so die Kurzbezeichnung – unterstand nur dem Vorsitzenden des Verteidigungsrates und damit dem Generalsekretär der SED. Kein Gesetz oder Parlament schränkten ihre Ziele und Methoden ein. Im Laufe der Zeit entwickelte sich die Geheimpolizei der SED zu einem gigantischen Überwachungsapparat mit der Zentrale in Ost-Berlin und nachgeordneten Behörden auf Bezirks- und Kreisebene. Anfangs zählte das MfS 1000 hauptamtliche Mitarbeiter, Mitte der Fünfzigerjahre bereits 13 000. 1989 waren es schließlich etwa 91 000 hauptamtliche Mitarbeiter.

Um die vermuteten „feindlich-negativen" Personen, Handlungen und Meinungen flächendeckend aufzuspüren, bediente sich der Apparat eines zusätzlichen Netzes von Spitzeln, die ihre Führungsoffiziere über „staatsfeindliche" Gespräche oder Absichten im eigenen Freundeskreis, am Arbeitsplatz, in der Familie, in staatlichen und gesellschaftlichen Organisationen informierten. Die Überwachung von Bürgerinnen und Bürgern durch sogenannte *Inoffizielle Mitarbeiter* (IM) wurde bereits in den Fünfzigerjahren systematisch organisiert. Am Ende der SED-Diktatur (1989) verfügte das MfS über rund 189 000 Zuträger. Im Durchschnitt kamen in der Endphase der DDR auf einen Inoffiziellen Mitarbeiter 120 Einwohner. Erst neuere Forschungen haben gezeigt, dass Ende der Achtzigerjahre auch 1553 Bundesbürger als aktive Inoffizielle Mitarbeiter beim DDR-Auslandsgeheimdienst des MfS registriert waren und weitere 1500 Bundesbürger für andere Abteilungen des MfS spionierten. Insgesamt arbeiteten während des 40-jährigen Bestehens der DDR rund 12 000 Westdeutsche für die Stasi.

Von Anfang an nutzte das MfS die unterschiedlichsten Mittel, um Opponenten zu kriminalisieren und ihnen beruflich oder privat zu schaden. Dazu gehörten das Öffnen von Briefen, heimliche Wohnungsdurchsuchungen, der Einbau von Abhöranlagen, die Durchsicht von Bankunterlagen und Krankheitsberichten, permanente Beschattung verdächtiger Personen, willkürliche Festnahmen, Verhaftungen und Verhöre oder die systematische psychische „Zersetzung" von Zielpersonen (▸ M2).

Erich Mielke (1907 - 2000): Minister für Staatssicherheit 1957 - 1989, Mitglied des Politbüros 1976 - 1989; 1993 wegen Mordes verurteilt

Die DDR wird Teil des Ostblocks Die SED nahm für sich in Anspruch, mit der DDR den „Grundstein für ein einheitliches, demokratisches und friedliebendes Deutschland" (Stalin 1949) gelegt und ein Modell für ein zukünftiges Gesamtdeutschland unter kommunistischer Führung geschaffen zu haben. In der Praxis allerdings überwog stets das Ziel der Absicherung der eigenen Herrschaft durch Abgrenzung gegenüber der Bundesrepublik.

Bereits seit Anfang 1950 war die DDR Mitglied des von Stalin ins Leben gerufenen Rates für Gegenseitige Wirtschaftshilfe.* Damit wurde die DDR in ein System der Arbeitsteilung und Spezialisierung eingebunden, das unter Führung der Sowjetunion die Volkswirtschaften der Ostblockstaaten miteinander verkoppelte. Die Außenwirtschaftskontakte zum Westen und zur Bundesrepublik (innerdeutscher Handel) gingen dementsprechend zurück.

▸ **Geschichte In Clips:** Zur Wirtschaftsentwicklung in der Frühphase der DDR siehe Clip-Code 32003-07

1950 schloss die DDR mit Polen das Görlitzer Abkommen, worin sie die Oder-Neiße-Linie als Ostgrenze („Oder-Neiße-Friedensgrenze") anerkannte. Im selben Jahr verzichteten DDR und ČSSR in der Prager Deklaration auf gegenseitige Gebietsansprüche. Zugleich wurden die „Umsiedlungen" Deutscher aus der Tschechoslowakei seit dem Ende des Zweiten Weltkrieges für „endgültig" und „gerecht" erklärt. Die beiden Ver-

* Siehe S. 178 und 235.

träge entstanden auf Druck der Sowjetunion. Einerseits verbesserten sie das Verhältnis der DDR zu den östlichen Nachbarn, andererseits vertieften sie die deutsche Spaltung. Denn weder die Bundesrepublik noch die westlichen Siegermächte waren in die Abmachungen einbezogen worden.

Trotz dieser Entwicklung war die deutsche Frage noch immer offen. DDR und Bundesrepublik standen weiterhin unter der Hoheit der Siegermächte. Während die Bundesregierung in Bonn jedoch die Westintegration aus freiem Entschluss vorantrieb, konnte die DDR-Führung nur reagieren: auf die Entscheidungen im Westen sowie auf die Weisungen der Sowjetunion. Die UdSSR unternahm im Frühjahr 1952 einen letzten Versuch, den Eintritt der Bundesrepublik in ein westliches Verteidigungsbündnis zu verhindern.* Als die Westmächte das Angebot zu einem vereinten, aber neutralen Deutschland ausschlugen, gab Stalin das Signal, auf das die Regierung in Ost-Berlin schon lange gewartet hatte: Der „Aufbau des Sozialismus" in der DDR sollte nun stattfinden.

▲ **„Von den Sowjetmenschen lernen heißt siegen lernen ..."**
Propagandaplakat, um 1952. Das sowjetische Originalplakat zeigt den Stalinpreisträger A. Tschutkich.

„Planmäßiger Aufbau des Sozialismus" ■ Nachdem die SED ihre Herrschaft gesichert hatte, beschloss sie auf einer Parteikonferenz im Juli 1952 den „planmäßigen Aufbau des Sozialismus". Er sollte Wirtschaft und Gesellschaft der DDR grundlegend umformen. Das Programm sah vor:

- weitere Zentralisierung der Staatsmacht (Auflösung der Länder, Aufhebung der Selbstverwaltung der Kommunen), Ausbau von Partei und Sicherheitsorganen, massive Verbreitung der SED-Ideologie durch die Medien;
- Ausbau der „Volkseigenen Betriebe" (VEB), deren Anteil an der industriellen Produktion bereits rund 80 Prozent betrug; Enteignung und politische Verfolgung der bürgerlichen Mittelschichten, die als private Unternehmer, kleine Handel- und Gewerbetreibende eine wichtige Stütze für die ostdeutsche Wirtschaft bildeten; durch eine extrem hohe Besteuerung und bürokratische Gängeleien wurde ihre berufliche Existenz vielfach vernichtet;
- einseitige Förderung der Schwerindustrie und der Rüstungsproduktion ohne Rücksicht auf die wachsenden Versorgungsengpässe für die Bevölkerung, dazu eine Erhöhung der geforderten Arbeitsleistung;
- forcierte Kollektivierung der Landwirtschaft; durch extrem hohe Ablieferungsverpflichtungen wurden selbstständige Bauern in „Landwirtschaftliche Produktionsgenossenschaften" (LPG) gezwungen;
- rascher Aufbau von „nationalen Streitkräften", finanziert durch Steuererhöhungen und Einsparungen im sozialen Bereich.

Die SED verstärkte auch den Druck auf die evangelische Kirche, die sie für eine weltanschauliche Konkurrenz hielt. Deren Nachwuchsorganisation „Junge Gemeinde" wurde als „politisch-ideologisch" verboten. Der Religionsunterricht an den Schulen wurde abgeschafft. Nach der Entnazifizierung, der Bodenreform und der „Gleichschaltung" der politischen Kräfte bedeuteten diese Maßnahmen einen weiteren, radikalen Eingriff in die gesellschaftlichen und wirtschaftlichen Strukturen.

Die Krise von 1953 ■ Im Jahr 1952 nahm das SED-Regime auf Anordnung Moskaus die Aufstellung regulärer DDR-Truppen vor. Mitte 1953 waren etwa 130 000 Soldaten einsatzbereit. Diese Militarisierung belastete die Wirtschaft enorm. Zwar gelang es in einigen Industriezweigen, das Vorkriegsniveau wieder zu erreichen und zu übertreffen;

* Siehe S. 243.

dennoch fiel die DDR wegen der einseitigen Konzentration auf den Rüstungssektor und die Schwerindustrie sowie der starren Strukturen in den Betrieben immer wieder hinter die Produktionsvorgaben zurück. Die SED-Führung machte hingegen sogenannte „Wirtschaftsverbrecher" für die Krise verantwortlich. Das „Gesetz zum Schutz des Volkseigentums" vom Oktober 1952 sollte dazu dienen, die Solidarität unter den Arbeitern zu zerstören. Nun wurde es dazu genutzt, Tausende wegen geringer Diebstähle zu verurteilen. Bestraft wurde auch, wer einen Diebstahl nicht anzeigte.

Selbstständige und Privateigentümer, circa zwei Millionen Menschen, bekamen keine Lebensmittelkarten mehr. Sie sollten in den staatlichen Läden zu höheren Preisen kaufen, wo es ebenso an Butter, Öl, Margarine oder Fleisch mangelte wie in den übrigen Geschäften. Während die gelenkte Presse von ständig neuen Produktionserfolgen berichtete, blieben die Lebensmittel rationiert. Es fehlte an frischem Gemüse, Obst, sogar die Versorgung mit Kartoffeln und Brot bereitete Schwierigkeiten. Immer mehr Menschen flüchteten nach West-Berlin und in die Bundesrepublik, im ersten Halbjahr 1953 allein 226 000 Personen. Die SED-Führung antwortete mit verschärfter Repression und einer großen Propagandakampagne zur freiwilligen Erhöhung der Arbeitsleistung bei unveränderten Löhnen. In einigen Betrieben kam es daraufhin zu Protesten. Obgleich dem Politbüro Berichte über die Stimmung in der Bevölkerung vorlagen, verschärfte Ulbricht den eingeschlagenen Kurs. Per Dekret wurden Mitte Mai 1953 die Arbeitsnormen um mindestens zehn Prozent erhöht. In mehreren Städten fanden erste Warnstreiks statt.

Der „Neue Kurs" – von Moskau verordnet Beunruhigt über die schlechte ökonomische Situation und Stimmungslage in der DDR, versuchte die neue sowjetische Führung – Stalin war am 5. März 1953 gestorben –, die Lage zu entschärfen. Anfang Juni 1953 befahl die Sowjetunion einen sofortigen Kurswechsel: Die privaten Produzenten sollten gefördert, geflüchtete Bauern und Selbstständige zurückgerufen, die „Wirtschaftsverbrecher" aus den Gefängnissen entlassen, das Gespräch mit den Kirchenleitungen gesucht werden (▸ M3).

Diesen „Neuen Kurs" verkündete das DDR-Regime am 11. Juni 1953, und offiziell wurden sogar schwerwiegende Fehler zugegeben. Doch ausgerechnet die Erhöhung der Arbeitsnormen wurde nicht zurückgenommen. Die Empörung in der Arbeiterschaft und weiten Kreisen der Bevölkerung wuchs weiter. Je nach politischer Grundeinstellung sahen die einen in der politischen Kehrtwende einen hoffnungsvollen Neuanfang, die anderen eine Bankrotterklärung der SED. Gerüchte über eine Auflösung der Partei machten die Runde. Meldungen der Staatssicherheit berichteten von Freudenfesten auf dem Land, wo bereits die Befreiung von der SED-Herrschaft gefeiert wurde; und viele glaubten sogar an eine nahe bevorstehende Wiedervereinigung, nachdem die SED alle Losungen mit dem Wort „Sozialismus" kurzfristig entfernen ließ. Auf Großbaustellen häuften sich spontane Streiks, Bauern traten wieder aus den LPG aus, vielerorts wurde vor Gefängnissen demonstriert.

Vom Arbeiterprotest zum Volksaufstand Am 16. Juni formierten sich die Bauarbeiter in der Ost-Berliner Stalinallee zu einem Protestmarsch gegen die Beibehaltung der Normenerhöhung. Fast alle Betriebe in Berlin schlossen sich an. Die Demonstranten verlangten den Rücktritt der Regierung sowie freie Wahlen und kündigten einen Generalstreik an. Erst jetzt entschied sich das Politbüro für die Zurücknahme der Normenerhöhung. Doch die Arbeiter ließen sich nicht mehr beschwichtigen. Innerhalb weniger

▸ **Geschichte In Clips:**
Zum Aufstand am 17. Juni 1953 siehe Clip-Code 32003-08

Extrablatt Kostenlos Extrablatt

Telegraf

UNABHÄNGIGE ZEITUNG FÜR DAS FREIE BERLIN

Berlin, Mittwoch, 17. Juni 1953

Kriegsrecht über Ostberlin
Sowjets schießen auf Arbeiter
Generalstreik gegen den Terror

Die sowjetischen Okkupationstruppen haben zu den Waffen gegriffen, um die freiheitliche Bewegung der gesamten Ostberliner Bevölkerung niederzuschlagen. Der sowjetische Stadtkommandant hat heute mittag den Ausnahmezustand verhängt. Er befahl: 1. Ab 13 Uhr wird im sowjetischen Sektor von Ostberlin der Ausnahmezustand verhängt. 2. Alle Demonstrationen und Versammlungen, Kundgebungen und sonstigen Menschenansammlungen über drei Personen sind auf Straßen und Plätzen wie auch in öffentlichen Gebäuden verboten. 3. Jeglicher Verkehr von Fußgängern und der Verkehr von Kraftfahrzeugen wird von 21 Uhr abends bis fünf Uhr morgens verboten. 4. Diejenigen, die gegen dieses Verbot verstoßen, werden nach dem Kriegsrecht bestraft.

Im Ostsektor ist heute vormittag der offene Aufruhr gegen das kommunistische System ausgebrochen. Alle Arbeiter in den Ostberliner Betrieben legten die Arbeit nieder und demonstrierten für Freiheit, gesamtdeutsche Wahlen und den Rücktritt der SED-Clique.

Standrecht ist keine Lösung

Panzer und Geschütze

▲ Aufstand am 17. Juni.
Extrablatt der Tageszeitung „Telegraf" (unabhängige Zeitung für das freie Berlin), 17. Juni 1953.
Die sowjetische Besatzungsmacht kam der SED zu Hilfe und setzte mit Panzern dem Aufstand ein Ende. Die Verunsicherung der SED-Führung nach den Ereignissen des 17. Juni saß tief. Ende November 1953 beschloss das Sekretariat des Zentralkomitees daher die Bewaffnung von SED-Funktionären mit Pistolen.

Stunden weitete sich am 17. Juni die Streikwelle zu einem landesweiten Aufstand der Bevölkerung gegen die SED aus. In über 700 Städten und Ortschaften beteiligten sich rund eine halbe Million Menschen an Demonstrationen, besetzten öffentliche Gebäude, Parteibüros und Dienststellen der Staatssicherheit, auch Gefängnisse wurden gestürmt und über 1300 Häftlinge befreit (▸ M4).

Die Unruhen riefen die Sowjetunion auf den Plan. Während die SED-Führung hilflos zusehen musste, verhängte die Besatzungsmacht im Laufe des 17. Juni den Ausnahmezustand über Ost-Berlin und weite Teile der DDR: Es galt das Kriegsrecht. Sowjetische Militärtribunale verhängten 18 Todesurteile gegen Aufständische, darunter mehrere Jugendliche. Hunderte wurden in Zwangsarbeitslager nach Sibirien verbracht. Da dem Aufstand jede überregionale Koordination fehlte, konnte das sowjetische Militär mit Panzern den Aufstand schnell niederschlagen. Dennoch flackerten bis in den Juli 1953 hinein immer wieder Streiks auf, und auf dem Land wollten viele Bauern nicht aufgeben. Etwa 1300 Mitglieder der SED traten aus Protest gegen die Führung aus der Partei aus.

In den Wochen und Monaten nach dem 17. Juni wurden rund 13 000 Menschen verhaftet, etwa 3 000 verurteilt, die meisten zu teilweise hohen Zuchthausstrafen, in zwei Fällen zum Tod. Mehr als die Hälfte der höheren Parteifunktionäre wurde ihrer Ämter enthoben. Dazu zählten auch die Gegner Ulbrichts im Politbüro, die einen langsameren Kurs beim Aufbau des Sozialismus gefordert hatten.

Obwohl die SED ihre Macht retten und weiter festigen konnte, blieb der angeblich vom Westen gesteuerte „faschistische Putsch" von nun an das Trauma der Parteiführung. Auf der anderen Seite hatte die Bevölkerung die bittere Erfahrung machen müssen, dass Widerstand gegen das Regime aussichtslos war, solange die Sowjetunion dessen Existenz garantierte. Bis zu den Ereignissen von 1989 fanden in der DDR keine landesweiten Proteste mehr statt.

Die Westmächte hätten in die Vorgänge nicht eingreifen können, ohne einen Krieg zu beginnen. Angesichts der Blockbildung in Europa würde der Westen auch künftig nur moralische Unterstützung leisten – auch diese Lehre zogen die Gegner des SED-Regimes. Der Deutsche Bundestag erklärte den 17. Juni zum „Tag der Deutschen Einheit", der in der Bundesrepublik bis 1990 als nationaler Feiertag begangen wurde.

Vollendung der „Ostintegration" Mit dem Beitritt der Bundesrepublik zur NATO im Mai 1955 schien das Ringen der Großmächte um die deutsche Einheit beendet. Die Westintegration der Bundesrepublik war besiegelt, und mit ihr die deutsche Teilung. Denn parallel dazu kam die Integration der DDR in den sowjetisch beherrschten Ostblock zum Abschluss. Schon 1954 hatte die sowjetische Führung unter dem neuen Parteichef Chruschtschow verkündet, die „sozialistischen Errungenschaften" im östlichen Teil Deutschlands dürften nicht angetastet werden. Das war eine Bestandsgarantie für die DDR, die von Moskau als zweiter deutscher Staat angesehen wurde („Zwei-Staaten-Theorie") – im Gegensatz zur Haltung der Bundesrepublik, die die Alleinvertretung Deutschlands beanspruchte.*

Als Reaktion auf den NATO-Beitritt der Bundesrepublik wurde am 14. Mai 1955 die Warschauer Vertragsorganisation gegründet, zu deren Unterzeichnerstaaten auch die DDR gehörte. Einen Tag später beschloss das Zentralkomitee der SED die Aufstellung bewaffneter Streitkräfte, die bereits in Gestalt der Kasernierten Volkspolizei existierten. Entsprechend rasch gingen die Aufstellung der „*Nationalen Volksarmee*" (NVA) und die Schaffung eines Ministeriums für nationale Verteidigung vor sich.

* Siehe S. 242.

Getreu der Zwei-Staaten-Theorie trat die UdSSR im Herbst 1955 mit beiden deutschen Regierungen offiziell in Kontakt. Bundeskanzler Adenauer reiste im September 1955 auf Einladung Moskaus in die Sowjetunion, wo die Aufnahme diplomatischer Beziehungen zwischen Bonn und Moskau vereinbart wurde. Auch erreichte der Kanzler die Freilassung der letzten deutschen Kriegsgefangenen, darunter viele, die nach Ostdeutschland zurückkehrten.

Unmittelbar nach dem Besuch Adenauers bekräftigte die sowjetische Führung in dem Vertrag über die Beziehungen zwischen der DDR und der UdSSR die Souveränität des ostdeutschen Staates. An die Stelle der sowjetischen Kontrollkommission in Ost-Berlin trat ein Botschafter. Von nun an verfolgte die Sowjetunion auch das Ziel der völkerrechtlichen Anerkennung der DDR durch den Westen.

Anfang 1956 beschlossen die Warschauer Vertragsstaaten, die Nationale Volksarmee in die Streitkräfte der Organisation aufzunehmen. Damit war die DDR auch militärisch voll in den Ostblock integriert. Als strategisch und ökonomisch wichtiger Eckpfeiler wurde das SED-Regime unter Walter Ulbricht zu einem zuverlässigen Partner im östlichen Bündnissystem.

▲ **„Klassenbrüder – Waffenbrüder."**
DDR-Werbeplakat für den Warschauer Pakt, um 1965.

Stabilisierung im Innern Seit 1954 verbesserten sich die Lebensverhältnisse in der DDR spürbar. Die Sowjetunion verzichtete auf weitere Reparationen und ließ viele Wissenschaftler und Techniker nach Ostdeutschland heimkehren, die bis dahin in der UdSSR hatten arbeiten müssen. Das SED-Regime selbst nahm Korrekturen in der Wirtschaftspolitik vor. So konnte die Industrie in die Produktion von chemischen Grundstoffen, Kunststoff- und Aluminiumerzeugnissen investieren („Plaste und Elaste"). Metallverarbeitung und Hochseeschiffbau wurden zu neuen Industriezweigen, die zumal im strukturschwachen Norden des Landes für Arbeitsplätze sorgten. Die Versorgung der Bevölkerung mit Konsumgütern machte erkennbare Fortschritte, Lohnerhöhungen wurden gewährt, die Lebensmittelkarten 1958 abgeschafft.

In den privaten Haushalten stieg die Zahl von Rundfunk- und TV-Geräten. 1955 besaß nur jeder hundertste Haushalt einen Fernseher; 1960 waren bereits 17 Prozent der Haushalte mit einem TV ausgestattet. In den Fünfzigerjahren verzehnfachte sich die Ausstattung mit Waschmaschinen, doch gab es nur für sechs Prozent der Haushalte einen Kühlschrank und nur für drei Prozent ein eigenes Auto.

Mit einer konsumfreundlicheren Wirtschaftspolitik als bislang erreichte die SED eine Konsolidierung des Regimes. Als unmittelbares Indiz nahm die Zahl der Flüchtlinge in den Westen ab. 1957 lag sie bei 260 000, 1959 ging sie auf 150 000 zurück, dem niedrigsten Stand seit Gründung der DDR. Die Staatsführung hofierte vor allem Ärzte, Professoren, Ingenieure und Facharbeiter, um sie im Land zu halten. Verdiente Arbeitskräfte wurden als „Helden der Arbeit" ausgezeichnet, erhielten Vergünstigungen und konnten die vom Staat kontrollierten Ferienanlagen an der Ostsee nutzen. Für die überwiegende Mehrheit gab es indes noch keine Möglichkeit für Reisen und Tourismus.

„Überholen ohne einzuholen" Die Spielräume, die der Aufschwung seit Mitte der Fünfzigerjahre schuf, waren bald wieder aufgebraucht, als das Ulbricht-Regime zu seiner Politik der Enteignung und Zentralisierung zurückkehrte. Um den „Aufbau des Sozialismus" zu beschleunigen, wurden seit 1959 alle bäuerlichen Betriebe in Landwirtschaftliche Produktionsgenossenschaften (LPG) gezwungen. Bei der Kollektivierung von Handels- und Handwerksbetrieben ging die SED-Führung nicht ganz so radikal vor, weshalb ein geringer Prozentsatz in privater Hand blieb.

▲ **Konsumgüterproduktion im Zeichen der Planwirtschaft.**
Plakat zum 10. Jahrestag der DDR, 1959.

Exkursionstipp
Über Flucht und Ausreise im geteilten Deutschland kann man sich in der Erinnerungsstätte Notaufnahmelager Marienfelde informieren. Sie ist das zentrale Museum in Deutschland zum Thema Flucht und Ausreise aus der DDR. Siehe: http://www.notaufnahmelager-berlin.de

Die SED gab auf dem V. Parteitag 1957 das Ziel aus, Lebensstandard und Konsum in der DDR sollten bis 1961 das Niveau Westdeutschlands erreichen und übertreffen. Die Bundesrepublik „überholen ohne einzuholen“, lautete Ulbrichts Formel – das Modell sozialistischer Planwirtschaft sollte die Marktwirtschaft des Westens überbieten. Doch die Vorgaben erwiesen sich als Illusion. Als Folge der Kollektivierungen traten 1960 erneut Versorgungsprobleme auf, und die Mittel zur Stützung des Verbrauchs fehlten für weitere Investitionen. Die Wirtschaft stagnierte. Kritik der Beschäftigten nahm die Regierung nicht zur Kenntnis. Die Unzufriedenheit in der Bevölkerung wuchs, es kam zu Arbeitsniederlegungen, und immer mehr Menschen kehrten der DDR den Rücken (▸ M5).

Die zweite Berlin-Krise 1958-1961 Ein weiterer Grund für die Massenflucht war die seit 1958 schwelende Berlin-Krise. Nach der Berlin-Blockade von 1948/49 stritten die alliierten Siegermächte abermals um den Status der Stadt. Am 27. November forderte der sowjetische Staats- und Parteichef Chruschtschow in einem Ultimatum den Abzug der alliierten Truppen aus West-Berlin und die Aufgabe der Besatzungsrechte. West-Berlin sollte zu einer „selbstständigen politischen Einheit“ umgewandelt werden, unabhängig von Bundesrepublik und DDR (mit Ost-Berlin) sowie außerhalb des Schutzes der NATO. Der Sowjetunion schwebte eine Dreiteilung Deutschlands vor. Wenige Monate später drohte Moskau mit dem Abschluss eines separaten Friedensvertrages mit der DDR, der entgegen den geltenden Viermächte-Vereinbarungen der DDR die volle Souveränität gewährt hätte.

Das Verhalten der Sowjetunion hing mit den wachsenden Spannungen zwischen ihr und der Volksrepublik China zusammen. Seit Ende 1957 strebte Chinas kommunistische Führung nach wirtschaftlicher Unabhängigkeit von der UdSSR, was wenig später zum Bruch zwischen beiden Ländern führte. Mit einer aggressiven Haltung in der Deutschland- und Berlin-Frage wollte Moskau seine Führungsrolle in der kommunistischen Welt und in Osteuropa festigen.

Die vier Mächte kamen auf der Konferenz ihrer Außenminister in Genf (Mai bis August 1959) zu keiner Lösung. Im Juni 1961 trafen sich Chruschtschow und US-Päsident John F. Kennedy in Wien, wo Chruschtschow sein Ultimatum wiederholte. Die Welt befürchtete einen Atomkrieg angesichts des Streites. Kennedy formulierte in einer Fernsehansprache am 25. Juli 1961 drei für die Westalliierten unverzichtbare Bedingungen (drei „Essentials“): Sicherheit und Freiheit der West-Berliner, die Anwesenheit der drei Westmächte in West-Berlin sowie der freie Zugang nach West-Berlin würden unter allen Umständen gesichert bleiben. Die Schutzgarantie der USA für West-Berlin bedeutete unausgesprochen die Anerkennung des sowjetischen Machtbereiches in Ost-Berlin und der DDR. Chruschtschow hatte damit sein Ziel erreicht.

Viele unzufriedene, zumeist jüngere und gut qualifizierte DDR-Bürger befürchteten angesichts der internationalen Spannungen, der Fluchtweg über West-Berlin würde bald geschlossen. Seit Anfang Juni 1961 flohen täglich etwa tausend DDR-Bürger nach West-Berlin.

Ein Staat wird eingemauert Ulbricht war entschlossen, die Massenflucht zu stoppen. Auch Moskau akzeptierte nun die Schließung der innerdeutschen Grenze, um den wirtschaftlichen Kollaps der DDR und einen erneuten Volksaufstand zu verhindern. Vonseiten der USA gab es zwar formellen Protest, doch es drohte keine Konfrontation, da Präsident Kennedy lediglich die Freiheit West-Berlins militärisch garantierte.

◀ **Mauerbau.**
Foto vom August 1961.
Am 13. August 1961 riegelten Bautruppen der Nationalen Volksarmee mit Mauer, Stacheldraht und Panzersperren die Grenze nach West-Berlin ab.

In der Nacht zum 13. August 1961 ließ die DDR-Regierung entlang der Sektorengrenze durch Berlin Stacheldrahtverhaue und Steinwälle hochziehen. Unter militärischer Bewachung errichteten Bautrupps eine Mauer quer durch die Wohngebiete der Stadt. In der Folgezeit wurden die Sperranlagen an der innerdeutschen Grenze (1400 km) und um West-Berlin herum (166 km) mit Beton, Stacheldraht, Minen und Selbstschussanlagen zu einem hermetischen Sicherungssystem ausgebaut.

Für Vorbereitung und Durchführung des Mauerbaus war Erich Honecker verantwortlich, damals Sekretär des Zentralkomitees der SED für Sicherheitsfragen. Er ordnete im September 1961 auch den Schusswaffengebrauch „gegen Verräter und Grenzverletzer“ an. Das DDR-Regime hat in der Öffentlichkeit stets geleugnet, dass es einen Schießbefehl gab. Die erhalten gebliebenen Dokumente belegen jedoch, dass führende Politiker und ranghohe Militärs der DDR Anweisungen erteilten, auf Flüchtlinge zu schießen und sie zu töten (▸ M8). Nach der Wiedervereinigung 1990 kam es daher zu Gerichtsverfahren und Verurteilungen.

Allein in den ersten Monaten nach dem Mauerbau kamen 32 Menschen ums Leben. Sie wurden bei Fluchtversuchen erschossen, ertranken oder stürzten beim Sprung aus grenznahen Häusern zu Tode. Bis 1989 verloren nach heutigen Erkenntnissen 765 Menschen bei der Flucht ihr Leben, Tausende wurden verletzt. Im Herbst 1961 wurden zur Sicherung der Grenzen und zur Einschüchterung der Bevölkerung über 3000 Menschen aus ihren grenznahen Heimatorten zwangsausgesiedelt („Aktion Festigung“).

▲ **Letzter Ausweg.**
Foto vom 24. September 1961.
Die 77-jährige Frieda Schulze flieht aus dem 1. Stock ihres Wohnhauses, das unmittelbar an der Grenze steht.

Selbstverständnis der DDR In den Augen ihrer Machthaber war die DDR ein Vorposten gegen die westliche Welt und ihren angeblichen Versuch, die sozialistische Ordnung in den Ostblockstaaten zu gefährden. Der Hauptvorwurf richtete sich gegen die Bundesrepublik Deutschland. Die „BRD“ stehe in der Tradition des deutschen Kapitalismus und **Imperialismus**, der zu den beiden Weltkriegen und zur deutschen Teilung geführt habe (▸ M6). Für die deutsche Geschichte von 1933 bis 1945 sprach das SED-Regime nicht vom „Nationalsozialismus“, sondern von „Faschismus“. Ihre eigene Position nannte sie „antifaschistisch“. Damit wurden die Existenz der DDR und die Herrschaft der SED in einen historischen Zusammenhang gestellt. Bereits die deutsche Arbeiterbewegung habe versucht, den Kapitalismus abzuschaffen, der in den Natio-

Imperialismus: Nach Auffassung des Marxismus-Leninismus ist der Imperialismus die fortgeschrittene Stufe des Kapitalismus, da die Industrieländer, um sich Rohstoffe und Absatzmärkte zu sichern, zur Unterwerfung und Ausbeutung anderer Staaten übergehen.

nalsozialismus geführt habe. Durch die Errichtung eines „Arbeiter- und Bauernstaates“ in Ostdeutschland sei diese Gefahr nun überwunden.

Ähnlich wie in Westdeutschland der Antikommunismus* diente der „Antifaschismus“ in der DDR zur politischen Selbstbestimmung. Darüber hinaus aber sollte der „Antifaschismus“ auch das Unrecht legitimieren, das das SED-Regime an allen beging, die ihm im Weg standen. Das ging so weit, dass auch die Berliner Mauer und die Grenzanlagen zu Westdeutschland zum „antifaschistischen Schutzwall“ erklärt wurden. Die Propaganda der SED rechtfertigte damit nicht nur die Opfer der gewaltsamen Teilung, sondern verkehrte Sinn und Zweck der unmenschlichen Absperrmaßnahmen: Sie seien dazu da, die eigene Bevölkerung vor den Übergriffen des Kapitalismus zu bewahren. So könne eine Gesellschaft entstehen, in der es keine sozialen Gegensätze mehr gebe. Die DDR sei als Staats- und Gesellschaftsentwurf dem „Bonner Staat“ überlegen, weil nur der Sozialismus für Frieden und Gerechtigkeit sorgen könne.

Bemühen um internationale Anerkennung Nicht erst durch den repressiven Kurs gegen die eigene Bevölkerung war die DDR international isoliert. Die Suche nach Anerkennung als selbstständiger deutscher Staat war das Hauptanliegen der Außenpolitik der DDR seit ihrer Gründung. Dem stand vor allem die Haltung der Bundesregierung entgegen, der es noch bis in die 1960er-Jahre gelang, diplomatische Beziehungen zwischen Ost-Berlin und Staaten außerhalb des Ostblocks zu verhindern.

Jüdischer Weltkongress: 1936 gegründeter internationaler Verband der jüdischen Gemeinschaften und Organisationen

Das Verhältnis zwischen der DDR und Israel war bis zum Ende der SED-Herrschaft gespannt. Obwohl die israelische Regierung und der **Jüdische Weltkongress** von Ost-Berlin Entschädigungen verlangten, lehnte die SED-Führung ab. 1955 verwies sie auf die geleisteten Reparationen, die alle Forderungen abdecken würden. Zudem habe die DDR-Regierung die „Opfer des Faschismus“ im eigenen Land ausreichend entschädigt und sorge dafür, dass der Nationalsozialismus dort nie wieder Fuß fasse. Unter diesen Voraussetzungen kam es bis zum Ende der DDR zu keinen offiziellen Beziehungen mit dem jüdischen Staat. Die DDR folgte vielmehr der Sowjetunion, die im Nahost-Konflikt die arabischen Staaten gegen Israel unterstützte.

Die Beziehungen zu nichtkommunistischen Ländern blieben spärlich. Sport, Kultur, Verkehr und Nachrichtenwesen waren die Bereiche, in denen internationale Kontakte stattfanden – hier gelang der DDR vor allem der Austausch mit den Ländern Nordeuropas. Ebenso konnte die DDR in einigen Staaten Handelsvertretungen einrichten.

▲ **Staatsflagge der DDR.**
Foto von 1987.
Ährenkranz, Hammer und Zirkel als Symbole des „Arbeiter- und Bauernstaates“ wurden erst 1959 offiziell eingeführt. Somit waren die Flaggen der Bundesrepublik und der DDR bis dahin identisch.

Bildungspolitik Für das Regime der SED war das Bildungswesen ein Schlüssel zur Festigung seiner Macht und zur Durchsetzung des Sozialismus. Schulen und Hochschulen sollten ihre Schüler und Studenten auf die kommunistische Weltanschauung einschwören und der Wirtschaft qualifizierte Arbeitskräfte liefern.

Anders als in Westdeutschland hatte das Schulwesen von Beginn an eine radikale Umformung erfahren. Die meisten Lehrer aus der Vorkriegszeit hatte man entlassen und durch neue, kommunistisch geschulte „Junglehrer“ ersetzt. Die Staatsführung errichtete ein Bildungsmonopol: Privatschulen wurden abgeschafft, der Religionsunterricht aus den Lehrplänen entfernt. Dabei überwogen anfangs reformpädagogische Ansätze – das Schulgeld entfiel, Angehörige sozial schwächerer Schichten

* Siehe S. 246.

wurden gezielt gefördert und konnten sich in „Arbeiter- und Bauernfakultäten" auf ein Hochschulstudium vorbereiten. Bildung sollte kein „bürgerliches" Privileg mehr sein. Auch die Förderung von Frauen war ein vorrangiges Ziel.

Zwischen 1959 und 1965 fand eine umfassende Bildungsreform statt. Im Zentrum stand die zehnklassige „Polytechnische Oberschule" (POS), die alle Schulpflichtigen zu besuchen hatten. Dort lagen die Schwerpunkte auf technischen und mathematisch-naturwissenschaftlichen Fächern, auf der Staatsbürgerkunde (Marxismus-Leninismus) sowie auf einer intensiven Sportausbildung. Das Abitur wurde an sogenannten „Erweiterten Oberschulen" (EOS) abgelegt. Der Staat errichtete zudem ein dichtes Netz an Kinderkrippen, Kindergartenplätzen und Horten zur Vorschulerziehung. Für die berufliche Bildung gab es Ingenieur- und Fachschulen, Hochschulen, Akademien und Universitäten sowie Einrichtungen zur Weiterbildung der Beschäftigten.

Die Folgen des Bildungsausbaus waren bald zu spüren: Die Zahl der Kinder mit mehr als acht Jahren Schulzeit stieg von 16 Prozent 1951 auf 85 Prozent im Jahr 1970. Um 1970 waren fast die Hälfte der Studierenden an Fachschulen Frauen, an den Hochschulen und Universitäten stieg ihr Anteil jedoch nicht über 30 Prozent.

Eine großangelegte „Qualifizierungsoffensive" sorgte dafür, dass 1971 71 Prozent der Männer sowie 49 Prozent der Frauen eine abgeschlossene Berufsausbildung besaßen. Frauenarbeit, die in der DDR wegen des Arbeitskräftemangels von Beginn an sehr weit verbreitet war, wandelte sich dadurch von angelernter Beschäftigung zu qualifizierter Berufstätigkeit.

Planung, Zentralisierung und Kontrolle waren die Merkmale der Bildungspolitik in der DDR. Das integrierte Bildungssystem erlaubte dem Staat eine fast permanente Aufsicht über Kinder und Jugendliche, ergänzt durch die Organisation der Heranwachsenden in der Freien Deutschen Jugend. Bei der Förderung von Frauen in Bildung und Berufsleben ging es dem Staat weniger um Emanzipation als vielmehr um die Bereitstellung von Arbeitskräften. Die Bildungsinhalte folgten streng den Anforderungen der Wirtschaft, die ihrerseits der staatlichen Planung unterlag. Jugendliche erhielten selten den Studienplatz oder die Lehrstelle ihrer Wahl, sondern wurden nach Bedarf ausgebildet. Bildung war zwar kein Privileg bestimmter Schichten mehr, dafür hing sie nun vom Willen der Staatsführung ab. Vielen Angehörigen des Bildungsbürgertums verweigerte die Regierung das Studium, um stattdessen eine neue „sozialistische Intelligenz" zu fördern. Sie bestand aus Fachkräften und Akademikern, die das Regime zuverlässig unterstützten. Dazu gehörten insbesondere die „Kader", hochqualifizierte Gruppen in den Betrieben, in Verwaltung, Justiz, Militär und Partei, die unabhängig von ihrer sozialen Herkunft eine neue, staatstragende Elite bildeten.

Das SED-Regime nutzte das von ihm geschaffene Bildungssystem auch zur gezielten Einschwörung auf die eigene Weltanschauung: Schüler, Auszubildende und Studierende sollten zuverlässig mit den Lehren des Marxismus-Leninismus vertraut gemacht werden. Im Studium waren „Gesellschaftswissenschaften" Pflichtfach, im ersten Studienjahr auch das Erlernen der russischen Sprache.

Zudem trug das Bildungswesen in der DDR stark militaristische Züge. In allen Ländern der Warschauer Vertragsorganisation gab es wehrpolitischen Unterricht an den Schulen. 1978 führte die DDR das Fach „Wehrunterricht" für Jungen und Mädchen der 9. und 10. Jahrgangsstufe an Oberschulen ein. Es sah neben theoretischer Wehrkunde die Ausbildung an Waffen und technischen Geräten vor, ebenso Aufenthalte in Ferienlagern. Als Ausbilder fungierten Angehörige der Nationalen Volksarmee oder der „Gesellschaft für Sport und Technik", einer vormilitärischen Jugendorganisation. Der Wehrunterricht war als Vorstufe zum späteren Wehrdienst gedacht und half dabei, Freiwillige für die NVA, die Grenztruppen oder die Volkspolizei zu gewinnen.

▲ **Fischwerkerin Anni Paaz.**
Bronzestatue von 1971 (Höhe: 98 cm).
Anni Paaz gehörte zu den Erfolgreichsten im VEB Fischkombinat. Solche Denkmale im Stil des Realismus sollten den Einsatz von Frauen im Arbeitsleben motivieren und das angestrebte Ideal werktätiger Frauen vermitteln.

▲ **Robert Havemann und Wolf Biermann.**
Foto (Ausschnitt) vom 21. Januar 1972.
Der Chemiker Robert Havemann war zunächst Inoffizieller Mitarbeiter des Ministeriums für Staatssicherheit. Nach kritischen Äußerungen gegenüber dem SED-Regime wurde er 1964 aus der Partei ausgeschlossen, ein Jahr später wurde ein Berufsverbot gegen ihn erlassen. In einem vom westdeutschen Nachrichtenmagazin „Spiegel" veröffentlichten Brief an Honecker protestierte er 1976 gegen die Ausbürgerung von Wolf Biermann. Daraufhin wurde gegen ihn ein Hausarrest verhängt, der 1978 aufgehoben wurde. Havemann starb im Jahr 1982.

Entstalinisierung: Abkehr der sowjetischen Führung von der Politik Stalins seit dessen Tod 1953. Unter dem neuen Parteichef Chruschtschow distanzierte sich die UdSSR von der Person Stalins, seiner Alleinherrschaft und seiner Wirtschaftspolitik. Kritiker kamen zu Wort, die Gefangenenlager (GULag) wurden aufgelöst, die Bevormundung der Ostblockstaaten ließ nach („Tauwetter"). Die Verbrechen der Stalin-Ära (1927-1953) durften erwähnt werden, wurden aber nicht aufgearbeitet.

Ernst Bloch (1885-1977): marxistischer Theoretiker, 1949-1957 Professor für Philosophie in Leipzig, emigrierte nach dem Bau der Mauer 1961 in die Bundesrepublik

Robert Havemann (1910-1982): kommunistischer Widerstandskämpfer gegen das „Dritte Reich", 1950-1964 Professor für Physikalische Chemie in Ost-Berlin. Er erhielt nach kritischen Äußerungen Berufsverbot und wurde bis zu seinem Tod überwacht.

Devisen: Zahlungsmittel in ausländischer Währung. Die DDR brauchte fremde Währungen aus dem Westen, weil sie für ihr eigenes Geld im westlichen Ausland keine gleichwertigen Waren und Dienstleistungen erhielt.

Erich Apel (1917-1965): SED-Funktionär und Mitglied des Politbüros, 1963-1965 Vorsitzender der Staatlichen Plankommission für die Wirtschaft der DDR

Reformen in den 1960er-Jahren Die 1960er-Jahre waren für die DDR eine Zeit der Reformen und des gesellschaftlichen Wandels. Darin unterschied sich Ostdeutschland grundsätzlich weder von der Bundesrepublik noch vom übrigen Europa.

In der DDR wirkte der Bau der Mauer insofern „stabilisierend", als sich die Bevölkerung mit dem Verbleib im Land abfinden musste und die Hoffnung auf eine Wiedervereinigung mit Westdeutschland oder einen Systemwechsel begrub. Im Gegenzug lockerte auch das SED-Regime seine Haltung. 1962 war die allgemeine Wehrpflicht eingeführt worden. Bereits zwei Jahre später gab die Regierung den Forderungen der evangelischen Kirche nach und gestattete einen Wehrersatzdienst ohne Waffe („Bausoldaten"). Dank des „Passierscheinabkommens" von 1963 konnten West-Berliner nun ihre Angehörigen im Ostteil der Stadt besuchen. Seit Ende 1964 durften Rentner ihre Verwandten im Westen besuchen.

Die SED folgte der von der Sowjetunion seit Mitte der Fünfzigerjahre eingeleiteten „**Entstalinisierung**", indem sie Abweichler in den eigenen Reihen rehabilitierte und eine Amnestie für etwa 15 000 politische Gefangene gewährte. 1963 gab sich die SED erstmals ein eigenes Parteiprogramm. Der von Studenten, Schriftstellern und Intellektuellen wie **Ernst Bloch** oder **Robert Havemann** geforderte demokratische „menschliche Sozialismus" fand darin jedoch keinen Anklang.

Angesichts des nachlassenden Aufschwungs schlug das SED-Regime einen neuen Kurs in der Wirtschaftspolitik ein. Das 1963 verordnete „*Neue Ökonomische System der Planung und Leitung*" (NÖSPL) sah vor, den Staat durch Abbau von Subventionen zu entlasten und den Betrieben mehr Eigenverantwortung zu übertragen. Günstig hergestellte Produkte sollten sich auf dem Weltmarkt behaupten und **Devisen** ins Land bringen. Durch das neue System drohte die DDR-Führung jedoch ihre Lenkungsgewalt über die Wirtschaft zu verlieren. Als die Machthaber das erkannten, nahmen sie die Reformen zurück. 1965 wurde das abgewandelte „Neue Ökonomische System" (NÖS) auch auf Druck der Sowjetunion beschlossen, das die Wirtschaft der DDR wieder der strikten Planung durch die Staatsspitze unterwarf. **Erich Apel**, der Ideengeber der Reformen, nahm sich daraufhin das Leben.

Neue Gesetze passten das Recht an die veränderten Verhältnisse an. 1966 trat das DDR-Familiengesetzbuch in Kraft, das Mann und Frau sowie eheliche und nichteheliche Kinder rechtlich vollständig gleichstellte – nicht zuletzt eine Reaktion auf den drastischen Anstieg der Ehescheidungen. Das neue Strafrecht der DDR stellte die Resozialisierung von Straffälligen in den Mittelpunkt. Zugleich erweiterte es das Spektrum politischer Straftaten wie „Republikflucht" oder „Verbrechen gegen die Souveränität der DDR". Weiterhin gab es die Todesstrafe. Sie wurde noch bis 1981 vollstreckt und erst 1987 abgeschafft.

Im Februar 1968 legte die Regierung den Entwurf zu einer neuen Verfassung vor. Nach einer „Volksaussprache", in der die Bevölkerung Ergänzungen und Änderungen vorschlagen konnte, billigte ein Volksentscheid am 6. April 1968 die neue Verfassung. Sie hielt erstmals den Führungsanspruch der SED fest und beschrieb die DDR als „sozialistischen Staat deutscher Nation". Besonderen Wert legte die Verfassung auf die sozialen Schutzrechte. Sie garantierten die „Freiheit von Ausbeutung, Unterdrückung und wirtschaftlicher Abhängigkeit" ebenso wie ein „Recht auf Arbeit" (▸ M7).

Die DDR als sozialistischer Modellstaat Der ostdeutsche Staat war inzwischen der wichtigste Partner der Sowjetunion innerhalb des Ostblocks. Der Lebensstandard war höher als in allen anderen Ostblockländern. Bei den Olympischen Sommerspielen 1968 in Mexico City trat erstmals eine eigene Mannschaft der DDR an – bis dahin hatte es eine gesamtdeutsche Mannschaft gegeben. Die Athleten erreichten Platz drei in der Nationenwertung hinter den USA und der UdSSR.

Selbstbewusst hob die DDR-Führung unter Walter Ulbricht die eigenen Errungenschaften hervor. Erst die DDR habe den Nachweis erbracht, dass der Sozialismus in einem hochindustrialisierten Land verwirklicht werden könne. Die DDR sei daher ein Modell für alle Gesellschaften im Übergang vom Kapitalismus zum Kommunismus. Damit stellte Ost-Berlin indirekt das Vorbild und die Führungsrolle der Sowjetunion infrage. Seit dem Sturz Chruschtschows 1964 und der Machtübernahme des neuen sowjetischen Staats- und Parteichefs Leonid Breschnew wurde jedoch ein solcher Alleingang nicht länger hingenommen.

Ulbricht wird gestürzt Zum Bruch zwischen Ulbricht und der Sowjetführung kam es in der Frage der Deutschlandpolitik. Die deutsche Bundesregierung unter Kanzler Willy Brandt bemühte sich seit 1970 um eine Normalisierung der Beziehungen zu Moskau und Ost-Berlin.* Die UdSSR begrüßte die Entspannungspolitik und bestand wie Ulbricht auf der vollen Anerkennung der DDR. Allerdings wollte sie dessen Pläne, im Alleingang enge wirtschaftliche Beziehungen zur Bundesrepublik zu knüpfen, nicht dulden. Angesichts der Engpässe bei der Versorgung der Bevölkerung sowie der schlechten Wirtschaftslage verlor er auch den internen Rückhalt in der SED. In Absprache mit Moskau zwang die Parteiführung Ulbricht zum Rücktritt. Die treibende Kraft dieses Machtwechsels war Erich

▲ **Glückwünsche zum Geburtstag eines „Kranken".**
Foto vom 30. Juni 1971.
Nachdem Erich Honecker (erste Reihe, zweiter von rechts) Ulbrichts Sturz im Politbüro durchgesetzt hatte, wurde Ulbricht vor die Wahl gestellt, sich entweder anlässlich seines Geburtstages als Kranker in Bademantel und Hausschuhen zu präsentieren oder aber noch seine letzte Funktion als Staatsratsvorsitzender zu verlieren. Ulbricht ließ sich demütigen und spielte bis zu seinem Tod am 1. August 1973 nur noch eine Nebenrolle.

* Siehe S. 254 f.

Honecker, der im Mai 1971 zum Ersten Sekretär (seit 1976 Generalsekretär) der SED gewählt wurde. Honecker war nun der mächtigste Mann im Staat, der bald alle wichtigen Ämter (Vorsitzender des Nationalen Sicherheitsrates, Staatsratsvorsitzender) auf sich vereinte.

▸ **Geschichte In Clips:** Zur Ära Honecker siehe Clip-Code 32003-09

Günter Mittag (1926-1994): 1966-1989 Mitglied des Politbüros der SED, führender Wirtschaftsfunktionär der DDR

Beginn der Ära Honecker Die Ablösung Ulbrichts durch Honecker an der Staats- und Parteispitze im Jahr 1971 war ein tiefer Einschnitt. Honecker revidierte die Politik seines Vorgängers und suchte die Absicherung nach außen und innen. Vorbehaltlos erkannte Ost-Berlin die Führungsrolle der Sowjetunion wieder an. Das Politbüro und der Ministerrat wurden weitgehend entmachtet. Gestützt auf Erich Mielke (Leiter der Staatssicherheit) und **Günter Mittag** (Sekretär für Wirtschaftsfragen) sowie den bürokratischen Apparat an der Spitze der SED, behielt Honecker die alleinige Kontrolle über Partei, Staat und Verwaltung. Am umfassenden Machtanspruch der SED änderte sich nichts.

Deutsch-deutscher Grundlagenvertrag Die neue Regierung ging auf die Bonner Ostpolitik ein und unterzeichnete 1972 den „Vertrag über die Grundlagen der Beziehungen zwischen der Bundesrepublik Deutschland und der DDR" (Grundlagenvertrag*). Die beiden deutschen Staaten vereinbarten „gutnachbarliche Beziehungen". Die DDR erreichte damit das lang ersehnte Ziel, von Westdeutschland in ihren Grenzen und ihrer Souveränität anerkannt zu werden. Viele Staaten des Westens nahmen nun diplomatische Beziehungen zur DDR auf. Die Bundesrepublik blieb jedoch dabei, dass es nur eine deutsche Staatsbürgerschaft gebe. Nach wie vor konnte jeder Angehörige der DDR das Bürgerrecht der Bundesrepublik in Anspruch nehmen. Wegen dieser „besonderen Beziehungen" zwischen den beiden deutschen Staaten bestand die Bundesrepublik darauf, dass der höchste diplomatische Repräsentant nicht wie in einem ausländischen Staat „Botschafter" genannt wurde, sondern „Ständiger Vertreter".

„Real existierender Sozialismus" Im August 1973 starb Walter Ulbricht. Seit dem Machtwechsel war er kaum noch offiziell aufgetreten. Nach seinem Tod erklärte ihn die Staatsführung zur „Unperson" und verwarf bis dahin geltende Lehren. Das bisherige Konzept einer „sozialistischen Menschengemeinschaft" sei falsch und stehe im Widerspruch zu den Vorstellungen der Sowjetunion. Die SED sprach jetzt vom „real existierenden Sozialismus", der in allen Staaten unter kommunistischer Führung erreicht sei. Damit beanspruchte die DDR keine Sonderstellung mehr. 1974 wurde eine geänderte Verfassung verabschiedet, worin der Begriff der „sozialistischen Menschengemeinschaft" nicht länger auftauchte. Ebenso wurden alle Hinweise auf eine mögliche deutsche Wiedervereinigung gestrichen.

„Einheit von Wirtschafts- und Sozialpolitik" Unter der Regierung Honecker blieb es bei der weltanschaulichen Abgrenzung vom Westen und von der Bundesrepublik. Der Sozialismus sei das bessere Gesellschaftssystem, er sei gerechter und menschlicher als der Kapitalismus. Die Menschen in der DDR nahmen aber weiterhin den Wohlstand der Bundesrepublik zum Maßstab, der innerhalb der Planwirtschaft in der DDR nicht zu erreichen war.

* Siehe S. 255 f.

Dem SED-Regime war klar, dass sich der Rückhalt der Bevölkerung nicht allein durch Überwachung, Unterdrückung und Propaganda erzwingen ließ. Die Regierung setzte auf Sozialleistungen und Konsum. Schon 1971 hatte Honecker erklärt, die wichtigsten Aufgaben der Politik seien die Verbesserung des Lebensstandards und die Herstellung sozialer Gleichheit. Als vorrangige Ziele galten der Wohnungsbau, die Anhebung von Löhnen und Renten und eine bessere Versorgung mit Waren und Dienstleistungen. Die Regierung erhob die „Einheit von Wirtschafts- und Sozialpolitik" zum Programm: Ökonomisches Wachstum und technischer Fortschritt sollten den Ausbau des Sozialstaates und die Steigerung der Wirtschaftsleistung ermöglichen.

Das Konzept schien anfangs erfolgreich. Die Industrieproduktion stieg zwischen 1970 und 1974 um etwa 30 Prozent, die durchschnittlichen Löhne in der gleichen Zeit um 14 Prozent von 755 auf 860 Mark. Zahlreiche soziale Vergünstigungen kamen Frauen und Jugendlichen (nicht dagegen den Senioren) zugute, die Mieten und die Kosten für Grundnahrungsmittel sowie Gebrauchsgüter für das tägliche Leben blieben stabil. Immer mehr DDR-Haushalte verfügten seit Beginn der 1970er-Jahre über eine eigene Waschmaschine, einen Kühlschrank, ein Fernsehgerät und selbst ein Auto.

▲ **„Die Ausgezeichnete."**
Gemälde des Künstlers Wolfgang Mattheuer, 1973/74. Zusammen mit Werner Tübke, Willi Sitte und Bernhard Heisig prägte der Sachse die „Leipziger Schule".

- *Die Ausgezeichnete – eine „Heldin der Arbeit"? Recherchieren Sie zu diesem Gemälde Wolfgang Mattheuers und interpretieren Sie es mit Blick auf die gesellschaftliche und wirtschaftliche Entwicklung der 1970er-Jahre in der DDR.*

Gesetzesreformen in den 1970er-Jahren Die Umwandlung der Gesellschaft im Zeichen des „real existierenden Sozialismus" schritt weiter voran. Neue Gesetzeswerke sollten die veränderten Verhältnisse abbilden. 1975 trat das *Zivilgesetzbuch der DDR* an die Stelle des Bürgerlichen Gesetzbuches, das noch aus der Zeit vor der deutschen Teilung herrührte. Nach dem neuen Gesetz besaß Volkseigentum („sozialistisches Eigentum") Vorrang vor persönlichem Eigentum. Schon ab 1972 waren die verbliebenen Betriebe in privater Hand verstaatlicht worden. Die ehemaligen Besitzer erhielten bestenfalls eine geringe finanzielle Entschädigung.

Durch die neuen gesetzlichen Regelungen wurde die Bodenreform der späten 1940er-Jahre ebenso rechtlich gedeckt wie alle weiteren Enteignungen und Kollektivierungen. Als Folge dieser Maßnahmen verschwanden im Laufe der 1970er-Jahre der bäuerliche Mittelstand und das Wirtschaftsbürgertum aus der ostdeutschen Gesellschaft.

Seit 1977 gab es ein *Arbeitsgesetzbuch der DDR*. Es beseitigte das Streikrecht für Beschäftigte und hob die Tarifautonomie* auf – beides hatte bis dahin nur noch formal bestanden. Das Gesetzeswerk legte großen Wert auf die soziale Sicherheit. So bestand fast völliger Schutz vor Kündigung; Ausnahmen galten bei politischem Fehlverhalten, das zum Berufsverbot führen konnte. Einerseits sollte das Arbeitsrecht dem sozialen Frieden dienen (etwa durch Arbeitsplatzgarantie), andererseits hemmte es die Wirtschaft, da es weder Leistungsanreize noch betriebliche Mitbestimmung vorsah.

Öffnung gegenüber dem Westen: die KSZE Die DDR nahm seit 1972 an der „Konferenz über Sicherheit und Zusammenarbeit in Europa" (KSZE) teil. Sie unterzeichnete am 1. August 1975 im finnischen Helsinki die KSZE-Schlussakte, in der die Teilnehmer ihre

* Siehe S. 247.

▲ **„Ich kenne keine Produkte, ich kenne nur Produktion."**
Karikatur von Heinz Behling, 1978.

▪ *Analysieren Sie die Karikatur. Auf welche Probleme der DDR-Wirtschaft weist der Karikaturist hin?*

Gleichberechtigung, Souveränität und territoriale Unantastbarkeit anerkannten, auf Gewalt verzichteten und sich zur Achtung der Menschenrechte verpflichteten.

Ost-Berlin feierte dies als weiteren Schritt zur internationalen Anerkennung. Die DDR-Regierung wollte sich vor allem als Exportnation dem Westen öffnen, die Bevölkerung sollte dagegen von den Einflüssen des Kapitalismus und der Demokratie abgeschirmt bleiben (▸ M9). Diese Politik schlug jedoch fehl. Unter Berufung auf die KSZE-Schlussakte forderten viele DDR-Bürger mehr Freiheiten, allem voran Meinungs- und Pressefreiheit sowie die Möglichkeit zur Ausreise.

Niedergang der DDR-Wirtschaft Gegen Ende der 1970er-Jahre brach die Konjunktur der DDR-Wirtschaft ein. Das entsprach zwar einer weltweiten Entwicklung. Doch während sich die westlichen Industrieländer davon wieder erholten, gelang das der DDR und den übrigen Ostblockstaaten nicht.

Der Niedergang der DDR-Wirtschaft während der 1980er-Jahre war das Ergebnis kurz- und langfristiger Ursachen:

- Rohstoffknappheit. Die DDR war auf Erdöl angewiesen, das vorwiegend aus der UdSSR stammte. Seit den Ölkrisen der 1970er-Jahre drosselte die Sowjetunion die Ölzufuhr. Die DDR verwendete das Öl für die Produktion von Exportwaren und musste für den übrigen Energiebedarf auf die heimische Braunkohle ausweichen. Die Umstellung war kostspielig und belastete die Wirtschaft schwer.
- Unzureichende Modernisierung. In den Industriebetrieben mangelte es an Rationalisierung und Investitionen. Um Arbeitslosigkeit zu vermeiden, waren viele Stellen überbelegt, Arbeitskräfte wurden nicht sinnvoll eingesetzt und mussten veraltete Geräte bedienen. Für neue Ausstattungen fehlte das Kapital. Um 1989 waren weniger als die Hälfte aller Industrieanlagen jünger als zehn Jahre (in der Bundesrepublik betrug die Quote damals rund 70 Prozent). In Schlüsseltechnologien wie der Mikroelektronik verpasste die DDR den internationalen Anschluss.
- Exportschwäche, Devisenmangel und Verschuldung. Die zahlreichen Produkte, die auf dem Weltmarkt nicht konkurrenzfähig waren, mussten mit enormen staatlichen Zuschüssen verbilligt werden. Ohne den Export fehlten die Devisen, mit denen Rohstoffe und Westwaren eingekauft werden konnten. Die DDR importierte weit mehr, als sie ausführte, und nahm dafür immer höhere Kredite auf.
- Krise des Binnenmarktes. Die schlecht ausgerüsteten Wirtschaftsbetriebe konnten auch nicht den Bedarf an Konsumgütern im Inland (z.B. Kfz, Baumaterial) decken (▸ M10). Daher nahm der Verbrauch weiter ab, obwohl die Nettolöhne stiegen. Die Menschen sparten das Geld, das nicht mehr in die Wirtschaft zurückfloss.
- Verlangsamter Strukturwandel. Der Wandel der DDR-Wirtschaft verlor immer mehr an Tempo. Im Zeitraum von 1950 bis 1989 sank der Anteil der Land- und Forstwirtschaft von 26 auf elf Prozent. Industrie- und Handwerk waren bis Anfang der 1980er-Jahre von 40 auf 51,5 Prozent angewachsen, machten aber bis 1989 weiterhin 50 Prozent der Gesamtwirtschaft aus. Dagegen erreichte der Handels- und Dienstleistungssektor bis Ende der 1980er-Jahre nur einen Anteil von knapp 40 Prozent. Dieses Zahlenverhältnis entsprach der Situation in der Bundesrepublik von 1965.
- Planwirtschaft und Einbindung in den RGW. Die DDR hielt unter Honecker an der staatlichen zentralen Lenkung der Wirtschaft fest. Die Betriebe konnten ohne die Zustimmung der Staates nichts unternehmen und nicht unmittelbar auf die Bedarfslage reagieren. Die Versorgung der Bevölkerung mit Gebrauchsgütern verschlechterte sich deshalb stetig. Für die Wirtschaft galt die Erfüllung von langfristigen Plänen, nicht die flexible Orientierung an Angebot und Nachfrage. Hinzu kam

die internationale Dimension der Planwirtschaft in Gestalt des Rates für Gegenseitige Wirtschaftshilfe (RGW). Dieses Gremium unter Leitung der UdSSR regelte, welches Mitgliedsland welche Produkte herstellte und wohin abführte. Anstatt sich an den Weltmarkt anzupassen, blieb die DDR-Wirtschaft von den übrigen Volkswirtschaften des Ostblocks abhängig.

- Personalmangel und Überalterung. Seit Bestehen der DDR schrumpfte ihre Bevölkerung. Von 1946 bis 1964 nahm die Einwohnerzahl in Ostdeutschland von 18,4 auf 17 Millionen ab, sank bis 1981 auf 16,7 Millionen und fiel weiter. Vor allem in der jüngeren Generation war der Arbeits- und Fachkräftemangel dramatisch, da die DDR-Führung auch keine Fachkräfte aus dem Ausland anwarb.

Zu Beginn der 1980er-Jahre unternahm die Regierung den Versuch, die Ausfuhren massiv zu erhöhen. Die DDR setzte angesichts des hohen Weltmarktpreises für Erdöl auf die Verarbeitung von sowjetischem Öl und den Export von Treibstoffen, Heizmitteln, Chemiefasern und Kunstdünger (Erdölderivate). Eine Zeitlang wurden damit Gewinne erzielt und Schulden abgebaut. Als sich der Ölpreis Ende 1985 plötzlich halbierte, ging der Absatz der Produkte drastisch zurück. Der Aufschwung brach erneut zusammen. Unterdessen führten Ernteausfälle zu Versorgungsengpässen. 1982 hatten Polen und Rumänien, zu deren Gläubigern die DDR gehörte, ihre Zahlungsunfähigkeit erklärt. Der DDR drohte ihrerseits der Staatsbankrott.

1983 und 1984 gewährte die Bundesrepublik zinslose Milliardenkredite zur Stützung der DDR. Im Gegenzug wurden die Minenfelder und Selbstschussanlagen an der innerdeutschen Grenze entfernt, die DDR ließ politische Häftlinge frei und gewährte Reiseerleichterungen. Aber diese Transferleistungen reichten ebensowenig wie der **Mindestumtausch** aus, um die rasante Verschuldung der DDR aufzuhalten.

Mindestumtausch („Zwangsumtausch"): Besucher der DDR und Ost-Berlins mussten täglich einen bestimmten Betrag in DDR-Mark umtauschen. Dies trug der Regierung Devisen ein.

Propaganda statt Reformen Schon 1976 hatte sich die DDR mit umgerechnet 2,6 Milliarden Euro verschuldet, damals ein Staatsgeheimnis, das nur Honecker und einigen Vertrauten bekannt war. 1989 entsprach die Auslandsverschuldung von 25 Milliarden Euro bereits dem volkswirtschaftlichen Nettoprodukt eines Jahres. Der wirtschaftliche Zusammenbruch war nur eine Frage der Zeit.

Das Honecker-Regime war mit seiner „Einheit von Wirtschafts- und Sozialpolitik" gescheitert, änderte jedoch nichts an den viel zu hohen Ausgaben für den Sozialstaat. Die Regierung rührte weder an den subventionierten Mietpreisen noch an der Höhe der Löhne oder an den Arbeitsplätzen. Künstlich wurden damit Vollbeschäftigung und eine gute Versorgung aufrechterhalten. „Künstlich" bedeutete: „auf Pump" und unter Verschweigen der tatsächlichen Situation.

Die oberste Staats- und Parteispitze wiegte die breite Bevölkerung mit gefälschten Bilanzen und Durchhalteparolen in Sicherheit. So verkündete die SED-Führung im Oktober 1988 feierlich das Erreichen ihres Zieles, drei Millionen neue Wohnungen seit 1976 gebaut zu haben. Tatsächlich waren erst 1,9 Millionen Wohnungen fertiggestellt (mitgezählt wurden dabei auch Wohnheimplätze für Senioren und Studenten).

Die Propaganda übertönte jede Kritik, selbst innerhalb der SED. Sie wirkte nicht zuletzt im westlichen Ausland, wo man die Missstände kaum wahrnahm. Dabei halfen populäre Maßnahmen und Inszenierungen wie die Einweihung des modernen Sport- und Erholungszentrums in Ost-Berlin (1981) oder der Wiederaufbau der Semper-Oper in Dresden. Das Bild von der erfolgreichen DDR überdauerte damit die Wirklichkeit, vor allem in den Köpfen der Machthaber. Das DDR-Regime zeigte sich unfähig zu Reformen und wurde zum Opfer seiner eigenen Selbsttäuschung.

M1 „Vorhut der Arbeiterklasse"

Im Januar 1949 beschließt die Parteikonferenz, die SED zu einer „Partei neuen Typus" zu entwickeln:

Die Kennzeichen einer Partei neuen Typus sind:
Die marxistisch-leninistische Partei ist die bewusste Vorhut der Arbeiterklasse. Das heißt, sie muss eine Arbeiterpartei sein, die in erster Linie die besten Elemente der Arbeiterklasse in ihren Reihen zählt, die ständig ihr Klassenbewusstsein erhöhen. Die Partei kann ihre führende Rolle als Vorhut des Proletariats nur erfüllen, wenn sie die marxistisch-leninistische Theorie beherrscht, die ihr die Einsicht in die gesellschaftlichen Entwicklungsgesetze vermittelt. Daher ist die erste Aufgabe zur Entwicklung der SED zu einer Partei neuen Typus die ideologisch-politische Erziehung der Parteimitglieder und besonders der Funktionäre im Geiste des Marxismus-Leninismus.
Die Rolle der Partei als Vorhut der Arbeiterklasse wird in der täglichen operativen Leitung der Parteiarbeit verwirklicht. Sie ermöglicht es, die gesamte Parteiarbeit auf den Gebieten des Staates, der Wirtschaft und des Kulturlebens allseitig zu leiten. Um dies zu erreichen, ist die Schaffung einer kollektiven operativen Führung der Partei durch die Wahl eines Politischen Büros (Politbüro) notwendig.
Die marxistisch-leninistische Partei ist die organisierte Vorhut der Arbeiterklasse. Alle Mitglieder müssen unbedingt Mitglied einer der Grundeinheiten der Partei sein. Die Partei stellt ein Organisationssystem dar, in dem sich alle Mitglieder den Beschlüssen unterordnen. Nur so kann die Partei die Einheit des Willens und die Einheit der Aktion der Arbeiterklasse sichern. [...]
Die marxistisch-leninistische Partei beruht auf dem Grundsatz des demokratischen Zentralismus. Dies bedeutet die strengste Einhaltung des Prinzips der Wählbarkeit der Leitungen und Funktionäre und der Rechnungslegung der Gewählten vor den Mitgliedern. Auf dieser innerparteilichen Demokratie beruht die straffe Parteidisziplin, die dem sozialistischen Bewusstsein der Mitglieder entspringt. Die Parteibeschlüsse haben ausnahmslos für alle Parteimitglieder Gültigkeit [...].
Demokratischer Zentralismus bedeutet die Entfaltung der Kritik und Selbstkritik in der Partei, die Kontrolle der konsequenten Durchführung der Beschlüsse durch die Leitungen und die Mitglieder. Die Duldung von Fraktionen und Gruppierungen innerhalb der Partei ist unvereinbar mit ihrem marxistisch-leninistischen Charakter.

Matthias Judt (Hrsg.), DDR-Geschichte in Dokumenten. Beschlüsse, Berichte, interne Materialien und Alltagszeugnisse, Berlin 1998, S. 46 f.

1. *Arbeiten Sie heraus, wie die SED ihren Führungsanspruch begründet sieht.*
2. *Skizzieren Sie in eigenen Worten, was die SED unter „demokratischem Zentralismus" verstand.*
3. *Vergleichen Sie diesen Parteiaufbau mit der Organisation von Parteien in demokratisch-pluralistischen Gesellschaften.*

M2 Richtlinien für „Operative Vorgänge"

1976 werden im Ministerium für Staatssicherheit (MfS) folgende Richtlinien in Umlauf gebracht:

2.3.4 Das Herausbrechen von Personen [...]
Das Herausbrechen ist darauf zu richten, Personen aus feindlichen Gruppen für eine inoffizielle Zusammenarbeit zu werben, um dadurch in die Konspiration der Gruppe einzudringen und Informationen und Beweise über geplante, vorbereitete oder durchgeführte Handlungen sowie Mittel und Methoden ihres Vorgehens zu erarbeiten, Anknüpfungspunkte und Voraussetzungen für eine notwendige Paralysierung[1] und Einschränkung der feindlichen Handlungen bzw. zur Auflösung der Gruppen zu schaffen. [...]
2.6.1 Zielstellung und Anwendungsbereiche [...]
Maßnahmen der Zersetzung sind auf das Hervorrufen sowie die Ausnutzung und Verstärkung solcher Widersprüche bzw. Differenzen zwischen feindlich-negativen Kräften zu richten, durch die sie zersplittert, gelähmt, desorganisiert und isoliert und ihre Handlungen einschließlich deren Auswirkungen vorbeugend verhindert, wesentlich eingeschränkt oder gänzlich unterbunden werden. [...]
2.6.2 Formen, Mittel und Methoden [...]
Bewährte Formen sind:

- systematische Diskreditierung des öffentlichen Rufes, des Ansehens und des Prestiges [...];
- systematische Organisierung beruflicher und gesellschaftlicher Misserfolge zur Untergrabung des Selbstvertrauens einzelner Personen;
- zielstrebige Untergrabung von Überzeugungen [...];
- Erzeugen von Misstrauen und gegenseitigen Verdächtigungen innerhalb von Gruppen [...].

Matthias Judt (Hrsg.), a.a.O., S. 471

1. *Erläutern Sie die Wirkung dieser Maßnahmen.*
2. *Finden Sie Beispiele für von der Staatssicherheit verfolgte Personen oder Gruppen. Prüfen Sie, inwieweit die genannten Methoden angewandt wurden.*

[1] Paralysierung: Lähmung

M3 Der „Neue Kurs"

Bei geheimen Beratungen in Moskau am 2. und 3. Juni 1953 erhalten die SED-Spitzenfunktionäre Ulbricht, Oelßner und Grotewohl Verhaltensmaßregeln von der neuen sowjetischen Führung. Der Beschluss des sowjetischen Politbüros „Über die Maßnahmen zur Gesundung der politischen Lage in der Deutschen Demokratischen Republik" wird 1990 veröffentlicht:

Infolge der Durchführung einer fehlerhaften politischen Linie ist in der Deutschen Demokratischen Republik eine äußerst unbefriedigende politische und wirtschaftliche Lage entstanden. Unter den breiten Massen der Bevölkerung, darunter auch unter den Arbeitern, Bauern und der Intelligenz, ist eine ernste Unzufriedenheit zu verzeichnen [...].

Als Hauptursache der entstandenen Lage ist anzuerkennen, dass gemäß den Beschlüssen der Zweiten Parteikonferenz der SED, gebilligt vom Politbüro des ZK der KPdSU, fälschlicherweise der Kurs auf einen beschleunigten Aufbau des Sozialismus in Ostdeutschland genommen worden war ohne Vorhandensein der dafür notwendigen realen sowohl innen- als auch außenpolitischen Voraussetzungen. [...]

1. Unter den heutigen Bedingungen (ist) der Kurs auf eine Forcierung des Aufbaus des Sozialismus in der DDR [...] für nicht richtig zu halten.

Zur Gesundung der politischen Lage in der DDR [...] ist der Führung der SED und der Regierung der DDR die Durchführung folgender Maßnahmen zu empfehlen.

a) Ein künstliches Aufbringen der landwirtschaftlichen Produktionsgenossenschaften, die sich in der Praxis nicht bewährt haben und die eine Unzufriedenheit unter den Bauern hervorrufen, ist einzustellen. Alle bestehenden landwirtschaftlichen Produktionsgenossenschaften sind sorgfältig zu überprüfen, und dieselben, die auf einer unfreiwilligen Basis geschaffen sind oder die sich als lebensunfähig gezeigt haben, sind aufzulösen. [...]

c) Die Politik der Einschränkung und der Ausdrängung des mittleren und kleinen Privatkapitals ist als eine vorzeitige Maßnahme zu verwerfen. Zur Belebung des wirtschaftlichen Lebens der Republik ist es notwendig, eine breite Heranziehung des Privatkapitals in verschiedenen Zweigen der kleinen und Gewerbeindustrie, in der Landwirtschaft sowie auch auf dem Gebiet des Handels für zweckmäßig zu halten, ohne dabei seine Konzentrierung in großem Ausmaß zuzulassen. [...] Das existierende System der Besteuerung der Privatunternehmer, das praktisch den Drang zur Beteiligung an dem Wirtschaftsleben tötet, ist in der Richtung einer Linderung der Steuerpresse zu revidieren. Die Kartenversorgung mit Lebensmitteln für die Privatunternehmer sowie auch für die Freischaffenden ist wiederherzustellen.

d) Der Fünfjahrplan der Entwicklung der Volkswirtschaft der DDR ist zu revidieren in der Richtung einer Lockerung des überspannten Tempos der Entwicklung der Schwerindustrie und einer schroffen Vergrößerung der Produktion der Massenbedarfswaren und der vollen Sicherung der Versorgung der Bevölkerung mit Lebensmitteln [...].

f) Maßnahmen zur Stärkung der Gesetzlichkeit und Gewährung der Bürgerrechte (sind) zu treffen, von harten Strafmaßnahmen, die durch Notwendigkeit nicht hervorgerufen werden, (ist) abzusehen. [...]

h) [...] Es ist im Auge zu halten, dass Repressalien gegenüber der Kirche und den Geistlichen nur dazu beitragen können, den religiösen Fanatismus der rückständigen Schichten der Bevölkerung zu stärken und ihre Unzufriedenheit zu vergrößern. Darum muss (das) Hauptkampfmittel gegen den reaktionären Einfluss der Kirche und der Geistlichen eine tüchtig durchdachte Aufklärungs- und Kulturarbeit sein.

Ilse Spittmann und Gisela Helwig (Hrsg.), DDR-Lesebuch. Stalinisierung 1949-1955, Köln 1991, S. 200 ff.

1. *Fassen Sie die Hauptkritikpunkte des Papiers zusammen. Was können Sie daraus über den Informationsstand der sowjetischen Politiker ableiten?*

2. *Beurteilen Sie die vorgeschlagenen Lösungsmaßnahmen der sowjetischen Seite – sehen Sie darin einen grundsätzlichen oder einen nur temporären Kurswechsel? Analysieren Sie, welches Ziel die Sowjetunion in erster Linie verfolgte.*

M4 Ein Augenzeuge über den 17. Juni 1953

Friedrich Schorn, 39-jähriger Rechnungsprüfer aus Halle, gehört zu den Sprechern der Arbeiter, die sich gegen die SED-Herrschaft erheben:

Während das Streikkomitee seine Beschlüsse fasste, setzte ich mich an die Spitze der 20 000 Betriebsangehörigen, und wir zogen nach Merseburg. Bauarbeiter, Straßenbahner, Fabrikarbeiter, Vopos[1], Hausfrauen und andere Zivilisten reihten sich noch ein. Voran ging eine Malerkolonne der Leuna-Werke, die in Blitzesschnelle die alten Parolen abriss und die Wände mit unseren Freiheitslosungen bestrich. Mehrfach wurden alle drei Strophen des Deutschlandliedes und Brüder zur Sonne zur Freiheit[2] gesungen. Als gerade die letzten Demonstranten der Buna-Werke den Uhlandplatz erreicht hatten, traf unser

[1] Vopo: Volkspolizist

[2] Brüder zur Sonne zur Freiheit: deutsche Nachdichtung eines russischen Arbeiterliedes

Zug mit seiner Spitze ein. Ein ungeheuerlicher Jubel setzte ein. Fremde Menschen, jung und alt, fielen einander in die Arme, und viele weinten. Es war ein Begrüßungstaumel, der nicht enden wollte. Wir hatten auf dem Uhlandplatz drei Lautsprecherwagen und konnten verständlich zur ganzen Menge sprechen. Es waren etwa 100 000 Menschen. Zunächst sprach ein Mann von den Buna-Werken gegen die SED-Tyrannei. Anschließend gaben wir unter großem Beifall unsere Freiheitslosungen bekannt. Doch rief ich gleichzeitig zur Disziplin auf und forderte auf, nichts zu unternehmen, wodurch die sowjetische Besatzungsmacht sich provoziert sehen könnte. Zahllose Bürger traten an uns heran und baten um „Einsätze". Sie sagten dem Sinne nach: Ich bin zu allem bereit, sei es noch so gefährlich und koste es, was es wolle. Der Buna-Streikleiter schickte 200 – teilweise ausgesuchte – Männer zur Papierfabrik Königs-Mühle mit dem Auftrag, dort die von Vopos bewachten Arbeiter zu befreien. Kommandos zur Besetzung der Stadt- und der Kreisverwaltung wurden fortgeschickt. Später wurde uns gemeldet, dass alles gelang. [...]
Nun wurde mir gemeldet, dass sowjetische Truppen das Gefängnis, aus welchem wir die politischen Gefangenen befreit hatten, inzwischen besetzten und Neuverhaftete eingeliefert waren. [...]
Ich fuhr voraus in die Leuna-Werke [...]. Da kamen auch schon die ersten sowjetischen Lastwagen mit Fliegern in Infanterieausrüstung im Werk an. Die empörte Menge beschrie die Soldaten mit Pfuirufen. „Was wollt ihr hier, macht, dass ihr fortkommt!" „Nennt ihr das Demokratie?" Andere Betriebsangehörige riefen: „Lasst die armen Kerle, die wollen genauso frei sein wie wir. Was können die dafür, dass sie hier sein müssen." Die Soldaten waren zum Teil noch Kinder, waren ängstlich und eingeschüchtert. [...] Ein Offizier schien die Situation jedoch besser zu durchschauen und sagte: „Gut so, weitermachen, in einem Jahr sind wir in Russland auch soweit."

Ilse Spittmann und Karl Wilhelm Fricke (Hrsg.), 17. Juni 1953. Arbeiteraufstand in der DDR, Köln [2]1988, S. 141

1. *Nennen Sie die Forderungen der Aufständischen.*
2. *Klären Sie die Gründe, die die sowjetische Führung zur gewaltsamen Niederschlagung des Aufstandes bewogen haben dürften.*

M5 Übersiedler und Flüchtlinge zwischen DDR und Bundesrepublik

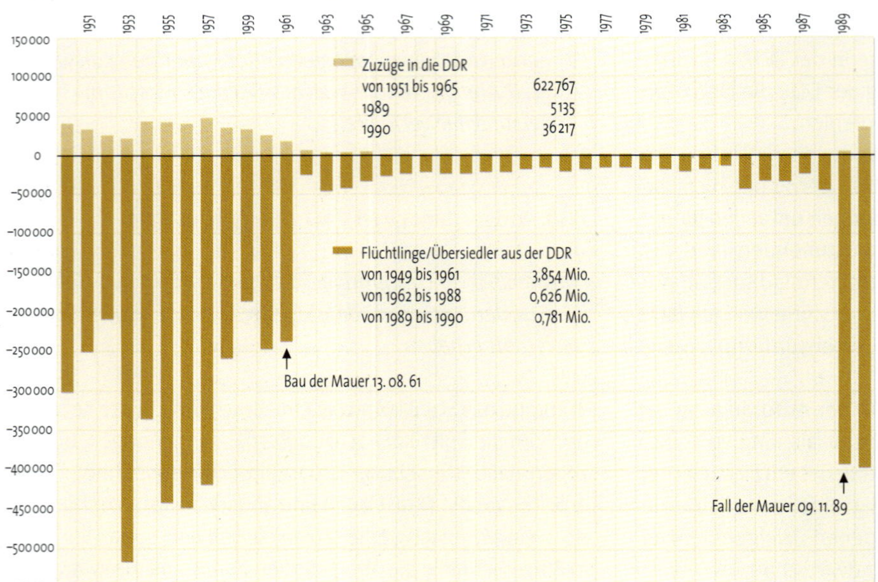

Nach: Hartmut Wendt, Wanderungen in Deutschland zwischen Ost und West [...], in: Paul Ganz und Franz-Josef Kemper (Hrsg.), Mobilität und Migration in Deutschland, Erfurt 1995, S. 6-8, und Matthias Judt (Hrsg.), a.a.O., S. 545 f.

1. *Überlegen Sie, welche Motive es für die Migration zwischen den beiden deutschen Staaten gegeben hat.*
2. *Erläutern Sie die Folgen der Fluchtbewegung für Staat, Gesellschaft und Wirtschaft der DDR.*
3. *In der Zentralkartei der DDR war die registrierte Zahl der Übersiedler immer doppelt so hoch wie von Behörden der Bundesrepublik angegeben. Ab 1966 machte die DDR überhaupt keine Angaben mehr zur Zahl der Übersiedler. Nennen Sie Gründe, warum das Ausmaß von Flucht und Übersiedlung politisch stets sehr brisant war.*

M6 Zwei Staaten – zwei Systeme

a) Unter dem Stichwort „Bundesrepublik Deutschland“ erfährt man in einem Nachschlagewerk der DDR Folgendes:

„Bundesrepublik Deutschland (BRD): imperialistischer Staat; Hauptverbündeter der USA in Europa, Mitglied der Nordatlantikpaktorganisation und der Europäischen Wirtschaftsgemeinschaft. Die BRD entstand im Ergebnis imperialistischer Spaltungspolitik aus den ehemaligen westlichen Besatzungszonen Deutschlands (7.9.1949) unter Bruch des Potsdamer Abkommens, gegen den Willen des Volkes, um die Herrschaft der Monopolbourgeoisie[1] in einem Teil des ehemaligen Machtbereiches des deutschen Imperialismus zu erhalten und als antikommunistischen Stoßkeil gegen die UdSSR und die anderen sozialistischen Staaten Europas auszunutzen. Mithilfe amerikanischer Kredite und durch die Unterstützung des internationalen Finanzkapitals wurde die Macht des Imperialismus wiederhergestellt.
[...]
Die BRD ist ein hochindustrialisiertes Land [...]. Die Wirtschaft wird von westdeutschen und ausländischen Monopolen beherrscht. [...] Die Klassenstruktur ist durch eine ausgeprägte Polarisierung gekennzeichnet: Der unversöhnliche Widerspruch zwischen Bourgeoisie und Arbeiterklasse hat sich zu einem Antagonismus[2] zwischen der kleinen Schicht der Monopolbourgeoisie und allen nichtmonopolistischen Klassen und Schichten ausgeweitet.
[...]
Der Macht des Monopolkapitals in der BRD ist das Streben nach Beseitigung des Sozialismus in der DDR und in anderen sozialistischen Ländern Europas immanent[3].“

b) Unter dem Stichwort „Deutsche Demokratische Republik“ heißt es dagegen:

„Deutsche Demokratische Republik (DDR): sozialistischer deutscher Staat, in dem die von der marxistisch-leninistischen Partei, der Sozialistischen Einheitspartei Deutschlands, geführte Arbeiterklasse im Bündnis mit der Klasse der Genossenschaftsbauern, der Intelligenz und den anderen werktätigen Schichten die Macht ausübt. Sie wurde am 7.10.1949 gegründet. [...]
Die Gründung der DDR bedeutete die Erfüllung des Vermächtnisses der revolutionären deutschen Arbeiterbewegung und der antifaschistischen Kämpfer gegen die faschistische Diktatur. Mit der Gründung der DDR entstand erstmals ein deutscher Staat, dessen Weg voll und ganz von den Gesetzmäßigkeiten des gesellschaftlichen Fortschritts bestimmt wird. Sie wurde vorbereitet durch die antifaschistisch-demokratische Umgestaltung [...] in der damaligen sowjetischen Besatzungszone Deutschlands. Die Schaffung der DDR und ihre Entwicklung zum souveränen sozialistischen deutschen Staat bedeutet eine schwere Niederlage des Imperialismus, weil ihm hier mit der Machtübernahme durch die Arbeiterklasse für immer seine Machtpositionen entzogen wurden. Mit dem Sieg der sozialistischen Produktionsverhältnisse in allen Bereichen der Volkswirtschaft wurden die Ausbeutung des Menschen durch den Menschen und die Quellen für eine Restauration des Kapitalismus beseitigt. Außerdem ist infolge der Existenz und Stärke der Sowjetunion und der festen Verankerung der DDR in der sozialistischen Staatengemeinschaft die Möglichkeit ausgeschaltet, durch äußere Gewalt die Macht der Arbeiterklasse zu stürzen und die Herrschaft der imperialistischen Bourgeoisie wiederherzustellen.“

Erster Text: Kleines Politisches Wörterbuch, hrsg. von Gertrud Schütz u.a., Berlin [5]1986, S. 147, 148 und 149
Zweiter Text: ebd., S. 176 und 177

1. *Prüfen Sie die Aussagen zur Gründung der Bundesrepublik im ersten Text auf ihre Stichhaltigkeit.*
2. *Stellen Sie dar, worin die historische und politische Bedeutung der DDR nach Ansicht des zweiten Textes lag.*
3. *Definieren Sie „Imperialismus“ im Sinne der beiden Texte. Welche Motive werden dem „Imperialismus“ der Bundesrepublik unterstellt und welche Zukunft wird ihm bescheinigt?*
4. *Arbeiten Sie anhand des zweiten Textes heraus, welche Faktoren den Bestand der DDR gewährleisten sollten. Diskutieren Sie, ob diese Einschätzung zutrifft.*

[1] Bourgeoisie: Besitzbürgertum
[2] Antagonismus: Widerstreit, Gegensatz
[3] immanent: innewohnend, charakteristisch

M7 Aus der Verfassung der DDR von 1968

Seit 6. April 1968 gilt eine neue Verfassung für die DDR. Darin heißt es:

Artikel 1
Die Deutsche Demokratische Republik ist ein sozialistischer Staat deutscher Nation. Sie ist die politische Organisation der Werktätigen in Stadt und Land, die gemeinsam unter Führung der Arbeiterklasse und ihrer marxistisch-leninistischen Partei den Sozialismus verwirklichen.
Die Hauptstadt der Deutschen Demokratischen Republik ist Berlin. [...]

Artikel 2

(1) Alle politische Macht in der Deutschen Demokratischen Republik wird von den Werktätigen ausgeübt. Der Mensch steht im Mittelpunkt aller Bemühungen der sozialistischen Gesellschaft und ihres Staates. Das gesellschaftliche System des Sozialismus wird ständig vervollkommnet.

(2) Das feste Bündnis der Arbeiterklasse mit der Klasse der Genossenschaftsbauern, den Angehörigen der Intelligenz und den anderen Schichten des Volkes, das sozialistische Eigentum an Produktionsmitteln, die Planung und Leitung der gesellschaftlichen Entwicklung und die fortgeschrittensten Erkenntnisse der Wissenschaft bilden unantastbare Grundlagen der sozialistischen Gesellschaftsordnung.

(3) Die Ausbeutung des Menschen durch den Menschen ist für immer beseitigt. Was des Volkes Hände schaffen, ist des Volkes Eigen. Das sozialistische Prinzip „Jeder nach seinen Fähigkeiten, jedem nach seiner Leistung" wird verwirklicht.

(4) Die Übereinstimmung der politischen, materiellen und kulturellen Interessen der Werktätigen und ihrer Kollektive mit den gesellschaftlichen Erfordernissen ist die wichtigste Triebkraft der sozialistischen Gesellschaft. [...]

Artikel 24

(1) Jeder Bürger der Deutschen Demokratischen Republik hat das Recht auf Arbeit. Er hat das Recht auf einen Arbeitsplatz und dessen freie Wahl entsprechend den gesellschaftlichen Erfordernissen und der persönlichen Qualifikation. Er hat das Recht auf Lohn nach Qualität und Quantität der Arbeit. Mann und Frau, Erwachsene und Jugendliche haben das Recht auf gleichen Lohn bei gleicher Arbeitsleistung.

(2) Gesellschaftlich nützliche Tätigkeit ist eine ehrenvolle Pflicht für jeden arbeitsfähigen Bürger. Das Recht auf Arbeit und die Pflicht zur Arbeit bilden eine Einheit.

(3) Das Recht auf Arbeit wird gewährleistet durch das sozialistische Eigentum an den Produktionsmitteln; durch die sozialistische Planung und Leitung des gesellschaftlichen Reproduktionsprozesses; durch das stetige und planmäßige Wachstum der sozialistischen Produktivkräfte und der Arbeitsproduktivität; durch die konsequente Durchführung der wissenschaftlich-technischen Revolution; durch ständige Bildung und Weiterbildung der Bürger und durch das einheitliche sozialistische Arbeitsrecht.

Die Verfassung der Deutschen Demokratischen Republik, hrsg. vom Gesamtdeutschen Institut, Bonn 1974, S. 433 f.

1. *Skizzieren Sie das Verhältnis von Arbeit und politischer Macht gemäß dem Verfassungstext.*

2. *Stellen Sie dar, wovon ein „Recht auf Arbeit" laut Verfassung der DDR abhing. Nennen Sie weitere Bedingungen, die Ihrer Meinung nach für eine allgemeine Arbeitsplatzgarantie erfüllt sein müssen.*

3. *Begründen Sie, weshalb das „Recht auf Arbeit" von den Menschen in der DDR als große Errungenschaft angesehen wurde. Erörtern Sie, warum ein solches Recht im Grundgesetz nicht auftaucht.*

M8 „Einwandfreies Schussfeld gewährleisten"

Auf einer Sitzung des Nationalen Verteidigungsrates vom 3. Mai 1974 äußert sich Erich Honecker zu den Maßnahmen der Grenzsicherung:

In der Aussprache [...] legte Genosse Erich Honecker folgende Gesichtspunkte dar:

- die Unverletzlichkeit der Grenzen der DDR bleibt nach wie vor eine wichtige politische Frage,
- es müssen nach Möglichkeit alle Provokationen an der Staatsgrenze verhindert werden,
- es muss angestrebt werden, dass Grenzdurchbrüche überhaupt nicht zugelassen werden,
- jeder Grenzdurchbruch bringt Schaden für die DDR,
- die Grenzsicherungsanlagen müssen so angelegt werden, dass sie dem Ansehen der DDR nicht schaden, [...]
- überall muss ein einwandfreies Schussfeld gewährleistet werden, [...]
- nach wie vor muss bei Grenzdurchbruchsversuchen von der Schusswaffe rücksichtslos Gebrauch gemacht werden, und es sind die Genossen, die die Schusswaffe erfolgreich angewandt haben, zu belobigen [...].

Erich Honecker auf der 45. Sitzung des Nationalen Verteidigungsrates vom 3. Mai 1974 zum Tagesordnungspunkt 4: Bericht über die Lage an der Staatsgrenze der DDR zur BRD, zu Westberlin und an der Seegrenze, in: BArch MZA, VA – 01/39 503; zitiert nach Matthias Judt, a.a.O., S. 468 f.

1. *Im August 1997 erging im Berliner Landgericht das Urteil gegen drei frühere Mitglieder des Politbüros (Egon Krenz, Günter Schabowski, Günther Kleiber) wegen Totschlags an DDR-Flüchtlingen. Der Vorsitzende Richter Josef Hoch begründete die langjährigen Freiheitsstrafen für die Angeklagten mit der führenden Rolle des Politbüros innerhalb des Staates, dessen Mitglieder daher für das Grenzregime zur Verantwortung zu ziehen seien, denn wer die Herrschaft über Tötungen habe, sei als Täter dafür verantwortlich („Ohne die Politbürobeschlüsse hätte es diese Toten nicht gegeben"). Erläutern Sie das Für und Wider der Gerichtsentscheidung und nehmen Sie dazu Stellung.*

2. *Diskutieren Sie über die Angemessenheit der Strafen.*

▲ **KSZE-Schlusskonferenz.**
Foto vom 1. August 1975.
Bundeskanzler Helmut Schmidt (vorne rechts) spricht mit dem DDR-Staatsratsvorsitzenden Erich Honecker.

M9 Ost-Berlin schätzt die KSZE-Schlussakte ein

Das DDR-Außenministerium nimmt am 28. Juli 1975 eine Bewertung der KSZE-Schlussakte von Helsinki vor:

Der große Erfolg für die Staaten der sozialistischen Gemeinschaft ist die Ausarbeitung und Aufnahme des Prinzips der Unverletzlichkeit der Grenzen als selbstständiges Prinzip in den Prinzipienkatalog. [Es] enthält die klare Aussage, dass es nicht allein um den Ausschluss der Gewaltanwendung, sondern um jegliche Forderungen und Handlungen geht, die darauf gerichtet sind, Grenzen anderer Staaten zu verletzen oder sich des Territoriums anderer Staaten zu bemächtigen. Nicht verhindert werden konnte die Aufnahme eines Satzes über das Ändern von Grenzen. Die von diesem Satz ausgehende negative Wirkung konnte aber dadurch abgeschwächt werden, indem er nicht, wie von der BRD angestrebt, dem Prinzip über die Unverletzlichkeit der Grenzen zugeordnet wurde. Außerdem konnte bei den Verhandlungen über den deutschen Wortlaut dieses Satzes erreicht werden, dass die BRD zu keinem der Prinzipien eine interpretative Erklärung im Sinne des sogenannten Briefes zur Deutschen Einheit[1] abgibt.

Von weitreichender Bedeutung ist die klare Ausgestaltung des Prinzips der Nichteinmischung in die inneren und äußeren Angelegenheiten. In diesem Zusammenhang ist bedeutsam die Feststellung über die Rechte jedes Teilnehmerstaates, sein System und seine Gesetze und Verordnungen zu bestimmen. [...]

Die kapitalistischen Staaten sind mit sehr weitgehenden Forderungen insbesondere in den Fragen des Prinzipienkatalogs, der vertrauensfördernden Maßnahme und der „Freizügigkeit von Menschen und Ideen" in die Konferenz gegangen und haben diese hartnäckig verfolgt. Sie nutzten ihre Möglichkeiten und unser Interesse an einem erfolgreichen Abschluss der Konferenz aus, um insbesondere in den Prinzipien und den Bereichen Information und Kontakte einige detailliertere Aussagen durchzusetzen, als von uns ursprünglich beabsichtigt war. Diese Aussagen sind jedoch so abgesichert, um unmittelbar negative Auswirkungen auf unsere gesellschaftlichen Verhältnisse auszuschließen. [...]

Im Bereich der Kontakte, insbesondere bei familiären Begegnungen, Familienzusammenführungen, Eheschließungen und Reisen aus persönlichen und beruflichen Gründen wurde [aus westlichen Vorschlägen] die Verpflichtung übernommen, jeweilige Anträge „wohlwollend" zu behandeln. Das innerstaatliche Genehmigungsverfahren bleibt unberührt. [...] Alle westlichen Vorschläge, die auf eine „freie" Ein- und Ausreise ausländischer Bürger im Gastland abzielten, konnten zurückgewiesen werden. [...]

Im Bereich Kultur und Bildung konnten alle jene Elemente, die auf eine ideologische Diversion hinausliefen, wie die Einrichtung ausländischer Kinos, Lesesäle, Bibliotheken usw., ausgeschlossen werden.

Matthias Judt (Hrsg.), a.a.O., S. 518 f.

1. *Zeigen Sie anhand des Textes auf, welche Festlegungen in dem KSZE-Abkommen der DDR-Staatsführung wichtig waren.*

2. *Erläutern Sie, was die DDR-Führung plante, um mögliche unerwünschte Folgen des Abkommens zu verhindern. Prüfen Sie, ob ihr das kurz- und langfristig gelungen ist.*

[1] Brief zur Deutschen Einheit: Dokument der Bundesregierung zur Ergänzung des Grundlagenvertrages von 1972. Darin stellte Bonn klar, dass die Vereinbarungen mit der DDR nichts am Auftrag des Grundgesetzes änderten, eine Wiedervereinigung Deutschlands in Frieden und Freiheit herbeizuführen.

◄ **Alltag in der Mangelwirtschaft.** *Foto aus Leipzig vom März 1989. Die DDR-Bürger mussten immer improvisieren, besonders wenn sie Ersatzteile für die Wartungsarbeiten ihres Pkw brauchten wie dieser Leipziger Bürger.*

M10 „Wenn man da nicht Leute kannte …"

Ein Betroffener berichtet nach 1989 darüber, wie man sich mit der Versorgung in der DDR arrangiert hat:

In der DDR kann ein Mann alleine nicht für den Unterhalt einer Familie sorgen. Wenn es ein guter Monat ist, dann verdiene ich so tausend Mark, wenn man Leistung macht. Da kommt es auf den Tag an. [...]
Wenn man in einen Gemüseladen reinkommt und Schwein hat, dann liegen dort ein paar deutsche Zwiebeln. Die nimmt man raus aus der Steige, dann hat man schon die Pfoten voll Schmiere. Die Möhren sehen aus, wie man sie vom Acker runterholt. Die Radieschen auch. Die waren nicht gewaschen und nichts. Ich meine, das liegt auch ein bisschen an der Schlamperei der Leute. Wenn ich so einen Laden hätte, ich hätte sie wahrscheinlich in einem Eimer abgewaschen. Aber es ist nicht ihr Laden, es geht sie nichts an. Und da die Leute die Sachen brauchen, kaufen sie das eben. Also, das stimmt, Kraut gab es in den letzten Jahren in Hülle und Fülle. Anderes Gemüse aber nur zu der Jahreszeit. Und dann kriegt man das aber auch nicht jeden Tag. Da muss man Anfang der Woche Blumenkohl kaufen, wenn man den am Freitag essen will. Aber das ist nicht so schlimm. Der Blumenkohl hier hat doch schon meistens Flecken. Obst hat man kaum gesehen. Äpfel gab es, aber Kirschen oder Erdbeeren nur ganz selten. Wenn man da nicht Leute kannte, die einen Garten haben und verkauft haben, da hätte man so was nie gekriegt. [...] Mit Obst war es die Jahre ganz schlecht. Einmal im Jahr, vor Weihnachten, gab es Apfelsinen. [...]
Manche Lebensmittel bekommt man nicht: Tomatenmark, Ketch-up, solches Zeug. Ganz Seltenes kriegt man nur durch Beziehungen. Man muss in der DDR Beziehungen haben. Man muss viele Leute kennen, dann kriegt man mal was. [...]
Aber auf der anderen Seite wird das Geld zum Fenster rausgeschmissen. In den Neubaugebieten zum Beispiel, wo Fernheizung ist, die können das gar nicht regeln. Da ist kein Thermostat. Die machen die Fenster auf, damit die Wärme hinaus kann. Die rennen drinnen nur im Turnhemd rum. Die baden und versauen das Wasser. Die Kosten sind alle in der Miete enthalten. Die haben noch nicht einmal eine Wasseruhr. Es ist gleich, wie viel Wasser man verbraucht. [...]
Wer Grundeigentum hat, der darf nicht so ohne Weiteres drauf bauen. Da hat erst einmal der Staat das Vorrecht zum Bauen. Wenn jetzt auf den Dörfern oder auch hier in Saalfeld jemand bauen möchte, kriegt er in der Regel seine 500 Quadratmeter zugeteilt. Dann hat man so ein kleines bisschen Garten. Das Haus wird vorgeschrieben, der Typ, den man bauen darf. Aber das macht man erst seit den letzten Jahren. Das Haus wird Eigentum, aber der Grund und Boden nicht. [...] Wenn man so ein Haus baut, muss man sich eine Feierabendbrigade suchen, die einem das hochzieht. Das sind Bauarbeiter, die so was nach Feierabend machen oder im Urlaub oder auch sonnabends und sonntags. Es gibt auch keine Baufirmen. Hier baut man alles in Eigeninitiative. [...] Manches Material haben die auch nicht so gekriegt, wie die wollten. Oder sie mussten es irgendwie teuer bezahlen, weil sie auf normalem Weg nicht drangekommen sind. Das ist jetzt nicht so, wenn sie ihre Wasserleitung oder ihre Heizung legen wollen, dass sie da in die Märkte, wo das Material verteilt wird, fahren können, und sie alles bekommen, was sie haben wollen. Da gibt es manchmal nur ein Halbzoll-Rohr oder mal nur ein Viertelzoll-Rohr. Dann gibt es keine Winkel oder keinen Wasserhahn. Sie müssen da schon rennen.

Mike Dennis und Johannes-Dieter Steinert, Deutschland 1945-1990. Von der bedingungslosen Kapitulation zur Vereinigung, Schwalbach 2005, S. 213 f.

1. *Arbeiten Sie aus dem Text die Folgen einer Planwirtschaft heraus.*

2. *Charakterisieren Sie die Haltung des Berichterstatters. Stellen Sie Vermutungen an, wie sich diese Folgen auf die Mentalität der Bevölkerung auswirkten.*

Beispiel und Analyse

Hauptmann Schäfer

Peter Fechter

Oberfeldwebel Wursel

Bildgeschichte: *Die Bergung eines leblosen Körpers ist ein Symbol in der christlichen Ikonografie: Kreuzabnahme oder Grablegung von Jesus Christus*

Stacheldraht: Symbol für Grenzen, (KZ-)Lager

Ort / Zeitpunkt: *Berlin-Kreuzberg, Zimmerstraße, nahe Kontrollpunkt Checkpoint Charlie am 17.8.1962*

Volkspolizeimeister Mularczyk

Gefreiter Lindenlaub

Bildgestaltung: *Zentrale Diagonale als Fluchtlinie von der Schirmmütze des Hauptmanns links oben bis zur Umhängetasche des Gefreiten Lindenlaub*

Perspektive: *Leichte Obersicht; halb-nahe Einstellung / Zoom Empfinden der räumlichen Nähe und Dichte*

▲ **Der Tod von Peter Fechter.**
Fotografie vom 17. August 1962.

Lead-Text: „Vopo-Mörder ließen niedergeschossenen Flüchtling an der KZ-Mauer verbluten“

Wertende Wörter:
„Vopo-Mörder“
„KZ-Mauer“
„KZ-Schergen“

Der Marktanteil der Berliner Morgenpost betrug in Berlin 1962 ca. 38 Prozent. Verlegt wurde die Zeitung vom Axel C. Springer Verlag.

BERLINER MORGENPOST

„Helft mir doch, helft mir doch!“

Vopo-Mörder ließen niedergeschossenen Flüchtling an der KZ-Mauer verbluten

Eigener Bericht

Berlin, 18. August

Ulbrichts KZ-Schergen haben einen neuen Mord auf ihr Gewissen geladen. Mit ihren Maschinenpistolen beschossen sie gestern Nachmittag einen 18jährigen Ostberliner, als er die fast zwei Meter hohe Schandmauer fast überwunden hatte. Schwer verwundet fiel der Flüchtling auf die östliche Seite der Mauer zurück. Dort blieb er 50 Minuten lang liegen, ohne daß ihm eine Hilfe zuteil wurde. Auf westlicher Seite hörte man seine Schreie: „Helft mir doch!“ immer wieder ertönen, bis er verstummte. Vopos trugen ihn schließlich weg. Kurze Zeit später war er tot.

Ohnmächtige Erbitterung

So schleppten die Vopos ihr Opfer weg: Ohnmächtig, blutverschmiert, sterbend ...

Brandt: Autobahnkontrolle kommt

Der „Regierende“ sprach mit Adenauer und Clay

Zurück an den Absender

Immer wieder Fluchtversuche

Titel:
a) direkte Rede Peter Fechters
b) Perspektive des Opfers
c) (Handlungs-)Aufforderung an den Leser
d) Appell an sein (Mit-) Gefühl / emotionalisierende Sprache
e) Anklage der Täter
f) Aufforderung an die Politik zu handeln
g) (indirekte) Kritik an den US-Alliierten

Bildlegende: „So schleppten die Vopos ihr Opfer weg: Ohnmächtig, blutverschmiert, sterbend ...“

▲ **Berliner Morgenpost vom 18. August 1962.**

Beschreibung und Analyse Die Fotografie ist eine Schwarzweiß-Aufnahme. Sie zeigt vier zum Teil bewaffnete Männer in drei unterschiedlichen Uniformen, die einen leblosen Männerkörper bergen und ihn aus dem Bildvordergrund in Richtung des Bildhintergrundes tragen. Der Uniformierte mit der Schirmmütze oben links scheint der Vorgesetzte zu sein, der Uniformierte rechts vorne sieht in ängstlicher Erwartung auf etwas außerhalb des Bildes. Im Hintergrund ist eine Häuserwand mit einem geschlossenen Fenster zu sehen, im mittleren Bereich der Szene eine Mauer, Stacheldraht und ein Strauch.

Die Szene ist aus einer leichten Obersicht aufgenommen worden. Der Betrachter kann sie aus einer vermeintlichen Nähe verfolgen, er scheint räumlich und emotional unmittelbar am Geschehen beteiligt zu sein. Der Moment der Aufnahme zeigt eine Situation, die von Dramatik und Gefahr geprägt ist. Der Fotograf muss das Bild jedoch aus einem sicheren Abstand geschossen haben – er hat also ein Teleobjektiv verwendet. Eine Bildbearbeitung ist nicht erkennbar. Das Bildmotiv der Bergung eines leblosen Männerkörpers hat in der Geschichte der Bildbedeutung (Ikonografie) eine lange Tradition: Es steht meist für Jesus Christus, der vom Kreuz abgenommen wird.

Recherchieren – historischer Kontext Das Foto zeigt eine gescheiterte Flucht an der Mauer in der Berliner Zimmerstraße nahe dem Grenzkontrollpunkt Checkpoint Charlie zwischen den Bezirken Mitte und Kreuzberg am 17. August 1962. Gegen 14 Uhr hatte der 18-jährige Peter Fechter versucht, die Grenzanlagen zu überwinden, und wurde dabei von DDR-Grenzsoldaten angeschossen. Nahezu 45 Minuten blieb der schwer Verwundete im Grenzstreifen liegen und verblutete, ohne dass ihm jemand half. Ohne den Befehl eines Offiziers durften DDR-Soldaten den Grenzstreifen nicht betreten, zudem sahen sie sich selbst durch die aufgebrachte Menschenmenge im Westteil der Stadt in Gefahr. Die Schützen selbst sind nicht abgebildet. Angehörige der US-Alliierten hätten den Grenzraum im sowjetischen Sektor aufgrund des Rechts auf alliierte Bewegungsfreiheit in ganz Berlin (Viermächte-Status Berlins) zwar betreten können, sie leisteten aber aus Vorsicht gegenüber möglichen machtpolitischen Verwicklungen ebenfalls keine Erste Hilfe. In West-Berlin kam es aufgrund des Todes von Peter Fechter und der Tatenlosigkeit der US-Alliierten in den Tagen danach zu Demonstrationen und schweren Tumulten.

Die Aufnahme des Fotografen Wolfgang Bera wurde am 18. August 1962 großformatig auf der Titelseite der Tageszeitung Berliner Morgenpost (Axel Springer Verlag) abgedruckt, also in unmittelbarer zeitlicher Nähe zum ersten Jahrestag des Mauerbaus. Der Titel, die Bildlegende und die Berichterstattung nutzen eine emotionalisierende Sprache und sind Ausdruck moralischer Empörung. Das Verhalten der DDR-Verantwortlichen wird mit dem der Nationalsozialisten verglichen. Die DDR wird mit einem Konzentrationslager gleichgesetzt – das Bildmotiv des Stacheldrahtes spielt auf diese Assoziation an.

Beurteilen und bewerten – symbolische Bedeutung Unter den mindestens 136 Todesopfern an der Berliner Mauer ragt der Tod Peter Fechters deswegen heraus, weil es von seinem Sterben eine Fotografie gibt, die eine dramatische Situation in einer besonderen visuellen Gestaltung zeigt. Das Schlüsselbild hat sich als Symbol für die Unmenschlichkeit der Teilung Berlins etabliert.

Die Bedeutung des unschuldigen Opfers wird verstärkt durch die visuellen Anspielungen an den Nationalsozialismus wie an die christliche Ikonografie. In der Berichterstattung des Axel Springer Verlages wurde das Bild propagandistisch gegen die SED-Diktatur und die Teilung der Stadt genutzt und seit 1962 immer wieder abgedruckt. Eine Stahlstele (Aufschrift: „... er wollte nur die Freiheit“) nahe dem ehemaligen Grenzkontrollpunkt Checkpoint Charlie erinnert heute an den Tod Peter Fechters. Jedes Jahr wird dort am 18. August in einer Feierstunde an ihn und die Berliner Mauer gedacht.

Von der friedlichen Revolution zur Wiedervereinigung

Rainer Eppelmann (geb. 1943): evangelischer Pfarrer, 1989 Mitbegründer der Partei „Demokratischer Aufbruch" (DA), seit 1990 Mitglied der CDU, 1990 Minister für Verteidigung und Abrüstung in der letzten DDR-Regierung

Wachsende Kritik von Friedens- und Umweltgruppen in der DDR Die Krise der kommunistischen Herrschaft in der DDR entzündete sich nicht nur am Versagen der Ökonomie. Den Boden für den Massenprotest des Jahres 1989 bereiteten oppositionelle Gruppierungen, die seit den frühen 1980er-Jahren mit wachsendem Selbstbewusstsein das Regime herausforderten, aber auch viele einzelne Bürger, die unter Berufung auf die von der DDR 1975 unterschriebene KSZE-Schlussakte* ihre Menschenrechte einforderten.

▲ **„Schwerter zu Pflugscharen."**
Unter diesem Motto forderte die christliche Friedensbewegung zur Abrüstung auf. Trotz Betonung ihrer Friedensliebe verbot die SED-Führung jegliche Friedenssymbole und forderte die Bischöfe auf, die Friedensaktivisten zu bremsen. Sie erreichte damit das Gegenteil: Auf dem Kirchentag in Wittenberg 1983 wurde ein Schwert zur Pflugschar umgeschmiedet.

Anfangs waren es vor allem Friedens- und Umweltgruppen, die unter dem Schutz der Kirchen einen Freiraum von staatlicher Erziehung schufen und die ökologische Krise, die offiziell ignoriert wurde, zur Sprache brachten. Zunächst entstanden diese informellen Zusammenschlüsse von aufbegehrenden DDR-Bürgern aus der Empörung über konkrete Maßnahmen des SED-Staates. Die Einführung des „Wehrunterrichts" an allen Schulen seit 1978, die staatlich verordnete Militarisierung der Gesellschaft sowie die Aufrüstung in Ost und West entwickelten sich alsbald zu Plattformen für eine umfassendere Kritik. Eine wichtige Rolle spielte etwa der von Pfarrer **Rainer Eppelmann** und Robert Havemann gemeinsam formulierte „Berliner Appell – Frieden schaffen ohne Waffen" (1982). Die Forderungen nach Toleranz und Anerkennung des Rechts auf freie Meinungsäußerung unterschrieben innerhalb weniger Monate Tausende.

In Friedensseminaren und Friedenswerkstätten fanden sich zumeist jugendliche Teilnehmer aus der ganzen DDR zusammen. Ihr gemeinsames Protestsymbol war ein Aufnäher mit der Aufschrift „Schwerter zu Pflugscharen". Die Staatsmacht reagierte mit Verhaftungen und Ausbürgerungen prominenter Oppositioneller und vor allem mit dem massiven Einsatz von Inoffiziellen Mitarbeitern der Staatssicherheit. Die beabsichtigte „Zersetzung" oppositioneller Gruppierungen ging so weit, dass manche Friedenskreise von Stasi-Spitzeln regelrecht unterwandert wurden.

Bärbel Bohley (1945-2010): Malerin, Friedensaktivistin und Politikerin, 1989 Mitbegründerin der Bürgerrechtsorganisation „Neues Forum" (NF)

Eine Bürgerrechtsbewegung entsteht 1985 gründeten Bürgerrechtler in Ost-Berlin – darunter **Bärbel Bohley**, *Ralph Hirsch*, *Gerd Poppe*, *Wolfgang Templin*, *Vera Wollenberger* – die „Initiative Frieden und Menschenrechte" (IFM). Die zunächst stark christlich-pazifistisch ausgerichtete Protestbewegung gewann eine neue Qualität. Erstmals erhoben ostdeutsche Oppositionelle Forderungen nach einer freiheitlichen Demokratie, wie sie die Bürgerrechtsbewegungen in Polen (Solidarność), Ungarn und der Tschechoslowakei („Charta 77") schon länger vertraten.**

Die Reformpolitik in der Sowjetunion unter Staats- und Parteichef Michail Gorbatschow machte den Oppositionellen Mut. Immer mehr Menschen solidarisierten sich mit jenen, die verhaftet, ausgebürgert oder auf andere Weise eingeschüchtert werden sollten. Zu den dauerhaft aktiven Regimegegnern zählten nur wenige hundert Perso-

* Siehe S. 283 f. und 291.
** Siehe S. 189.

nen, die jedoch viele tausend Sympathisanten gewinnen konnten. Allmählich entstand ein landesweites Netzwerk durch im Untergrund gedruckte Zeitschriften und Flugblätter, Treffen und Protestaktionen.

Landesweite Aufmerksamkeit und wachsende Anerkennung in der Bevölkerung erhielten die Bürgerrechtler im Zusammenhang mit den Kommunalwahlen vom 7. Mai 1989. In mehreren Städten der DDR beobachteten Vertreter dieser Gruppen die Auszählung der Stimmen und protestierten anschließend gegen die festgestellten Wahlfälschungen.

Internettipps
Zur Oppositionsbewegung in der DDR siehe u.a.:
http://www.havemann-gesellschaft.de
http://www.jugendopposition.de
http://www.ddr89.de

Flucht vor der Staatsmacht Immer mehr Bürger stellten einen Antrag auf Ausreise aus der DDR, obwohl sie in vielen Fällen deswegen jahrelang benachteiligt und schikaniert wurden. Im ersten Halbjahr 1989 gestattete die Regierung 46 343 Personen die Übersiedlung in die Bundesrepublik. Doch die Hoffnung der SED, auf diese Weise wieder Ruhe herstellen zu können, erfüllte sich nicht. Im Gegenteil: Im Sommer 1989 lagen bereits eine Viertelmillion weiterer Ausreiseanträge vor.

Nach und nach verloren die Drohgebärden der Machthaber ihre Wirkung, wenngleich niemand vorherzusagen wusste, wie die SED auf die wachsende Unruhe im Land reagieren würde (▸ M1). Immerhin wagten es die Bürgerrechtler im August/September 1989, sich in vier erstmals öffentlich auftretenden Vereinigungen (Neues Forum, Demokratie Jetzt, Demokratischer Aufbruch, Sozialdemokratische Partei) zusammenzuschließen und eine Reform der DDR an Haupt und Gliedern zu fordern.

Am 10./11. September erlaubte die reformkommunistische Regierung Ungarns, die bereits seit Mai ihre Grenzsperren nach Österreich abbaute, fluchtwilligen Urlaubern aus der DDR die Ausreise. Über 25 000 Menschen nutzten das neue Schlupfloch im bislang undurchlässigen „Eisernen Vorhang“. Andere fanden Einlass in den diplomatischen Vertretungen der Bundesrepublik in Prag, Warschau und Ost-Berlin. Nach langwierigen Verhandlungen zwischen beiden deutschen Regierungen durften sie Anfang Oktober in den Westen übersiedeln.

Massenprotest und friedliche Revolution Seit Anfang September 1989 demonstrierten in Leipzig an jedem Montag nach Friedensgebeten in der Nikolaikirche immer mehr Menschen für Reisefreiheit statt Massenflucht. Rief die Menge anfangs noch „Wir wollen raus!“, so hieß es bald „Wir bleiben hier!“. In Ost-Berlin, Leipzig und Potsdam hielten Bürgerrechtler Mahnwachen für politische Gefangene. Das alles geschah unter den Augen der Stasi, die die Protestwelle mit Verhaftungen auflösen wollte. In den ersten Oktobertagen spitzte sich in vielen Städten die Situation gefährlich zu. Während die Machthaber den 40. Jahrestag der DDR am 6. und 7. Oktober vor den Kameras des In- und Auslands und im Beisein des sowjetischen Staats- und Parteichefs Gorbatschow mit Pomp, Militärparaden und Aufmärschen begingen, versuchten sie gleichzeitig, mit einem Riesenaufgebot bewaffneter Sicherheitskräfte die Demonstranten einzuschüchtern.

Honecker weigerte sich, Reformen einzuleiten, zu denen ihm Gorbatschow dringend geraten hatte („Wer zu spät kommt, den bestraft das Leben“). Die große Montagsdemonstration am 9. Oktober in Leipzig brachte den Umschwung. 70 000 Menschen demonstrierten friedlich, im klaren Bewusstsein, dass es dabei zu einem Blutbad kommen könne. Ähnliches geschah in Ost-Berlin, wo am 4. November 1989 fast 500 000 Menschen für Meinungs-, Presse- und Versammlungsfreiheit demonstrierten. Obgleich die bewaffneten Kräfte in höchste Alarmbereitschaft versetzt waren, blieb

Egon Krenz (geb. 1937): deutscher Politiker, 1989 DDR-Staatsratsvorsitzender und Generalsekretär der SED. 1997 wegen Totschlags im Zusammenhang mit den Todesfällen an der innerdeutschen Grenze zu mehrjähriger Freiheitsstrafe verurteilt.

der Befehl zur Zerschlagung der Demonstrationen aus (▸ M2). Honecker, der die Bürgerproteste nötigenfalls gewaltsam beenden lassen wollte, wurde am 18. Oktober 1989 von einer Gruppe im Politbüro um **Egon Krenz** abgesetzt. Krenz übernahm Honeckers Ämter. Die politische Führung versuchte jetzt, durch Gesprächsangebote an die Bevölkerung die Situation wieder in den Griff zu bekommen. Doch die Menschen wollten sich nicht mehr mit kleinen Korrekturen der bisherigen Politik zufriedengeben. „Wir sind das Volk!", riefen sie selbstbewusst den Machthabern zu, und im November mischte sich darunter immer häufiger der Ruf „Wir sind ein Volk!".

Das Ende der SED-Diktatur Die anhaltende Massenflucht und der zunehmende Massenprotest im ganzen Land untergruben innerhalb weniger Wochen das brüchige Machtfundament der SED. Das Ende ihrer Herrschaft beschleunigte die Öffnung der Mauer und der Grenzübergänge nach West-Berlin und in die Bundesrepublik am 9. November 1989. Die Annahme der SED-Führung, mit der von den Demonstranten geforderten Reisefreiheit das Regime noch in letzter Minute stabilisieren zu können, erwies sich als Illusion. Nach dem Fall der Mauer besuchten Millionen den anderen Teil Deutschlands und entschieden sich gegen die DDR.

Unter dem Druck der Bevölkerung gab die SED ihre Vormachtstellung schrittweise auf. Im Dezember 1989 wurde ihre „führende Rolle" aus der Verfassung gestrichen, das Ministerium für Staatssicherheit aufgelöst, Politbüro und Zentralkomitee traten geschlossen zurück, Staats- und Parteichef Krenz legte seine Ämter nieder. Die friedliche Revolution in der DDR hatte gesiegt, die SED-Diktatur war zusammengebrochen.

Hans Modrow (geb. 1928): SED-Politiker, 1989/90 Regierungschef der DDR (Vorsitzender des Ministerrates); 1990-1994 Abgeordneter der PDS im Bundestag; seit 2007 Mitglied der Partei „Die Linke"

Seit Mitte November 1989 amtierte eine SED-Regierung unter Ministerpräsident **Hans Modrow**. Sie stand von Beginn an unter Erfolgszwang. Die Probleme der Wirtschaft, über die jetzt in aller Öffentlichkeit berichtet und diskutiert wurde, ließen sich von der DDR allein nicht mehr bewältigen. Zugleich hielt die Ausreisewelle an. Im November und Dezember 1989 kehrten 176 650 Menschen der DDR den Rücken. Anfang Dezember wurde ein „Runder Tisch" eingeführt, wie ihn vorher die Reformer in Polen durchgesetzt hatten. Die Vertreter der SED und die wichtigsten Bürgerrechtsgruppen traten zu diesem Gesprächsforum zusammen. Somit bekamen Oppositionsgruppierungen erstmals Einfluss auf die Regierungspolitik.

Unter öffentlichem Druck stimmten die Regierung Modrow und die inzwischen neu formierte SED/PDS* den Forderungen des Runden Tisches nach baldigen Neuwahlen zu. Am 18. März 1990 fanden die ersten freien Wahlen zur DDR-Volkskammer statt. Während des Wahlkampfes war die Frage einer Vereinigung mit der Bundesrepublik eines der Hauptthemen. Bei den Wahlen wurde das Parteienbündnis „Allianz für Deutschland" aus CDU (Ost), Demokratischem Aufbruch (DA) und der Deutschen Sozialen Union (DSU) eindeutiger Sieger. Eine Mehrheit der Bürger hatte sich damit für eine schnelle deutsche Einheit ausgesprochen. Am 12. April

◂ **Umjubelter Grenzübertritt.**
Foto vom 9./10. November 1989.
In Berlin nutzten mehr als eine halbe Million Menschen die Grenzöffnung zu einem Kurzbesuch im Westteil der Stadt.

* PDS: Partei des Demokratischen Sozialismus, seit Dezember 1989 Rechtsnachfolgerin der SED

▸ **Der Zentrale Runde Tisch der DDR in Berlin-Niederschönhausen.**
Foto von 1989.
Um mit der Bürgerbewegung ins Gespräch zu kommen, richtete Ministerpräsident Hans Modrow am 7. Dezember 1989 nach polnischem Vorbild den Zentralen Runden Tisch ein, der die Bürgerrechtler in wichtige Entscheidungen einband. Gemeinsam vereinbarten SED-Regierung und Bürgerrechtler freie Volkskammerwahlen für den 18. März 1990 und arbeiteten einen Verfassungsentwurf sowie ein neues Wahlgesetz für die demokratische Umgestaltung der DDR aus. Währenddessen nahm die in der Bevölkerung geforderte Einheit Deutschlands immer mehr Gestalt an. Nach den Volkskammerwahlen im März 1990 und dem hohen Wahlsieg der Ost-CDU wurden die Bürgerrechtler schließlich von der politischen Bühne gedrängt und von den Ereignissen, die sie selbst angestoßen hatten, überrollt.

1990 wählte die Volkskammer **Lothar de Maizière** (Ost-CDU) zum Ministerpräsidenten und bestätigte sein Kabinett der Großen Koalition aus CDU, SPD, Liberalen, DA und DSU.

▸ **Geschichte In Clips:**
Zum Mauerfall und zur Wiedervereinigung siehe Clip-Code 32003-10

Lothar de Maizière (geb. 1940): Mitglied der CDU (Ost), von April bis Oktober 1990 letzter Regierungschef (ab August auch Außenminister) der DDR, trat kurz nach der Wiedervereinigung als Bundesminister wegen Stasi-Vorwürfen zurück

Auf dem Weg zur Einheit Bundeskanzler Helmut Kohl hatte Ende November 1989 mit einem „Zehn-Punkte-Programm zur Überwindung der Teilung Deutschlands und Europas" die Initiative ergriffen. Der Plan basierte auf der Überlegung, dass die Bundesregierung mit einer demokratisch legitimierten DDR-Regierung in einer „Vertragsgemeinschaft" behutsam die Vereinigung der beiden Staaten vorantreiben sollte, um den Menschen in der DDR eine Perspektive zu geben. Einen Zeitplan gab es nicht, denn noch wusste niemand, wie die Sowjetunion auf den Zerfall des SED-Regimes reagieren würde.

Doch die politische und wirtschaftliche Situation der DDR setzte die Regierenden in Ost und West unter Zugzwang: Die Übersiedlerwelle der zumeist jungen und beruflich gut qualifizierten DDR-Bürger stieg im Januar 1990 auf 73 729 Personen an. Weil der wirtschaftliche Zusammenbruch der DDR offenkundig nicht mehr aufzuhalten war und gute Beziehungen zu Deutschland im sowjetischen Interesse lagen, bestätigte Michail Gorbatschow im Februar 1990, keine Einwände gegen eine deutsche Vereinigung zu haben.

Der internationale Rahmen der Deutschen Einheit Ohne die Zustimmung der vier Siegermächte des Zweiten Weltkrieges, die sich im Potsdamer Abkommen 1945 ihre Zuständigkeit für „Deutschland als Ganzes" vorbehalten hatten, konnte es keine Wiedervereinigung geben. Ebenso mussten die Interessen der übrigen europäischen Staaten, insbesondere Polens, berücksichtigt und mögliche Befürchtungen über ein größer und mächtiger werdendes Deutschland entkräftet werden. Die Bundesregierung entwickelte deshalb eine Strategie, die fünf Ziele umfasste:

- Einhegung der wirtschaftlichen und politischen Macht Deutschlands – gewährleistet durch eine verstärkte europäische Integration mit einer Wirtschafts- und Währungsunion;
- Beschränkung der deutschen Streitkräfte, nuklearwaffenfreier Status Deutschlands, besondere Zusicherungen an die Sowjetunion;

▲ **„March of the Fourth Reich."**
Karikatur von Bill Caldwell aus der britischen Zeitung „Daily Star" vom Februar 1990.
- *Erläutern Sie, was mit der Zeichnung ausgesagt werden soll.*

- grundlegende Erneuerung des Verhältnisses zwischen Deutschland und der Sowjetunion;
- endgültige Anerkennung der Oder-Neiße-Linie als Westgrenze Polens;
- Mitwirkung bei der Schaffung von neuen Formen und Mechanismen einer gesamteuropäischen Zusammenarbeit.

Der Bundesrepublik kam dabei das große Vertrauen zugute, das sie sich durch die jahrzehntelange Zusammenarbeit mit den USA, im westlichen Bündnissystem und in der Europäischen Gemeinschaft, aber auch im Verhältnis zu den östlichen Staaten erworben hatte.

Im Februar 1990 begannen die sogenannten „Zwei-plus-Vier-Gespräche". Dabei verhandelten die Regierungen Frankreichs, Großbritanniens, der Sowjetunion, der USA sowie der DDR und der Bundesrepublik Deutschland über die endgültigen Grenzen, die Bündniszugehörigkeit Deutschlands, die Höchststärke einer gesamtdeutschen Armee und die deutsche Souveränität. Moskau gestand im Juni 1990 Gesamtdeutschland die Mitgliedschaft in der NATO zu. Dafür versprach der Bundeskanzler, Deutschland werde seine Streitkräfte reduzieren und auf ABC-Waffen* verzichten. Darüber hinaus sagte er der Sowjetunion umfangreiche wirtschaftliche Unterstützung zu.

Mit dem *Vertrag über die abschließende Regelung in Bezug auf Deutschland* vom 12. September 1990 (Zwei-plus-Vier-Vertrag), der die Funktion eines Friedensvertrages hatte, erhielt das wiedervereinigte Deutschland die volle staatliche Souveränität zuerkannt und damit auch das Recht, seine Bündniszugehörigkeit frei zu wählen. In einem weiteren Vertrag zwischen Deutschland und der Sowjetunion vom 9. November 1990 vereinbarten beide Staaten ihre umfassende Zusammenarbeit. Den Abschluss bildete der deutsch-polnische Grenzvertrag vom 14. November 1990, worin das wiedervereinigte Deutschland die Grenze zu Polen definitiv anerkannte. 45 Jahre nach dem Ende des Zweiten Weltkrieges war damit die „Nachkriegszeit" für Deutschland und Europa abgeschlossen.

Wirtschafts-, Währungs- und Sozialunion Um die Übersiedlerzahlen und den Einigungsprozess insgesamt unter Kontrolle zu bringen, beschloss die Bundesregierung schon im Februar 1990, die Wirtschafts- und Währungsunion so schnell wie möglich durchzuführen. Sie tat dies gegen die Empfehlung der meisten Wirtschaftsexperten und Politiker. So wurde, noch bevor die äußeren Voraussetzungen der staatlichen Vereinigung geklärt waren, durch die Einführung der D-Mark in der DDR die Einheit Deutschlands praktisch unumkehrbar. Um den Erwartungen der DDR-Bürger entgegenzukommen, einigte man sich auf für sie günstige Wechselkurse: Löhne, Renten und Mieten wurden im Verhältnis 1:1 umgestellt, ebenso Sparguthaben bis 6 000 Mark, für Beträge darüber galt der Umtausch im Verhältnis 2:1.

Der *Staatsvertrag zur Wirtschafts-, Währungs- und Sozialunion* zwischen der Bundesrepublik und der DDR trat am 1. Juli 1990 in Kraft. Am Tag darauf wurde die D-Mark als offizielle Währung in der DDR eingeführt. Was die in der DDR lebenden Menschen seit Jahrzehnten ersehnt hatten, war Wirklichkeit geworden: Mit „richtigem" Geld konnten sie die begehrten Westwaren kaufen. Sozusagen über Nacht wurde aber auch

* ABC-Waffen: Sammelbezeichnung für atomare, biologische und chemische Waffen

Fotografien als historische Moment-aufnahmen

Bilder prägen unsere Vorstellung von der jüngeren Vergangenheit mehr als jedes andere Medium. Dies gilt besonders für Fotografien, die über einen langen Zeitraum in Büchern, Zeitungen und Zeitschriften, auf Plakaten, in Filmen oder im Internet als Motiv verwendet werden. Diese kanonisierten Aufnahmen gelten als Symbole für historische Ereignisse und werden Ikonen oder auch Schlüsselbilder genannt. So symbolisiert das Bild vom Atompilz den Atombombenabwurf 1945 in Japan, das Bild vom Lagertor in Auschwitz-Birkenau den Holocaust oder die brennenden „Türme" des World Trade Centers in New York am 11. September 2001 den internationalen Terrorismus.

Schlüsselbilder interpretieren

Fotografien zeigen immer nur einen Bruchteil einer Sekunde und nie das, was vor und nach diesem Moment geschehen ist. Sie erzählen also keine Geschichte, sondern zeigen nur einen Ausschnitt aus der Vergangenheit. Schlüsselbilder erinnern als Symbol nicht nur an ein historisches Ereignis, sondern verbinden dieses Ereignis zugleich häufig mit einer kollektiv geteilten Interpretation.

Um die symbolische Bedeutung des Schlüsselbildes kritisch zu prüfen, muss die Fotografie erstens in den historischen Zusammenhang ihrer Entstehung gestellt werden. Was geschah unmittelbar vor dem gezeigten Moment, was unmittelbar danach? Dann muss zweitens auch das Bild selbst analysiert werden. Denn mit dem Fotoapparat wird kein objektives Abbild der Wirklichkeit hergestellt, sondern eine subjektive Interpretation des Fotografen. Er wählt ein Motiv, einen Bildausschnitt, ein Bildformat, eine Perspektive oder ein bestimmtes Objektiv. Insbesondere digitale Fotografien können auch bearbeitet werden. Außerdem muss die weitere Verwendung des Fotos recherchiert werden.

Prüfen Sie, welche der folgenden Fragen Sie beantworten können und zu welchen Recherchen nötig wären.

Beschreiben (Was kann man sehen?)
- Beschreiben Sie gründlich alles, was auf dem Foto wo abgebildet ist.
- Zeigen Sie, welche Darstellungsmittel verwendet werden (Perspektive, Komposition, Zoom ...).
- Untersuchen sie, ob eine Bildbearbeitung vorliegt.

Analysieren (Wie interpretiert die Fotografie das Dargestellte?)
- Begründen Sie, wie das Bild auf den Betrachter wirkt.
- Weisen Sie nach, wie die Fotografie den dargestellten Moment interpretiert.
- Arbeiten Sie heraus, welche Botschaft das Bildmotiv vermittelt.

Erzählen (Was passierte davor, danach? Eine Geschichte erzählen ...)
- Stellen Sie dar, wann und wo das Foto gemacht worden ist.
- Prüfen Sie, in welchem (engen/weiten) historischen Zusammenhang das Bild steht.
- Vergleichen Sie den Bildinhalt mit der Bildlegende, dem Begleittext.

Recherchieren (Welchen Verwendungszweck hat die Aufnahme?)
- Skizzieren Sie, wer das Foto in wessen Auftrag zu welchem Zweck gemacht hat.
- Nennen Sie den Veröffentlichungszeitpunkt und -ort.

Beurteilen (Für was ist die Aufnahme warum ein Symbol?)
- Erläutern Sie, welche „Geschichte", welche „Botschaft" mit dem Bild kollektiv verbunden wird.
- Nehmen Sie zu dieser Botschaft mit Argumenten Stellung.
- Begründen Sie, warum gerade dieses Bild mit dieser Botschaft verbunden wird. Untersuchen Sie, ob das Bildmotiv auch mit anderen Botschaften verbunden wird/werden kann.

die gesamte Wirtschaft der DDR dem internationalen Wettbewerb ausgesetzt, dem die meisten Betriebe nicht gewachsen waren. Ein gewaltiger Modernisierungsschock erfasste Wirtschaft und Gesellschaft.

Der Einigungsvertrag Anfang Juli 1990 begannen in Ost-Berlin die Verhandlungen der beiden deutschen Regierungen über den zweiten Staatsvertrag zur deutschen Einheit (*Einigungsvertrag*) unter der Leitung von Bundesinnenminister **Wolfgang Schäuble** und DDR-Staatssekretär *Günther Krause*.

Die Übernahme der bundesdeutschen Rechtsordnung in Ostdeutschland erforderte komplizierte Regelungen. Probleme bereiteten besonders die Fragen, wie die Einheit finanziert und wie die Rechtsansprüche all derer, die in der DDR enteignet worden waren (Grundsatz „Rückgabe vor Entschädigung"), geregelt werden sollten. Darüber hinaus musste geklärt werden, welche Verfassung im wiedervereinigten Deutschland gelten sollte. Denn das Grundgesetz sah zwei Wege vor: Artikel 23 ermöglichte den Beitritt „weiterer Teile Deutschlands" zum Geltungsbereich des Grundgesetzes. Nach der (ursprünglichen) Präambel sowie laut Artikel 146 sollten die politischen Vertreter Deutschlands eine neue Verfassung erarbeiten, sobald die „Einheit und Freiheit Deutschlands" vollendet seien.

Wolfgang Schäuble (geb. 1942): deutscher Politiker, 1989-1991 sowie 2005-2009 Bundesminister des Innern, 1991-2000 Vorsitzender der CDU-Fraktion im Bundestag, 1998-2000 CDU-Parteichef, seit 2009 Bundesminister der Finanzen

In einer Sondersitzung der DDR-Volkskammer wurde am 23. August 1990 der Beitritt nach Artikel 23 des Grundgesetzes beschlossen. Über zwei Drittel der Abgeordneten stimmten dafür, die PDS als Nachfolgerin der SED sowie Bündnis 90 stimmten für die Ausarbeitung einer neuen Verfassung. Der Runde Tisch der DDR hatte sich noch am 12. März 1990 gegen einen Beitritt der DDR zum Grundgesetz ausgesprochen.

Am 31. August 1990 wurde der Einigungsvertrag in Ost-Berlin unterzeichnet und am 20. September von beiden Parlamenten, Volkskammer und Bundestag, mit großer Mehrheit verabschiedet. Die im Juli von der Volkskammer wieder ins Leben gerufenen (seit 1952 aufgelösten) Länder Brandenburg, Mecklenburg-Vorpommern, Sachsen, Sachsen-Anhalt und Thüringen sollten am 3. Oktober 1990 der Bundesrepublik beitreten. Auch Berlin würde nicht länger geteilt sein.

Der Einigungsvertrag von 1990 erklärte Berlin zur Hauptstadt. Er ließ jedoch offen, welches das politische Zentrum des neuen Deutschland sein sollte, ob Parlament und Regierung in Bonn blieben oder nach Berlin zogen. Quer durch alle Parteien gab es sowohl Befürworter für einen Verbleib in Bonn als auch für einen Umzug nach Berlin. Das Thema wurde in der Öffentlichkeit breit diskutiert. Am 20. Juni 1991 entschied der Bundestag nach einer leidenschaftlichen Debatte mit knapper Mehrheit, dass Berlin auch Regierungs- und Parlamentssitz werden sollte.

Wiedervereinigung und gesamtdeutsche Wahlen Die vielen historischen Ereignisse des Jahres 1989/90 mündeten am 3. Oktober 1990, um Mitternacht, in die Wiedervereinigung Deutschlands durch den Beitritt der fünf ostdeutschen Länder zur Bundesrepublik Deutschland. Die DDR-Bürgerrechtler hatten sich mit ihrer Forderung nach einem eigenständigen Weg der DDR nicht durchsetzen können. Sowohl die ersten Landtagswahlen in den neuen Bundesländern am 14. Oktober als auch die erste gesamtdeutsche Bundestagswahl am 2. Dezember bestätigten die regierenden Parteien CDU/CSU und FDP und wurden von Bundeskanzler Kohl als Volksabstimmung über seine Politik der Deutschen Einheit gewertet. In vier von fünf ostdeutschen Ländern stellte die CDU den Ministerpräsidenten, in Brandenburg die SPD. In der herrschenden Euphorie honorierten die Wähler, dass Kohl und Genscher die Chance zur schnellen

Herstellung der Einheit genutzt hatten. Insbesondere das Versprechen Kohls einer raschen Angleichung der Lebensverhältnisse im Osten an den Standard des Westens überzeugte die neuen Bundesbürger. Die Haltung der Sozialdemokraten zur Wiedervereinigung war gespalten: Während ein Teil der SPD um Willy Brandt und **Hans-Jochen Vogel** die Einheit vorbehaltlos befürwortete, warnte der SPD-Kanzlerkandidat **Oskar Lafontaine** vor den Kosten und Problemen einer raschen Vereinigung.

Hans-Jochen Vogel (geb. 1926): 1960-1972 Oberbürgermeister von München, 1974-1981 Bundesminister der Justiz, 1981 Regierender Bürgermeister von Berlin, 1987-1991 Vorsitzender der SPD

Oskar Lafontaine (geb. 1943): 1985-1998 Ministerpräsident des Saarlandes, 1995-1999 Vorsitzender der SPD, 2007-2010 Vorsitzender der Linkspartei

Länderfinanzausgleich: im Grundgesetz verankerte Regelung. Danach leisten Bundesländer mit höheren Steuereinnahmen (Geberländer) Ausgleichszahlungen an Länder mit geringerem Steueraufkommen (Nehmerländer).

Wirtschaftlicher Umbau Die Folgen der vierzigjährigen kommunistischen Herrschaft waren schwerer zu bewältigen und benötigten mehr Zeit, als Politiker und Experten ursprünglich vermutet hatten (▸ M3). Die Transformation der ostdeutschen Planwirtschaft in eine Wettbewerbswirtschaft war eine Aufgabe, für die es bis dahin kein Vorbild gab. So erwiesen sich die meisten ehemaligen Staatsbetriebe als völlig veraltet und unproduktiv, ihre Produkte und Dienstleistungen als nicht konkurrenzfähig, zumal die Ostdeutschen zunächst nur Westwaren kauften und 1991 die bisherigen Märkte in Osteuropa völlig wegbrachen.

Die Volkskammer der DDR gründete 1990 die Treuhandanstalt in Berlin. Deren Aufgabe war unter anderem, die ehemaligen staatseigenen Betriebe der DDR nach marktwirtschaftlichen Gesichtspunkten zu privatisieren oder abzuwickeln. Sie übernahm etwa 8500 Unternehmen mit etwa 45000 Einzelbetrieben und 4,1 Millionen Beschäftigten sowie rund 60 Prozent der Fläche der DDR. Als sie im Winter 1994 ihre Tätigkeit beendete, hatte sie 3700 Betriebe als nicht sanierungsfähig stillgelegt und über 15000 Firmen mit 1,5 Millionen Arbeitsplätzen privatisiert. Die Folge war ein dramatischer Anstieg der Arbeitslosigkeit. Durch die Übernahme der Altschulden der früheren DDR-Betriebe und Finanzhilfen aller Art für private Investoren hinterließ die Treuhandanstalt umgerechnet 140 Milliarden Euro Schulden, die den Bundeshaushalt seither jährlich mit etwa 8,7 Milliarden Euro belasten. Der Strukturwandel der ostdeutschen Wirtschaft ist vorangekommen (▸ M4), aber es bleibt noch viel zu tun.

Finanzielle Lasten Der wirtschaftliche Umbau und die schrittweise Angleichung der Lebensverhältnisse an den westlichen Standard erforderten die Modernisierung der gesamten Infrastruktur in Ostdeutschland – Straßen, Autobahnen, Wohnungen und öffentliche Gebäude, Telekommunikation, Eisenbahn, Energieversorgung, Gesundheitswesen, Schulen, Hochschulen. Die dafür notwendigen Mittel wurden ganz überwiegend aus dem Bundeshaushalt aufgebracht.

An direkten Aufbauhilfen stellte zunächst der „Fonds Deutsche Einheit" von 1990 bis 1994 umgerechnet rund 82 Milliarden Euro für die ostdeutschen Länder und Kommunen zur Verfügung. Der „Solidarpakt I" von 1995 sorgte für die Aufnahme der neuen Bundesländer in den regulären **Länderfinanzausgleich**. Weiter erhielten die neuen Länder von 1995 bis 2001 Sonderleistungen des Bundes über umgerechnet 105 Milliarden Euro. Der „Solidarpakt II" sieht bis 2019 nochmals Sonderzahlungen von 105 Milliarden Euro für Infrastruktur und Unternehmensförderung vor. Hinzu kommen 51 Milliarden Euro an Investitionshilfen des Bundes und der EU.

Schätzungen über die bisherigen Gesamtkosten der Einheit geben an, dass zwischen 1990 und 2009 etwa 1,6 Billionen Euro an öffentlichen Finanztransfers in die neuen Länder stattfanden. Hierbei wurden Steuerzahlungen und Sozialbeiträge aus dem Osten abgezogen. Der weitaus größte Teil floss in Sozialausgaben (Renten, Arbeitslosenunterstützung, Arbeitsbeschaffungsmaßnahmen).

Lebensgefühl im Umbruch Für die neuen Bundesbürger brachte die Übernahme der westdeutschen Gesellschaftsordnung eine gewaltige Umstellung des gesamten Alltagslebens mit sich. Vom Kindergarten bis zur Altersversorgung änderte sich alles. Viele Bürger im Osten fühlten sich deklassiert und von den „Wessis" überrollt. Auf der anderen Seite sahen sich zahlreiche Bürger in der alten Bundesrepublik durch die Erwartungen ihrer Landsleute im Osten überfordert. Die Unterschiede in der Lebenserfahrung und im Lebensgefühl zwischen den Deutschen in Ost und West gingen tiefer, als die Menschen in den Monaten der Euphorie 1989/90 angenommen hatten. Manche reagierten auf den extrem hohen Anpassungsdruck mit einer Verklärung der DDR-Vergangenheit, was in Westdeutschland oft Unverständnis hervorrief.

▲ **„Daran müssen wir noch arbeiten."**
Karikatur von Rainer Schwalme, 1992.

Anstieg des Rechtsextremismus Ein großes Problem des wiedervereinigten Deutschland war der bald einsetzende Anstieg rechtsextremistisch und rassistisch motivierter Straftaten. Traurige „Höhepunkte" waren die Anschläge von Hoyerswerda (September 1991) und Rostock-Lichtenhagen (August 1992), bei denen Rechtsradikale unter dem Applaus der Anwohner Asylbewerber aus Mosambik, Vietnam und anderen Ländern angriffen. In Teilen Ostdeutschlands entstanden sogenannte „national befreite Zonen", in denen Ausländer bis heute massiv bedroht werden.

Die Ursachen werden kontrovers diskutiert: Einige Kommentatoren wollten darin eine bereits zu DDR-Zeiten vorhandene allgemeine Ausländerfeindlichkeit sehen. Diese sei vor dem Hintergrund der Asyldebatte seit 1990 und den wirtschaftlichen und sozialen Problemen, die die Menschen in den neuen Bundesländern zu tragen haben, noch verstärkt worden. Tatsache ist aber, dass fremdenfeindliche Einstellungen nicht unmittelbar mit dem tatsächlichen Bevölkerungsanteil von Ausländern zusammenhängen: In Bundesländern mit sehr geringem Ausländeranteil (z. B. Sachsen-Anhalt und Mecklenburg-Vorpommern) kam es zwischen 1992 und 1994 viel häufiger zu fremdenfeindlichen Vergehen als etwa in Nordrhein-Westfalen, Baden-Württemberg oder Bayern, die den Großteil der damaligen Asylbewerber aufnahmen. Neuere Studien ergeben zudem, dass es keinen engen Zusammenhang zwischen Arbeitslosigkeit und rechtsextremer bzw. fremdenfeindlicher Gewalt gibt.

Dagegen lässt sich das Bild eines typischen rechtsextremen Gewalttäters zeichnen, der männlich, meist unter 30 Jahre alt ist, seine Taten – oft unter Alkoholeinfluss – in der Gruppe verübt und oft einen niedrigen Bildungsgrad aufweist.

Der Rechtsextremismus ist kein ostdeutsches Phänomen. Jedoch trafen gerade hier rechtsextremistische und „völkische" Einstellungen auf breite Zustimmung in der Bevölkerung. Öffentliche Proteste gab es nur vereinzelt. Bei vergleichbaren Anschlägen in den alten Bundesländern, z. B. im Mai 1993 in Solingen, als bei einem Brandanschlag auf das Haus einer türkischen Familie zwei Frauen und drei Mädchen ums Leben kamen, verurteilte eine große Mehrheit der Bevölkerung die Tat scharf. Allerdings wurden rechtsextreme und gewaltbereite Vereinigungen in den neuen Bundesländern meist mit dem Personal und dem Geld der bestehenden westdeutschen Organisationen aufgebaut.

Filmtipp
ZusammenWachsen – 20 Jahre Deutsche Einheit; Hamburg 2010, Eco Media im Auftrag des Bundesministerium des Innern, unter: http://www.freiheit-und-einheit.de/FuE/DE/Home/Startseite_node.html

Gerhard Schröder (geb. 1944): 1990-1998 Ministerpräsident von Niedersachsen, 1998-2005 Bundeskanzler, 1999-2004 Vorsitzender der SPD

Joschka (Joseph Martin) Fischer (geb. 1948): Politiker der Grünen, 1985-1987 Umwelt- und Energieminister von Hessen, 1998-2005 Bundesaußenminister und Vizekanzler

Angela Merkel (geb. 1954): 1990 Mitglied des DA, dann der CDU, 1991-1994 Bundesministerin für Frauen und Jugend, 1994-1998 Bundesumweltministerin, 1998-2000 Generalsekretärin der CDU, seit 2000 CDU-Vorsitzende, seit 2005 Bundeskanzlerin

Veränderte Parteienlandschaft Die deutsche Einheit führte auch zu einer Vereinigung von politischen Parteien. Bereits im August 1990 traten die liberalen Parteien der DDR den bundesdeutschen Freien Demokraten (FDP) bei. Die SDP, die im Oktober 1989 gegründet worden war, vereinigte sich mit den westdeutschen Sozialdemokraten im September 1990. Im Oktober 1990 fand die Vereinigung von CDU-Ost und -West statt. Die Grünen wurden 1993 zu einer gesamtdeutschen Partei „Bündnis 90/ Die Grünen", nachdem beide Gruppierungen seit 1990 gemeinsam zu Wahlen angetreten waren.

1998 unterlag die CDU/CSU-FDP-Koalition unter Bundeskanzler Kohl bei den Wahlen zum Bundestag. Der neue Bundeskanzler **Gerhard Schröder** (SPD) schloss eine Koalition seiner Partei mit Bündnis 90/Die Grünen. Bundesaußenminister und Vizekanzler wurde der Grünen-Politiker **Joschka Fischer**. Das rot-grüne Bündnis regierte im Bund bis 2005. Mit **Angela Merkel**, geboren in Hamburg, aufgewachsen in Templin in Brandenburg, wurde im Jahr 2000 erstmals eine Frau aus den neuen Bundesländern CDU-Vorsitzende. 2005 übernahm sie als erste Kanzlerin der Bundesrepublik die Regierung in einer Großen Koalition aus CDU/CSU und SPD. 2009 wurde sie wiedergewählt und bildete eine Koalition aus Unionsparteien und FDP.

Parteien rechts und links der Mitte Am rechten Rand des Parteienspektrums kam es schon in den 1980er-Jahren in der Bundesrepublik zu Neugründungen extremistischer Gruppierungen, die als Sammelbecken für Unzufriedene mit nationalistischen, rassistischen und ausländerfeindlichen Parolen auf Stimmenfang gingen. Am bekanntesten wurde die 1983 in Bayern gegründete Protestpartei „Die Republikaner", die u.a. in Landesparlamente in Baden-Württemberg und West-Berlin sowie ins Europaparlament gewählt wurden.

Nach der Wiedervereinigung 1990 konnte die rechtsextremistische, bereits 1971 gegründete „Deutsche Volksunion" (DVU) in einigen Bundesländern Erfolge erzielen, so vor allem in Sachsen-Anhalt, wo sie bei der Landtagswahl 1998 12,9 Prozent der Stimmen erhielt. Ebenfalls in den neuen Bundesländern entwickelte sich die lange Zeit in Vergessenheit geratene „Nationaldemokratische Partei Deutschlands" (NPD) zu einer militanten rechtsextremistischen Partei, die 2004 in den sächsischen Landtag und zwei Jahre später in den Landtag von Mecklenburg-Vorpommern einzog. Ein Antrag der Bundesregierung auf das Verbot der Partei war 2003 vom Bundesverfassungsgericht abgelehnt worden, denn mehrere Zeugen hatten für den Verfassungsschutz gearbeitet. Ihre Aussage konnte deshalb nicht zugelassen werden.

Am linken Rand des Parteienspektrums etablierte sich nach der Wiedervereinigung in Gestalt der SED-Nachfolgerin PDS eine Partei, die in den neuen Bundesländern und in Berlin rasch an Zulauf gewann. Dabei half ihr zunächst die erhalten gebliebene Verbandsstruktur der SED. Doch gewann die PDS ständig Zulauf, auch von Jüngeren. Bei der Bundestagswahl 2005 kam sie in den neuen Ländern auf über 25 Prozent der Wählerstimmen. Bei Landtagswahlen schnitt sie noch besser ab. Die PDS war zunächst nur in den neuen Bundesländern als sozialistische „Stimme des Ostens" erfolgreich. Im Juni 2007 schloss sie sich mit der „Wahlalternative Arbeit und Soziale Gerechtigkeit" (WASG) zusammen, einer Vereinigung aus westdeutschen Altkommunisten, Gewerkschaftsfunktionären und ehemaligen SPD-Mitgliedern. Die durch den Zusammenschluss gebildete Partei „Die Linke" zog 2009 als viertstärkste Kraft in den Bundestag ein (11,9 Prozent) und strebt nach einem festen Platz im gesamtdeutschen Parteiengefüge.

M1 Unzufriedenheit in der Bevölkerung

Aus einem Bericht der Stasi-Bezirksverwaltung Magdeburg vom 9. August 1989:

In allen Bevölkerungsgruppen mehren sich Diskussionen, in denen eine gewisse Resignation und Unzufriedenheit zum Ausdruck kommt. Auch unter politisch aktiven Bürgern [...] sind folgende Auffassungen verbreitet:

- „Als Funktionär darf man treu und brav seine Pflicht erfüllen, ansonsten hat man nur Nachteile gegenüber anderen Bürgern."
- „Funktionäre müssen auf Reisen in die BRD verzichten, aber auch auf Kontakte in die BRD, also auf Geschenke wie hochwertige Gebrauchs- und Genussmittel."
- „Wer gesellschaftlich aktiv ist, muss trotzdem jahrelang auf Pkw, Telefon oder Führerschein warten. Mit Westverbindungen schafft man das über Genex[1] in Wochen."
- „Wer BRD-Währung besitzt, hat keine Sorgen mit Handwerkern und anderen Dienstleistungen."

[...] Ein immer wieder diskutiertes Thema ist die Informationsbereitstellung durch unsere Medien. Von Angehörigen der unterschiedlichsten Bevölkerungsgruppen werden häufig Widersprüche zwischen Wort und Tat der Parteiführung konstruiert. Starke Zweifel bestehen an den Meldungen über erfüllte bzw. überbotene Pläne, weil sich das nicht im Warenangebot widerspiegele. Gleichfalls bemängelt wird das Verschweigen „heißer Eisen" wie z. B. steigende Zahlen von ständigen Ausreisen und ungesetzlichen Grenzübertritten. Die Entwicklung könne – so u. a. Werktätige des Karl-Marx-Werkes, des G.-Dimitroff-Werkes und der Stahlgießerei Magdeburg – doch nur aus einer wachsenden Unzufriedenheit eines Teils der Bürger resultieren. [...]

Offenbar saisonbedingt konzentrieren sich Diskussionen zu Versorgungsfragen gegenwärtig auf

- die mangelnde Versorgung mit Frischfleisch (meist durch urlaubsbedingte Schließung der Geschäfte begründet),
- allgemein unzureichendes Gemüseangebot (zu wenig Sorten, schlechte Qualität, hoher Verschmutzungsgrad),
- immer kritischer werdende Bereitstellung von Kfz-Ersatzteilen (z. B. fehlen in Schönebeck Lada- und Wartburg-Ersatzteile völlig; Pkw-Besitzer führen Ersatzteile nach Möglichkeit aus anderen sozialistischen Ländern ein, um ihr Auto im Urlaub nutzen zu können).

Zitiert nach: http://home.snafu.de/bstu/1989/tage/08/0908dok1.htm [Zugriff vom 30. April 2000]

[1] Genex: ostdeutsches Versandunternehmen („Geschenkdienst und Kleinexporte GmbH"), bei dem Bundesbürger seit 1957 Produkte aller Art für ihre Angehörigen in der DDR bestellen konnten

▲ **Montagsdemonstration in Leipzig.**
Foto vom 9. Oktober 1989.

1. *Ordnen Sie die Beschwerden der Bevölkerung nach bestimmten Kriterien, z. B. „Lebensstandard", „politische Rechte", „langfristige/kurzfristige Missstände" etc.*

2. *Analysieren Sie die Haltung des Verfassers gegenüber den Missständen. Hält er die Klagen für begründet?*

3. *Diskutieren Sie den Kenntnisstand der DDR-Führung über die Situation kurz vor der Wende.*

M2 Am Rande eines Bürgerkrieges

Ein Augenzeuge berichtet über die Montagsdemonstration vom 9. Oktober 1989 in Leipzig:

In Betrieben wurde davor gewarnt, nach 16 Uhr die Innenstadt zu betreten; Mütter sollten ihre Kinder bis 15 Uhr aus den Krippen und Kindergärten des Zentrums abholen; Schülern und Studenten wurde mit Relegation[1] für den Fall der Beteiligung an „Aktionen" gedroht. Gerüchte schwirrten durch die Stadt. Man munkelte von MG-Nestern auf zentralen Gebäuden, befürchtete den Einsatz von Fallschirmjägern [...]. In Krankenhäusern wurden Notbetten aufgestellt und vor allem die chirurgischen und Intensivstationen verstärkt besetzt. Tausende von zusätzlichen Blutkonserven standen bereit. [...]

Leipzig glich an diesem Tag einem Heerlager. Nach späteren Aussagen von Bereitschaftspolizisten war ihnen vormittags mitgeteilt worden, dass ein friedlicher Ausgang der Demonstration wenig wahrscheinlich sei und sie vorbereitet sein

[1] Relegation: Verweis von der Schule bzw. Hochschule

müssten, möglichen Gewalttätigkeiten zu begegnen. Dementsprechend trugen sie Kampfausrüstung [...]. Auf dem Hof der VP-Bezirksbehörde[2] standen „aufmunitionierte" Schützenpanzerwagen bereit, die tonnenschweren Stahlkolosse ausgerüstet mit Räumschilden, die Fahrer mit MPi und je sechzig Schuss Munition. Die Polizeitruppe zählte insgesamt dreitausend Mann, davon zwölfhundert zur Verstärkung aus den Bezirken Halle und Neubrandenburg herbeibeordert. Hinzu kamen noch fünf Hundertschaften von Betriebskampfgruppen sowie eine sicher vierstellige Anzahl von Einsatzkräften des Ministeriums für Staatssicherheit, dessen Arsenale nicht nur Handfeuerwaffen bargen. [...]

In der Nikolaikirche und in drei weiteren Gotteshäusern wurde während der Friedensgebete ein von sechs Persönlichkeiten der Stadt getragener Aufruf zur Besonnenheit verlesen: „Unsere gemeinsame Sorge und Verantwortung haben uns heute zusammengeführt. Wir sind von der Entwicklung in unserer Stadt betroffen und suchen nach einer Lösung. Wir alle brauchen einen freien Meinungsaustausch über die Weiterführung des Sozialismus in unserem Land. Deshalb versprechen die Genannten heute allen Bürgern, ihre ganze Kraft und Autorität dafür einzusetzen, dass dieser Dialog nicht nur im Bezirk Leipzig, sondern auch mit unserer Regierung geführt wird. Wir bitten Sie dringend um Besonnenheit, damit der friedliche Dialog möglich wird."

Dieser gemeinsame Appell des Kabarettisten Bernd-Lutz Lange, des Gewandhauskapellmeisters Kurt Masur und des Theologen Peter Zimmermann sowie der Sekretäre der SED-Bezirksleitung Kurt Meyer, Jochen Pommert und Roland Wötzel wurde um 18 Uhr auch vom Sender Leipzig und etwa eine Stunde später vom Stadtfunk ausgestrahlt. Die engagierte wie couragierte Wortmeldung hat unzweifelhaft beigetragen zum friedlichen Verlauf dieses Tages, ohne jedoch die voreilig bescheinigte entscheidende Rolle gespielt zu haben. Einzig die geballte Kraft der siebzigtausend angsterfüllten und dennoch nicht weichenden Menschen in der Innenstadt und auf dem Ring erzwang um 18.25 Uhr den endgültigen Rückzug der bewaffneten Einheiten. Jene Namenlosen meinte wohl Christoph Hein, als er vorschlug, Leipzig zur „Heldenstadt der DDR" zu ernennen.

Wolfgang Schneider, Leipziger Demontagebuch, Leipzig 1990, S. 71 f.

1. *Vergleichen Sie die Situation am 9. Oktober 1989 in Leipzig mit der vom 17. Juni 1953 (siehe Seite 273 f.).*
2. *Analysieren Sie verschiedene Gefahrenmomente im Verlauf des Tages.*
3. *Diskutieren Sie darüber, aus welchen Gründen die SED-Führung auf den Einsatz von Gewalt verzichtet hat.*

[2] VP: Volkspolizei

M3 „Rote Zahlen vom roten Sozialismus"

Der Wirtschaftswissenschaftler Karl-Hans Hartwig fasst zwei Monate nach der Schaffung der Wirtschafts-, Währungs- und Sozialunion die ökonomischen Probleme der DDR zusammen:

Die DDR-Wirtschaft befindet sich gegenwärtig in einer tiefen Krise [...]. Auch die weiteren Aussichten sind zunächst düster. Arbeitslosenzahlen von 1,5 bis zwei Millionen oder 15 Prozent werden selbst von Optimisten nicht mehr als unrealistisch angesehen. [...] Die Marktwirtschaft und der mit ihr notwendig verbundene freie Informationsfluss bringen diese Altlasten der planwirtschaftlichen Vergangenheit an den Tag. Sie machen deutlich, dass vom roten Sozialismus vorwiegend rote Zahlen bleiben. Experten ist nicht erst seit dem 9. November bekannt, dass etwa 30 bis 40 Prozent der DDR-Betriebe nicht konkurrenzfähig sind und in Wirtschaft und Verwaltung schon immer eine große Anzahl von Arbeitskräften mitgeschleppt wurde, die ökonomisch nicht gerechtfertigt war. Produktivitätsrückstände bis zu 60 Prozent gegenüber westlichen Betrieben kommen ja nicht von ungefähr. D.h. aber, dass von den vorhandenen 9,3 Millionen Arbeitsplätzen in den ersten Jahren nach Einführung der Marktwirtschaft mehr als drei Millionen wahrscheinlich sowieso nicht zu halten wären. Sie durch neue wettbewerbsfähige Arbeitsplätze zu ersetzen, ist die vordringliche Aufgabe, und nicht irgendwelche Beschäftigungsgarantien zu geben. Das in den Köpfen der Menschen noch immer verankerte Recht auf Arbeit hat es ja faktisch auch in der DDR nie gegeben. Praktiziert wurden vielmehr ein Recht auf Lohn und der Zwang zur Beschäftigung an den falschen Stellen.

Das Parlament, 14. September 1990

1. *Arbeiten Sie die Probleme bei der Umwandlung der Planwirtschaft in eine Soziale Marktwirtschaft heraus.*
2. *Erläutern Sie, welche Aufgaben demokratisch gewählte Politiker in diesem Prozess haben.*
3. *Historiker sprechen angesichts der Vorgänge in der DDR seit Herbst 1989 von drei „Revolutionen": einer „liberalen", einer „nationalen" und einer „sozialen". Erörtern Sie, welche Gründe für eine solche Einteilung sprechen.*

M4 Die „innere Einheit“ – ein Traum?

Der Journalist Jens Bisky zieht 15 Jahre nach der Wiedervereinigung eine negative Bilanz:

Der Irrglaube, dass es so etwas gäbe wie eine „innere Einheit“, die alle Interessengegensätze und Konflikte überwölben könne, verhindert seit fünfzehn Jahren die freie Debatte über den richtigen Weg beim Aufbau Ost.

Das patriotische Tabu hat der Einheit mehr geschadet als alles andere. Da über die Unterschiede und die substanziell verschiedenen Interessen in Ost und West nicht mit zivilisierter Gelassenheit gestritten wird, da man verbissen versucht, die Existenz von Gegensätzen überhaupt zu leugnen und Unterschiede als bald überwunden marginalisiert, beschert uns beinahe jede Saison einen kurzen Ausbruch innerdeutschen Gezänks.

[...] Die Wirtschaftskraft des Ostens erreicht etwa zwei Drittel des westdeutschen Niveaus. Die Wertschöpfung[1] stagniert bei 63 Prozent des Westens, es fehlen etwa 3000 mittelständische Unternehmen und 700 000 Beschäftigte, die vorhandenen Unternehmen sind zu klein und leiden unter geringer Eigenkapitalausstattung. Das Umsatzvolumen der einhundert umsatzstärksten Unternehmen in den neuen Ländern ist etwa so groß wie das Umsatzvolumen von RWE oder Metro allein. Jede fünfte Erwerbsperson hat keinen regulären Arbeitsplatz, die Abwanderung dauert an. Jeder dritte Euro, der im Osten ausgegeben wird, wurde nicht in den neuen Ländern erwirtschaftet. Anzeichen für eine wirtschaftliche Aufholjagd gibt es kaum.

Wer im Osten heranwächst, geht zur Jugendweihe, nicht zu Konfirmation oder Kommunion. In seiner Nachbarschaft leben deutlich weniger Ausländer als im Westen. Nach der Wende hat sich eine eigene ostdeutsche Identität herausgebildet, ein deutliches Bekenntnis, nicht dazuzugehören, anders zu sein. Zu ihr bekennen sich seit Jahren unverändert mehr als 70 Prozent der Ostdeutschen. Dem antworten auf der anderen Seite Desinteresse, Ignoranz und Umerziehungsfantasien. Nach einer Allensbach-Umfrage stehen die Brüder und Schwestern im anderen Landesteil Ost- wie Westdeutschen ebenso nah oder fern wie Österreicher. [...]

Das ist die Realität, vor der die Prediger der „inneren Einheit“ gern die Augen verschließen. Selbstverständlich sind Ostdeutsche weder durch Geburt noch durch Erziehung oder Propaganda deformiert oder unfähig zum Leben in Freiheit. Die 2,4 Millionen von ihnen, die seit 1990 in den Westen gezogen sind, haben sich erfolgreich und weitgehend geräuschlos integriert. Die neuen Länder selber aber haben sich in dieser Zeit als eine unterentwickelte, randständige Region stabilisiert. [...]

Das unerfüllbare Versprechen von der „Angleichung der Lebensverhältnisse“ ist noch immer nicht aus der Welt, obwohl es in weiten Teilen der neuen Länder darum geht, eine Abwärtsentwicklung zu verhindern und den Teufelskreis aus wirtschaftlicher Schwäche, Arbeitslosigkeit, Abwanderung, Überalterung und Transferbedarf zu durchbrechen.

Ein Neuanfang würde eine ehrliche Bilanz voraussetzen. Eben deshalb fällt er so schwer. Die staatliche Vereinigung war 1990 politisch richtig und ist gelungen, aber sie muss nicht mit Angleichung und widerspruchsfreiem Einverständnis einhergehen. Eingestehen müsste man, dass der Aufbau Ost, das ehrgeizigste Unternehmen der vergangenen fünfzehn Jahre, in das die Deutschen einen Großteil ihrer Energie und ihrer Mittel investiert haben, gescheitert ist und dass auch Momente kultureller Fremdheit nicht weichen. [...]

Ein radikaler Neuanfang fällt schwer, weil es eine gemeinsame Öffentlichkeit kaum gibt. Die stille Gesellschaft in den neuen Ländern verweigert sich überwiegend den überregionalen Medien. Nach der systematischen Entbürgerlichung in der DDR, nach der Ausschaltung der sozialistischen Funktionseliten und der anhaltenden Abwanderung fehlt es im Osten an einem Bürgertum, einem Mittelstand, an Eliten. Der soziale Raum zwischen Familie und Staat ist nur schwach besetzt. [...]

Zuverlässig rechnen können wir mit einer starken innerostdeutschen Differenzierung in wenige städtische Zentren und unterentwickelte ländliche Regionen, mit weiterer Abwanderung und rascher Überalterung, mit bleibenden Unterschieden bei Einkommen und Vermögen, mit anhaltendem Transferbedarf und einer Tradierung ostdeutscher Besonderheiten. Der Verteilungskonflikt um die Transfergelder dürfte sich nicht mehr lange durch Solidaritätsbeschwörungen verdrängen lassen.

So wird uns der Ost-West-Gegensatz noch Jahrzehnte begleiten. [...] Wer mag, kann weiter von „innerer Einheit“ träumen und auf die nächste Ossi-Wessi-Hysterie warten.

Vernünftig wäre konfliktbewusste Gelassenheit. Sie setzte eine Kultur der Ungleichheit und der Unterschiede voraus. Im Osten wie im Westen ist darauf kaum einer vorbereitet.

Süddeutsche Zeitung vom 25. August 2005

[1] Wertschöpfung: Nettoproduktion einer Volkswirtschaft oder eines Wirtschaftszweiges. Sie ergibt sich aus dem Herstellungspreis von Waren und Dienstleistungen, wovon Abschreibungen, indirekte Steuern und staatliche Zuschüsse (Subventionen) abgezogen sind.

1. *Arbeiten Sie heraus, welche Bedingungen für die innere Einheit Deutschlands laut Bisky erfüllt sein müssten.*

2. *Der Autor fordert „konfliktbewusste Gelassenheit“ (Zeile 82). Nehmen Sie dazu Stellung.*

Geschichte kontrovers

Die DDR – ein Unrechtsstaat?

Seit der deutschen Wiedervereinigung flammt immer wieder die Diskussion auf, ob die DDR eindeutig als Unrechtsstaat zu bezeichnen sei. Der Einigungsvertrag 1990 charakterisierte sie klar als „SED-Unrechts-Regime". Doch diese Auffassung wurde seitdem quer durch die Parteienlandschaft der Bundesrepublik und durch die politischen Grundeinstellungen von Juristen, Politikwissenschaftlern und Vertretern der Bundesregierung wie der politischen Opposition kontrovers diskutiert. Während die einen die zahlreichen Verstöße gegen die Menschenrechte betonen, argumentieren die anderen, dass alles, was in der der DDR im Namen des Rechts angeordnet wurde, nicht als Unrecht zu bezeichnen sei.

M1 „Moralischer Generalverdacht"

Gesine Schwan, Politikwissenschaftlerin und Präsidentin der Europa-Universität Viadrina in Frankfurt (Oder) von 1999 bis 2008, nimmt Stellung:

Wer die DDR einen „Unrechtsstaat" nennt, stellt ihre ehemaligen Bürger unter einen moralischen Generalverdacht. [...] Deshalb wende ich mich gegen eine monopolistische Deutung der DDR als „Unrechtsstaat". Dabei verstehe ich die Gründe, warum andere sie so bezeichnen, durchaus: fehlende Menschen- und Bürgerrechte, keine Gewaltenteilung, keine unabhängige Justiz, keine freien Wahlen. Ich habe das Regime der DDR selbst unzählige Male so oder ganz ähnlich kritisiert, die DDR als Diktatur bezeichnet und öffentlich hinzugefügt, dass deswegen zum Beispiel auch die „Errungenschaften" im Kindergarten- oder Schulsystem immer unter diesem fundamental einschränkenden Vorzeichen gesehen werden müssen.
Dabei folge ich der berühmten Analyse, die der Politikwissenschaftler Ernst Fraenkel aus eigener Erfahrung über den NS-Staat vorgelegt hat. Er unterscheidet in seinem Buch über den Doppelstaat zwischen dem „Normenstaat" und dem „Maßnahmenstaat", dessen Dualität das „Dritte Reich" geprägt hat. Während der „Normenstaat" um des möglichst reibungslosen Funktionierens von Wirtschaft und Gesellschaft willen in vielen Bereichen die rechtsstaatliche Tradition der Weimarer Republik fortsetzte, konnte die NSDAP im „Maßnahmenstaat" den „Normenstaat" jederzeit willkürlich außer Kraft setzen. Auch die SED konnte jederzeit die rechtsförmigen Verfahren aussetzen und hat das mit ihrer marxistisch-leninistisch „legitimierten" Avantgarderolle gerechtfertigt. Daher war und blieb die DDR nicht nur eine Diktatur, sondern auch ein Ort, an dem aus Mangel an Rechtsstaatlichkeit und Gewaltenteilung Willkür jederzeit praktiziert werden konnte und von der SED auch praktiziert wurde.
Wer nun über diese Qualifizierungen hinaus auf der totalisierenden Bezeichnung „Unrechtsstaat" besteht, muss mehr wollen und schließt de facto auch mehr ein. Denn das totalisierende Wort „Unrechtsstaat" verweist auf die Gestalt der gesamten ostdeutschen Lebenswirklichkeit. Während man sich der Mitgliedschaft in der herrschenden Einheitspartei SED, erst recht in der Stasi entziehen konnte, blieb der Staat der DDR das unvermeidbar umfassende politische Gehäuse aller Ostdeutschen. Der Staat ist keine separate Organisation innerhalb oder neben der Gesellschaft, sondern die Gesellschaft in ihrer politischen Verfasstheit. Wird der Staat pauschal zum „Unrechtsstaat" gemacht, folgen daraus auch Wertungen für die Lebenswirklichkeit der Menschen. [...] Es macht also einen Unterschied aus, ob man den Menschen in der DDR, die seit dem Mauerbau Gefangene dieses Staates waren, pauschal unterstellt, dass sie sich als Staatsbürger in ihrem beruflichen wie privaten Leben an diesem Unrecht beteiligt haben, weil sie unvermeidbar involviert waren, oder ob man ihnen innerhalb des Staates der DDR die Möglichkeit rechtlichen Handelns einräumt. Entweder der DDR-Staat hat als „Unrechtsstaat" 40 Jahre lang jede Schule, jeden Kindergarten, jedes Bauamt geprägt und die Menschen jederzeit in sein Unrecht gleichsam hineingezogen. Dann verliert die gegenwärtig gängige und „politisch korrekte" Unterscheidung zwischen den Menschen und dem politischen System, unter dem sie leben mussten, jeden Sinn. Denn dann mussten sich alle kompromittieren. Oder man konzediert, dass es analog zu Fraenkels „Normenstaat" Bereiche im Staat der DDR gab, in denen es trotz des Damoklesschwerts der SED-Willkür faktisch, wenn auch nie gesichert, auch rechtlich zuging. In denen die Menschen sich auch um Rechtlichkeit bemühten. Um diese Unterscheidung geht es mir in der Abwehr der totalisierenden Deutung des „Unrechtsstaats". [...]
Die Diktatur wurde den Ostdeutschen auferlegt. Der totalisierende „Unrechtsstaat" stellt sie flächendeckend moralisch unter Verdacht. In der rechtsstaatlichen Demokratie des vereinigten Deutschland gilt aber zunächst die Unschuldsvermutung für alle Bürger – nicht nur für die westdeutschen.

Gesine Schwan, In der Falle des Totalitarismus, in: DIE ZEIT, Nr. 27 vom 25. Juni 2009, gekürzt

M2 Der Staat als Räuber der Volksgewalt

Marianne Birthler, Bundesbeauftragte für die Unterlagen des Staatssicherheitsdienstes der ehemaligen DDR von 2000 bis 2011, die die Akten und Dokumente des Staatssicherheitsdienstes („Stasi") verwaltet und erforscht, entgegnet:

Es wäre abwegig, Gesine Schwan vorzuwerfen, sie verharmlose die SED-Diktatur. Die streitbare Antikommunistin hat das politische System der DDR öffentlich und schonungslos bereits zu einer Zeit kritisiert, als dies vielen, auch in der SPD, noch sauer aufstieß. [...] So weit, so einig. Aber warum dann dieser Streit um den Begriff „Unrechtsstaat"? [...] Die DDR war eine Diktatur – und deren Wesen besteht ja gerade darin, dass die politische Macht des Staates nicht demokratisch durch das Volk legitimiert ist. Der Staat war allein das Instrument der Herrschaft der führenden Partei – ihr vollständig unterworfen. Das Volk hatte weder theoretisch noch praktisch die Möglichkeit, an diesem Machtverhältnis vorbei Einfluss auf staatliches Handeln zu nehmen. [...]
Doch nur dort, wo das Volk als Souverän seine Macht in freier Entscheidung und auf Zeit auf den Staat übertragen hat, ist es auch mitverantwortlich für staatliches Handeln. In der DDR war der Staat kein Treuhänder der Volksgewalt, sondern ihr Räuber. Er stand nicht für die Gesamtheit seiner Staatsbürger ein, sondern er fürchtete sie. Deswegen hat er für seine Sicherheit einen Apparat aufgebaut, dessen Dimension – gemessen an der Bevölkerungszahl – größer war als die jeder anderen Geheimpolizei. Der Daseinszweck des Ministeriums für Staatssicherheit bestand darin, den Staat vor den eigenen Bürgern zu schützen. Dass sich die Staatssicherheit stolz „Schild und Schwert der Partei" nannte, entlarvt die eigentlichen Verhältnisse: Statt der proklamierten Einheit von Volk und Staat gab es in Wahrheit nur die Einheit von Staat und SED. [...]
Doch die Rechtschaffenheit und die Selbstbehauptung vieler Menschen gegen SED und Staat, die wenigen Inseln der Angstfreiheit in den Kirchen, die immer stärker werdende Opposition – all das stellt nicht infrage, dass der Herrschaftsanspruch des SED-Staats totalitär war. Es beweist vielmehr, dass der Anspruch der SED, etwa ihr Ideal der „sozialistischen Persönlichkeit", nicht durchsetzbar war und durch den Eigen-Sinn der Menschen begrenzt wurde. [...]
Bleibt die Frage, was genau der Begriff Unrechtsstaat meint. Deutschland ist nicht deshalb ein Rechtsstaat, weil es hierzulande nur Recht und kein Unrecht gäbe, sondern weil die Existenz des Staates, weil Regierung und Gesetzgeber an verbindliche Werte und Rechtsnormen gebunden sind und diese Bindung durch unabhängige Gerichte gesichert wird. Analog dazu ist auch die Bezeichnung Unrechtsstaat nicht davon abhängig, dass nur Unrecht geschieht. Zum einen meint der Begriff, dass die Prinzipien des Rechtsstaats keine Geltung haben und staatliche Macht nicht rechtmäßig begründet ist. In diesem Sinne war die DDR zweifellos ein Nicht-Rechtsstaat, ein Un-Rechtsstaat. Sie war aber auch ein Unrechts-Staat. Ein Staat, dessen Existenz schon auf Unrecht und auf der Verletzung von Menschenrechten beruhte, der seine Bürger staatlicher Willkür unterwarf und ihrer Rechte beraubte, der allein festlegte, was falsch und richtig war, der Schulen, Universitäten, Medien und Gewerkschaften gleichschaltete, der Menschen mit abweichendem Verhalten zu Feinden erklärte und verfolgte, der das eigene Volk einmauerte und Menschen, die vor ihm flüchten wollten, erschoss – und all dies, um die Macht der SED zu sichern. Die DDR ist ein Unrechtsstaat, und zwar nach allen denkbaren Definitionen. [...]

Marianne Birthler, Liebe Ossiversteher! Die DDR keinen Unrechtsstaat nennen zu dürfen beleidigt den wachen Verstand, in: DIE ZEIT, Nr. 28 vom 2. Juli 2009, gekürzt

▲ **„DDR war sozial besser!"**
Demonstration gegen die Reformen der „Hartz-Kommission" in Berlin. Foto vom Oktober 2004.
■ *Analysieren Sie die Abbildung mit Blick auf die hier vorgestellte Kontroverse zum Thema „Die DDR – ein Unrechtsstaat?".*

1. *Zeigen Sie anhand von M1 und M2 die Kontroverse auf.*
2. *Überprüfen Sie die Stellungnahmen M1 und M2 anhand der Informationen im Darstellungstext auf den Seiten 268-295 (Sachurteil).*
3. *Arbeiten Sie die Kriterien heraus, nach denen die Kontrahentinnen in M1 und M2 urteilen (Werturteil).*
4. *Die DDR – ein Unrechtsstaat? Nehmen Sie Stellung.*

Erinnern

Die deutsche Nachkriegsgeschichte im Spiegel der Geschichtskultur

Nach 1945: Die gewohnten Geschichtsmythen waren kompromittiert Die Geschichtskultur eines jeden Landes basiert auf historischen Erzählungen, die aus dem Meer der Vergangenheit einzelne Konstellationen auswählen, um sie zu einem in die Gegenwart weisenden Ereignisstrom anzuordnen. Viele dieser Erzählungen sind so weit verdichtet und geglättet, dass man sie als moderne Mythen bezeichnen kann. Historische Erzählungen und Mythen prägen die Identität von Staaten und Völkern. Mit Erzählungen und Bildern, die jeder kennt und die für jeden mehr oder weniger bedeutungsvoll sind, bilden sie die gemeinsame Erinnerung einer Gesellschaft. Darüber hinaus spiegelt sich das Selbstverständnis einer Nation auch in ihren Nationalfeiertagen sowie in politischen Gedenktagen, die durch ihre Ritualisierung zur Identifikation des Individuums mit dem Gemeinwesen beitragen (▸ M1).

Nach der Zerschlagung des „Dritten Reiches" waren die bis dahin in Deutschland geltenden Geschichtsmythen kompromittiert. Das betraf unter anderem die Gedenk- und Feiertage, welche bislang Bestandteil des nationalsozialistischen Festtagskalenders gewesen waren. Nach ihrer Gründung mussten also beide deutsche Nachkriegsstaaten neue Geschichtskulturen und ganz neue Traditionen (er)finden.

Die Geschichtskultur der DDR und ihre Mythen Die Geschichtskultur der DDR orientierte sich an der marxistischen Deutung, wonach Geschichte durch Klassenkämpfe angetrieben wird. Im 1848 von Friedrich Engels und Karl Marx verfassten Kommunistischen Manifest hieß es: „Freier und Sklave, Patrizier und Plebejer, Baron und Leibeigener, Zunftbürger und Gesell, kurz, Unterdrücker und Unterdrückte standen in stetem Gegensatz zueinander, führten einen ununterbrochenen, bald versteckten, bald offenen Kampf, einen Kampf, der jedes Mal mit einer revolutionären Umgestaltung der ganzen Gesellschaft endete oder mit dem gemeinsamen Untergang der kämpfenden Klassen." Diese Gedanken waren in der Geschichtskultur der DDR das allgemeingültige und verbindliche Deutungsmuster. Die ostdeutsche Nachkriegsgründung suchte ihre historischen Wurzeln jeweils bei den Unterdrückten und Ausgebeuteten sowie bei den „fortschrittlichen Kräften" der verschiedenen Epochen. Als „Erbin aller humanistischen und progressiven Traditionen Deutschlands" sah sich die DDR gewissermaßen als das Ziel eines langen und opferreichen Kampfes. Als eines der frühesten und wichtigsten traditionsstiftenden Ereignisse wurden die Bauernkriege von 1524/25 angesehen, welche mit der Reformation zum Ereigniskomplex „frühbürgerliche Revolution in Deutschland" zusammengefasst wurden.

Held der Bauernkriege war **Thomas Müntzer**, der dieser Lesart zufolge die Unterdrückten aufgeklärt, geeint und gegen ihre Unterdrücker in den Kampf geführt hatte. Zwar war der Aufstand gescheitert und Müntzer hingerichtet worden, doch in der DDR wurde der Volksprediger zum Märtyrer stilisiert und zum Namenspatron von Schulen und Betrieben. So war er seit 1971 auf den 5-Mark-Noten der DDR abgebildet, Straßen in den „neuen Bundesländern" tragen noch heute seinen Namen. **Martin Luther**, der die Bauernaufstände abgelehnt hatte, wurde als Figur des herrschaftsstützenden „Klassenkompromisses" zwischen Adel und der sich in den Städten entwickelnden Bourgeoisie kritisiert. Zugleich würdigte man ihn als Reformator und Übersetzer der Bibel in die „Volkssprache". Dadurch konnte unter anderem die Lutherstube in der Wartburg, ein altes deutsches Nationalsymbol, in den Erinnerungskanon eingeflochten

Thomas Müntzer (vor 1490-1525): geboren in Stolberg (Harz), Pfarrer, Volksprediger und Sozialrevolutionär. Er brach 1522 mit Luther und legitimierte 1524 in seiner „Fürstenpredigt" das Widerstandsrecht des gemeinen Mannes, falls die christliche Obrigkeit nicht gegen die gottlosen Zustände einschritte. Seit 1525 organisierte er den Bauernkrieg in Mitteldeutschland. Nach der Schlacht von Frankenhausen wurde er am 17. Mai 1525 gefangen genommen, gefoltert und wenige Tage später, am 27. Mai, hingerichtet.

Martin Luther (1483-1546): geboren und gestorben jeweils in Eisleben. Theologe, bestritt die Führungsrolle des Papstes und die Unfehlbarkeit der Kirchenversammlungen (Konzilien), wurde so zum wichtigsten Protagonisten der Reformation. 1521 vom Papst exkommuniziert und vom Kaiser mit der Reichsacht belegt. Der Kurfürst von Sachsen, Friedrich III., gewährte ihm Schutz auf der Wartburg, wo er bis 1522 versteckt lebte und die Bibel ins Deutsche übersetzte.

▲ **Das Gebäude des Museums von außen.**
Foto von 2008.

◄ **Blick auf das Monumentalgemälde „Frühbürgerliche Revolution in Deutschland" von Werner Tübke im Panorama Museum in Bad Frankenhausen.**
Foto von 2009.

werden. Im Zusammenhang mit der Debatte um „Erbe und Tradition", die seit den späten 1970er-Jahren geführt wurde, um über das eng gefasste Klassenkampf-Paradigma hinaus zu einer sozialistischen deutschen Nationalgeschichte zu gelangen, schrieb man schließlich auch Luther eine größere Bedeutung zu.

Zum geschichtspolitischen Erbe gehörten ebenso die preußischen Reformer und die **Befreiungskriege** verbündeter österreichischer, preußischer, russischer und schwedischer Truppen gegen Napoleon von 1813/14, mit deren Hilfe auch die Nationale Volksarmee (NVA) in der deutschen Tradition verortet wurde. So war beispielsweise die höchste militärische Auszeichnung der DDR der Scharnhorst-Orden*, und aus der „deutsch-russischen Waffenbrüderschaft" gegen Napoleon konnte sogar das „Bündnis der NVA mit der Roten Armee" mit Tradition aufgeladen werden. Mit Marx und Engels, „den beiden Stammvätern der wissenschaftlichen Weltanschauung der Arbeiterklasse", mit der organisierten deutschen Arbeiterbewegung in der zweiten Hälfte des 19. Jahrhunderts, dem Zusammenschluss von ADAV und SDAP zur SAP**, dem Fall des Sozialistengesetzes 1890 und schließlich den sich ständig steigernden Wahlsiegen der SPD beanspruchte die DDR zudem eine Traditionslinie, welche in die Welt ausgriff. Weder die sowjetische Schutzmacht noch irgendein anderes Land hatte Gewichtigeres in der Ahnengalerie zu bieten.

Wie oft bei der Pflege von Mythen, sind es auch traumatisierende Niederlagen, die identitätsstiftend wirken. In der DDR-Geschichtskultur waren das die Niederschlagung des linkssozialistischen Aufstandes („Spartakus-Aufstand") im Januar 1919 und die Auftragsmorde an Rosa Luxemburg und Karl Liebknecht.

Befreiungskriege: Preußische Offiziere entschlossen sich angesichts des bevorstehenden napoleonischen Angriffs auf Russland, aus der preußischen Armee, welche die französische zu unterstützen hatte, in russische Dienste überzutreten. Ebenso entschied General Yorck, 1812 sein preußisches Hilfskorps aus der Grande Armee herauszulösen. Beides konnte die DDR-Geschichtskultur als Vorläufer der Gründung des „Nationalkomitees Freies Deutschland" (NKFD) von 1943 und als Tradition der Waffenbrüderschaft von NVA und Sowjetarmee darstellen.

▲ **Gedenkblatt für Karl Liebknecht.**
Holzschnitt von Käthe Kollwitz, 1920.

* Gerhard Johann David von Scharnhorst (1755-1813), preußischer Offizier und Reformer, trug mit der preußischen Heeresreform und der allgemeinen Wehrpflicht entscheidend zum Sieg in den antinapoleonischen Befreiungskriegen bei.

** ADAV = Allgemeiner Deutscher Arbeiterverein; SDAP = Sozialdemokratische Arbeiterpartei; SAP = Sozialistische Arbeiterpartei, Vorläuferorganisation der 1890 gegründeten Sozialdemokratischen Partei Deutschlands (SPD)

Dem DDR-Geschichtsbild zufolge würde letztlich überall der Sozialismus den Kapitalismus ablösen, so wie jener einst auf den Feudalismus gefolgt war. Der gerade niedergeworfene „Faschismus", wurde nach der 1935 von **Georgi Dimitroff** entwickelten und dann in der DDR kanonisierten Definition als „die offene terroristische Diktatur der reaktionärsten, am meisten chauvinistischen Elemente des Finanzkapitals" charakterisiert. Ihn verstand man somit als letztes Stadium in der finalen Krise des Kapitalismus. Nach dem Sieg der Alliierten über das „Dritte Reich" bot die Macht- und Kulturelite der DDR den einstigen „Volksgenossen" ihre eigene Widerstandserfahrung und die Erzählung vom Antifaschismus als Identifikationshülse an.* „Unter der Führung der KPD" und „der Arbeiterklasse" hätten die fortschrittlichsten Kräfte Deutschlands fortwährend gegen den „Hitler-Faschismus" Widerstand geleistet. Diese Darstellung konnte durch eine Vielzahl von Opfern des Widerstandes, vor allem durch kommunistische, beglaubigt werden. Einige von ihnen wurden zu wahren Säulenheiligen der DDR-Geschichtskultur, der wichtigste unter ihnen war **Ernst Thälmann**.

Georgi Dimitroff (1882-1949): geboren in Kowatschewzi (Bulgarien), kommunistischer Politiker. Er wurde 1935 auf dem VII. Weltkongress der Komintern zu deren Vorsitzenden gewählt. In seiner Rede versuchte er, mit der bald als „Faschismus-Definition" kanonisierten Beschreibung die neuen Diktaturen zu erklären. Er blieb bis zu seinem Tode ein Gefolgsmann Stalins.

Ernst Thälmann (1886-1944): geboren in Altona bei Hamburg, Hafenarbeiter, 1924-1933 Mitglied des Reichstages, kandidierte 1925 und 1932 zu den Reichspräsidentenwahlen. 1925-1933 Vorsitzender der KPD. Er wurde am 13. März 1933 verhaftet, von den Nationalsozialisten ohne Prozess in verschiedenen Gefängnissen in Einzelhaft gehalten und am 17. August 1944 im KZ Buchenwald ermordet.

Die hier referierte Erzählung fand sich im Schulstoff, in populärwissenschaftlichen Darstellungen und in der Kunst wieder. Seit 1952 bestand in Berlin mit dem „Museum für deutsche Geschichte" eine zentrale Einrichtung, welche diese Art von Selbstverortung der DDR in der Vergangenheit deutlich machte. Insgesamt hat die politische und gesellschaftliche Realität in der DDR eine übermäßige geschichtskulturelle Beglaubigung erfahren. Damit war die Situation geradezu spiegelverkehrt zur Bundesrepublik, wo das Bestehende durch die Geschichtskultur kaum sakralisiert wurde.

Staatsfeiertage der DDR Die übergreifende Erzählung der ostdeutschen Geschichtskultur zeigt sich in der „gründungsmythischen Dreieinigkeit" der DDR-Gedenk- und Feiertage: So wurde zum 15. Januar an die „Ermordung von Karl Liebknecht und Rosa Luxemburg" gedacht. Das alljährliche Trauer-Ritual am Gedenkort in Berlin-Friedrichsfelde wurde dabei stets als Hauptthema in den Medien abgehandelt. Historisch abgeleitet ist auch das im April 1950 erlassene Gesetz zur Einführung der arbeitsfreien Feiertage: der 8. Mai als der „Tag der Befreiung des deutschen Volkes vom Hitlerfaschismus", ab 1967 nicht mehr arbeitsfrei, außerdem der 7. Oktober als „Tag der Republik". Der 8. Mai wurde auch als „Tag des Dankes an die Sowjetunion" umschrieben und der 7. Oktober als „Tag des Stolzes auf die eigene Leistung". So fügten sie sich zu einer Erzählung, in der auf den *Kampf* und die *Opfer*, die *Erlösung* und der *Dank an die Befreier* sowie schließlich die *stolze Feier des Bestehenden* folgte.

Nicht alle Niederlagen wurden freilich in den Kanon der Tradition aufgenommen wie beispielsweise der durch die DDR-Macht nur mit sowjetischer Unterstützung überstandene Volksaufstand vom 17. Juni 1953 (▸ M2). Dieses Datum sollte dafür im Festkalender der bundesdeutschen Nachkriegsgründung bald darauf die herausragende Rolle spielen.

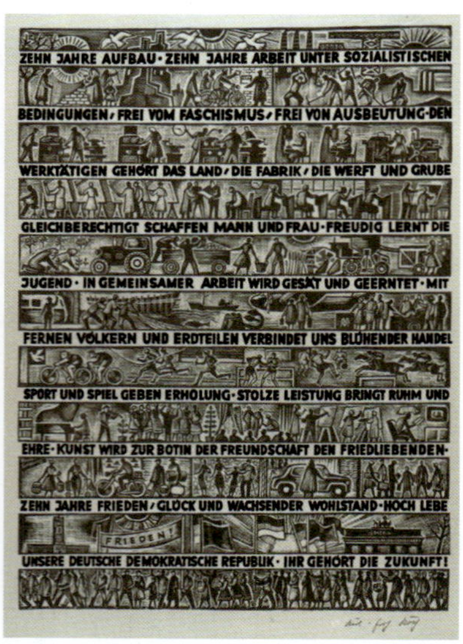

▲ **Lithografie zum 10. Jahrestag der Gründung der DDR, 1959.**

Die Geschichtskultur der Bundesrepublik und ihre Mythen Die DDR beanspruchte für sich den absoluten Bruch zum „Dritten Reich" und zu allen anderen vorangegangenen „Klassen-Herrschaften". Sie musste demzufolge eine vollkommen neue Traditionslinie erfinden. Aus diesem Grund hatte sie auch eine sehr elaborierte Geschichtskultur. Für die Bundesrepublik war das Verhältnis von Diskontinuität und Kontinuität verwickelter. Hier bestand eine tiefe Verunsicherung hinsichtlich der symbolischen Reprä-

* Vgl. dazu das Kapitel „Der Nationalsozialismus im Spiegel der Geschichtskultur", S. 158-167.

▲ **Ritual zum 8. Mai am sowjetischen Ehrenmal in Leipzig.**
Foto von 1989.

sentation und der geschichtskulturellen Selbstdeutung. Man wollte sich sowohl gegen die Festkultur des „Dritten Reiches" wie auch der DDR abgrenzen. Letztere hatte im Übrigen schon den 8. Mai „besetzt", an dem sie die Befreiung durch die Rote Armee feierte. Zudem verstand sich die Bundesrepublik als „Provisorium", welches – wie das Grundgesetz – nur so lange Bestand haben sollte, bis sich alle Deutschen in freier Selbstbestimmung eine Verfassung geben und einen Staat bilden würden. Einen wichtigen Schub für die Identitätsbildung dieses Provisoriums brachte der ostdeutsche Volksaufstand vom 17. Juni 1953. Andere Einschnitte, wie beispielsweise die Währungsreform von 1948 oder der Ereigniskomplex „1968", wurden erst allmählich zu positiven Brennpunkten in der westdeutschen Geschichtskultur.

Dass die Währungsreform zu einem Gründungsmythos der Bundesrepublik werden würde, war zunächst nicht absehbar. Der Währungsschnitt enteignete die Besitzer von Bargeld und begünstigte jene, die Land, Immobilien und Produktionsanlagen besaßen. Trotz des Lastenausgleiches von 1952 blieb sie mit dem Makel der Ungerechtigkeit behaftet. Zudem gab es 1950/51 noch eine Rezession, in deren Folge die Arbeitslosigkeit enorm anstieg. Auch war die Währungsreform der erste Akt zur endgültigen Spaltung Nachkriegsdeutschlands: In den westlichen Besatzungszonen wurde mit ihr ein Finanz- und Wirtschaftssystem eingeführt, das durch die Amerikaner dominiert wurde und sich von der SBZ-Wirtschaft noch weiter entfernte. Die Sowjetunion verhängte deswegen die Berlin-Blockade. Deren Bewältigung aber brachte die West-Berliner, die Westdeutschen und die Westalliierten, vor allem die Amerikaner, einander entscheidend näher. Aus Besatzern wurden Verbündete. „Die Pointe des bundesrepublikanischen Gründungsmythos von Währungsunion und Wirtschaftswunder", so stellt der Politikwissenschaftler *Herfried Münkler* fest, „bestand nun darin, all diese politischen Verwicklungen wegzuerzählen und alles auf den Fleiß und die Tüchtigkeit der Deutschen zulaufen zu lassen." Während sich also die DDR auf einen geschichtsphilosophisch und zeitgeschichtlich konstruierten Gründungsmythos stützte, basierte das bundesdeutsche Selbstverständnis mit der Erzählung vom „Wirtschaftswunder" auf einem weniger transzendenten und dafür mehr materiell ausgerichteten Gründungsmythos. Um es auf eine Formel zu bringen: In der DDR standen *Vergangenheit* (schwere Zeiten und die revolutionäre Tradition) und *Zukunft* (bessere Zeiten, der Kommunismus) im Zentrum der Aufmerksamkeit, in der Bundesrepublik hingegen die *Gegenwart*, das Hier und Jetzt.

Die gesellschaftserschütternden Konflikte, die mit dem Ereigniskomplex „1968“ verbunden waren, ließen nicht erwarten, dass sie zum Mythos werden würden. Es mischten sich „Respektlosigkeit“ gegenüber Autoritäten, öffentliches Engagement und gewaltsam unterdrückte Demonstrationen, die Bewegung gegen die Notstandsgesetze und „Nazi, Nazi“- wie „Faschismus“-Vorwürfe gegenüber der älteren Generation, die Suche nach neuen Formen des Zusammenlebens und nach anderen Politikstilen. Aber „1968“ wuchs in den positiven Traditionsbestand der Bundesrepublik. Zwei Jahrzehnte nach der Krise begannen sich immer mehr Altersgenossen der einst kleinen rebellischen Minderheit von 1967/68 als „alte 68er“ zu verstehen. Heute ist mit Blick auf „1968“ auch von einer demokratischen „Neugründung“ oder „Umgründung“ der Bundesrepublik die Rede. Wie identitätsstiftend „1968“ geworden ist, zeigte sich auch nach der Vereinigung mit der DDR, als man sich die kulturelle Andersartigkeit der Ostdeutschen damit erklärte, dass die Menschen in der DDR „kein ’68 gehabt“ hätten.

Insgesamt ist jedoch festzustellen, dass die alte Bundesrepublik nur ein schmales Mythenrepertoire entwickelte und sich symbolisch kaum in den Jahrhunderten deutscher Geschichte zu verankern suchte. Was die Geschichte der neuesten Zeit betrifft, so fasste man erst 1982 ins Auge, ein zentrales Museum zur „Geschichte unseres Staates und der geteilten Nation“ (Helmut Kohl) zu errichten. 1989 wurde der Bau begonnen und 1994 als „Haus der Geschichte“ in Bonn eröffnet.

▲ **Der Volksaufstand des 17. Juni.**
Das Plakat zeigt die Orte in der DDR, in denen es während des Volksaufstandes zu Unruhen gekommen ist.
Bundeszentrale für Heimatdienst der Bundesrepublik Deutschland, 1953.

Der Staatsfeiertag der Bundesrepublik Wenige Tage nach dem ostdeutschen Volksaufstand vom 17. Juni 1953, am 3. Juli, beschloss der Bundestag, dass an diesem Datum fortan der „Tag der Deutschen Einheit“ zu feiern sei. Die Erhebung in der DDR brachte für das geschichtskulturelle Selbstverständnis der Bundesrepublik einen wichtigen Schub. Der 17. Juni wurde zum ersten und einzigen Staatsfeiertag der alten Bundesrepublik.

Bevor die Bundesdeutschen ihren neuen Feiertag zum ersten Mal begingen, erklärte das Presse- und Informationsamt der Bundesregierung am 16. Juni 1954, dass der Aufstand vom Vorjahr ein für alle Mal die Behauptung widerlegt habe, „dass das deutsche Volk nicht die innere Kraft aufbringe, sich gegen Diktatur und Willkür zur Wehr zu setzen“. Zwei Jahre später setzte der SPD-Politiker Carlo Schmid den ostdeutschen Aufstand in Bezug zur Vorgeschichte Deutschlands. Der 17. Juni habe „viele Flecken hinweggewaschen, mit denen das ruchlose Regime des Nationalsozialismus unseren Namen beschmutzt hat. Dies gibt uns Deutschen wieder das Recht, auch in der Mitte von Völkern, die ihren Kampf um die Freiheit schon längst gewonnen haben, das Haupt hoch zu tragen.“ Der 17. Juni wurde damit zum Bestandteil der Nach-Geschichte des Nationalsozialismus und der Vergangenheitsaufarbeitung (▸ M3).

Die Bedeutung des ostdeutschen Volksaufstandes für die Geschichtskultur der Bundesrepublik taxiert der Historiker Edgar Wolfrum heute so: „Pointiert ausgedrückt war das Datum der eigentliche Gründungsakt der Bundesrepublik – und durfte es zugleich offiziell gar nicht sein. Der Rohbau der westdeutschen Republik war in Bonn errichtet worden, doch das Richtfest fand erst nach den Ereignissen in der DDR statt. Der Erfolg Bonns begann in Ost-Berlin.“

Die Geschichtskultur des vereinigten Deutschland

Mit dem Beitritt der DDR verschwanden auch deren Geschichtskultur und symbolische Repräsentationen. Die Staatsbezeichnung des vereinigten Deutschland, die Flagge und Hymne waren diejenigen der Bundesrepublik. Die materielle Folie der DDR-Geschichtskultur, d.h. die Namen der Straßen, Plätze und Institutionen, die Denkmäler und symbolträchtigen Gebäude, so beispielsweise der ehemalige „Palast der Republik", verschwanden, während sich Benennungen, die sich an der Geschichtskultur der alten Bundesländer orientieren, allmählich auch im Beitrittsgebiet verbreiten.

Die Bundesrepublik wandte sich, anders als nach 1945, unverzüglich der Aufarbeitung der Vergangenheit zu. Die Verbrechen der DDR-Diktatur wurden öffentlich gemacht, den Opfern wurde materiell und symbolisch Genugtuung verschafft, die Täter wurden bestraft. Für die Geschichtswissenschaft gilt das Thema DDR inzwischen als „überforscht". Geschichtskulturell aber hat das Thema, vor allem in den Facetten „Repression und Mangel", weiter Konjunktur. Möglicherweise deutet sich hier die Entstehung eines neuen Geschichtsmythos an: Wenn in geschichtskulturell ausgerichteten Reden der Politik die DDR thematisiert wird, kommen fast ausschließlich nur deren Verbrechensbilanz und die Beschränkungen eines Lebens in der DDR zur Sprache. Durch die Akzentuierung der düsteren Vor- oder Parallelgeschichte kann so auch auf geschichtskulturellem Wege das durch Krisen angegriffene Selbstbewusstsein Deutschlands gestärkt werden. Diese offizielle Art der Erinnerung an die DDR wird jedoch nicht von allen Ostdeutschen geteilt (▸ M4).

▲ **Ende der DDR-Geschichtskultur.**
Foto von 1993.
Wenige Jahre nach der politischen „Wende" von 1989 wird im Osten Berlins ein Haus abgerissen, an dessen Fassade noch für das längst geschlossene Museum für deutsche Geschichte geworben wird.

Ein zentraler Geschichtsmythos der bundesdeutschen Geschichtskultur ist die Rede von der *Wieder*vereinigung. Es ist ein Mythos, weil das vereinigte Deutschland etwas völlig Neues ist. Weder war das Gebiet der heutigen Bundesrepublik schon einmal zuvor ein Ganzes, das erst getrennt und dann wiedervereint worden wäre, noch wurden 1990 die Territorien des Deutschen Reiches in den Grenzen von 1914, 1933, 1937 oder anderer Konstellationen wiedervereint. Emotional suggeriert die Rede von der Wiedervereinigung die gemeinsame Erlösung von der Trennung oder einen tröstlichen Heilungsprozess der deutschen Geschichte. Realpolitisch erkennt die Rede von der Wiedervereinigung implizit die europäische Nachkriegsordnung an und unterscheidet sich dadurch von einer einst wichtigen Formel bundesdeutscher Politik, dergemäß „die deutsche Frage noch offen" sei und die „derzeit unter polnischer, tschechischer und russischer Verwaltung stehenden deutschen Gebiete" wiedereingegliedert werden müssten.

Auffällig an der Geschichtskultur des vereinigten Deutschland ist, dass sich kein Revolutionsmythos herauszubilden scheint (▸ M5). Dabei trug die „friedliche Revolution" zum Ende der SED-Diktatur bei und die legendäre Leipziger Demonstration vom 9. Oktober 1989 schuf die Voraussetzung für die friedliche Maueröffnung am 9. November 1989. Immer noch scheint stattdessen der niedergeschlagene Volksaufstand vom 17. Juni zu einem „Großmythos" (Edgar Wolfrum) aufgebaut zu werden. Allmählich schwindet im vereinigten Deutschland die Scheu, sich darüber hinaus tiefer in der Geschichte zu verankern. Beispiele sind Fernsehsendungen wie „Unsere Besten", in der das ZDF 2003 durch die Zuschauer die 100 wichtigsten Deutschen küren ließ, oder die beiden Zehnteiler „Die Deutschen" aus den Jahren 2008 und 2011.

▲ **Neuer Straßenname?**
Foto aus Berlin vom 12. November 1989.

Der Staatsfeiertag des vereinigten Deutschland Knapp ein Jahr nach der „friedlichen Revolution" von 1989 legte die Volkskammer den Beitritt der DDR zur Bundesrepublik auf den 3. Oktober 1990 fest. Dass dieses Datum auch der Nationalfeiertag des vereinigten Deutschland werden solle, war nie Gegenstand einer eigenständigen Bundestagsdebatte und wurde nach vorheriger Absprache von Bundeskanzler Helmut Kohl mit den Ministerpräsidenten während der Aussprache zum Einigungsvertrag am 5. September 1990 als vollendete Tatsache präsentiert. Die Praxis, die zentrale Feier zum „Tag der Deutschen Einheit" jährlich in einer anderen Landeshauptstadt auszurichten, ging auf einen Vorschlag von Innenminister Wolfgang Schäuble zurück. Dieser sah dadurch die Gefahr „der Eintönigkeit und starrer Rituale" gebannt und erhoffte sich „gestalterische Variationsbreite", während der SPD-Politiker *Richard Schröder* 2006, als jedes Bundesland die zentrale Feier einmal ausgerichtet hatte, ein Ende des „Wanderzirkus" und die ständige Ausrichtung in der Hauptstadt forderte.

Formal knüpft die Ausrichtung der Feier an die antirituellen Traditionen der Bundesrepublik an (▸ M6). „In der Vergangenheit hat deutsches Nationalbewusstsein bei den benachbarten Völkern nicht nur Sympathie geweckt. Solange wir aber den ‚Tag der Deutschen Einheit' auch als einen symbolischen Tag der gesellschaftlichen Solidarität, einen Tag der Freiheit und der Völkerfreundschaft verstehen, werden wir ihn noch oft zusammen mit unseren ausländischen Nachbarn feiern können", äußerte der saarländische Ministerpräsident Oskar Lafontaine 1993 in seiner Festrede. Bremens Oberbürgermeister *Klaus Wedemeyer* empfahl ein Jahr später auf der zentralen Einheitsfeier: „Rücksichtnahme und Aufrichtigkeit, Behutsamkeit und Realitätssinn nach innen und nach außen sollten uns auch leiten, wenn wir über die deutsche Nation und die kollektive Identität der Deutschen diskutieren."

Da der „Tag der Deutschen Einheit" eine noch sehr junge Institution ist, scheinen immer noch Veränderungen möglich. *Hans Eichel* schlug 1994 als hessischer Ministerpräsident und 2004 als Bundesfinanzminister vor, den „Tag der Deutschen Einheit" jeweils am ersten Sonntag im Oktober zu feiern, um so einen Arbeitstag für die Pflegeversicherung und das Wirtschaftswachstum zu gewinnen. Die meisten Kritiker des 3. Oktober sind unzufrieden, weil das Datum lediglich auf einen Verwaltungsakt verweist und sich nicht mythisch überhöhen lässt – anders als beispielsweise der 9. November, ein Datum, in dem sich wie in keinem anderen die deutsche Geschichte spiegelt (▸ M7). Als Außenminister Joschka Fischer 1999 die Verlegung des „Tages der Deutschen Einheit" auf dieses Datum vorschlug, antwortete *Paul Spiegel*, Vorsitzender des Zentralrates der Juden, ihm sei „der Gedanke, sich zwischen Würstchenbuden und Volksfeststimmung an die Pogromnacht vom 9. November 1938 zu erinnern", unvorstellbar.

Letztlich bleibt als mythentaugliches Alternativdatum zum 3. Oktober noch der 9. Oktober. Doch die Diskussion um dieses Datum würde den Stolz der Ostdeutschen auf „ihre Revolution" mit dem Stolz der altbundesdeutschen Eliten auf „ihr diplomatisches Geschick" und „ihre Durchsetzungsfähigkeit auf der internationalen Bühne", die für die deutsche Vereinigung erforderlich waren, in Konkurrenz bringen.

Geschichtskulturelle Deutungen und die Relevanz des einen oder anderen Mythos sind in Demokratien letztlich immer das Ergebnis von Aushandlungsprozessen: So werden Vertreter verschiedener Binnenkulturen sowie sozialer und gesellschaftlicher Gruppen jeweils nach Maßgabe ihrer Möglichkeiten auch künftig versuchen, bestimmte Vorstellungen in der Öffentlichkeit zu verankern.

M1 Feste und Feiertage als Konstruktionen

Der Philosoph Thomas Macho erläutert die symbolischen Dimensionen von Herrschaft:

Neuere Theorien vom kulturellen Gedächtnis haben stets betont, dass sich Kulturen in ihren Festen und Feiertagen nicht nur manifestieren, sondern auch begründen und tradieren. Feste und Feiertage sind symbolische Konstruktionen. Sie bezeugen die politische Herrschaft über die Zeit, die der Herrschaft über ein Territorium entspricht. Während die Befehlsgewalt über Räume als geradezu selbstverständliche Konstitutionsleistung politischer Systeme verstanden werden kann, wird die Unterwerfung der Zeit häufig unterschätzt oder vergessen. „Man könnte sagen, dass die Ordnung der Zeit das vornehmste Attribut aller Herrschaft sei", behauptete Elias Canetti in *Masse und Macht*. Denn nach „Ordnungen der Zeit lassen sich Zivilisationen noch am ehesten umgrenzen. Ihre Bewährung besteht in der Dauer ihrer geregelten Überlieferung. Sie zerfallen, wenn niemand diese weiterführt. Ihre Zivilisation ist zu Ende, wenn es ihr mit ihrer Zeitrechnung nicht mehr ernst ist." Darum haben manche Herrscher versucht, sogar ihre Namen dem Kalender einzuprägen: Der Monat Juli sollte an Julius Caesar erinnern, der Monat August an Kaiser Augustus. [...]
Die Frage nach neuen Festen, die eine kollektive Identität stiften könnten, wurde in den Zeiten der Gründung europäischer Nationalstaaten häufig aufgeworfen. Als Leitmodell fungierte der 14. Juli in Frankreich oder der amerikanische Independence Day am 4. Juli; doch nur wenige Nationalfeiertage erreichten die Bedeutung und das Alter des Bastilletags oder des Unabhängigkeitstags. Zu viele Revolutionen scheiterten oder wurden nachträglich ins Zwielicht gerückt, sodass sie keine Anlässe zu einem jährlich wiederkehrenden Festtag bilden konnten; obendrein ist das Spektrum der Möglichkeiten, einen Nationalfeiertag zu definieren, durchaus begrenzt. Infrage kommen Revolutions- und Unabhängigkeitstage, Gedenktage an eine aktive oder passive militärische Befreiung, Gründungstage, die einen staatskonstitutiven Akt – wie die Verabschiedung einer Verfassung oder die Ausrufung einer Republik – zum Ursprungsereignis erklären. [...] Nationale Feiertage sind häufig junge Feste mit vergleichsweise geringer kultureller Stabilität. Sie wurden auch oft genug gewechselt. Manche Nationen, beispielsweise Deutschland oder Österreich, haben ihre gültigen Nationalfeiertage spät festgelegt, weshalb [...] nach wie vor darüber diskutiert werden kann, diese Feiertage wieder aufzugeben oder auf einen anderen Termin zu verlegen.

Thomas Macho, Die Feste der Berliner Republik, in: Merkur. Deutsche Zeitschrift für europäisches Denken 60 (2006) H. 9/10, S. 837-846, hier S. 837 f.

1. *Stellen Sie dar, wie Macho die herrschaftsstützende Funktion von Staatsfeiertagen definiert.*
2. *Erklären Sie die Aussage des Autors, nationale Feiertage seien häufig „junge Feste mit vergleichsweise geringer kultureller Stabilität" (Zeile 37 f.).*
3. *Erörtern Sie, welche Mittel Staaten und Herrscher noch zur Verfügung haben, um politische Herrschaft zu repräsentieren und zu stützen.*

M2 „Konterrevolutionäre Aktivitäten"

Wie in der DDR der Volksaufstand vom 17. Juni 1953 gedeutet worden ist:

Die „gefassten Beschlüsse für ein schnelleres Wachstumstempo der Volkswirtschaft" brachten eine Verschlechterung der Lebenslage der Werktätigen mit sich und erwiesen sich als fehlerhaft. [...] Diese undurchdachten Maßnahmen [...] stießen bei zahlreichen Arbeitern und anderen Werktätigen auf Unverständnis und riefen Unzufriedenheit hervor. [...] Das erleichterte es dem Gegner, Verwirrung zu stiften, die er für seine konterrevolutionären Aktivitäten ausnutzte. [...]
Am 17. Juni 1953 kam es in Berlin und einigen anderen Städten der DDR zu Arbeitsniederlegungen und Demonstrationen. Die Feinde des Sozialismus im Inneren der DDR nutzten die Unzufriedenheit und Missstimmung von Werktätigen für ihren konterrevolutionären Putschversuch aus; sie erhielten operative Anleitung durch in West-Berlin und der BRD stationierten imperialistischen Geheimdienste und Agentenzentralen sowie Sender der USA. Von West-Berlin wurden Provokateure in die Hauptstadt und die Bezirke der DDR eingeschleust. Aber zu dem vom imperialistischen Feind mit allen Mitteln angestrebten „Generalstreik", der Ausgangspunkt weiterer konterrevolutionärer Aktivitäten sein sollte, kam es nicht. Viele der Streikenden und Demonstranten distanzierten sich von den konterrevolutionären Provokateuren, die wie die Faschisten hausten. Die Provokateure zerfetzten und verbrannten Fahnen und andere Symbole der Arbeiterbewegung, verwüsteten Einrichtungen der Sozialistischen Einheitspartei Deutschlands, staatliche Dienststellen und Büros demokratischer Organisationen, plünderten und brandschatzten Warenhäuser, Buchhandlungen und Kioske. Brutal misshandelten und ermordeten sie klassenbewusste Arbeiter und andere Werktätige, die ihnen mutig entgegentraten.

Geschichte der Sozialistischen Einheitspartei Deutschlands. Abriss, von einem Autorenkollektiv u. d. Leitung von Ernst Diehl und Gerhard Roßmann, Berlin 1978, S. 292-294

1. *Beschreiben Sie, wer von den Autoren für den Aufstand vom 17. Juni verantwortlich gemacht wird.*
2. *Analysieren Sie, wie der Verweis auf die nationalsozialistische Vergangenheit zur Erklärung des Volksaufstandes genutzt wird.*

M3 Antitotalitäre Volkserhebung

Wie in der Bundesrepublik der Volksaufstand vom 17. Juni 1953 gedeutet worden ist:

Die antitotalitäre Volkserhebung, als die der 17. Juni interpretiert wurde, war darüber hinaus für so gut wie alle Deutungseliten auch ein nachholendes Ereignis für den ausgebliebenen Massenaufstand im „Dritten Reich". [...] Künftig wuchs dem Juni-Aufstand deshalb immer stärker eine Entlastungsfunktion zu. Die Schuld vieler Deutschen am Nationalsozialismus konnte mit dem Verweis auf seine Existenz zusätzlich beschwiegen, abgewehrt, verdrängt und verharmlost werden.

Die direkte Parallelisierung mit dem 20. Juli führte schließlich zu einem doppelten Ergebnis. Einerseits wurde durch die Gleichsetzung von Nationalsozialismus und SED-Diktatur nicht nur die Totalitarismus-Theorie populär, die in die Tiefenschichten der Gesellschaft eindrang, sondern die meisten Deutschen, das machten Umfragen deutlich, hielten die SED-Diktatur für schlimmer als die NS-Diktatur. [...] Mit der behaupteten Wesensidentität der braunen und der roten Diktatur und der Parallelisierung der beiden Aufstände wurde andererseits der 20. Juli 1944 in der bundesdeutschen Öffentlichkeit erst aufgewertet und positiv besetzt. Man sollte sich glücklich schätzen, schrieb etwa Klaus Mehnert in „Christ und Welt", dass das deutsche Volk, „vertreten durch seine Besten – vor sieben Jahren waren es Adlige, Offiziere und Geistliche, vor einem Jahr Arbeiter", über sich selbst hinausgewachsen sei. Der in der breiten Öffentlichkeit populäre und als positiv wahrgenommene Aufstand des 17. Juni stützte den bis dahin noch in weiten Kreisen negativ beurteilten 20. Juli in der kollektiven Erinnerung der Bundesdeutschen ab und spielte eine herausragende Rolle für die allmählich wachsende Akzeptanz des Hitler-Attentats.

Das letzte dominierende Deutungsmuster war noch stärker auf der politisch-moralischen Ebene angesiedelt und lautete: Der 17. Juni hat die durch den Nationalsozialismus beschädigte „nationale Würde" Deutschlands wiederhergestellt. Der Freiheitsdrang eines Teils des deutschen Volkes und sein Kampf gegen Willkür und Unmenschlichkeit kamen in den Augen vieler Westdeutscher einer geschichtlichen Ehrenrettung der gesamtdeutschen Nation gleich. Von der internationalen Aufhellung des deutschen Images haben die Westdeutschen, obwohl nur Zuschauer und nicht Akteure des Geschehens, in einem starken Maße profitiert.

Edgar Wolfrum, Geschichtspolitik in der Bundesrepublik Deutschland. Der Weg zur bundesrepublikanischen Erinnerung 1948-1990, Darmstadt 1999, S. 78 f.

▲ **Propaganda an der Berliner Mauer.**
Foto von 1966.
Das Plakat mit einem Zitat aus der Rede des Regierenden Bürgermeisters von Berlin, Willy Brandt (SPD), zum Tag der Deutschen Einheit 1965 war weithin im Ostsektor zu lesen. Es wurde am 28. April 1966 vom West-Berliner „Studio am Stacheldraht" im Bezirk Kreuzberg angebracht.

1. *Erörtern Sie die Bedeutung des Volksaufstandes für das Selbstverständnis der Bundesrepublik.*
2. *Diskutieren Sie, welchen Beitrag die dargestellte Deutung des 17. Juni für die bundesdeutsche Deutung der nationalsozialistischen Vorgeschichte hatte.*

M4 Drei Formen von Gedächtnis

Der Historiker Martin Sabrow stellt fest, dass heute auf ganz unterschiedliche Art und Weise an die DDR erinnert wird:

Im Zentrum vor allem des öffentlichen Gedenkens steht das *Diktaturgedächtnis*, das auf den Unterdrückungscharakter der SED-Herrschaft und ihre mutige Überwindung in der friedlich gebliebenen Revolution von 1989/90 abhebt. Die diktaturzentrierte Erinnerung widmet ihre Aufmerksamkeit vorrangig dem Macht- und Repressionsapparat des kommunistischen Regimes, und sie pocht darauf, dass zum Ver-

ständnis der DDR die Stasi wichtiger sei als die Kinderkrippe. In diesem Erinnerungsmodus wird den fundamentalen Unterschieden zwischen politischer Freiheit und politischer Unterwerfung ein entschieden höherer Wert für die Würde des menschlichen Lebens zugemessen als den sozialen und wirtschaftlichen Gratifikationen [...]. Stattdessen setzt sich die auf den Unrechtscharakter der SED-Herrschaft ausgerichtete Erinnerung dafür ein, in erster Linie die Schreckensorte der kommunistischen Herrschaft von den sowjetischen Internierungslagern und KGB-Gefängnissen bis zum Überwachungs- und Bespitzelungssystem der Staatssicherheit im Bewusstsein der Nachwelt präsent zu halten. Das Diktaturgedächtnis ist auf den Täter-Opfer-Gegensatz fokussiert. Es räumt Verbrechen, Verrat und Versagen unter der SED-Herrschaft hohen Stellenwert ein und sieht in der Erinnerung an Leid, Opfer und Widerstand die wichtigste Aufgabe einer Vergangenheitsbesinnung, die im Dienst der Gegenwart Lehren aus der Geschichte ermöglichen und so vor historischer Wiederholung schützen soll. Entsprechend ist das Diktaturgedächtnis normativ und teleologisch[1] strukturiert; es zeichnet die DDR als negatives Kontrastbild vor der Folie rechtsstaatlicher Normen und Freiheitstraditionen [...].
Während dieses staatlich approbierte DDR-Bild den Raum der öffentlichen Erinnerung beherrscht, wirkt ein zweites Organisationsmuster der DDR-Erinnerung stärker in die gesellschaftliche Tiefe und pocht hier mit stillem Trotz und dort mit lauter Vehemenz auf sein Eigenrecht. Dies ist ein in Ostdeutschland bis heute vielfach dominantes *Arrangementgedächtnis*, das vom richtigen Leben im falschen weiß und die Mühe des Auskommens mit einer mehrheitlich vielleicht nicht gewollten, aber doch als unabänderlich anerkannten oder für selbstverständliche Normalität gehaltenen Parteiherrschaft in der Erinnerung hält. Das Arrangementgedächtnis verknüpft Machtsphäre und Lebenswelt. Es erzählt von alltäglicher Selbstbehauptung unter widrigen Umständen, aber auch von eingeforderter oder williger Mitmachbereitschaft und vom Stolz auf das in der DDR Erreichte – kurz, es verweigert sich der säuberlichen Trennung von Biografie und Herrschaftssystem, die das Diktaturgedächtnis anbietet, und pflegt eine erinnerungsgestützte Skepsis gegenüber dem neuen Wertehimmel des vereinigten Deutschland, die zwischen ironischer Anrufung und ostalgischer Verehrung der ostdeutschen Lebensvergangenheit oszilliert. [...]
Noch stärker im Schatten der öffentlichen Wahrnehmung existiert schließlich ein weiteres Erinnerungsmuster, das an der Idee einer legitimen Alternative zur kapitalistischen Gesellschaftsordnung festhält. Dieses *Fortschrittsgedächtnis* denkt die DDR vor allem von ihrem Anfang her. Es baut seine Erinnerungen auf der vermeintlichen moralischen und politischen Gleichrangigkeit der beiden deutschen Staaten auf, die zu friedlicher Koexistenz und gegenseitiger Anerkennung geführt hätten [...]. Die Rückbesinnung auf die vermeintlich zu Unrecht verkannten Vorzüge des DDR-Bildungssystems, die hässlichen Gesichtszüge eines aus den Fugen geratenen Weltfinanzsystems, die rückblickende Vorstellung von einer geordneten DDR-Welt, in der der Mensch keine Ware war und für die Gleichstellung der Frau gesorgt war – solcher Art sind die Anknüpfungspunkte, aus denen das Fortschrittsgedächtnis seine Stabilität gewinnt.
In diesem tripolaren Kräftefeld zwischen Diktaturgedächtnis, Arrangementgedächtnis und Fortschrittsgedächtnis wird die DDR-Vergangenheit täglich neu verhandelt.

Martin Sabrow, Die DDR erinnern, in: Ders. (Hrsg.), Erinnerungsorte der DDR, München 2009, S. 18-20

[1] teleologisch (griech. telos: Ziel, Zweck): auf Teleologie beruhend; Teleologie: Lehre, dass eine Entwicklung von vorn herein zweckmäßig und zielgerichtet angelegt ist

1. *Arbeiten Sie heraus, welche Themen für das Diktaturgedächtnis, das Arrangementgedächtnis und das Fortschrittsgedächtnis jeweils bedeutsam sind.*
2. *Diskutieren Sie, welche Akteure jeweils als Vertreter der einen oder anderen Gedächtnisform infrage kommen.*
3. *Beurteilen Sie, welche der Gedächtnisformen am wirkungsmächtigsten ist und daher am ehesten im kollektiven Gedächtnis der Deutschen überdauern wird.*
4. *Vergleichen Sie die hier beschriebene Situation mit den beiden deutschen Geschichtskulturen nach 1945.*

M5 Zwischen Erinnern und Vergessen

Der Historiker Konrad Jarausch über die Gründe, warum die Herausbildung einer gemeinsam geteilten Erinnerung an den Umbruch von 1989 noch immer schwer fällt:

Trotz der Bedeutung des Herbstes 1989 für die Veränderung von Politik und Lebensläufen scheint die Erinnerung an dessen dramatische Ereignisse in der deutschen Bevölkerung schwach ausgeprägt zu sein. [...] Obwohl die Zahl von Memoiren und wissenschaftlichen Werken weiter ansteigt, herrscht ein weitgehendes Desinteresse an der „ostdeutschen Selbstbefreiung" vor, da manche Beteiligte nicht mehr gerne an ihre damaligen Positionen erinnert werden wollen. Im Gegensatz zu dem medialen Tsunami für das Gedenkjahr 2009 gibt es nur wenige Anzeichen für die Entstehung eines Kollektivgedächtnisses von unten wie z. B. in der Nikolaikirche in Leipzig, die den Sturz der SED-Diktatur und die Vereinigung als „ein Wunder biblischen Ausmaßes" feiert.

In ironischer Umkehrung des Mitscherlich-Diktums[1] konstatiert der Theologe Richard Schröder daher eine „Unfähigkeit zur Freude", ein Fehlen von Glücksgefühl über das unverhoffte Ende des Kalten Krieges und der Teilung. In den bewusst maßvollen Inszenierungen des 3. Oktober feiert die politische Klasse meist sich selbst, ohne größere emotionale Anteilnahme der Bevölkerung. [...]

Möglicherweise ist aber in einer Mediengesellschaft die zeitliche Distanz noch zu gering für die Ausbildung einer gemeinsamen Erinnerungskultur, die nicht nur von Politikern propagiert, sondern auch von den Staatsbürgern akzeptiert wird. [...] Die Allgegenwärtigkeit der Medienbilder verwischt den Unterschied von Vergangenheit und Gegenwart, und die Rekapitulierung des Geschehenen während der Jubiläumswellen schafft ein Wechselbad von unterhaltsamer Übersättigung und anschließendem Vergessen. [...]

Ein erstes Problem stellt bereits das Fehlen eines eindeutig definierbaren Ortes dar, an dem sich die kulturelle Erinnerung an den demokratischen Aufbruch vom Herbst 1989 festmachen könnte. Die Mischung von langfristigen und kurzfristigen Ursachen des kommunistischen Kollapses und die Dezentralität von überlappenden Prozessen der politischen Mobilisierung haben bisher die Fokussierung auf eine einzelne Lokalität verhindert. So resultierte z.B. der ostdeutsche Massenexodus vom Sommer aus Tausenden von Einzelentscheidungen zur Flucht, die sich über die gesamte DDR erstreckten. Als ikonische Verdichtungen sind nur die Fernsehbilder von der Öffnung der ungarischen Grenze zu Österreich, von der Mitteilung Außenminister Genschers vom Balkon der Prager Botschaft und von der Ankunft der Ausreisenden in westdeutschen Auffanglagern im Gedächtnis geblieben. Aber diese vielfältigen Schnappschüsse lassen sich kaum auf einen einzelnen Ort reduzieren.

Besser lokalisierbar sind die Demonstrationen des Herbstes 1989, doch auch diese Proteste gegen die SED-Diktatur sind nicht ganz eindeutig zuzuschreiben. Kern der Bürgerbewegung waren die Friedensgebete im Umfeld der Nikolaikirche in Leipzig, die sich vom September 1989 an in die schnell wachsenden Montagsdemonstrationen auf dem Ring verwandelten. Aber andere Städte wie Dresden spielten ebenfalls eine Rolle, da dort die Friedfertigkeit schon vor dem 9. Oktober praktiziert wurde – und auf die knüppelnde Brutalität des SED-Regimes traf. Die größte Demonstration mit einer halben Million Teilnehmern fand am Berliner Alexanderplatz statt, und schließlich breiteten sich die Kundgebungen auf die gesamte Republik aus. Die Gründung von Oppositionsgruppen wie dem Neuen Forum oder von Parteien wie der SDP erfolgte ebenso dezentral, und der Treffpunkt des zentralen Runden Tisches ist nur noch Spezialisten bekannt. Daher bleibt die Protesterinnerung auf viele Plätze angewiesen. [...] Freilich hat es auch in Frankreich und den USA Jahrzehnte gedauert, bis der Sturm auf die Bastille oder die Unterzeichnung der Unabhängigkeitserklärung zu zentralen Symbolen der jeweiligen Revolutionen wurden.

Konrad Jarausch, Der Umbruch 1989/90, in: Martin Sabrow (Hrsg.), Erinnerungsorte der DDR, München 2009, S. 526-528 und 534

[1] Verweis auf die Studie von Alexander und Margarete Mitscherlich von 1967 „Die Unfähigkeit zu trauern. Grundlagen kollektiven Verhaltens", in der die Schwierigkeit der Deutschen, einen Weg zur Bewältigung der nationalsozialistischen Vergangenheit zu finden, einer psychoanalytischen Interpretation unterzogen wird

1. *Fassen Sie zusammen, welche Ursachen der Autor für die fehlende Ausbildung einer gemeinsamen Erinnerungskultur an die Ereignisse von 1989 anführt.*

2. *Diskutieren Sie, welcher Erinnerungsort Ihnen am besten geeignet erscheint, um an den demokratischen Aufbruch von 1989 zu erinnern. Recherchieren Sie dafür auch zum geplanten „Einheitsdenkmal" in Berlin und beziehen Sie die Informationen in die Debatte ein.*

M6 „Zivil, locker und trotzdem festlich"

Die Historikerin Vera Caroline Simon äußert sich zum Stil der Einheitsfeiern im vereinigten Deutschland, die auch von ehemaligen DDR-Oppositionellen positiv bewertet werden:

In Anbetracht der im In- und Ausland gezeichneten Renationalisierungsszenarien war es nicht verwunderlich, dass die symbolische Ausgestaltung des neuen Nationalfeiertags so unprovokativ, ja so zurückhaltend wie möglich ausfiel. [...]
Die nichtmilitärische Ausgestaltung entsprach jedoch nicht allein der außenpolitischen Signalfunktion einer sich der internationalen Vorbehalte bewussten Bundesrepublik. Sie etablierte sich auch in dezidierter Abgrenzung zu den militärischen Zeremonien der DDR, die bereits zu Zeiten der Zweistaatlichkeit als Unterschied zwischen der säbelrasselnden, totalitären DDR und der demokratischen Bundesrepublik angeführt wurde. Bereits der Nationalfeiertag der alten Bundesrepublik, der 17. Juni, sollte [...] ein „geläutertes Nationalbewusstsein" präsentieren. Die DDR hingegen, die auf einen antifaschistischen Gründungsmythos aufbaute und somit ein positives militärisches Erbe für sich reklamierte, schöpfte aus dem Erinnerungsarsenal des preußischen Militarismus und führte die Tradition großer, staatlich implementierter Feiern fort. [...]

Der neue Tag der Deutschen Einheit führte damit die als symbolische Abgrenzung von totalitären Inszenierungen verstandene nichtmilitärische Darstellung fort. Diese Signalfunktion wurde von ostdeutschen Beobachtern bestätigt: Der oppositionelle Schriftsteller Lutz Rathenow wies in seiner Festrede in einer Feier des Thüringischen Landtages am 3. Oktober 2001 auf die zeitliche Nähe des alten Tags der Republik und des Tags der Deutschen Einheit hin und verglich beide Tage. Rathenow erinnerte an den Lärm der Panzer, die ab dem 3. oder 4. Oktober für die Militärparade anlässlich des Tags der Republik probten: „Sie werden verstehen, dass es mir leicht fällt, fast jede musikalische Alternative zu diesem Ton als eine unbestritten bessere anzunehmen." Etwas salopper stimmte ihm auch Richard Schröder in einem Fernsehinterview anlässlich des Festakts zum zehnten Jahrestag der Einheit in der Dresdner Semperoper zu, der die Festatmosphäre auf dem Dresdner Theaterplatz mit den Worten lobte: „Auch die Stimmung ist 1a. Wie ich es mir so vorstelle: zivil, locker und trotzdem festlich."

Vera Caroline Simon, Gefeierte Nation. Erinnerungskultur und Nationalfeiertag in Deutschland und Frankreich seit 1990, Frankfurt am Main u.a. 2010, S. 84f.

1. *Skizzieren Sie, wie in der Bundesrepublik und in der DDR der Nationalfeiertag begangen wurde.*

2. *Vergleichen Sie die am Staatsfeiertag der Bundesrepublik und der DDR vorgenommenen Rituale mit denen anderer Demokratien und Diktaturen.*

M7 Eine vergebene Chance?

Der Politikwissenschaftler Herfried Münkler äußert sich zum 9. November als möglichem Nationalfeiertag für Deutschland:

Aus der Perspektive der politischen Mythengeschichte Deutschlands [...] hätte man damit rechnen dürfen, dass der 9. November 1989 zu einem neuen Gründungsmythos der Deutschen, zumindest aber einem Additionsmythos geworden wäre, der den alten bundesrepublikanischen Gründungsmythos ergänzt: Im Anschluss an eine Pressekonferenz des SED-Politbüromitglieds Günter Schabowski kam es in den Abendstunden zu einem Ansturm der Ost-Berliner auf die Grenzübergänge nach West-Berlin, und innerhalb weniger Stunden brach ein Grenzregime zusammen, das die Welt mehrmals in Atem gehalten und an den Rand eines Krieges gebracht hatte. [...] Am 9. November 1989 wurde in Berlin einmal mehr Weltgeschichte gemacht, dieses Mal jedoch nicht von den Herrschenden, die über das Volk verfügten, sondern von der Bevölkerung selbst, und das in einer kurz zuvor noch unvorstellbaren Form der Selbstermächtigung. Der Stoff, aus dem politische Mythen geformt werden, war somit im Übermaße vorhanden und ebenso die Bilder, die dieser dramatischen Wende Anschaulichkeit verliehen. [...] Was jahrzehntelang Angst und Schrecken verbreitet hatte, wurde zum Schauplatz ausgelassener Feiern. In Berlin kam es zu einem anarchisch-emanzipatorischen Fest, wie es die Deutschen bis dahin nicht gekannt hatten. [...] Die Bilder der Menschen, die sich auf der Mauer, buchstäblich der Trennlinie zwischen Ost und West, die Mitte ihrer Stadt zurückerobert hatten, waren ein politisches Symbol, mit dem sich eigentlich linksliberale wie konservative Kreise identifizieren konnten: Hier wurden die deutsche Teilung überwunden und die nationale Einheit wiederhergestellt, und erstmals in der deutschen Geschichte nahm eine Revolution einen glücklichen und bis zum Ende erfolgreichen Verlauf.

Die damit eröffnete Chance einer gründungsmythischen Neufundierung der Republik ist aus vielerlei Ursachen nicht wahrgenommen worden. [...] Dagegen sprach zunächst das Datum des 9. November, das unerwünschte und politisch gefährliche Erinnerungen an Ereignisse des 20. Jahrhunderts wachrief [...]. Das Problem einer gründungsmythischen Aufbereitung des 9. November 1989 war aber nicht nur das Datum, sondern auch der politisch-geografische Raum, der damit herausgehoben worden wäre: Das Gründungsgeschehen der neuen und größeren Bundesrepublik hätte sich dann ausnahmslos auf dem Territorium der DDR abgespielt, und der Deutsche Bundestag in Bonn hätte lediglich insofern mitgewirkt, als sich die Abgeordneten, als die ersten Nachrichten aus Berlin eintrafen, von ihren Stühlen erhoben und die dritte Strophe des Deutschlandlieds sangen. Die westdeutsche Bevölkerung war am 9. November bloß Zuschauer eines Geschehens, zu dem sie nichts beitragen konnte. Die bundesdeutsche Politik kam erst anschließend ins Spiel, wobei sie in innerdeutschen wie internationalen Verhandlungen Einfluss auf einen politischen Prozess gewann und diesen schließlich zu kontrollieren und zu steuern vermochte, sodass er am 3. Oktober 1990 mit der Zeremonie vor dem Reichstag erfolgreich abgeschlossen werden konnte.

Herfried Münkler, Die Deutschen und ihre Mythen, Berlin 2009, S. 477-479

1. *Erörtern Sie, warum der 9. November nach Münkler nicht zum Nationalfeiertag der Deutschen werden konnte.*

2. *Erläutern Sie, welche Qualitäten ein Ereignis haben muss, um „mythentauglich" zu sein.*

3. *Diskutieren Sie, ob der 9. November der „bessere Nationalfeiertag" für Deutschland wäre. Was spräche dafür, was dagegen?*

Geschichte vor Ort

Tatort Teilung: die Gedenkstätte Berliner Mauer als außerschulischer Lernort

„Die Mauer muss weg!“ So lautete vor 1989 die politische Forderung. Und nach 1989 führte die Freude über die friedliche Revolution sowie über die Einheit Deutschlands zum Abriss der Grenzanlagen. Bürgerschaftlichem Engagement ist es zu danken, dass gegen viele Widerstände aus Politik und Gesellschaft in der Bernauer Straße mit der Gedenkstätte Berliner Mauer eine zentrale Stätte des Erinnerns und Gedenkens eingerichtet wurde. Diese erinnert an einem authentischen Ort exemplarisch an das Grenzregime der SED, an die Teilung der Stadt und Deutschlands, an die Toten der Berliner Mauer und an gelungene und gescheiterte Fluchten.

Der historische Ort Gerade die Bernauer Straße war der Schauplatz dramatischer Ereignisse. Vier der zwölf Todesopfer der Berliner Mauer aus dem Jahr 1961 kamen allein hier bei Fluchtversuchen ums Leben. Um Fluchten zu verhindern, wurden auf der Ost-Berliner Straßenseite im August 1961 die Türen und Fenster der Wohnhäuser zugemauert, diese dann abgerissen und etwa 2 000 Bewohner zwangsumgesiedelt. Gräber und ein Friedhof wurden zerstört und eine Kirche gesprengt.

Die Gedenkstätte Berliner Mauer Die Gedenkstätte erstreckt sich auf einen 1,4 Kilometer langen Grenzstreifen. Die baulichen Überreste der Grenzanlagen wurden als Spuren der Vergangenheit erhalten und in ihrer historischen Bedeutung deutlich gemacht. Ergänzt werden diese durch ein Denkmal (1998), durch eine Kapelle (2000) am Ort der 1985 gesprengten Versöhnungskirche und durch die Ausstellungen „Berlin, 13. August 1961“ (2001) und „Grenz- und Geisterbahnhöfe im geteilten Berlin“ (2009). Das „Fenster des Gedenkens“ ermöglicht die Erinnerung an die Todesopfer der Mauer (2010).

Vor dem Besuch

- Informieren Sie sich (mithilfe der Internetadressen) entweder über a) den historischen Ort Bernauer Straße 1961-1989, b) eines der (mindestens 136) Todesopfer der Berliner Mauer, c) einen Zeitzeugenbericht.
- Verständigen Sie sich darüber, ob und wie Sie vor Ort auch der Toten gedenken wollen.

Vor Ort

- Beschreiben und analysieren Sie (arbeitsteilig) eine der Dauerausstellungen: a) Berlin, 13. August 1961 (Dokumentationszentrum); b) Grenz- und Geisterbahnhöfe im geteilten Berlin (Nordbahnhof).
- Erkunden Sie das Außengelände und fassen Sie zusammen, welche a) historischen Überreste/Quellen aus der Vergangenheit und b) rückblickenden Darstellungen über die Vergangenheit zu finden sind.
- Notieren Sie Ihre Beobachtungen und Eindrücke, machen Sie Skizzen, fotografieren Sie.

Nach dem Besuch

- Führen Sie eine Pro- und Kontra-Diskussion zu den Fragen: Soll die Grenzanlage in der Bernauer Straße zur Veranschaulichung originalgetreu wieder errichtet werden? Oder: Sollen die historischen Überreste so erhalten werden, wie wir sie heute auffinden?
- Entwerfen Sie eine Präsentation (als Ausstellung in der Schule, für die Website, als Übung für eine Prüfung etc.), in der Sie die Gedenkstätte Bernauer Straße darstellen.

Internettipps
- *http://www.berliner-mauer-gedenkstaette.de*
- *http://www.chronik-der-mauer.de*
- *http://www.berlin.de/mauer*

Literaturtipps
- Klaus-Dietmar Henke u.a., Die Mauer. Errichtung, Überwindung, Erinnerung, München 2011
- Hans-Hermann Hertle, Maria Nooke u.a., Die Todesopfer an der Berliner Mauer 1961-1989. Ein biografisches Handbuch, hrsg. vom Zentrum für Zeithistorische Forschung und der Stiftung Berliner Mauer, Berlin 2009

Filmtipps
- *Die Mauer an der Bernauer Straße*. Eine Dokumentation der Grenzanlagen (ca. 1963, 5 Min., ohne Ton); http://www.bstu.de
- *Informationsfilm über die Gedenkstätte Berliner Mauer* http://www.berliner-mauer-gedenkstaette.de/de/index.html
- *Der Tunnel* (Spielfilm, 2011)

M1 Ist jeder des Erinnerns würdig?

2009 beschäftigt sich der Journalist Thomas Denkler mit der Frage, ob an die an der Mauer getöteten DDR-Grenzsoldaten ebenso erinnert werden sollte wie an die getöteten Flüchtlinge:

Offenbar ist nach dem Tod nicht jeder gleich, nicht jedes Opfer wie das andere Opfer – zumindest, wenn es um die Toten an der Berliner Mauer geht. Das [...] „Biographische Handbuch" über die Todesopfer an der Berliner Mauer von 1961 bis 1989 weist 136 Todesopfer aus. Darunter [...] auch die acht Grenzsoldaten, die in Erfüllung ihrer Dienstpflicht umkamen.
Sie sind Opfer, das haben die Autoren des Handbuches geklärt. Und doch lautet die auch am heutigen Mauergedenktag schwierige Frage: Sind diese acht des Erinnerns unwürdige Opfer, während alle anderen des Erinnerns würdig sind? Im Herbst soll in der Gedenkstätte Berliner Mauer an der Bernauer Straße in einem „Fenster der Erinnerung" den Opfern der Grenze mit Foto und Namen gedacht werden. Es wird der zentrale Gedenkort für die Maueropfer in der Bundesrepublik werden. Das erklärte Ziel der Initiatoren war, den Opfern ein Gesicht zu geben, eine Geschichte, sie zu lösen von Zahlen und Statistiken. Wer das biografische Handbuch liest, wird höchst unterschiedliche Menschen mit höchst unterschiedlichen Hintergründen kennenlernen. Das gilt sowohl für die erschossenen Flüchtlinge, wie für die, die nur zufällig an der Mauer den Tod fanden. Es ist das Verdienst der Autoren, diese Biografien sachlich und unideologisch aufbereitet zu haben.
Wie die der acht getöteten Grenzsoldaten. Einer wurde versehentlich erschossen, weil er für einen Flüchtling gehalten wurde. Ein anderer wurde bei einem Schusswechsel mit der West-Berliner Polizei von einem Querschläger tödlich verletzt. Wieder ein anderer wurde von einem Flüchtenden aus nächster Nähe erschossen. Der Schütze kam später im Westen wegen Mordes ins Gefängnis. Die Geschichten der Grenzer sind so unterschiedlich wie die der 128 anderen Opfer. Diese acht aber werden nicht in das Fenster der Erinnerung aufgenommen, diesen acht dürfen ihre Angehörigen nicht an zentraler Stelle gedenken. So hat es der Beirat der Stiftung Berliner Mauer kürzlich nach intensiver und durchaus kontroverser Diskussion beschlossen. Es habe die Gefahr bestanden, dass die Öffentlichkeit das „Fenster der Erinnerung" als Ehrenmal wahrnehme, wurde argumentiert. Und dass sich Angehörige von getöteten Flüchtlingen davon verletzt fühlen könnten, wenn neben ihrem Kind, ihrem Bruder, ihrer Schwester diejenigen mit Bild und Namen zu sehen sind, die darauf trainiert waren, die Flucht aus der DDR zu verhindern. Doch andererseits: Die Grenztruppe der DDR war keine Freiwilligeneinrichtung. Es gab Soldaten, die haben bewusst nicht oder daneben geschossen, es gab aber auch Soldaten, die haben ohne Rücksicht draufgehalten. Es gab auch Flüchtlinge, die Grenzsoldaten erschossen haben, die später im Westen wegen Mordes oder Totschlags verurteilt wurden. Es gab auch Flüchtlinge, die sich durch Flucht einer Strafverfolgung in der DDR entzogen haben.
Wer will da entscheiden, wer Täter, wer Opfer war? Es gibt hier kein ausschließlich gut und ausschließlich schlecht, es gibt kein schwarz, kein weiß, sondern – wie immer im Leben – viele Grautöne. Schon deshalb hätten die getöteten Grenzsoldaten mit in das „Fenster der Erinnerung" gehört. Es geht um Mahnung, nicht um Ehrung. Es geht um Erinnerung an ein unmenschliches System, das nicht nur seine Gegner, sondern auch seine Unterstützer zu Opfern gemacht hat. Die Chance, dies deutlich zu machen, wurde vertan. Vielleicht braucht es noch ein paar Jahre, bis nach dem Tod endlich alle Opfer gleich sein dürfen.

Kommentar von Thomas Denkler in der Süddeutschen Zeitung, 13. August 2009

M2 Eine moralische Botschaft

Die Opferverbände bewerten die Entscheidung der Stiftung Berliner Mauer folgendermaßen:

Die Union der Opferverbände der kommunistischen Gewaltherrschaft (UOKG) e.V. begrüßt das durch den Beirat der Stiftung Berliner Mauer abgegebene Votum, das im Rahmen der Erweiterung der Gedenkstätte Berliner Mauer geplante „Fenster der Erinnerung" nicht dem Gedenken an getötete DDR-Grenzsoldaten zu widmen.
Wir sehen darin eine eindeutige moralische Botschaft; zwar gehörten diese Militärangehörigen zu den Opfern des DDR-Grenzregimes, gleichzeitig waren sie jedoch potenzielle Täter, durch deren Agieren das menschenverachtende Grenzregime aufrechterhalten wurde. Das abgegebene Votum würdigt nonkonformes Verhalten gegen die Diktatur und stellt ein Plädoyer für Zivilcourage angesichts totalitärer Strukturen dar.

Aussage von Rainer Wagner, UOKG-Bundesvorsitzender, Berlin 3. Juli 2009

1. *Fassen Sie in eigenen Worten die unterschiedlichen Auffassungen über das Gedenken an die Maueropfer zusammen und nennen Sie die jeweiligen Argumente.*
2. *Informieren Sie sich (arbeitsteilig) über die acht getöteten Grenzsoldaten (http://www.berliner-mauer-gedenkstaette.de/de/grenzsoldaten-456.html).*
3. *Nehmen Sie in einer Pro- und Kontra-Diskussion Stellung: Soll an getötete Grenzsoldaten ebenso erinnert werden wie an die Maueropfer?*

▲ Selbst gefertigtes Transparent, das auf der Demonstration am 4. November 1989 in Ost-Berlin mitgeführt wurde.
■ *Erläutern Sie, worauf das Plakat anspielt, und erörtern Sie, ob der Vergleich angemessen ist.*

1. Stellen Sie dar, welche Rolle die weltpolitischen Konstellationen des Kalten Krieges für die Verankerung der Bundesrepublik im Westen und der DDR im Osten spielten.

2. Beschreiben Sie den Prozess der Entspannung während des Kalten Krieges.

3. Erörtern Sie, welche Ursachen die Auflösung der Sowjetunion bewirkten.

4. Prüfen Sie die These des Historikers Bernd Stöver, der sagt, der Kalte Krieg sei ein „Weltanschauungskrieg" gewesen, dessen Fronten nicht nur durch die gegensätzliche Ideologie, sondern vor allem durch die gegenseitige Wahrnehmung gebildet worden seien.

5. Analysieren Sie die gesellschaftspolitischen Herausforderungen und Weichenstellungen der Bundesrepublik in der Ära Adenauer (1949-1963).

6. „Bonn ist nicht Weimar". Mit dieser These betitelte der Schweizer Journalist Fritz René Allemann sein 1956 erschienenes Buch über die Bundesrepublik. Zu dieser Zeit waren Befürchtungen, auch die zweite deutsche Demokratie könne scheitern, noch weit verbreitet. Erläutern Sie, welche Gefahren für die Demokratie bestanden. Belegen Sie die These des Autors.

7. Ein im Jahr 2009 erschienenes Buch über die Geschichte der Bundesrepublik Deutschland trägt den Titel „Die Suche nach Sicherheit". Erörtern Sie, ob dieser Aspekt für die Geschichte der Bundesrepublik entscheidend ist.

8. Fassen Sie die Kennzeichen der sogenannten „68er-Bewegung" zusammen. Bewerten Sie, wie sich ihre gesellschaftlichen und politischen Ziele in der weiteren geschichtlichen Entwicklung auswirkten.

9. Erörtern Sie, ob die „Neue Ostpolitik" der sozial-liberalen Koalition in den 1970er-Jahren eine Abkehr von den Grundpositionen Adenauers bedeutete.

10. Der Historiker Christoph Kleßmann ist der Ansicht, die DDR habe niemals ohne die Bundesrepublik auskommen können. Finden Sie Argumente und Gegenargumente zu dieser Behauptung.

11. Arbeiten Sie heraus, wie in der DDR versucht wurde, die Akzeptanz des SED-Regimes zu steigern. Welche Leistungen, Kosten und Defizite der Wirtschafts- und Sozialpolitik in der Endphase der DDR standen einander gegenüber?

12. Stellen Sie die verschiedenen Formen der Opposition in der DDR dar und beurteilen Sie ihre Ziele und ihre Wirkung.

13. Nehmen Sie Stellung zu folgender These: „Die Berliner Mauer war ein Symbol sowohl für den Verlust der nationalen Einheit der Deutschen als auch für die Unerbittlichkeit im Kalten Krieg."

14. Die Frage, ob Bonn oder Berlin der Regierungssitz des wiedervereinigten Deutschland werden sollte, war heftig umstritten. Nur eine knappe Mehrheit im Bundestag entschied für Berlin. Sammeln und ordnen Sie die Argumente der Debatte und nehmen Sie selbst Stellung.

15. Erläutern Sie die wirtschaftlichen und politischen Probleme sowie die unterschiedlichen gesellschaftlichen Prägungen in der DDR und der Bundesrepublik, die das Zusammenwachsen der beiden deutschen Staaten noch immer schwierig gestalten.

Literaturtipps

Wolfgang Benz, Auftrag Demokratie. Die Gründungsgeschichte der Bundesrepublik und die Entstehung der DDR 1945-1949, Bonn 2010

Alexander Emmerich, Der Kalte Krieg, Stuttgart 2011

Mary Fulbrook, Ein ganz normales Leben. Alltag und Gesellschaft in der DDR, Darmstadt 2008

Jens Gieseke, Der Mielke-Konzern: die Geschichte der Stasi 1945-1990, Neuausgabe, München 2006

Hans-Hermann Hertle und Stefan Wolle, Damals in der DDR. Der Alltag im Arbeiter- und Bauernstaat, München 2006

Andreas Rödder, Geschichte der deutschen Wiedervereinigung, München 2011

Bernd Stöver, Der Kalte Krieg 1947 - 1991. Geschichte eines radikalen Zeitalters, München 2007

Edgar Wolfrum, Die geglückte Demokratie. Geschichte der Bundesrepublik von ihren Anfängen bis zur Gegenwart, Stuttgart 2006

Internettipps

http://www.bpb.de/izpb/10339/vom-kalten-krieg-zur-aera-der-entspannung?p=all

http://www.chronik-der-mauer.de

http://www.deinegeschichte.de
Portal zum Thema „deutsch-deutsche Geschichte"

http://www.deutschegeschichten.de
Infos, Zeitzeugenberichte und viele andere Materialien zur deutschen Geschichte von 1890 bis zur Gegenwart

http://www.friedlicherevolution.de

http://www.hdg.de/lemo/html/Nachkriegsjahre/EntstehungZweierDeutscherStaaten/derKalteKrieg.html

http://www.stiftung-aufarbeitung.de
Bundesstiftung, die die Beschäftigung mit Ursachen, Geschichte und Folgen der Diktatur in der Sowjetischen Besatzungszone und der DDR fördern will

http://www.17juni1953.de
Homepage der Vereinigung 17. Juni 1953 e.V.

▲▶ Gedenken an 40 Jahre deutsche Teilung.
Fotos von 2011.
Während am Potsdamer Platz in Berlin der Mauerverlauf künstlich wiederhergestellt wurde, ist die Mauer an der Bernauer Straße noch die alte. Das „Fenster des Gedenkens" erinnert an die an der Berliner Mauer getöteten Menschen.

Hinweise zur Bearbeitung der Probeklausur

Die Anforderungen und Erwartungen in Geschichtsklausuren liegen nicht in der bloßen Wiedergabe von Erlerntem ohne genauen Fragenbezug, sondern überwiegend im souveränen Anwenden gelernter Inhalte auf andere Sachverhalte und im angemessenen, eigenständigen Beschreiben und Beurteilen komplexer Problembereiche.

1. Lesen Sie die Aufgabenstellung langsam und sorgfältig durch.
2. Beachten Sie bei den Aufgaben die jeweiligen Anforderungsbereiche. Diese können Sie an den „Operatoren“ erkennen (siehe dazu auch vorne im Buch). Je schwieriger die Aufgaben sind, desto stärker werden sie bei der Bewertung gewichtet – unabhängig davon, wie umfangreich die Ausarbeitung der Aufgaben ist.
Insgesamt gibt es drei Anforderungsniveaus:
Im **Anforderungsbereich I** (Reproduktion) wird von Ihnen bei der Bearbeitung das Wiedergeben und Beschreiben von Sachverhalten und Zusammenhängen aus einem abgegrenzten Gebiet erwartet.
Der **Anforderungsbereich II** (Reorganisation und Transfer) verlangt von Ihnen das selbstständige Erklären, Bearbeiten, Ordnen und Anwenden von Ihnen schon bekannten Inhalten und Methoden.
Im **Anforderungsbereich III** (Reflexion und Problemlösung) wird von Ihnen der genau durchdachte Umgang mit neuen Problemstellungen und Erkenntnissen sowie eingesetzten Methoden erwartet. Ziel Ihrer Arbeit ist es, Begründungen, Folgerungen, Beurteilungen oder Schlussfolgerungen für das eigene Verhalten zu finden.
3. Erschließen Sie die Intention der Aufgabenstellungen mit zentralen Fragen (z. B. Was verlangt die Aufgabe von mir? Welche Schlüsselbegriffe sind enthalten und welche Schwerpunkte muss ich deswegen bei der Beantwortung setzen?).
4. Halten Sie die Reihenfolge der Aufgaben möglichst ein. Nehmen Sie den Einsatz an Arbeit und damit den Zeitaufwand entsprechend der erreichbaren Punktezahl vor.
5. Arbeiten Sie bei der Analyse und Interpretation einer Quelle mit farbigen Stiften:
   a) Lesen Sie den Text sorgfältig durch, wenn nötig auch mehrfach, und markieren Sie wesentliche Gedanken und Schlüsselbegriffe, soweit sie zur Aufgabenstellung gehören.
   b) Verwenden Sie, soweit möglich und für das Textverständnis nötig, Angaben zum Autor (z. B. politischer Standort, seine Intentionen) und zur Quelle selbst (Entstehungszeit, historischer Kontext, Adressaten des Textes).
   c) Arbeiten Sie zu den gestellten Aufgaben aus der Quelle stichpunktartig, aber bereits grob strukturiert, wichtige inhaltliche Aussagen heraus und belegen Sie sie mit treffenden Zitaten (Zeilenbelege!) und eigenen Argumenten.
6. Schreiben Sie ganze, nicht zu lange Sätze und benutzen Sie die notwendigen Fachbegriffe. Die Wortwahl sollte klar und sachlich sein.
7. Achten Sie beim abschließenden Durchlesen in erster Linie auf den Inhalt, aber auch auf Rechtschreibung, Grammatik und Satzbau.

Übungsaufgabe: Erörterung verschiedener Deutungen aus unterschiedlichen Darstellungen

M1 Der Historiker Heinrich August Winkler äußert sich folgendermaßen über die Ursachen des Scheiterns der Weimarer Republik:

Die Ernennung Hitlers zum Reichskanzler war *nicht* der unausweichliche Ausgang der deutschen Staatskrise, die mit dem Bruch der Großen Koalition am 27. März 1930 begonnen und sich seit der Entlassung Brünings am 30. Mai 1932 dramatisch zugespitzt hatte. Hindenburg musste sich von Schleicher so wenig trennen, wie er genötigt gewesen war, Brüning durch Papen auszuwechseln. Er hätte Schleicher nach einem Misstrauensvotum des Reichstages als Chef einer geschäftsführenden Regierung im Amt halten oder durch einen nicht polarisierenden „überparteilichen" Kanzler ersetzen können. Die neuerliche Auflösung des Reichstages innerhalb der verfassungsmäßigen Frist von sechzig Tagen war ihm nicht verwehrt; der Aufschub von Neuwahlen bis in den Herbst 1933 war hingegen nach den entsprechenden Erklärungen aus der politischen Mitte und vonseiten der Sozialdemokratie kaum weniger riskant als im Jahr zuvor. Nichts zwang den Reichspräsidenten dazu, Hitler zum Reichskanzler zu machen. Hitler war zwar immer noch, trotz seiner Niederlage in der Reichstagswahl vom 6. November 1932, der Führer der stärksten Partei, aber eine Mehrheit im Reichstag gab es für ihn nicht.

Bis in den Januar 1933 hinein hatte sich der Reichspräsident, um eine Parteidiktatur der Nationalsozialisten zu verhindern, der Kanzlerschaft Hitlers widersetzt. Hindenburg änderte seine Haltung, weil ihn nun auch seine engsten Berater dazu drängten und weil er das Risiko der Diktatur durch das Übergewicht konservativer Minister im Kabinett Hitler verringert, wenn nicht beseitigt sah. [...] Auf Schleichers Entlassung und Hitlers Ernennung arbeiteten einflussreiche Kreise der seit Bismarcks Zeiten vom Staat subventionierten ostelbischen Großlandwirtschaft hin, sowie, vorzugsweise auf dem Weg über Papen, der rechte Flügel der rheinisch-westfälischen Schwerindustrie. Entsprechenden Druck übten zuletzt fast alle Personen aus, die Zugang zum Reichspräsidenten hatten. Diesem Druck zu widerstehen war der Greis nicht mehr stark genug. Das Machtzentrum um Hindenburg hatte sich im Januar 1933 für das Wagnis mit Hitler entschieden, und Hindenburg als Person war nur ein, wenn auch der wichtigste, Teil des Machtzentrums.

Der 30. Januar war also weder ein zwangsläufiges Ereignis der vorangegangenen politischen Entwicklung noch ein Zufall. Hitlers Massenrückhalt machte seine Ernennung möglich, aber erst durch den Willen Hindenburgs und des Milieus, das er verkörperte, wurde er Kanzler. Die politische Stärke jener „alten Eliten", die auf eine „Regierung der nationalen Konzentration" unter Hitler drängten, war ebenso wie der Zulauf zu seiner Partei eine soziale Tatsache mit langer Vorgeschichte. Zu dieser Vorgeschichte gehörte auch die Erosion des Vertrauens in den demokratischen Staat. Dass der „Legitimitätsglaube", Max Weber zufolge die wichtigste immaterielle Herrschaftsressource, in Weimar von Anfang an schwach war, hatte Gründe, die mit der Geburt der Republik aus der Niederlage im Ersten Weltkrieg zusammenhingen und zugleich weit hinter diesen Krieg zurückreichten. Wenn es eine Ursache „letzter Instanz" für den Zusammenbruch der ersten deutschen Demokratie gibt, liegt sie in der historischen Verschleppung der Freiheitsfrage im 19. Jahrhundert – oder, anders gewendet, in der Ungleichzeitigkeit der politischen Modernisierung Deutschlands: der frühen Demokratisierung des Wahlrechts und der späten Parlamentarisierung des Regierungssystems.

Heinrich August Winkler, Geschichte des Westens. Die Zeit der Weltkriege 1914-1945, München 2011, S. 631-632

M2 Hagen Schulze: Woran ist Weimar gescheitert?

Woran ist also Weimar gescheitert? Die Antwort ist nicht mit letzter wissenschaftlicher Präzision zu geben, aber einiges lässt sich doch ausmachen: Die wichtigsten Gründe liegen auf dem Feld der Mentalitäten, der Einstellungen und des Denkens. In der Mitte des Ursachenbündels finden sich eine Bevölkerungsmehrheit, die das politische System von Weimar auf die Dauer nicht zu akzeptieren bereit war, sowie Parteien und Verbände, die sich den Anforderungen des Parlamentarismus nicht gewachsen zeigten. Die Ursachen für diese Defekte dürften überwiegend in langfristigen, aus den besonderen Bedingungen der preußisch-deutschen Geschichte zu erklärenden Zusammenhängen zu suchen sein, verstärkt durch die Entstehungsbedingungen des Weimarer Staatswesens und seiner außenpolitischen Belastungen. Die Übertragung dieser ungünstigen Gruppenmentalitäten auf das Weimarer Regierungssystem wurde durch den Wahlrechtsmodus erheblich begünstigt; andere Merkmale der formalen Verfassungsordnung, wie ihr mangelnder normativer Charakter oder der Föderalismus, wirkten nur in zweiter Linie destabilisierend, während das starke präsidiale Moment daneben auch stabilisierende Komponenten enthielt, die allerdings letzten Endes nicht zum Zuge kamen. Die antirepublikanischen Tendenzen in Armee, Bürokratie und Justiz waren grundsätzlich beherrschbar, eine Frage des Machtbewusstseins von Parteien und Regierung. Die gesellschaftlichen und wirtschaftlichen Rahmenbedingungen waren hauptsächlich langfristig wirksam, indem sie auf die Mentalitäten von Bevölkerung und einzelnen Gruppen einwirkten; aktuelle ökonomische Krisen verstärkten die destabilisierenden Momente, verursachten sie aber nicht.
Lapidar lässt sich also schließen: Bevölkerung, Gruppen, Parteien und einzelne Verantwortliche haben das Experiment Weimar scheitern lassen, weil sie falsch dachten und deshalb falsch handelten. Auch auf dem Umweg über die Strukturanalyse gelangt man so zu dem Schluss, dass Weimar nicht schicksalhaft oder bedingt durch anonyme Sachzwänge scheitern musste – die Chance der Gruppen wie der Einzelnen, sich für Weimar zu entscheiden und dem Gesetz der parlamentarischen Demokratie zu gehorchen, nach dem man angetreten war, hat immer bestanden.

Hagen Schulze, Weimar. Deutschland 1917-1933, Berlin 1994, S. 425

Aufgabenstellungen

Erörtern Sie die These Heinrich August Winklers, dass die Machtübernahme der Nationalsozialisten am 30. Januar 1933 „weder ein zwangsläufiges Ereignis der vorangegangenen politischen Entwicklung noch ein Zufall" war.

Bearbeiten Sie dabei die folgenden Aufgaben:

1. *Geben Sie die Kerngedanken Heinrich August Winklers wieder.*
2. *Erläutern Sie die Auffassung Winklers hinsichtlich der Ursachen des Scheiterns der Weimarer Republik, indem Sie auf die von ihm angesprochenen Konflikte und Probleme näher eingehen.*
3. *Setzen Sie sich vor dem Hintergrund Ihrer Vorkenntnisse und unter Einbezug der Ausführungen Hagen Schulzes (M2) kritisch mit Winklers These zur Machtübernahme der Nationalsozialisten auseinander.*

Lösungsvorschlag

Erörtern Sie die These Heinrich August Winklers, dass die Machtübernahme der Nationalsozialisten am 30. Januar 1933 „weder ein zwangsläufiges Ereignis der vorangegangenen politischen Entwicklung noch ein Zufall“ war.

1. *Geben Sie die Kerngedanken Heinrich August Winklers wieder.*

Winkler sieht in der Ernennung Hitlers nicht den unausweichlichen Ausgang der deutschen Staatskrise, die mit dem Bruch der Großen Koalition am 27. März 1930 begonnen hatte. Es habe weder den Zwang gegeben, sich von den Kanzlern Brüning und Schleicher zu trennen, noch habe eine Notwendigkeit bestanden, Hitler, der keine Mehrheit im Reichstag besaß, zum Kanzler zu ernennen.
Winkler führt weiter aus, dass Hindenburg, der bis in den Januar 1933 eine Kanzlerschaft Hitlers abgelehnt hatte, schließlich seinen engsten Beratern und dem Druck einflussreicher Kreise nachgegeben habe. Aufgrund seines hohen Alters („der Greis“) sei Hindenburg schließlich nicht mehr in der Lage gewesen, in dieser Frage länger standhaft zu bleiben.
Laut Winkler war der 30. Januar 1933 weder die unabwendbare Konsequenz einer politischen Krise noch ein Zufall. Hitlers Verankerung in den Wählermassen habe seine Ernennung zum Kanzler möglich gemacht, dabei habe es jedoch des Willens Hindenburgs bedurft. Die Stärke der alten Eliten, die eine Regierung der nationalen Konzentration unter Einbeziehung der Nationalsozialisten forderten, sei ein seit Langem bestehendes politisches Faktum gewesen. Auch der Vertrauensverlust in den demokratischen Staat habe Gründe, die mit der Geburt der Weimarer Republik als Ergebnis der Niederlage im Ersten Weltkrieg zusammenhingen. Als langfristige, tiefer reichende Ursachen werden von Winkler die Verschleppung der Freiheitsfrage im 19. Jahrhundert sowie die Unstimmigkeit der politischen Modernisierung angesehen.

Der **Operator „Wiedergeben“** gehört dem Anforderungsbereich I (Reproduktion) an.

Wiedergeben bedeutet, die zentralen Gedanken des Autors erfassen und dabei unter Beibehaltung des Sinnes auf die wesentlichen Aussagen zu reduzieren.

2. *Erläutern Sie die Auffassung Winklers hinsichtlich der Ursachen des Scheiterns der Weimarer Republik, indem Sie auf die von ihm angesprochenen Konflikte und Probleme näher eingehen.*

Die Staatskrise begann laut Winkler mit dem Bruch der Großen Koalition am 27. März 1930. Die Koalition bildeten die Reichstagsfraktionen der SPD, des Zentrums, der BVP und der beiden liberalen Parteien DDP und DVP. Die Persönlichkeit, die die Große Koalition zusammenhielt, war Außenminister Stresemann, der jedoch im Oktober 1929 verstarb. Danach verschärften sich die Konflikte zwischen den Parteien auf dem Gebiet der Wirtschafts- und Sozialpolitik, vor allem zwischen SPD und DVP. Angesichts steigender Arbeitslosenzahlen musste der Beitragssatz zur Arbeitslosenversicherung neu festgelegt werden. Die Fraktionen der Großen Koalition konnten sich nicht einigen und Reichskanzler Müller trat am 27. März 1930 zurück.
Reichspräsident Hindenburg ernannte daraufhin Brüning, der dem Zentrum angehörte, zum Reichskanzler. Da Brünings Kabinett über keine parlamentarische Mehrheit verfügte, sollte die Handlungsfähigkeit der neuen Regierung mittels der Verfassungsartikel 48 (Notverordnungsrecht) und 25 (Reichstagsauflösung) gesichert werden. Die Entlassung Brünings am 30. Mai 1932 und die Ernennung Papens als Nachfolger wird von Winkler als dramatische Zuspitzung der Staatskrise bezeichnet (Zeile 3).

Der **Operator „Erläutern“** gehört dem Anforderungsbereich II (Reorganisation und Transfer) an.

Erläutern bedeutet, die vom Autor angesprochenen historischen Sachverhalte in einen größeren historischen Zusammenhang zu stellen, indem sie durch zusätzliche Informationen aus dem Vorwissen oder durch Beispiele verdeutlicht werden.

Das weitere Agieren des Reichspräsidenten sieht Winkler sehr kritisch. Es habe keinen Zwang gegeben, sich von Schleicher als Kanzler zu trennen, noch habe die Notwendigkeit bestanden, Hitler am 30. Januar 1933 zum Kanzler zu ernennen (Zeile 3-12). Die Weimarer Verfassung hätte es Hindenburg ermöglicht, weiterhin an einem Kabinett ohne parlamentarische Mehrheit festzuhalten (Art. 48) und einen widerspenstigen Reichstag, der gegen vom Reichspräsident unterzeichnete Notverordnungen opponierte, aufzulösen und Neuwahlen anzusetzen, was in den Jahren der Präsidialkabinette ja auch mehrfach geschah. Was die Nationalsozialisten betraf, so hatten sie in den Novemberwahlen 1932 mehr als vier Prozent der Stimmen eingebüßt und kamen zusammen mit der DNVP insgesamt nur auf 40 Prozent. Von einer parlamentarischen Mehrheit war Hitler also in der Endphase der Weimarer Republik noch deutlich entfernt.

Dass sich Hindenburg schließlich doch dazu entschloss, Hitler zum Reichskanzler zu ernennen, führt Winkler auf den Druck einflussreicher gesellschaftlicher Kreise zurück (Zeile 16-22). Die Kräfte, die sich intensiv einsetzten, Hitler zum Kanzler zu machen, um die Arbeiterparteien und die Gewerkschaften zu schwächen, entstammten dem Milieu der ostelbischen Großagrarier und der rheinisch-westfälischen Schwerindustriellen, darunter der Industrielle Thyssen und der Kölner Bankier Schröder. Im Hause Schröders fanden dann auch die entscheidenden Verhandlungen zwischen Hitler und Papen statt. Als Beleg dafür, dass die Ernennung Hitlers zum Reichskanzler kein Zufall war, nennt Winkler seinen Massenrückhalt und die politische Stärke der „alten Eliten" (Zeile 27-32). Hitler zog die Massen an, wie vor allem die Wahlergebnisse bestätigten. Immer mehr Deutsche stimmten für die nationalsozialistische Partei: 2,6 Prozent im Jahr 1928, aber schon 37,2 Prozent bei den Juliwahlen 1932. Die Zahl der Parteimitglieder wuchs bis Januar 1933 bereits auf ca. 850 000 an. Die politische Stärke der „alten Eliten" zeigte sich darin, dass nach dem Zusammenbruch der Monarchie im November 1918 die Eliten in Wirtschaft, Militär, Verwaltung und Justiz an den Schaltstellen der Macht verblieben und von Anfang an der Weimarer Republik reserviert oder ablehnend gegenüberstanden. Den Mangel an Vertrauen in den demokratischen Staat führt Winkler zum einen darauf zurück, dass der Beginn der Weimarer Republik und die Niederlage des Ersten Weltkrieges unmittelbar zusammenfielen (Zeile 33-36). Große Teile der „alten Eliten" kreideten die militärische Niederlage im Feld, den Zusammenbruch der Monarchie und die revolutionären Veränderungen den Machenschaften der Linken an, die sie für Vaterlandsverräter hielten.

Die tiefere Ursache für das Scheitern Weimars sieht Winkler jedoch in der historischen Verschleppung der Freiheitsfrage im 19. Jahrhundert und in der Ungleichzeitigkeit der politischen Modernisierung Deutschlands (Zeile 36-40). Die Freiheitsfrage stellte sich erstmals mit dem Zusammenbruch der Napoleonischen Herrschaft 1815. Die Hoffnungen der liberalen Kräfte auf Meinungs-, Versammlungs- und Pressefreiheit wurden enttäuscht. Zwar gab es in den süddeutschen Staaten Baden, Württemberg und Bayern Verfassungen mit repräsentativem Charakter, doch wurden alle freiheitlichen und konstitutionellen Bewegungen in den beiden dominierenden Staaten des Deutschen Bundes, in Österreich und Preußen, konsequent unterdrückt. Auch die Revolution von 1848/49 erzwang nur vorübergehend mehr Freiheit und politische Beteiligung der Bürger.

Das andere große Ziel der Liberalen und Demokraten, die nationale Einheit Deutschlands, wurde zwar als Ergebnis der Kriege von 1864, 1866 und 1870/71 erreicht. Es handelte sich jedoch um eine „Einigung von oben". Die Verfassung des neu gegründeten Deutschen Reiches übertrug der Exekutive die größten Vollmachten. Hingegen erhielt der Reichstag, der aus allgemeinen und gleichen Wahlen aller männlichen Bürger ab

25 Jahren hervorging, nur die Funktionen Budgetrecht, Gesetzesinitiative und Abstimmung über Gesetzesvorlagen. Eine direkte Kontrolle der Reichsregierung konnte er nicht ausüben. Denn nicht der Reichstag, sondern der Kaiser hatte das Recht, den Kanzler mit seiner Regierung einzusetzen und zu entlassen. Dabei wurde der Reichstag bereits von allen männlichen Deutschen mit gleichem Stimmrecht gewählt, was im europäischen Maßstab eine frühe Demokratisierung bedeutete. Hier lag die Ungleichzeitigkeit von Demokratisierung und Parlamentarisierung, die Winkler meint. Das Wahlrecht gab allen männlichen Bürgern früh das gleiche Stimmrecht, aber das vom Volk gewählte Parlament konnte nicht über die Regierung entscheiden.

3. *Setzen Sie sich vor dem Hintergrund Ihrer Vorkenntnisse und unter Einbezug der Ausführungen Hagen Schulzes (M2) kritisch mit Winklers These zur Machtübernahme der Nationalsozialisten auseinander.*

Der **Operator „Sich auseinandersetzen“** gehört dem Anforderungsbereich III (Reflexion und Problemlösung) an.

Sich kritisch auseinandersetzen bedeutet, zu einer historischen Problemstellung oder einer These eine Argumentation zu entwickeln, die zu einem begründeten Urteil führt.

Hier wäre anzuführen, dass die Argumentation Winklers zunächst durchaus einleuchtend erscheint. Was in Weimar fehlte, war eine alle Schichten umfassende und breit angelegte grundsätzliche Unterstützung der jungen Republik und ihrer politischen Prinzipien. Überzeugend erscheinen auch die Ausführungen, die Winkler zur Rolle Hindenburgs macht. Tatsächlich hätte er 1933 Schleicher im Amt belassen oder einen „überparteilichen“ Kanzler einsetzen können. Ein verfassungsmäßiger Zwang, Hitler zum Kanzler zu machen, bestand keineswegs. Doch war Hindenburg zum einen aufgrund seines fortgeschrittenen Alters nicht mehr in der Lage, dem Druck seiner politischen Ratgeber zu widerstehen. Zum anderen war er aber auch ein Teil jenes konservativ-reaktionären Machtzentrums, das eine grundsätzliche Veränderung der politischen und staatlichen Strukturen verlangte und den Einfluss von Kommunisten und der Sozialdemokratie ausschalten wollte. Dies wird zwar von Winkler eingeräumt, doch sollte die verhängnisvolle Rolle Hindenburgs in einem längerfristigen Kontext gesehen werden. Hindenburg, der zeit seines Lebens überzeugter Monarchist gewesen war, hatte maßgeblichen Anteil an der Entstehung und Verbreitung der Dolchstoßlegende.

Die Analyse von Hagen Schulze stimmt teilweise mit Winkler überein, nennt darüber hinaus allerdings weitere wesentliche Ursachen. Eine Hauptursache sieht Schulze – wie auch Winkler – darin, dass die Einstellungen und die Mentalitäten der Bevölkerungsmehrheit nicht mit dem politischen System von Weimar kompatibel waren. In Übereinstimmung mit Winkler sieht Schulze als längerfristige Ursache ebenfalls den besonderen Verlauf der preußisch-deutschen Geschichte.

Als weitere Belastungen erkennt Schulze die Entstehungsbedingungen der Weimarer Republik mit ihren außenpolitischen Einschränkungen sowie den Wahlrechtsmodus und Merkmale der Verfassungsordnung (Zeile 10-16). Insbesondere die außenpolitischen Einschränkungen, hier vor allem die Reparationslasten als Folge des Versailler Vertrages, dürften sich verheerend ausgewirkt haben. Die überwiegende Mehrheit der deutschen Politiker und der deutschen Bevölkerung waren der Auffassung, dass die deutschen Gebietsverluste, die erzwungene Anerkennung der Kriegsschuld und die Reparationen ein unerträgliches Unrecht seitens der Siegermächte darstellten. Die Propaganda der Nationalsozialisten gegen den „Schandfrieden“ von Versailles und die sogenannten „Erfüllungspolitiker“ fand daher immer große Resonanz. Die Hyperinflation von 1923 wurde hauptsächlich auf die Reparationen zurückgeführt. Die enormen Vermögensverluste durch die Inflation schufen tief sitzende Ressentiments gegen den Staat und seine politischen Führungseliten.

Belastungen ergaben sich auch aus der Verfassung. Dass der Wahlrechtsmodus sich ungünstig auswirkte, wird von Schulze eingeräumt. Er spricht aber nicht von einer destruktiven und destabilisierenden Wirkung der Wahlrechtsbestimmungen, obwohl das Verhältniswahlrecht die Bildung einer stabilen Regierung erschwerte und am Ende unmöglich machte. Die Verfassung gestattete zudem den radikalen Kräften der Linken und der Rechten, den Staat massiv zu bekämpfen. Bei der Erarbeitung des Grundgesetzes der Bundesrepublik wurden diese Mängel berücksichtigt.
Schulze bewertet die antirepublikanischen Tendenzen in Armee, Bürokratie und Justiz als „grundsätzlich beherrschbar" (Zeile 15 f.). Hier sind erhebliche Zweifel angebracht. Die Urteile der Gerichte in der Frühphase der Weimarer Republik gegen politisch motivierte Täter belegen, dass die Justiz auf dem rechten Auge blind war. Zu einem ähnlichen Ergebnis gelangt man hinsichtlich des Verhaltens der bewaffneten Macht: Gegen die radikale Linke ging man mit aller Härte vor, so beim Spartakus-Aufstand 1919 und beim Kampf gegen die Rote Armee im Ruhrgebiet 1923. Dagegen schaute die Reichswehrführung während des Kapp-Putsches 1920 zu, der die Republik beseitigen wollte. Es stellt sich folglich die Frage, ob die politisch Verantwortlichen es 1919 nicht versäumten, die „alten Eliten" hinsichtlich ihrer Loyalität einer strengeren Prüfung zu unterwerfen. Dass dies nicht geschah, rächte sich in der Endphase der Weimarer Republik. Justiz und Generalität gehörten von Anfang an zu den Stützen des nationalsozialistischen Staates. Von ihnen waren Aktionen zugunsten des demokratischen Staates nicht zu erwarten.
Dass nach Schulze ökonomische Krisen die Destabilisierung der Weimarer Republik allenfalls verstärkten, lässt sich bestreiten. Denn die Weltwirtschaftskrise traf die deutsche Bevölkerung mit zerstörerischer Wucht. Im Jahr 1932 waren mehr als 40 Prozent der Bevölkerung arbeitslos. Besonders betroffen waren Arbeiter und Angestellte; die Kürzung der Arbeitslosenunterstützung brachte 1932 Millionen von deutschen Familien an den Rand des Existenzminimums. Die Gehälter der Beamten wurden 1931 um 23 Prozent gekürzt. Nahezu alle Schichten sahen sich in ihrer wirtschaftlichen Existenz bedroht. Viele der von der Weltwirtschaftskrise Betroffenen aus allen Schichten setzten daher, enttäuscht von den bisherigen Parteien ihrer Wahl, ihre Hoffnungen auf die NSDAP.

Zusammenfassend ist festzuhalten: Winkler und Schulze nennen einige der wesentlichen Ursachen des Scheiterns der Weimarer Verfassung, betonen dabei aber zu stark den Anteil, den Gruppen, Parteien und einzelne Verantwortliche hatten, und vernachlässigen andererseits strukturelle Elemente wie die Mängel der Weimarer Verfassung und die Auswirkungen der wirtschaftlichen und sozialen Verwerfungen im Rahmen der Hyperinflation 1923 und der Weltwirtschaftskrise ab 1929.

Die hervorgehobenen Seitenzahlen verweisen auf die Begriffserläuterungen.

Die hervorgehobenen Seitenzahlen verweisen auf die Begriffserläuterungen.

Agentur Focus / Magnum Photos / Elliot Erwitt, Hamburg: S. 181 // Akademie der Künste, Berlin; ©The Heartfield Community of Heirs / VG Bild-Kunst, Bonn 2013: S. 83 // akg-images, Berlin: S. 45, 73, 74, 78, 80, 118, 149, 242, 253; - /©VG Bild-Kunst, Bonn 2013: S. 174, 283; - / Erich Lessing, ©VG Bild-Kunst, Bonn 2013: S. 47; - / Ladislav Bielik: S. 187; - / RIA Nowosti: S. 12; - / ©Succession Picasso / VG Bild-Kunst, Bonn 2013: S. 27 // Alimdi.net / Thomas Müller, Deisenhofen: S. 298 // Archiv der sozialen Demokratie der Friedrich-Ebert-Stiftung, Bonn: S. 67, 274 // Archiv des Liberalismus, Gummersbach: S. 159 // Archiv für christlich-demokratisches Politik der Konrad-Adenauer-Stiftung, St. Augustin: S. 246 // Artothek / ©Peter Willi, Weilheim/©VG Bild-Kunst, Bonn 2013: S. 72 // Heinz Behling, Berlin: S. 284 //Bildarchiv Preußischer Kulturbesitz, Berlin: S. 6 / 7, 33, 50, 75, 85, 103, 106, 116, 210; - /©VG Bild-Kunst, Bonn 2013: S. 58; - / Herbert Hensky: S. 230; - / Heinrich Hoffmann: S. 82 (2) // Bundesarchiv / Signatur: Bild 146-1990-009-13, Fotograf: o. Ang., Koblenz: S. 291 // Bundesarchiv / Signatur: Bild 183-G0218-0040-001, Fotograf: Hubert Link, Koblenz: S. 251 // Bundesarchiv / Signatur: Bild 183-K0630-0001-027, Fotograf: Anders, Koblenz: S. 281 //Bundesarchiv, Signatur: Plak. 002-037-029, Grafiker: Geiss, Karl / August 1930, Koblenz: S. 88 // Bundesarchiv, Signatur: Bild 183-S51620 / Allgemeiner Deutscher Nachrichtendienst / Zentralbild, Fotograf: o. Ang., Koblenz: S. 44 // Bündnis 90 / Die Grünen, Bundesgeschäftsstelle, Berlin: S. 260 // Cinetext / Bildarchiv, Frankfurt: S. 162; - / Constantin Film: S. 150, - / Sammlung Richter: S. 212 // Franc und Marc Darchinger, Bonn und Berlin: S. 267 // David King Collection, London: S. 182 // Der Spiegel, Hamburg: S. 170, 199, 236 // Deutsches Historisches Museum, Berlin: S. 66, 79, 98, 106 (2), 120, 160, 211, 234 (2), 235, 240, 244, 268, 276, 279, 312; - /©VG Bild-Kunst, Bonn 2013: S. 42 //DIZ / Süddeutscher Verlag, Bilderdienst, München: S. 90, 100, 109, 113, 123, 233, 277 (2), 294; - / Scherl: S. 59 // dpa Picture-Alliance, Frankfurt: Umschlag, 80, 173, 277, 292, 302, 305, 316; -/ Mary Evans Picture Library: S. 65, 81; - / A0009:- S. 280; - / akg-images / RIA Nowosti: S. 221; - / akg-images: S. 19, 21, 36, 103, 227, 245, 248, 272; - / Central Press: S. 21; - / Chris Hoffmann: S. 318; - / CSU Archives / Everett Collection: S. 130; - / Imagno / Austrian Archives: S. 82; - / Imagno: S. 80; - / Michael Henschke: S. 215; - / Nowosti :S. 201; - / Rohwedder :S. 248; - / Schnoerrert: S. 206; - / The Print Collector / Heritage-I / Art Media, ©Succession Picasso / VG Bild-Kunst, Bonn 2013: S. 184; - / United Archives / TopFoto: S. 138, 177; - / ZB / Bernd Settnik: S. 315; - / ZB / Jan-Peter Kasper: S. 311; - / ZB / Jochen Eckel: S. 209; - / ZB / Klaus Franke: S. 302; - / ZB / Martin Schutt: S. 311; - / ZB: S. 218 // Günther Drommer, Gleichgeschaltet. Alltag unterm Hakenkreuz 1933-1945, Ein Fotobuch, Schwartzkopff Buchwerke, Berlin 2004, S. 216: S. 138 // EMMA-Redaktion, Köln: S. 252 // Doreen Eschinger, Bamberg: S. 111, 146, 153, 163 (2), 171 (2), 214, 217 (4), 325 (2) // Filmmuseum Potsdam, Potsdam: S. 161 // Focus, Hamburg: S. 187 // Forschungs- und Gedenkstätte Normannenstraße, ASTAK e.V., Berlin: S. 296 // Gedenkstätte Deutscher Widerstand, Berlin: S. 148 // Getty Images, München: S. 22, 223; - / AFP: S. 24, 233, 238; - / Alinasi: S. 12; - / Central Press: S. 13; - / Gamma Rapho: S. 14; - / Gamma-Keystone: S. 32, 99; - / General Photographic Agency: S. 44; - / Hulton Archive / Imagno: S. 125; - / Hulton Archive: S. 125, 185, 227, 232, 245; - / Keystone: S. 258;- / Photothek / Thomas Imo: S. 258, 301; - / Popperfoto: S. 109, 137; - / Robert Abbott Sengstacke: S. 132; - / Sean Gallup: S. 298; - / Time & Life Pictures: S. 8, 173, 203; - / UIG: S. 23; - / Ulrich Baumgarten: S. 256, 304 (2); - / Universal Images Group: S. 177, 255, 256, 271; - / WireImage: S. 253 //Bella Guttermann und Avner Shalav (Hrsg.), Zeugnisse des Holocaust. Gedenken in Yad Vashem, Wallstein Verlag, Göttingen 2006, S. 196: S. 145 // Horst Haizinger, München: S. 189 // Haus der Geschichte der Bundesrepublik Deutschland, Bonn: S. 275, 314; -/ Bestand Erna Wagner-Hehmke: S. 237; - / Michael Jensch, Axel Thünker: S. 222, 247 // Holocaust. Die Geschichte der Familie Weiß, DVD erhältlich im Handel, ©polyband.de: S. 162 // Institut für Zeitgeschichte, München: S. 105 // Institut für Zeitungsforschung, Dortmund: S. 193, 262 // Interfoto, München, ©Estate of George Grosz, Princton, N.J./©VG Bild-Kunst, Bonn 2013: S. 71 // IPON / Stefan Boness, Berlin: S. 309 // iStockphoto / ©EdStock: S. 304 // Dietmar Katz, Berlin: S. 63 // David King, Roter Stern über Russland, Mehring Verlag, Essen, S. 210: S. 34 // Münchner Stadtmuseum, München: S. 60, 86, 94 // National Archives, Washington D.C.: S. 158 // Martin Naumann, Großpösna: S. 313 // NMRK / anonymer Fotograf: S. 35 // Bernhard Pfänder, Bamberg: S. 117 // Photo Press Service, Wien: S. 207 // Putzger, Atlas und Chronik zur Weltgeschichte, Berlin 2009, S. 234: S. 40 // Sammlung der Mahn- und Gedenkstätte Ravensbrück / Stiftung Brandenburgische Gedenkstätten; Signatur: FOII / D10, Foto 1622, Fürstenberg: S. 105 // Sammlung Karl Stehle, München: S. 97 // Andreas Schölz, Berlin: S. 299 //Rainer Schwalme, Groß-Wasserburg: S. 303 // Sven Simon, Berlin: S. 172 / 173, 254 // SLUB Dresden / Deutsche Fotothek, Dresden: S. 205 // Söhnlein / Bormann Prod. / Mutoskop Film / Saturn Movie / BR / ORF: S. 156 // Staatsarchiv, München: S. 83 // Staatsbibliothek, Bamberg: S. 65, 176; - / ©VG Bild-Kunst, Bonn 2013: S. 61 // Stadtarchiv Mannheim – Institut für Stadtgeschichte / Plakatsammlung, Nr. 463, Mannheim: S. 228; - / Plakatsammlung, Nr. 476: S. 228 // Stiftung Brandeburgische Gedenkstätten / Gedenkstätte und Museum Sachsenhausen, Oranienburg: S. 169 // Ceija Stojka, Wir leben im Verborgenen, Aufzeichnungen einer Romni zwischen den Welten, Picus Verlag, Wien: S. 113 // Time Inc., New York City: S. 198 // Ullstein-Bild, Berlin: S. 51, 169; - / ©Jürgen Ritter: Umschlag; - / The Granger Collection, Berlin/©VG Bild-Kunst, Bonn 2013: S. 311 // United States Holocaust Museum, Washington D.C.: S. 142 // Universitätsbibliothek, Heidelberg: S. 96 // US Army Center Military History, Washington D.C.: S. 7, 92 // W. M. Weber / TV-Yesterday, München: S. 205 //Stefanie Witt, Bamberg: S. 192 // www.wikimedia.org / PD-USGOV: S. 184

Fachliteratur finden und nachweisen

Recherchieren und Ausleihen in der Bibliothek

- ☑ Um sich für ein Referat einen Überblick über ein Thema zu verschaffen oder es einzugrenzen, eignen sich Lexika und Nachschlagewerke als erste Informationsquellen. Für die gründliche Erarbeitung eines Themas benötigen Sie Fachliteratur.
- ☑ Angaben zu Fachbüchern spezieller Themen finden sich im Literaturverzeichnis von Handbüchern und Überblicksdarstellungen, im Internet und im Katalog der Bibliothek.
- ☑ In der Bibliothek sind Bücher alphabetisch in einem Verfasser- und in einem Sachkatalog aufgelistet und über eine Signatur, eine Folge von Zahlen und Buchstaben, im Karteikarten- oder Computersystem der Bibliothek für ein leichtes Auffinden genau verzeichnet.
- ☑ Bücher, die nicht in der örtlichen Bibliothek vorrätig sind, können über die Fernleihe aus anderen Bibliotheken entliehen werden. Über die Online-Kataloge können Titel nach Schlagworten oder dem Namen des Autors gesucht und direkt an die Ausgabestelle der Bibliothek bestellt werden.

Literatur auswerten und belegen

- ☑ Finden Sie zu einem Thema mehr Bücher, als Sie auswerten können, müssen Sie eine Auswahl treffen. Prüfen Sie anhand des Inhaltsverzeichnisses, der Einführung und/oder der Zusammenfassung sowie des Registers, ob das Buch ergiebig sein könnte. Benutzen Sie im Zweifel das Neueste.
- ☑ Weisen Sie jedes Buch, das Sie für Ihr Referat benutzt haben, am Schluss des Textes nach. Notieren Sie sich daher bei der Vorarbeit die Titel der Bücher. Aussagen, die Sie wörtlich oder indirekt zitieren, belegen Sie zusätzlich mit Seitenangaben. So kann jeder Leser nachlesen und überprüfen, woher und von wem die Aussagen stammen.
  Beispiel für eine korrekte Literaturangabe:

Vorname und Name des Autors | Titel | Verlagsort und Jahr der Veröffentlichung | bei Zitat zusätzlich Seitenangabe

Edgar Wolfrum, Die 101 wichtigsten Fragen: Bundesrepublik Deutschland, München 2009, S. 16

Vorname und Name des Autors | Titel | Vorname und Name der Herausgeber des Sammelbandes

Andreas Wirsching, Die Mauer fällt, in: Udo Wengst und Hermann Wentker (Hrsg.), Das doppelte Deutschland. 40 Jahre Systemkonkurrenz, Berlin 2008, S. 357-374, hier S. 365

Titel des Sammelbandes | Verlagsort und Jahr der Veröffentlichung | Seitenangabe des Beitrages | bei Zitat genaue Seitenangabe

Quellenarbeit in Archiven

Vorbereitung und Recherche

- ☑ Für die Recherche zu regional- und lokalgeschichtlichen Themen bieten sich Archive an. Dort werden Urkunden, Pläne, Karten, Zeitungen, Briefe, Tagebücher, Fotos sowie Akten mit anderen Unterlagen von Behörden, Firmen, Vereinen und Privatleuten aufbewahrt.
- ☑ Vor der Arbeit im Archiv sollten Sie sich genau über das Thema informieren, die zu erarbeitenden Aspekte festlegen und Fragen formulieren.
- ☑ Inzwischen werden viele Archivstücke elektronisch erfasst und in Datenbanken archiviert. Auf den Internetseiten der Archive können Sie sich über den Bestand informieren, digital vorliegende Dokumente einsehen oder die Signatur der Akten heraussuchen.

Material erfassen, ordnen und auswerten

- ☑ Haben Sie geeignetes Material gefunden, notieren Sie sich die genaue Fundstelle. Eine Ausleihe ist nicht üblich. Erfassen Sie das Material sicherheitshalber vor Ort (handschriftlich, per Laptop oder Scanner).
- ☑ Nach der Rückkehr aus dem Archiv müssen Sie das gesammelte Material sichten und ordnen, bevor Sie es zu einer Darstellung verarbeiten können.